《木府通论》学术委员会

木府通论

第一卷

黄乃镇 / 著

云南大学出版社
YUNNAN UNIVERSITY PRESS

图书在版编目（CIP）数据

木府通论：全5卷 / 黄乃镇著. -- 昆明：云南大学出版社，2019
ISBN 978-7-5482-3597-2

Ⅰ. ①木… Ⅱ. ①黄… Ⅲ. ①纳西族—民族历史—丽江②家族—史料—丽江 Ⅳ. ①K285.7②K820.9

中国版本图书馆CIP数据核字（2019）第001729号

出 品 人：施海涛
特约策划编辑：柴 伟
责 任 编 辑：陈 曦
封 面 题 字：李继文
装 帧 设 计：刘 雨

木府通论

第一卷

黄乃镇 / 著

出版发行：云南大学出版社
印装：昆明理煋印务有限公司
开本：787mm × 1092mm 1/16
总印张：57.5
总字数：913千
版次：2019年10月第1版
印次：2019年10月第1次印刷
书号：ISBN 978-7-5482-3597-2
总定价：800.00元（全5卷）

社址：云南省昆明市一二一大街182号（云南大学东陆校区英华园内）
邮编：650091
电话：（0871）65033244 65031071 65031070
网址：http://www.ynup.com
E-mail：market@ynup.com

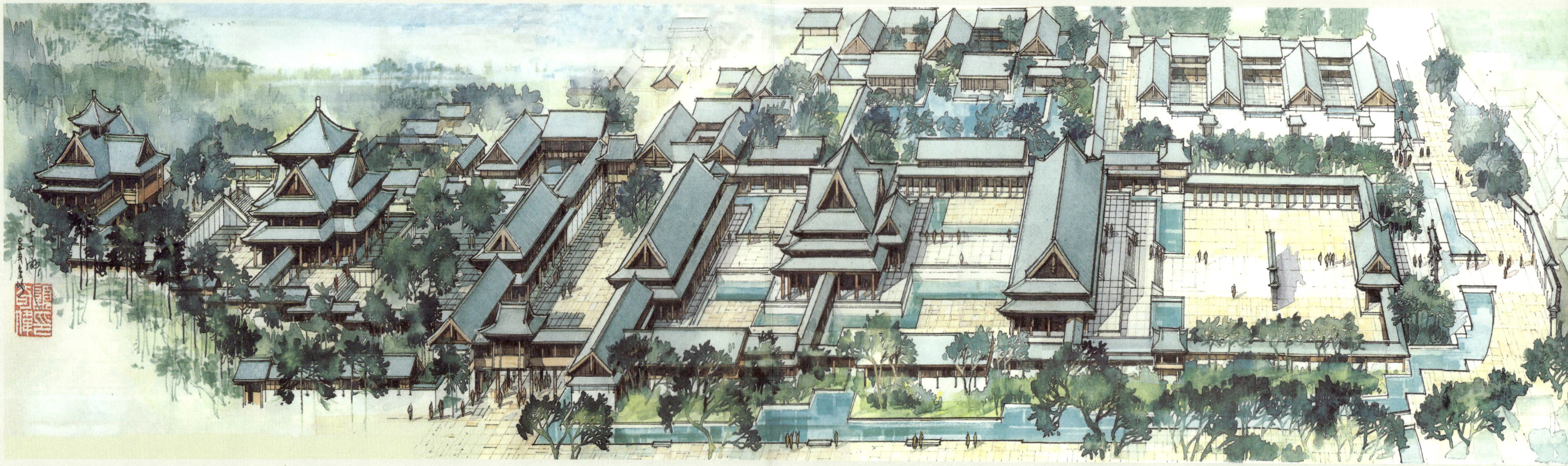

木府恢复重建效果图（顾奇伟 供图）

黄乃镇，1948年生，纳西族，丽江古城人，大学本科学历。1969年高中毕业后在丽江市拉市公社美泉大队当知青，1971年在云南省桥工队当工人，1975年在丽江纳西族自治县第一中学任教，1987年任丽江大研中学第一任校长，1989年任丽江纳西族自治县教委副主任，1995年任丽江纳西族自治县文化局局长，1996年被任命为木府恢复重建总指挥长。1999年木府竣工，成立丽江古城博物院（木府），为第一任丽江古城博物院院长。2001年任丽江纳西族自治县政协副主席兼丽江古城博物院院长。2003年区县分设后，任丽江市古城区政协副主席兼丽江古城博物院院长。1999年获云南省省委、省政府“2·3地震恢复重建先进个人”称号，2000年获“全国文化工作先进个人”“云南省劳动模范”光荣称号，2016年获丽江市“蓝月亮”文化艺术综合奖之特别荣誉奖。现任丽江古城博物院终身名誉院长、丽江市徐霞客研究会会长。

序 一

我们伟大的祖国地域广大，民族和人口众多，目前有接近14亿人口。在茫茫人海、芸芸众生中，要认识一个人，并能成为朋友，那真是要有缘分的。我与黄乃镇先生认识，源于先生希望将他的《木府通论》交由我社（云南大学出版社）出版。2017 年 7 月 1 日先生到昆明，策划编辑柴伟老师电话告诉我，说先生希望见见我，谈谈他的书稿出版的事。于是，我与先生有了第一次见面，此后是第二次、若干次的见面和交往。从与先生的接触中，从先生周边的人那儿，从先生的书稿中，我了解到清瘦、谦逊的先生做了几件很了不起的大事。其中，在各方面的支持下，富有远见的先生率领他的团队，历经种种磨难和考验，费尽无数的心血和神思，用不多的资金，把一座已经消失在历史烟云中，只留下些许记忆和残迹的木氏土司府重新恢复建起来。新建的木府，多功能区域融为一体，楼阁亭台、飞檐斗栱、回廊牌坊、花木广场、小桥流水，依山就势，构思奇巧，错落有致，气宇轩昂，气象万千，名花奇木衬托于楼前屋后，玉河水蜿蜒流淌其间，仿于古而胜于古，建于今而必将流芳于后世，有帝王宫室之气派，兼江南园林之灵秀，是那样明亮耀眼、那样巍峨尊严、那样典雅秀气、那样别具一格、那样气势磅礴。成为许多到丽江的游客一定要前往一睹其尊容，令许多人如入仙境、流连忘返，看了一次就不会再从脑海中遗忘的胜景；成为保存纳西族建筑、文物、古籍、艺术品等众多珍宝及优秀文化遗产，乃至中华优秀文化遗产的博物院；成为一座标志性的、将在今后的丽江古城矗立百年甚至更长时间，见证纳西族、丽江、云南和中国的沧桑巨变、历史风云的建筑。木府的恢复重建，使得丽江（纳西族）的建筑有了新的高度；使得丽江（纳西族）的文化有了新的厚度；使得丽江的旅游业多了一张亮丽而且磁力强大的名片。这是第一件。在先生参与策划，提供了剧本的主要素材，贡献了主要剧情的创意和大力支持下，2011年，由著名导演和演员于荣光等执导、演出，多数场景借助恢复重建的木府拍摄的40集古装电视连续剧《木府风云》杀青，2012年先后在中央电视台八套和一套播出，一播出收视率就在全国各电视台同时段播出的节目中占据第一，成为央视第一部收视率超过2亿人次的电视剧，在中国大地上一时掀起了一股木府热，还获得若干重要奖项。随后该剧又走出国门，在70多个国家播出，成为迄今为止云南电视事业史上最辉煌的一笔，也是中国电视事业史上的一件盛事。这是第二件。

我认为，人生短暂，一个人在其有生之年，能干出一件产生正能量、造福民众、有较大影响或意义的事，就已经极为不易了。而一个出生于丽江古城普通人家，求学年龄没能受到连续不断、良好系统的教育，当过知青、筑路工、中学老师，后担任丽江县文化局长、丽江古城博物院（木府）院长的纳西族同胞，能干成这两件事，是极其难能可贵、非常非常了不起的！由此，我对黄先生产生了由衷的敬佩，从内心深处认同了先生这个人，认为他算得上纳西族的优秀分子，算得上中华民族的优秀分子。也正因为这样，对先生大作的出版，我给予了大力的支持，参与了书稿的修改和审核，组织了书稿的编校和出版工作。

鉴于上述背景，在先生的大作即将撕去神秘面纱、出版面世之际，先生请我为其写篇序言，尽管我诸事繁杂，常常为出版社的事务和教学科研任务疲于应付、抓打不开，且又才疏识浅，能力有限，我还是不怕出乖露丑，欣然答应了。下面的这些文字，权当是我拜读先生大作的一些心得体会，供读者诸君参考和批评指正。

一、形散而神不散

《木府通论》分为五卷，图文并茂，内容丰富，包括木氏土司府恢复重建的缘起、准备过程、资金筹集、材料采办、开工建设、工程竣工、开放运营、内部管理、首次维修，以及这整个过程中的曲曲折折、波澜起伏、披荆斩棘、大功告成；木氏土司的崛起及原因、木氏土司对明王朝的忠心耿耿、木氏土司对周边地区的扩张和统治、木氏土司的衰败、木氏土司留下的各种遗产；木府建筑布局考虑、木府建筑的特点、风格、文化内涵及其思考；丽江古城的形成、特色、文化多样性、进一步复兴的思考；《木府风云》酝酿诞生的前前后后、播出后产生的广泛影响、对《木府风云》及其意义的探讨和评价；木增与徐霞客的千古友谊及其佳话等，正如作者在书中说的，是“一座土司府，半部民族史”。把这么多看似无关的内容和方面纳入一部书中，统在“通论”的名下，乍一看，给人一种眼花缭乱、摸不着头脑、许多内容关联不大的感觉。但是，如果我们用类似欣赏散文的方法看《木府通论》，就能理出头绪，拨开迷雾，化解心中的疑惑了。

散文有一大特点，就是形散而神不散。很多散文作品往往在一篇文章中写诸多内容，作者思绪飞扬，任由手中的笔杆游动，发许多议论，抒许多情感，从而给人一种前后联系不紧密、杂乱的感觉。但是，只要读者细心品读，就会发现，文章始终是围绕一个主题展开的。《木府通论》尽管内容丰富，头绪很多，笔法不同，但都与木氏土司及土司府有关，这是这本书的主线。现在恢复重建的是历史上存在过的木氏土司府；管理运营的是恢复的木氏土司府；《木府风云》是与历史上的木氏土司统治集团有关、依托恢复重建的木氏土司府拍摄的电视连续剧；木氏土司统治集团的崛起壮大、文治武功，留下的各种遗产，追述的是木氏土司的历史；木增与徐霞客的友谊，叙述的是一位有作为的木氏土司与中国内地旅行家、大文豪的交往和情谊；对丽江古城的深情追忆、建设发展的思考，是在写木氏土司府存在的根基及其未来发展。总之，木氏土司及土司府这根主线，把全书串联了起来，把书中的古今内容编织成了整体。笔者认为，只有这样看待和解读《木府通论》，“通论”才是合理的，书中的结构和内容才是合理的，才是可以理解的。

二、民族情和国家情力透纸背

黄先生是土生土长的纳西族，从《木府通论》中，我们能够深切感受到先生对纳西族先民在历史上取得的各种成就的自豪，对纳西族优秀文化遗产的无比热爱，对自己家乡和故土的眷恋，对桑梓和自己民族未来发展的高度关心及深入思考。在第三卷“木府古城篇”中，先生写道：“纳西族是一个注重文化的民族，是一个善于学习的民族，是一个对建筑很讲究的民族，是一个好客的民族，是一个淳朴的民族，这些在古城里都可以看到。”“摆在我们眼前的丽江古城，它的建筑文化，它的整个城池的结构特色是很有意思的。原因在于它有唐宋的遗风，有明清的韵味。流了半里许的玉河水，到玉龙桥后，便分成三条河。……而整个古城就坐落在这三条河之间，河水走街串巷，有些人家还会将水引进家中，于是河水又分成无数条细流，使得古城人家用水很方便，如用水冲洗庭院、浇花种树。姑娘们在河边洗菜，小伙们过来嬉戏一下……落日的余晖下，构成了一幅又一幅古城美丽迷人的画面。”先生笔下的纳西族人民，是让人热爱的人民；先生笔下的丽江古城，是富有诗情画意、生活气息浓烈、让人想留下来、住下去的世外桃源一般地方。没有真情实感，是写不出这样浓情而优美的文字的。先生希望通过恢复重建木府，围绕木府，进一步挖掘、汇集、研究纳西族的历史文化，传承和弘扬纳西族传统的优秀文化。正是这些深厚的感情和优秀的品质，使得先生有了担当精神和无穷的力量，推动先生夜以继日、殚精竭虑地做出恢复重建木府、促成《木府风云》诞生等一件件意义重大的事，为进一步保护和发展民族文化想方设法、四处奔波、献计献策。这些品质和情感，是非常值得我们学习和借鉴的。

黄先生深情热爱纳西族，眷恋和热爱丽江，有民族文化的自觉，但心胸开阔，视野广阔，立足高远，没有一点民族偏狭。先生始终坚持认为，纳西族是中华民族的组成部分，纳西族只有融入中华民族的大家庭中，各民族开放包容、学习借鉴、团结和睦，才能获得更大的发展，才有强大的生命力。维护祖国统一，拥护和忠于中央王朝的统治，是历史上纳西族木氏统治集团的聪明之处、生存智慧、长久之计。正因为有这样的远见卓识，所以先生肯定了元、明、清时期木氏土司对中央王朝的拥护；肯定明朝时期木氏土司对汉族文化的仰慕、学习和传播；在回顾历史上木氏土司开疆拓土、征服他方时，也指出了战争的残酷和木氏统治集团的残暴；在论及清朝对丽江实行“改土归流”政策时，先生认为这是大势所趋，有利于国家加强对少数民族地区的治理，促进当地经济社会文化的发展，造福广大纳西族群众。在恢复重建木府时，先生不怕非议，坚持在由忠义石牌坊进入木府的大门的楹柱上，悬挂上“凤诏每来红日近，鹤书不到白云闲”的对联，以此表明纳西族人民及他本人维护民族团结和祖国统一，衷心拥护中央领导的坚定立场。

也正是炽热的民族情和国家情，使得《木府通论》有了深度、高度和厚度。

三、难能可贵的学习精神成就的多学科之书

尽管《木府通论》几经修改，字数压缩了很多，但说它具有“百科全书”的一些特征，是一本多学科知识交叉和呈现的著作，笔者认为是一点也不过分的。书中有大量内容是关于纳西族、木氏土司家族的历史和文化的，有很大一部分内容是作者对丽江古城民众日常生活的回忆和描写，有很大篇幅的内容是关于木府恢复重建及管理，有不少内容是作者对纳西族和木氏土司统治集团历史的研究、实地考察和调查，有许多内容涉及中国古代和纳西族古代的建筑艺术、装饰艺术和园林艺术，有相当一部分内容涉及中国古代和云南古代的诗歌等文学创作、鉴赏，有不少内容涉

及汉传佛教、藏传佛教、道教等宗教文化，有差不多一卷的内容讲述了《木府风云》电视剧的源起、剧本素材来源、剧本内容和框架的构想、拍摄过程、公映后的社会反响及各方面的评论，有部分内容涉及中国古代西南地区的食盐生产和黄金等的提炼，还有一些纳西族民俗文化的内容，以及不少典故、故事、传说。也就是说，从书的内容看，《木府通论》涉及历史学、人类学、文学、管理学、民俗学、建筑学、园林学、宗教学、自然科学史等学科或学科分支的知识。但是，作者对相关学科内容的叙述和分析，基本是符合那些学科的规范和要求的，较为准确。对专业性很强的建筑学术语以及相关知识的引用较为娴熟，如数家珍，对纳西族历史知识的运用比较到位，对古诗文的理解也较准确。因此，华模和何世辉发表于2010年6月25日《云南政协报》上的《丽江木府与黄乃镇其人》一文说，黄先生有“杂家”风采。文章说：“有人说，隔行如隔山，然而由于黄乃镇独有的天赋，使他的聪明才干在木府重建中表现得淋漓尽致，无论是设计专家，还是工作人员，大家称黄乃镇行行通，是个‘大杂家’。”对此，笔者是完全认同的。笔者在读先生的书稿时，时常有一种畅游在知识的浩瀚海洋和知识的密集星空中的感觉，目不暇接，捡珠拾宝，收获颇多，心喜连连，被先生知识面的广博和驾驭知识的高强本领深深震撼。

黄先生能够成为像模像样、名副其实的杂家，把有关的知识融会贯通，并娴熟地运用于实践，把有关的事做好，除了他有聪敏过人之处，更重要的是他有勇于学习、善于学习和勤于思考的精神。一般学者并不敢轻易涉足他的专业以外的其他学科，一般的公务员不会学习并掌握多个学科的知识，更不用说运用多学科知识于自己的工作，有创新创造。但是，黄先生做到了。为建好木府，为写作《木府通论》，黄先生查阅了大量地方志图书和档案，阅读了许多历史书籍及其他相关书籍，走访了许多专家学者和民间人士，还带着他的团队，不辞劳苦，跋山涉水、翻山越岭、穿越峡谷，千里迢迢地到华北、华东地区，到藏东南、川西南、滇西北等实地调查、走访，搜集资料，获得现场感受，启发灵感。他善于在学习、掌握各种资料，结合工作实际和需要的前提下，时时用心思考，勤于思考，有时甚至想得不思茶饭、衣带渐宽，从而才有了新的思路、新的主张、新的观点、新的办法。

黄先生的精神，除了使他知识面广博，富有真知灼见外，还使他在工作中有了许多创新、发明和创造。在恢复重建木府时，他发明了“六段式建法”，使得复杂的古建筑重建得以推进；在加工建木府的柱子等主要木料时，他提出了“丽江砍法”，使得宝贵的木材资源能够得到充分使用；在木府建筑物的油漆和彩绘过程中，他也发明了新招，使得重建的木府的雕梁画栋能够那样亮丽地呈现在人们眼前。实际上，整个木府的恢复重建，许多工作都具有创新性。这一切，读者诸君可以从书中细细品味和领会。这些创新、发明和创造，连许多专业人士也难望其项背，是一笔宝贵财富，可供后人和同行学习和借鉴。

正是这种勇于学习、善于学习和勤于思考的精神，使黄先生成了真正的杂家，成就了黄先生的不朽事业。黄先生的精神，是值得我们每一个人学习。

笔者相信，凭先生表现出的才能和潜力，如果让先生从事技术领域的工作，先生一定会成为优秀的发明家和创造家；让先生专门做一名历史学等学科的研究者，他一定会成为一名优秀学者，取得不俗的卓越成就。

四、有不少学术新观点和新意

黄先生虽然不是学者，但为建好木府，为传承纳西族优秀文化，为发展好自己的家乡，他花费了大量精力和心血，查阅、搜集和整理了许多地方史志和其他文献资料，还吃苦耐劳、不畏艰险到川滇藏的许多地方进行实地考察和调研。用他自己的话说，为恢复重建木府，为写作《木府通论》，他真是皓首穷经，“收罗天下文献，探寻木府旧事，考查探微旧址，展开了一次大规模的纳西族历史文化考究”。（《木府通论》第四卷首页）他深入探究了纳西族历史文化的许多问题，形成了自己的不少看法和洞见，使纳西族历史文化的研究站上了新的高度。先生对纳西族历史的一些见解，特别是关于木氏统治集团能长期保住一方强势地位的分析，无疑是有创新性、有新意、独到的，也为纳西族历史和川滇藏交界地区多民族历史的研究提供了新的思路和参考。例如，先生认为，元明时期丽江木氏土司集团能够崛起，使人数不多的纳西族能够成为明朝时川滇藏交界地区最强大的政治势力，成为明朝倚重的对象，是因为木氏统治集团能够审时度势，认清在周边存在多个强大政治势力的背景下，要在夹缝里面求生存，只有“率众归附”，拥护和依靠中央王朝，“守石门以绝西域，守铁桥以断吐蕃，滇南籍为屏藩”，精忠报国，才能很好地生存和发展的道理。这是纳西族统治者的一种生存智慧和远见卓识。（《木府通论》第四卷第三章）当然，木氏土司统治集团在明朝时期能够长期保持在川滇藏交界地区的强势地位，还与他们通过征战获得了具有战略意义的食盐和黄金两种资源的控制权，以及对被征服地区实施有效的统治手段有关。先生对明朝时期木氏统治集团拓展征战的研究，对那时木氏统治集团留下的政治遗产、经济遗产和文化遗产的分析和总结，也有不少新意。先生对木氏统治集团中木增等人的分析，同样有自己独到的地方。

先生对历史上的木府及其文化的理解，对丽江古城文化特点的概括和总结，充满自己的思考和睿见；对丽江古城复兴提出的建议，充满真知灼见，有不少可供借鉴之处；对恢复重建后的木府文化的解读，笔者认为恐怕没有人能够出其右；对电视剧的创作，也有独到见解，表现出了很强的构思、创作和欣赏能力。

五、保存了大量珍贵资料

为什么要恢复重建木府？为什么恢复重建出的是这样一座木

府？恢复重建出的木府有些什么创新和特色，耗资多少？恢复重建出的木府是什么性质的单位，如何管理和运作？恢复重建的木府有些什么文化隐含和深意？《木府风云》是如何诞生的？对于这些问题，虽然从考虑恢复重建木府到现在不过二十余年，《木府风云》的亮相更是仅过去几年时间，但许多档案材料和记录资料当时并没能留下，有些背景更谈不上有文字材料，就是留下的一些记录材料也需要及时整理才能让世人明白、知晓。

在《木府通论》中，黄先生以第一亲历者和见证人，也可以说是最权威的亲历者和见证人的身份，向我们真实地介绍了木府恢复重建的起因，获得世界银行贷款的经过和波折，重建的木府的历史原型，重建木府的图纸设计考虑因素和最终确定过程，木府恢复重建过程中碰到的种种焦虑、难题及其破解办法，木府重建的最终耗资，重建后的木府的性质及其对外开放，重建的木府的经营管理理念、团队建设、实际运作和进一步发展等问题。还用几乎一卷的篇幅，追述了《木府风云》从孕育经过艰难的创作到拍摄完毕，最后成功播出并产生广泛影响的过程。其中的一些细节和内容，只有黄先生一人能够向世人披露和提供，也只有他方能道明缘由和过程。因此，《木府通论》的公开出版，无疑在这方面回答了世人的种种疑问，为后世保存了一份永久珍贵的相关资料，让它们不因时间的久远而湮没在历史的长河中，成为后人的遗憾和无法解读的秘密。

书中还配了大量图片，其中很多是珍贵的，有的难得一见，资料价值很高。

当然，由于《木府通论》内容广博，涉及的问题、学科和知识非常多，加上黄先生年事已经较高，精力有限，不能再对书稿进行更深入细致的审核和修改，使该书也存在不足之处。

首先，文字风格不够统一，一些篇章的方言化、口语化色彩还较重。该书是以讲述记录整理、会议记录整理、现场讲话记录整理、采访记录整理、研究分析等方式写成的。因此，有的部分体现了学术研究的行文风格；虽经整理，有的部分口语化的色彩还是较重；有的部分方言特点还较突出。这些可能给读者阅读带来一定的不便。

其次，有的内容还有前后重复、叙述显得有些拖拉的问题。由于该书不同卷、篇章在内容上存在交叉，或需要前后呼应，造成了重复或叙述拖拉的问题。尽管编校人员在这方面已经做了大量处理，但由于考虑要尽量保存书稿原有的风貌和特色，加上时间有限，故这方面的问题在一定程度上还存在。

最后，个别观点和结论还有进一步推敲的余地。黄先生不是从事纯学术研究的，加上资料有限，书中涉及的学科较多，使先生提出的有些观点，还有进一步推敲的余地。先生本人也说过，他提出的观点，有些是在有限的资料基础上推论出来的。例如，先生认为木氏土司统治集团从蒙古南征大军“元跨革囊”时兴起，这是没有问题的。但是，木氏土司统治集团在兴盛时期实力到底有多大，在其统治的范围内如何实施统治、有效度如何，是可以进一步探讨的。

然而，些许的不足，并不影响这部内容宏富、亮点多多、新意满满、启发性强的厚重之作的重要价值和地位。

殷永林

2018 年 12 月于昆明

（作者系云南大学出版社总编辑）

序　二

在《木府通论》问世之际，作者提出要我作个序，真是诚惶诚恐，但作为全程参与木府恢复重建和《木府通论》书稿付梓的我，又想说上几句。

我有幸在黄乃镇总指挥的带领下，参与木府的恢复重建，亲眼见证了木府恢复重建的艰辛历程，各种辛酸非笔墨所能透言。木府的恢复重建，凝聚了黄院长太多的智慧和心血！有心人，天不负。作为木府恢复重建的总指挥，他攻坚克难，最终将历史上的木氏土司府建筑群在原址上完美再现！

二十年风雨兼程，木府走出了一条属于自己的发展道路。木府恢复重建至今，黄乃镇院长从未停止过对丽江文化的思考和研究，继木府恢复重建之后，他又与著名导演、演员于荣光主创了讴歌纳西族民族精神的四十集电视连续剧《木府风云》，该剧相继在中央电视台电视剧频道和综合频道黄金强档热播，收视率连续压冠，好评如潮。

记得有一次，我陪同国家文物局原局长张文彬参观完木府后，他感叹道："黄乃镇院长将一座土司府恢复得如此惟妙惟肖，实属不易！"由此让我联想到了北京大学黄源老师说过的一句话："建筑可以成为讨论文化问题时的背景，也可以作为文化研究对象本身，用以反映不同时期的文化进程和时代主题。"而恢复重建的木府建筑群恰好担当了这一使命。即将问世的《木府通论》就是将木府的建筑及其承载的民族历史文化逐一为读者进行揭秘。

对于《木府通论》，我只有心存敬畏，不敢评头论足。当年木府恢复重建的过程中，黄院长反复说过："我们要对历史负责。"我想他就是本着负责任的态度，用二十年的时间完成了《木府通论》的。让我们一同期待，继木府恢复重建、《木府风云》问世之后，黄院长给丽江文化的又一精彩呈现！

陈桂云

2018年10月于木府

［作者系丽江古城博物院（木府）院长］

导 读

历经二十年孕育及分娩前的阵痛，《木府通论》终于在平静如水的晨光中脱颖而出，一切都来得如此稳健，甚至令人有本该如此的感觉。

一、关于书名

本书取名为《木府通论》，是经历了数次讨论、反复斟酌才敲定的。

本书曾取名为《木府》《木府春秋》，后改为《木府恢复重建事略》，再后来改为《木府前世今生》《木府演义》《木府统论》等等，但总感觉不是很满意，无法清晰地表达作者的本意。后经数次讨论，广泛查阅资料，可谓皓首穷经，最终确定为《木府通论》。何谓“通论”？其义有二：一曰贯通诸说之言论；二曰通达之议论。本书取名《木府通论》的目的，就是对木府的前世今生和纳西族史事进行通达论述，是对纳西族历史的新论，而不是对纳西族历史支离破碎的表述和连篇累牍的重复。本书阐述和回答了为什么说木府是纳西族的“半部史”。这“半部史”不是现有史料上的翻新，而是弥补已有的纳西族史之不足，真知灼见地提出纳西族发展的智慧之光，使纳西族历史更加清晰和翔实，对现实的关怀作用更加突出。内容决定形式，内容决定书名；书名彰显内容，书名点亮书魂。本书涉及内容之丰富，论述问题之宽广，不是以“木府恢复重建”这样的标题可以囊括其中的，也不是“木府前世今生”这样的标题能统领的，我们甚至觉得，不取“木府通论”这样的书名，就不足以释放民族的情怀，不足以彰显民族的担当，只有这样的书名方能真正实现内容与形式的完美统一。

二、本书的特点

本书以回忆、会议记录整理、采访记录整理、讲述和论述等形式来行文，是对传统“通论”的一次突破，与本书标新立异的内容相呼应。以讲述的形式行文的一大优势在于通俗、平实，有真实感，用这些语言来表达深厚的哲理，或是讲述一时一事之前因后果，把复杂的问题简单化、明朗化，这也算是学术表达的一次创新。从大的角度说，古来圣贤皆多以平实的语言讲述来论证和辩明是非，以讲述的形式来论证事件的原委，往往更能引人入胜，让人明白事理。本书文字叙述平实无华，没有刻意的辞藻堆砌，也没有采用晦涩难懂的骈文来提升文采，而是用普通得不能再普通的话语来阐述木府恢复重建及纳西族历史发展的核心问题。可以说，这种表达方式是妇孺皆知、深入浅出的。文中所含的意义和内容，则仁者见仁、智者见智，不同阅历的人会有不同的感悟和体会，我们不求获得各界的一致赞许和接纳。

本书的另一大特点是信息量丰富，涉及面广，有些提法为首次出现，使人耳目一新；有些提法似乎旧事重提，实则阐述新论。在木府恢复重建过程中，木府人有不少的发明创造。例如，“丽江砍法”就是在木料加工上实现因材施工，各尽其用；“功能分区法”就是从建筑功能来划分古建筑区域，解决古建筑的顶层设计问题；堪称中国古建筑一绝的“六段分解式”，就是把一幢房子分解成基础、大木作、瓦屋面、墙体、小木作、彩绘六部分，这样不仅大大节省了建造预算，更缩短了工期，同时又保证了建筑质量，使迫在眉睫的一系列问题迎刃而解。木府砖瓦烧制法，就是用特殊的砖瓦烧制技术解决木府有别于民舍砖瓦的特色问题。这些都是逼出来的智慧，也是木府恢复重建过程中的一份遗产，更是赠予全世界人民共享的一份遗产！

大胆的设想和严谨的推论是本书的第三大特点。面对木府恢复重建这么大的一个文化工程，我们手头没有可以借鉴的范本，也找不到直接参照的蓝本，仅有零星的几句话可作为依据。为此，我们的思路是从已知点推导出未知点，形成新的已知点；再从新的已知点推出新的未知点，由点到面，逐层推开，完成木府恢复重建的大任；用数理逻辑的思维，推导出历史时期的木府模样来；结合全国古建筑修建的规制，融入本土建筑特色，从而建成具有地域特色的古建筑群。

本书的第四大特点在于采用了方法论和实践论。木府的恢复重建不是先有理论再去找事实，而是在找事实和多次实践后得出适合木府发展的生存发展理论。这种没有史料可陈的古建筑的恢复重建，本身就是史学界和建筑学界的一个难题，一个国际性的难题，只有通过不断实践，才能找到一条适合自身发展的道路。通过木府恢复重建，才找到木府的生存之道，木府工程可谓是一个恢复性研究工程。纵观各篇章，都反映出活生生的方法论和实践论，具有对古建筑恢复及科学性发展的指导意义。

三、本书的内容

本书以卷、篇、章的形式来组织，共分五卷，卷不取标题，每卷由二至三篇组成；根据内容，每篇取一个简洁标题；篇下设章，章的数量和内容不求完全的对齐、平衡。

第一卷由“大任落肩”“上下求索”“恢复重建”三篇组成，从时间和事件发展的逻辑上来安排。重点回忆和讲述木府恢复重建的心路历程，篇幅宏大，内容丰富，智慧频闪；从恢复重建前的准备到建设，波澜起伏，跌宕不止。

第二卷由“木府管理”“木府内涵”“木府‘首维’”三篇组成，是木府强化内功的结晶。如木府管理中建立的免费讲解服务，虽增加了木府运行成本，却收到了成倍的社会效益和经济效益，让木府成为宣传丽江文化的一个重要阵地。

第三卷由“木府文化”“木府古城”两篇组成，这是木府文化理论阐述篇章，分量重，从艺术风格的角度谈到木府形象的树立，从文化理论的角度谈到木府灵魂的塑造，把木府文化与纳西族文化融为一体，在纳西族历史文化洪流中形成了连绵不断的山峰。

第四卷由“木府前世”“木府武略”“木府遗产”三篇组成，多为纳西族历史文化新论，从土司文化延伸到西南地区文化，从纳西族历史扩展到周边民族关系，从中推衍出纳西族生存的智慧之光和韬光养晦的定力。

第五卷由“《木府风云》”“木徐友谊”两篇组成，倾力于揭示电视剧《木府风云》的成功之处，十二年打造一部电视剧，绵绵用力，久久为功。同时用力于“徐霞客与木府”这一主题，阐述徐霞客之于木府的意义、木府之于徐霞客的意义，推衍出民族和谐和民族团结的主题。

后记简述编者对本书材料（素材）处理的过程，向本书成书过程中给予大力支持和具体帮助的领导和其他单位、个人致谢。

四、本书写作的初衷

如果按照常规套路，写一部木府恢复重建的纪实性图书，写到第二卷就差不多了。然而，本书不厌其烦地论述木府恢复重建，不是为增加书的厚度，而是要增加书的质量和使命。木府承载的不仅是木氏土司时期的纳西族历史文化，更多的是承载了纳西族的过去，启迪纳西族发展的未来之路。自汉代以来，纳西族就出现在正史中，活跃在中国历史舞台上。汉代，纳西族聚居于川西南富庶的盐铁之利区域，足可以雄霸一方；唐代初，纳西族先民聚居于丽江，到元明时期，富可雄霸一方。然而，纳西族恪守自律，从未有自立门户之心，也没有称王称霸之举。这就是纳西族的一种生存之道，不仅历史上如此，现实亦如此，未来何尝不应该是这样的一条生存之道。在丽江发展史上，木氏土司的发展历程便是其中的一个高地；纳西族为人处世的“和合”思想以及善于兼收并蓄的秉性，成就了今天丽江发展的大势。这些智慧对现实具有“资政”“通鉴”的功能，成为丽江为官者必读的史诗。

木府恢复重建的大业貌似完成，实则才是起步。木府承载了太多的责任和使命，需要重新填写纳西族历史文化的空缺，需要添补纳西族历史文化的薄弱环节。木府既是“木氏土司”和“丽江军民府”的结合，又是一个创新名称；木府承载了历史上木氏土司府的文化，也承载了纳西族历史文化，更昭示着纳西族未来发展的智慧思维。只有把木府融入和浸泡在纳西族发展的历史洪流中，木府的历史和文化才有生命力，才能成为纳西族历史文化高地上的高峰。

五、本书的线索

本书以作者黄乃镇先生讲述的口吻来行文，并非宣扬黄先生的丰功伟业，实则借他之名来阐述木府和纳西族的历史文化。因此，要特别说明的是，本书不是作者的“传记”，也不是“功勋录”，没有必要用五卷本、近百万字来“做样子”，而是借用作者的口吻来阐述宏大的纳西族发展历程，阐述并揭示纳西族的发展智慧——文化的力量。

此外，本书还有另外的一条线索，那就是木府，以木府为原点，阐述历史上木府相关的人和事；以木府恢复重建为原点，阐述纳西族的发展史；以木府运行管理为原点，阐述纳西族和丽江的未来。本书所有问题都围绕木府而展开，让黄乃镇其人始终奔走其间。

六、其　他

考虑到本书出版发行的方便，文中涉及的官员名字都采用了大写的首个拼音字母来代替（如张三，用“ZS”来代替），其他人名字根据需要也偶有用拼音字母来代替的情况；行文中对话部分尽量保留原貌，保留回忆录的特点，使人有身临其境的现场感，从而易产生共鸣。

总 目 录

第二卷

第三卷

第四卷

第五卷

目　录

引言　凤凰涅槃

1999年2月2日，即农历十二月十七日，丽江的老百姓忙于迎接春节的到来，早晨的空气中还带有一丝丝寒意。在世界文化遗产地丽江古城，木氏土司府旧址正举行木府恢复重建竣工典礼！古城民众闻风而动，万人空巷，上万人摩肩接踵，聚集在木府议事厅前的广场上。作为恢复重建项目的总指挥，我在典礼上做了题为《凤凰涅槃》的致辞：

“今天是木府工程竣工之日，大家欢聚一堂，热烈庆祝，心情十分激动。三年前，在神秘的指云寺，丽江纳西族自治县县委、县政府把大地震后木府恢复重建的任务交给了我们。三年来，我们经历了两个阶段。第一阶段是要找足木府恢复重建的理论依据，拿出明代晚期‘仿紫禁城而制’的木府复原图。在这个过程中，我们翻阅和研究了大量的府志、县志，追踪木氏家族历史痕迹，进行现场勘察，开展考古研究，历时一年半，拿出复原图，使施工有了依据。第二阶段是木府施工阶段。木府工程由59个单体工程组成，这些工程既有独立性，又有统一性，‘钩心斗角’，施工难度很大。但木府建设者以坚毅、执着的精神，克服了重重困难，使木府工程得以顺利完工，完成了县委、县政府交办的任务。因为像木府这样大面积恢复古代建筑的工程，无论在近代中国，还是世界上都是罕见的。因此，不免会出现一些漏洞，请大家游览参观后给予批评指正。民间盛传，木府的石牌坊和所有房子都是神仙造的，事实胜于雄辩，我们复原了明代晚期的木府，它现在就摆在大家面前。事实证明了它不是神仙造的，而是中国共产党领导下的丽江人民造的！

“这座植根于纳西人灵魂深处的木府，在清雍正元年后渐行渐消，成为数代古城人的伤痛和纳西人的心结。在迎接新世纪的同时，纳西人迎来了心中的木府，也迎来了纳西族发展的新历程。此时此刻，只有我和我的团队在内心深处懂得，今天恢复重建的不仅仅是一座古建筑群，更是根植于纳西人灵魂深处的历史文化高地，由此掀开了木府鲜为人知的

图1-1 木府恢复重建竣工典礼

图片来源：木府提供

文明进程，也揭开了纳西族发展历程中通透的智慧之光。

“借此机会，向关心、支持木府建设的丽江地区、丽江县①四套班子，省、地、县世行办、财政、计委，各施工队，丽（江）、鹤（庆）、剑（川）的能工巧匠们，表示衷心的感谢！”

① “丽江”一名缘于元代至元十三年（1276年）设置的丽江路，后改为丽江府。乾隆三十五年（1770年），下设丽江县。中华人民共和国成立后，设置丽江地区，1961年成立丽江纳西族自治县，属丽江地区；2003年初，丽江撤地设市，丽江地区改为丽江市，原丽江纳西族自治县分为古城区和玉龙纳西族自治县。因木府恢复重建和发展刚好在这个行政区划变动时期，行文中多有交叉使用丽江地区、丽江市，丽江县、古城区、玉龙县，又不好统一在现在行政名称上，特此说明。

大任落肩篇

斗转星移，时间滑落到20世纪的末梢，在中国大地上，改革开放政策已经推行了十余年。然而在西南边地的丽江，仍有一丝“阶级斗争”的习惯性观念在喘息，尚有人在议论木府的“阶级性”，木府恢复重建就是在这样的嘈杂声中开始的。在这样的大背景下，木府恢复重建也就注定了议论纷纷伴随全过程。木府恢复重建，有很多稍纵即逝的机缘巧合，“机遇是只给有准备的人准备的”，木府人善于创造机遇，也善于抓住机遇。木府人面对远胜于自己设想的困难，鼓足干劲，启程了。

作为一个纳西族的后裔，又常年在丽江教育和文化战线上工作的我，对本民族文化和木氏家族历史，可以说情有独钟。小时候，我就在丽江古城长大，那时古代的木府已毁，只剩下关于木府的诸多传闻。明代木府建筑群中，唯一完整留存到中华人民共和国的就是忠义石牌坊，但它也在“文化大革命”十年浩劫中被捣毁了。那时我还年少，跟着大人去看造反派砸石牌坊，看得还很兴奋。可是，谁会想到，多年以后，我会为重建石牌坊、恢复木府往昔的雄姿而殚精竭虑、皓首穷经呢！更想不到的是，所遇到的困难难以想象，屡次面临身败名裂的危险，我经常说的“倒了八辈子霉”并非虚言。

第一章　参与申遗

1995 年 5 月，丽江出了一件大事、喜事、好事，奋斗了多少年的丽江机场可以通航了，真是万众欢腾，令人高兴不已。为了庆祝丽江机场的通航，当时丽江地委、行署和丽江纳西族自治县的领导们决定举办一场大型文化活动。具体实施这个工作的任务就落到了丽江纳西族自治县的头上。当时，HJP 是丽江纳西族自治县县委副书记兼宣传部部长，由他担任总指挥。我是丽江县文化局局长，参与了这次庆典活动的组织工作，积极配合他的工作，全力以赴地投入到了那场机场通航庆典的实际工作之中。

图 1－2　丽江机场通航典礼

图片来源：木府提供

经过一段时间紧锣密鼓的准备，通航那天如期举行庆典活动。在丽江来说，算是大型的广场文艺演出活动。HJP 是总负责，我是现场总指挥。那天，我的心一直是揪起的，就怕有个闪失。面对这么一件大喜事，要是万一有个闪失，我是愧对江东父老的。这场活动从序幕开始，一幕接一幕地展示、演出，进行得非常顺利。活动终于完美收官了，压在我心头的这块大石头也稍微轻起来，我的心情也稍微放松下来了。

第一节　邂逅申遗

正在这时候，我从文化局办公室主任手里接到了一封电报，电报是云南省文化厅直接发给丽江县文化局的。我接过电文匆匆一看，大概意思是说，再过十来天，北京要召开世界遗产预选名录的专题会议，要丽江县做好充分准备。从机场庆典那天算起，我算了一下时间，只剩下 10 天了！也就是说接到电文的 10 天后，北京要召开一个决定丽江古城能否列入申报世界文化遗产预选名录的专家讨论会①①，为此，要求丽江一定要到会并作情况汇报。

“世界文化遗产”这个专有名称，当时对我来说还是相当陌生的一个词语，但是直觉告诉我，可能这是一件不得了的大事！我思考片刻后又认为，丽江能否成为世界文化遗产，可能还需要翻越许多座大山、蹚过许多条大河吧！就是说难度很大。丽江古城的前途会怎么样呢？能否一举成功呢？当时我的心情还是比较复杂的。但毕竟这是一件大事，这种事情懈怠不得，所以我就匆匆离开典礼现场，拿着这个电文直奔丽江县委大院，直接冲到当时的丽江县委书记办公室。我把电文拿给县委书记 XY，他一看这个电文，简直是高兴坏了。他一拍大腿就说：“这是丽江人民的一件大事，好事!”这件事情容不得半点马虎，眼看时间很紧，任务又很重，所以他当场就叫了几个人来，紧急召开了如何完成这件大事的专题工作会议。他还亲自打电话通知城建局，要城建局局长 ZH 到他那里来开个紧急会议。因为电话催得相当急，城建局长 ZH 也就急急忙忙地赶到了他的办公室。我们三个人坐在一起，商谈这件事情，就是说如何把这个工作做好。会上，我心里还是有点犯嘀咕。我就说：“如果我们丽江古城能够变成世界文化遗产，那就太好了。但问题是中国那么大，以一个少数民族为主的边地古城，加之看起来又破破烂烂的，能不能列入

① 丽江古城申报世界文化遗产，源于 1994 年 10 月的滇西北旅游规划现场办公会，会上提出“发展大理、开发丽江、带动迪庆、启动怒江”的旅游开发战略思路，并确定了丽江古城申报世界文化遗产的任务。次年，此项任务就得到了落实。

国内申报的清单?”我直接地表明了想法，很没有把握！当时，ZH 局长也没有表态，县委书记却很乐观，他说：“我们古城文化底蕴深厚，又保护得这么好，我看列入国内清单是不会有多大问题的，肯定会成功的，你们就放心吧。目前最关键的是要尽快地做好一系列的工作，按他们的要求把工作做好。”然后，他就安排起具体的工作来。

文化厅来的电文里提到，到京参加论证会的丽江代表，一定要带一些相关的资料，特别是要带一盘反映丽江古城的建筑面貌、所处环境以及文化特色的录像带。要带这样一盘录像带，让专家们从影像的角度直观地感受丽江古城的现状和历史发展脉络，重点要讲一下丽江古城的一些特别的地方，要特别强调一些历史文化，还要涉及古城其他方面的内容，等等。除了这盘录像带外，还要带一些相关的资料，比如地方政府对保护古城做过哪些安排、指示，特别要提及从政府层面对古城提出的一些保护意见，如有没有发布过一些保护古城的文件之类的东西，这些就是急需准备的文字资料。分析了电报的具体内容后，接着他开始分配工作：城建局手头还有一点资金，差旅费和其他有关的支出就由城建局负责。文化局嘛，拿不出什么钱来，就干点不花钱的事，要求在最近一个星期内一定要录制好一盘介绍古城的录像带。他问我们两个能否完成?我们都说一个星期以后回复他。他特别强调，文化局一定要把那盘录像带拿出来。我临走之前谦虚地跟书记说：“书记，我刚刚从教育局调到文化局来当局长，对文化的有关情况我还不怎么熟悉，是不是派另外一个人跟你去?”他很乐观，说：“哎呀，老黄呀，这种好事你都不去，那你说你算是什么人呢？你不用担心，肯定会成功的。我们一起去争取这份荣耀嘛！所以就不要再犹豫了，最佳人选就是你啦！”我二话没说就回去了，埋头去完成交给我的这项艰巨的任务。

我回到局里面，机场通航庆典刚刚收尾，大家都还想自己再庆祝一下。但由于参加北京的申遗预选名录专题会议来得太突然了，来不及再庆祝和表彰有功人员了，我们就去准备录像带的事情了。要求一个星期内拿出介绍丽江古城的录像带，而且要拿到专家论证会上去展示，万一录像带出了问题，你说怎么办呢？那是罪过啊！当然，成功申报了以后对我们有什么好处，对古城有什么好处，我们一时也说不清楚。直接的一个好处是带来丽江旅游热，但这种状况当时是没有预料到的。我们当时的想法是，会有什么好处呢？是否会得到一些钱或者得到一些古城的保护费用呢？后来又想到这些在当时而言可能是难搞到手的。我们甚至联想得很远，比如想到一旦发生世界大战的话，估计任何一个敌国都不敢把原子弹丢到丽江来。你把原子弹丢到世界文化遗产上，那还得了？那是要遭到全世界人民反对的。这样非常淳朴的一个想法，就全当作开玩笑说说了。

随后，我们就在局里着手制作录像带。但是压在我们心头的这盘录像带是沉甸甸的，我们真有点拿不起、扛不动的感觉。既需要一丝不苟，又要全面反映。怎么办呢？我就请丽江最好的“笔杆子”写了一篇介绍丽江古城的文章，文体是说明文，介绍丽江古城的前世今生，介绍这个未来有可能成为世界文化遗产的丽江古城的方方面面。说实在话，一个论证会就几个小时，谁会耐着性子，很耐心地去听你的那种长篇论证？简单一点都可以，但是要说得清楚而且通透，说得要有原则又要有科学依据，说得要让人有信服感。做了一系列的安排之后，我们就请创作人员到位，进行集体创作，要求这篇文章在一天之内就写完。文化局里人才济济，我就让几个人去写这篇说明文。当天他们就完成了这个任务，我看了觉得还不错。然后，我们又请来丽江最好的一位播音员来朗诵丽江古城的这篇说明文。录音也是折腾了好几次，最后拿出的录音带是非常完美的。播音员音质也相当好，银铃般的声音，特别是口齿清晰。那篇说明文层次、条理清晰，涉及历史、文化各方面，写得相当好。这时候他们问我，按照你的意思，说明文也写出来啦，播音员的播音也录出来了，那下面怎么办呢？

我就要求他们“挖地三尺”，把所有介绍丽江古城的录像带全部拉到文化馆里面来。当时 LX 是博物馆的馆长，他也起了很重要的作用。于是，我动员文化局所有的工作人员，从丽江的四面八方，用五眼篮子一篮一篮地把介绍丽江古城的磁带背到位于黑龙潭的文化馆里面来！

我们组织了一批专家专门看那些录像带，把我们所能找到的录像带都给他们看了。请他们找最能反映丽江古城的镜头，一边看一边找，把最精彩的镜头都收集到一个专用的录像带里面。然后，又组织一批人看初选出来的录像带。这一步走得相当科学，不然，一个星期你要去制作一盘申报世界文化遗产的录像带，那是不容易的，也是不可能做到的。当时我们的安排、布置，一步一步走的路我看还是走对了。查阅录像资料时，大家不分白天黑夜地工作，实在饿了就啃个面包，困了就躺在沙发上打片刻的瞌睡，反正是不准回家了。看了以后，来参加制作这盘录像带的所有人的脑子里面都装满了丽江古城最精彩的、最能展示古城的、有资格拿到中国“最高殿堂”的专家会议上的录像，准备把最好的镜头全部有序地衔接起来，然后再拿出来给专家们看。经过三四天的努力，大家都已把这些镜头装在自己的脑子里面了。不分昼夜地干到第五天，我们就进行归纳，对所有的镜头做归纳，归纳的标准就是以那篇说明文为线索，那篇说明文里说到的内容，我们都配上相关的镜头。大家坐在一起，师傅在那里操作放录像带，然后大家就看。当说明文里说到，从丽江古城的坐向来看，背靠狮子山，狮子山把西边的寒风挡住了，镜头也就转向狮子山，从狮子山山顶到山脚的镜头就出来了；当说明文里讲到古城由东河、中河、西河三条河流流域共同组成，镜头也就出现了三条河流沿线房子、景致；讲到古城的布局，镜头也跟进。总之，我们的镜头是一路随内容推进的。有时候文章里提到的内容，录像带里找不到对应的镜头。没有的镜头怎么办呢？就现场派记者赶紧去补拍，拍摄回来如果不怎么好，又继续去补拍。这样补拍的镜头占了30%左右，而且是派了很多记者兵分数路去拍摄出来的。根据镜头的需要，比如说炊烟袅袅这种镜头，只能是在特定的时间去拍，才能拍出效果来，给人一种美感。所以说，那些天记者们很可怜，回来说是跑断腿了，回到我们办公室就东倒西歪的。经过没日没夜的奋战，一盘介绍丽江古城的完美的录像带就做出来了！做出来了以后，时间已经过去了一个多星期，离出发去北京的时间就只剩下两三天，我马不停蹄地拿着录像带到丽江县委县政府去汇报，让领导们审查我们的录像带。领导们看了很满意，一锤定音，决定就用这盘录像带，要求多录制几盘。这盘录像带是弄好了，其他的资料准备得如何了呢？

当时，丽江纳西族自治县人大制定过一个保护丽江古城的条例，从法律的层面告诉居民要好好保护古城，内容涉及“几不准、几不要”，恰好有这么一个人大的政策法规。一盘录像带、一个古城保护的法规，我们文化局要准备的材料就这些了。所以说，在申报世界文化遗产方面，丽江县文化局的确是立下了大功劳的。假如那一次丽江古城进不了国内遗产清单里边的话，就更不可能进入世界文化遗产的清单了。

第二节　接受评审

随后，我们就匆匆出发了。代表云南省去北京汇报的是：丽江县县委书记、丽江县城建局局长、丽江县文化局局长、云南省文化厅文物处处长。我觉得他们都是功臣。到了北京以后，通知我们住在京西宾馆，专家论证会就在京西宾馆举行。论证会由国家文物局 Z 局长主持，第一个环节是让丽江来的同志介绍丽江古城的基本情况。XY 书记首先介绍了丽江古城的始建年代、发展情况以及民居情况，介绍了古城的水文化、石文化，还介绍了从丽江走出的很多名人。省文化厅文物处处长很是敬业，他从文物的角度看丽江的悠久历史，说丽江古城保护得好，他本人也极力推荐将丽江古城列入国内清单。轮到我讲了，讲什么呢？不用讲了，我拿出准备好的录像带和保护丽江古城的政策法规给专家们看。开始播放后，我特意观察了一下，专家们眼睛都不眨一下，全神贯注地看我们的录像带内容。这盘录像带在论证会上简直是太出彩了，为后面的讨论奠定了坚实的基础，再配合法规内容的展示，专家们只有点头的份了。参加这个论证会的专家有哪些人？级别都非常高：郑孝燮，中国古建筑研究专家，他是属于泰斗级的人物，他说的话是非常有分量的，他还是建设部的古建筑专家。建设部那边的专家还有阮仪三，上海复旦大学的教授，国家文化遗产保护领导小组的组长。国内著名的古建筑专家罗哲文，文化部的专家，他是坚定地和我们站在一起的。他是把文化和古建筑融合在一起进行研究的专家，是著名的建筑学家梁思成的学生。这些专家在电视里面能经常看得到。国内的泰斗级专家坐在一起评论丽江古城，评论的结果是：这个以少数民族原住民为主的城市，是中国唯一的，在世界上也是独特的。虽然有些人没有到过丽江古城，但个个都说看了这盘录像带感觉非常好。当时郑孝燮没有到过丽江古城，但是看

云南省丽江历史文化名城保护管理条例

（1994 年 3 月 26 日丽江纳西族自治县第十一届人民代表大会第二次会议通过　1994 年 6 月 2 日云南省第八届人民代表大会常务委员会第七次会议批准）

第一章　总　　则

第一条　为加强对国家级丽江历史文化名城的保护与管理，弘扬民族历史文化，促进社会主义物质文明和精神文明建设，依据宪法和有关法律、法规，结合丽江纳西族自治县实际，制定本条例。

第二条　丽江历史文化名城保护和管理的范围，包括丽江纳西族自治县辖区内具有历史、艺术、科学价值的大研古城、古建筑、古文化遗产遗址和风景名胜园林。

第三条　丽江历史文化名城的保护管理，坚持抢救第一、保护为主的方针，在保持历史文化名城原来总体布局、形式、风格特点的前提下，进行城市建设总体规划和必要的保养、维修、改造。

第四条　丽江历史文化名城的保护管理，实行统一领导、分级负责和专业管理与群众管理相结合的原则。

丽江纳西族自治县人民政府设立丽江历史文化名城保护管理委员会，负责统一管理，协调有关部门的管理工作，保护管理委员会下设办公室，负责处理保护管理的日常工作。

乡（镇）人民政府根据工作需要，可以建立相应的保护管理机构，负责本辖区内的保护管理工作，其具体工作职责，由丽江纳西族自治县人民政府制定。

第五条　县、乡（镇）人民政府要增加历史文化名城建设与保护管理经费的投入，同时通过各种渠道筹集保护资金，设立历史文化名城保护基金。

图 1－3《云南省丽江历史文化名城保护管理条例》节选

图片来源：木府提供

了录像带感觉非常好，说看得出来丽江古城保护得非常好。好像现代建筑渗透到古城的现象开始出现，但是不多，说明你们很早就有一种保护意识了。阮仪三先生坐不住了，站起来说：“我去过两次了，我带着相机去拍照，我觉得这边镜头好，咔嚓拍下来了；转个身又见到一个想不到的镜头，我到丽江古城就是嫌胶卷带得少了。”专家们都说好。我参加了会议，直到现在，会议的场景依然历历在目。在进行充分辩论的环节，专家们唇枪舌剑地干起来了。

那次会议上，其实要讨论的是丽江古城和平遥古城是否列入国内清单的问题。说到丽江古城，专家们都说把丽江古城列入世界文化遗产，他们举双手赞成。至于说到平遥古城，还是有些不同意见。郑老在专家会上提出：“我同意把丽江古城列入国内的清单，我举双手赞成，我没有去过丽江古城，但是刚才听了介绍，又看了录像带，又有丽江县人大颁发的保护条例，不给他们那就说不过去了，我同意并举双手赞成。但是各位专家，你们也想一想，平遥古城还是要列进去，一个是以少数民族为代表的丽江古城，一个是汉族文化的平遥古城，那就全面了。平遥古城不列进去，那中国就只剩下一个少数民族的世界文化遗产古城了。”最后的结果是，丽江古城以百分之百的赞成票列入国内的清单，向世界文化遗产组织递交正式申请书。

在辩论的过程中，有些专家从历史和文化的角度，对丽江古城提出了一些非常中肯的意见，这是我们意想不到的。郑老说：“我看了录像带，听丽江来的同志介绍，丽江古城是按照一个八卦图的形式组织起来的，录像带里也有类似的一句话。”他提出不同的看法，认为丽江古城的整个结构，从俯瞰的角度来看，通过看录像以后找到感觉了，绝对不是一个八卦图布局，不是这样的一个组织方法。丽江古城的建筑风格是一种自由式的组织方法，丽江古城的美，是一种高低错落、依就地势、钩心斗角的自由式的结构之美。整个丽江古城的组织形式就是一种自由式，他说，这点可以盖棺定论啦！这是郑老最振聋发聩的话。我在会上听了这些发言，对他是充满了无限的崇敬，我甚至想，这个专家的说法跟我平时的想法似乎一致，我一直说丽江古城的组织结构是自由式的。而且，郑老更进一步地对这个结构进行了说明：“但凡一座城市的组织结构是不宜用八卦的。古代建筑形式，自从中国有城市以来，完全是受制于礼制、皇权思想的影响的一种组织形式。你假如另辟蹊径，另辟一条路走的话，那是违反古代的营造法，违反古代营造法的后果是要被杀头的，所以有些话是不能乱说的。”专家们还提出，但凡一座城市，都应该有它的政治中心、经济中心和文化中心。一般就是以衙门、土司府这样的建筑来代表城市的中心。郑老就问了："你们的这个中心，特别是政治中心在哪里？所谓的政治中心，如果是土司统治的话，就是土司衙门了嘛，是流官统治的话，那就是流官府了嘛！究竟这些地方又在哪点呢？"这些尖锐而中肯的问题，我们是始料不及的。当时我们去申报的时候，丽江古城里没有土官府，也没有流官府。以前的建筑都被毁了。他的问题提得相当好，我就连忙指着地图向他介绍了木府所在的位置。他一看，哎呀！那个地方钢筋混凝土的房屋林立，还有一个铁丝网横冲直撞的，真是个败笔。丽江能否成为世界文化遗产，在这些方面说不定会受到负面影响。一个没有灵魂和没有政治中心的城市是一个什么样的城市？我们解释说，改土归流以后，政治中心就移动到流官府那个地方去了，可能当时土官府就慢慢地在岁月之中消失了。"好，你既然这么说的话，你们的流官府呢？"他就是这样直接地追问。我们只好说，流官府也在政治运动中荡然无存了。在那一次申报世界文化遗产论证过程中，这两点就是缺憾。有专家甚至提出来，丽江古城是一个没有中心和灵魂的城市，要申报为世界文化遗产，因为缺失这两个重要的内容，令人担忧，怕因此而评不上。我们也忧心忡忡起来。

我们实在为这两个问题担忧，但是不管怎么担忧，丽江古城都已经是列入国内清单了，专家都同意了嘛！我们口头上说是管它是什么结果，反正已经到这个份上了。这些话显然是自我安慰，我的内心还是担心的，而且是越来越担心起来。郑孝燮先生说："但凡一座古城，按照一定的营造法来建设的话，应该是这样：城市中心应该是十字路口，衙门所在地就是十字路的交叉点，出入的道路都是笔直的。不是有一句老话，'衙门衙门大大开，有理无钱莫进来'嘛，而且衙门的大门一般都是朝南开，但是你看，你们的那个流官府既然是汉文化的风格，它就不能这样。十字路呢？你们还带来一些地图，流官那边十字路还是非常明显呢！反过来古城的西南角没有十字路。十字路事实上是一种汉文化的影响，流官来了以后，丽江才出现十字路，这就是汉文化。还有，流官来了以后，一个城市里面的文庙、武庙相应要建起来了，儒释道合并在一起了嘛，这些文化规律都要有。"他还问："这些东西有没有？"我们只好生硬地回应说："有有有，只是毁的毁，破的破了。"他建议我们在这方面要好好地去考虑。他就讲了这样的一些问题。因为我有幸参加了这样的论证会，所以好些方面的理念就根植于我的脑子里边了。不管怎么说，我们几个人都是非常高兴的，反正丽江古城是进入世界文化遗产名录国内清单里面了，虽然还没进入世界遗产的名单里边，但是已经列入国内清单了，第一步是一定要列入国内的清单，因为只有列入国内清单，才有资格申报世界文化遗产。至于最后评得上评不上就要靠天运了。

第三节　搜城寻心

通过那一次京西宾馆的专家论证会，丽江古城被列入世界文化遗产名录国内清单由梦想变成现实，离以后冲刺世界文化遗产目的地也比较接近了。当时我思绪万千，专家们在那一次会议上对丽江古城的高见、评论久久萦绕在我的耳旁。回来的路上，我想得特别多，从盲目地认识丽江古城发展到理性地去认识丽江古城，我感触最强烈的是整个古城的结构形式是自由式的观点。还有两个很重要的问题，一是丽江古城的两个中心点引起了我的注意，一个点是土官府，虽然那个时候已经消失了；还有一个是流官府。这是一座城市的心脏，是灵魂。最重要的两个"灵魂"已经消失了，留下了很多很多的遗憾。二是不仅是这个遗憾，两个这么重要的地方，从当时的情况来看，钢筋混凝土的房子林立，有些地方是残垣断壁，还有些地方是污水横流、杂草丛生，给古城蒙上了阴影。说不定这两点还会影响到整个古城申报世界文化遗产。回家的路上，当时 XY 书记、ZH 局长和我三人争论不休，争论的焦点是这几个"怎么办"：要是说恢复，又没有那么多的资金，但是不整改一下那几个地方，钢筋林立的现状与世界文化遗产所要求的古建筑就极不协调。最重要的地方与整个古城极不协调，真的是丢人现眼。记不清是谁在路上就提议说，如果我们能够恢复土官府、流官府就给它恢复一下。当时就有这样无意中的提议，哪怕是不恢复，在这两个显要的地方，钢筋混凝土的房子也绝对不能存在，要铲除，不论花多少钱，一定要铲除掉，因为最吸引人家眼睛的就是这两个中心。从整个区域划分来看，土官时期的政治、经济、文化中心在古城的西南角，中心在木府，所以恢复木府是属于土官府衙的范畴。到了流官时期，古城的政治、经济、文化中心就慢慢东移，移到东北面五一街这一区域，先后建成了文庙、武庙、雪山书院。随着后来的历史演变，古城不断扩展，土司府这边一蹶不振，而流官府那一边变得相当繁荣。要完整地表现丽江古城很长的历史时期的文化，那么土官的要有，流官的也要有。事实上，当时提出这个问题，当然是我们丽江内部在这些方面的呼吁。如果既有土官府又有流官府的话，那么土官府改土归流以后变成流官府的这个文化脉络就会显得相当清晰。有了脉络，这个城市的演变从政治的角度、文化的角度，就会梳理得相当清楚了。所以大家认识到这两个地方一定要有，而且要有故事。

获得专家们的指点和建议后，从丽江以后 300 年发展的角度着想，我觉得一定得把这个事情处理好。参加专家论证会回来的路上我们就议论开来，甚至有土官府、流官府缺一不可的感觉。但是当时丽江经济发展很缓慢，即使面对甚至会影响到世界文化遗产申报的问题，大家也无可奈何。有什么办法呢？最后，大家认为，还是下定决心先从土官府恢复起，先把钢筋混凝土的房屋全部清除。

那个地方是让现状一直保留下去，还是要“挖地三尺”来恢复土官府？面对这样的情况，大家说我们试着恢复一下好了。就在回家的路上，我那个“烂脾气”就上来了。我的“烂脾气”人家是这样评价的：骂人的、霸道的、霸气的脾气。我认为，不然就从土官府开始，恰好土官府的位置是图书馆，一座钢筋混凝土的大房子。在古城的民居群落中，耸立着一栋现代化的房子，你说是不是一种讽刺，一种不协调呢？那是会成为申报世界文化遗产时的败笔，会拖后腿的。我就说，把这个钢筋混凝土的房子拆除掉，这个是属于我文化局的地盘，我敢说，我也敢干。然后我从西边，顺着狮子山沿线从西边向东边进攻。要恢复重建石牌坊，石牌坊是我见过的一个重要的古代建筑物，它是一座土司府的象征，是丽江的象征，当时就很有名气。但是要恢复重建起石牌坊来，我不知道该怎么恢复重建。虽然位置是有了，但是你说是要花多少资金呢？简直是天文数字，我说不出来，我小小的一个文化局局长说是要恢复重建一个石牌坊，钱从哪里来呢？当时我就要了点小聪明，我说城建局有钱，

图 1-4 20 世纪 90 年代的木府旧址

图片来源：木府提供

城建局从恢复重建石牌坊开始，从东往西面进攻。我跟当时的城建局局长开玩笑说："ZH 大哥从东面进攻，我从西面进攻，然后在中间会师，初步把那个脏杂乱差的现象给整治掉，怎么样?"他说好，就这样干。后来，城建局局长 ZH 说："算了，哎呀！黄局，这一片就交给你了，你是文化人，著名的文化人。有些我们城建拿不准的东西，你拿得准，你来干，你来干!"我说"钱从哪点来呢？我一个文化局局长跟生产队长也差不多嘛！我连支配 10 万、20 万元钱的权力都没有，你叫我怎么办嘛!"总之，通过高层论证会的洗礼之后，大家还是有了这样一些改革的念头。

第二章　无心插柳

1995 年是不平凡的一年，这一年我从教育战线调到丽江县文化局担任局长，也就是在这一年，中央访问团来丽江考察，丽江文化界参与了接待工作。他们参观了古城，看东巴舞，听纳西古乐，参加民族打跳，听取了民族文化建设与发展的情况汇报。当时我们并没有伸手向中央代表团要钱，但他们回到北京后，让文化部直接拨了 100 万元给丽江县文化局，用于文化基础设施建设。这是出乎我们意料的。尽管丽江的文化建设需要用钱的地方太多，但我们还是首先产生了建造木天王遗址公园的想法。当时我们想得很简单，用这笔钱，建造一个木天王遗址公园。老实说，中央访问团给的这 100 万元，为我们后来木府恢复重建奠定了一个基础。这 100 万元，揭开了木府恢复重建的大幕。

第一节　夯实基础

从当上文化局局长那天起，我就有种莫名其妙的冲动，就是要恢复木府，但当时只是想粗略地恢复。为了做好这件事，我们还请了郭大烈、张墨君①等几位老师在丽江县图书馆召开了一次论证会，那次论证会的主题就是如何恢复木府。当时丽江还没有发生地震，我们画了个恢复土司府的草图。在那次论证会上，我们还讨论了名称问题，是叫“木家院”好还是叫“木天王府”好呢？当时大家一致意见是叫“木天王府”，我们也准备采用这个名称。但后来 ZJX 老师提出不能用“木天王府”，只能称为“丽江军民府”，因为这很容易被人们接受，根本不需要论证，史料上也有确凿的记载。假如当时 Z 老师不提出这个问题，我们是准备称为“木天王府”的，因为 1995 年丽江古城申报世界文化遗产的材料中就用

① 张墨君（1911—1997 年）、郭大烈都是丽江文化界的前辈，深谙地方历史与文化掌故。

过这个名称，我们沿用下来就可以了。“木天王府”这个叫法好，很有气势，历史上也有这样的叫法。但是我总觉得有点不对劲，一时也说不好。Z老师提出的使用“丽江军民府”也有历史事实依据，但我觉得有点平淡，没有创意。有一天，我在临时办公室想这个问题，顺便拿几张旧报纸在上面乱写，一会儿写“木天王府”，一会儿写“丽江军民府”，这是我寻找灵感的一种方式。自己觉得，这是恢复木氏土司的府衙，“木”字不能丢，“院”嫌太小，小家子气；“府”就符合木氏土司的身份。但本地人对这里的叫法只有两种：一种是汉语的“木家院”，另外一种是纳西语的“瓜丹阁”（官家居住地）。这两种叫法我觉得现在用于命名也不理想，这时我想到了“木土司府”，无意间写上了“木府”二字，觉得这两字简洁、易懂、顺口。虽然自己觉得取名“木府”已经很好了，但这是要恢复一座府衙，是政府大工程，还要经过领导同意才行。我们向县政府领导汇报了这个想法，并说明理由。他们也觉得这个叫法很不错，有创意，还符合历史事实，就拍板使用了“木府”二字。总之“木府”二字不是一来就这么叫的，而是经过多次讨论，最终说服众人才确定下来的。

丽江人是很会生活的。假如说今天是现实，但站在明天回头看就成历史了。在恢复重建木府这个问题上，我的看法是：既要对过去的三四百年历史负责，也要对未来的三四百年负责。我们恢复重建了木府的高堂大屋，过了几百年后，谁知道会被人们当成什么样的宝贝？这是很难估计的。所以，重修木府，就要对后面的历史负责，这就是我的历史观，也是我的指导思想。讲到木府恢复重建的具体思路，事实上要从宏观的视野来看，就是要放在这样一个历史和地理环境来考虑。这样一考虑，我们觉得干这个工程就很有意义。不然，说木府恢复重建就成了瞎胡闹。有无理论依据？依据是什么？目的意义又何在？假如把这个东西放在宏观的视野上来审视，木府恢复重建的意义无论从哪个角度、哪个方面来看，都是不言而喻的。当时就是在这样的背景下提出木府恢复重建的。老实说，当时这里都是钢筋混凝土的房子，乱七八糟的，好像这里永远就是个死角，野草丛生，而且从狮子山往底下一看，只看到高墙、电网、看守所等，与整个古城极不协调。所以，恢复重建木府就得把这些不协调的东西拆除。

在丽江“2・3”大地震之前，我们已经开始了木府恢复重建的前期基础工作。我们把地基全部整理了，石脚重新打垒，整个基础都抬高了，建木家院也有了规划，也要动手改扩建。县图书馆处还有护法殿遗址和零散构件，就在我们刚着手重修护法殿时，丽江就地震了。我们后来开玩笑说，木府的房子一开始修，地震就来了。

有一天，我们在玉龙花园招待前来参加讨论如何恢复重建木府的客人，因为其他人吃得慢，Z老师和我则吃得快一些，再加上车子送人去了，我们就上街走走。恰好工商银行门前在卖彩票，平时我也买过，但从来不曾中过什么奖。那次Z老师说要买，我也就买了。我们事先开玩笑似的约法三章，要是买中一辆轿车怎么办？商量的结果是卖了然后平分；要是抽中一辆自行车则由一个人骑走，再分给另一人一半的价钱。可是我们第一次抽奖，就抽中一辆自行车和一床踏花被。这就不好分啦，一是自行车，一是踏花被，一人拿一样就不平均了，所以商量后决定再抽一次。第二次抽时又抽中了一辆自行车和一床踏花被。真把我们高兴坏了！我们禁不住就想，这是不是跟我们重修木府、做善事、积善德有关啊？第一次决定重修木府的回报，对于我来说就是一辆自行车和一床踏花被，是否预示着木氏祖先冥冥之中在护佑着我们呢？这是木府恢复之前的一段花絮。

第二节　因祸得福

有了木府恢复重建的前期基础工作，就为接下来的大规模恢复重建打下了坚实的基础。当这个项目再次摆在桌面上时，我的心中就有了底气。1996年2月3日，丽江发生了里氏7级大地震①，一时间地动山摇，房舍崩毁，丽江古城受到了很大的破坏。但这次天灾给丽江古城带来了“修旧如旧”的机遇，一方有难，八方支援，连世界银行等机构也参与到丽江震后重建的工作之中。地震后丽江急需恢复重建，很多项目都是利

① 1996年2月3日丽江发生了大地震，据不完全统计，造成309人死亡，4000多人受重伤，房屋倒塌100多万间，经济损失40多亿元。

用世界银行的贷款，如把原来火柴盒大小的东大街改造成民族特色一条街等。我们的木府，也就是在这个时候，迎来了重建的曙光。

图1－5　丽江“2·3”大地震后的街道

图片来源：吴积仁著《写照丽江》，第170页

震后不久，世界银行官员来视察，并考虑给恢复重建中的丽江提供援助性贷款。丽江县委、县政府马上召集了有关人员，陪同世界银行官员视察丽江，并建议各部门根据需要提出建设项目，希望都能贷一点款。当时我作为文化部门的负责人，也是被叫去的人员之一。我们陪同世界银行人员参观古城，一路上，我抓紧时机向世界银行官员理德先生讲述“木天王府”的过去，讲述历史上丽江的辉煌；讲述地震前，木府的房子多数毁于兵燹，等等，地震时仅存的个别房屋，大概的轮廓也被毁坏了，

所以木府很有必要恢复重建。我们从这样一个角度来申报这个项目，争取世界银行的贷款。我建议他们把这个项目立项，同时向他们表明我们木府恢复重建的决心，并把木府恢复重建的前期基础工作向他们做了介绍。

图1－6 世界银行代表考察木府

图片来源：木府提供

世界银行的官员也是独具慧眼，才接触这么一段时间，他们对这个项目竟然很感兴趣，说我们的项目是一个文化遗产工程，可以考虑贷款。这是他们说的文化遗产项目，其实，木府的项目从一开始就定位在了文化工程上，否则后来也会有很多麻烦事情。走到木家院的第二个花厅时，世界银行官员就问："这个恢复重建木府的项目大概要多少资金？"这么一问，我有点蒙了，连忙用纳西话问 HZX 县长，报多少？他说多报一点。我第一次心里冒出来的数字是 200 万元，但他这么一说，我斗胆就想提出要报个 2000 万元。但县长只说多报一点，也没说报多少数字。最后我鼓起勇气报了个天文数字，说需要 2400 万元！世界银行官员说，他们贷给中国不少的款，如给广州、山东等地，但对有些项目不是很满意，一些项目进行中都出现了不少问题。听到这些话，我心里一阵阵发紧，但世界银行官员话锋一转，说他们觉得我提出的项目很实在，可以好好搞一下。

当天晚上，县委、县政府的领导们和世界银行的官员一起开会，就在那个会上，世界银行官员发表意见。讲到木府恢复重建时，说经他们的人员核算，2400 万元是不够的，大概要 3360 万元。增加的数字是他们提出来的，比我壮着胆子盲目报的 2400 万还多了 960 万元。3360 万元的项目在一瞬间就给提出来，拍板定案，干脆得出乎我们的意料。在世界银行官员来丽江考察之前，我们是没有想过向世界银行贷款的。不要说 3360 万元，就是能够贷到 50 万元、100 万元，也能使我们高兴得跳起来。

贷款的事情定下来了，人家愿意给钱，我们也要拿出过硬的东西来才行。过硬的东西就是木府的规划。我们究竟要重建一座什么样的木府？如何建？也就是说，我们要拿出一套完整的设计方案。

世界银行的官员走后，我们沉浸在兴奋中，马上进行设计、规划、确定方案、计划资金运作等工作，我们全力以赴地抓这几项工作。

第一步就是找历史依据，要是找不出历史依据，我们怎么恢复重建呢？怎么设计出恢复效果图？要是连效果图都没有，又如何去进行整个木府工程的预算？连预算都没有，人家凭什么给我们贷款？所以我们的第一步是找依据。找依据分为：首先是翻阅县志、府志等地方志资料；其次是查阅家庭历史档案，主要是木氏家谱；再次是现场勘查；最后是考古。

通过对这几方面的探讨、研究、归纳、总结，我们掌握了许多原始资料，这些资料无疑为设计木府恢复重建提供了最重要的依据。例如，有人提出，木府议事厅前有一个大圆池，但在明代的资料记载里没有圆池，所以我们在总体设计中取消了这个圆池；木家院铺设的石头，据我们的考古发现是铺汉白玉的。

找到这些历史依据后，我们把研究成果分别介绍给北京、昆明的建筑师、民族建筑师。同时下定这么一个决心，因木府存在于数百年的历史长河当中，所以恢复重建出来的木府一定要是最辉煌时期的。因此，我们要恢复重建什么时代的木府变成一个相当重要的问题，是元代的、明代的、清代的，还是民国时期的？我们究竟要恢复重建什么时代的木府呢？从史料中我们知道，木府最辉煌的时期应该是明代晚期，所以我们将恢复重建木府的年代定位也告诉建筑师们，希望他们通过这些资料给我们拿出一份复原规划图。

后来，北京方面拿出了 1 份，昆明的几家建筑单位拿来了 4 份（根据我们所提供的历史资料而绘制的复原规划图），云南民族建筑研究所也给我们寄来了 1 份复原规划图，我们一共收到 6 份。这样一来，我们把北京的称为北派，把昆明的称为南派，再加上一个民族建筑研究所的，我们称之民族派，民族风格也有了，几种规划图都摆在了我们面前。

第三节 突生事端

我们还来不及综合评价这些图纸，1996 年 9 月，世界银行的官员们便第二次来丽江考察了。他们这次来是有目的的，上次是进行意向性项目考察，而这次是来确定项目的。假如这次不通过，意向性项目可能被取消。而恰好在这次考察木府时出了大问题，因为工程太庞大了，我们虽然有了 6 份分别来自南派、北派和民族派的规划图，但还来不及认真详细地讨论这些规划方案，并确认出哪一份最好。就在这时他们来了，我们有点措手不及。

由于我方派出的人员不熟悉情况，在向他们汇报方案时砸锅了。当时我不在，参与专向研究的人又不能参加，整场汇报搞得凌乱不堪、不成章法。世界银行官员对木府的恢复重建提出了许许多多的问题，对我方的回答不是很满意。他们对此工程提出了许多质疑，如历史依据在哪里？建筑面积到底有多大？具体的实施计划又是什么？

遗憾的是汇报人也说不清楚，因为太仓促了，他们汇报的材料是支离破碎、不着边际的。这么一来，世界银行官员就说：“木府项目不成立，取消了！”人家老外做事就是这么干脆，行就行，不行就不行。眼看到手的项目和钱就要“飞”走了，怎么办呢？

这时 SJY 副县长就来通知我说：“黄乃镇，木府项目已经被取消了，看看有没有挽回的余地，你先过来再说。”

第二天下午一点钟左右，我就追到格兰酒店，而那时他们的事情已经办完了，会议也开完了，工作之余要到云杉坪去玩一玩。我赶到那儿，正好他们的车子准备出发，SJY 副县长也在那儿，他是专管世界银行贷款项目的，我就对他说：“S 副，怎么办？这样不行嘛，说取消就取消！”

“不行了，你们准备很不充分。”S 副县长说，他也是很着急的样子。

我就说：“我们还来不及最后确定方案，他们就来了，而且是由不熟悉项目的人去汇报，所以也不好讲，看看还有没有挽回的机会?”

于是 S 副县长就说：“现在你来了就对了，他们马上要去云杉坪，你马上挤到他们的车子里，尽可能地找理德、汉克（他们都是丽江项目的负责人），找他们两人直接讲一下，因为木府的情况也只有你清楚，其他人都说不清楚，已砸锅了，看看有没有挽回的余地，关键是找理德多聊一下。”

世界银行的代表们要去云杉坪，本来没有邀请我同去的，但我还是硬着头皮挤到他们的车子里。在那种情况下好心人还是比较多的，如理德的翻译忻公富，这个人很值得记一记。他把我介绍给世界银行的官员说：“这是丽江县文化局局长，姓黄。”我趁机挤到理德的旁边坐下来。别人是工作之余去云杉坪玩，一会儿说笑，一会儿唱歌，相当高兴，而我是怎样的一种心情呢？是失败者，很有点乞丐的味道。

在路上，我找翻译忻公富，请他帮我翻译一下，我是木府的项目负责人，这个项目我想继续向他们说一下。而他说：“你们的汇报太糟糕了，怎么搞的?”我说：“我们还来不及确定最好的方案，你们就来了，不能埋怨周围的人，再加上汇报的人对情况不是很熟悉，所以造成了这种局面。”

经介绍后，世界银行的两位官员答应在路上继续听一下，并说我们的确是有问题。不过是什么问题，该怎么解决，在路上一直没有机会讲，但我还是紧跟不舍，要找机会弄个明白。

后来他们坐索道上了云杉坪，我就没有上去，在下面等着。因为是 S 副县长突然通知，我连午饭也没有吃，外衣也忘了穿，钱也没有带。我又喜欢抽烟，烟也没有带一包，加上那个时候是秋天，山上又很冷，于是我在云杉坪的店铺里赊账借了两条烟，分发给那些驾驶员，希望他们对我多多支持。也拿给翻译两包烟，烟是说话的桥梁。我发现翻译官烟瘾也是挺大的，我们拉近了关系。我要跟世界银行官员解释的问题，可少不了要他帮忙。

没多久，他们从云杉坪下来了，虽无人邀请，但我还是挤到他们的餐桌旁边。DZQ书记的驾驶员十分同情我，事后说："文化局局长像叫花子一样，一天地跟着世界银行的人员说贷款的事，事业心太强了！"吃过饭后，我就故意坐到忻公富的旁边，再经他的安排，就把理德旁边的一个位置让出来给我坐。于是右边坐着忻公富，左边坐着理德，我挤在中间。因为事前我已与翻译说好，让他帮我说好话，就只跟理德讲，不与汉克讲，因为汉克很喜欢挑别人的毛病。我当时心里是这么想的，就不理他（汉克），想只要理德同意了就行。于是我就讲木府已经有6份设计方案，现在还没有形成最终的结论。最打动他们的就是我说的大前提这一点，也就是有6份规划图。但是我们还没来得及挑出其中最好的一份，也许6份都不行，要全部重新搞，就在这种情况下他们就来了，等等。我把这些情况客观地告诉他，至于木府昔日的辉煌是确有其事，这是有史料依据，也可以考证的。

那天我穿得相当单薄，理德还问我冷不冷，看着我老老实实地坐在那儿，并摆出一副要是这件事办不成，政府就要收拾我的架势。我一路上不停地汇报，翻译官又帮我说话，汉克反过来听我们的谈话，那天他也只是旁观者。

从云杉坪回来的路上，那些外国人一路谈笑风生，后来忻公富暗暗地告诉我说，这些外国人在说我的笑话："看把这个人吓得要命，看着也是很可怜的。"他们还讲："很难得，衣服也穿得少。"原来他们是在拿外语讲我的笑话呢。

我向两位世界银行官员保证，我们会把所有的方案都加以集中、整理、论证，甚至全部推倒重新规划。世界银行官员终于被我感动，理德就宣布，给我们5万元钱，让我带一帮人到江南去考察，百分之百地报销，问SJG先生和我是否同意，若两人都同意，则做一个备忘录。

第四节　绝处逢生

SJG是云南省建设厅计财处的副处长、云南省世界银行办的副主任。

当时我一听这个消息就知道此事有转机，因为我们首先得到了5万元钱，别人所有的项目都还没有拿到一分钱。眼看着就要被取消的项目，现在又跑到别人前面去了。我们都知道，世界银行的钱是很难拿的，要货比三家，报账制度及报账程序都很复杂。他们甚至要我试报几份发票，看看合不合报账要求，要帮我看一看，以免以后又出问题。

从那晚上开始，我就兴奋、忙碌得不睡觉了，好几个年轻人也参加进来。我们几个一起研究报账规程，因为第二天世界银行的官员们要走。那天晚上我们根本没睡觉，连夜制作报账单据，学习实际操作，按照货比三家的原则，以最理想的一家价格来报，这是世界银行的做法。理德就教我如何报账，先操练了一次。当时是糊涂一点，现在想起来是理德在手把手地教我如何报账，真是让我长了不少见识。

第二天清早，我们拿着报账资料就跑到格兰酒店，他们还没有起床，于是我们就吃点早点，等着他们。他们来了之后，忻公富又把我安排在理德旁边，继续汇报，并把资料拿出来给他看，问他是否可行，哪里还有问题，请他指点一下。他看了后说："可以了，行了。"然后我就紧追不舍，要忻公富帮我说话，因为那个时候世界银行官员虽然答应给我5万元钱，但还没有宣布木府项目重新成立、重新认可，我心里也不踏实。于是，我就逼忻公富要理德在去机场的路上宣布这件事，理德也谨慎，他说不好答应，还要与周围的人商量。后来忻公富又与他对话，与汉克商量，并且与我逗趣，问我姓什么，我说我姓黄，他说："你不姓黄，是姓木，木府里可能有你一份财产。"大概外国人的概念是以私有制为主，所以他这样说："不是这种情况，你不可能这样努力。"我说："我不姓木，但是我非常崇拜木氏土司。"对外国人只能这样讲，我说："特别是木增土司是我们纳西族的民族英雄，所以恢复他的府衙就是恢复我们民族的文化。"

一路上我们就这样在很友好的气氛中对话，然后理德说："你这种执着的追求十分难得，凭这一点这个工程可以干好。"这是理德的原话，在场的很多人都听到了这番话，我的心里开始有底了，也很激动。快到机场的时候，理德说："好，我向你宣布，木府的项目重新认可，同意了！"我说："你只说给我一个人不行嘛，还有一个副县长等在候机厅里，能不能在候机厅里向我们的副县长宣布，木府的项目重新成立?”

理德答应说：“行”。可是到了机场一忙一乱，各路官员都来送行告别，又差点把这个事情搞忘了，我就又找忻公富说，忻公富则又找理德。最终在候机厅里，理德在S副县长面前宣布木府项目重新成立。SJY问：“是否是真的?”他们回答：“当然是真的。”然后他们上飞机走了，恢复重建木府开场就这样戏剧性地结束了。

望着世界银行官员乘坐的飞机远去，我在心里感叹道：为了木府，我终于感动了上帝!

第三章 用人不疑

木府项目得以重新确立，从这个事件中我们知道了应该怎么办。我们把第一次汇报时候所使用的6份设计方案统统否定，原因是方案内容不仅很粗糙，支离破碎，而且是为了应付汇报而做出来的。我们要自己重新进行设计。我把丽江县博物馆、文化馆中会设计、绘画的人员统统调到木府里，昼夜不停地设计图纸：这儿摆一栋，那里放一栋，平面图就这样拿了出来。因为项目实施的第一步就是需要平面效果图，我和我的战友们奋战几天，终于把平面图设计出来了！

第一节 重获立项

不久，云南省世界银行项目办公室再次来重新审核项目，地点在玉泉宾馆。这次我不让任何人接触我们的项目，因为插手的人一多，麻烦的事也多。我们第一次砸锅不是砸在木府的房子上，而是砸在规划木府项目一事上，所以我就说了，谁也不准插手，一切由我来汇报。

云南省世界银行项目办公室的人员都住在玉泉宾馆，来审核所有的世界银行投资项目，要是这次通过了，木府项目也就有保证了，所以那一次我们把拆迁方案、规划图、木府的论证材料都拿去了。等到汇报木府项目时，我们在墙壁上挂满了所有有关木府的构思、设想、安排、布局方案。一看这个架势，云南省建设厅的领导就很受感动，老朋友S处长也来了，就是在那次我“感动上帝”时认识的朋友。

会场上，建设厅和财政厅的人员坐一排，我们木府的人坐一排，两边轮着进行论证，汇报是相当成功的。我们也是从第一次恢复木府讲起，然后讲木府和木老爷的故事，讲流传在丽江人当中的故事。其中有个故事说：玉龙雪山崩塌，金沙江水断流时，木增就要回来修木府。那是在民间流传了两三百年的故事，然后又讲木府这块地基的地脉相当硬之类的事情，会上没有一个人提出异议，那一次的表达我认为只发挥了中等水平，可对于成天与数字打交道的他们来说，没有听过此类生动的故事，都被深深地打动了，他们显得相当兴奋。木府恢复重建的论证就这样通过了。

在政府部门的大力支持下，木府项目的进展很顺利，也很快。我们是整个世界银行贷款项目中，前期工作做得最好的一个项目单位，所以后来木府的报账就很容易了，他们甚至看都不认真看就通过了。在世界银行贷款项目工作会议上，世界银行的官员当着参加会议的其他项目单位及丽江地委、行署、县委县政府领导的面，公开表扬木府项目干得如何好，增强了他们的投资信心，等等。这些都写进了世界银行的备忘录里。

第二节 重任落肩

在木府恢复重建过程中，我认为有三位领导也值得大书特书，没有他们的支持与帮助，我也不会干得如此顺风顺水。他们是：XY、HZX、YTR。这三位领导和恢复重建木府有着千丝万缕的联系。虽然指挥长是我，项目负责人也是我，但不提及这三位领导就是不尊重这段历史。1996 年 10 月的一天，丽江县委 XY、HZX 在指云寺察看恢复寺庙情况，其间他们就谈起木府恢复重建的事情来。指云寺是丽江五大藏传佛教寺庙之一，是很有影响的一座寺庙。当时他们在厢房沿坎上坐着讨论木府工程指挥长和恢复重建木府等一系列事情。后来，XY 就过来跟我说："木府的事情基本敲定，世界银行贷款也决定下来了。前期你们费了不少心血，现在正式要干了，干脆今天就把这个板拍掉算了。木府工程的总指挥长就由你黄乃镇来干，不再任命另外任何一个人了。今天算是正式通知你了。希望你去组织一个指挥部，把木府的事情干起来。"县委、县政府决定事情，在寺庙里面宣布，是很少很少有的。任命一个总指挥长，不是在县衙门，也不是在水泥房的办公室里，而是跑到这样一个地方来。事实上，木府恢复重建的实质性工作就是从这个地方开始的，之后我们就甩开膀子，一步一个脚印干了。在指云寺任命我为木府恢复重建总指挥长，把这个任务交给文化局，交给了我，从此决定了我后半生的命运。

时任丽江县县长的 HZX 对木府恢复重建提出了三个目标：“保存木府的历史原貌，打造古城的建筑精品，提升民族文化的内涵。”XY 调走后，YTR 接手。他对这个工程也很关心，没有新官不理旧账，并将前任的工作作风一脉相承下来，拿他们的话说：“我们不干扰，不插手。”这叫疑人不用，用人不疑。

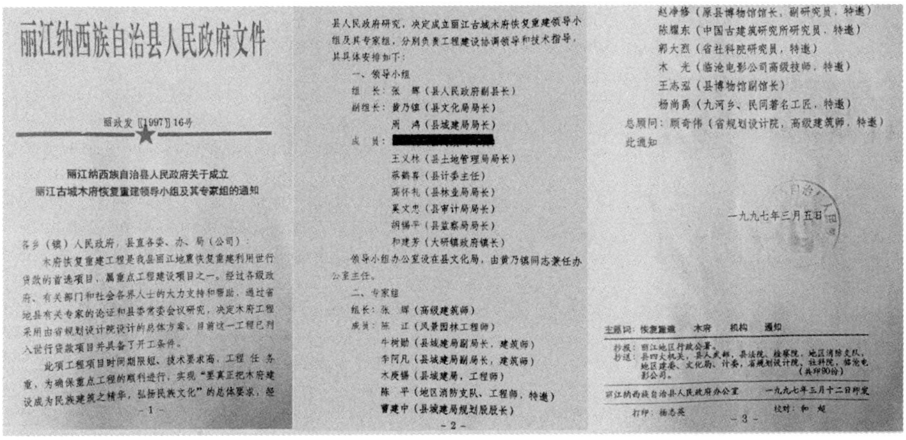

丽江纳西族自治县人民政府文件

丽政发〔1997〕16号

丽江纳西族自治县人民政府关于成立
丽江古城木府恢复重建领导小组及其专家组的通知

各乡（镇）人民政府，县直各委、办、局（公司）：

木府恢复重建工程是我县丽江地震恢复重建利用世行贷款的首选项目，属重点工程建设项目之一。经过各级政府、有关部门和社会各界人士的大力支持和帮助，通过省地县有关专家的论证和县委常委会议研究，决定木府工程采用由省规划设计院设计的总体方案。目前这一工程已列入世行贷款项目并具备了开工条件。

此项工程项目时间期限短、技术要求高，工程任务重，为确保重点工程的顺利进行，实现“要真正把木府建设成为民族建筑之精华，弘扬民族文化”的总体要求，经县人民政府研究，决定成立丽江古城木府恢复重建领导小组及其专家组，分别负责工程建设协调领导和技术指导，其具体安排如下：

一、领导小组

组　长：张　辉（县人民政府副县长）

副组长：黄乃镇（县文化局局长）

　　　　周　鸿（县城建局局长）

成　员：[redacted]

　　　　王义林（县土地管理局局长）

　　　　蔡鹤寿（县计委主任）

　　　　蒋怀礼（县林业局局长）

　　　　吴文忠（县审计局局长）

　　　　胡锡平（县监察局局长）

　　　　和建芳（大研镇政府镇长）

领导小组办公室设在县文化局，由黄乃镇同志兼任办公室主任。

二、专家组

组长：张　辉（高级建筑师）

成员：陈　江（风景园林工程师）

　　　牛树勋（县城建局副局长，建筑师）

　　　李阿凡（县城建局副局长，建筑师）

　　　木庚锡（县城建局，工程师）

　　　陈　平（地区消防支队、工程师，特邀）

　　　曹建中（县城建局规划股股长）

　　　赵净修（原县博物馆馆长，副研究员，特邀）

　　　陈耀东（中国古建筑研究所研究员，特邀）

　　　郭大烈（省社科院研究员，特邀）

　　　木　光（临沧电影公司高级技师，特邀）

　　　王志泓（县博物馆副馆长）

　　　杨尚勇（九河乡、民间著名工匠，特邀）

总顾问：顾奇伟（省规划设计院，高级建筑师，特邀）

此通知

一九九七年三月五日

主题词：恢复重建　木府　机构　通知

抄报：丽江地区行政公署。
抄送：县四大机关，县人武部，县法院、检察院，地区消防支队，地区建委、文化局、计委，省规划设计院，社科院，临沧电影公司。（共印90份）

丽江纳西族自治县人民政府办公室　一九九七年三月十二日印发

打印：杨志英　校对：和　旭

图 1－7　任命文件

图片来源：木府提供

在受到鼓舞的同时，我也深感自己责任重大。领导把所有的重任都托付给我，给足了信任感，那就意味着你得承担起全部的责任。也就是“成也萧何，败也萧何；成也是黄乃镇，败也是黄乃镇！”我觉得这是他们的一种领导艺术，他们几个领导那种“交给你了”的决策，是木府取得成功的基本保证。老子《道德经》里就讲了“无为而治”这么一个道理，领导们不插手，不干预，由我们自己放手去干，照自己的意愿去干，表面上是无为而治，但对于我而言，却时时感到有人在后边管着，事实上还是有为而治，没有他们棋高一着的决定和这种领导艺术，我很难想象木府会是怎么一种情况。HDQ、HJP 他们也说过，“木府要封闭式施工和管理”。有句老话说，木匠多了房子歪。他们早就懂得了这个道理。在现实社会当中，很多人是很难做到用人不疑这一点的，但是他们做到了。由我讲这句话，虽然给人一种狂妄的感觉，但是我觉得他们三人的确是伯乐，你说千里马高明还是伯乐高明？当然是伯乐高明。要不是领导叫我这样“独断专行”，木府工程也干不下来。

这个工程在丽江也是第一次采用这样的管理模式，县委、县政府决定封闭式管理，谁也不能插手，就连主管基建和文化的丽江县委副书记、副县长也未插手这个工程。书记、县长这一头就这样定下来了，没有人插手，但事实上我们更加小心翼翼，我觉得县委县政府的这一招真是太英明了，那份信任时时在激励着我，鞭策着我。这个工程的成功，事实上和这几位领导的信任分不开。

当然在很多关键时刻，我们的父母官起了决定性的作用。当时建设部来了一批专家，在会上，一位司长坚决地反对木府恢复重建。当时我们的县委书记 XY 相当气愤。平时看起来 XY 有点文弱书生的样子，但硬起来却不得了，他一直抵着干。县长 HZX 更是铁骨铮铮，拿准了的事，九头牛也拉不回来。木府启动的第一笔钱就是继任县长 YTR 拿出来的。可以说，我们丽江县的领导，都全力以赴地支持我们恢复重建木府。

但外人也许不会相信我们可以做好这样庞大的一项工程。记得有一次，我给一位司长看了规划图，那是初步规划的开始，当时还没有正式成立指挥部。作为文化局局长，我说了这个项目我负责，项目是我在联系。那位司长看也不认真看，闭着眼睛就说："不行。"我告诉他："规划图也出来了，也是依据历史做出来的，是属于文物修复，再说纳西族地区争取到一个世界银行的项目也不容易，还是让我们干一干。"我求爹爹告奶奶地向他诉说，但他的意思是要原模原样地保留下来。我耐着性子说，假如过去的木府建筑有点残余的话，还可以原模原样地保留下来。但是，如今古城心脏部位的木府所在地却是看守所（当时还有工商局、图书馆等），还是一个杂草丛生、污水横流的地方，站在狮子山上往下看，是一个相当不协调、不雅观的地方。由于杂乱，为此盗贼在那里出没，抢劫行人的情况时有发生。是恢复旧观好呢？还是一片杂乱无章的好呢？这是很简单的道理。那位司长居然还是反对，不知道他究竟是怎么想的。但是，我们丽江的各级领导坚定地支持我干。当时如果地方领导软一点，木府工程可能就被扼杀了。

又比如，在有些院落是否搬迁的问题上，也是惊动了建设部、中宣部、云南省建设局，他们下公文的下公文，派特使的派特使，政协委员视察的视察，好像我黄乃镇成了千古罪人，个个来指责；就连因为施工而导致光碧巷道路暂时不畅通，也有人打电话来施加压力，如此等等。在古城的心脏部位动手术，我们能不小心吗？后来还是丽江地委书记DZQ出来说话，肯定了木府工程是一个文化工程，人家干得相当好，大家要多支持。他说："成也是黄乃镇，败也是黄乃镇，由总指挥说了算。"对此我深感欣慰。

第三节　神秘地盘

纳西族是个多神崇拜的民族，我们的东巴教足以说明这一点。人们敬畏自然，做什么事情都要看看大自然的脸色。一些民族习俗、民族观念，你可能把它看成是封建迷信思想，但这种思想影响着每个纳西人。比如，当年把五凤楼从福国寺搬到了黑龙潭以后，主持五凤楼搬迁的大师傅就去世了。用丽江人的话说，就是"不伤这个就伤了那个"。言外之意是，动大建筑，会损伤做工程的人。

而丽江古城中关于木府的传说也很多，人们说木府的"地脉硬"，一般人是压不住的。现在我们来动木府的地基，莫名其妙地，我竟然会感到怕，连我夫人都怕，主要怕出什么意外。有一次我们坐车去云南省财政厅要300万元，从昆明回丽江的途中，在下关至大理的那段公路上，有两个骑自行车的小孩突然横穿公路，还离着二三十米，我们就发现了横穿公路的小孩，司机急忙踩刹车，但慌忙中却错踩了油门，车反而更快了，一支箭似的冲了过去，最后以相差一二十厘米的距离闪过去了。当时司机说："这两个小孩肯定死了！"最后发现没有撞着他们，虚惊一场。我那几天坐车都怕，虽然不迷信，但还是按我们纳西族的习俗，去北岳庙敬拜了纳西族的保护神"三多"。不仅如此，每次大的工程要开工时，我都要去拜拜三多神。

的确，这块地盘很神秘，也发生了许多令人意想不到的事。比如搬迁，我们认为搬迁会困难，一共涉及60户。但令人感到奇怪的是，最终的结果是搬迁工作很顺利。究其原因有二：一是广大搬迁户支持我们恢复重建民族的瑰宝——木府；二是据说这块地盘的地脉太"硬"了，王侯才能压得住，怕应验了民间的说法，总是担心着会发生什么事情。虽有些居民户吵吵嚷嚷的，无非也只是为了多争取一点补偿款而已。对我而言，还是希望老百姓搬出去以后，都要顺顺利利的，日后都有所发展。民间认为，木府这块地盘，要压得住的人才镇得住它。这是木府文化比较神秘的地方。

有一天，世界银行官员理德先生来视察木府，走到木府工地旁边的丽江县教师进修学校门口，我正好领着我的大女儿走过去，他与我握了手，并用英语向我大女儿说："你爸爸现在累一点、苦一点，但你要知道你爸爸现在从事的事业，一百年以后人们也会记得他。"理德先生这一席话，给我很大的鼓励。我想我就是在做一件百年大计的事业，拼上老命我也要把它做好。

图1-8 理德与黄乃镇

图片来源：木府提供

还有一天，我一个人从地震废墟那边过来，看见有一只非常漂亮的鸟飞过来飞过去，然后落在离我很近的工地上啄食，头上还有冠，这种鸟叫什么名字我也不知道。我认为是报春鸟，就喊师傅叫几个人过来看看。我想弄明白它究竟是不是在暗示什么？它的头冠相当漂亮，我在山上从没有见过，居然在木府的工地上见到。它还不怕我，在那里啄食。这真是个好兆头，是吉祥的征兆。我当时心里就祈祷，木府恢复重建以后一定会热闹起来，木府里边一定会延续上演更多的丽江故事。

我是在丽江古城四方街呱呱坠地的。我家的老房子就在四方街转向大石桥的那个岔口处，后来由于家里跟人打官司失败，就搬离了四方街，迁到五一街。离开四方街是在我读小学四年级的时候，我的一生都和丽江古城紧密相连。小时候印象最深刻的是我大难不死的一次经历，这与皈依堂大有关系。皈依堂，那个时候用来办幼稚园，我才三四岁，人家嫌我年纪小，就不让我上幼稚园，但我还是成天跟着年龄大一些的同伴跑。

有一次去春游，老师把我们领到民主广场，即现在狮子山西侧一带。当年那里是荒芜，没有房子，只有一条公路。到那儿以后，我们正在玩耍时，一辆装满了五花石的马车突然朝我们飞驶过来，看见马车来了，

图 1－9 古城老街（仁和街）

图片来源：吴积仁著《写照丽江》，第 135 页

我就拼命地往前跑，怕被压着，总想马车会让开的，所以就直直地往前跑。跑了一会儿，往后一看，那辆马车还是继续朝我奔过来。那时年纪小不懂事，性格也有点怪，又急又气之下，竟然“叭”的一声倒在地上昏过去了。后来，我醒来时看到自己就睡在一间铺子里，周围有老师和许多人，原来他们已把我抱到四方街唯一的一家门诊医院，检查我有没有什么问题（事实上马车到我跟前就绕开了我，并没压着我）。那时我父母还不知道他们的宝贝儿子出了这等事，直到后来我爸爸听说了才来问我，为什么不躲飞驰而来的马车？我也说不清楚。直到现在我对这件事还记忆犹新。曾经有一位丽江作家给我算命，说我有“王侯”命，这是笑话！但仔细一想，“王侯”这两个字的纳西话 Wang（“汪”）是“神气”的意思，hou（“吼”）是“英雄好汉”的意思。现在一想，不单是打仗出英雄好汉，搞建设也出英雄好汉，关键是能否把握住机遇：“该出手时就出手。”恢复重建木府我抓住了机遇，我的功过是非，后人自然会有评价。

总之，整个木府恢复重建，起初只是想整理一下杂乱无章的木府旧址，接着就是争取和获得世界银行贷款，一波三折，然后是设计规划图等等，本想能干就干，干不好也不过是背个骂名。然而，我却着魔般一步步深陷其中，不能自拔，领导的信任让我无法退却。表面看来倒成了我主动要求承担这项工程了，其实是步步深陷，没有退路，以至于我下定决心，把恢复重建木府当作了我下半生要干好的一件大事。

上下求索篇

木府要恢复重建，项目定下来了，经费也争取下来了，可是，木府的历史模样是怎样，现在的人都说不清楚，原因是都没有看到过历史上的木府。看到过木府的人都已经作古了，他们也没有留下更多、更详细的文献资料。这使木府恢复重建成为一个历史难题，我们该如何确定历史上的木府、现在的木府以及木府的文化内涵？按图索骥，我们用考古和研究甲骨文的方法来搜集资料，不放过只言片语，从浩瀚的史料中寻找、论证，查找与木府有关的人和事，从而完成今日木府恢复重建的重任。

第一章 遗址探微

丽江古城是第二批国家级历史文化名城，同时又是世界文化遗产，而木府是丽江古城的核心。1995 年 12 月，丽江纳西族自治县政府决定恢复木天王遗址公园，这是明智之举。1996 年 4 月 12 日，任县文化局局长不久的我就赶到昆明征询各界人士对木府恢复重建的意见，为此在昆明的文庙召开了部分旅昆丽江人座谈会；4 月 23 日，云南省政协常委、木氏嫡孙木光寄来《关于元明清木府古建筑布局规模的概述》一文，在参考各种资料的基础上，初步整理出一份木府背景材料，以供各家设计单位作为规划图纸的历史依据。当然，这也是我们不断查找历史文献资料后所形成的木府初样。

第一节 木氏土司事略

纳西族在汉文献资料中有明确记载的历史已超过了 2000 年，但多系“酋寨星列”，还没有形成比较统一的政权。1253 年，忽必烈自甘川南下，“跨革囊渡”征大理国，纳西族先民首领，木氏先祖麦良到金沙江奉科渡口迎接，此后被封为世袭土官，统一各部落。明朝皇帝朱元璋赐纳西族首领姓木。历经元、明、清三代，传世 22 代土司，木氏治理丽江长达 470 年（1253—1723 年）。土司被中央王朝封为各级官职。明代云南有三大有影响力的土司府，木氏土司为其中之一，以“土地广大”（西至缅甸，北到西藏昌都，东到四川盐源）、“传世最远”“富冠诸土郡”（有许多金银矿），并以“知诗书，好礼守义”著称于当时，影响于后世，对纳西族地区经济文化的发展和各民族间的交往产生了积极的作用。

明代木氏土司统治时期，也是纳西族历史上极为重要的发展时期，纳西族的经济文化得到较快的发展。这时，木氏土司采取比较开明的开放政策，在大量吸取先进民族文化的基础上充实发展自己，在滇、川、藏交界地区，纳西族从历史上处于被动地位发展成为主动进取的角色，在地区历史进程中产生了积极影响。

如果说古老的东巴文化代表了纳西族传统文化积累的一个侧面的话，那么木氏土司文化则代表了纳西族进取向上的另一个侧面。木氏土司在藏区被尊称为“萨当汗”或“木天王”，民间还称其为“索南饶登”，并非仅仅是溢美之词！

第二节　木府沿革

在七八百年前，中国西南边陲的丽江古城里有一座皇宫般的大宅院，史称木府。对纳西族和丽江而言，谁都知道木府意味着什么。纳西人说起“木老爷”来，就跟说我们的老祖宗一样亲切。木老爷，从前就是这座浩大宅第的主人。明代的木府，就是纳西族地区的“紫禁城”。如果说，在丽江古城我们看到的是丽江世俗生活一面的话，那么，在木府，我们将翻阅到一部在西南地区曾经辉煌一时的大土司家族的兴衰史，它是元明清三朝在西南历史中绕不过去的高峰，是纳西族发展史中最值得大书特书的一笔。

木府是木氏土司的府邸，辉煌时期占地100余亩，内有数百栋体量不等的建筑物，在西南边陲，那是一片何等气派的宫殿——尽管它只是一座土司的宅院，但它的奢华与恢宏，并不亚于任何一座王公贵胄的官邸。据《丽江府志》及相关文献记载，从前的木府殿堂巍峨、布局严谨，仅中轴线就有369米长，中轴线上分别有议事厅、万卷楼、玉音楼等大殿。两侧房屋罗列，楼台亭阁，数不胜数；花园回廊，风格别致。地理学家徐霞客在明代晚期考察了丽江古城之后，描述当时的木府时说：“宫室之丽，拟于王者。”后来由于时代的变迁和兵燹等诸多原因，这座有中国西南紫禁城之称的木府被毁灭了，在它的原址上人们建起了横七竖八的各色房子、院落，还被辟为看守所，此外还有一些行政单位，布满了铁丝网。那里几乎没有排污设施，污水横流，杂草丛生，藏污纳垢。

木府的具体历史沿革可考证叙述如下：

明代，木得（1382—1390年）时开建主体建筑。

木公至木增6代（1527—1624年），近百年中不断扩充，万历年间曾建忠义坊、玉音楼、寿星楼。1639年徐霞客到丽江时，盛赞其“宫室之丽，拟于王者”。

清顺治四年（1647年），“流寇”进入丽江，焚毁了木府部分建筑。

雍正元年（1723年）实行“改土归流”，木氏土司被降为土通判，其地位一落千丈，木府失去了往日的权势与气派。

咸丰十年（1860年）元月初三，在“滇西之乱”中，木府被焚，仅剩西面个别建筑。后于光绪年间由木景重建，但仅为原来规模的十分之一。

抗战时期（1941年）曾设县立中学。

中华人民共和国成立后，曾有许多单位驻于此。

一、木府样式

木府是衙署，也有家庙和园林，是一座综合建筑群。

二、木府布局

由三部分组成：

西面靠狮子山的部分为家庙、祠堂等。

东面又分南北两部分。南面：土府官署，为议事和处理事务的地方；玉音楼、寿星楼皆建在这个地方。忠义坊、木牌坊、广场等相继排列。北面：一进三院的木氏家院。

两组建筑之间是园林。

三、木府建筑材料

以土、石、木、砖、瓦为主体材料。

墙基：条石或石块。

墙体：青砖（大且厚）或砖包土基墙。

柱栏：用圆木，大殿的柱子被认为越粗越好。

瓦：青瓦，但要有瓦当，个别祠堂用琉璃瓦。

桥及护栏：汉白玉和五花石。

厦子及天井：铺砖或用鹅卵石拼成图案，个别院子用大理石或白沙铺地。

花木：以梅、竹、桃、桂、山茶、柳、月季、十里香等为主，有引进的新花木品种，祠堂周围种植松柏。

假山石：用自然风化石，有一部分随意置于墙角树下及草丛中（重建时，当然也应利用一些现代的照明、排水设施等）。

第三节　恢复遗址的几个问题

一、立　意

通过考察木氏土司遗址，我们看到：

纳西族历史悠久，源远流长；纳西文化底蕴深厚，人才济济。纳西族进取向上，开放广交；纳西族“诚心报国”，维护统一。

为此，应尽量恢复明代晚期主体建筑，辅之以画像、碑刻、文物，使今人可领略它当年的风采。

另外，适当考虑现代功能，参观、娱乐之场所，可辟广场、草地、茶室、土司宴会厅、土司书房、棋室为大众使用，使之成为古城大客厅，但决不设卡拉 OK、录像厅、网球场、乒乓球场等现代设施。

在附属建筑中应考虑建一些作坊：豆腐、凉粉、铜木、纺织等作坊。一来可作为文化展示；二来可作为园内产品销售。产品印上“木府监造”字样。

忠义坊系代表性建筑，应按原尺寸恢复，旧石料可堆放于旁边。

园内池子系后来所挖，但园内无水则枯，故要用水渠、水池，甚至水车点缀其间，也可以搞点水磨、水碓于河边。想当年土司府人丁兴旺，磨、碓当有之。

二、选　址

古建筑尽量在原来位置恢复重建，尽量形成群落。

三、布　局

总体布局、统一构图、分区组景。

一次设计、分期实施、分期开放。

空间组合，宜使建筑群自由组合，保留开放性空间，但又要形成两条轴线关系（府署、家院）。院落不封闭，可用廊、路、桥、花厅相连。

对比层次：官署、庭院、门、坊呈现高低层次，雄伟、小巧兼备，应统一中有变化。

空间序列：从狮子山至忠义坊应基本上在一条中轴线上，采取纵横、高低、交错手法，应有韵律感。

四、借　景

1. 借狮子山为背景。

2. 借古城民居为羽翼。既要与古城景致相协调，但又要有区别，围墙尽量不用实体平面墙，应高低错落，或以花窗，或以月季，或以花丛相掩盖。

3. 借水流入其中。

4. 借白龙潭为其外延部分。

五、尺度比例

建筑一般以两层为宜，官署可高大一点，家院与古城略似（以大户论），但院子要宽大一点。

六、色　彩

宜质朴，应有一种历史厚重感；室内可高雅、明亮一点，尽量用天然漆和天然颜料。

第二章 文献考证和考古

文献搜集与整理是一件耗费时日的工作，由于木府文献资料散落在各种古籍中，于是我们就做起了历史文献的研究工作来。在原有基础上，我们更加注重具体历史人物的资料分析和木府遗址的实地勘探。

第一节 文献综述

一、丽江行政建制述略

丽江之名始于元初。

此前，据史料记载，丽江在战国时期（公元前475—前221年），属于秦国蜀郡，又称为楚属地；西汉（公元前206—公元8年）时，兼属益州郡冉駹县和越嶲郡定笮县。

三国时（220—280年），分属建宁郡和西宁州。南朝（420—589年）属宁州（南宁州），隋、唐（581—907年）属嶲州昆明县，后被并入吐蕃和南诏，属南诏所设神川都督府辖地。宋代（960—1252年）臣服于大理国，南宋宝祐元年（1253年），忽必烈率领三路蒙古大军攻打大理，军至丽江，立茶罕章管民官，至元八年（1271年）改为茶罕章宣慰司。至元十三年（1276年）改置丽江路，设军民总管府，至元二十二年（1285年）罢府，置宣抚司，治所设在巨津州（今玉龙县巨甸镇）南的半空和寨。

明初，洪武十五年（1382年），明军克大理，遂下鹤庆、丽江诸地，置丽江府，治所在大研厢（今大研镇），土官知府木得（阿甲阿得）于洪武十六年（1383年）修建府署。洪武三十年（1397年）改为丽江军民府。

清顺治十六年（1659年）夏，丽江归附，沿明制仍置丽江军民府。

雍正元年（1723 年）清廷对丽江实行“改土归流”，改丽江军民府为丽江府，设流官知府，降土官知府为土官通判。

民国年间（1911—1949 年），撤丽江府，设丽江县。

1949 年 7 月，成立丽江县人民政府；1961 年 4 月，成立丽江纳西族自治县。

二、木氏土知府的主要事迹

木氏系纳西族，世居丽江，其任土官知府职，入明始于木得，时在明初洪武十五年（1382 年），因木得“首先款附”，“命知（丽江）府事”。复因军功，赐姓木（此前按民族习俗，行父子连名制），可世袭。直至清雍正元年（1723 年）实行“改土归流”被降为土通判止，历经得、初、土、森、嵚、泰、定、公、高、东、旺、青、增、懿、靖、樾、堃、兴、钟，共 19 世，计 341 年（1382—1723 年）。兹就木氏十九代土知府中择其有突出建树者，或与木府建设有关者，简介于下。

图 1－10　土司木得

图片来源：《木氏宦谱》乙种本，第 110 页

木得（1311—1390 年），原名阿甲阿得，《木氏宦谱》乙种本列其为第“七世”。字自然，号恒忠。元末，初任通安州知州，后升任丽江宣抚司副使。明洪武十五年（1382 年）春，明军克大理，阿得“率众先归”，明政府置丽江府，赐其姓木，由木得任土官知府。又因平巨津州和从征佛光寨等项军功，授世袭土官知府和中顺大夫职。命“防固石门，镇御番鞑”，明廷倚为“屏藩”。洪武十六年，木得始建丽江府衙署于大研厢。得任职 8 年（1382—1390 年）。生于元至大四年（1311 年），卒于明洪武二十三年（1390 年），享年 79 岁。

木初（1345—1425 年），纳西名阿得阿初，字启元，号始春，木得长男。未袭前已有功 绩，授副千夫长。洪武二十四年（1391 年）袭父职，翌年授中顺大夫，世袭土官知府职。洪武三十年（1397年）改置丽江军民府，初仍任土官知府，明廷颁给印信，敕命“节制西番，礼祭机便从宜……以彰国威”。永乐时，因多次有军功，“升授中宪大夫，世袭土官知府”，获赐“诚心报国”金牌一面，后又获赐金带一条。木初任职28年（1391—1419年），生于元至正五年（1345年），卒于明洪熙元年（1425年），享年80岁。

木森（1401—1441年），纳西名阿土阿地，字升荣，号大林。宣德九年（1434年）袭父（木土）职事。后领兵随总兵官沐晟征麓川，因军功“授太中大夫、资治少尹、云南布政使司参政职事，赠封二代”。森生于建文三年[①]（1401年），卒于正统六年（1441年），终年40岁。任职8年（1433—1441年）。

木公（1494—1553年），纳西名阿秋阿公，字恕卿，号雪山、万松。土知府木定长子。嘉靖六年（1527年）袭职，嘉靖十五年（1536年），因多次立军功，获赏白金，授中宪大夫，世袭土知府，钦赐“辑宁边境”四字。木公任职26年（1527—1553年），生于弘治七年（1494年），卒于嘉靖三十二年（1553年），终年59岁，死后又被追封“亚中大夫”。

图1－11　土司木公

图片来源：《木氏宦谱》乙种本，第124页

木高（1515—1568年），纳西名阿公阿目，字守贵，号端峰、九江。木公之长男。嘉靖三十四年（1555年），高袭丽江军民府土知府职，因军功授亚中大夫，褒词云其“诚心报国”“化行边徼”“威镇北蕃”“文武兼全”，“兹特升尔官居三品，位列九卿，永为乔木世家”，并准建牌坊。木高任职十四年（1554—1568年），生于正德十年（1515年），隆庆二年（1568年）卒，终年53岁。

① 谱牒记述为“洪武三十四年”有误。洪武只到三十一年。

图 1－12 土司木高

图片来源：《木氏宦谱》乙种本，第 126 页

木东（1534—1579 年），纳西名阿目阿都，字震阳，号文岩、郁华。木高长男。隆庆三年（1569 年）袭土知府世职。后因军功，敕赐“西北藩篱”四字，并准建牌坊，给予赏赐。后又因功升授中宪大夫。木东任职 10 年（1569—1579 年），嘉靖十三年（1534 年）生，万历七年（1579 年）卒，终年 45 岁。

木旺（1551—1596 年），纳西名为阿都阿胜。字万春，号玉龙、神岗。木东子。万历八年（1580 年）袭职，因多次立军功及两次为朝廷的军事行动助饷，被授中宪大夫。后领兵救援永（昌）、腾（冲），阵亡。崇祯四年（1631 年），因孙木增有功，封“通奉大夫、布政使司衔”，“追赠二品”，并获圣旨褒奖。木旺任职 16 年（1580—1596 年），生于嘉靖三十年（1551 年），卒于万历二十四年（1596 年），终年 45 岁。

木青（1569—1597 年），纳西名阿胜阿宅，字长生，号乔岳，又号松鹤。万历二十四年（1596 年）承袭父职。此前四年，青即建有军功，二十五年（1597 年）助军饷银四千，被授予中宪大夫。后在率军征讨顺宁大侯州时，“卒于军”中。因子木增有功，“追封通政大夫、布政使司职衔”。青任职仅 1 年，隆庆三年（1569 年）生，万历二十五年（1597 年）卒，终年 28 岁。

图 1－13 土司木增

图片来源：《木氏宦谱》乙种本，第 134 页

木增（1587—1646 年），纳西名阿宅阿寺，字长卿，号华岳，又号生白。木青之独子。万历二十六年（1598 年）袭职，因军功于次年被“准袭祖职”。

后“辽阳大警，（助）饷银一万解京”，钦赐“三品服色”。又派人“赴阙陈言十事”，被朝廷褒奖，“钦赐忠义牌坊”（建于丽江军民府署仪门前），“升云南布政使司左布政”。天启四年（1624 年）致仕，隐居芝山。后得诰命追封祖父母。七年（1627 年）“钦准建坊表扬（其母）节烈”。崇祯元年（1628 年）助京、黔饷银，“钦升广西布政使司右布政”。崇祯十三年（1640 年）“钦升四川布政使司左布政，敕谕一道，着于省城建坊”。十二年（1639 年）初春，木增接待徐霞客访丽江。十六年（1643 年）又因功晋阶太仆寺正卿。木增任职 26 年（1598—1624 年），生于万历十五年（1587 年），卒于南明隆武二年，即清顺治三年（1646 年），终年 59 岁。

木懿（1608—1692 年），纳西名阿寺阿春，字昆仑，号台美。木懿“自幼颖悟，夙具胆识”。其父木增致仕后，木懿即承袭。后因在蒗蕖等地建军功，“封中宪大夫、云南布政使司左布政职衔”，并钦赐“益笃忠贞”匾额。其历代“敕诰牒物”，在南明永历丁亥年（1647 年）因“流寇久乱”，而被“焚掠一空”。清顺治十六年（1659 年），大军征滇，懿“争先投诚”。次年，仍设丽江军民府，懿被任为土官知府，给予府印一方。吴三桂叛清，木懿不附，被囚于省城 7 年。木懿任职 43 年（1625—1668 年），为木氏历代任职最久者。懿生于明万历三十六年（1608 年），卒于清康熙三十一年（1692 年），享年 84 岁。

木钟（1687—1725 年），纳西名为阿挥阿住，字云林，号永茂。木垚嫡四子，因父垚、兄兴“于康熙五十九年（1720 年）兴师入藏，相继亡故”，钟“随奉云贵总督部院属准委管理土府事务”。雍正元年（1723 年），清廷对丽江实行“改土归流”，改丽江军民府为丽江府，设流官知府，降木钟世袭土官知府为世袭土官通判。钟管理土府事务“仅 40 余日”。钟生于康熙二十六年（1687 年），卒于雍正三年（1725 年），终

图 1－14　土司木钟

图片来源：《木氏宦谱》乙种本，第 144 页

年38岁，十三年（1735年）被追封为“特授正六品承德郎”。

三、明丽江军民府衙署建筑群

明朝于洪武十五年（1382年）设丽江府，因阿得“首先款附，命知府事”。次年，任命得为世袭土官知府，赐姓木。木得即于大研厢建丽江府衙署。洪武三十年（1397年）改置丽江军民府（以下简称“木府”）。

木府鼎盛时期当在明代晚期，尤其是在万历年间木增任土知府期间，府衙建筑群已臻完备。其位置在大研厢狮子山南面的缓坡地带，“东向临溪而峙，象鼻之水环其前，黄峰拥其后”，坐西朝东偏南，面向“巽位”，占地面积广达6万多平方米，整个建筑群包含衙署、园囿、府邸、木氏家庙四个建筑单元，前两个建筑单元及忠义坊（又叫石牌坊）坐落在一条东西向的中轴线，也就是建筑群的主轴线上；后两个建筑单元位于主轴线之北侧，分为东（府邸）西（家庙）两组，府邸之东又有一组建筑，是为驿馆（一说系木氏土府与外界进行商贸之所，俗称“一条街”）。

在中轴线上，衙署建筑的仪门之前，矗立着忠义坊，坊前有西河水流过，河上建有拱形石桥。仪门之后为正堂、万卷楼、后殿。在正堂和后殿两侧，各建对称的配殿。衙署建筑中最为特别的是正堂，是封建政权和木氏土司权力的象征，是衙署建筑的核心。衙署建筑之西，为园囿建筑，自东而西建有光碧楼、玉音楼和三清殿。

忠义坊：建于明万历年间。因木增曾输金助“三殿鼎建，兼陈十事”，神宗皇帝嘉其忠诚，除给木增晋参政外，准予建坊，以为旌表，木增乃“奉敕建”。坊为石质，仿木结构，四柱三间，二层六楼，明间面阔较大，为一丈二尺，两次间各阔八尺，高三丈三尺，寓“上有三十三天”之意，明间两边通柱与上层楼较次间为高。上层楼为庑殿顶，“山面之檐，绕至柱外，为最鲜见”；下层楼为两面坡顶。“檐下斗栱，下层二跳，上层三跳，皆具斜拱，又于跳头上置三幅云。”明、次间龙门枋及额枋上，施绦环板及楼间各二层。四柱皆通天式，前后皆有夹柱石，前为四狮（内雄外雌），背面两侧为鳌，中置二抱鼓石。坊呈上重下轻之状，后为减轻中间二通柱的压力，在中柱内侧另加二石柱支撑额枋，致使明间不显其阔。坊明间绦环板上，镌楷书“忠义”，龙门枋上置一匾，边雕饰二龙戏珠。中镌直行楷书“圣旨”二字。

仪门：即衙署大门，牌楼式样，上下两层，中为朱漆大门，门上有匾，书衙署名。占地面积约36平方米。

正堂：即前议事厅，占地面积516平方米，建筑面积约1032平方米。堂重檐歇山顶，面阔五间，是抬梁与穿斗相结合的木结构，明间设巨门两扇，朱漆，钉金色圆形泡钉，每门横竖各7枚，计49枚。左右次间皆设“十样锦”圆形槛窗，裙板雕纳西族之左右门神——虎和牦牛为饰。末间置四开菊花槛窗（现存有部分构件）。整座建筑物处于高台之上，显得雄伟、威严。

万卷楼：占地面积约660平方米，建筑面积约1980平方米，面阔五间，实为一座三重檐歇山庐顶楼阁建筑，唯以山面置于轴线上，山面下的一、二层加檐，平面呈方形，有周匝回廊，二层廊外沿设栏杆。据光绪《丽江府志稿》记载，万卷楼为木氏藏书之所，楼中有宋、明各书善本，数以万计。

后殿：即小议事厅，占地面积约700平方米，建筑面积约1199平方米，为重檐歇山式，抬梁与穿斗相结合的木结构，面阔五间。殿为木氏土知府处理公务的主要场所。

配殿：四座，轴线左右侧各二座，建筑规模相同，单檐，面阔五间；左殿为军民府文把事执事室，也是木氏土司临堂视事前后休息场所；右殿为武把事执事室，即警卫、侍从人员待命之处。

南北门：位于木府衙署建筑和园囿建筑之间，是一条南北通道两端的门楼，下层设门，用以启闭，起类似城门晨开以通行、夜闭以防卫的作用。上层为戍楼，设兵驻守，并可连通衙署和园囿两组建筑。

光碧楼：园囿建筑之一，占地面积约420平方米，建筑面积约840平方米，为重檐歇山式，抬梁与穿斗相结合的木结构，面阔五间，为万历年间木增土知府所建，清乾隆年间曾有改建。

玉音楼：其建筑形制与福国寺五凤楼相同（只是略小），故又称小五凤楼。占地面积约272平方米，建筑面积约816平方米，为三重檐楼阁建筑，底层平面呈“十”字形，由中部四通柱构成方形，一、二层各有一檐，各檐之间加檐连接，但二层南北檐上建成歇山式顶，三层为一座方形小亭，四角攒尖顶。整个建筑檐角较多，从各个方位看去，都有五个翼角，像展翅欲飞的凤凰，因而得名五凤楼。据清乾隆《丽江府志略》记载，楼系万历时丽江土知府木增所建，上供皇帝牌位，“为祝厘所”。楼有匾，文曰：“天威咫尺”。此楼“雄威奇丽，称甲于滇西”。

三清殿（原为寿星楼，属道教建筑，因破坏严重，无可依据遗存，从木府恢复重建整体需要出发，统称“三清殿”）：位于轴线之末，衙署建筑群之西端，黄山下部，为诸建筑物中地势最高者。占地面积约275平方米，建筑面积约825平方米，三重檐悬山式，抬梁与穿斗相结合的木构架，面阔五间。始建于明万历年间，系土知府木增所建，道教建筑。据清光绪《丽江府志稿》记载：“高耸玲珑，备极工巧。”

木氏府邸：即木家院，系木氏土司家人生活起居之所，坐西向东，一进三院，为纳西族民居建筑，占地面积约1242平方米，建筑面积约818平方米。进入大门后为第一个院子，前有影壁，“壁后面有一座很玲珑的太湖石，旁边有一株很大的观音柳，半边还活着。这院子里石刻花台、长方形井栏，以及石头房基，厅堂的建筑，四方四正的柱子，都是明代的遗物”。这段描述是1961年国家文物局局长王冶秋见到的清光绪时在明代原址上重建的建筑，其时木氏作为世袭土通判，无论政治权力，还是经济实力，都已式微，建筑规模及富丽程度均已不及其祖先，唯一可以述及的，便是采用旧料，保留旧物，仍存明时风貌而已。

驿馆：位于府邸之东，坐北面南，呈东西向横轴线排列，为三坊一照壁纳西族民居式建筑，既可单独成院，又可联通成为一体。供来丽江的商旅歇宿，又是商贸之所。

木氏先祖自降元以来，竭力效忠朝廷，一面以兵力相助朝廷平定其统治范围内外的“叛乱”者，同时以“辑宁边境”的旗帜，不断向东、西、北扩张势力，扩大统治范围；一面又以其财富屡次向朝廷贡方物、献金、助饷，深得朝廷的宠信。木氏被倚为边地屏藩，给予赐姓，委以官职，且得到世袭，叙功晋秩，累加赏赐，在明朝260年的统治时期，木氏土司得到的赏赐封赠，见于史籍记载的就有28次之多，这是云南其他地区土司所不及的。

木氏土司正是在这种背景下，自明初以来，即大兴土木，营建衙署、府邸，与此同时，又兴建寺庙，绘制壁画，到了明代晚期，尤其是在木增时期，大兴土木之风更盛，衙署、府邸等建筑已臻完备，仿照皇室之制，设玉带桥，在中轴线上建三大殿；虽未正式形成“前朝后寝”的格局，但后三殿是存在的，且“御苑”式的园林亦有，只不过将府邸移往北侧而已。玉带河虽无其名，却实有其物。木氏建造的府衙，已越过知府衙署与其职官的规定，此绝非虚言。正如徐霞客于明崇祯十二年一月下旬应木增之邀，游丽江时在日记中写的，“闻其内楼阁极盛，多僭制”，“宫室之丽，拟于王者”。

纵观丽江军民府衙署、木氏土知府府邸之建筑，始于明初木得，鼎盛完备于明代晚期的木增。此后，经清初“寇乱”和雍正元年的改土归流，随着木氏土司政治地位的下降，经济力量大为削弱，整个建筑群亦逐渐颓圮，到了清代晚期咸同年间，因“滇西之乱”，大部分毁于战火，光绪年间虽经维修复建，已是大逊于盛时。

四、木府恢复重建的意义

1. 木府恢复重建不仅仅是建筑学意义上的恢复重建，更是传承和弘扬民族精神的重大文化工程。我们的出发点不仅是恢复重建一座颇具特色的木府，而且要唤醒和重现纳西族历史上的智慧之光。再宏伟的建筑，如果没有云集过刀光剑影的历史风云，如果没有产生过驰骋天下的英雄豪杰，如果没有上演过沧海桑田的人间悲喜剧，它就只有建筑学上的意义。当初建造这幢“大房子”，显然不单是为了后人去欣赏它的建筑美。我们不惜斥重金恢复重建木府，也并不仅仅是为了恢复重建一处古建筑的外在形态，重点是恢复重建历史上形成的那座高峰。历史不应忘记，但需要以某种载体来说明，书籍、建筑、文物、遗址等，就是我们借以向后人说明历史脉络的最好载体。木府是民族文化的载体，与整个纳西族的历史有着千丝万缕的联系，对丽江稍有了解的人都认为，丽江不能没有木府，古城不能缺了木府。

2. 木府恢复重建丰富了世界文化遗产丽江古城的内涵。丽江古城作为世界文化遗产，其内涵是极为丰富多彩的。它有着悠久的历史，古老的东巴文化，活着的象形文字，色彩丰富的壁画，形式多样的民族民居建筑和多种宗教建筑，风格别致的石桥，贴宅入户的流水，长年不涸的泉潭和少见的三眼水井……恢复重建明代丽江军民府衙署和木氏土知府府邸，增添了悠久历史的另一个侧面，即反映纳西族在封建领主统治下的政治、经济状况，木氏土司“诚心报国”的情怀与明代中央王朝的密切关系及其对纳西族社会的影响，以及开放多元的土司文化。这些都是丽江古城不可或缺的文化内容，因而也就必然丰富丽江古城作为世界文化遗产的内涵，使两者相辅相成，相得益彰。

3. 木府恢复重建是再现和弘扬古代纳西族历史和传统文化。从大量的史籍和古老的东巴经书中，以及对金沙江流域上游发现的岩画所做的研究中，我们知道，纳西族的历史是很悠久的，其社会发展比较迅速、经济比较繁荣是在元明时期。再现这一阶段的历史面貌，就能让我们进一步了解和认识本民族的这段历史，同时也能推动对纳西族历史的深入研究，进而传承和发扬纳西族的优秀传统文化。

4. 木府恢复重建是向全世界宣传纳西族文化的重要渠道。使我们这个民族加强国际文化交流，像历史上的先民那样，在文化交流中吸收其他民族的先进文化，来丰富发展自己的民族文化，在发展中华民族的文化事业中，做出自己的贡献。

5. 恢复重建木府，使之作为旅游业的重要景点之一。除了有着上述意义外，还有为发展丽江的旅游事业，发展经济，提供就业，进一步宣传纳西文化，为纳西族走向全国、走向世界，创造一定的条件。

第二节　木府旧址的考古发掘[①]

一、考古发掘的情况

由于恢复重建木府的工程任务繁重、工期紧迫，不可能在对木府遗

---

① 此部分主要参考木府考古第一手材料，在此向云南省文物管理委员会马长舟研究员深表谢意！

址做全面的考古发掘后，再进一步弄清楚其分布、面积、建筑物布局、台基规模和结构、地下水系等情况，为恢复重建提供考古学的依据。时不待人，这是对恢复重建木府不利的一面。但是，光碧楼只存根基、木家院等建筑物大致存在，也为恢复重建木府提供了一些有利的条件。根据以上事实，我们一方面在施工中，注意地表下的出土物，对它们予以收集、拍照，对重要事项及时绘图，作为资料保存；另一方面，我们也做了必要的考古发掘。

对探沟位置的发掘，我们选择木府建筑群的原衙署、园囿和府邸三个部分的结合点进行挖掘，分别在衙署部分的正堂前的中部、园囿部分光碧楼台基东沿南端和府邸客厅布置发掘探沟，分别编为 LMT1（即丽江木府探沟 1 号，下同）、LMT4 和 LMT5。后为弥补 LMT1 下部已被先期施工造成的缺陷，在 LMT1 东面挖了两条沟，分别编为 LMT2 和 LMT3。

图 1－15 木府遗址考古现场

图片来源：木府提供

文化层情况：LMT1 面积为 1.5 米 × 10 米，从地表向下至 1.25 米深处为扰乱层，含近现代与清代遗物，有碎砖瓦块、石灰块、青花瓷片、糟朽木块、塑料薄膜片、水泥块、清代制钱等。扰乱层之下，为不规则的石灰岩石块垫层，厚1.9米，石块大小不等，其间有些黏性强的泥土。20世纪80年代被迁建的光碧楼，是清光绪年间在明代原址上重建的，无须新建地基。明代兴建光碧楼，就必须下基石、筑台基。而用不规则的石灰岩石块垫层，应是明代始建时所为。此垫石之下即系地质勘探资料所称的“素填土”，土质板结较硬，也就是考古学所说的“生土”，内无人为翻动的痕迹。光碧楼迁走后，后有中共丽江县委党校在台基上建房，此次发掘时，施工单位在探沟西壁的西面0.2米处挖柱础基坑时，在距地表深3.15米处，发现有浇灌的水泥面及钢混结构的柱子（残部），证实明代台基的基础和清代晚期重建光碧楼的地面，均已在党校建房时被破坏。

LMT1面积1.5米×10米，地表为拆迁后的民居堆积物，有碎土基、碎砖瓦块、碎瓦当头和筒瓦、塑料薄膜片、小木片等，厚约0.22—0.34米，其下有两层水泥地面，厚度约0.6—0.8米，两者上下相距约0.18—0.26米，上层水泥地面系拆迁民居的室内地面。下层水泥地面虽然也是民居的室内地面，但其年代要早于前者，参照所出民国年间的瓦当头和砖、瓦残片判断，其年代当亦在民国年间。下层水泥地面之下，为红褐色土，似经过夯实，质地较硬。又下（上距地表约1.7米）有一条瓦片状填层，即将瓦直立排放，揣测系民国年间建房者所为，因瓦片填层就在水泥地面下的红褐色土之下。红褐土的下面为砾石层，其中夹有砂、砾石，或圆或扁圆，大小不一。参照LMT3和LMT2的同等深度的砾石层，情况与LMT1相似，唯两探沟中皆有角砾岩石块，大小不等，已无人工翻动痕迹。此三条探沟的地层说明，文化层及出土物皆系民国及其以后的民居遗迹，未见明代文化层，这可能与探沟距大议事厅台基过远（距离12.45米）有关。

LMT5为木氏土知府府邸花厅，1996年2月3日大地震前的房屋，系清光绪十四年（1888年）在明代房屋原址上重建的，施工时拆除已倾圮的房子，旋在房址的花厅位置发掘，在距地表深0.35—0.5米处，发现地面有一层青砖铺地，砖长0.28米、宽0.10米、厚0.095米，比较整齐，铺地下面的红褐色五花土，板结而硬，厚约0.3米，伴有清末的板瓦、筒瓦、瓦当头（有寿纹、回纹、小兽面纹）碎块和清“光绪通宝”

钱币。此层填土之下，发现有方形汉白玉石板铺地，石板尺寸边长0.38—0.42米，厚约0.03米，石板下填土呈暗红和灰黄色，厚0.3—0.65米，其下为砾石层，未发现人工翻动痕迹。

原拟在护法殿和光碧楼之间行人通道南端门楼遗址上开挖一条探沟，以查明门楼确切位置，惜因担心影响工程运输和行人通行，未果。

二、施工中出土的实物

工程施工中，在光碧楼、护法殿、三清殿和木家院等处陆续出土了不少明清两代的实物残件，兹择主要的介绍如下：

图1－16 木府遗址考古现场

图片来源：木府提供

板瓦：有大小头，大头宽0.265米、小头宽0.2米、长0.295米、厚0.02米。我们发现其中一块印有“罗应科”字样，背面布纹较粗，青灰色，较淡。清代板瓦总体尺寸较明代的小，背面布纹较明代的细密，色泽深。

筒瓦：长0.455米，浅灰色，色淡，清筒瓦形制小于明代，色深。

瓦当头：明代的大兽面布满瓦当头的圆线内，兽纹的口大，色泽浅灰；清代的兽面纹小，兽口亦小，且另有回纹。回纹瓦当形制小，土质较细腻，色泽为深青灰。

图 1－17　出土筒瓦

图片来源：木府提供

装饰砖：一面斜边，有纹饰。明代的形制大，粗糙，纹样为缠枝草，显得朴实、凝重，没有修饰；清代的形制稍小，质细，深青灰色，中饰莲花，两旁为缠枝花，纹样修饰过，没有粗犷感。明砖长 0.28 米、宽 0.17 米、厚 0.055 米；清砖长 0.245 米、宽 0.137 米、厚 0.033 米。

此外，还有青瓷、青花瓷片，器形可辨认的有碗、杯、罐等，以及忠义坊的石构件（已残），护法殿的木雕窗花等。

图 1－18　出土的装饰砖

图片来源：木府提供

三、考古发掘的收获

考古发掘结合工程施工进行，探沟布局不尽合理，但仍有一定收获：一是弄清了建筑群遗址的明、清和近现代文化层及文化堆积情况。LMT5 和 LMT4 的地层都较清楚，汉白玉铺地从地层学上说明当是明代始建的遗迹。从时代背景来说，明代晚期，木增土知府深得朝廷信任，屡获赏赐，升官晋秩，建坊旌表，经济实力雄厚，多次向朝廷助饷，在境内大兴土木，其府邸客厅以汉白玉铺地，也就不奇怪了。清咸丰同治年间，府邸毁于兵燹，光绪十四年（1888 年）重建时，木氏官职仅为土通判，政治地位、权力、经济实力已不及其祖木增之盛，建筑自然较明时逊色，规模和华丽皆不可与昔日相比。LMT4 扰乱层下之所以用不规则石灰岩石块垫基，系因其下的土质较软所致。二是测定了中轴线。忠义石牌坊建于明万历年间木增之手，在“文化大革命”期间被毁，但基础仍存，据此不难测出中轴线及衙署建筑的方向。现知衙署建筑为城北 255 度，即东偏南 15 度，也就是八卦中的巽位，这是符合史籍记载的。三是如前所述，由于部分建筑物存在（如忠义坊、万卷楼、光碧楼、玉音楼等，有

图 1－19　汉白玉铺地遗址

图片来源：木府提供

的虽已被毁，但其基础尚存），我们结合文献记载和根据老人们的回忆，还是可以大体弄清原建筑群的布局和各建筑物的规模、形制的。考古发掘的收获，可以为恢复重建木府工程提供一定的依据。

第三节 木府恢复重建的依据

一、考古提供的依据

考古发掘和在工程施工中采集的出土实物，对于木府的恢复重建工程可提供如下的依据：①地层学和遗迹证明，在木府遗址中，确有明代建筑存在过；在木氏府邸遗址中，也确有明清两代民居建筑存在过，这与文献记载、古城纳西族老人们的回忆是相吻合的。②考古测得的木府建筑群的中轴线和主体建筑的方向，证明衙署区建筑物的坐向和位置也是同文献记载相吻合的。③采集的出土物，为恢复和重建木府工程提供了必要的实物例证。这些出土物虽然没有确切的地层根据，但是，现在仍然存在的明、清时期的建筑物可作佐证，因而其时代是可信的。

二、明、清古建筑与纳西族民居建筑实例的依据

就明代来说，丽江的古代建筑实例既有早期的，也有晚期的，诸如白沙古镇琉璃殿、大宝积宫、金刚殿、大定阁，束河古镇大觉宫等。清代木结构建筑有光碧楼（清代重建）、五凤楼、北岳庙、指云寺（清康熙年间始建）、文峰寺、玉峰寺、普济寺等。丽江纳西族民居建筑无论是在大研镇，或是在白沙，比比皆是，其建造年代在清代晚期到民国年间，布局形式和建筑特点皆有典型实例，其中，有的始建年代早到清初。这些不同时代的建筑物的梁架结构、斗栱、装修、彩绘等，分别保存着各个时代的独有风格和民族特色，可为恢复重建木府工程提供所需的依据。

三、丰富的文献资料依据

我国是名副其实的文献之邦，古代建筑学方面的文献很丰富。早在宋代，我国木结构建筑已成定制，如《营造法式》；清代有《营造则

例》。这两种建筑法规，是封建时代衙署等建筑的依据。明末大旅行家徐霞客在《徐霞客游记》中有记述丽江的部分。1938 年，著名建筑学家刘敦桢对丽江明清古建筑和纳西族民居进行了考察和测绘，并有著述。1961 年，国家文物局原局长王冶秋对丽江木家院等处进行了考察，还写成了文章。

1949 年以来，全国各地建筑、文物等部门陆续出版、发表了各个时代、各种古代建筑的图集和学术研究专著、论文等。

1949 年以来，云南省和丽江的文物考古工作者对丽江的古建筑做了大量的维修、迁建、测绘、临摹等工作，留下了丰富的文献资料和研究成果。

上述三个方面丰富的文献资料，也为我们木府恢复重建工程提供了必不可少的依据。

四、理顺工作思路

由熟悉和研究丽江、纳西族历史、民族、建筑等方面的专家组成的顾问机构，从各个方面为恢复重建木府工程提供咨询保障。还有，古建筑专业化的施工机构，则是实施恢复重建木府工程的保证。在做法上，我们抓好恢复重建的规划、设计、模型、建造诸环节。首先抓制订总体规划方案，对多家设计单位的规划方案进行论证比较，择其优者，从中统一明确恢复重建工程的内容、布局、总体风格、功能设施，等等。其次，抓具体项目设计，注意各个建筑物与建筑单元同总体规划风格的关系，以及明代晚期木构架与清代装修的关系诸问题。再次，抓建模型，通过模型看设计效果，并进行研讨、改进。最后，由各工程承包单位建造。这样，从各个环节上保证了恢复重建木府工程的质量，这也是实施恢复重建木府工程规划与设计的一项依据。

第四节　木府恢复重建的六个原则

第一，必须把握好“修旧如旧”的原则。不言而喻，我们恢复重建的是明代晚期的木府建筑群，它距今已有 400 年，如果不把握好这一原则，就不能很好地呈现明代晚期木府的特点，更谈不上再现那时的建筑艺术、封建社会地方政府权力机构、土司制度及民族历史文化面貌了。

“修旧如旧”，旧是什么？我们认为，重要的是木结构建筑的梁柱结构、装修及彩绘。通过这些“旧”，再现明代晚期丽江军民府衙署、木氏土知府府邸之建筑的风貌及上述各种文化的内涵。

第二，要把握好恢复重建对象的年代定位。年代定位不准确，恢复重建的要求就难以达到，随之，其价值也就难以体现。一座古代建筑，它在刚建成时，体现的是刚建成时的风貌和建筑特点，即时代风格。过了若干年，木结构建筑就需要维修，就会留下维修时的“痕迹”，因而有些古建筑，梁架结构是明代或更早的年代，装修和彩绘则是有明代有清代，甚至有民国年间的部分装修或构件。这给我们一个启示，恢复和重建古建筑，必须有准确的年代定位。丽江军民府衙署始建于明洪武年间，但始建时，规模未必很庞大、华丽、完备，它有一个随着政治形势和经济实力发展增强而逐步增建、改建、重建和扩建，使之完备、华丽的过程。这一过程到了万历年间才算完成，就是徐霞客所说的那种模样。我们要恢复重建的，正是这一鼎盛时期的建筑群，明初建的不行，清雍正年间以后建的也不行，它们都不及鼎盛时期的能体现历史、建筑、民族文化、艺术等方面的价值。由此不难看出，我们恢复重建的丽江军民府衙署、木氏土知府府邸之建筑的年代，应定位于明代晚期，准确地说是明代万历年间。

第三，要把握好恢复重建对象的总体风貌和各建筑单元的建筑风格。我们以为，恢复重建对象的总体风貌应是：恢宏的气势，庄严的氛围，幽静的环境，恬静文雅的生活气息，各具风采的建筑。各组建筑则是：衙署建筑应突出雄伟、宏大、威严、古朴，园囿建筑应具有园林清静幽雅的韵味，府邸建筑应既有纳西族传统民居特色，又要表现出木氏土司世代文人的特点——庭院风光和诗书之家文人雅士的儒雅之气。使各种特色融为一体，再现木氏土司鼎盛时的历史风采。

第四，要把握好恢复重建对象的民族风格和地方特色。衙署建筑有它固定的格局，但现存的明代和清初建筑亦有民族和地方特色，如琉璃殿下檐斗栱第二跳施三幅云承外拽枋的做法，挑檐枋（丽江俗称“支闲挂”）在四角相交的做法，为稳定梁架，在柱与石础相接处，用榫卯做法，其他还有山墙的腰檐，设搏风板、悬鱼以及格扇窗棂花饰、彩绘等等。在这些特色中，有的是汲取了汉族、白族、藏族等民族的文化，尤其是在建筑的结构、装修、彩绘和寺庙内的壁画方面，更为常见。

第五，要把握好恢复重建木府建筑群与丽江古城的关系。丽江古城历史悠久，从宋末元初的大叶场，到明代的大研厢，清代的大研里，民国的大研镇，迄今已有750余年。至元十三年（1276年），阿良将丽江路军民总管府府治迁到大叶场，此后古城便得到较快的发展。明代，发展更为迅速。古城位于丽江坝子中部，坐西北向东南，北依金虹山，西枕狮子山，东南有广袤的平川。优越的地势，使古城冬无寒风侵袭。城市建筑依山就势，层垒起伏。城中四方街，是滇西北地区的集贸和商业中心。潺潺河水穿巷走户，入墙过屋，流遍全城，街道与河道密切结合，颇具江南水城苏州的风味。古城的民居建筑是纳西族建筑艺术和建筑风格的集中体现，在建筑形式、布局、结构、装修和绘画装饰等方面，都有着鲜明的民族风格和地方特色。

我们恢复重建的木府府邸，是土知府的官邸，在建筑形式、布局、材料等方面，也有与一般民居相异之处。但木氏土知府在纳西族传统文化，尤其是建筑文化方面，自然与古城的民居有着共同之处，如封闭的四合院、单层瓦屋、多进院落、穿墙绕屋的河水、宁静的庭院，等等，这些都与古城的整个风貌和谐一致，使之融入古城，成为古城不可缺少的组成部分，同时又有别于古城，有其自成建筑体系的独特之处。但恢复重建木府时绝不能只强调其独特之处，而损害古城的整体风貌。

第六，要把握好现代功能设施及可持续发展问题。我们恢复重建木府，是为了再现其鼎盛时期的面貌，向国内外及各族人民宣传、介绍纳西族的历史、文化、艺术、土司制度，以及纳西族与各民族的文化交流，等等。这样，就有个接待来访者和参观者的问题。同时，为了持续发展这项富有历史意义的事业，就必须建造与之相适应的现代化的服务功能设施。这些设施：一要方便参观、访问者；二要布局合理，不能喧宾夺主，影响恢复重建对象整体风貌；三是设施外观要与恢复重建对象的总体风貌相协调，其内部设备可以现代化；四是不要污染环境，有碍古城的保护。

第三章 七易图纸

木府虽然被徐霞客赞为“宫室之丽，拟于王者”，但在乾隆《丽江府志略》中只有关于忠义坊、玉音楼等的零星记载。清咸同年间，木府毁于兵燹，光绪年间恢复了一部分，民国年间又将其中一部分改为丽江县中学。中华人民共和国成立后，木府的改变更大，这里先后设过党校、看守所、财政所等。恢复重建木府前，从狮子山上往下看，木府所在的位置是古城中最乱的一块。这一切使我们很难说清木府具体是什么样子，也很难进行图纸设计和规划。

第一节 困于规划

最令人挠腮抓头、无所适从的是，谁也没有见过原来木府的布局。我们翻遍了所有能找到的文献，也没有发现相应的权威描述。四五十栋房子在几十亩土地上怎么摆放？我脑子里稀里糊涂，一片空白，踏破铁鞋到处求访各方菩萨，可谁也拿不准，本地的老人，文化界、史学界的名流，说的也莫衷一是。而这个问题不解决，规划图就拿不出来。规划图拿不出来，就立不了项，世界银行的贷款也就贷不到。当时的情况是，丽江“2·3”大地震刚过，百废待兴，要抢先恢复关乎国计民生的基础设施和百姓安居工程，土司府恢复重建怎么也排不上队。换言之，假如没有世行贷款，要恢复重建木府就只是一句空话，那将失去一个千载难逢的机会，我黄乃镇一世英名也完了，在父母官的眼中也只不过是个喜欢吹牛者而已，虽然“男儿有泪不轻弹”，但当时我真的急得淌眼泪了，头发都白了不少啊！

那么如何进行规划，规划的根据又是什么呢？我们翻阅了大量的府志、县志、省志，还有家庭历史档案，如木氏家谱，还有民间的传说，以及徐霞客对木府的总体评价，综合这些东西，进行了系统的分析研究。

我们还请了云南省文化厅的专家到丽江来，实地对这个地方进行文物考察、勘察，最后综合这些东西搞了一份资料，分别送往北京、昆明等地，请全国著名的建筑专家根据我们所提供的资料，客观地再现当时木府的全貌。这些材料分发到各地之后，得到了各地比较优秀的建筑师的支持。第一份图纸是北京林学院的真一老先生设计的。第二份、第三份是帮助我们搞历史文化名城申报的云南工学院的蒋高宸教授设计的。他是鹤庆人，带着一些研究生来到这里具体地勘察了以后，他给我们设计了两份木府复原图。这样一来我们就有三份图了。

图 1－20　规划图纸之一（北派）

图片来源：木府提供

我们觉得北京的有北派的风格；昆明的，我们说是南派吧，这样南派的风格也有了。我们是这样想的，既要有北派的味道，也要有南派的味道。我们对他们的要求就是，无论北派，还是南派，都要有民族风格，这个思想要贯穿始终。所以他们设计出来的图纸，据看了的人讲，说是都有一点似曾相识的感觉，是不是太奇怪了？但是我们看了以后，还是觉得纳西味不足，觉得不是很满意。这可能是我们对木府特别偏爱造成的，所以我们暂不动工，决定再考虑下一家。

在拥有三份规划图的基础上，我们又邀请了民族建筑研究所的苏教

图 1-21　规划图纸之一（南派）

图片来源：木府提供

授来设计。丽江县一中的图纸就是他设计的，我也请他帮设计一份。听说这位苏教授还曾给泰国设计了一条街，获了大奖。这一回是把民族味也加进来了，但我还是觉得他的设计图还是缺点什么。

图1－22 规划图纸之一（民族派）

图片来源：木府提供

后来，云南省设计院的同志觉得这么大一件事情，他们不贡献一点力量不行，说是不要一分钱，帮我们无偿地设计一份。我就说：“好，你们可以这样干，但是我要把所有人的图纸给你们看。”意思是给他们一点影响，希望他们成为集大成者。不久以后，他们派专车把已设计出来的规划图送过来了。这样一来，我们共收到北京的 1 份，工学院的 2 份，还有民族建筑研究所的1份，然后是省设计院的2份，总共收到6份规划图纸。

第二节 亲自设计

在6份图纸的基础上，我们向领导汇报，又请专家点评，反反复复地改了以后，还是觉得不够满意。最后，我们就自己重新设计。怎么干呢？人家的设计，虽然给了我们启发，但感觉民族味不足，布局不够合理。我们生长在丽江这个地方，耳濡目染了这里的一切，我们内心就有关于这方面的感觉。于是我们综合各方面的因素，根据实际情况，重新画了一份平面图。比如把这幢房子摆到左边，那幢房子摆到右边等等。平面图画出来以后，我们就邀请云南省最出名的建筑规划专家顾奇伟先生根据我们的平面图画出一份规划图。所以说，这一份规划图实际上是我们自己设计出来的，当然吸收了事先为我们做过规划的北派、南派的设计理念，我们把它们统统拿来，都吸纳到这份规划图里边来了。规划图出来了，能否得到承认呢？这需要得到国内、省内专家的认定，才能够动工。可以这么说，这份图纸的产生的确是几经波折。从时间上来说，光是搞这份图纸我们就整整花了一年的时间，终于在那次开的专家论证会上，大家都同意和认可了这份规划图。

其实，我们也知道，对这些规划图不断打磨，就是为以后顺利施工打好基础；与规划图纸不断较劲，就是为恢复重建木府寻找最理想的定调。不经过这样反复打磨和较劲，就不会有后来恢复重建木府的基调。

第四章　江南寻踪

获得6份规划图后，在向世行官员汇报过程中，他们也感觉到了我们的难处。掌握的材料是相当详细了，可是，这些规划图给人的感觉是，除丽江特色不足之外，整体结构还是不够完美。世行官员理德先生曾告诉我说："你们带着这些木府设计材料，要到江南去看一看，那里有世行投资的项目，还有中国的最古的图书馆天一阁①，那个古建筑要去看一看，比如苏州园林②的拙政园③，都应去看一看，对比分析后，再来集大成，钱我们出。"这事还被写进备忘录里边，后来我们考察用的钱就是前文提到的那次世行官员从云杉坪下来后，他们同意先给我的那5万块钱。

尽管6份规划图纸都不甚令人满意，不过那些设计理念对我们此后的第7份图设计思路有启示，有一种不可或缺的帮助，这是不能否认的。也就是说，如果木府恢复重建的规划图最终还是没有定下来，除影响后面进度不说，还很有可能把项目搞砸了。我们似乎走到了极度黑暗的境地，需要来一次思维上的提升和感觉上的突破。

第一节　寻找突破口

"东方不亮西方亮"，我们一行五人，就带着问题外出考察、学习。同去的有云南省城乡规划院的顾奇伟老院长，他人很好，我们相处得很愉快，他是个江南才子，很潇洒，连他设计的作品都像他一样洒脱。我们还邀请了一位专家做顾问，他是中国古代建筑技术研究所的陈耀东老

① 在浙江省宁波市，系明代进士范钦所建，为中国最古藏书楼，原藏书7万卷，至中华人民共和国成立时尚存1.3万卷。

② 苏州园林建自宋元，至明清达到鼎盛，是中国古典建筑与园艺文化的结晶。有9座园林被列为世界文化遗产。

③ 苏州园林典型代表，始建于明正德四年（1509年），占地78亩，园景以水为中心，山水萦绕，厅榭精美，移步换景，体现了明代旷远明瑟、格调古朴的园林艺术风格。

先生，这个人也相当好。我们带了各种资料、平面图、规划图等，到全国各地考察时，我们看了江苏的古建筑群，还带去了我们对木府的一些研究成果，省建设厅也派人和我们一起考察。

我们考察了一些古建筑以后，大家对木府的理解就更深入了，于是就形成了以下一些观点：

木府的恢复，首先要定位。意思是木府有清朝的木府、明朝的木府，我们要恢复的木府定位在哪个年代上，是首要的。木府，它经历了元代、明代、清代、民国时期，一直到中华人民共和国成立后，我们都还能看到残留的木家院、石牌坊。它经历的年代相当长，恢复木府究竟要恢复什么时候的木府？因此，年代定位是非常重要的。我们在全面了解所掌握的整个历史发展脉络后，得到一个结论：要定位在明代晚期，也就是木增统治那个时候，即徐霞客到丽江的那个时候。那时是丽江的政治、经济都比较繁荣、比较辉煌的一个时期。我们把木府放在历史长河里面进行对比、论证，结合各方面的考察，觉得恢复最辉煌时期的木府比较好，所以恢复重建的时间定位是明代晚期，要恢复那个时候的木府。以徐霞客讲的“宫室之丽，拟于王者”那句话作为参考。

依据是什么呢？是有关史料、木氏家族历史档案、考古学家进行考古后的意见等，然后对这些资料做认真细致的归纳整理、分析研究，由此及彼，去伪存真，求大同、存小异，从而对要恢复重建的木府有了总体的看法。

我们确定了这个思路，建筑各方面的风格就可以统一了。当然，我们这里山高皇帝远，有些建筑样式到了丽江后有所变动，比如说明朝建筑的屋脊是平的，而我们丽江房子的屋脊却是平中有翘，只是翘得不怎么厉害。建筑学家研究了以后都有这个感觉。总而言之，定位了以后，修的房子是什么时候的，就要体现那个时候的建筑特点。

我们考察了苏州的拙政园及其他园林，才知道苏州园林到中华人民共和国成立初期已经是满目疮痍了。事实上它是中华人民共和国成立后才慢慢地修缮保护起来的，有些甚至是超过了原来的规模，尽可能地按原来的规矩，用以前的材料，修缮过程中还有一个是作旧处理，即把本来是好的材料搞得旧一点。做这种处理以后，呈现出来的就是一个古色古香的园林。当时拙政园也在申报世界文化遗产①。具体修建木府的时候，我们吸纳了他们的这种做法。

我们一路走走看看，然后到了徐霞客的故乡江阴市，参观了他的故居。当时天已晚了，徐霞客故居展览馆已关门，但看守展览馆的人一听说我们是丽江来的，就相当高兴，并把门票也免了，重新开门给我们参观。徐霞客故居展览馆有一个展厅，当时 2/3 的展板都是讲徐霞客和木生白（木增）之间的故事，我们看了很受感动，于是我们开始产生了建议丽江县政府把丽江与江阴市结成姊妹城市的想法。江阴市经济相当发达，并以徐霞客为自豪。而我们的木老爷与徐霞客有这么好的关系，不结成姊妹城市就太可惜了。作为我们木府，要更进一步研究木增与徐霞客之间的关系，并把这个内容当作一项增加木府文化内涵的项目来抓。

在考察中，我像大旱天的禾苗，拼命吸收江南遗存的古建筑文化甘露。有一天在江苏的一个寺庙建筑群中考察，我忽然就得到了某种启发，产生灵感。那天几个专家从正门走，我是从后门进的。从后门一进去我就发现了一幢房子，一看就是我想象中的木府前议事厅的样子。这幢房子是九开间，我们不能起成九开间，只能是五开间，因为明眼人一看就知道这幢房子的主人可能官居一品、二品之类，我们的木氏土司最高也就居三品。当时我把所有人都叫过来了，说我要的就是这幢房子的样子，以后前议事厅就照这个样子建，要赶紧拍照。拍了照还不行，还要找人详细了解这幢房子的情况。后来，真的找到一位非常了解这幢房子的朋友，他为我们提供了许多的便利。从江南回到丽江后着手设计议事厅时，我们再加上硬山、歇山、瓦屋脊等丽江做法，议事厅就完全丽江化了。这就是学习与借鉴的好处。

老实说，像前议事厅这样的建筑，大家都没见过。有些建筑，画是可以画得很好，但在实际修建中又是另外一回事。古代建筑由于年代久远，史料不全，一些工艺已失传，已经变得没有规律可循，这是许多建筑专家的共识。

在以后动工挖地基的时候，对木府要建成什么样子，大家的心里还

① 1997 年 12 月已被列为世界文化遗产，2004 年世界遗产年会就在苏州召开。

是没底，乱七八糟的，大家总是问会不会出差错，有的人还说让黄乃镇吃不了就兜着走的话。其实对于我来说，一开始建这个房子，我就知道这个房子会像什么，为什么要这样建。因为对要建的好多房子，我已经在丽江和其他地方找到了感觉，即使是外边的，摆在丽江就是丽江的房子，不然，你在那里画得再好，一建起来不一定有这个效果，你要对自己的民族负责啊！那次世界银行要我们去考察，真是打开了我们的眼界和思路。

第二节　金陵定夺

我们考察的最后一站是南京。我们在南京金陵饭店召集了各位专家，并把我们设计的规划图摆出来，让大家都各抒己见。我们在宾馆的墙壁上挂满了我们的规划图，我们原来设计的规划图是根据历史原貌来恢复，所以中轴线有点弯曲。有些专家就非常小心地提出，是不是把中轴线弄直了会好一点，不弄直显得有点不伦不类，弄直以后显得更气派。

顾院长还开玩笑说："黄局长搞木府既要对前三四百年的历史负责，也要对以后三四百年负责。"从这个意义上来讲，我们同意把中轴线摆直，就是对以后的三四百年负责，所以我认同了他们的意见。而对我们设计出的规划图，大家认为设计得比较合理，专家们也同意了，没有意见。

但是中轴线一摆直，许多房子的搬迁问题也来了，像丽江县图书馆的房子，原来是不需要搬迁的，但中轴线摆直了，就也要搬迁。原来是考虑到花费太大，留下图书馆也可以藏书，所以打算不拆了。最后专家们问我能否下决心把图书馆这栋房子拆掉。"同意"这两个字不是简单一句话，中轴线一弄直就意味着又要花费许多钱。经反复权衡，后来我就下定决心说："改，花费再多的钱也要改过来。"专家们同意了以后，整个木府的整体规划也就定下来了。

那次外出考察，在遍访各地著名的明清古建筑和园林后，我们形成了一些基本的共识：

1. 我们要恢复的木府定位为明末木增土司在位的鼎盛时期的木府；
2. 用原来的规矩、原来用的那些种类的材料作旧处理来恢复旧观；
3. 在江阴，我们认识到了丽江在徐霞客心目中的分量；
4. 在六朝古都南京，专家们拍板定稿，决定把木府的中轴线改直。

第五章 功能分区

俗话说，“三个臭皮匠赛过一个诸葛亮”，这说的是集体智慧的重要性。但有些事情，尤其是还处在重建木府探索阶段时，由于大家各抒已见，各执道理，作为决策者来说，取舍、决断就显得尤为重要。针对我们早期的木府规划图来讲，我相信每一份图纸，都凝聚了各位建筑设计师的智慧，是他们的智慧和才华的结晶，都有它的道理，也有它的可取之处，但是我们还得使它能结合纳西族的特色。我们心目中的木府，它必须有明代建筑的风格，而更为重要的是，它应体现出一个民族的历史文化，以及一个家族在几百年时间内所展现出来的政治、军事、经济等方面的气魄和胆识。木氏历代土司当年冒着犯上“僭越”之风险，修建这个木府，自然应该满足他们的需要，具有不同的功能。那期间我总是在冥思苦想这个问题，就像在黑暗中找那一盏指路的灯一样，在混沌中找一条通往彼岸的路。

第一节 柳暗花明

有些事情，在不能把握的时候，人们就最容易想到冥冥之中的神灵。作为一个纳西人，不得已时，我也会去拜祭“三多”神。在自己设计木府第七份规划图之前，走投无路之际，我去北岳庙敬拜了一下“三多”。在庙里，我突然领悟到：一般百姓家都有供祖先牌位的地方，大户人家都有佛堂，而偌大一个木府呢？它当然应该有家庙，在《木氏宦谱》中我们也曾看到过关于木氏家庙的记载，想必它一定是松柏苍翠、香烟缭绕的。再则，木府既然是丽江土知府府署，自然应有衙门办公地方，即我们所说的衙署，那衙署当然要大气开阔、气势威严。而我们知道，过去的木府，既是土司衙署，也是木氏家族的世居地，就像京城的紫禁城一样，公事私事都在一个戒备森严的大宅院里办。木家院就是木氏的生活区域，这也是有案可稽的。还不能忘记的一点是，我们知道历代木氏土司都崇尚汉文化，跟朝廷保持着密切的关系，土司家族以能吟诗作赋为荣，“文墨比中州”，万卷楼在《木氏宦谱》中也有明确的记载。

真是“山重水复疑无路，柳暗花明又一村”。从木府的功能设施一路想下去，我的思路就豁然开朗了。木府按四个功能区来设计，紧紧围绕中轴线来摆设楼群，这就是我心目中要恢复重建的木府。

于是在综合各方面设计的基础上，我们画出了第 7 个规划图的平面图，邀请云南省最有名的建筑规划专家顾奇伟先生，告知他我们找到的感觉，请他根据我们的平面图画出效果图。所以说，这一份效果图实际上就是我们当地人自己设计出来的。当然，它吸收了事先为我们做规划的北派、南派等的理念，我们把它们统统拿来，都吸收到这份效果图里边。第七份恢复重建木府的规划图就这样横空出世了。

从有关史料看，整个木府明末兴盛时占地 100 多亩，这一次恢复重建的木府占地 46 亩，中轴线全长 369 米。无论从中轴线的长度 369 米，还是占地 46 亩来看，都好像与古代建筑群的那个吉祥数字和帝王数字有一种神秘的联系。我认为因为我们本身搞的就是“王者”工程，所以说，无论从哪一个角度表现，这些数字似乎都有着一些神秘的默契，向世人暗喻着一种神秘的文化。

图 1－23 木府规划图（效果图）

图片来源：木府提供

生于斯、长于斯的我们终于拿出了有民族味的规划图。以上这个规划图综合了各路专家学者的意见，更来自我们对纳西文化和木氏土司家族的情感。把它交给专家后，他们也茅塞顿开，按图索骥，画出了整个木府的总体规划图。

第二节 四功能区

恢复重建的木府大小建筑共有59处，占地面积3万多平方米，东西中轴线长369米，划分为衙署、玉花园、生活区、家庙四区，高低错落，层次分明，体现了“宫室之丽，拟于王者”的历史面貌。

现在恢复重建的木府，是这样划分四个功能区域的：木府有两条中轴线，一主一次，穿过衙署区的为主中轴线；穿过木家院的为次中轴线，一条在南，一条在北。就南边的主中轴线而言，它的第一部分，也就是说从石牌坊到后议事厅为第一个区域，也是衙署办公区域。

顺主中轴线，从光碧楼开始到三清殿，为木府的第二个区域，称为玉花园区（也称后花园区）。靠北边的部分为木府的第三个区域，也就是生活区域，里边有驿栈、驿馆，还有一些店铺，总称为木府一条街，之后是木家院，二者结合起来，就称为生活区。

顺次中轴线，生活区之后是祭祀区部分，祭祀区部分主要是由两个建筑组成的，一个是皈依堂，一个是家庙。这些房子的功能用途在于祭祀。这一次恢复重建没有恢复祭祀区域部分。

综合四区域划分情况来看，我们觉得还是比较科学，而且是比较合理的。总体方针是从大处着眼，注重细节，前呼后应。因为四个部分用途不同，所以，建筑风格也随着用途的变化而变化。

第一个区域由照壁开始，然后过玉带桥，到石牌坊、仪门、前议事厅、万卷楼、护法殿，从建筑的特点和名称来看，我们不难发现它们的用途主要是用于办公。衙署区有意突出一种威严感，建筑风格也就围绕这种感觉来体现。一进木府大门，迎面而来的是议事厅，议事厅前面有一个大广场，气势相当恢宏，这样一来议事厅也就显得宏伟、高大，给人一种威严感。后议事厅又称为护法殿，它的建筑风格跟前议事厅有点接近，但是整个房子体量要比前议事厅略小一点。中间是万卷楼，整个房子的结构是重檐歇山式。万卷楼从外边看是两层，实际是三层，上下两层，中间还有一个夹层。最上一层，四周还有走廊。这样一种结构形式，外观显得挺拔、潇洒，还略带有一点书生气。这样一来就很符合它的身份，因为它是藏书楼。

在这些建筑中，从建筑工艺上来讲，万卷楼很值得一提，它是集北京和曲阜两地最著名的两栋藏书楼的精华而设计的。木府有个万卷楼是肯定的，没有异议，但是万卷楼摆在哪里，像什么，却谁也说不清楚。不恢复万卷楼吧又不行，因为我们是礼仪之邦。木府前面的木牌坊上的“天雨流芳”，其纳西话的意思就是“读书去吧”，这是一种文化氛围。最后我就出了个主意，山东曲阜孔夫子的家乡有藏书楼，叫魁星楼①，北京有没有藏书楼？有。那么就可以把北京的那个图纸调过来，把山东曲阜的图纸也调过来，这样两幢楼的图纸都在我们手里。虽然它们是古建筑，我们是重新修建，但是我们可把两幢楼最优秀的地方，吸取到我们这幢万卷楼上，合二为一，这样就把我们的万卷楼搞出来了。所以也可以说我们的万卷楼是天下名楼的集萃，也应成为名楼。

这里要特别指出的是，作为古代建筑群的房子，从其安排布局的角度来看，万卷楼是不能放在这里的，它违反了古代建筑群的安置规矩，因为前议事厅从政治角度的需要，可以安排在这里，护法殿的地位也是仅次于议事厅的。但万卷楼为什么要这样布局，将会在第六章第一节中介绍。

第二个区域由光碧楼、玉音楼、三清殿组成。玉花园内有山，所以显得很有层次。玉花园内首先有光碧楼，光碧楼充其量只是通往后花园的门楼，但是它的工艺和房子的气势，在光绪《丽江府志稿》中有“称甲于滇西”的记载，此外在其他史料中，就再也找不到更详细的记载了。接着是玉音楼，玉音楼又称为小五凤楼，它的建筑风格跟福国寺的五凤楼建筑完全一样，有五个翘角，犹如五只翩翩欲飞的凤凰，故称为五凤楼。再接着是三清殿，三清殿是道教建筑，道教的房子被称为精舍。它是顺着狮子山的那个地势而设计的，这是一个特点。它的台阶也是就着地势来设计，基本上是按三重歇山的做法来做。因为是道教的房子，造型结构尽可能地体现飘逸感。与第一个区域建筑的样式相比较，整个玉花园区域尽可能地追求自由、活泼、超脱的感觉，因为玉花园是土司娱

① 魁星即奎星俗称，是主宰文章兴衰的神，以建阁祀之。

乐之处、休闲之所。这是对第二个区域的总体把握。

第三个区域在主中轴线的北边，是生活区，包括木家院、木府一条街。生活区域就强调一个生活功能作用。我们将木家院建成三个三坊一照壁的模式，既保留了丽江的风格又有实用性，楼下可以做生意，楼上可以作为驿栈、驿馆，古时纳西人称为驿堡。靠东面的那两个三坊一照壁是楼房，靠木家院的那边都是平房。为什么有这种变化呢？事实上后面的那个三坊一照壁因接近于前议事厅，就空间上来看是有这样的一个架势，为了避免与那些建筑争势，或者为让它只起到一个衬托作用，就处理成平房，这不是想当然做的，而是有这么一个目的：尽可能比议事厅的房子显得矮一点，以衬托出议事厅的高大、雄伟、壮观。而木家院那边也是一进三院式的，就是丽江一般的民居式院落，木家院是在改土归流以后恢复的，那个时候木府已经衰败下来了，在这种情况下恢复的房子，虽然没有往昔的王者之气了，但还是要给人这么一个感觉：老虎虽死，虎威仍在。

至于第四部分，即祭祀区域部分，这一次没有恢复，留待后人去完成。整个木府就是由衙署办公区、玉花园区、生活区、祭祀区四个部分组成的。我们对明代晚期的木府的研究成果，是得到了专家们的好评，并且认同了我们四个部分的划分方式。假如我们一开始不能对木府有一个板块结构的思路的话，要恢复这么庞大的工程就会感到杂乱无章，无规律可循。而通过这样大致的划分以后，就好把握了，而且这四个部分的划分得到了专家们的好评，他们也觉得很有道理。

第六章 雄辩风采

其实，从木府的效果图到正式的规划图，经历了多少论证、打磨，现在已经难以一言以蔽之了。我们深知，恢复重建木府这一工程在世界文化遗产丽江古城的心脏，它既要有政府的支持，又要经得起专家的推敲论证。因此，最后的规划效果图一出来，我们就报给丽江县委、县政府，等领导拍板了以后，有30多人对这份图纸进行了全面的论证。从时间上来说，完成规划图这一阶段我们就整整花了一年的时间，在无数次的专家论证会上，我不厌其烦地给大家解释木府布局的理念，有几次论证会给我留下了很深刻的印象。

第一节 万卷楼之争

云南省的一些古建筑专家和国内的一些专家对木府的恢复重建相当重视，因为这是在世界文化遗产的丽江古城的心脏部位做这么大的“手术”。绝大多数人对我们的这个规划是很有信心的，包括大部分专家、学者及群众，但有些专家还是看出了一些毛病。若是这些专家不同意我们的规划图，那么我们就要重新规划，就要再请一些专家来论证，又要多花一些时间。而这样一来，世界银行那边我们就不好交代，那么钱也就不好贷了，若是再出问题，很可能项目又要被取消了。

在一次专家论证会上，全国的、省内的专家在听我们汇报的时候，专家们对我们这一份图纸提出了异议，“哪壶水不开就提哪一壶”。他们说有几个地方有几幢房子摆错了，不合规矩。比如在衙署区内，他们就提出了这样一个问题，向我们质疑：衙署区内既有前议事厅，其后又有后议事厅（护法殿），后议事厅从功能上看是重复建筑，布局绝对是错误的。面对专家的看法，我做了解释说明：从功能讲，前议事厅是议政事的地方，后议事厅是议家事的地方，家政分明，所以说这两处分别是议大事、议小事的地方。假如与故宫做比较的话，前议事厅就等于北京故宫的金銮殿，意思就是说这幢房子的地位相当高；而护法殿的地位，仅次于议事厅，是议论家事的地方。家事国事泾渭分明，专家听了觉得还说得过去。但接着有些专家又提出新的问题：“为什么中间插入了一幢万卷楼？万卷楼充其量只不过是一座藏书楼嘛，藏书楼的政治地位怎么能与前议事厅、后议事厅（护法殿）相比呢？而且居然建在这么威严的两幢房子之间。你们违背规矩了！”

图1－24　万卷楼

图片来源：木府提供

古代建筑是最讲究布局的，什么地位的人，建造什么标准的房子，都很有讲究。他们认为，木府的设计违反了古建筑的营造法则。专家们的意见是相当尖锐的，没有事先做好准备的话，那一次评审会就要砸锅了！他们甚至不客气地对我讲：“你既然是指挥长，你就解释清楚，说不清楚这份图纸就不能通过！”

我当然要解释清楚。我给他们讲解万卷楼，事实上并不只是在讲房子，而是在讲丽江的政治、经济、文化。在讲的时候，我没有直接讲万卷楼，而是转过来讲丽江的文化、丽江的政治、丽江的风云人物。我说，历史上丽江是处在这样一个环境里边，北边是强大的吐蕃，那么厉害、彪悍，人口那么多；南边有南诏政权、大理国，富裕强盛，它们随时都可能把弱小的纳西族侵吞掉。我们被挤过来挤过去，就是在这样的夹缝里面求生存。在这样的情况下，假如当时统治者不采取比较高明的统治策略的话，那么纳西族现在是否存在还难说，因为两边的强大民族很随便就可以把二三十万人的纳西族碾得粉碎。我们能够繁衍、发展到现在，那可真是不简单。我们的祖辈的确是相当伟大的政治家，这里边包含了政治因素，也包括了经济和文化因素。在这种情况下，他们如何求生存？的确，我们的祖先是含着眼泪，绞尽脑汁，讲究策略，才使纳西族得以繁衍发展到今天的。

大家知道，徐霞客写了《徐霞客游记》，他到过丽江，木增和徐霞客之间结成生死之交，在某种意义上讲，假如木增不派人送徐霞客东归的话，就没有了完整的徐霞客传奇事迹和《徐霞客游记》。为什么这样说呢？徐霞客一路风餐露宿，他从丽江到鸡足山，再从滇西回来的时候，风湿病发作了，关节炎严重到无法行走，是木生白派丽江纳西族壮汉用滑竿把他从鸡足山抬到长江边的湖北黄冈，然后又乘船送回到江苏江阴的老家。可见，当年两人结下的友谊是何等的深厚。如果不是这样，徐霞客写的《徐霞客游记》中有关云南这一部分，就带不回故乡。假如木老爷不送他的话，徐霞客就很有可能客死他乡了；那么人们也就不可能知晓《徐霞客游记》中关于云南和中原文化的关系了。

我还说，我们在重建木府之前，根据世界银行官员的要求，去江阴参观了徐霞客故居。参观时，我发现徐霞客的后裔对丽江并不陌生，一说丽江人，他们都知道，原因是徐霞客故居有个展览馆，展览馆内2/3的内容讲的是木生白与徐霞客之间的关系，讲的是丽江，丽江五凤楼的照片也高高地挂在那里。虽然徐木关系这么好，但是徐霞客对木生白，对历代木氏土司的评价是什么呢？原来我们以为既然关系那么好，应该为朋友说几句好话嘛。但徐霞客是读书人，“自古文人傲王侯”，他来丽江后，对木氏土司的评价就是：“软骨头，就像墙头草，风吹两边倒。”[①] 关系那么好，还来了这么一句，可见当时木氏土司的政治策略就是这么一

① 徐霞客原话是：“木氏居此二千载……盖大兵临，则俯首受绁，师返则夜郎自雄。”其实这是小民族无奈地保护自己的生存哲学。古往今来，历史上有许多强大民族或地方政权，但能延续“二千载”的又有多少呢？

个策略了，蒙古兵来了，我称臣；明军来了，我也称臣。但这只是一方面；另一方面，他们紧紧依靠的对象是中央王朝。历代木氏土司就是这样，紧紧地依靠中央王朝，维护国家统一，使纳西族得以生存发展。这是木氏土司最高明的一种做法。我们千万不能忘记这一点，这里边包含很多的政治策略。不然在夹缝里面，不管哪一个民族都有可能把纳西族同化甚至吞并。

我说，各位专家说的也对，万卷楼不能安在这里，它只是藏书楼。但是先生们，你们不要搞忘了，万卷楼就意味着诸子百家学说①，万卷楼就意味着孔孟之道，万卷楼就意味着孔庙，孔庙背后就是中央王朝。几千年的封建统治老实说都是以儒家学说治天下，所以从另外一个角度来讲，丽江人有特殊的思维方式，这是夹缝里边求生存必然要产生的政治策略，所以这里才出现了一个万卷楼。但是你不能把它只看作万卷楼，而应该把它看作孔庙，它是代表着中央王朝，表示纳西族对中央王朝是心心相印的，对中原文化是认同的，这也就是木府的特色。

我还说，根据百姓的民间传说、《木氏宦谱》记载和一些遗址的发掘材料，明代丽江的木氏土司很开明，他们对儒学相当尊崇，而且藏书楼从某种意义上说可以代表儒学。中国历代王朝都是靠儒学思想来控制天下的，而且木氏的家教相当严，尊崇儒学，把跟中原的关系及对朝廷的效忠看得相当重，所以把万卷楼放在这里，是为了体现我们木府文化的根本。

经我这么一讲，专家们都说："你把万卷楼都说圆掉了，言之有理，好，通过！"还当场激动得鼓起掌来。

所以说，不要小看木府的房子，它不只是房子，还是政治，是经济，是文化。假如不是用民族文化解释木府的话，这个规划图就通不过，我们的这个木府就无法恢复重建了。经我们一讲，专家们觉得言之有理，最终认可了。恢复重建木府规划图的专家论证会，的确是经历了过五关、斩六将的艰辛经历，诸多的专家质疑才诠释完，又有新的质疑横在你面前。

---

① 据《木氏宦谱》记，木增之孙木靖"自幼秉性淳朴，酷嗜诗书，每日沉吟于万卷书楼，披阅父祖世传书稿"。

第二节 三清殿之说

专家们说，三清殿是道教建筑，怎么能放在木府的后花园里边？这也是不合规矩的。土司府里边怎能建一个三清殿呢？道教建筑一般是建在山高水清、树木茂密的地方，建在深山老林里边。因为道士要修仙炼丹，然后变成神仙。如果被凡人干扰了他就成不了神仙了，所以三清殿修在这里不合规矩，直接提出要“取消这所房子”。专家们说话是不客气的，还说这是乱七八糟的设计，怎么搞的！因为前面有我把万卷楼说圆的经历，所以讲三清殿的时候，专家们的口气倒是有点放松。他们说：“你能够说圆的话，我们还是承认，像你讲万卷楼一样。”

图 1－25 三清殿

图片来源：木府提供

我从宏观层面向专家们说，木府不只是房子，而是一部纳西族文化史，一部政治史，一部经济史，一部宗教史。又从细处解释说，根据《木氏宦谱》记载，木生白（木增）在 38 岁正值壮年之时，把土司的位子让给了儿子，自己就归隐到解脱林去了，当然他有自己在政治方面的考虑。但丽江民间的说法是他们的木老爷去修炼，最后变成神仙，变成了玉龙雪山的一座山峰，民间叫作“生白峰”。

我接着说，1996年丽江发生地震时，玉龙雪山的生白峰崩塌了。刚地震的时候云遮雾罩，很看不清楚玉龙雪山，后来山慢慢地清晰了，再细看呢，有人说是有一座山峰被拉走了，再有人说是生白峰不见了，这就是关于木生白的传说故事。我们恢复的是木增那个时代的木府，木增就是这么一个人物，而他要在花园里面盖一个三清殿，你说允许不允许？据清光绪《丽江府志稿》记载，木府内曾建有道教的寿星楼。这说明木府里建道教建筑是客观存在的。由于整体规划需要，我们就建一座三清殿来替代寿星楼。更何况我们是少数民族地区。想想看，为什么这个故事和房子有关系呢？事实上，木府的一幢房子就是一个故事，房子与故事连起来，神秘感就出来了，文化底蕴就有了。三清殿本身就是一个故事，就是一个人变成神仙的故事，谁呢？木增，他由凡人变成了神仙。这是什么宗教思想呢？是道教的。道教是中国的传统宗教，从整个中国的宗教思想发展轨迹来看，最初的人们都信原始宗教，后来才各信各的教，丽江人有一个东巴信仰，而东巴信仰与原始宗教较为接近，所以就把它归入原始宗教中。后来道教传到丽江来了，再后来道教思想在丽江就根深蒂固了。当然，纳西人的胸襟相当宽阔，许多宗教都传进来了，汉传佛教、藏传佛教的红教、白教、黄教，统统都来了，各种宗教都可以在丽江生根发展，但是丽江人比较信奉道教。

那天，我还在专家面前开玩笑说，我的血液里边也含有一些道教的基因，具体指什么？现在丽江，大多数会过日子的人都是如此，除了关心党和国家的大事之外，节假日期间，约上几个朋友，哪个地方风景好一点，就在那里沏上一壶茶，煮上个火锅，吹吹牛，逗逗乐，找一点羽化登仙的感觉。这些事实上也与道教的一些做法还是有联系的，丽江人特别喜欢化賨①，事实上这也是道教的遗风在影响人们的日常生活。

我还解释说，木氏土司的宗教信仰是多元化的，早先时是信奉原始宗教，也就是东巴教，然后信佛教，藏传佛教、道教等都传到丽江，木

① 化賨，流行于丽江的一种民间互助形式。组织形式多样化，可以是朋友賨，也可以是亲戚賨，还可以是相同职业的賨。参与者每次凑一定数量的钱物，统一交由一人使用，由他坐庄，下次轮流给另外一人坐庄，如此轮流，起到互助的作用。

图 1－26 丽江人野炊

图片来源：吴积仁著《写照丽江》，第 63 页

氏家族为了自己的军事、政治、经济以及宗教情感的需要，对各种宗教流派都敞开胸怀吸纳之。木增的一生更是充满了神秘色彩，人们都说，木增退位以后就修成了神仙。他接待徐霞客是在福国寺的五凤楼里，与他谈论的话题也是道教的比较多，最后百姓当中的传说也是木生白变成了神仙，变成了玉龙雪山的一座山峰，就是生白峰。

实际上，木增的晚年隐居在芝山，深受佛家、道家思想的影响，不问国事，吟诗作赋，修身养性，淡泊名利。所以，我认为他在后花园里建一座道教的三清殿是合理的。同时，三清殿应建在狮子山上，让它高高在上，飘逸出尘，有道家的风骨。

这么一解释，专家们也都同意了，都点头说："没说的，就这样，三清殿也保留下来吧。"

那次专家论证会现在讲起来很轻松，但当时的气氛却非常紧张，压力很大，以至于我穿的背心都因出汗湿透了。

在讲到玉音楼时，我解释道：后花园又叫玉花园；玉音楼的玉，用的是玉器的玉，但它又与皇帝的"御"字谐音。我们的老祖宗想玩的是一语双关的游戏，玉（御）音楼用的是双关的修辞手法。我们评价木氏土司的思想，认为他们是紧紧依靠中央王朝的，不然的话，他们会被人吞并掉。但是他们有没有称王称帝的野心呢？还是有一点的，作为一个地方土司，修这么大的一个府衙，也是一种野心萌动的表现。但用宽容一点的心态来看就是："不想当将军的士兵不是好士兵。"所以我们对他们的总的评价是：关起门来他们就是天子（夜郎自雄）；门一开，外面的人来了，比如徐霞客来了，他们就称自己是臣。反正是相当灵活多变的。所以说给房子取名时，房子的名称都是用双关语的相当多，这又是一种特殊政治背景下特有的文化现象。比如说，玉音楼，纳西古乐在这里演奏，这里就是欣赏古乐的地方；同时"玉"也是皇帝的那个"御"，因为土司前往邱塘关接圣旨后，接回后就把圣旨供奉在这座玉音楼里，这里曾经供奉了上百道皇帝的圣旨。再如衙署区里的沟叫作玉沟，桥叫玉带桥，有水池也叫玉池之类，都属这种现象。除了这些之外，还有宗教、哲学的道理在里边。

要让专家们同意这一份图纸，的确是要过五关斩六将，他们不认可，你就无法施工，并不像建自己家里的房子，不管你承认不承认、同意不同意，只要城建批了就行。但这里不能这样建房子啊，我们恢复重建的不仅仅是一座木府，同时是在重塑一个民族的历史文化之集大成者。

所以说，看木府，只看房子不行，要把房子与文化联系起来看，它的价值就更高了。比如木家院就是这样一个情况。木家院恢复重建开挖基础的时候，浮土层下 0.5 米的地方，施工队挖出了一块汉白玉石，这一块石头的发现，使我非常震惊，紧急通知施工队停止了施工，组织人继续向四周开挖，这才发现这一片范围之内，浮土层 0.5 米以下，全部都铺满了汉白玉。而且在浮土层与汉白玉之间，差不多有 0.01 米厚的余烬层，也就是灰、炭之类的东西。大家都知道木府以前是相当辉煌的，但只是传说，没有人见过，因为没有哪一个人给我们留下了这方面的东西。历史上也曾有过火烧房子的事，这一次我们恢复重建木府时，挖出了火烧房子留下的余烬，证实了传说中木府曾有过被焚毁的事实，同时也证实了木府到处都是用汉白玉铺地的史实。云南省文化厅文物处的一个专家开玩笑说："黄局长，你们的木老爷当年是很有钱的。"不过，现在我们要恢复全部汉白玉铺地的木府，还没有那么多钱。

除了这四个区域之外，还有一些院子，一直延伸出去，因此我们还恢复了官门口、木牌坊等，还有就是广场等建筑。除了这些区域以外，衙署区南面我们设计为南苑，即南花园。在南花园的区域，还设计了一个水系。附属的还有一个过街楼，从衙署区域到后花园区域，是通过“过街楼”往来，这个可以叫作古代城市的立交桥，历史上也是这样的。木府南面地名叫“木空”（纳西话），“木空”是以这个过街楼下的南门而定的，“木空”，拿汉话来讲就是南门。

还有在三清殿前边有一道挡墙，所以出现了相当大的一块空地，这块空地我们就设计为杜鹃园，因为云南的杜鹃是有名的①，这个园子里边至少种有30种杜鹃花。整个绿化我们不采用现在绿化的做法，比如铺草坪之类的，因为我们恢复的是明代晚期的木府，所以我们采用了古代的绿化方式来建设。万卷楼的四角我们种了夜合花，即丽江传统的夜合花，还种了松树、竹子、蜡梅、红梅之类的植物，万卷楼要有书生气，所以用“岁寒三友”陪衬它。在护法殿两侧种了两棵银杏。总之，木府里面的绿化不取现代做法而采用古典做法，还用盆景点缀。这就是木府的绿化情况。

我们的设计规划就是在这样反反复复地论证、推敲、修改、辩论中日臻完善的，最后得到方方面面，包括专家学者、领导、百姓，以及世界银行分管贷款的官员们的认可。我们以自己的智慧和勤劳，终于赢得了他们的信任。

---

① 杜鹃是云南八大名花之一，云南有257种杜鹃花，约占中国杜鹃花种类的50%，其中生长在滇西海拔2400—4000米的横断山脉的最为集中。丽江古城区金安镇有“万亩杜鹃园”，已辟为风景区。

第七章　山雨欲来

木府恢复重建的规划图通过论证确定下来后，我们总算渡过了一个难关。但是，作为古建筑的恢复，不是把规划图拿给施工队就可以了，在实际工作中，总是会遇到意想不到的事情。每一寸土地上的一砖一瓦施工，都需要我们指挥部人员到现场督查和指挥，更需要我们解决实际困难和问题，我可谓是事必躬亲。在大规模建设之前，还有很多工作要做，如实地开展勘察和招投标工作。

第一节　木府恢复重建的三把握

木府整个恢复重建规划是这样的一种情况：官门口要基本恢复起来，官门口要立两尊用五花石打造的石狮子。我们在官门口附近找到一块以前石狮子的残余，的确是用五花石雕的。从官门口进来500米处，历史上有个木牌坊，这个木牌坊要恢复。但是，如果木牌坊要在原地恢复，两边的侧门就不好恢复了；如果两边没有侧门的话，整个牌坊与后面的建筑群又配不起来。所以我们在附近走访了一下，听老前辈说，这个木牌坊是有侧门的，现在周边的铺子已经把原来的位置侵占了，要是在那里恢复的话就有点不伦不类的感觉。所以木牌坊位置的恢复，我们想往前挪一挪，往南面移一点，这样就有空间建正门和两边的侧门了。从木牌坊继续往南就到玉带桥了，到了玉带桥，再向西行就到了石牌坊。从石牌坊再往西行就是仪门、风水墙，接着是前议事厅、万卷楼、护法殿，再后面是光碧楼、玉音楼、三清殿，它们依次坐落在369米长的中轴线上。我们对整个木府的空间结构有着这样的认识：整个木府由四个板块构成，第一个板块是玉带桥、石牌坊、前议事厅、万卷楼、护法殿。这些建筑为木府的第一部分，我们称它为木府的衙署办公区。衙署办公区，顾名思义就是木老爷办公的地方。木府的第二部分沿着这条主轴线向西一字排开，依次是：光碧楼、玉音楼、三清殿，这一部分属于木府的后花园部分，称为玉花园。第三部分由木府一条街和木家院组成。木府一条街因为是做生意的，而且楼上可以住人，所以有一种驿栈的感觉。木家院是生活区，木氏土司的生活区。综合起来称这个部分为第三部分。木府的第四部分位于玉音楼以北这一片，这一部分没有列入这一次恢复重建的计划内，这区域我们称为祭祀区。木府就是由这样的四个部分组成的。

在恢复动工之前，有三个原则性问题需要把握好，不然，恢复重建的木府有可能走样。是哪三个原则性问题呢？

第一个问题是木府恢复重建的时间点。元明清时期木氏土司经历了22 代 470 年之久，我们恢复的木府只能截取其中一个时代为标准、为时间节点，有个恢复标准。在研究这个问题的时候，研究来研究去，大家都认为，截取最繁荣的那个时代为恢复木府的时间点，可能好一点。具体就是建议恢复重建明代晚期，徐霞客来丽江那个时期的木府。那时是木府最辉煌的时期，所以截取那段历史比较恰当。为此，恢复重建木府之前，我们就尽可能地去查找、去研究、去探索木增时代的木府，作为恢复重建木府的依据。所以说，这个恢复重建的木府事实上是明代晚期木府盛况的一种再现。

第二个问题就是如何把握明代建筑的风格。明代建筑与清代建筑有所不同，明代的建筑特点是不省料，可能是因明代时期生态比较好，可以伐的树林也比较多的原因。明代房子一般不省料，后人说清代的建筑是肥梁瘦柱，明代是梁也要肥，柱也要粗。到了清代它就不一样了，取而代之的是一座座小巧玲珑、工艺精美的建筑物。所以，在恢复重建木府的过程中，我们尽可能讲究这一点。我们恢复重建的是明代建筑物，其屋脊一般是平直的，因此木府房子的屋脊也要平直。从总体风格来看，就是明代建筑风格比较粗犷、宏伟、壮观，线条相当清晰，而清代建筑风格就相当小巧玲珑，曲线较多，所以我们在恢复重建整个木府的过程中，尽可能地按照明代的建筑风格进行修建。

第三个问题是如何把握民族风格的问题。木府恢复重建除把握住明代建筑风格和特色外，还得把民族和丽江的风格搓揉进去，所以就屋脊而言，就得直中有翘。直中有翘的特点从唐代开始，宋元沿袭，今天丽江的建筑还保留有这个特点。所以我们就充分吸取了这个特点，与北方的明代建筑风格稍稍有点区别，区别点就是屋脊不在一条直线上，而是稍稍翘起一点，这可以说是典型的丽江风格。还有一个是悬鱼的用法。大家可以看看别处大房子的悬鱼，大多是小小的，垂下来的部分不太长。这个特点在北方的建筑中是普遍现象，成为明代北方建筑物的特征。但是，木府是属于丽江的明代建筑物，所以有些专家提出这种看法，我们也有这种看法：丽江木府的悬鱼一定要长。我们看丽江的房子，悬鱼特别长。从建筑美观方面看，这个悬鱼的效果相当好，是丽江对民族建筑的一大贡献。丽江建筑特色的另外一种表现物就是瓦，尤其是灰瓦。灰瓦能体现出古城的特色，但是用一般的土灰瓦，档次就上不来，所以我们为木府专门设计了琉璃灰瓦，看起来也是灰瓦，但加入了一些民族风格在内。这样一来，从大的格局上来看，基本上保住了木府明代晚期的风格。关于纳西族的建筑风格是与南方相似或者与北方相似的论证，我们做了不少工作，结论是纳西族建筑的特点与北方建筑风格有点接近，区别于南方，也稍稍地吸取了南方建筑风格的一些元素。

第二节　玉带桥、木牌坊重建规划

设计和规划木府外围的一系列建筑，要有一个明确而合乎规矩的说法。玉带桥改建、木牌坊重建以及它们与石牌坊之间的关系，要有一个明确、规范的说法。这个说法就是要找好中轴线，处理好各条中轴线的关系。

一、寻求两条中轴线的垂直点

首先，要确定好木府的东西中轴线，这条线要从石牌坊延伸到风水墙，是木府最主要的中轴线。要准确地拉出这条东西向的中轴线来。

接着，在石牌坊前的玉带桥上往北拉一条南北中轴线，与东西中轴线垂直。我们与技术人员共同测量垂直点，虽经多次测量，但由于受往来行人影响，加之周围杂乱无章，未取得满意结果。接着进行第二次测量，经实地勘察，发现桥身偏低，以桥面和桥中心来寻找基点是不准确的。于是决定以桥墩的至高点为基准，与技术人员共同测量、计算，经多方努力、齐心协力，终于找到了中心垂直点，我们用红漆把点固定下来。这一点很可能就是木牌坊的中轴线起点，是形成木府外围建筑群的一条中轴线。由于获得并固定了南北中轴线的垂直点，其余的事情就好办了。

图1－27　玉带桥

图片来源：木府提供

确定南北中轴线并非空穴来风或是一时头脑发热，而是有理论依据的。因为原有的玉带桥与东西中轴线不垂直，因此我们必须改建这座桥。

南北中轴线以此桥桥脊为固定点，两边各扩 1.95 米，与东西中轴线垂直的 3.9 米即为桥宽。施工按测算数据进行，既做到保护好桥，又使两条中轴线垂直。此外，桥长也须延伸，栅栏仿大石桥样式。总之，桥墩与木牌坊在一条中轴线上，这样就形成了与木府整体相统一的建筑群。

二、确定木牌坊位置和相关数据

根据南北中轴线和木牌坊原来位置，我们确定出木牌坊的中心点。木牌坊的原位还有一点石基，但那个地方是整条街道最狭窄的地方，无法修建起我们所需要的木牌坊。木牌坊有正门，两边还要有侧门。假如要在原址建起来，只好建个两边没有侧门的木牌坊，但这就不是木牌坊了。如何处理？

图 1－28　木牌坊旧址

图片来源：吴积仁著《写照丽江》，第 80 页

只好向南往石牌坊方向移动几十米，确定木牌坊中心点位置。接着，我们与技术人员依据木牌坊原有尺寸，用经纬仪测定新位置，经多方勘测，于预设中心点向西测出 2.2 米，此处就是中心点，即木牌坊中心点。然后从这个中心点往两端各测 4.146 米，即为木牌坊两端位置。施工人员按测量数据及位置搭好木牌坊模型，经我们参与勘察、预测，最后同

意此方案，并用油漆做好标志。由于原木牌坊的两边都是民居建筑，东侧还有一个诊所，施工难度可想而知。我反复强调，不管有何种压力，都要向东边移动 0.6 米。木牌坊西面，听说原来有一口水井，是公安局就地用石头砌成的，用石头圈起来，修得简直是无可挑剔，修得非常漂亮、非常好。因砌水井不必用太大的石头，都是用了石牌坊被毁坏后的石料。由于大河水绕着水井边流过，经常有河水渗进水井，污染了井水，就把这里改建成厕所。在木牌坊旁边建这样一座厕所，相当不协调，出于恢复重建木府的需要，不得已我们最后把它拆除了。

同样，确定木牌坊位置也是有章可循的。经测量确定的木牌坊与东西中轴线基本平行，但感觉仍有点斜度。虽然科学数据准确，但那里地势复杂，木牌坊与东西中轴线没有办法完全平行。考虑到古城的整体建筑是自由式的，木牌坊则起到从木府向整个古城过渡的作用，这样来建木牌坊感觉也更好一些。但从科学测量数据看，存在 30℃ 的偏角。因为只是要起到过渡作用，所以理论上也说得过去。

在大家的通力合作下，玉带桥改建及木牌坊重建工程均达到了准确设计、圆满规划的要求。

恢复重建篇

木府恢复重建一开始就遇到了很多困难，先是查找文献资料和考古的困难，接着是贷款的一波三折，再就是设计规划图带来的烦恼，为此我们不得不满中国地跑。随着工程的全面开工建设，所面临的问题不是少了，而是更多了，并且都是“硬骨头”。“明知山有虎，偏向虎山行”，只因我对木府爱之深切，所以就有了“爱你没商量”的味道。

第一章　六段式破题

木府是一个庞大的古建筑群，结构复杂，千头万绪。我们可以闭起眼睛想一想，这个房子怎么起，怎么设计，怎么规划，怎么招标投标，怎么搞预算，那可都是相当抽象而复杂的问题。现在说来这些似乎不值半文钱，但当时我们的确是花了一番心血的。这么大的一片古建筑群，还真没有哪一个人曾经亲自参加过这类建设。

第一节　工程预算之困

木府四个区域划分出来后，大的规划图、效果图都出来了，获得了各方面的赞许，专家学者论证通过，世行官员审核同意，各级领导也大力支持。木府恢复重建的航船，似乎已经扬起了风帆。我们作为建设者，个个踌躇满志，摩拳擦掌。从心中的木府到图纸上的木府，虽然几经磨难，但困难都被我们一一克服了。但是，一转入正式施工，问题又来了。

由于木府是丽江古城中空前绝后的古代建筑群，年代久远，结构复杂，重建要求甚高，省里的规划专家、设计人员竟然画不出施工设计图。没有施工设计图，建设银行即使花重金也搞不了工程预算。工程预算搞不出来，就无法招标，无法签订施工协议。我真的陷入有苦无处诉、有泪无处流的窘态，心急如焚，有一种到了走投无路的感觉。

如果是因为时间的关系施工图拿不出来，那还不要紧，但问题不是由于时间的关系，而是到施工前为止，无论在国内还是国外都还没有古建筑施工设计的一套理论。因为无理论和文献可依，设计单位设计木府的施工图也不过是一种探索，如果探索不成功，木府的施工设计可能是竹篮打水一场空。要恢复重建木府，还有什么比拿不出施工图更为可怕的呢？当时我们想过，拿不出施工图就拿不出啦，干脆找一些施工队，让他们随意去做，做成什么样子就算什么样子。现在回忆当时那种想法都有些后怕，要是当时真的那么做了，搞出个五花八门的木府，谁还会承认它呢？

我们用一个星期的时间在互联网上收集资料，看看世界上有没有人在搞这样的古代建筑。但是，在互联网上没有查到。像这种大规模的恢复重建古建筑群，在国内来看是空前的。就是这么一个建筑群，只有规划图而没有施工图，你说该怎么样招标、投标，又该怎么设计、怎么施工？

我们把云南省设计院的工程师请来，那个时候拆房子的拆房子，设计的设计，但是他们来了一个星期都拿不出施工图来。他们说没有搞过古建筑，钢筋混凝土的那类建筑可以计算，这种古建筑的图纸该怎么设计就不知道了，比如六合门要做成什么样式，雕刻部分应该怎么设计，这些都要设计出来才好施工。古建筑的构建如此复杂，施工图画不出来，也是情有可原的。接着我们跑到丽江地区建设银行，请求他们给我们搞一个预算方案，并对他们说人家给你100万元，我们给你200万元，请帮忙尽快预算一下工程。但他们也说古建筑方面他们根本不会预算，因为从来没有做过，没有这方面的预算人才。

我当时开玩笑地讲，我黄乃镇的“一世英名”，这回可能要砸锅在木府上了。因为折腾了半天，连预算都拿不出来，更别谈招标、投标和下面的恢复重建工作了。

按我们丽江县相关文件规定，50万元以上的项目都要招投标。可是预算都没有，根据什么来招投标？我举个例子，比如起这座万卷楼，施工队有一家说是180万元可以拿下来，有一家说是130万元可以拿下来，两家一下子相差了50万元。而我们发现，报130万元的那家从来没有干过古建筑工程，我们怕搞砸了锅，所以不放心。不放心的结果是，我们宁愿选择搞过的，收费贵一点也就算了，图个放心。所以就给报180万元的那家，但要求他们一定要搞好，因为有多少纪律检查委员会的人坐在那里呢。我们就是这样给施工方讲，但是人家却又说：“不行，180万元不干了，要200万元才拿得下来。”所以说，搞古代建筑实在太难，谁也说不清楚。我们心里没底，怕出问题；施工方也怕干不好这个工程，更怕做亏本的生意。

我也曾想过把整座建筑一次承包出去，但要是我们心中无底，施工队就会漫天要价。就万卷楼而言，我们想请原来盖过大房子的那些人来搞，人家开口要600万元，比前面的例子中开价180万元的人更离谱，后来听说又加到900万元，最后干脆说要1000万元！我的天！整个木府世行答应贷款3360万元，一栋房子他就要贷款的1/3，这样算下来，木府就只能起3栋建筑，根本就无法再现“宫室之丽，拟于王者”的风貌了！

第二节　六段式解困说

我陷入施工规划的狼狈困局中，脑子乱得很，简直理不出个思路来。绞尽脑汁，想来想去，整天在想王府、宫殿，连做梦都在想，差不多要发疯了。在那些艰苦的日子里，我满脑子装的都是起房子的事了，甚至老百姓哪一家起房子，也要跑到他家去看个半天，还要不断地向老辈人打听老百姓起房子的过程。老辈人说：“起房子的人家，一般都要经过这样的一个过程。第一步是下石脚、打基础，第二步是竖屋架，第三步是砌墙，第四步是盖瓦，盖过瓦之后就休息一段时间。等到过了一段时间以后，又来做第五步的细木活，如做门窗、雕花一类。等到细木活做完了，请来油漆彩绘师做第六步的工作。”那么，我们木府恢复重建也可以这样做吗？我还是拿不定主意，毕竟木府不是普通老百姓的房子，我似乎心中有数但不敢说出来。

有一天我在春水园吃饭，抽着烟，看着窗花，心里还在想我的木府。这时灵感倏然降临：盖房子无非是基础、墙体、大木作、瓦屋面、小木作（雕花）、油漆彩绘。而最啰唆的是后两部分，我先不考虑它们，把前面四个部分解决掉，后面的两个部分，车到山前必有路，化难为易，这不就简单多了吗？

我马上打电话请大研古建筑行家师傅来，把我的想法跟他讲了。他一拍桌子说：“黄局，对，就是这样，顺着这个思路整得了，你怕啥！”这真是“蓦然回首，那人却在灯火阑珊处”，天助我也！

我立即赶回办公室，挑灯夜战，布置工作忙了起来。

我们从普通老百姓的起房盖屋中，悟出了木府房子的建盖也要经历六段过程：第一为打基础；第二为架屋架；第三为砌墙体；第四为瓦屋面；第五为雕刻；第六为彩绘。至于房子的大小取决于所放尺寸的大小，与起房时的六个过程没有什么关系。

就像当初在规划木府时划分 4 个大区域那样，我们把木府的房子都用单体来代替，比如，假如有 10 栋房子就是 10 个单体，20 栋就是 20 个单体，这是第一步。第二步就是，1 幢房子、1 个单体由 6 个部分（或叫 6 个阶段）组成。6 个部分一划分，分兵协作，各个击破，就简单了。同时在分析起房盖屋所必须经历的 6 个阶段时，我们发现前 4 个阶段可以当作一个整体，如下了石脚就得竖木架，木架竖了则要砌围墙以便护架，怕淋雨就得马上盖瓦，4 个阶段一气呵成。后面的 2 个阶段则又可以当作一个整体。

我们的贡献不在于把盖房子分为 6 个部分，而在于对这 6 个部分的分解和组织。宝贵就宝贵在这一点上，作用也起在这一点上了。6 个部分划分后，小木作部分和彩绘部分就不要设计院来设计了。我们请古建筑专家们把马蹄莲、喜鹊闹梅之类的雕花画出来，因设计院是画不出这些图案的。所以说小木作部分、彩绘部分不要设计院设计，只要他们设计基础部分，即大木作、墙体和瓦屋面部分。

我们这样一宣布，相关人员跳起来了，击掌叫好。我们用到了他们的长处，避开了他们的短处。这样一来他们一天就画出一张图纸，施工图很快就设计出来了。

关键的第五部分，也就是雕刻部分，我们就找雕刻手艺最好的剑川民族木器厂来施工。具体的做法是：我们向工厂人员介绍，比如前议事厅，要体现威严，门窗应该是雕马蹄莲。然后门要怎么样，上面的藻井要怎么样，把要求都跟他们说清楚了。前议事厅的藻井设计得相当别致，中间是一条龙，但是这条龙是水龙，而不是皇帝的龙。水养木，龙护木，所以拿这条水龙来镇一镇。民族特色就体现在那条龙两边的七星上，来自纳西族妇女服饰的七星图案，都是雕出来的，挂在前议事厅的藻井上，这些就是我们的设计思路。

不同房子的门窗怎么办？不同房子的藻井怎么办？不同房子的斗栱怎么办？我们就按照这样的顺序，一幢房子一幢房子地做施工规划，一幢房子一幢房子地讲价钱，搞来搞去，第五部分也就这样干出来了。这样干有这么一些好处：首先，200 万元的一幢房子，施工队要价相差 70 万—80 万元，施工队盲目要价易出问题。我们的六段式方案出来以后，我们就不怕了，心中也有数了，你 200 万元才干，我 180 万元都不给你，拿给只要 130 万元的那个人干，质量由我们把关。我们木府的管理层大多数都是中专毕业生，但是他们按照六段式的要求去管理，老同志说不清楚的问题，他们都能说得相当清楚，原因就是套用了六段式。这样一来，在价格上，一幢房子几十万元就节约下来了，不然这个工程咋个节约？弄不好就成了个没有规律、乱七八糟、无章可循的工程。这个工程如果没有六段式，说不定就是一个最糟糕的工程、收不了尾的工程。其次，假如把一幢楼承包给一个施工队的话，老板又要分割，包括小木作部分，姓赵的老板要请姓王的木匠来干，姓王的老板又要请其他的木匠来干，木匠的手艺不一样，老板们对木府建筑整体的协调性又可能有更多的考虑，这么一来钱是花了，但质量上不去，整个木府的风格就会显得五花八门的，达不到我们预想的效果。所以我们找一家手艺最好的施工队来完成木作部分。

从此，占地 46 亩的恢复重建木府的工地上，到处都是施工人员，有时多达上千人。他们挖坑的挖坑，抬石头的抬石头，砖瓦由人背人挑。木匠师傅眯着一只眼睛聚精会神地弹着墨线，石匠师傅则摆弄着由他所雕的那头石狮子。工地上人来人往，你喊我叫，再加上打石头的声音、锯木料的噪音，热火朝天，热闹非凡，呈现出一片繁忙的景象。他们要在这片土地上把木牌坊、石牌坊、仪门、议事厅、万卷楼、护法殿、光碧楼、玉音楼、三清殿、配殿、阁楼、过街楼、戏台、家院、走廊、驿站等 8 栋主体建筑和大小近 162 间房屋建起来。从表面上看，那么多的人，要建那么多的房子，这件事情做得有点复杂混乱，让人琢磨不透，但是，由于我们事先就吃透了要恢复重建的木府，理解和掌握了要恢复重建的木府由 4 个部分组成，施工设计必须经历 6 个阶段的法宝，所以我们做到你乱我不乱、你复杂我不复杂，设计按四区六段来设计，施工按四区六段来施工，管理按四区六段来管理。

如果不是这样把六段式划分出来，把第五、第六部分挑出来的话，那么这个大工程价格下不去，质量又上不来，会弄得乱七八糟的，说不定人们会把我送到劳改队里面去。所以我当时还是冒了很大的风险的。现在这个工程因为六段式的具体划分并分段施工，至少节约了四五千万工程款，一家伙节约了这么多，走到哪里我们都敢这么说。木府建起来后，来参观的人，无论是百姓还是官员，面对这么一大片恢宏壮观的木府建筑群，首先诧异不知道它是怎么造出来的，然后又说，盖这么大的一片古建筑群，起码要花上三四亿的人民币吧！

有时我想，如果没有六段式的思路，恢复木府会花多少钱？质量有保证吗？我不知道该怎么说。木府施工预算中，我们创造性地提出六段式：基础、大木作、墙体、瓦屋面、小木作（雕刻）、彩绘（含油漆），总体上为木府重建节约了几千万元资金，工期提前二至三年，这是我们最引以为豪的地方。木府的恢复重建，也是对搞古代建筑的一个贡献，填补了国内古建筑施工科学理论的一个空白，值得在全国范围内推广。

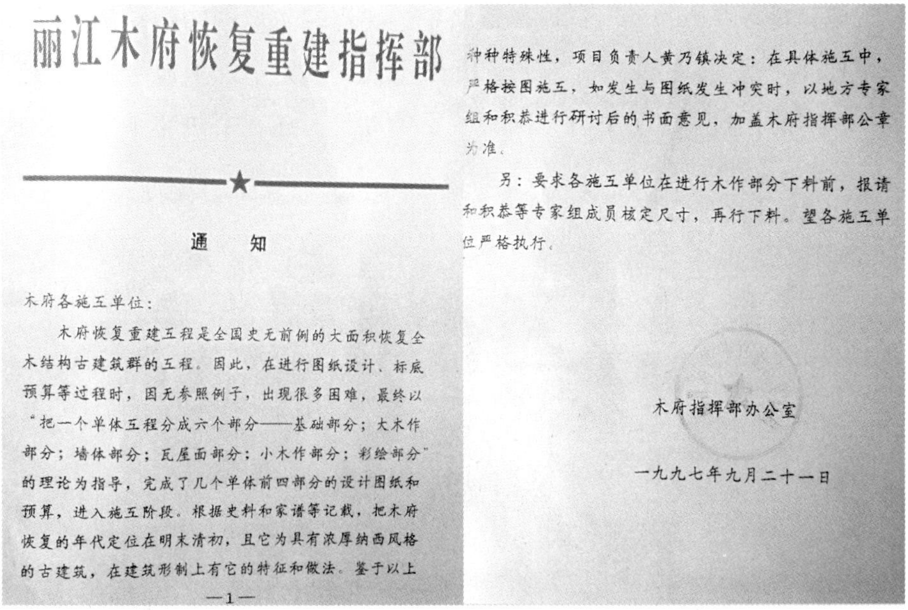
丽江木府恢复重建指挥部

通　知

木府各施五单位：

木府恢复重建五程是全国史无前例的大面积恢复全木结构古建筑群的五程。因此，在进行图纸设计、标底预算等过程时，因无参照例子，出现很多困难，最终以“把一个单体五程分成六个部分——基础部分；大木作部分；墙体部分；瓦屋面部分；小木作部分；彩绘部分”的理论为指导，完成了几个单体前四部分的设计图纸和预算，进入施五阶段。根据史料和家谱等记载，把木府恢复的年代定位在明末清初，且它为具有浓厚纳西风格的古建筑，在建筑形制上有它的特征和做法。鉴于以上

—1—

种种特殊性，项目负责人黄乃镇决定：在具体施五中，严格按图施五，如发生与图纸发生冲突时，以地方专家组和积恭进行研讨后的书面意见，加盖木府指挥部公章为准。

另：要求各施五单位在进行木作部分下料前，报请和积恭等专家组成员核定尺寸，再行下料。望各施五单位严格执行。

木府指挥部办公室

一九九七年九月二十一日

图 1－29 “六段式”文件

图片来源：木府提供

第二章　石牌坊风波

前面已经专门描述过木府衙署之前的石牌坊（忠义坊），它是木府的第一道门面，一直保存到20世纪60年代。丽江人引以为豪的是石牌坊，引以为耻的也是20世纪60年代毁掉石牌坊。但那不是哪一个人的责任，是时代的悲剧。20世纪90年代，借着木府恢复重建的东风，我们要把被毁掉的石牌坊重新竖立起来，修旧如旧，为丽江人争口气！

第一节　重建石牌坊

我们现在要恢复重建的是木增时代的木府，《木氏宦谱》中关于木增的记载，对石牌坊的来历记述是很清楚的。当时木增闻知朝廷又要派兵出去打仗，就给皇帝上了个奏折，并带上他的钱财，加上他母亲留给他的一些财产，共凑足了1万多两银子贡给朝廷，还上书进言十事，以显

图1－30　民国时期的石牌坊

图片来源：洛克　摄

其忧国忧民之心。朝廷为了表彰他的功绩，明神宗就钦赐“忠义”二字给他①，并命他在省府建造一座石牌坊，木增觉得在省城昆明建牌坊过于张扬，所以只是在木府门前建了一座石牌坊。所以石牌坊的政治地位仅次于前议事厅。丽江大多数人没有见过木府的房子，但对于石牌坊而言，上了年纪的丽江人则是都见过的。

石牌坊在恢复重建的过程中也是非常艰辛的。老一辈丽江人传说石牌坊是神仙造的。史料记载，这座石牌坊“高数丈，栋梁斗栱，通体皆石，坚致精工，无与敌者”。因此招标投标时，敢投石牌坊标的人还是很少的。后来，有人敢投了，也被确认中标了，可我们的心一直悬在石牌坊上，心里的压力比石牌坊还沉重。修建石牌坊过程中会出现一些什么情况，这是让人相当担心的事情。而石牌坊的石头从什么地方找，这个问题我们也研究了很长一段时间。

当时很少有人投标，要么就是漫天要价，有些纯粹是没有一点底子就在投标；有些好像摸着点底子，有点准备。对于整个木府，老一辈丽江人就只剩下对石牌坊那点印象了，因此我们不能凭空建造，新建的石牌坊要符合人们脑海里过去的印象，并且不能与洛克拍的石牌坊照片相去甚远，这是很关键的一点。所以我在考虑这个问题时，对石牌坊具体交给哪一家建，颇费思量。我们觉得让丽江县金山乡新团的工匠来干会好些，因为新团在丽江可以说是石匠之乡，那里有传统的石匠。但尽管是石匠之乡，石匠们仍说从未干过这么大的工程，加之传说石牌坊是神仙造的，现在要他们修建石牌坊心里还是有点虚。不过在此问题上我有两个原则：一个是承建者必须来自石匠之乡，这样他们的技艺底蕴足；另一个是要丽江人来干，因为他们中有人见过石牌坊，心里更有底。新团的石匠就符合这两个原则。另外，在招投标会上，他们也提到了几个师傅，提供了师傅的名单，包括年龄、经历，并附了照片。最终他们中标了。

石牌坊的石头从哪里来呢？起初我们的意见是从大具乡采石头，因此我们把采集石牌坊石头的注意力放在大具乡。十多天以后，石匠师傅

---

① 据《木氏宦谱》记载，在万历四十八年（1620 年），又据《皇明恩纶录》（抄本）记载，当在天启四年（1624 年）。

们在大具乡找到了建石牌坊的石头，也拿来了几块样本，我们感觉相当好。

图 1－31　20 世纪 50 年代的石牌坊

图片来源：吴积仁著《写照丽江》，第 2 页

既然找到样本，我们就同意进入开采阶段。石匠师傅们在大具乡打了半年左右的柱子，然后就说可以拉到丽江来了，我们都认为这是一件大喜事、大好事，因此告诉他们什么时候拉到城里，要提前电话通知一下，我们要相当虔诚地去迎接石牌坊的石柱子。那时我的心情是相当激动的，想起了石牌坊是神仙造的这种说法，想象着把那么大的石头搬到城里，神仙用了什么方法。现在我们使用现代化的工具都那么困难，当时人们是怎么把它拉进城的呢？传说当年建造丽江石牌坊时，是冬天的晚上在路面上泼水，使路面结冰，通过冰面滑行才把石头运进城里的。我们摆好迎接的架势，而且在红纸上写上宣传石牌坊石头的标语去迎接。

第二节 寻觅石料

他们一到，我们就把宣传红纸贴在车子两边，一路放鞭炮，并请交警协助，走最热闹的福慧路，这也是为了借势宣传木府。那天拉来了10车石柱子，很多人都来围观，场面十分热闹。

石柱子拉到了，想到后面的工作只是小部件的加工安装问题，所以压在我心头的石头就落地了。同时，对小部件的石料，石匠们也精雕细凿地在那里干。看到这个架势，修建木府最要紧的部分已解决了，因此我那几天的心情很愉快。我们经常去看他们修毛坯。多少人都没有看到过那么大的石头，因此每天都有不少人来围观，大家都感到十分惊讶。那白生生的石头相当好看，我在那里看着白石头，看着蓝天，有一种踌躇满志的感觉。

整个石牌坊高11米，最长的一根柱子有8.9米。我们也不断地在那里监督施工。开始时很高兴，但一段时间以后，我们总觉得石头的结构有点松散，硬度不够，好像是一种沉积石的感觉。我们请教了专家，走访了石匠，明白了从大具乡拉来的石头的材质不是大理石，而是一种石灰岩，这是地质科学家做出的鉴定结论。开始时我们觉得这种石头可以用，当作横料用是相当牢固的。但是因为它是沉积石，一片一片沉积下来的石头，容易一块一块地剥落下来，所以我觉得如果当作柱子用，假如中间有一个石梁向两边撑展，石头就会裂成两半，一分为二。我总是有点担心，高兴的心情慢慢地烟消云散了，而愁绪也越积越多，话也不想讲。周围的人也是有点担心，因为8.9米长的七八根柱子摆在那里，我要说用不成了，那就是判了“死刑”，说这些石头用不成了，又去哪儿找石头来代替？

回想起来，建木府我们有过两次担心。第一次担心是我们高高兴兴地争取到恢复重建项目，规划图也画出来了，说是可以大着胆子干了，设计院也说好。但到要建的时候，设计院画不出具体的施工图，连建设银行也说不会预算，你多给钱人家都说算不出。连最权威的建设银行都不会预算，更不用说其他银行了。当时我们说，完了，施工图画不出来，预算就整不出来，预算整不出来，那就无法招标投标了。幸好后来把建筑工程按六段式去分解组合，这个问题才迎刃而解。

第二次担心就在石牌坊的问题上，现在回忆起来还十分激动。现代的丽江人见过的木府就是石牌坊了，其他的如前议事厅、后议事厅有谁见过？不知道就没有发言权，而石牌坊有多少人曾看到过？多少人讲过？石牌坊代表着木府的门面，20 世纪 50 年代，丽江人引以为豪的也只有一个石牌坊，但是恰恰在重建石牌坊问题上要出事情了。

当时，我们想废了那几根柱子不用，换成其他的石头，但到哪里去找合适的石头？那几天，我常喊 HJQ 去唱卡拉 OK，以求得精神的调整。我实在没有办法了，头像是要爆炸一样的，左想不行右想也不行。唉！所以我就把心事闷在肚子里边，不说出来，成天地喝闷酒。那个时候可能头发也白了不少，那种心情真的很难形容。指挥长的话一说出去，会影响多少人，那该怎么办？表面上我只能轻声地说，石柱是可以用的嘛。至于用了以后的后果会怎么样，只敢在心里面想，不敢说出来。已经到不在沉默中爆发就在沉默中灭亡的境界了。这爆发要爆发出才好，不爆发就完了。我的这种闷气鼓了一两个月以后，终于一股脑地爆发出来了。

对于这个问题，我最终还是坚定地下了决心：石牌坊已打好的石柱不能用！我动员了几个人，先跟他们几个辩论，说已打好的石牌坊的石头不能用。我们先在内部统一，说要换，有些人说不可以，我说坚决不能用；一旦用这些石料竖起来，因为上面还要安装许多石头部件，上面的石头有压力，石柱一撑开，石片就“蹦”出来了，那时整个石牌坊就会像沙塔一样垮下来，那是相当危险的。

我们内部统一意见后，就把施工队的老板喊来，告诉他说：“老板，这些柱子恐怕用不成。”“用得成的嘛，怎么用不成？”他不当回事地反问。我说：“我已经问过有关专家了，根本用不成。”可他不愿意返工，还拿了一块石头说：“你敲嘛，你怎么敲也敲不开嘛。”这样交涉了近半个月，我在底下说服他，但说不通。左说右说都不行。我不知道这个事情怎么解决为好，就这样对峙着。

有一天早上，我在喝茶，闷闷不乐地吃早点，我的律师来找我，而且那天他恰好穿了一套法院的制服。咦！我灵机一动，对他说：“等一下，我要喊一个老板来，你不要说什么，也不要发表什么，我说什么你就说什么。”然后我就通知施工方负责人过来，我们几个就坐在我的办公室里。我说：“老板，今天我把法院的人也请来了，律师也请起来了，还有司法局的人也请起来了，指挥部的人也在，你今天给我道个明白。”我就跟他说开了：“我的意思是，你从大具乡拉来的石柱统统不要，报废掉。假如不报废，出了问题怎么办？即使你再三保证出了问题你负责，也不准你用这个石头。你今天不给我一个明确的答复，我就不给你干石牌坊工程了。其他以前做过的事情就算了，其他的东西就不要你干了。你不干，今天我们就通过法律程序把这件事情了一了，一刀两断。”听着听着，他有点紧张起来。

我又说：“今天法院的、司法局的人都在。我的意思是你不干了，我们就通过法律程序把这个事情解决了，如何？”我虽这样逼他，但心里面却想：“他不干谁干？”丽江没有人了。干一个工程，人的性格都会改变掉。这老板看起来像一个丽江汉子，但是从性格上来看，有点婆婆妈妈，大话又吹得厉害。不过经过盖石牌坊，他真的有点像男子汉了。

那天他对我说：“黄局，我也是睡不着觉地在想这个问题，这个石头是怎么搞的，看来是用不成了，你既然说要换就换嘛，我也同意了。”我就说，好，你同意了，就定下来，所有的石头全部换一遍，但是要保密，不准外传，一外传有人又要造木府的负面舆论了。我们建木府搞的是封闭式管理，怕木匠多了房子歪，一定要封闭。不封闭的话，你说一下，我又说一下，我们还怎么干，所以好些东西我们是保密的。石牌坊换石头，表面看不出来，但事实上是暗暗地偷梁换柱了。好！8 根柱子，我估计了一下，都还可以用，只是不能当成柱子而已。我们搞得很节约。那天我就拍板了，说：“我估计了一下，8 根柱子，充其量经济损失 10 万元左右，我补助你，其他的你承担。”问他怎么样，老板表示同意指挥部的决定。他说：“我搞出一个石牌坊来，也是我的名气。”我说，既然大家都说石牌坊的石头是大具乡的石头，你再去大具乡找，去周边找，只是不要在原来那个地方找了，反正石头多的是，从虎跳峡冲积下来堆积起来的大石头也是有的，在江边找，找几个牛高马大的、用得成的石头。

第二天，他就重新带一群石匠到大具乡找石头去了。只过了一个星期，他们就传出捷报，说是找到了，石头稍微黑一点，要不要？我说要，只要硬度够就行，他们打了三四根以后，结果成功了两根，有两根快成的时候又断了。样品由我们把握，因为我们对那种石料的质地特点已经有所掌握了。在大具乡发现了四五根，打成了两三根，随后又在别处打了五六根，成功了两三根，有的差不多快成时又断了，没有办法，再去找。我估计，在当时的情况下，大柱子无法从大具乡拉回来，特别是石牌坊的柱子。大具乡的石头不是大理石那一类，根本不能做柱子。江里冲下来的大石头好一点，但光有硬度还不行，还必须有韧度。我怀疑三四百年前，丽江坝区有许多大石头，是从玉龙雪山上滚下来的，是洪荒年代沉积下来的石头。在我们小的时候，丽江坝周围的田野附近，如拉市坝附近都还有此类石头。当年的石牌坊可能就是用了丽江坝区的石头，但现在怎么没有了呢？估计原因是三四百年来，无论哪家起房子，都用那里的石头，就这样打完了。因我们曾在大具乡发现刻有“万历四三”字样的地方，所以我们认定它为木氏土司修建石牌坊时的采石场所，当时横料大多数用的是大具乡的石头。

其他的石头一时找不全，我们派了几路人马暗中询问大石料加工的地方，最终在贵州安顺附近购买到了。在安顺买的石头是石灰岩，不是大理石，也不是汉白玉，但那儿的石头有韧度也有硬度。那个韧度是专门在丽江请搞地质工作的师傅做了比较，并严格鉴定的。他说安顺的石头可以用。

第三节　石料悬空

石头基本确定下来了，大家的心情也晴朗起来。重建石牌坊的石头运来了，石牌坊的柱子也有了。大家都高高兴兴地说要把石牌坊修得更好一点，工匠也非常积极，精雕细琢，著名工匠都云集在这里。大概是石牌坊开工那天，为了便于统一思想，统一行动，我们召集所有的工匠开会，鼓励一下士气，研究一下木府的恢复重建工程。因为这个工程比较复杂，是文化工程，文化内涵相当浓厚，包含着历史、文化、工艺、美术的内涵。然后我们请师傅们吃一顿饭，由指挥部招待各路英雄人马，这是木府施工的一个特色。还有一个特色是，木府工程施工甲方和乙方没有严格的区分，不是像乙方就是甲方的一个下属单位那样地干，而是相处得像一家人一样。为什么会形成这么一种关系呢？这与恢复重建木府有关，大家觉得重建木府是积德。哎，凭借着这种传统思想，我们的火是越烧越旺了。

有一天，指挥部又召集各路人马开讨论会。会议开得很长，又讲石牌坊的事情，当然是讲过五关斩六将的故事，差不多讲到下午四点。之后，我到石牌坊工地看了一下，提醒大家注意安全，等等。那段时间我身心疲惫，就想回家休息一下。我坐车回家，从木府到家坐车最多十五分钟。我才到家，电话铃就响了，一接是木府打来的，我就有点莫名其妙地害怕，我才离开木府，木府的电话就马上追到我家里来，平时他们都很体谅我，说是不打扰我的休息时间，一般我才回去是不会给我打电话的，除非有急事他们才会给我打电话。听说是木府的电话，我就有点害怕。咦！会是什么事情？打电话的人给我说的事，好像是在我离开五分钟以后发生的，应该是我还在半路的时候。出现什么情况了呢？原来是石牌坊的四根柱子已经竖起来了，正在吊装南边最后一根柱子，下面的柱子已经安起了，上边的柱子也接起了，只是两根柱子之间横梁的缝隙要拉紧，互相合严。在操作这个工作的时候，吊着，吊着，“吊葫芦”一拉，由于开吊机的人没有注意到石头的变化，因为看不清楚，石头横梁已经歪了，他们也看不出来，再那样一拉，石柱就断了。哎！胜利在望的时候石柱断了，急死我了。

我急忙赶回去。一到现场，施工方的人垂头丧气地坐在那儿，话都说不出来。怎么办？我恨不得冲上去踢他几脚，因为我事先打过招呼。我对石牌坊施工还是熟悉的，原因是我在桥工队当过五年工人，因为耳濡目染，知道大桥是这样造的：通过放大小样的方法，排列科学数据。根据数据，把一座大桥分解成很多小板块，第一步就是预制小板块；第二步就是吊装小板块。这样整座桥的骨架就基本形成了。石牌坊也是这样，通过放样，先制作石牌坊所需的各个部件，然后吊装，这样整个石牌坊的样子就出来了。这次就是操作上出现了问题，所以事情的责任在施工人员那儿。有关注意事项我向他们讲过多少次了，但他们不听，以

图1－32 石柱断裂

图片来源：木府提供

为不会有什么问题，胆子也大起来了。我说过安装石牌坊，吊石头就要像吊鸡蛋一样的吊，认认真真地小心干，两边缝隙不严时不能用“吊葫芦”拉。要用“吊葫芦”拉时，这一根横梁要整个的位移过去，它的后面一定要背一块木料，这样用力就能匀称。移动的时候只能匀称地移过

图 1－33　石牌坊雏形

图片来源：木府提供

去，而不能这一头先移，另一头后移。这次他们操作时，一根背带都没有用，就硬抵硬地拉，只随便垫上一块板子，以防石料磨损，完全不是从用力匀称的角度考虑。所以他们这样一拉，柱子就断掉了，断掉的那根柱子好像要砸下来一样，还悬在那儿。那一天我一时被气得话都说不出来，但是当时我的直觉告诉我不能发脾气，随后我就好好跟他们讲，表面就像无事一样，心里却是急得要死。我说："断都断掉了，没有什么，没砸着人就算了！"然后我就说先把断掉的那一部分放下来，小心一点，当时我们几个人都看着他们把断掉的石柱放下来。在场的人都以为我要发火了。但我没有发火，我觉得关键时刻我还是有点大将风度。气氛被营造得和和平平的，好像后果并不严重，是很简单的一件事情一样。这样大家的心就放松了，施工负责人开始时还不说话，后面就谈笑风生地在那儿干起来了。那时万一我一发火的话，后果就不堪设想了。

后来我们去贵州安顺购买两根石柱，一根石柱用来补断了的那一根，另外一根石柱由指挥部出钱，多买一根预备起来，以防万一。

石牌坊的建设可以说一波三折，但我们最终还是将一个气派、雄伟的石牌坊按原样矗立在木府前面了。没有人说它这也不行那也不对，更没有人不喜欢它。它现在已经成为木府前面一道必不可少的风景，当我看到那些南来北往的游客在石牌坊前拍照留念时，我的心比蜜还要甜。

图 1－34 新建成的石牌坊

图片来源：木府提供

第三章　丽江砍法

木府是中国传统古建筑群的再现，恢复重建木府工程所使用的材料中，最多的是木料。从房梁到雕窗，无不渗透着木头的传奇故事。

第一节　翻山越岭找木料

既然要把恢复重建的木府年代定位在明代，那就要按照明代的做法来建，工艺要求也是按照明代的来。什么是明代的建筑特点呢？明代与清代不同，明代不节省木料，这是明代建筑的第一个特点。第二个特点是屋脊在一条直线上，起翘不突出，有点翘，但不能翘得太多。第三个特点是所使用的琉璃瓦要有时代特色。只有掌握了这些，才算得上是把握了明代建筑特点。

话虽这样讲，具体做起来却是十分难的。明代的建筑不省料，就是梁要粗，柱也要肥。因此，我们定下来按照明代样式建造，统一要求柱子直径都要在0.5米以上。话虽然这么说，但由于需求数量太大，要找齐这些柱梁的材料是非常困难的。

负责采伐建筑所需木料的工作人员汇报的林区里边的状态是什么样呢？大概情况是这样的，民间砍伐木料的说法叫作“七竹八木”，即7月份砍竹子，8月份砍木头。我们砍伐木头的时间，也按照民间的规矩去做。我们从1997年7月9日开始进入林区砍木头。进入林区的第一天，我也去了，我很严肃地交代了一些有关政策问题。特别交代了在木府工作，头脑中要清楚的一点是，不要对木府的一草一木打个人主意；特别是在经济问题上，更不要打主意；哪个在这个问题上打主意，哪个就要倒霉。我引导大家要用这样的指导思想来参与木府工程建设。对分工到林区的工作人员，我当时的指导思想就四句话：一是质量第一；二是速度第一；三是少说话；四是多算账。意思是不要做亏损了，要根据世行的要求，与当时的市场价格作对比。如省内要卖给我们多少钱，木材公司要卖给我们又是多少钱；跟黎明乡买的是多少钱，跟鲁甸乡买的又是多少钱，都要对比。价格要对比过来对比过去，最后包括财会人员在内，原则上涉及价格时都要求要有个宏观把控。恢复重建木府虽然用木材量很大，但我们只有3360万元的资金。3360万元的资金就想把整个木府恢复重建起来，木料款占比重多，总款数目就摆在那儿，多余的资金是没有的。

第一次进入林区时，我们通过考察后发现，老君山①利苴的木头质地最好，因为它的海拔高度适宜于松树生长。利苴是丽江县石头乡的一个行政村，过去曾是怒江州兰坪的地界，但因为它的地理位置多偏向于丽江，后来就划归丽江了。那个地方山势比较陡，在采伐的季节里，我们就在那个地方的山上砍伐。面对的问题，一个是在雨季砍伐，雨水比较多；一个是修路难；还有一个是采伐难；再一个是运输难；上下车也难。这就是采伐木头的几大难处了。另外，我们上下通信联系也难，连相互联系的办法都没有，因为那个地方没有手机信号，来到行政村同样没有电话。就我们而言，吃也难住也难，反正难处很多。

总的来讲，砍伐木头的难度比较大。要求木头的规格、质量比较高，它必须直径绝对在0.5米以上，而且必须要用云南松。由于木府建筑需要特定的木料，有时我们不得不采伐一两棵当地老百姓在山上采伐时磕头的“树王”。为砍这棵“树王”，我们在附近把棚棚搭好，居住下来，杀上一只大公鸡，在这棵“树王”前面磕个头，意思就是祭祭山神，但愿我们在这儿安安全全、顺顺利利，不妥之处也请山神原谅一下。同时，还要跟老百姓做思想工作，说我们现在搞的是木府工程，木老爷是我们这个民族的领袖，他会保佑大家的，所以砍了“树王”也不会有事，要不然这棵也不让砍，那棵也不准砍，就没有能用的了。有时候一座山上就只有那么一棵，我们也把它采伐了。所以到目前为止，木府所用的木料都是比较匀称的，比较大件的那些直径都在0.5米或0.5米以上了。砍伐这一部分木料，大概花费了一个月的时间吧。有人怀疑，木府的木料

---

① 老君山海拔4247米，位于金沙江与澜沧江之间，属于2003年被列入世界自然遗产“三江并流”地区之一。1998年长江流域发洪水后，长江上游已列入禁伐地区。

砍掉了一片山林，这是不存在的，因为我们只是在这座山上砍一棵，在那座山上找着一棵。采伐区域的平方面积没有算过，但是我们没有去过的山林是没有了，没有走过的高山也没有了。有时候一座山都被我们跑遍了，就只找到几棵大树，老百姓没有办法把它们采伐下来，采伐了以后也拉不下山来。恰恰这儿有三四棵，而且符合我们的要求，我们就把它们采伐了，派二三十个工人，然后用吊葫芦在上面的一个土包上挂起，哗啦啦、哗啦啦地吊一天一夜，常常半天只吊上来几米。木材下山的时候树尖必须朝前，树尖朝前，能起到保护作用，因为它前面这么一戳、一滑，整棵树就会很轻松地下山了。山下就是公路，就可以使用汽车来运输。木材下山时有的树枝插进公路土层里深达 1.5 米，用人工无法把它拔出来，如果折断了，按照木府的采伐规格，这样的木头从根到尖，就会短了大约 1 米了。这时工人只好挖个大坑，又用吊葫芦反拔，把它拔出来，按照规格量好了以后，多余的部分再斩掉。有时，一根木料从山坡上放下来时控制不住，就会从公路上滑下去几十米，为此我们还得要从离公路几十米的地方把它再拉上公路。我们买了 15.5 米长的钢丝索，还买了滑轮，然后派人把滑下去的木料套起，拴在木墩墩上。在上面的大树枝或者是大岩石上，用钢丝绳把滑轮固定起来，然后让一辆汽车装上半车木料，往那边拖，木头底下由两三个工人把木料撬出来，这样才能拉回到公路上来。只能采取这种办法，因为如果去请吊车，一天要花 1000 块钱。当然如果固定在那个地方搞，1000 块钱我也可以请；如果所有的木料都集中在这儿，我请上五六天吊车，就可拉完木料了。但问题是我们的木料不集中，而是这条沟沟里有一棵，那面山上又有一棵，再翻过一座山又有一棵，木料一分散，想要继续使用吊车的话，实际上是浪费资金。另外，我们采取人工装车，人工装车无论是砍伐，还是装车，或堆积木料，都需要大家配合，要不断地跟装车的人讨价还价。装车时你要传烟，要讨价，如这棵太粗了，又是从沟底上拉上来，要加多少钱，那棵又要多少，反正一天到头都要吵架，要讲价。我们采取“以夷制夷”的方法来解决：请不同村的人装车。如果这一群装车的人要价太高，我们就明确地说，你们可以不装了，我明天另请一伙人来装。我们还要留意，把传统上不应该砍的那些树尽量留下来。还得做好当地群众的工作，与当地领导的关系也要搞好，只有把四面八方的关系都搞好，才能把木料顺利地运出来。

图 1－35 运输木料途中

图片来源：木府提供

砍木料是比较敏感的一件事情，管理制度上有一套规定。林业局是主管木头的，县政府审批后，由林业局下文，下文后我们就可以按照规定的程序搞了。但是具体实施起来也是困难重重，树木的所有者以为木府就是有钱。民间的说法就是，你们干的是公家的事，就该多给我们一点钱，这是他们普遍存在的想法。但是如果真要满足他们的要求，我们要花的钱就超出预算了。简单一点说，到目前为止，建木府大概用了 4500 立方米左右的木料，如果我们稀里糊涂地脑子一激动起来，每立方米加上 20 块钱，近 10 万块钱马上就不见了，我们有几个 10 万可以这样大方花？我们的资金有限，只能尽量节约。有时候，我们也配给木料采伐负责人一个驾驶员，因为他成天搭车也不方便。驾驶员一个月 600 块钱的工资，把汽油费加上，再把木料采伐负责人的工资加上，一两万一下就花掉了。所以在节约开支上，我们也是尽量精打细算，一心为木府着想。对参与采伐木料的人，我们做到用人不疑，但要让他干得更认真、更慎重。所以在木料这方面，1997 年拉的也好，1998 年拉的也好，一车有几棵几件，哪个驾驶员拉的，林业局的证明是什么，税费是多少，采伐负责人都要一套一套地理清管好，只有保证做到这点，他才对得起所谓的“不疑”。如果木料采伐负责人的账这点讲不清楚，那点又不清爽，有非法的，不合理的，他这辈子在这个木府工程里边，就永远说不清楚了，也就不光彩了。能参与木府重建的每个人都是幸运的，所以每个人做事都要清清白白，不能让别人说三道四。采伐木料的过程中，那里的傈僳族群众最信任我们的木料采伐负责人了，他说什么他们都相信，他说干得了就干得了，他说没有事就没事。的确，他负责砍了那么多的木头，有时装车装到深夜，危险无时无处不在。但是群众始终相信木老爷会保佑他们的，不仅保佑他们，还会保佑他们的儿女。

图 1－36　木料进城

图片来源：木府提供

我想，可能是所谓的木老爷的神灵在当地傈僳族群众的血脉里发挥作用，他们很崇拜木老爷，以木老爷为荣。傈僳族是一个很讲义气的民族。他们豪放起来，会很高兴地叫你去家里，连耕牛都可以杀了招待你。

木府在建房时用料不省。光是前议事厅，就用了 56 根柱子，所用的 56 根柱子，上下直径都在 0.5 米以上，再加上宽大厚实的大梁，所建的前议事厅就有了一种威武雄壮的样子。有人说木府是数不尽的木料堆积而成的，我说这种说法一点也不夸张。明代用料不省，我们恢复重建木府也用料不省。木府的柱子是粗的，梁是肥的，就连房子的小部件，我们也要做得厚实。我们这样做的道理是：我们建出的木府，建得要像400年以前的一样。

第二节 首创“丽江砍法”

木料拉到工地后，粗的粗，细的细，红萝卜似的有，疙瘩多的也有，什么规格的都有。有疙瘩的柱子，万一疙瘩处被凿上一个眼，那么这根柱子就容易断，用它作柱子房子也就废了。所以，有疙瘩的木料我们都不用作柱子。

记得有一天，我们的采购员来告诉我说，料子倒是拉来了，但粗细不均匀，长短各异，还有一个大小头的问题，底下相当粗，上面相当尖，直径0.45米的有，0.5米的有，0.6米的也有，堆成一堆。有个师傅说，

图1-37 “丽江砍法”施工现场

图片来源：木府提供

直径统一的柱子太难找，反正超过0.3米，肉眼看起来不怎么明显就算了，众说纷纭。柱子堆放起来了，工期又相当紧，我也想过是不是就这

样算了，反正肉眼也看不出来。

可后来我越想越觉得不对头，就不听周围人的话了，包括质检员的话。百年大计，质量第一。我说，不行，要求直径为 0.5 米就要 0.5 米的。一两个月砍不够的话，就砍三四个月，走遍丽江的山山水水也非得把我要的柱子砍来，不就是多费些工夫、多花一点钱吗？你若下决心找总是找得到的。不合格的柱子先存放起来，调整到其他建筑上用。

采伐到工地的柱子已分下去了，师傅们也已经上工了，但是我们又做重新调配、重新调整，调整 31 根，不作为柱子，另作他用，不够的重新找，要确保木府的工程质量。我们知道，古代建筑的质量主要体现在石料、木料和瓦上，其中关键是木料。木料是相当关键的，如果木料规格不上档次，质量就不行了。明代的柱子要求粗大，若用上一些大料就会更符合明代建筑的特点。但是这么一来就苦了负责采购木料的工作人员了，不过他们很理解我，曾对我说："我倒是苦了，但你下决心要找齐这些标准的木料，也是为了不愧对后世。"

细节决定成败，成功与不成功有时候只是一两步的问题。木府用料的偏差，也只不过是两三厘米的问题，但若不下决心严格把关，则后患无穷。当时许多人都说算了，但为了保持直径 0.5 米的统一用料，我要求差 0.01 米也不行。

木料总算找齐了，也运回来了，但交到那些白族工匠手中时，又遇到了新问题。因为白族工匠有自己的砍法，白族砍法过分细腻，看重一个"巧"和直。我们丽江的风格是豪放、粗犷，丽江起房盖屋用料不要求十分直；而白族工匠砍柱子，如一根柱子本来直径有 0.62 米，只是有几个地方弯着一点，他们非要把那个脊砍掉，结果越砍越细、越砍越细，比如我们给他们的一根直径为 0.62 米的柱子，他砍来砍去，达到又直又圆的效果后 0.5 米都没有了。

按照白族传统的做法，木料一点不直都不行，根本谈不上随弯就弯。白族工匠的做法是要将木料削几层，打圆，就像我们木材加工厂剥皮一样地剥，也就是先从各面砍成一大根圆木，再来画墨，砍成十分圆的一根后再刨，这样下来，一根木料最后就只剩下木芯那一点了。白族工匠的做法舍得花工夫，但也很费木头。这样一来，明代的建筑风格就没有了。木头质量上不去，鲁班奖[1]我们也就没有了。

那一天我亲临现场，多少人围在那里看，我跑过去问："为什么要这样砍？你简直是岂有此理！你这样砍，简直把我们明代风格都砍丢了，标准也没有了，砍细掉了，你以为这根柱子轻而易举地就能拉下山来了吗？那是千辛万苦才拉下来的啊！你们的一斧头下去简直叫我们心痛。"

当时，我把负责做万卷楼木工的木匠师傅和技术顾问都喊过来，指着木匠说："你是干什么呢，你作为技术顾问要注意的嘛，丽江砍法你知道嘛，你就给大家讲讲。"他竟然也说不清楚，我们急得差不多要动手了。正在气头上，负责承建万卷楼的老板来了，连忙说："我们错了，你们的砍法我们也不知道，损失多少钱我们赔偿。"我当时就说，你们得赔给我。当然，这是给他们施加压力的一种说法。

吵了那一次以后，我们就把砍柱子的要求规定下来，还发了一个通知，统一称为"丽江砍法"。丽江砍法怎么砍？我的解释是：丽江砍法是随弯就弯，该刮一下皮就刮一下皮，稍稍地弄直一下就可以了，不需要像一条线那样直，这样既保持了一种古朴、自然的风格，又让人感觉相当好。其实我也不是木匠，但不知该怎么说，可能是神仙帮忙吧，说实话我家里起房子用了几根柱子我都不知道，但"丽江砍法"我一提出来，的确就解决了保持木料原样的问题。

古代建筑房子的质量主要体现在三种用料上，一是石头，二是瓦，三是木料，此外，工艺方面也有讲究。"柱粗梁肥"属于明代建筑的特色，若没有"丽江砍法"的话，就出不了这个效果，而且不知要浪费多少木材，柱子质量也过不了关。如果没有"丽江砍法"，你在采伐木料的山上再找十遍，也可能找不到那么多的柱子。俗话说，山中没有标直树，弯木头直木匠嘛！这么一处理，使人感觉柱子还是直直的。我认为，"丽江砍法"就是丽江的特色。

从这件事情上，我们也感悟到一些哲理，栋梁之材，不一定都是帅哥靓女，每个人都有可能成为栋梁之材。同样，每一根木料都有它的特点和优点，充分运用这些优点来营造木府，这些木料就都是栋梁之材。

---

① 鲁班奖是建筑行业的一个最高荣誉奖，是由建设部颁发的。

培养人、使用人不也就是这个道理吗？

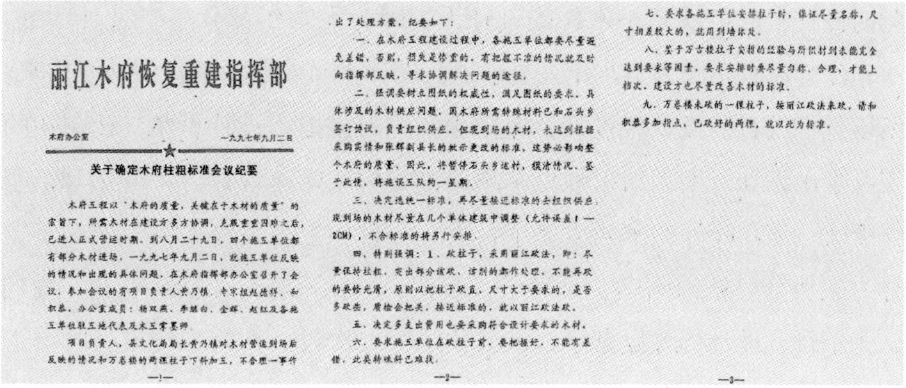
丽江木府恢复重建指挥部

木府办公室　　一九九七年九月二日

关于确定木府柱粗标准会议纪要

木府工程以"木府的质量，关键在于木材的质量"的宗旨下，所需木材在建设方多方协调，克服重重困难之后，已进入正式营运时期。到八月二十九日，四个施工单位都有部分木材进场。一九九七年九月二日，就施工单位反映的情况和出现的具体问题，在木府指挥部办公室召开了会议。参加会议的有项目负责人黄乃镇、专家组赵德祥、和积恭、办公室成员：杨双燕、李继白、全辉、赵红及各施工单位驻工地代表及木工掌墨师。

项目负责人，县文化局局长黄乃镇对木材营运到场后反映的情况和万卷楼的两棵柱子下料加工，不合理一事作出了处理方案，纪要如下：

一、在木府工程建设过程中，各施工单位都要尽量避免差错，否则，损失是惨重的。有把握不准的情况就及时向指挥部反映，寻求协调解决问题的途径。

二、强调要树立图纸的权威性，满足图纸的要求。具体涉及的木材供应问题，因木府所需特殊材料已和石头乡签订协议，负责组织供应。但现到场的木材，未达到根据采购实情和张辉副县长的批示更改的标准，这势必影响整个木府的质量。因此，将暂停石头乡送材，摸清情况。鉴于此情，将拖误工期约一星期。

三、决定选统一标准，再尽量接近标准的去组织供应。现到场的木材尽量在几个单体建筑中调整（允许误差1—2CM），不合标准的将另行安排。

四、特别强调：1、砍柱子，采用丽江砍法，即：尽量保持柱杠，突出部分该砍、该刨的都作处理，不能再砍的要修光滑，原则以把柱子砍直。尺寸大于要求的，是否多砍些，质检会把关，接近标准的，就以丽江砍法砍。

五、决定多支出费用也要采购符合设计要求的木材。

六、要求施工单位在砍柱子前，要把握好，不能有差错，此类特殊料已难找。

七、要求各施工单位安排柱子时，保证尽量匀称，尺寸相差较大的，就用到墙体处。

八、鉴于万古楼柱子安排的经验与所供材料未能完全达到要求等因素，要求安排时要尽量匀称、合理，才能上档次。建设方也尽量改善木材的标准。

九、万卷楼未砍的一棵柱子，按丽江砍法来砍，请和积恭多加指点。已砍好的两棵，就以此为标准。

—1—　—2—　—3—

图 1 – 38 "丽江砍法"文件

图片来源：木府提供

第三节　舞动的雕刻技艺

我们恢复重建明代的木府，基本上是有根有据的。不过如果有人问这些根据是从哪本书里看来的，哪个师傅说的，那就不好说了，因为即使是目前最权威的古建筑专家，也没有人亲自参加过这么大规模的恢复古建筑的工程；最资深的历史学家，也不能给我们提供出一整套关于木府建筑的详细文本。但对我们而言，木府的历史脉络是清晰的，木府建筑的风格是不容置疑的，定位的方向也是明确的。在细节处理上，连每幢房子的斗栱用什么都是有依据的，比如前议事厅，我们就仿制了白沙琉璃殿的斗栱。白沙琉璃殿是明朝时候的建筑，所以木府前议事厅斗栱的风格就很明显了，不是明代的样式又是什么时候的呢？可以这样说，木府 60% 的建筑其实都是我们自己设计的。

在修建木府的过程中，我们请了丽江的工匠，也请了剑川的工匠，所以建设过程中就出现了纳西族与白族两种建筑风格的冲突、较量和融合。这非常有意思。当然，因为是在纳西族地区盖房子，所以纳西族的风格应占主导地位，白族工匠要绝对服从我们的设计。但在实际修建过程中，白族工匠又摆脱不了他们那种细腻的南派风格，而我们纳西族的建筑是偏向北派的风格，比较粗犷，线条流畅，有古遗风，古朴、美观、大方，其中又体现出纳西族建筑自身的特点和习惯。因此说，纳西族的建筑历来兼有南北派建筑的风格，但更突出北派建筑的特色。

南北建筑风格的冲突在木府建设过程中十分突出，尤其是表现在雕刻的设计上，也就是小木作的设计上。因为大木作部分还有设计图纸，小木作却没有，因为小木作太复杂了，设计人员无法将它直观地画出来。所以我们没有请设计院设计，而是由我们自己提出设计思路，让剑川的工匠拿出设计方案。结果他们拿来的方案中，雕花设计得十分烦琐，啰哩啰嗦、零零碎碎的东西太多了，大有一种不把一整块木板刻满就不罢休的架势，到处都画满、涂满了，粗犷、流畅不够，细腻却有余。我们认为不行，设计得太复杂了，就又搞了第二次设计。第二次设计时考虑到“矫枉必然过正”，我们要求他们最大限度地突出粗犷风格，但我们也考虑到已经习惯于精雕细刻的工匠，再怎么让他粗犷，他也不可能彻底地粗犷，于是我们就要求他们搞得尽可能地简单一些，从而找到最佳的结合点。

在木府恢复重建的过程中，我十分注重研究木府的历史、古代建筑的各种风格，以及纳西族的整体历史。各方面的知识了解得多了，也能从中悟出点东西来。有比较才有鉴别，所以我们的想法从理论上也能说服他们，后来他们都说从丽江木府建设中学到了不少东西。当时我是指着图纸讲道理，这些白族工匠也就领会了，于是就按我们的设计思想进行雕刻。我经常对指挥部的人说，有一点你们是要承认的，在建筑风格的把关上，不是我压制周围的人，别以为我有压制别人的思想，周围的人说对了，我也会按他的想法做，谁找到感觉，我们完全可以按他的想法来干。但是往往都是我首先找到了感觉。有个工作人员还开玩笑地说道：“感觉总是被你先找到。”可这感觉千万不能出错，不然执行的人也就跟着执行错了。所幸整个工程从头至尾还真的没有出太大的差错。

雕刻属于木府的小木作，许多时候白族工匠为了要表现出他固有的细腻风格，一张白纸都要给它画满掉，仿佛少了一点都不够淋漓尽致似的。但我们的要求他们也积极配合，他们大都做到了，特别是剑川木器厂的厂长更是积极配合，他无论在价格上，还是态度上都非常配合。因为他们那边有这么一个带头人，他们基本上能把我们的想法表现出来。因此，对小木作工艺我还是比较满意的。

白族的文化背景与纳西族的文化背景有所不同，在木府的建设当中互相渗透，互相结合，但又保持着纳西族的风格，这一点在木府建设中表现得也十分突出。我们还要求每一处雕花都要有变化、有代表性，主要依据是什么呢？就是服务于房屋的用途，适合它们所代表的文化内涵。所以说，木府每个地方的雕花是不一样的。

图 1－39　议事厅的马蹄莲窗

图片来源：木府提供

木府的雕花都是我们与剑川民族木器厂一起设计、一起雕制而成的。不同的朝代有不同的雕花风格，明代的风格是稍微粗犷、豪放、大方，而清代则是细腻、流畅、精致。

木府的雕花在不同区域表现出不同的种类和形状，如议事厅的雕花是变形马蹄莲，因为故宫太和殿的雕花大都采用了马蹄莲的形状。故宫采用这种雕花，主要是突出威严，但凡威严的地方多用这种雕花。针对木府，我们还可以理解为，在茶马古道的岁月里，正是马蹄踏出了古城的辉煌。纳西族历史上曾经是马背上的民族，丽江古城是茶马古道重镇。所以，马对于纳西族而言是非常重要的，马蹄莲就是一个象征。因此，在这种雕刻中，也包含了对丽江独特历史文化的艺术诠释。

而生活区的雕花要更加细腻一点，纳西味浓一点，多为四季花卉、松鹤延年、福禄寿禧、乱梅枝（梅枝窗），还有喜鹊闹梅、雄鹰展翅、牡丹穿凤，等等，雕花不拘一格，百花齐放，丰富多彩，花样多变。

再说万卷楼的雕花，它的特点是书卷气重，书生味浓，因为是藏书的地方，所以雕花也是具有文人味的。万字窗，弯来弯去像一个繁体字“萬”（万）。又为了彰显古代文人的清风傲骨，讲究“岁寒三友”，所以除了采用美女窗、寿字窗，三楼还用了金鸡独立、四季博古、松竹梅兰等。

图 1－40 万字窗

图片来源：木府提供

总体上来看，木府不愧是雕花的世界，许多雕花工艺得以物以类聚，可以说，木府的雕花本身就是一个民族民间艺术的博物馆。三清殿体现得特别明显，取的是八仙过海中的各位人物，有的是明雕八仙，有的暗雕八仙。总之，每种雕花图案都有它独特的文化背景和艺术价值。

整个木府的雕花式样达 36 种之多，既有纳西族粗犷的北派风格，又有白族细腻的南派风格，两者水乳交融，和而不同，交相辉映。

第四章　拟于王者

当年徐霞客到丽江，用了“宫室之丽，拟于王者”八个字来描写他对木府的整体印象，这成为木府恢复重建的重要历史依据。如何理解这八个字，尤其是“拟于王者”的“王”气派，该如何体现出来呢？为此，我们狠下功夫，通过对每一个细节的周密思考和反复试验，最终建成了我们想要的木府。

第一节　木府的瓦和砖

根据民间传说和史料记载，过去的木府建筑用瓦，尺寸相当大，比民间所用的瓦的体量要大出一至两倍。土司府邸嘛，自然要与黎民百姓不一样。我们在恢复重建木府时，所用的瓦均为大尺寸的琉璃瓦，这是经过长期论证后，最终决定下来的。

所使用的这种瓦是木府的一大发明，是经过多次试制而成的。研究瓦我们也是从不同方面着手的，首先，明末时期，徐霞客从鸡足山到丽江，远远地看到木府的建筑一片辉煌，并发出了“宫室之丽，拟于王者”的感叹。可以想象，首先映入他眼帘的是瓦，而且这瓦应该是色泽非常好的，比民间老百姓的瓦要亮得多，特别是雨后的木府更是令人耳目一新。这样分析后，我们决定盖琉璃瓦。其次，我们看到白沙有些古建筑群落，如大宝积宫、琉璃殿等，都盖的是琉璃瓦。再次，在恢复重建三清殿的过程中，从其所在的位置曾挖出琉璃瓦残片，这就进一步证实了，木府盖的是琉璃瓦。有了盖琉璃瓦的这种认识，还得选择它的颜色，因为古建筑都要按规制来建，一般皇宫、庙宇盖黄色的琉璃瓦，而三品以上、一方诸侯只能盖绿色的琉璃瓦，孔庙盖的是蓝色的琉璃瓦。于是，我们去琉璃瓦厂几次，也试烧了好几种不同颜色的琉璃瓦，的确经过了一番努力。如果用黄色的琉璃瓦，就会与整个丽江古城不协调；用绿色的则与木府的建筑不协调。因为丽江古城是中国历史文化名城，又是世界文化遗产，灰瓦、白墙、蓝天、绿树构成了古城的基本色调。

而木府是古城的重要组成部分，是古城的心脏，经过多方面的研究，有的专家提出了木府琉璃瓦要与古城的基本色调相协调一致的意见，决定用现在所用的这种瓦的颜色。明代可能较少有灰色的琉璃瓦，我们就在灰绿色的基础上再提高灰度，左试验右试验，技术人员还跑到江西去寻找秘诀，最终烧出了灰色琉璃瓦。

图 1－41 灰色琉璃瓦

图片来源：木府提供

然后就试盖，首先试盖木家院，看是否能反映出丽江风格。试盖了三四次，不行，又重新返工。老板和施工队人员都说木府的工程太难做了。

经过多次试验，我们终于找到了感觉。最后决定整个木府就用我们自己设计的、特制的灰色琉璃瓦来盖。木府的琉璃瓦与其他地方的琉璃瓦真的不一样，特别是在雨中、雨后看木府，别有一种情趣。

一个瓦当可以派生出很多含义，木府的瓦当来自我们对木府进一步的实地调查中。我们从地下挖出来的兽头瓦当片，这也体现出木府的建筑特色之一，尽管木府建筑群落很复杂，静中有变，乱中有序，但木府的瓦当统一了整个木府的用瓦风格。

图 1－42　瓦当

图片来源：木府提供

我们远看木府，它与外面建筑的档次差异就显得特别突出，但又与整个古城基调相当协调，所以感觉相当好。

在翘角的设计上我们也反复试验过几次，原来设计出的翘角像牛角一样，所以又要重新设计翘角。我多次前往瓦厂，一次一次地找感觉，最后设计出了具有木府特色的一种翘角，我还说这种翘角是“木府翘”，这个翘角的翘度大小合适，有一种浑然天成的感觉。

所以说，木府的许多东西即便可以依据现成的参照物，也要经过反复试验。下决心要干的事情，再难我们也要干，最后还是干成功了。而且我们在干的过程当中，始终遵守一个节约的原则。

木府建成以后，建设部副部长来视察，对我们所用的瓦非常赞赏，他说：“整个木府恢复得不错，特别是木府的瓦选得不错，这样一来，整个木府与古城就相互协调起来了。”前国家文物局局长 ZWB 在视察木府以后也说：“木府虽然是恢复的，但黄院长把它恢复得惟妙惟肖，也太难为他了。”

木府的砖也非常特别，尺寸、大小都与老百姓所用的砖不同，稍大一些。我们从出土的文物砖中找到了感觉，这些出土的砖上还刻有制砖人的名字，我们以后还要研究这些名字。传统上有秦砖汉瓦之说，我们把所用的砖头叫作“木府砖”，瓦也叫“木府瓦”，它们自成体系，还有特殊的含义。

图1－43 五花石路面
图片来源：木府提供

解决了瓦和砖的难题后，铺地的问题也颇费周折。木府房子基石多为青石，铺地则以丽江五花石为主，附加一些青石，而且五花石为上等的石料。特别是木府广场铺的五花石，质地特好，雨后的五花石更有特别的质感，可以说广场的五花石代表了木府的石文化。

铺地需要大量的五花石。施工负责人到处找五花石，甚至于他已经喊他的舅爷打好了石头，但是我觉得质量不过关，直接告诉他不要了！以至于他们之间还产生了矛盾。但为了木府的质量，这个黑脸我是要唱的。

后来他终于找到了我们想要的五花石。我强调的石头是要有油气（有油性），色彩不要太黑，要泛红点。经过很多波折，他们终于找到了这样的石头，这种石头似乎有文化内涵在它身上隐藏着，而且越看越突出，越看越值得玩味。那些五花石“太漂亮了，有油气！”哪一个看了都这么说。

我认为，五花石最重要的不仅是一块石头中五个色调要齐全，而且石块之间的颜色要相互协调、粘接紧密。木府所选的五花石质地紧密，你拿机器切割时，也不会剥离或跳开，这说明连接处很紧，质地很好。即使是经常被人踩着的地方，也会越踩越亮，不像有些质地不好的五花石成色较暗，给人干巴巴的感觉。木府的五花石像涂了一层油似的，给人一种“油性”感觉，有点润气，蕴涵也丰富。木府铺地的五花石用量这么大，但我们全部用了统一基调和品位的五花石，这为整个木府增色不少！

第二节　斗栱与悬鱼

斗栱[①]在古建筑中是不可缺少的，从力学的角度看它具有挑梁的作用，从美学的角度看它具有装饰作用。古建筑中起装饰的作用的是斗栱

图 1－44　米字斗栱

图片来源：木府提供

① 斗栱，亦作“枓栱”，或“斗拱”。为行文方便，全书统一使用“斗栱”二字。是我国传统木结构建筑中的一种支承构件，处于柱顶、额枋与屋顶之间，主要由斗形木块和弓形肘木纵横交错层叠构成，既使屋檐出挑，又有装饰作用，木府充分发挥了斗栱这一古建筑特色。

和雕花，这两者是中国古代建筑最大的建筑特点。俗话讲有斗无花，有花无栱，也就是说，有斗栱无雕花，或者说有了斗栱，那么雕花、彩绘就相应会少一点。

斗栱的种类很多，有直插斗、如意斗、米字斗、观音合掌斗、立字斗等，木府主要用明代或明代以前的斗栱样式，以米字斗和观音合掌斗为主，所以说，从斗栱可以看出历史年代，木府建筑中议事厅及护法殿是仿丽江白沙大宝积宫的斗栱；万卷楼仿龙神祠的斗栱，还有附加的蝴蝶斗，用在内斗栱中；光碧楼、三清殿仿文昌宫的观音合掌斗栱、米字斗栱两种；玉音楼仿的是五凤楼的斗栱。

斗栱又分为内斗栱和外斗栱，就是一斗压一斗，不断延伸出去，梁又架在斗栱上，这就起到了斗栱挑梁的作用。它既有结构需要的一面，又有装饰的一面。所谓有斗无花，实际上，没有雕花是不可能的，只是斗栱把花都盖住了，显得少一点而已。并不是说，有斗栱就不需再雕花了。

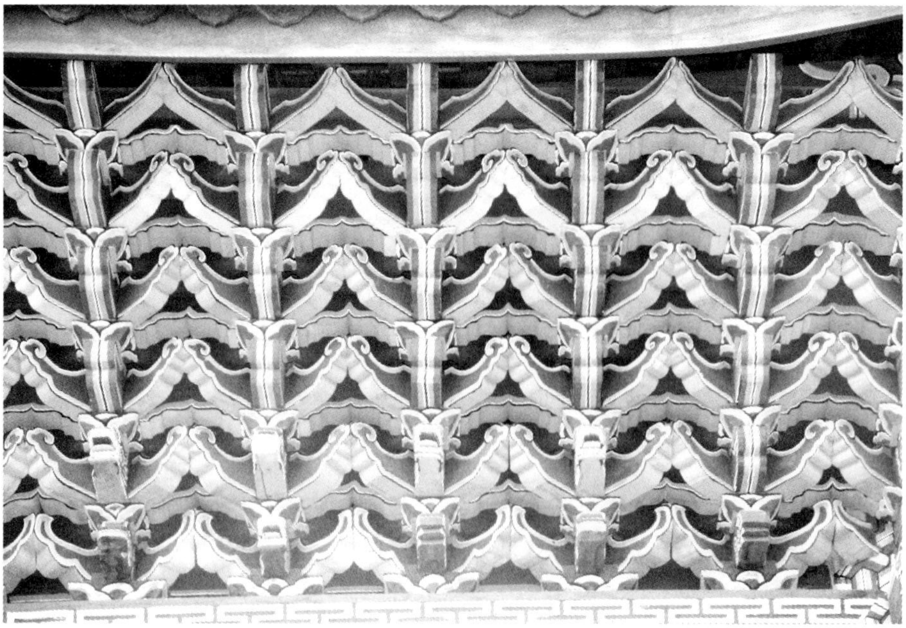

图1－45 观音合掌斗栱

图片来源：木府提供

木府的斗栱完全是按照明代的风格来做的，尽可能地再现历史，根据房子的大小、特点，分别选择了以上的斗栱。

前议事厅用的斗栱和后面的斗栱都不一样，前议事厅用的斗栱是仿丽江白沙大宝积宫和琉璃殿的斗栱。这就意味着我们斗栱的做法是明代或者明代以前的做法。还有一个是，要根据用途来研究房间的艺术构造。琉璃殿过去称为殿堂，当然是要讲究一个威严感。由于前议事厅要突出这个东西，就借用了琉璃殿的斗栱模式，斗栱就比其他房子用的斗栱要大一些，而且这些斗栱显得相当粗壮、威武，一看就觉得相当牢靠，显出它的厚实感，线条不仅流畅，而且粗犷。为了体现前议事厅的政治和文化功能，我们就坚持用这些方法来体现木府的建筑艺术与文化底蕴。

还有一点，用建筑的俗语称谓来说，有一种建筑构造称为“硬山”①，有一种称为“歇山”②，木府基本上是采用了歇山。硬山是用砖把山墙封满掉。丽江起房子大多数用的是歇山，后面慢慢地才传入硬山。大理白族民居建筑两边的山墙一般是硬山，它们用砖封满、填满，一直到人字架那儿。我们这里是只填进去一小截，就是歇山了，这个歇山是丽江建筑的一种传统。歇山和硬山在全国随处可见，我记得北京天安门用的是歇山，金銮殿用的也是歇山，我们的木府前议事厅包括很多大殿用的都是歇山。明代普遍用歇山，这是北派的一个特点。到了清代，北派有的用硬山，有的用歇山。丽江的房子，大多数用的都是歇山，后面才有一些用硬山，是受南派建筑的影响。

古建筑讲究人字架，人字架中间悬空垂下来的那块条形的板子叫悬鱼③。北方建筑的悬鱼很短，人字架的那块板子很短，唯有丽江的悬鱼又宽又长，这就是丽江的建筑特点。木府建筑的悬鱼要长于丽江普通民居，这种悬鱼体现的是丽江人的风格，许多专家已经注意到丽江的这个风格，像顾奇伟院长就跟我开玩笑说：“丽江的悬鱼的确是又长又宽，表现出了丽江人雄赳赳、气昂昂的那种精神。”丽江的几个大的、重点保护的民居，悬鱼基本上都是又宽又长，这是丽江的建筑特点，木府也尽可能地追随这个建筑特点。

---

① 传统木结构房子因山墙（两侧成山尖形墙）和屋顶表现形式不同而有多种做法，分硬山、悬山山墙和歇山、庑殿山等。硬山是两侧山墙同屋面齐平或高出屋面或满封。

② 传统建筑屋顶形式，两侧倾斜屋面转折成三角形墙面，形成两坡与四坡屋顶混合形式。木府建筑较民居高大，故两侧坡形屋面更突出。

③ 丽江特色建筑饰件之一，系于山墙人字架上，上雕有云彩、八卦、鱼等图案。取意是鱼在水中，可避火灾，或“鱼”“余”同音，有年年有余之意。

木府各主体建筑周围都安装了汉白玉栏杆。在汉白玉的选料上，按照货比三家的原则，我们也做了一次认真的筛选。首先我们找到了石鼓的汉白玉，但成色及质地都不太理想，也想过要到缅甸买，后来又请北京古建筑研究所的专家陈耀东在北京一带找，他在河北省保定市曲阳县找到了，让我们去产地看看。我便派三位工作人员到曲阳建筑雕塑艺术厂去看看，他们很是慎重，经常打电话来请示汇报，并且带回样品让我做最后的决定。

图 1－46 议事厅悬鱼

图片来源：木府提供

曲阳的汉白玉成色好，质地及制作工艺都不错，再算算成本，由于是大批量直接从厂家采购，还降低了各项成本的支出，与其他地方相比，价格要便宜许多。最后统计下来，仅栏杆一项的支出就足足节约了四十来万元的资金，令我们相当满意。这些汉白玉栏杆为木府增色不少，由于汉白玉栏杆质地较好，制作工艺精湛，议事厅的基座是由两台一高一低的须弥座构成，须弥座上安装汉白玉栏杆，使整个木府的建筑上了一个档次。

说到汉白玉栏杆还有一个不为人知的故事。大家都觉得木府的汉白玉栏杆很漂亮，但其实设计上出了问题，施工也出了问题，最终安装出了一个非常隐蔽的错误。那天，一个安装汉白玉的师傅来找我，说："你们的桥起错了，它要么就张开一点，要么就缩进去一点，反正我的最后一块栏板安下去以后与桥的栏杆不在一条直线上了。"

我去现场仔细一看，才发现问题出在栏杆上。按理讲，正正地看过去，上下两台须弥座上的汉白玉栏杆的柱子应该在一条线上，但结果是所有的栏杆柱子都不在一条直线上，上下须弥座上相对的栏杆柱子几乎都错位 0. 01 ~0. 02 米。可是谁也没有发现，就连石匠师傅也只是发现通往须弥座的桥出了问题，没有发现上下石柱的错位。

木老爷只让我看见了这个极为隐秘的误差，该怎么办？我赶紧叫来了负责安装的老板，我们查来查去，最后发现不仅是栏杆柱子错位，还发现了上台须弥座做大了。原因是上台须弥座的尺寸刚好差错了 0. 12 米左右，也就是上台的须弥座超出设计 0. 12 米。下台的须弥座按标准施工，不大也不小。下台正确，上台错误。但汉白玉栏杆安下来，须弥座出错的那个地方安汉白玉栏杆恰恰合适，正确的那个须弥座的汉白玉栏杆反而比预先的设计长。

眼看都快要安装完了，那天我真是快急疯了，叫周围的人不要传出去，原因是想蒙混过关，不改也可以，大家不知道也就算了。半年多来反正也没有人发现这个问题，问题究竟出在哪里呢？谁也说不清楚，谁也查不出来。真是有些邪门了。

后来是我查出了原因所在。在场的师傅、质检人员、工程师却一个也看不出来。这一发现使我既高兴又难过，高兴的是，平时我跟指挥部的人吹牛，说我读书时数学成绩相当好，有数学头脑，这一次不是有所表现了吗？难过的是，出差错了，不知道该怎么办，丢面子。根据我在现场的观察和分析，问题出在设计栏杆总长度时，并没有扣除两边拐弯之处的栏杆长度。这样一来，总长度比须弥座设计的长度多出了一根栏杆柱子的长度0.12米。而这0.12米又均匀地分配到每一根栏杆上，这样一来，须弥座长了0.12米。

须弥座上的栏杆安是安上了，但与有误相连的另一方就出现了衔接不起来的现象。而安装的师傅没有注意到这个问题，一个劲地安，结果到最后问题就暴露出来了。再追查是哪一个的过错，是须弥座施工方的过错，还是加工汉白玉方的过错，抑或是设计方的过错？这样一连串的错就出来了。这个问题要现场讲才讲得清楚，当天我都还跟在场的人开玩笑说："怎么样，我的数学头脑派上用场了吧！"面对出现的问题，我们及时采取了措施，决定认可上台，有错就改，否定下台，重新做出对应的设计。于是我们兵分两路，一路派人再赴河北曲阳重新采购加工下台的栏杆；一路派人把已安好了的栏杆全部拆除，另作他用。百年大计，质量第一，哪怕并不起眼的错误也要认真对待才行。

大家都知道，在丽江干一个工程，好也罢坏也罢，都会成为社会舆论的焦点。但是据舆论反映，木府这个工程不说赞扬，反面评论、指责这个工程的人却很少。有一次我去做客，旁边就坐着电力公司的总经理HZR，他就跟我说："在丽江做这么一件事不容易，说三道四的人怪多的，但是我可以这样对你讲，我还没有听见哪一个在指责木府工程。我的接触面比较广，这不是乱编乱造的。"当然他也许只代表了一个阶层的看法。其实，木府这个工程，是一个历史工程，所以情有独钟的人很多，而且不是年轻人，是上一辈的人，有些七八十岁的老人家都说，不管以后木府的门票收多少钱，我这一辈子一定要去一趟。为什么？这说明木府在丽江人心中的地位很高。

值得庆幸的是，我没有辜负家乡父老的期望！

第五章　宫室之丽

木府的房子是一幢一幢地矗立起来了，看着它们各具特色的风姿，大家的心里乐滋滋的，但是我却不能完全高兴起来。这就像家里的姑娘长大了，要出嫁了，但是我的“嫁妆”还没有为她准备好呢！俗话讲“人靠衣裳马靠鞍”，那么，一幢古建筑，它也有它的“衣裳”，现在叫装饰，过去叫彩绘。所以古建筑一般都是雕梁画栋、色彩纷呈的。那么我们木府的彩绘，该是一个什么样子的呢？

第一节　浓妆淡抹总相宜

在木府工程建设的后期，彩绘（油漆）问题成了木府成败的关键，也是最让我们犯难的，成为木府建设中的第三个大难题。

木府使用的油漆是工程中最敏感的问题，我平时最怕、最担心，但是再怕，再担心，也得去解决它。还是用那个屡试不爽的老办法，化整为零、各个击破。就像我把整个木府分为四个部分一样，我也将彩绘工程分为四个部分，以便大家理解和认识。

第一部分就是衙署区的油漆。衙署区的油漆假如是彩绘过多、线条过密就会流于庙宇这种形式，所以衙署区彩绘不应过多，它的油漆的总体表现应与衙署区的身份相一致。衙署区的身份是神圣的办公区域，所以应该是相当庄严的，这个应该是它的基本格调。带着这些看法，我们征求过许多专家的意见，他们的看法与我的想法大体是相一致的。但是气氛要怎么产生出来，油漆如何做到庄严肃穆，与衙署区的庄严肃穆的气氛融为一体，说起来容易做起来就难了。所以说对油漆怎么用，基本思路可以这么定，但是要真正地找到这种感觉，做到这种程度，我觉得还是不容易的。

世界上很多事情，变中有不变，不变中有变。比如在议事厅和护法殿之间还夹了一个万卷楼，而万卷楼则是藏书的地方，是读书的地方，是私塾、教学的场所。而这个万卷楼是不是可像衙署区的其他部分一样对待呢？我觉得不能一视同仁。议事厅和护法殿的油漆是做了凝重的处理，但是具体分析到万卷楼的时候，考虑它的彩绘的时候，是不是稍稍地可以有点变化呢？我觉得是可以有点变化的。整个衙署区是一个庄严肃穆的色调，但是万卷楼与前议事厅、护法殿的房子的作用和用途是不一样的，即使在衙署区也应该稍有区别和有所变化，但是区别不能太大，总的格调要协调得起来才行。对万卷楼我们还是强调要有点书生气，如何体现书生气？我们当时就打算多用一点绿色，生命的颜色。万卷楼的彩绘可以稍稍活泼一点，但不能太活泼，要把读书人“自古文人傲王侯”那种风度表现出来。所以它取的颜色应以绿色、天蓝色为主，甚至也可以用白色，红色就尽可能少用，这样来保护它的文气、秀气。前议事厅护法殿的底色尽可能地用红色，红色毕竟还是有一种镇压感。在颜色的凝重感方面尽可能用天蓝色、绿色来体现。天蓝色是主要的颜料基础，它的使用能体现出一种凝重感。而这么一来，整个衙署区的色调就会基本协调起来。这是我们对整个衙署区的油漆色彩采用的思路。

第二部分就是玉花园。这个区域由光碧楼、玉音楼、三清殿和一些廊子、配电房等组成，这个区域的油漆我觉得要不同于衙署区，到了玉花园以后，油漆的色彩和品种方面就可以丰富一点，理由是：那里追求的是生活情趣，既然在那里追求的是生活乐趣，我觉得就要体现生活的五光十色，而且与花草也有关系。从用途来看，这里更多的是土司与家眷嬉戏娱乐的场所，因此整个后花园的彩绘，也要有自己的特点。

三清殿是道教的，所以，三清殿的彩绘与光碧楼、玉音楼也要有所区别。我认为三清殿的彩绘可以按照道教的彩绘风格进行彩绘，道教的彩绘也不是相当浓烈的，它还与万卷楼的彩绘有点接近之处，与文化人的书生气也有接近之处，所以可以这样来考虑三清殿的彩绘。

玉音楼，我们不要把它理解成福国寺的五凤楼，而是木府的五凤楼，是木府的玉音楼。福国寺里的五凤楼，也就是现在搬迁到黑龙潭里的五凤楼，是可以按照宗教的彩绘方式来进行彩绘的，而我们这里是土司的后花园，所以与黑龙潭五凤楼的彩绘方式要有所区别。我就考虑，光碧楼、玉音楼搞成一组，这一组的彩绘就按照明代官方的方式进行彩绘。色调一定要把握好，把握的原则是要与宗教的彩绘有所区别，简单地说，包括廊子在内都是要以明代的彩绘方式进行彩绘。另外，因为建筑物是在玉花园里，所以可以有一些生动的画面体现在彩绘里边，如花呀，草呀，鸟呀，树呀，当然都是抽象的，要吻合生活情调。这就是我对玉花园建筑物彩绘的倾向性意见。

第三部分是木府一条街与木家院的彩绘。事实上这是属于生活区的彩绘，所以彩绘方式就沿用丽江民间的彩绘方式，或者在这个前提下有所增减也可以。衙署区的彩绘要凝重一点，深沉一点，木家院和木府一条街的彩绘可以淡一点，但不管怎么说，木府当时的辉煌一定要通过色彩有所表现，它可以接近民间，但是要高于民间。

第四部分属于祭祀区，现在还没有恢复，完全应属于宗教的彩绘，以后要建的进修再去研究。

总体来看，土司衙门区我们没有用大量的彩绘，只用了两种或三种颜色，不多，尽可能地把庄严肃穆的气氛搞出来。当时我想买两公斤黄金粉来勾金线条，但是有些专家说金线条不要用了，还是铜粉好，因为铜粉表现出来的色泽要比黄金粉表现出来的色泽好，既好看又经济。

木府彩绘的一个重要风格是：衙署区比较庄严肃穆、威严，不能有一点花里胡哨的感觉。而到了玉花园区，就要有点色彩，这些色彩要与生活很接近，有点艳。三清殿就要有点宗教的色彩，不是佛教，而是中国传统的道教彩绘。到了木家院与木府一条街，就与民间的风格很接近。但这个区域毕竟是“王宫”的家属院，是木老爷开的铺子，所以虽与民间很接近，但又要高于民间。这就是我对木府的整个油漆色彩的总体感觉和看法。

虽然我们在理念上梳理得很清楚，但现代人毕竟谁也没有见过历史上木府的彩绘。我们该如何做？从哪里去找范本？

木府建设过程中最令人头疼的是彩绘。有人对我说房子起得这么好，最后的败笔可能要出在油漆上。在施工队施工油漆这个过程中，我就告诉过他们，不行就重新来，再不行再重新来，要有这个思想准备。我们恢复重建木府一贯的风格是一丝不苟，达不到要求就要返工重来，如果认定了是属于甲方的原因，那么工钱照算。但是这样做也是很烦人的。

我还确定了木府彩绘的重要原则：不能离开明代建筑的特点。彩绘要根据房子的用途来定色调，但要符合那个时代的特色与风格。

因此，整个衙署区色彩的基调要四平八稳，不要太“飘”。颜色、色泽要深沉一点，不能太花里胡哨。大的这些调子定下来后，小的变化是允许有的，可以有点变化的就是万卷楼。

玉花园总的色调把握是要活泼一点，自由一点，因为毕竟是到了玉花园了。如何做到自由活泼？除了图案变化之外，用料上可以适当地把握使用七种颜色，俗话说生活本来就是七色阳光，七色搭配，尽可能地不偏重哪一个，满足色彩活泼的要求。

至于木家院的彩绘要尽可能地与附近民居的颜色相协调，根据靠近民居色彩的要求，以猪肝色为基础色调，雕花部分可以强于民居。这样一来，色彩既强于民居，又接近民居，既朴实，又大方。

尽管我们翻遍了所有中国古建筑方面的资料，但明代油漆彩绘方面的文字描述确实是相当少，而且大多数的庙宇因年深日久，油漆早已脱落，完整保留下来的不多。属于明代油漆彩绘的有镇江法海寺。比如有这样的一个图案：大梁中间有一块涂成红色的三角形，这个就是法海寺的彩绘原图案。木府内的大多数房子用了这一个图案。可以自豪地讲，我们木府的彩绘都是明代风格的，因为它是根据中国保存下来的一座保留有明代色彩的法海寺来做彩绘的。大梁上那一块红色三角形的图案，就给人热热闹闹的感觉。造房子的时候，横梁上兴裹一匹红绸子，这与彩绘方法相联系，中间红色的那一块就相当于裹了一匹红绸子，是取了这么一个意义。

还有斗栱、横梁的彩绘，明代制作方法有点简朴，清代就相当复杂。明代梁上的彩绘，假如里边是方的话，外边就是圆形的；假如里边是圆的话，外边就是方的。如果梁与梁中间是圆的话，外边特别方。线条的走向也一样，里边是方的，外面线条就是圆的；外边是圆的，里边线条就是方的。

因此，我们木府的彩绘基本上是明代的风格，只不过是在色彩的明暗、颜色的浓淡上有所调整罢了，有些部位深沉一点，有的地方活泼一点。明清建筑在颜料彩绘方面的区别是：清代的彩绘是大红大绿，明代的则是用料简单，以藏青为主，加入绿色，然后再用点红色。红色是点缀，金色也是点缀，有些是线条点缀式，有些是圆圈点缀式。总体上的差别可用简单几个字来概括，就是清代建筑油漆彩绘比较艳丽，明代的比较简约。明代的线条要流畅处理，色彩也不是大红大绿，它讲究的是里方外圆，或者是外方里圆。另外，还有点金法、点红法。随着时代的发展，清代建筑彩绘颜料的品种就多起来了，所以清代的色彩比明代的要复杂。

彩绘在明、清古建筑中，按不同的朝代、不同的建筑功能采用不同的颜料，突出明、清的差异。我们查遍资料记载，发现明代比较权威的彩绘资料在中国流传的相当少，大多数流传下来的是有关清代彩绘的资料。木府的彩绘大部分参照了法海寺的彩绘，少部分参照白沙古建筑的彩绘，也就是由白沙大宝积宫的彩绘演变而来的。另外，木府的彩绘还采用了故宫的一些图案，如前议事厅，尽量营造成一种肃穆、威严的气势；万卷楼则在不违背总体原则的情况下稍做改变，突出秀气感。

这样，衙署区以红、蓝、绿色为主色调，突出权威、深沉。玉花园的色调则灵活多样一点，色彩淡，显得活泼、舒缓。而三清殿则带有宗教色彩，显出飘逸风格。生活区偏向于民间生活，以猪肝色为主，突出民风民俗。油漆窗心和边线使用不同的颜色，美观大方，恰到好处。

彩绘这个问题，是我们恢复重建木府中所遇到的最棘手的问题之一，开始时我为此晚上睡不着觉，都在考虑这些问题，但一直都没有找到感觉，也就没有召开研究油漆问题的座谈会。后面慢慢地就找到一点感觉了，最后感觉好像明朗化了，所以就召开了座谈会。当时关心木府建设的人就告诫我们："房子起得那么好，油漆失败那就全军覆没了，要相当小心!"

比如我们认为衙署区的油漆花里胡哨不行，因为这是木府，如果用很多的颜色在里边的话就混同于寺庙了，人家就不会承认这个是木府，我们这个木府一不小心就会被人家说成是庙宇。所以我们就着色简单一点，底色只用一个，猪肝色或者是板栗色，然后斗栱和雕刻的部分就用铜线、铜粉进行勾画。

即使是在一个油漆区里边，情况也有所变化。像万卷楼是藏书楼，它又区别于前议事厅和护法殿，因为是藏书的地方，是学者或者说是读书人来往的地方，所以这座楼允许用颜色的变化来进行调整，稍稍有点改变。标准就是要书生气十足，这符合万卷楼的身份。

又如石牌坊，添了铜粉，用青天白日的那个颜色作为底色，突出古色古香的味道。开始时我们也不敢涂什么油漆，后面通过尝试，打了一个底色，再把金粉涂上去，效果还比较好。

油漆的具体施工方案的确是酝酿了半年左右，开始时总是悟不出一个道理来。我们说先请设计院拿出方案，如果不行，我们再讨论。但因为他们拿不出设计方案，我们只好“摸着石头过河了”。那一段时间，我叫人到处找资料，然后把所有的资料交到我这里来，研究了以后，我再根据自己的感觉对油漆问题进行分析。老实说，建木府的那两年，我满脑子都是木府，包括房子的用途，房子的结构、样式都记在心里面，脑子里总是盘旋着这些东西，盘旋来盘旋去，晚上睡不着觉，左思右想，慢慢地基本的架子就由模糊变清晰了。油漆施工你有方案，我也有方案，油漆应该要这样，但是至于怎么配呢，只能说出个大致原则。既然这样倒不如先干起来再说，干了以后，如果不行我们再返工，我早就做好多次返工的思想准备。关于油漆施工，我们不知问了多少人该怎么办，包括昆明的那个专家都是说这样的话：“试嘛，试了几次以后，最终找到感觉了，就按照这个感觉来干。”我就问他，那么咋个画？咋个整？他又说不出来了，“大的方面看着办嘛”，看着办是我咨询得到的一个结果。我也只能这样看着办了！

北京东城区安定门内有个国子监，我认为万卷楼可以参考北京国子监的彩绘。那是我国明清两代管理教育的最高行政机关和国家设立的最高学府，且保存了彩绘痕迹。国子监就是明清两代的学府，康有为那些人就在国子监里学过，万卷楼仿国子监，彩绘上我们就有个依据了。有一天中央台在介绍国子监，介绍得相当好，我就说万卷楼的彩绘可以参照国子监的彩绘来干。有必要的话，我坐飞机去北京看国子监。还有一个是，凡是在木府彩绘的图案都要有依据，依据的是明代的彩绘，明代的彩绘比起清代的要简单，古建筑队那边的资料还是比较多的。我要求

图 1－47　探讨彩绘技艺

图片来源：木府提供

任何一个要画的图案都要交到指挥部里面来，就是说，我们看了觉得这个图案可以，同时图案依据的是明代的画才行。明代用的颜色呢，绿色、天蓝，还有红色，主要是这些。还有一个是金线条，白颜色倒是什么颜色都可以配，但是主要是这几种颜色。明代的规矩是用多少种颜色，要先掌握好，我们翻了资料就是这么几个，还可以参考国子监的做工做法大胆地干，错了我们重新来，就这样干，不然就左右为难下不了手。反正总体上要求不要太复杂了，不要太费工时，有个明代的规矩就得了。像玉花园的颜色不要太复杂，彩绘方面有亮点就行。万卷楼比玉花园色彩还要弱一点，若玉花园用了五六种颜色的话，万卷楼彩绘就只能用两种颜色，或者是三种颜色，要比玉花园的颜色种类少一点，这样就有个比较了。我相信，我的感觉是不会错的，而且基本上是符合房屋身份的。

国子监的色彩可能与孔庙有点接近，所以万卷楼与孔庙的颜色应有点接近，这也是情有可原的。

我第一次召开的关于彩绘的征求意见座谈会并不怎么成功，因为开始的感觉是模糊的，后来才慢慢地清晰了。剑川的、鹤庆的、丽江的许多师傅，还有丽江的名人李世宗、孙致和等都参加了关于木府彩绘方案的座谈会，听完我的方案后，他们都同意这个方案。当时虽然总的原则定了，但具体干的时候并非一帆风顺。

在施工过程中，我们是边试验边干。彩绘试验了几次，都不成功。一段时间内，我专门让办公室给我查有关资料，提供给我。还经常咨询搞美术的专家。几个人在一起找感觉，反复试画。

颜料方面我也征求了专家的意见，以石青、石绿为主，由白线条、金线条走线，点红。我们就这样通过半年的摸索实践，从法海寺中悟出了一些油漆彩绘的基本做法。

方案已定下来了，可甩手大干了。这时，木家院彩绘还在试验中，我们把感觉也说给施工队，要这样漆窗，门心的颜色与外框的颜色要协调，但门、窗心与外框的颜色深浅程度又不能一样。如果一样的话，那就不是彩绘，而是涂油漆了，所以要有区别。但区别太大了，对比太强烈了，又会变成白族的彩绘风格。比如外面的漆红得很，中间的漆是黄的，看上去就像是镶嵌的，感觉会很不舒服，要尽量克服这种情况。木家院的油漆我们要的是板栗色，但又不全是板栗色，因为板栗色太黑，我们希望要泛红一些，我的印象中，我老家房子的油漆颜色就是我所要的理想颜色，但一时又表述不出来。

我家房子的油漆可谓是歪打正着。有一部分有点黄，有一部分可能是涂错了，有点红，经过一段时间，颜色一变就有点红黑红黑的感觉。当时办公室有个女同志也穿了这种颜色的一双皮鞋，我说就用这种颜色，于是叫工匠大胆地干。但他们刷来刷去，就是刷不出这种颜色，让我很苦恼。可能是因为他们按照习惯，该添红的地方就多添一点，该添黄的地方也多添一点，所以整来整去总是找不出这种感觉。我说你们刷的这些颜色不行，到我家去看吧，要那种颜色。但他们总是调不出来。他们说我家的油漆是变过色的，我说我们要的就是这个变过色的色调，你们上漆涂的时候要上到这种程度。但他们搞来搞去、调来调去，硬是调不出来。后来我就到木家院的两扇窗前去看，这两扇窗已经被他们涂了大量的颜色，人家都说那个不是彩绘了，简直是涂油漆了。当时木家院到处都涂了这个颜色。我气坏了，木器厂也提出意见，说你们这样涂的话，我们就不必用高档的木料，用烂木头敷衍就可以了。

有一天，我把油漆方面的工匠统统集中起来开了个会，会议上就规定了一条，就是理论上大家都要研究，都要探讨，都要提意见，但最后必须是总指挥说了算。然后我从区域的角度、空间的角度、宏观的角度、微观的角度做了综合分析，提出了具体要求。举个例子，前议事厅必须有庄严的感觉，后议事厅必须有严肃的感觉，中间的万卷楼要有一种使人放开的感觉，玉花园可以热闹一点，但热闹而不可太吵，等等。我把一切原则性事项都交代了以后，他们按照程序就开始上马了。结果负责生活区中木家院的一个施工队，来来回回大概返工了九次。那十多天我们都在现场看他们漆油漆，漆过来也不行，漆过去也不行，该比的都比了，该调的调了，该画的画了，就是不行。

这时负责彩绘的丽江县古建队也没有办法了，他们一直从事彩绘工作，但是没有办法，他们说你要求的这种颜色我们的确调不出来。

那天，他们看我气得不行了，就给我搬了一把椅子，泡了一杯茶，让我松弛一下。我休息了一会，也是鬼使神差般的，我忽然站起来说："洗，把装起的 80% 的窗子统统拆下来洗，洗得成就用，洗不成就不用。"然后大家大呼小叫的，开始试洗。这一洗就不得了啦，天晓得，竟然洗出了我们所要的色调！他们洗到一半的时候，我大喊一声："停！这就是我们要的颜色了。"

事后我一想，应该是这个道理：既然是古建筑，它在人们心目中一定已经是历经岁月、饱经沧桑，它的外貌看上去应该是古朴而不是华丽，是陈旧而不是鲜艳。油漆这个东西，你再怎么调试，它总是逃不出新油漆的感觉。无意间我们一擦洗它，就把它的"新"给洗去了，从而显出一种陈旧古朴感来，像树上半熟不熟的板栗色一样。我们洗出了古建筑使用油漆的一种崭新的方法，为高质量地完成木府的大面积的油漆彩绘任务奠定了基础。

你说我干过刷油漆吗？没有。那天，发现了这个油漆法，大家都很高兴。木家院的式样拿出来以后，衙署区、后花园的门窗就可以统一行动了。

假如没有发现这种油漆法，说不定木府建筑就会败在油漆上，或者说油漆效果不理想；或者就是花了大价钱，多次返工。今后，如果有地方搞古建筑恢复重建，谁拿钱来买我们的这个专利都是值得的。

如今，你站在狮子山上俯瞰我们的木府，你会发现整个木府的色调和丽江古城的民居既协调兼容，又别具特色。灰色的琉璃瓦使它显得端庄典雅，彩绘的墙体、屋檐又让它凸显高贵气派。一切都显得那么和谐自然、浑然一体。

第二节　中国园林的第三种模式

其实在我们进行建筑设计时，就把木府的园林布局考虑进去了。我们知道，当朝天子有皇家园林，贵胄世家有私家园林。而过去的木氏土司对中原王朝俯首称臣，关起门来则是“闭门天子”，是所谓的“土皇帝”。因此，历代木氏土司的宅邸园林是介于皇室园林和私家园林之间的一种模式，比皇室园林低档一些，又比普通贵胄世家园林高档一点，此外，它还应该有丽江本土的园艺特色。我们建造木府的园林，就要把握这个特点。

因此，木府园林的分布构思是有规矩的，哪里该种什么，不该种什么，是根据房子的用途来布局的。也许有人要问，从议事厅观礼台上看下去，广场光光的一片，为什么不种树呢？我们原打算要种 18 棵青松，一边种 9 棵，后来没有种。为什么？我们想到，故宫太和殿广场上就没有种树，古制是不允许广场上有太多的树，认为没有树才有庄严感，才衬托出那种空阔威严，有那种“率土之滨，莫非王臣”的气势。另外，作为皇宫，天子驻地，自然要戒备森严，空阔的广场，便于防盗、防刺客。原因就在此。

修建木府的园林我们遵循着这样的一个原则，将其划分为几个区域来构思，仍先从四域划分来做。衙署区的花草树木虽然不能太多，但它的园林设计也是不可缺失的，其特点是把水引到衙署区，用水把衙署区主要的三幢房子围绕起来，以前木府也是这样的，所以是严肃之中又有园林风格。前议事厅前面的那个广场，摆放几盆松柏，一边放 9 盆，一共是 18 盆，这就避免了没有参天大树而引起的单调呆板等问题，既保持办公区域里边的庄严，又避免了在园林方面的零碎、复杂。同时将有变化的水系与广场上的盆景融为一体。

衙署区的两侧，用长廊隔开，长廊的南侧我们设计了一个南花园，我们称作南园。南园的安排是有小桥、流水，靠墙种竹子，用名贵花卉点缀其中。护法殿前面两侧，我们分别栽上两棵山玉兰，我们称作夜合花，这种树的树冠相当大，有点像华盖，也是比较名贵的树种，我们取其“华盖”之意。

在衙署区的北侧，设了一个水池，称为砚池，我们认为还是称为池好。砚与大研镇的“研”字谐音，因为木府是在大研古城。用这样一个砚池点缀在衙署区与家院区之间，以隔开两边的建筑，起到一个湖光山色静心的作用。而一座曲折的石板桥就架在砚池上边，池的两岸是红花绿柳，取桃红柳绿这样的一个意境，真是匠心独具。因此，衙署区里边的格局是，南有南园，北有砚池，要的就是把衙署区搞成私家园林的模式。

而万卷楼周围的园林风格就不同了。万卷楼的四个角，分别种了松、竹、梅、兰，这些与万卷楼配合起来就显得特别雅致，因为毕竟是读书的地方，要突出一个雅致。这在紫禁城，就不允许这样做。松、竹、梅“岁寒三友”可以当作藏书楼、图书馆的点缀，能增添书生气。因为我们考虑到，万卷楼既是藏书阁，又是读书的地方，读书人要有一股文雅之气、孤傲之风，所以万卷楼就要显出这种清高、这种傲气来。郑板桥曾说过，“宁可三日无肉，不可一日无竹”。要的就是读书人的气节，像竹子一样。至于松树、梅花，更为历代读书人所爱，为它们吟诗作赋的华章佳句数不胜数。因此读书人要把松、竹、梅当自己最好的朋友看待，人们也将之视为读书人的气质、性格。我们以围绕在万卷楼四周的松树、梅花、竹子来衬托它，这样一来，就把万卷楼的清高、文雅凸显出来了。

玉花园的所有建筑都是依地势而建，各领风骚，遥相呼应。从园林的角度来讲，其中的名贵花草也是不胜枚举，现在那棵紫薇花可能已有四百年的历史，也是名贵树种。夜合花也有三百年的历史了。名贵树木还有金爪玉兰，原来生长在维西县境内，后移栽到木府。《云南古树名木》中有这棵树的记载。一般玉兰树的花是往上开，但这棵树的花是往底下开，就像一串一串的吊灯。在这棵树的四周我们还设置了一些假山，造成一种仙女观花的景象。这棵玉兰树的特点：一是品种稀贵，第二是

图1－48 玉花园的紫薇树
图片来源：木府提供

树龄长，这些都是有记载的。还有一棵是十里香，它跟一般的十里香不同，可以说是称王称霸的一棵十里香。为什么这样说呢？十里香的树龄一般寿命不长，但这棵十里香少说也有几百年的历史，它只是旁边发出来了两根枝干，它的树根相当粗，原先是生长在原始森林里的，这棵十里香也是从外地移栽过来的，中间还有很多曲折故事呢！十里香本身就是丽江传统的树种，一般种植在古寺庙里比较多，花园里也比较多。玉花园，一朝一晚、一晴一阴，它的景致都各不相同，令人遐想。

木府的古柏也很有特色。特别是三清殿旁边的那一棵和无字碑后的那一棵古柏，那是整个狮子山最大最好的两棵古柏。三清殿旁边那棵古柏的树枝都快垂到地上了，从树形上来看，像一条龙腾飞一样。这是一绝。无字碑后面的那两棵古柏可以说已阅尽丽江古城的春秋，是丽江的活化石，就在我们的玉花园里边，每天都看着古城，它们是丽江古城的见证，木府历史的见证。

玉花园中有一个杜鹃园，园内种有许多杜鹃品种，而且是以本地的品种为主。云南是杜鹃花的王国，你要翻越多少座山、走过多少地方，才能够把云南的杜鹃花品种看完？可能你花一年两年都还看不完。但是你一到这个园里，所有丽江当地的杜鹃花品种你都可以一览无余，何乐

图1-49　倒长的古柏

图片来源：木府提供

而不为呢？

再一个是盆景，木府盆景丽江绝。我们的做法是把丽江所有上点档次的盆景统统都收购到木府里边来。收来了以后，我们觉得还不够，又跑到大理去收购；在大理收购了以后，又跑到腾冲去收购，在这个方面我们是花了一点钱、费了些工夫的。

关于木府园林的内涵我还要说两点。万卷楼和议事厅之间，有两棵夜合花①，玉花园也有一棵，树龄有几百年了。木府，一定要有夜合花，

① 又称山玉兰，常绿乔木，高可达8米，叶椭圆状，长可达20厘米，夏季开花，花大，白色，有香气，野生，但在寺庙及大户人家多有栽种。

因为夜合花从形状来说，像是一把华盖，取“华盖”之意，告诉人们这里是纳西族的王宫。古代皇帝出门，背后有人撑起一把大大的伞，那就是华盖，夜合花树的形状就是帝王的象征、皇权的象征，所以木府种上夜合花，就是要衬托出皇族气派，显示出土司的地位。夜合花的树冠，是丽江的一个特色，

再一个就是木府要有银杏树①。护法殿前种了一颗银杏树。银杏这种树很古老，是树中贵族，历史悠久，而且生命力强。我们纳西族也是历史悠久，生命力强，所以银杏树也是我们的象征。此外，我们还种了一棵有百年树龄的桂花，取“庭前开桂花”之意。

此外，木府围墙下遍种竹子。木府的竹子，取的都是苏州园林特有的景致及其寓意。

总的来说，衙署区没有高大茂盛的树木，但南有南园，北有砚池，砚池边桃红柳绿，特别是在春天，显得格外的春意融融，让游客流连忘返。

木府的水系与众不同，与中原地区不同。为什么这样说呢？在中原汉族聚居地区，水一般是不能从家里流出去的，可以流进，但不能流出。因为“肥水不流外人田”嘛。但是流进不流出是不可能的。丽江纳西族就不一样了，我们没有这种规矩。丽江人顺其自然，水流进，又流出，就是“活水长流”了。这是丽江人的哲学。纳西族是崇尚自然的，一切顺其自然，上善若水，木府的庭院水系就是一个很好的例证。

可以这样说，我们把整个丽江的奇花异草都搬到木府里边来啦，木府的园林成为园林艺术的一门新园艺、一个新标本。我们认为，只有这样的园林才符合当时木氏土司的身份和地位。

园林艺术并不仅仅是种花花草草，花草树木还需要与楼台亭阁、假山水池、九曲长廊等硬件设施完美地搭配起来，才可称得上是真正的园林。比如木府的衙署区两边的长廊，我们称为前长廊，共有72间，代表的是孔子的“七十二贤人”。传说孔子有3000弟子，其中最出名的有72个，历史上称为“七十二贤人”，我们木府的前长廊不多不少，也是72

① 银杏，又称白果树，系孑遗植物，是植物活化石，树龄可达千余年，雌雄异株。

间，这也许是一个巧合，但是它可以联系到儒家文化，联系到孔子的“七十二贤人”。玉花园两边的长廊我们称为后长廊，共有28间，代表着汉武帝点的“云坛二十八将”。这样，一文一武的含义就包含在园林里了。长廊的主要雕刻是挂络（也就是雀替），这个有点接近于苏州园林的味道、苏州园林的模式。木家院里的园艺就更接近生活，民居中常见的四季花卉等，配以梅枝窗、寿字窗、万字窗、四季博古等木府雕花工艺，形成一种古色古香的园林风格。

我们追求树的品种类型多样化，奇花异草争奇斗艳，盆景造型千奇百怪，水系回廊曲径通幽，创造并布置出最好的园林艺术。有一次苏州市园林局副局长HJR，受当时的丽江县委书记HZX的邀请，来木府做指导。他参观完了木府以后，我们在一起座谈，他说：“这样把丽江特有的奇花异草、名木贵树都移栽到木府来，我实地看了后，感觉到从木府的园林建设形式来看，是属于园林建设中的一个新的模式。我现在还没有一个固定、成熟的看法，但是我相信它是介乎于皇家园林和私家园林之间的一种园林建筑形式。你们的丽江古城博物院，可以说是一个园林式的博物院。既像紫禁城的园林模式带有点严肃，又像私家园林的模式带有点活泼，所以很有特点，很有意思。堪称中国园林的第三种模式。”

的确，我们木府的园林既有花木中的贵族，又有平民百姓家的花草，更有山野里的本地野生品种。也就是说，既有皇家园林的华贵气派，又有私家园林的小巧玲珑、幽静清雅，还兼具寺庙园林之幽美脱俗、禅机玄奥的特点。

第三节　“奇”下功夫

木府中的花木种植，以奇花异草为宗旨，丽江哪里有一棵奇树我们就买来。到玉花园主要就看奇花异草。但是又不能很随意地把这一棵栽在这里，那一棵又栽在那里，得有一个总体规划。栽树栽花不能太零乱，也不需要那么严肃，因为它是属于后花园休闲场所，更何况里边本来就已有一些古柏树、夜合花，还有紫薇，桂花。这些需要好好保护起来。以后还要大量培育一批盆花、盆景，也可以购买，再配上好看一点的花墩，有好看一点的都买来。花盆也要上档次，花盆也要达到皇宫的档次。要用多大的花盆？我觉得是越大越好，当然木家院的可以小一点。木府需要大量盆景点缀。但是木府其他区域，特别是衙署区那一部分盆景需要特别一点。干脆分为三种类型来定：一种是最大号的，最大号的主要摆在衙署区；第二种是中等的，就摆放在玉花园和木家院；还有一种是小一点的，沿沟渠摆放。花谢了就换成另外一种花，要有一个循环。

我们打算把丽江最有名的花墩都买来，但是不大造舆论，避免哄抬实价。主要花卉的培育基地，暂时先安排在南侧。南侧围墙与走廊之间，还有玉花园东北角那个位置，在那儿培育花卉。无论怎么说，花园内的每一株树、每一个盆景都要做到极致，要成为丽江景点顶级的，让参观者看了都觉得过瘾。木府的花木就是要达到这样的一个高标准、“奇”要求。

第六章　激励众将

木府恢复重建工程进入白热化的阶段时，旧的问题才解决，新的问题又不断涌现，考验着木府人的信心和决心，也锤炼着木府人的意志和品质。我们一方面要加快木府恢复重建的步伐；另一方面要着手提升木府的管理能力。两手抓，两手都要硬起来。这些问题早在木府工程进行到一半时我就想到了，我一边主持木府恢复重建工程，一边不断思考如何提升木府的管理能力，重点要抓好哪几个问题。记得木府恢复重建工程快要收尾时，我向木府中层管理人员详细阐述了以下的观点，并提出了具体措施。

第一点，中层领导班子决定木府的前途命运。我认为要通过中层领导来执行具体工作。下一步要干的工作，也需要我们在这时候确定下来。因为当时我们的人员增加了几个，以后还会增加更多的人。因此，要有一个能干的领导班子。我希望大家进一步精诚合作，把工作做好。做不好的话，下一步的工作会相当被动。所有正规部门、组织机构的称呼还没有头绪，一段时间内分工不一定会严密，但也要为以后的发展打下基础。中层管理人员之间也要多沟通，多商量，商量和讨论问题要制度化、规范化，分头去执行、安排。我相信，他们几个会干得好，同时也相信各位同事会支持他们的工作。中层管理人员的工作会相当艰苦，我要求他们要有吃苦的思想准备。我提了几个要求，记得其中一个是一个单位最怕的就是当面说一套，背后又做一套，莫名其妙地把同事分派别，这个要杜绝。木府需要更加团结，团结团队最为重要。如果有不团结现象存在，会影响到我们的工作效率和工作情绪。我不管走到哪里，最忌讳的就是这一条，其他的还可以容忍。某个人犯了什么错误，或产生错误者出于一念之差，都可以容忍，唯有在后面嘀嘀咕咕的那个脾气我最不能容忍。我觉得搞工作，最害怕、最忌讳的就是这一点，人人都应该严以律已，宽以待人。木府工作人员中肯定是女的相当多，女同胞比较多的工作环境，我们应该把团结看成是生命线，否则将会影响我们的情绪和斗志，使整个工作遭到不可挽回的损失。纪律有好几条，这是首要的一条。我观察周围的人时，这一条我也看得比较重，还看心胸是宽阔还是狭窄，看品质怎么样，工作能力怎么样，我看领导班子里她们几个是可以与周围的人进行联系、沟通的，在木府工作一两年间，也培养了她们各方面的素质，相信她们会联系好、团结好全体职工，把工作搞好。

第二点，中层领导班子也好，现在的工作人员也好，或是以后进来的工作人员也好，进来了就要跟他们讲好，现在我们还需要奋斗。奋斗的目标是完整地给世人树立一个木府的形象，只要把木府的形象树起来，到时候一张门票卖 80 元也不贵。树立木府的最佳形象是我们为之奋斗的目标，要达到“国标”的高度。这到底是一个什么样的形象？是香格里拉的形象还是故宫的形象，很难准确表述，总之我们要一直找到木府特有的形象为止。在我的脑子里现在这个目标还是模糊的，我相信以后会清晰起来。在树立这个形象的时候，要靠大家的努力。一两个人是无法把木府的形象树立起来的。其实，我们准备恢复重建木府，从开始设计，直到最后破土动工，完成木府的硬件工程，以及初步建立起软件工程的过程，事实上也在树立木府的形象，但它们只是整个木府形象中很小的一部分。关于这个问题，我们用文字的形式、录音的方式记录下来，是怕以后搞忘了。讲话记录只是文章的雏形，以后有的是时间来整理这些文字资料。我们搞研究、拍电视剧，都围绕着木府进行，我们还要与出版社联系出版关于介绍丽江木府的书，这些都是树立木府形象的举措，也是树立木府形象的重要步骤。总之，树立木府形象要从各方面来做，思想上要有这个意识，我在这里只是起个举一反三的作用。人类的优点在于好的品质和思想会代代相传，第一代好的品行和思想会传给下一代，下一代再传给他的下一代，只有一代接一代地不断努力，才能完成远大的目标。我不知道完整地树立起木府形象要用多少时间，这个就不敢说大话了，但这个工作必须做好。

丽江文化总的形象是什么？说不清楚，至少现在还没有说清。我们不能狂妄自大，自欺欺人。一提大理，《五朵金花》就映入眼帘，《五朵金花》背后就站着千千万万个五朵金花，这就是大理的形象嘛。丽江文化的整体形象是什么？概念上还是模糊的。假如全世界的人一见到木府，就说是第二个故宫或者说“北有故宫，南有木府”，能达到这样一个程度，就是木府的形象了。要让全国人民、世界各国人民承认木府及其所承载的文化，认为它就是丽江的一张名片，我们树形象就是要树到这样一种程度。我们讲木府的事情时，就要做到如数家珍，滔滔不绝，一口气把它们讲出来。甚至还要发扬祥林嫂的精神，我的阿毛怎么样怎么样，管别人说她是疯还是不疯。木府还在重建中的时候我就说，你们不要把一切都想得那么好，一旦木府建好开放，可能褒贬各占一半，或者贬的大于褒的，所以说形势还是比较严峻的。

早到木府工作的同志，我的那套思维方式和思想他们是听懂了，理解了。但刚进来的同志就还没有听明白，言外之意能体会得到吗？反正他们主动也好，被动也好，都要求把自己投入到木府当中来，把木府当成自己的家、自己的东西，要爱不释手，而且要善于把这些东西介绍给世人，要真正地投入，思想感情各方面都要投入。如果你不投入，甚至是消极的，老是有一种别扭的感觉，日子就不好打发。你投入一点，于公于私都是有好处的。我提倡这种工作方式，就像平常年轻人所说的那样，干的时候就拼命地干，百分之百投入地干；玩的时候就老子天下第一地玩，既严肃又活泼自由。玩都要玩出水平，比别人都要高出一筹，体现出木府人的玩法就是不一样。事实上人们也可以从这个侧面审视木府。在丽江有很多工作可以干，但要认为木府的工作就是高人一筹，这个意识要有。这样一来，你们才会更投入，兢兢业业地干。这也是对我们双方的要求，一定要做到。以后，类似的工作方法还要不断地讲。总之，我要求木府人，一是不要瞎掺和，不要议是非，要以团结为重，心胸要宽阔一点，只有做到这一点，局面才会好转；二是木府人都要为树立木府形象而不断奋斗；三是要全身心投入工作。

中层领导要有完整的工作程序和工作方法，要有利益共享的意识。但是领导和职员之间的规矩一定要有，如果连这个都没有，工作就无法进行了。制度一旦定下来了，就要按这个制度来执行，不然就无法管理了。我们制定工作的方式方法时，要与国际接轨。要求把来木府工作作为自己的机遇，一定要把握好，要有机遇意识。有了这个机遇意识，工作会更加认真，更加珍惜。木府是一张白纸，毛主席曾说，一张白纸，没有负担，好写最新最美的文字，好画最新最美的图画。以后，我们的管理会相当严格，木府的工作人员分为管理层和服务层，服务人员会相当多。无论是搞管理的还是服务的工作，我想都要实行高薪制，木府工作人员的工资要比其他单位稍稍高一点，但工作也会很辛苦。服务人员要执行轮换制、合同制。对来木府工作的人员，选择一定要严，这些方面都要有人去研究、考虑。

第三点，有些急于要办的事情要按工作程序赶紧去办。现在细的分工还不好分，但具体哪个人放在哪个岗位上，需要具体研究一下。

处理日常事务要改变传统观念，不能是一天处理一件事了。现在需要一天连续处理四五件事情，甚至十来件事情，拼命地跑，要提高工作效率，指挥部人员要一人顶几个用。假如还是按照老的工作方式，今天跑这件事情，不解决，明天接着跑，那就不行了，就适应不了目前木府工作的实际需要了。要几件事情同时跑，随时要处于满负荷的工作状态。要有战略家的风度，增强当仁不让的意识。我说了，以后具体的事由具体负责人去干，如果还想什么都要依赖我，不可能了。我要求管理人员要有商标意识，不然你损失的会是几千万；光是一个商标，难说都值我们建设木府时所投的钱了。以后只卖商标，说不定就可以还贷款了。我认为这也属于树立木府形象的范畴。从一段时间来看，指挥部有的同志工作不够主动，这些同志要尽快适应木府的工作环境。当然，大部分人工作还是踏踏实实的。

我要反复提醒的是，木府人要拧成一股绳，友好相处，尽量展现个人魅力，闲谈莫论他人是非。因为我们是文化人，我们的形象代表着木府的形象，代表着丽江文化的形象。

第七章　圆满收尾

第一节　推进木府恢复重建工程

时间过得相当快，记得那时转眼间木府恢复重建又过了一年。那段时间，指挥部全体同志对施工方的师傅、老板是相当感激的，对各建设单位人员也很感激。有这样几个原因：第一，他们能够比较准确地领会整个木府的设计方案。根据方案，通过大家的手，把木府主体轮廓搞出来了。搞出来了以后，我们又拿出方案作对比，总的一个感觉是，我们做出来的木府轮廓，比设计的那个方案还要漂亮，还要完美。第二，整个木府工程的工价不高，但是大家在做的过程中，从来也没有斤斤计较。这一点我们也是很感激的，施工队对丽江文化建设的贡献是很大的。第三，甲乙双方都能互相理解、互相支持，就像是建自己的房子一样，商量着干，配合默契。那么大的工程，施工队又那么多，而且我们干的是恢复明代建筑的工程，难度相当大，在这种情况下，甲乙双方之间也没有产生多少矛盾，这些都是有目共睹的，大家都铭记在心。总之，我们指挥部十分感激所有参与木府建设的人员。

在整个木府建设过程中，收尾工程十分关键，值得好好总结。收尾工程干得漂亮不漂亮，关系到木府工程建设的速度、质量和形象，是比较重要的。所以那时我要求各个施工队在最后的冲刺阶段里，能够比较快速地、保证质量地打好最后一仗。

世界银行官员在1998年10月要到云南、要到丽江来视察，来丽江的重点就是看木府。省里主管此项工作的副厅长问我，你看看能不能在10月把木府建好？我说，一点问题都没有。因为我心里有数，他听了很高兴，接着还问了一句，真的？我说是真的。10月拿下来一点问题都没有，以前我们说过这个话，现在我也敢表这个态。世界银行的贷款拨付有一个规矩，它是按二期的质量和进度来分期付资金的，你的进度上不去，资金的拨付速度就上不去，那就更影响工程的进展。由于木府能按时、按量、按质地完成工程任务，世行的资金也能按时到位。这对全面完成恢复重建木府的任务起到了关键性的作用。但是木府的工程太浩大了，又新增了许多项目，据我们全面、细致地推算，工程资金除了世行的3360万元之外，还缺口500万元左右资金。面对500万元的资金缺口，事实上我们指挥部是紧锣密鼓地进行了策划的，一天都没有松懈过这个方面的工作。为解决资金缺口问题，我们找过省政府的人了，也到省财政厅努力了。

木府一方面是要完成工程，一方面是要讲政治。那时，全县地震后的恢复重建工作已经全面铺开，哪里都需要钱，县委、县政府的压力也很大。我们木府工程指挥部也积极地从多方面来争取资金，目的是减缓资金缺口带来的压力。既要抓质量，又要保进度，我也觉得自己已精疲力竭，快要鞠躬尽瘁了。即使资金不够，我们也在进行贷款运转，所以我们让施工方不用担心，我们不仅在省里面争取资金，在当地银行也可以考虑争取贷款，昆明的银行照样可以考虑。几次会议下来，施工方对我们给予了支持和信任。

多年以来，世界银行很少碰到比较满意的项目。世行官员认为，在他们大量的对中国的贷款项目中木府项目是其最满意的一个投资项目，让他们高兴得心跳。这些都是参建人员努力的结果，其中有我的一份功劳，有指挥部的一份功劳，也有施工单位的一份功劳。

我向参建人员说，木府还没有开门，效益就出来了，以后不知道还会有什么效益。有人评头论足，说木府这样或者那样了，甚至出现不同的政治见解，有的时候我们在一些观点上还经常和一些人闹别扭，现在他们都已经领略到木府的风采了。参建人员一致的看法是，木府恢复重建以后，它值多少已经难说了，它将要变成无价之宝。

木府恢复重建的前途是光明的，但道路是曲折的。目前，资金到位还是有点困难，但是未来很快将会发生急剧的变化，要求他们甩开膀子大干；如果不大干，哪家拖了后腿，就要影响整个资金的拼盘。这次指挥部要凶一点、严一点了，要求两个月内的最后一仗要打好，那时我急得都要搬到木府里边来住了。我甚至要求各施工队委派一个代表，住在工地上进行管理、抢速度。收尾阶段的工作都是围绕着保质量、赶进度来展开的。

我反复强调：我们一边抓施工，一边还得搞决算；两头都要抓。关键的一个问题是 10 月 1 日一定要把工程拿出来，至少主体建筑要拿出来。收尾工程重要的一个环节是要用五花石铺地，因为急需，我们还同负责所有铺地工程的 H 老板去鹤庆看了一下，那里的五花石相当漂亮，已经预订下来了。那个地方的五花石不仅漂亮，还透着点油气味。他们有个加工厂，在鹤庆南边。那边的来料问题是已经解决了，只是 10 月 1 日前完工的问题相当重要，有待解决。围绕这个问题，我们讲了很多，都已经说清楚了。干这个事的同时，我们的各位老板，要一边抓进度、保质量，一边做结算工作。在这之前，我们指挥部多次召开了会议，为他们考虑，为他们着想，什么事情我们都已经考虑到了。结算前，我们比较合理地给他们做了几个规定，准备严格按照这几个规定来执行。大家都要一碗水端平；特殊情况，特殊处理。这个也给各施工方交代了，他们准备也按照这个意思来做。

木府恢复重建工程结算工作逐步展开，根据丽江地区农行评审科有关人员参加的“关于工程结算事宜会议”精神，我们向施工队特做具体说明以及宣传，以方便各方进行结算工作：一是严格按施工合同及投标书进行结算；二是工程增减部分以甲方确定的证据为结算依据；三是木材按合同来结算。但每个施工队都存在着同样的问题，即实际用材量比预算用材量超出较多，有的是一倍，有的是一倍以上。超出量较大，我们一直都在调查这个事情，即是否有拉材料到其他工地上去用的行为。另外，木料不是在这里砍，而是散在各地砍，所以存不存在丢失的情况，我们也在进一步地调查。有一点也是比较明显的，就是实际用量比预算用量多，这点是客观存在的。面对这个情况，又比较复杂，工钱还是小事，大量的木材用超了，那才是个大问题，弄不好，在这个问题上会出纰漏。我们初步了解了几个施工队的情况，他们的意见是百分之百地要我们承担多支出的木料。因为所有超出的木料，都非常节约地用到木府的房子里去了。根据合同，用料超出那么多，如不是因为预算的原因，这种工程谁也没有做过。（之后的十多年里，我们仍在调查木材的情况，但仍没有施工队的有关把木府的木料挪作他用和浪费乱用的蛛丝马迹的证据。）

接着说说石材。在第一、第二期工程中，石材按照“就高不就低”的原则，以几次工程招标提供的最高价格为结算价；第一、第二期石材施工方竞标时价格偏低，所以，后面我们要有所调整，包括第二期的石材都是按就高不就低的价格来结算，即150毫米×400毫米×600毫米青石条，108米长的挡墙（挡墙不涉及）；因为那次是单独议标，第一、二期工程的柱础石给了相应的补贴，现在再给予适当的补贴。具体做法：以个数计算损耗量，具体数额以农行测算的350元/个为补助价格。因为我们在试结算过程中，施工队强烈地提到了这个问题。我向银行了解过，银行说这个价格基本上是合理的。整个算出来以后，我们就有个底了。

施工方提出我们所给的30元/米是毛条石的价，不是修过的条石价。我们要搞清楚这点，是不是只说材料价？如果说是二次修的都在内，那么价钱就不够了。如果说是修的和砌到墙上的都只算30元/米，那就远远不够了。如果就这么定死掉拿给银行结算，银行就只会按30元/米这个价来算砌到墙上的石料价格，那么毛条石拉来了以后不要修吗？对这个问题，我说，修的、砌的人工费另外算。

施工方在招投标时，有弄虚作假的嫌疑。为什么说弄虚作假呢？他们投标的时候，千方百计以低价中标，目的是为了得到这个工程，这个是他们的心态。我们的施工队确实非常辛苦地把这个木府建起来了，前期工程建设卓有成效，相当让人激动，振奋人心。但是，说到决算，甲乙双方肯定要面对现实，这样才能把结算搞好。

在木府恢复重建之前，我们也没有什么经验可以借鉴，所以我们就要求负责各单体工程的施工队一定要搞一个模型。当时建模型的钱，我们从来也没有说谁承担。但是，由于我们觉得施工队都干得令人相当满意，我们就想尽量做得皆大欢喜。于是，指挥部做出决定：施工队刚盖了一座木府，要让他们高高兴兴地回去。制作模型的费用，我们每个给予2000元至5000元的补助；大一点的就补5000元，小一点的补2000元。石牌坊模型补助4500元。还需要重点说明的有：结算所需签证由指挥部办公室施工管理员负责核实，都要核实，其他的就不涉及了。石材的事情，按照最高价格进行结算，一期、二期、三期、四期统归为一期，哪一期的最高，就根据招标的原则来给大家结算。本着实事求是的原则，适当调整可以考虑，但是不能离招标书上的数目太远，太远就没有依据，我们补助那是要犯错误的。

除了结算，我们在接近收尾阶段施工过程中碰到的一个问题是悬鱼的改制。所有主体建筑上的悬鱼都要改，改到接近“人”字墙的最低水平，意思是根据主体建筑的体量比例，把悬鱼放长一点。如果悬鱼比例不得体，势必会影响到建筑的总体协调性，气势也出不来。丽江建筑的特点是悬鱼相当长。规矩上是要钉在外边，这个没有可争议的，所以现在统一钉在外边。

绿化也不能离开这个特定的环境。绿化问题经过讨论，也有了一些看法。我也想过了，请几个专家，开几个专家讨论会，专家定下来了就干，但其实我们早已与各位专家接触过了，所以我把关于绿化的看法与大家沟通一下。绿化也分区域进行，署衙区的绿化也要与油漆一样，必须干净利落，不失风度，符合身份；线条要粗一点，不能太零碎了。绿化要体现大气。石牌坊到仪门之间种紫藤，两边都种。廊子背后的南线的绿化区域就种竹子、芭蕉。丽江有一种芭蕉树，只开花不结果，但是比结果的芭蕉树还好看，就是龙泉寺里有的那种。我们要大量地种芭蕉和竹子，中间点缀几棵乔木，衙署区的绿化也就完成了。

随后是玉花园的绿化。玉花园的绿化需要做更进一步的研究，但是有一点可以定下来：玉花园以种奇花异草为宗旨。丽江哪里有一棵奇花、哪里有一棵奇树就买过来，游客去玉花园就是看奇花异木。奇花异木的栽种要有一个总体规划，这一棵栽在哪里，那一棵种在哪里，不能太零乱，但也不要太严肃，因为是属于花园的范畴，更何况这里本来就有几棵树了，如夜合花、紫薇花、桂花，这些都要再加工一下。这样大调子就定下来了。还需要好好考虑的是，玉花园绿化的成功与否，是以你收集到的奇花异木的多少为标准，反正原则是要有名气的才能进入玉花园，乱七八糟的就不能进入。木家院的绿化，要保存几棵古树。第一个院里的紫藤花要重新培植，还是种两棵，老树桩拿不拿掉到时候再说，但是新的要马上种起来，并且要种大一点的。紫藤是否只种一种颜色的？我们在丽江常见的几种紫藤中选了一种，这种紫藤会随着季节的改变而改变颜色。原来紫藤花下的铁架要拆掉，种上棕树，另做一个花架。除了这些之外，还要大量地培育一些盆花，也可以购买，好看一点的花墩可以买来，花盆要上档次。花墩要大一点，我觉得越大越好，当然木家院里的可以小点。

指挥部安排李世宗、和心友、李植元等玉泉诗社的老师们，还有书法家王志泓等人，到木府就恢复重建相关问题，进行广泛征求意见。同时要解决两个问题，一是万卷楼、玉音楼要刻诗在板壁上，具体刻哪几首诗要请他们定一下。二是“木府”两字已由HZQ省长写好了，之后议事厅、万卷楼、光碧楼等也要一路写下去。玉音楼则由DZQ书记写。至于说木牌坊上的“天雨流芳”，大家都记忆犹新，请李群杰老先生来写。这些事情要先行办理，因为那些字还要刻。总之，木府工程的收尾阶段，指挥部全体人员都各负其责，提高工作效率，共同圆满地完成县委、县政府交给的重大任务。

图1－50 文化人题字

图片来源：木府提供

第二节　工程收尾动员令

在木府整个建设过程中，收尾阶段是比较关键的一个时间节点了。我们要求施工方从关乎整个木府最后完美收官的高度来看问题，拿一句通俗的话来讲，就是要涉及木府的涂脂抹粉的事情了。如果我们把木府当作一个女子来看待，收尾工作就是最后要打扮成什么样的事。还有一个是速度，假如再抓紧一点，那么，木府在春节前卖门票的事情可能会成为现实，不然的话，一旦时机落空了，我们被动，施工方也被动。我们试想一下，等到春节，人家要钱的、逼账的都来了，大家节日都无法过。如果木府工程如果能提速的话，至少依靠木府现有的资金，我们可以应付一下。

我向施工方说，施工方只要按时完成工程，我们是决不拖欠工钱的。再次表一下态：决不拖欠！我知道好些工程队都是垫了巨款的，大家都是干工程的，做生意的，巨款垫在里边，流动不起来，自己是很被动的。我不断地承诺和保证，干完工程以后我们决不拖欠工钱，意思就是在最后的阶段，希望他们能够积极地干，把最后一仗打好。我为什么敢保证呢？此前我去了一趟昆明，向有关部门意向性地做了报告，我们的世行贷款还没有拿完。而且木府工程那可是由一个副省长承担，并具体交给财政厅的一个副厅长去办的事情，所以我强调大家的工钱是不会落空的。如果在时间上还是要拖一段，我们也会另外想办法把拖欠的钱付清。假如到时候落实不下来的话，我们就在银行贷款。我们这边的态度已经是够明朗了。

反过来说，有些老板一拿到钱就走了，找不到人，打个电话也难打通；有些单位就发生过这种情况，所以我们那时有顾虑。我觉得看来要用钱来动员他们才行，没有完成工程之前，本来各方面如果都配合得好的话，那个钱预付给他们都可以。但现在往往是有钱的就是哥哥，钱一旦拿给他们了以后，我们没有钱了，就变成小弟了，就会很难指挥他们。在花钱方面，我觉得还是要“刁”一点才行。我向参加工程的人发出动员：

整个工程全面进入收尾阶段后，要保证质量、保证速度、保证时间地把它干好。指挥部对后期收尾工作，准备这样做：一是工期问题，对收尾工作我们提出一个口号，就是大概时间只有一个月，各个公司要抢着干、挤起干，在这一个月内把该做的工作做好，该完成的任务完成好，不要再拖到下一个月了。我们提出一个口号：大干 30 天，搞好木府的收尾工程。在这一个月里，要求做到这样的几件事情：一件是自己的工作，属于自己的工程，尽可能在这个月内完成，然后跟指挥部说一下，说自己在木府里边要干的工程都已经完成了。施工队有的干了半年，有些差不多干了一年，但必须在一个月内把所有工程完成，就是这么一个硬性要求。为了要搞好这个工作，完成这个收尾工程，我们要求老板们做到天天到这个地方上班，早晚有什么事打个招呼回去也可以，平时就在这里干自己的事情，去指挥。木府工地上进行施工管理的人员要来这里守着，以便我们可以及时讨论一下哪一项工作还没有完成，哪一项工作今天完成，经常在一起讲一讲，是有好处的。还有，大家集中在一起，会有一种竞争感，你的工程漂亮，我的工程不漂亮，我就要超过你，心里就会激发出一种动力。我觉得是到了需要形成这样的一种气氛的时刻了。有这个气氛和没有这个气氛的确不一样，有这种气氛，既可以保证速度，保证时间，又可以保证在工程收尾的时候，只需要稍稍打整一下，就能相当完美地做好这些事情。这些东西处理好了以后，整个木府的质量还要上一个档次。举个例子说，风檐板有个地方有点折起来，它的弯曲程度不尽如人意，但如果不调整，它几十年不动就不动，就会一直这样摆着，但及时调整一下就完善了。我们周围经常发生这样的事情。

工程要收尾了，门要开了，丽江地区批给丽江县的文件是要求 1 月 1 号木府开门。从 1 月 1 号开始，一张门票 45 元的文件已经下了，我们多拖一天就拖了多少钱啊！我们可以不急，但是政府部门急，人民急呀！指挥部的工作人员也是如此，要本着这个原则，要本着这个想法去干，不然捡起一颗芝麻就认为是抱着一个西瓜了。干这么大的工程，有些东西斤斤计较干什么呢？再这样斤斤计较下去会影响整个工程的进度和质量，“一粒老鼠屎毁坏一钵汤”，现在就面临发生这种事情的危险。

第二点是舆论问题。要为木府造舆论、做宣传。在木府里面工作的所有人都要有这样的意识，逢人就要讲木府的工程质量如何，干得怎么样，价格又如何，为木府做宣传。我常跟那些干活的师傅谈话、聊天，他们相当淳朴，我觉得很好沟通。我讲了一个历史上的现象：秦始皇相当伟大，修了万里长城，统一了中国，统一了文字，统一了度量衡；他就是这么一个人物，但是他的儿子继位不到几年秦国就亡国了。亡国了以后就没有人为他歌功颂德，结果留在中国历史上的舆论就是秦始皇是个暴君。但他叫人们修的万里长城却是永远屹立在那里了。秦始皇怎么样，以前说他好的人很少，现在人们又重新来研究秦始皇，觉得对他应该有正确的评价才行。你们盖的木府几百年甚至上千年都摆在这里，人们永远都会记得是你们建的木府，所以你们责任重啊！我说，在最后的收尾工程中不能掉以轻心，施工方不能骗指挥部，时间拖不起了，后台老板要督促现场老板，大老板要督促小老板，老板们要有这个观念，你在这里给我拖工程的话，事实上是在拖自己的周转资金，很多东西很明显的。我们还决定实行经济制裁。必须要来这样一手，不然开始轰轰烈烈，后面工程收尾的时候，许多该做的事情就会拖起，我看这个问题不一次性解决的话，那是一年两年都会拖的。当时具体的事项如下：

护法殿的瓦屋面迟迟不动工。我提出，假如有问题，属于返工的范畴要返工；设计也可能有失误，查一下原因，该谁负责就谁负责。施工队早就说要返工了，之前我问哪天动手，他们说再等等，等了这么久还不见动手。出现这些问题，我们的监理也要反省一下，我们也要发挥监督作用。像木家院拿给剑川木器厂施工后，他们把窗子做来了，一块板子镂空了以后就安起，到处都安起镂空的板子。窗子都是小门窗，一看就不舒服，不上档次，乱七八糟，他们安得差不多了，我们才发现不行。不行就要重新修改，反复了多少次。这种反复由剑川木器厂自己负责，我们不花一分钱，叫他们全部返工。像瓦屋面应该怎么搞，铺了几行就应该有个感觉，如果铺几行还没有感觉的话，铺到一半就应该有个感觉，但事实上还是没有感觉，现在整个铺出来了，不行，要大返工。护法殿瓦屋面要返工，从光碧楼的台阶往上一看，瓦屋面丑得要死了，简直是给木府的脸上抹黑。最后的收尾工程很重要，就是这个意思。有些工程做得很慢，事实上是因为他们的原材料不能够及时到位造成的。屋脊不到位，鳌鱼就无法安置。我发觉光碧楼工程就是这种情况，房子起得相当好，各方面也干得相当规矩，从做工来说光碧楼是相当漂亮的，整个造型也漂亮，瓦也没有多少可说的，外围的瓦就堆成歇山，但是我们觉得那样就给人太陡的感觉。可以平一点，要赶紧处理，那个属于指挥部的问题。指挥部的问题就是指挥部的问题，施工方的问题就是施工方的问题，各算各的账，先干起来。

第三点是走廊问题。走廊交给了一个干活不慌不忙的施工队来做，我们的本意是各家都分一点，干了大房子工程的，小工程也做一点，在价格上可以调剂一下，本意是这样，但好心肠往往不被人理解，他们却半点也不为我们考虑，走廊工程时间一再拖延。主要就是碰上干活不慌不忙的两家施工队了，我打算他们再不干我们就收回了。

我知道，比如H老板那方面是因为木料没有及时到位，但他不急，他也不管。他不急，他的意识本身就这样。还有，就算是我们的木料不到位，他有木料，他可以先拿他的木料干起，我们以后会还他，但是他也不考虑。最关键的问题是管理问题，施工现场的管理人员管理意识不到位，整个最后的收尾工程就被影响了。

综合分析后，我有这样的看法，H老板找来的五花石没有什么可说的，值得表扬。那个五花石太漂亮了，从原料上来说，绝了！他也多花了一点钱，解决了大问题，这是我对他这一块的充分肯定。但是存在的问题也是很显然的，这么好的原料寻来了，就像要做好菜，鱼、肉都摆起了，但问题是会不会做菜？不知道他是不会做还是什么原因，反正做出来说不上好，就是不上档次，最后给人的感觉是乱七八糟。就像杀了一头大肥猪，但是做出的肉半生不熟的就丢给我们吃。搞不好他要砸锅，木府的工程因此也可能砸锅了。我告诉他，他的安装质量、工人的素质、管理人员的素质，都是乱七八糟的，砸锅的可能性最大。当然，原料质量没有问题，但是说到安装质量就很有问题。

L师傅那边的爬山廊，木料还没有到位，大部分的材料没有到位。L师傅这边要赶紧干，我那天也跟他们说过了。场地也要平整一下，因为我们马上要考虑那边的绿化问题，土不要一堆一堆地垒起，该填哪点就填在哪点，在整个三清殿范围内，根据他们的设想，把场地大致地平整一下。我说是要把进度搞上去，三清殿的场地，该填的填，把废土清理一下，不要往下运，就在上面处理掉，可以辟成一条小径，不要搞成泥巴路，要有一点艺术感，这个要做好！这是收尾工程，要打扫场地；顺着围墙的那条路基本上形成了，他们只要铲一铲，挖一挖，再填一点土也就可以了。

还有一个问题，还是悬鱼的问题。我看要这样处理：看具体的房子，坡度的最顶点两端有一条直线，从直线那里从上往下量，悬鱼的长度就定为垂到2/3处。现在我们看各家悬鱼的做法不一致，从感觉上好看一点、标准一点的一家都没有。特别是万卷楼的悬鱼，形状很糟糕，非常不满意。所有房子的悬鱼统一交给剑川木器厂去做，由他们安上去。我们的考虑是，可以烘干处理，处理后变形情况就会少一点。悬鱼的宽窄、造型可以给我们一个样式，所有房子的都给我们一个，要按规矩做，而且要按丽江的规矩做。前议事厅的悬鱼无论如何还是要改一下，因为它们的长度不够。改了以后，所有的房子就具有丽江特色了。外地的悬鱼短，丽江的长，这就是丽江特色了。悬鱼统一由剑川木器厂来做，热处理也好，冷处理也好，一定要处理好了，防止变形。

第三节　展望木府前程

木府工程收尾时间相当紧，还要处理一些比较棘手的问题，这些事的特点是罗罗唆唆、零零碎碎、千头万绪，比较麻烦。

我们先从理性的角度对木府恢复重建工程做个概述。以前我们一直讲这个问题，就是木府的恢复重建是有历史依据的。当时世界银行要我们拿出证据来，我们经过努力，把所有的证据都拿出来了。这些证据经过文化厅文物处的鉴定，他们认为木府恢复重建是有文物依据的。这个问题解决了以后，后面我们该从哪个角度来理解木府，这个问题就显得相当重要，而这个方面的理论我在指挥部内部讲得还不够多。当然，我在接触这个或那个专家时，人家经常反问我，这些理论还是讲得比较多的，但是坐在指挥部里讲这个问题的时候就比较少了，所以从理论方面来掌握这个问题，大家还没有做好。指挥部的每一个负责人，从理论上更进一步地掌握木府恢复重建的价值，这方面还做得不足。事实上，掌握了这个理论和没有掌握这个理论来建木府，是不一样的，主动性不一样，热爱程度不一样，做起事来的劲头就不一样。因此，我们要从这个角度好好地认识一下，回忆一下。

现在木府的地位越来越高，高到惊人的地步。从它的定位来看，我们对木府已经有统一的认识。弄清了它的地位是怎样的，在丽江文化中的定位是怎样的，从中国文化角度来定位又是怎么样的，从建筑学的方面定位又是怎么样的，它的历史定位怎么样。现在有一种很好的说法，说木府是历史文化遗产丽江古城的心脏、灵魂，丽江古城有多高的地位，木府就有多高的地位；丽江古城的知名度有多高，以后木府的知名度就有多高。从历史的角度来研究，如果它是区域的政治中心。假如没有这个政治中心，就没有四方街的经济中心。先有木府后有四方街，这个理论是成立的。因为如果官府衙门都不搬到这儿来，这个地方就不可能热闹起来。木府是中国很少保留下来的土官府衙的再现，从丽江的整体格局情况来看是这样的，木府代表土官势力，是土官统治的政治中心。雍正元年改土归流后，丽江来了流官，流官的政治中心移到了五一街附近。由于修建了土官的政治中心，就有人提出要恢复重建流官的政治中心，假如流官的政治中心也能够恢复重建起来，的确不仅更加丰富了丽江历史文化遗产的内涵；而且进一步丰富和完善了历史上丽江各重要职能部门。恢复重建就是历史再现的一个过程，所以有人现在已经提出这个问题。但是恢复重建流官的政治中心谈何容易，现在武警部队、书院都在那个区域，把这些拆掉，又像木府一样恢复重建起来是相当艰难的，很难说以后会留下点遗憾。而且，说到流官府，只能大概地指出一个方位来。我们是从这样的一个大角度来看待木府、分析木府的。这是第一点。

第二点，我们根据历史资料设计出来的木府效果图，越来越被人们认可，越来越被人们赞许，大家从中已经认识到纳西族文化在明代晚期是相当辉煌的，这样一来就增加了民族的自豪感、民族的自信心，更进一步增强了民族的凝聚力。当然，也有不顾大局的人，仅仅为了个人一点私利，阻碍了木府重建整体推进的工作。

第三点，从整个木府的工程情况来看，人们几乎异口同声地说质量响当当、一流的。按照外地人的看法，到过故宫的人的看法，或者是北京人的看法，它有紫禁城的格局、架势，虽然没有紫禁城大，但架势相当宏伟，整体格局当然无法与故宫媲美，但是小巧精致，的确各有千秋，能做到这种程度的确不容易。当然木府的格局是比不上故宫的，不然别人又会误解我说的话，木府的格局远远不如紫禁城，因为假如接近或者超过紫禁城了，这种做法就是犯规的、错误的，所以我不是指这个意思。我是说木府从格式上看有些仿紫禁城，这个是事实，这句话可以说，外地人就是这样讲的。他们还认为，有些方面可谓各有千秋，他们说紫禁城的木工技术没有木府的细腻，或者说没有木府的好。木府与权威比较都能达到这个程度，的确是我们的光荣。好些北京来的人都跟我讲过这个话，所以说事实摆在这儿。这个是从理论方面更进一步地认识木府。

第四点，木府建成以后，一张门票定为45元（后来收35元一张），我觉得贵了一点，但是看来县委、县政府的领导不会让步，照他们的话讲，在这个问题上我就变成了游客。我一直都处在风口浪尖上，在这个问题上他们还对我很不满意，可能是我准备卖价格低一点的门票的原因，这个门票问题谁是谁非有待日后证明，但是从一张门票卖45元这个角度来看，我们还可以从另一个方面认识木府。目前丽江县财政十分困难，但是展望未来，丽江的财政会相当乐观。许多经济学家认为，根据游客流量的分析，木府一年收入1000万元是没有问题的。有一次丽江县委四套班子在学习邓小平理论，我被邀请参加了会议，在他们的报告里面，木府恢复重建工程是作为一个专题来讲的。我们认识一个事物，不能光从一个方面认识，还可以从几个侧面来认识它。在这个问题上我是保守的，我的理解是20元钱一张门票也可以，但是那边已经炒得很热，他们也有他们的理论：来到丽江不进木府划不来，几千块的飞机票都买了，45元的门票还拿不出手？木府面对的是全世界的游客，他们不远万里来到这个地方，进了古城不进木府，从他们的角度来看是划不来的，领导们是从这个角度来分析问题的。至于说本地人该怎么办的问题，即使以后每张门票定成50元，我也会变通，不收本地人那么多钱，就是这样。在这个问题上，可能是到了这个年纪，修建木府的时候不保守，但是在门票问题上我又有点保守。我的观点已经表达得很清楚了，不然又说我说大话，我觉得收20元钱的门票把握还大一点，还保险一点。年轻有为的领导又持另外一个观点，通过他们的估计我们再来认识木府，就是3000多万和1000万之比啊，木府的经济地位就出来了。财政局认为，木府的前景看好，所以木府的门票要由县政府、县财政直接管理。因为丽江贷了许多款，要还贷，其他几个工程还款有点渺茫，而木府，他们认为马上就可以还完了，并且其他工程的款也可以通过木府来还。现在的木府是既有经济地位又有政治地位了。

第五点，木府恢复重建工程锻炼了一批人。木府指挥部里年轻人多，成立指挥部的时候，随便挑一个人他都会来，但是历史就挑了他们。他们在这里干起来以后不是说要怎么样，得到什么，只要记住，有幸能够参加这样的一个工程是很有意义的一件事情，能这样理解就行了。没必要更多地想入非非。只要明白通过干这个工程，锻炼了他，使他懂得了不少东西就可以了。人生一世难得有这样一个机会，整个丽江几百年才有这样一个机会，就整个中国来看也是这样，短时间内就修建出这样的一大群建筑物，以后很难再有这样的机会。紫禁城、故宫盖了几十年或者几个朝代，而我们能在短暂的时间内就修出木府，不容易，他们能有这样的一个机会应该心满意足了。虽然他们没有挣到多少钱，也没有获得一官半职，但是有机会在这么高层次的指挥部里观看这么一场表演，我认为应该心满意足了。不要总认为你指挥也行，他指挥也行，这种不落地的狂想是错误的，在丽江这个地方，能够指挥这个工程的没有几个，信也好，不信也好，佩服也好，不佩服也好，就是这么一回事。

人的认识要有这样一个过程，有些工作我们还是做得相当稳妥的，比如我没有说到，周围的人就主动地想到一些事情，就先做了。修木府过程中的一幕一幕是相当精彩的，但是过了就完了，后面我才想起没有做记录，周围的人也从来没有建议过，这些文字方面的问题，大家后期倒是想到了，也做成功了，前期却没做，没能留下，这是因为大家对这方面的意识不到位。下一步把当时的记录都翻出来，整理了以后搞成文字，重复的地方先暂时重复，最后再清理，不然漏掉以后就找不着了。木府修建过程中的点点滴滴，都是可以锻炼人、教育人、提高人的，都是人家最需要的一些东西。

从某种意义上讲，在修木府的过程中，我们培养了一些人才，但是当时选择人的时候，起点不怎么高，这也是没有办法的。因为我不独霸天下来干木府的话，发表意见的人多了怎么干得下来？这是够呛的。现在回想起来，我认为是这样，虽然少惹了一些人，少闹了一些派别，但是在这点上，也还是有一种隐隐的痛感。从目前表现出来的情况看，培养人这个方面还做得不足。事实上我是这样认为的，只要有善意的建议我是会听的，我想这些事情在以后的日子里大家应该更自觉地来领会。我们在干工作的过程中，自身也会逐步地发展和成长，这以后会对大家更有帮助，更有好处。

我们干工作追求的是这么一点，安排了一个任务以后，要求你从各个角度理解这个任务，不能人云亦云，理解了以后就要去干。在干的过程中你会遇到各种情况，有时候鲜花遍地，赞扬声一片；有时候没有人管，没有人问，还会被嘲笑。而事情的结果，有些相当平常，有些则会惹出更多的麻烦。我们所追求的是无论在何种情况下，都要一以贯之，坚持到底，我欣赏的也是这种人。这种人无论在哪儿都受欢迎。我们干事情就得这样，定下来了就干，有人议论要干，没有人议论仍然要干，遇到困难了克服困难干。当然有时候干得轰轰烈烈，有时候也会偃旗息鼓，但是想干的事就是要狠着心地干，而且必须自始至终。马列主义永远时兴，只是有时候加强这方面的学习时听得多点，有时候听得少点，但是从共产党人的角度来讲，它是永远充满生机的。大家要明白，这些道理都是一样的。

大家都知道，在丽江干一个工程，议论的人很多，人们总是要指指点点，说三道四，稍有一点不满意就到处说。但是据舆论反映，对木府这个工程，不说赞扬，反正负面评论、指责这个工程的人没有，或者说是很少。我听过好几个人这样讲。

在修木府之前，我觉得我是很有魄力的，一是一，二是二，决断做得非常快，干就干了，到后期我觉得自己反而优柔寡断了，有点等、拖的感觉了。晚上我会经常反思，再这样我可能要出问题了，所以错也好，对也好，放开手干。如果错了，我们在具体干的过程之中及时更正。回顾工程开始以来这些方面的战斗，我们从来也没有打过败仗，次次都是打胜仗，希望最后收尾的时候不要出现问题。

最后，我还要说说万卷楼“斗栱”之困局。按理讲，各单位工程中的大屋架建成后，小木作部分应迅速安装上去。但是临近工程收尾阶段小木作只完成了40%，这样一来就影响了整个工程的进度。带着这个问题，我们深入工地，要施工方认真对待这个问题，而且是要他们拿出具体的措施和具体的方案。我们召集木匠师傅和万卷楼工程的施工负责人，向他们表明我们指挥部的一个态度，制作小木作的进度可以大幅度提升，已经通知做斗栱的人要增加到40人。可我到现场一看，人数只增加了几个。假如人数不增加，斗栱一时做不好的话，雨季之前万卷楼工程的瓦屋面就不能完工，也盖不上瓦，这个问题就比较严重，所以我们到现场解决这个问题。

导致出现这一问题的原因是，在制作大木作的同时，就该开始制作斗栱，这样，大木作竖起来了，斗栱也该100%地摆起。然而实际情况不是这样，有半年的时间被耽误了。指挥不当，这是第一。第二是斗栱明明只完成了40%左右的制作任务，但是施工方报给指挥部的是完成了90%，欺骗指挥部嘛！作为指挥部的人员不能深入进去，对这些东西不清楚，也有一定的责任。雨季快要到了，周围房子的斗栱基本上做好了，他们才开始制作后面的60%，这样一来时间就延长下去了。延长下去是要命的，要命在哪点呢？全木结构的房子一被雨淋就完了，所以说春天是施工的好季节，当然师傅也难找，但是不管怎么样，就是开几倍的工资，你也得把师傅请到工地上来抢时间，不然咋个办？总之，到结尾阶段，我们要求不惜成本、抓紧时间完成斗栱的制作。

第四节　接受世行“检阅”

世界银行是整个木府工程的主要投资方，世行对我们关心备至，不断派人来督查，不断打电话来询问。即将完工之时，他们派出主要负责人来木府验收。理德一行到木府验收建设工程时，我代表指挥部做了全面介绍和回答所涉及的问题。在以下对话中，我回答了理德所提出的主要问题。

图 1－51 世行代表验收现场

图片来源：木府提供

问：我想知道你们现在的工作进展如何？工地里有多少工人？

答：我把总的情况介绍一下。整个工地，包括所有建这个工程的工人，是比较难统计的。你不要只看这个工地这里边有多少人，有些在这里，有些在山里头砍木料，有些则在山上撬石头，所以说，整个工程所参与的工人大概有 3600 人。

问：按原来的计划，整个工程必须什么时候完成？比原计划的进度有没有拖后？

答：进度还是有些拖后，原来计划是在 1998 年 11 月、12 月左右要完成，现在看来要拖到 1999 年 1 月、2 月，春节前才能完成。主要原因是 1998 年雨水特别多，也特别大，长江都发洪水了，像这样露天的工地，阴雨绵绵，天天下雨，很难如期完工，这样一来时间就有点拖下来了。冒着雨可以干，但山上的木料要拉下来，泥滑路烂相当危险。尽管我们克服了重重困难，有些材料还是不能及时到位，我们就先借用周围施工队的原料，先盖起来，再采取其他的办法。尽管困难很多，但我们开动脑筋地干，估计 1999 年春节前可以完成。

问：你的工程进展太快的话，质量就可能不是太好了。要赶工期的话，施工质量就会受一定影响。建好的房子，已经刷上漆了，白颜色的漆，是不是在做一些试验？

答：整个木府的用漆，事实上就是彩绘。这里有这么几个问题。一个是，大家都知道，木府恢复的年代定在明代晚期，也就是说徐霞客来丽江的那个年代。木府的彩绘一是要符合明代晚期的彩绘风格。由于没有可以参照的地方，木府的彩绘就不好设计。我们只有参考中国明代晚期留下来的彩绘，而本身明代晚期的彩绘留下来已经相当少了。正是这两个原因，油漆问题一直困扰着我们，困扰了将近半年的时间。现在，不是因为要刷油漆了我们才考虑这个问题，而是考虑了半年多时间。白颜色的部分是彩绘前打底的披灰，是对不平整的地方进行填补，是彩绘的工序之一。

问：那你半年来是不是都在做些试验呢？最老的那个建筑所涂的彩绘颜色还有没有保留？

答：刚才说了，明代晚期的房子彩绘已经很少见了。不要说丽江，就是整个中国都已经很少见。搞这种油漆工作相当艰难，难在可参考的资料少，它要符合明代的特点，明代的彩绘又比较少，所以说，可参考的东西比较少。但也不是说没有可以参考的，有还是有的。比如说，涉及中国古代园林的一些书籍里边，就有介绍这方面的内容。但就丽江而言，少之又少，我们从明代残留下来的彩绘痕迹来研究，派了专门人员去研究，整整研究了半年的时间。同时，我们也请设计院的人给我们设计彩绘的方案，但设计院的人说，彩绘方案无法拿出来。所以说，大多数的油漆彩绘是通过大家的努力，经过超过二三十次的反复试验，才把整个木府的彩绘方案定下来的。我们定下来的彩绘方案，既凸显了明代的特色，又有丽江地方的特色。木府不是盖黄瓦而是盖了灰瓦，如何协调灰瓦与彩绘关系等等方面我们都考虑到了。后来根据试验结果开始作画，看上去感觉还是比较好的。

问：这个试验，是用不同的颜色在不同的地方涂上去的？

答：先后进行了二十多次试验，印象最深刻的有这么一次。我举个例子说明一下，经过多次实验，我们就开始动手涂颜料。彩绘是做了几个月的准备工作后动手的。有了一个计划就一定要动手画，画了以后的感觉怎么样，那又是另外一个问题。方案已经有了，然后按照方案进行画、涂，上油漆。但是，这里出现了这样一个情况，根据方案画，进行几次试验之后，上油漆，但在上油漆的过程中经常失败。这样磨来磨去，我们多少人都急得掉眼泪了，说是房子起得这么好，要败在油漆上了。我的日子不好过，那几天我经常暴跳如雷！

问：失败以后是找新的绘画方法，还是修改方案？

答：几次试验，几次失败，那几天我们的脾气都不好，动不动就暴跳如雷。毕竟是研究了几个月后拿出的方案，但是实际效果都不好。因为有几个月这样的反复试验，积累了一些经验。即使再遇到大的失败，我们心态也慢慢调整好了，接着又进行试验。举个例子吧，有一天，油漆已经刷上，但涂上这样也不行，涂上那样也不行，感觉都相当糟糕。于是大家又集中在一起，又从头研究这个问题，重新操作，重新配颜料，重新上漆。在这个过程中，我们找到了一种最好的感觉，意境相当高。找到最好的这个感觉，也是有点偶然。话又说回来，其实是试验来试验去，突然找到一种感觉，或者说突然成功了。这里边就体现了必然性和偶然性的关系，最后找到相当好的感觉，其实也是必然的。我们木府独创了一种特别的油漆方法，很多专家都没有掌握这种方法，说不定这是古代特有的油漆方式，只是失传罢了！我们试验来试验去，最后找到了这个方法。这个方法里面就有了一套木府油漆的工序，是其他地方没有的。这个工序是怎么样的一个工序呢？那一天，试验失败以后，大家都很奇怪，我就说，雕花雕得这么好，油漆失败就是整体的失败，要统统拿下来砸烂掉，重新去雕刻。没办法了，不能失败在油漆上。虽然没有把雕花砸烂，我们把感觉特别差的拆下来，叫他们把上好的油漆洗掉，看能不能洗掉。结果一洗就洗出文章来了：洗了以后，在底子上我又稍稍调上了一些油漆，再上一道青色油漆，结果“柳暗花明又一村”，我们要找的感觉终于出来了！所以说，这个油漆方法，是先涂后洗再涂。这种方法就是我们木府的独创方法。我还说要申请专利呢！

问：如果你要赶工的话，涂料做得又不是非常好，加上木料质量问题，涂上油漆之后面临很多问题，如一旦油漆要掉的话，你得重新返工，麻烦就大了。你最好还是彻底研究一下，得出一个非常好的办法，宁可慢一点，也不要赶这个工期。你要赶这个工期的话，有可能木材没有干透就上漆，以后的问题就麻烦多了。当时是否意识到这个问题？

答：油漆脱落的问题，主要是看用了真货还是假货。假如他真的用了矿物质颜料，彩碴的情况比较少，一般是不会出现这样的问题的。但要必须保证，用的东西一定是矿石颜料，这是一个。另外一个，干木料是用来雕花的，包括其他木料都通过了干燥处理，它的干湿度是有要求的，不会有问题的。另外，那些大的柱子，从砍倒到运到这里经过了一年的时间，它的干湿度也是没有大问题的。

问：另外，你们在修复的时候，有没有花一些时间，尽量把建筑恢复到非常逼真的那种？除了彩绘，还有没有其他部件也能体现这种风格？哪些恢复重建起来的部件是能够代表明代的？

答：我们觉得，在恢复重建木府这个工程上我们都是相当投入的，从一开始就讲到了，规划图的设计完成就经历了一年多的时间，反复讨论，反复打磨，具体的基础施工则是从 1996 年 6 月 28 日开始的。所以说，我们准备做好这个工程，光是查找资料、研究方案就做了整整一年。然后到 1997 年 6 月 28 日才开始全面动工。而从真正动工到现在，事实上也就一年半的时间，整个工程也可以说做了一年半的时间。我们做这个工作是有把握的。在准备工作期间，我们就走遍了丽江的山山水水，只要有古代建筑存在的地方，我们都去看了，都去研究了。只要跟木府有点关系的地方我们都去找资料，到全国各地走了个遍，把所有的古代建筑，即在中国具有代表性的那些都搜集在自己手头。等到工程全面铺开的时候，我们就觉得轻车熟路了。根据前期资料和研究，我们搞出来一个规划图，实际施工后的效果比规划图还要好，质量是绝对有保证的。

问：你在做这个规划的时候，哪些是恢复原来的，哪些是新加的？

答：整体上都是原来的建筑样式和风格，没有新加的内容。

问：在规划里边，有的是地震以前就没有了，那这里还有其他建筑吗？在这些恢复建筑中把它们包括在内了吧？

答：是的。

问：在这里边，比如说有的地震以前就没有了，但在史料记载中有这座建筑，规划的时候就把它们加进去了。现在这个规划里，类似这样的有多少？

答：石牌坊是这样，它在“文化大革命”的时候被毁掉了。

问：你这里边有没有一些考古研究内容？

答：有，可以这样说，整个木府就是恢复重建在原有基础之上的，考古过程中挖到很完整的根基，我们就是在这个基础上恢复重建的。

问：这些亭台楼阁也是在考古基础上恢复重建的？

答：是的。

问：上次来的时候，也与你讨论过到底利用了多少考古证据，是否充分地使用在恢复重建计划上了。整个木府恢复重建以后，比如议事的部分，将来开放的时候，是不是有人要使用这个作为办公室，还是保持恢复重建原状就完事？比如说，这里边还会不会有人来办公，有没有人再使用；还是修好了以后留着，摆着给公众看原来的样子？说白了，将来修复完了以后，这些建筑物有没有人使用？

答：整个工程恢复重建完了以后，事实上就变成丽江纳西族的一个民风、民俗集合地，成了政治、经济、文化等综合性相当强的一个博物馆。举个例子说，我们在议事厅里放些家具，或者是木府的一些祭器。据史书记载，这里边有非常精致的家具，还有一张虎皮。这些东西再现了以后，不单单是一个办公室的摆设，而应该是大家共同观赏的地方，丽江人也好，外地人也好，都可来参观。要恢复到当时的情形，让人联想到过去，所以说它是博物馆，是以展厅的形式出现，而不是留给个别几个人使用。

问：这里边还有图书馆吧？

答：有，万卷楼。

问：那将来这里边还要藏书吗？

答：这是一座藏书楼，表面看是两层，事实上是三层。最底一层是客厅，中间有个夹层，夹层是专门用来藏书的。以后，原来夹层藏书的地方还是要藏书的，喜欢看书的来了，就可以在这里看书。底下是客厅，客人来了就在这里接待。它的功能跟议事厅一样，既可以观赏，也可以进来参观。

问：另外，原来这里边还有一个档案馆，怎么办？二楼还具有档案馆的功能吗？

答：事实上，这一个夹层分作两边，一边收藏一些古本书籍，另一边就存放重要的档案。

问：万卷楼后面的这个建筑用来干什么？

答：这是护法殿。护法殿又称小议事厅，过去木府土司的家务事就在这里处理。前面的议事厅是处理地方大事的地方，所以说，土司对公对私还是相当分明的。这个护法殿就是木氏家族处理家务事的地方，也包括了家谱修订等。所以说，木氏土司是公私相当分明的，我们要把历代木老爷的画像供在这里。光碧楼是进入后花园的大门。这个是玉音楼，以前皇帝的圣旨到了，木老爷一般就在这里跪接圣旨。这个“玉”字其实是谐音用法，可以理解为“御”字。由这个“玉”引申出来很多东西，比如宫廷音乐可以在这里演奏，还有纳西古乐也要在这里演奏。

问：这个护法殿修完了以后，有什么内容可以展览？

答：事实上，木府就是木土司的府邸。木氏土司先后有 22 代，现在恢复的木府，就是第 17 代土司木增时期的木府，刚才说了护法殿和前议事厅，是议大小事的地方。我们想在这里挂上历代木土司的画像，这是一个。还有一个就是摆上《木氏宦谱》，中国人叫家谱，外国人叫家庭历史档案。还要摆上明代的家具，我们所搜集到的明代家具就在这里展示。要让人有一种仿佛回到明代木老爷家里的感觉。实际上，它是供客人参观的地方，是游客参观的一个去处。

问：那刚才您介绍的玉音楼，修完之后是要演奏音乐吗？

答：就是这个意思。现在没有皇帝了，圣旨也没有留下了。这里以前是接圣旨的地方，现在没有圣旨接了，就可以弹奏些高雅的音乐。

问：那三清殿将来用作什么呢？

答：三清殿，顾名思义，这个房子是道教的，以前又称为道观，三清殿就是道观。这个房子要起在最高处，体现出太上老君的特殊地位来。历代木老爷中有一个叫木增的，最优秀了。这个人就在这里修道，最后变成神仙，飞到雪山上去了。这里要供奉神，也是属于道观之类的，布局也要符合当时道教的规矩。以后，这些地方会有许多穿着明代衣服的工作人员，游客到了这里仿佛又回到了明代，我们要有意识地创造这样一个大环境。三清殿里面就不能穿宫廷的衣服了，就要穿道教的衣服。

这里的宽敞平地，供游客在这里练剑、打太极拳之类的，很有意思。因为它高高在上，一看上去，整个房子修得与天很近，使整个木府增加了不少神秘感觉，这是属于宗教方面的问题。

问：将来修好了以后，你怎么向公众介绍？比如在建筑物前面摆放一个说明告知牌？还是有专门的解说员？或者是进门之后，给游客一些介绍材料？就是说，如何向公众展示木府，介绍木府文化，介绍你这地方以前是个怎么样的地方。

答：事实上，我们对您刚才提的这个问题做过很深的研究。目前，我们对所有的房子和整体布局是有一个严整计划的。明代时期木府的情况、徐霞客到丽江后对木府的感觉，有关资料我们已经掌握得十分清楚。等全部讲完以后，有个总的介绍，也会有局部的介绍；或者刻在石碑上，或者以文字的形式用毛笔字写出来放入镜框内。这种做法虽然到处都有，我们还是要采用这样的形式来做。除这些之外，我们还准备自己培养一些解说员，对他们进行各方面的培训，通过他们介绍，可以加深游客对木府的认识。

问：有没有一些出版物呀？

答：有，估计两三个月以后，会有一部比较全面介绍木府的电视片，还有介绍木府的近5万字的文稿，综合起来就是一本书，另外对整个施工过程我们都有详细的记录。但是，现在是起步阶段、困难时期，以后这些肯定会有的。不久我们还要向世人宣传、推销木府。假如我们宣传力度达到这个程度的话，那来参观木府的游客和学者肯定会多。

问：你现在的这些编辑出版物，谁来编辑，谁来牵头？

答：刚才介绍油漆试验的案例时，我讲了一个小插曲，当时大家都搞不清楚油漆出问题的雕花是要把它砸烂，还是烧掉，我们有我们的处理办法，那个不是工人干的，是我们指挥部自己干的，所以那个专利是属于我们指挥部的。至于说文字资料，也是由我们指挥部自己编辑的，由指挥部与一些作家合作来干这件事，指挥部是由文化局管的，文字工作我们不担心。

问：你这里指挥部由谁负责？

答：可以说是我吧！因为是这样的一个情况，我本身是学文学出身的，中文系毕业，对这些方面还是比较熟悉的，光靠建筑师来搞这问题说不清楚，光靠文学家来说这个问题也说不清楚，几方面结合起来才能把它说清楚，我恰好属于这几个方面的结合者。

问：将来你再出版那些出版物的时候，你应该考虑，这个地方非常有价值，而且这里很多的历史故事你都应该告诉游客。你这里主要吸引国内的游客呢，还是外国的游客？这决定着出版物内容和形式，如果要吸引外国游客的话，就不能单是中文的啦，你得有英文等一些外语的东西，就是说将来你要考虑编写、出版图书，要根据这个地方的发展情况和读者对象来编写。

答：我们一定要用多种语言把这些东西综合地宣传出去。

第五节　矛盾碰撞　工程收尾

木府恢复重建工程到了收尾阶段，工地上到处都是施工的号子声、吵闹声，到处都有一种乱糟糟的感觉。在这个施工工地上，也笼罩着姑且可以说成是一种担忧、忧心忡忡的气氛。老板们经常出现在我们指挥部的办公室里，工地上矛盾重重，其中最主要的矛盾是招投标确认的木材使用量与实际木材使用量相差悬殊，工地上各主要大殿的木材使用量出现了严重超过初步预算的情况，许多老板都担心了，假如按现在的木材使用量继续干下去，那会超过原来核定的使用量，这样干下去，老板们都觉得会吃大亏。因为最初招标投标的时候就定下来一个规矩，所用的木料由指挥部统一采购，然后交给各承包单位，各个施工单体就不用自己去采购了。根据预算，各单体工程需要多少木料，指挥部就配给施工方多少木料，最后再由指挥部按实际用量，从合同价款中扣除木料款。现在，各单位的木料使用量已经大大超出预算了，但是房子还没有建好，仍需要更多的木料补充才能把房子盖好。有些施工单位甚至出现了歇工、停工的局面。所谓的停工、歇工，就是说我已经用完了原来预算的木料用量，但是现在还没有把这个房子盖好，还需要更多的材料补充进去才能做完。可是把更多的材料用进去了，新增材料的费用谁来负责？是老板来负责吗？老板们已经在他的工程预算里面白纸黑字地算好了需要的木料数量。假如是到此为止呢，房子还没有盖好；继续用材料的话，那么指挥部认不认账。这些都是当时矛盾的焦点。

那个时候面临着这样的几个问题：一个是施工队要表态；一个是指挥部要表态，多用的木料是否由指挥部负责。还有，木料也用完了，钱也用完了，房子还没有建好，在这种情况下怎么办呢？要么继续干下去，把更多的木料投进去，完成整个工程；要么不管了，半截子工程就半截子了，反正是钱和木料都用完了。各施工队各自盘算着，再干下去木材实际用量指挥部认不认账？这成为整个工地的矛盾焦点。

指挥部考虑到这样一个严峻的形势，内部进行了多次探讨、研究与分析。分析过程中，指挥部首先调查了木料是不是全部用到自己所施工的工程里面去了；这些木料是否存在偷运到其他地方去了的情况；再一个是在施工过程之中，在加工制作木料的过程中，是否存在施工人员有浪费的现象，从而导致出现那么多木料不足的问题。带着这些问题，施工队夜以继日，从细节调查起，可以说是调查到家了。我们发现，不存在上述的浪费情况，什么偷运的现象也不存在。那么，所用的木料怎么会大大超出原来招标投标时确定的木料数量，这又是一个什么情况呢？带着这个问题我们也进行了分析。分析的结果，大家都认为，古代建筑的房子真的难做，施工的图纸也的确存在着不够详细的地方，要以不充分的施工图纸作为预算的基础，也有不合理、不科学的地方，所以我们觉得这是一个大问题，也是问题出现的源头之一。但是作为指挥部来说，一方面在这个问题上必须慎重，不能随便表态；另一方面的确是要有担当精神的。房子做好了以后，人家会问，为什么结算的时候不以当时投标所定木材的方数作为计算的标准？所以说指挥部要表一个态的确是两难的：表态也不是，表态就意味着以后要承担更多的责任；不表态也不是，不表态工程就可能半途而废，用时髦的话讲就是半截子工程。

面对这样的情况，我们指挥部内部进行了多次沟通，认为暂时不表态，但是等到结算的时候一定要实事求是，合理解决好这一难题。暂时不能表态的另外一个原因是，要是表态了，下一步施工很可能会出现木料浪费局面，或者拉出去另作他用，或者拉到家里，或者在制作木料的时候出现大量浪费，施工方会认为是指挥部负责木料供给，所以浪费一点、马虎一点也无所谓。假如在这种思想指导下干，一斧头下去，大料会变成小料，小料会变成废料，几立方的木料可能就不翼而飞了。不表态的另一个作用是，老板们个个都心有余悸，然后会更加节约，更不会乱来。但是不表态的话，各个施工单位心里面还是存有疑虑，万一以后指挥部不认的话，木料用得太多了，多用的木料让各自的老板自己负责，施工方肯定就亏了。反复权衡利弊后，我们指挥部最后决定暂不表态为好。

我们做了各个细节的分析，认为施工方没有把木料乱拉出去，也没有在制作过程中浪费，即便木材的用量大大超过预算的数量，也不会出现这些问题。究其原因，与前面讲的问题有千丝万缕的联系。一开始做就没有浪费的情况，原因是做预算的时候，就只报了一个大概的数量，不久就发现木料用量与预算的量不符合，有明显超过预算量的情况。因为心存这个感觉，所以他们在实际加工、操作的过程中，并没有发生前面说的这些现象。在这种情况下，我们就采取了一些策略。策略说简单一点就是，施工方来指挥部争吵、来反映，大量超标怎么办呢？我们就分头去做工作，说指挥部是实事求是的，甚至我们表态施工完毕，我们一分钱都不欠你们，这是一个；二是结算的时候有一些特殊的情况，我们会认真面对和对待的。而且跟他们从大的方面说，这个是民族文化工程，木府修建出来了以后，大家走到木府来，多少人来木府参观的时候，人家都会说这个房子是哪个施工队建的，建得这么好。当你站在旁边听到这个话的时候，你就会觉得有光彩、有面子，甚至以后带着自己的妻子儿女、孙子孙女来参观木府的时候，你都会有种自豪感！我们这样启发他们，干木府工程是有一种留功德的味道，鼓励老板们继续好好地干，有些东西我们会实事求是处理的。这样我们给他们吃了一颗定心丸。有些老板就说："我们相信你，相信黄局长。一段时间以来，你们按照施工进度一分不差地拨给我们工程款项，甚至把指挥部一些同志的钱也垫出来，给我们预付了工钱。从相处的一年多的时间来看，觉得你们这群人是值得我们相信的，好嘛，干嘛！"

指挥部及时给各个施工队发放木料，按时按量按质，源源不断地从我们收购木料的现场把木料分给他们，送到各个施工单位去。尽管做了那么多的工作，有些老板还是半信半疑，甚至有些老板们还“耍”起小聪明来，要求每一步都要留下痕迹材料。记得有一次，有个老板说：“我需要一根多长的大方料，但是我这里只剩下一根大柱子了，我想把大柱子改成我急需的方料来使用，可不可以?”我说：“这种情况下没有办法了，可以，我同意。”但是他说：“同意了不行，你要亲自去看，看了以后要现场把柱子的长度和直径量好，以后备案，还要拍照，改成的方柱有多长、多宽都要量好，都画成图案，当作一个痕迹材料，材料上还要签上名字，然后才可以去做。”这个痕迹材料在我们的档案里保存了下来。这些事情一个传一个，两个传三个，传来传去，获得了施工队对指挥部的信任，对我本人的信任。这可说是君子之约，最后得到了各位施工老板的认可，他们就继续干起来了。之后，木工施工还算比较顺利，因为那是将要收尾阶段了。这么一来，工期也赶起来了，我们就这样完成了木府大木作工程。

最后就迎来了施工结算，再难的问题我们都要勇敢面对。在木府指挥部里面，施工结算那几天，现场气氛非常凝重，各个人的心情都很复杂，财务人员已经把所有施工结算的资料存放在那里了，指挥部已经做了全面的准备，钱无论是借还是贷，都已经放在我们的账户上了。施工结算这一环做不好，会带来不可预测的危机。我们听说，外面有些工程结算出问题，施工方拿着斧头把已经竖起来的房子都砍下来了，搞不好，一些房子被砍烂的事情就可能会发生。木府一旦出现这样的情况，影响面就不言而喻了。所以我们和施工方坐在一起，公开来结算，结算涉及方方面面。现场气氛非常凝重，各位施工队负责人心里都有各种各样的想法，各打各的算盘。有的低头抽烟，有的默默不语，有的交头接耳，看指挥部葫芦里要卖什么样的药。那几天施工方表面上看是平静的，但内心世界则应该是汹涌澎湃的。老板们内心深处是担心的，我们对他们是非常同情的，甚至是认同他们的担忧。但我仍然发现了值得高兴的一面，就是大家把那么难做的工程做完了。这是我的光荣，是我的一个荣耀，是可以写到我家家谱里面去的一个工程。

为什么老板们还有那么多担忧？按理讲工程完了，可以拿钱了，施工单位多多少少赚了钱，应该是非常高兴的事情。但是参与木府建设的施工队没有赚多少钱，有人赚得多一点，有人赚得少一点，更多的是没有赚到什么钱，有的只是保本，有的甚至倒贴了一些钱。一些承包单位的老板来说："哎呀！做你们木府的工程赚哪样钱了，不贴就行了，少赔一点就行了。但是我们也高兴，曾经参加过木府这样的工程建设，以后去干其他工程的时候，说不定人家还会相信我们，我们图这一点就算了。"这个是很多施工队负责人的共识，他们看到了木府的未来和影响力。他们真的没有赚到木府的钱，没有赚钱的原因是多方面的，一是第一次干这种工程，大家都没有经验，以为赚了，结果没有赚，完全按照图纸去预算，图纸涉及不到的又非常多，零零碎碎的。起木府这样大的木料房子，少一根椽子，房子就盖不起来；起这种房子，国际上都认为是相当难做的工程，为什么？世界银行官员对我们是非常同情的，对于外国人来说，对起中国式的房子更是稀里糊涂，他们根本想象不出来；哪怕是设计图画好了，我们在具体建设的时候，也需要现场整改，现场修改的占 50%。所以说，负责施工的人员本身就要克服一道又一道的难题，才能够把工程做好。外面的人也承认这个施工管理相当难。当然，管理费我们一分也没有提留，干这么大的工程，全部钱都投资到工程里面去了，我们抽什么管理费嘛。回想起来真的是有一点笨。平时开会开晚了，大家就吃一碗凉面。这个凉面多好吃，稀里呼噜就吃完了。可以说，不知吃了多少碗凉面，才把木府建出来了。讲这些细节也是为了教育后人。

在这种情况下，对许多老板的担忧我们非常同情，也是非常理解的。既然是最后的结算，我首先得出来主持一下，该是表一下态度的时候了，这是一种担当。我觉得是该豁出去的时候了，第一步是把我们已经准备好的材料，与各个施工队的小账本对一对，看看两边的账面符不符合。第二步就是说木料的事了。聊到木料用量大大的超过预算用量的问题时，我就郑重其事地宣布，用超的木料全部由指挥部负责，不让施工队倒贴木料钱！这句话一说，大家都长长地松了一口气，都欢呼雀跃，都说："哎呀！黄老板，你真的是理解我们，实事求是！"这时的场面异常热烈，高悬的心都一一放松了，这是木府工程建设过程中从未见到的一幕，老板们如此激动！其他结算也是按部就班地进行。讲到木料用超这个问题，当时不敢说，但是现在回忆起来，当时老板们担心施工队多用的木料会强加给他们，让他们拿钱来赔，他们担心的是这个。后面虽然我们说是由指挥部负责，不要老板们拿了，他们欢呼雀跃，高呼万岁，但是事实是在他们不浪费、不偷运等情况下，确实需要用那么多木料，在这个意义上说，也不能说是用料超额，只能说是预算失误。

我们详细地分析一下用料过多这个问题，心里对施工队也是有一种愧疚的感觉，先是老板们觉得施工队愧对了指挥部，细分析一下，不能说是施工队愧对了指挥部，而是指挥部愧对了老板们！他们在预算的时候说，这个房子需要500方的木料，他们就预算了500方木料。实际建设过程表明500方木料是不够的，后来施工队自己补齐了，全部木料都用在了房子上，没有浪费也没有偷运的情况。实际上吃亏的是施工队。他们预算是500方木料，然后把500方木料进行加工、制作、装运等，这些繁杂工序的钱都算到500方里面去了。最后工程结束的时候，实际用料达到了800方，超出300方，秘密就出在这里。如果一来说需要800方的话，那800方的木料加工、制作费就会用800方木料的方法来预算。实际是按500方木料的运作计算加工费，超出来的300方的加工费就没有算进去了。当时结算的时候，大家担心的是超出的木料谁来负责的问题，这个问题一解决，大家高呼万岁，但是背后的事情他们来不及想，来不及考虑，那么多的老板谁都没有跟我提过此事。谁也没有提过多使用木料的制作费和加工费，所以整个结算就不了了之，就这样结束了。

坐下来冷静分析的时候，的确在这个方面我们亏待了施工队了，主要是超出部分木料的制作费、加工费等没补算给他们。木府恢复重建过去20年了，也从来没有一个人跟我提出来过类似的问题，我们把它当作是木府恢复重建的一个秘密，收藏于我们的档案里。这些事情为整个工程倒是节约了一大笔钱，但是有愧于施工队！这一点我们也要记得，这些事情现在说出来也是对后人有所交代。

木府工程建到现在为止，可以用这么几句话概括：第一句话是，建木府以前我们有一个规划图，我们就是根据这个规划图搞建设，搞恢复重建。但是从重建之后的效果来看，比规划图还要好看。第二句话是，工程比较节约。按国家银行的标准概算，说是盖完这个木府可能要1个亿元人民币，老百姓传说是用了 3 个亿到 4 个亿元。外地游客到这里，也估计建木府所花的钱不会低于 3 个亿元，而我们现在所花的钱却比那个估计少得多了。

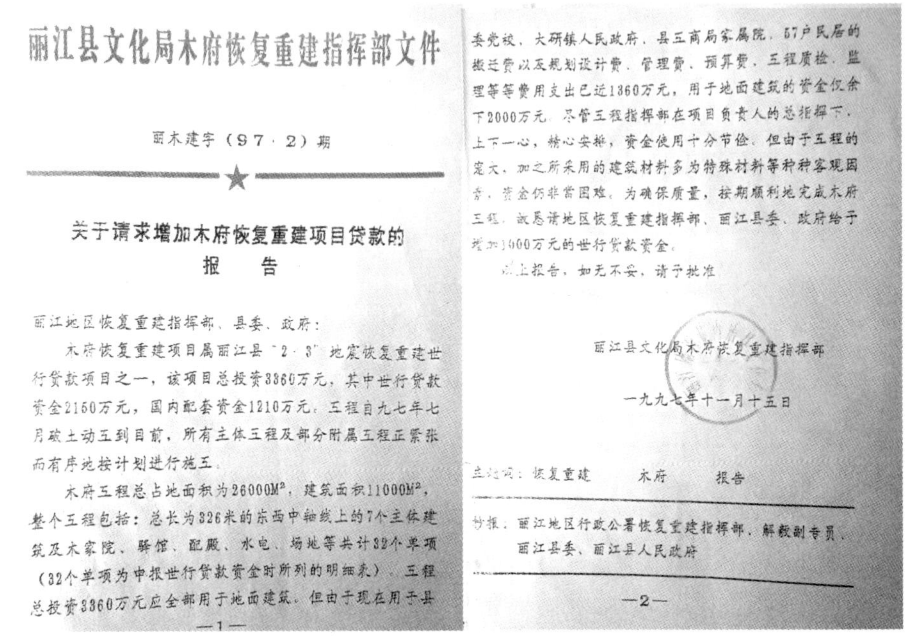

丽江县文化局木府恢复重建指挥部文件

丽木建字（97·2）期

关于请求增加木府恢复重建项目贷款的
报　告

丽江地区恢复重建指挥部、县委、政府：

木府恢复重建项目属丽江县"2·3"地震恢复重建世行贷款项目之一，该项目总投资3360万元，其中世行贷款资金2150万元，国内配套资金1210万元。工程自九七年七月破土动工到目前，所有主体工程及部分附属工程正紧张而有序地按计划进行施工。

木府工程总占地面积为26000M²，建筑面积11000M²，整个工程包括：总长为326米的东西中轴线上的7个主体建筑及木家院、驿馆、配殿、水电、场地等共计32个单项（32个单项为申报世行贷款资金时所列的明细表）。工程总投资3360万元应全部用于地面建筑。但由于现在用于县

—1—

委党校、大研镇人民政府、县工商局家属院、57户民居的搬迁费以及规划设计费、管理费、预算费、工程质检、监理等等费用支出已近1360万元，用于地面建筑的资金仅余下2000万元。尽管工程指挥部在项目负责人的总指挥下，上下一心，精心安排，资金使用十分节俭，但由于工程的宠大，加之所采用的建筑材料多为特殊材料等种种客观因素，资金仍非常困难。为确保质量，按期顺利地完成木府工程，故恳请地区恢复重建指挥部、丽江县委、政府给予增加1000万元的世行贷款资金。

以上报告，如无不妥，请予批准

丽江县文化局木府恢复重建指挥部

一九九七年十一月十五日

主题词：恢复重建　木府　报告

抄报：丽江地区行政公署恢复重建指挥部，解毅副专员、丽江县委、丽江县人民政府

—2—

图 1－52　有关贷款文件

图片来源：木府提供

总之，我们修建木府，规划设计花了一年，施工建设花了两年，历时三年，终于把木府恢复重建出来，并摆放在丽江古城的心脏部位，无遮无拦，任人评说。如何体现新建木府的精气神韵，如何体现其发展壮大的历史脉络，这才是重建木府的关键，而这个关键之点就在木氏土司政权和中央王朝的关系上。可以说，没有元明两代中央王朝对木氏土司的扶持，就没有木府，也就没有绵延几百年的木氏土司政权。我们的目的是想通过木府，再现 400 年前丽江的那段辉煌。我们是否做到了这一点，我想一时还不会有什么结论，但我们可以等待。

从木氏最鼎盛时期的明代讲到 21 世纪，我个人是这样理解的，丽江县委、县政府抓住了大机遇，促进了大发展。从守业的角度来考虑，老祖宗的基业我们如何守好，如何发扬光大，这篇文章做得较好。木府不仅仅是一组建筑群，木府还体现出我们丽江的一种历史、经济、文化、政治内涵。

当时，丽江县委、县政府告诫干部说恢复重建项目是高压电。成也是这一次，败也是这一次，我担当着的风险也是最高的。

当然，这个工程的背后还有一个秘密：这个工程是第一次采用这样的模式，即县委、县政府确定了工程采用封闭式管理模式，谁也不能插手，所以县委副书记、副县长一个都未进入。整个项目从一开始书记、县长就指定我全权负责，没有人插手。他们只是维持了一下局面。但他们越是不插手，我越是小心翼翼，我觉得县委、县政府的这一招真是太英明了！这个工程的成功，事实上就是由这个妙招牵引出来的。

东府通论

第五卷

黄乃镇 / 著

云南大学出版社
YUNNAN UNIVERSITY PRESS

图书在版编目（CIP）数据

木府通论：全5卷 / 黄乃镇著. -- 昆明：云南大学出版社，2019
ISBN 978-7-5482-3597-2

Ⅰ. ①木… Ⅱ. ①黄… Ⅲ. ①纳西族－民族历史－丽江②家族－史料－丽江 Ⅳ. ①K285.7②K820.9

中国版本图书馆CIP数据核字（2019）第001729号

出　品　人：施海涛
特约策划编辑：柴　伟
责 任 编 辑：陈　曦
封 面 题 字：李继文
装 帧 设 计：刘　雨

木府通论

第五卷

黄乃镇 / 著

出版发行：云南大学出版社
印装：昆明理煌印务有限公司
开本：787mm×1092mm　1/16
总印张：57.5
总字数：913千
版次：2019年10月第1版
印次：2019年10月第1次印刷
书号：ISBN 978-7-5482-3597-2
总定价：800.00元（全5卷）

社址：云南省昆明市一二一大街182号（云南大学东陆校区英华园内）
邮编：650091
电话：（0871）65033244　65031071　65031070
网址：http://www.ynup.com
E-mail：market@ynup.com

目　录

《木府风云》篇

建木府说木府论木府宣传木府……拍一部有关木府的电视剧的想法多年来在我心里一直割舍不下。几年下来，这个愿望愈加明晰也愈加迫切。《木府风云》终于出来了，央视八套、一套连续热播；紧接着，在 70 多个国家和地区轮播，取得举世瞩目的成功。然而，在《木府风云》的风光之下，又有几个人能体会到它打磨了 12 年所经历的坎坎坷坷呢？它的构思曾好几次被打入"冷宫"，又绝处逢生，其所经历的过程不亚于剧情本身的跌宕起伏。

本篇主要讲述《木府风云》酝酿、修订、打磨、横空出世及其社会反馈情况。

第一章　《木府风云》雏形

《木府风云》的拍摄，最早源于20世纪80年代丽江文化人的一个梦想，就是拍摄一部类似于《五朵金花》的电影，当时曾派人接触导演及撰写剧本的作家，也曾打算邀请大家来运作这样一部剧作，甚至已经有人写出了《木天王》的剧本。然而，理想和现实终究是有距离的，这事不久就搁浅了。20世纪90年代，于荣光先生等人到丽江拍摄电视剧《钱王》，因把木府作为场景，他们免不了要与我们木府人接触。其间经过一番曲折，于荣光先生等受到启发，产生了创作《木府风云》电视剧的想法，这想法与我多年的愿望不谋而合（具体情况参见本卷《木府风云》篇第三章中于荣光先生、蒋晓荣女士的发言）。后来于荣光先生、蒋晓荣女士、剧作家钟源先生专程来丽江采访我，先后采访了三天，我把木府历史、纳西族历史文化、丽江民俗文化等一一托出，成为他们创作电视连续剧《木府风云》剧本的最重要的资料来源和内容构架。过一段时间，钟源先生就写出了一部《木府风云》的剧本。

图5－1《木府风云》宣传照

图片来源：木府提供

第一节 《木府风云》剧本的构思

一、总体背景

据史书记载，由我国西北部不断南移的羌族部落，其中一支逐步形成了现在的纳西族。

公元7世纪（唐朝初年），纳西族部落在一个叫叶古年的首领率领下，终于来到了云南丽江，在玉龙山下、金沙江河畔定居了下来。

当时，我国西南边陲的云南，是白族、傈僳族、汉族、普米族、彝族、苗族、藏族、回族、壮族和纳西族等众多民族先民聚集的地方。其中，最早创立南诏政权的彝族先民和创立吐蕃政权的藏族先民，是众多民族中较为强大和善于征战的民族。而纳西族居住的丽江，正是处于这两个强大民族的南北夹击之中。

在这种情况下，按照常规考虑，纳西族是很难发展起来的。即使存在，最终也只能被吞并。

但是恰恰相反，弱小的纳西族不但由小到大、由弱到强，并早在1000多年前，就创立了自己的纳西象形文字，以及赖以生存的充满科学智慧和人文思想的“东巴文化”，甚至一度成为这个地区，乃至在“南方丝绸之路”和“茶马古道”上维系繁荣、稳定并持续发展的民族。

这到底是为什么呢？

1000多年以后的1998年9月，新华通讯社向全世界发布了一个令世人关注的消息：在中华人民共和国云南省的丽江地区，发现了清光绪三十四年（1908年）刻的“香各（格）里”石碑！

这证明香格里拉——世人的梦境，世人只能在理想中寻觅的世外桃源，充满着人神共存和人与自然和谐共荣的“香格里拉”，就真的在丽江出现过！

于是，纳西族人民迎来了前所未有的、来自整个地球的“丽江热”！这其中又有什么奥秘呢？

玉龙雪山融化的雪水，哺育了丽江。阳光艳丽，山灵水秀，使纳西人沐浴在万木葱茏、四季如春的大自然之中，衣食不愁。金生丽水、沙泥麸金的金银和货出七井、取之不竭的井盐，又让纳西人有了生存中须臾难离的金、盐两矿。

莫非是因为历史上的纳西人选中了好地方，首先发现了一个世外桃源？

这，确是事实。

优越的地理环境和智慧的纳西人民，孕育和缔造了体现人神共在、天人合一的东巴文化。作为东巴文化载体的东巴经书，本身就是一部百科全书。无论是属于自然科学范畴的天文、水利和造物论，还是属于社会科学领域的哲学、神学、语言、文字、文学和艺术，都足以证明纳西族是一个具有相当高的文明素养的民族。

莫非是因为优秀的民族文化，培养了纳西族团结内聚、开放亲和、诚实守信和英勇善战的民族素质，从而具备了维护和发展自己的能力？

这，也是事实。

但是，历史上原本弱小的民族，却又往往因为属地肥美和物产丰富而倍受到强族的觊觎，纳西族也同样逃脱不了这样的处境。

那么，到底是什么原因，使得纳西族最终保存并发展了自己呢？

那是因为，理智而又清醒的纳西族头人阶层，对民族与国家的关系始终保持着自己的坚定看法。他们认为，尽管先有民族后有国家，但必须把国家利益置于民族利益之上；只有忠于并依靠中央王朝，才能使各民族间免遭倾轧，共存共荣。

带领纳西人落脚丽江的首领叶古年，据传曾做过唐高祖李渊和唐太宗李世民时期的总兵官。

到了1253年，元世祖忽必烈率兵进军云南，再次将纳西族纳入中央王朝，并将纳西部落首领阿宗阿良封为茶罕章管民官，从而使纳西族永远结束了依江附险，酋寨星列、互不统摄的局面，作为一个统一的、整体的民族出现在了历史的舞台上。

到了1382年，明太祖朱元璋派傅友德、蓝玉和沐英率兵征云南、破大理，纳西族的土司阿甲阿得立即率众归顺，尽施敬上仁臣之礼，为此受到了钦赐汉姓为木的待遇，起名：木得。从此，纳西族传统的父子连名制改从汉姓名字。

此后，尽管在土司家族内部发生过争嗣夺继的相互倾轧，但在对待中央王朝的立场上，却一脉相承、始终不渝。历任土司都坚持进贡献银，替中央王朝征战，为中央王朝抚陲。明王朝也对其优渥礼加，格外重视，多次封官赏赐。

纳西族也正是在中央王朝的重视和支持下，维护了本族属地的稳定，“守铁桥以断吐蕃，滇南籍为屏藩”，并持续地发展了自己。到了纳西族第33代木氏传人木增就任期间，纳西族发展达到了鼎盛，不但对临近强族有恃无恐，而且所辖地域占到了云南省总面积的1/6，属地广及川、滇、藏3个区域，号称“乌鸦飞行七日不出其疆”。

二、创作宗旨

当今的世界，虽然表面上结束了冷战，和平与发展成为主题，然而和平趋势下难免有寒流涌动。目前国际关系日趋复杂，潜在的各种危机和矛盾仍十分尖锐，解决争端的传统方式也在发生着变化，致使恐怖主义猖獗，民族分裂主义嚣张，打着所谓为了民族利益的幌子，进行颠覆和干预他国主权及领土完整的祸举时有发生。

面对这样的国际形势，为了确保我国改革开放的顺利进行，不失时机地加速实现富民强国的伟大历史使命，民族团结和社会安定便成了重要的保障问题。

历史证明，纳西族“保己先保国、爱民族先爱国家”的崇高民族品德和境界，不但符合本民族的根本利益，而且也为求得民族与国家的共同进步树立了楷模。

创作《木府风云》，通过生动深刻的画卷再现那段历史，讴歌纳西族的这种精神，显然对于弘扬民族团结和爱国主义、抵制和摈弃民族分裂，具有很高的认识价值和现实意义。

三、选材规划

全剧选材，拟从明代万历二十三年（1595年）至崇祯十五年（1642年），跨度47年。即从纳西族第31代木氏传人木旺奉旨征缅开始，至第

33 代木氏传人木增让位后，隐迹解脱林为止。

截取这段时期，作为本剧的创作背景，有如下可取之由：

（1）这个阶段是纳西族历史上的鼎盛时期，同时也是明王朝走向衰落的时期。选择这个时期，既可表现纳西族经济、军事、文化、宗教和贸易等方面的繁荣进步，又能展示木府在爱国忠君方面忠诚却又不安的复杂心理。

（2）正是因为第 31 代木氏传人木旺征缅阵亡，加剧了木府内部次子木隆与长兄木青争权夺位的斗争，同时使一代明主木增在家族斗争中得到锻炼，并有了清醒的认识。选择这个阶段来表现木府风云，能取得全剧冲突迭起、情节跌宕的强烈的戏剧效果。

（3）突出木府内部木隆的分裂行径，更有利于批判民族分裂主义；同时可以不涉及其他少数民族，避免了歌颂纳西族而贬低他族的做法，能够减少或避免民族矛盾敏感性问题的发生。

（4）这个阶段囊括了第 33 代木氏传人木增的执政时期。这位土司频频做出举措，不但出色地继承、巩固和发展了纳西族的基业，而且把先辈爱国忠君的思想发展到了“凤诏每来红日近，鹤书不到白云闲”的最高境界。这是全剧的主题思想。选择这个阶段来写，更有利于表现全剧的主题思想。

（5）纳西族是个尊重妇女、崇敬母爱的民族。纳西族妇女勤劳智慧、坚韧豁达、朴实贤淑，敢于并善于承担家族重担。选择这个阶段来写，能够同时塑造并刻画罗氏宁（族名阿室宁，木旺的妻子，木增的祖母）、罗氏春（族名阿室加，罗氏的侄女，木青的妻子，木增的母亲）、禄氏蘩（木增的正妻）、阿勒邱（木增的宠妾）、康沙（木增的情人）、利雅（木增和康沙的女儿）等充满个性的人物形象，使全剧更绚丽多彩、扣人心弦。

四、风格确定

该剧以丽江的秀美山川为背景，以纳西族的风土人情为依托，以木府土司家族为中心，通过浓墨重彩的历史画卷，展现木府爱族爱国始终不渝的史诗性艺术故事片。

五、创作原则

在充分体现创作宗旨和大的历史背景的前提下，为了更便于表现主题和人物关系，使之易于拍摄，将以历史真实服从于现实需要、生活真实服从于艺术真实的原则来进行创作。

在歌颂木府爱族爱国的同时，不涉及或贬低其他民族，将当时木府为明王朝戍边征战，具体化为与木隆的民族分裂行径的斗争，避免不必要的民族敏感问题发生。

允许在人物关系、年龄设定和事件发展顺序等方面做适当调整。为了使全剧在表演上令人赏心悦目，有些人物（特别女性角色和主要人物）的年龄，应在合理的条件下予以适当模糊。

不管丽江在历史上曾经使用过哪些名称，为了提升现在的丽江在世界的知名度，拟将木府所在地称为现用名：丽江。

六、人物设计

1. 主要人物

木　增（1587—1646 年）——男，出场年龄 18 岁。在任职土司期间曾受封中宪大夫、云南布政使司左布政、四川布政使司左布政、太仆寺正卿，资治少尹。官居三品。明天启四年（1624 年）38 岁时，主动让位于子。明崇祯十五年（1642 年）隐迹失踪于玉龙山中。苦习汉学，能文善武，爱国忠君，依靠中央王朝，文治武功，镇边抚陲，不但维护了西南边疆的安定，而且创立了纳西族“土地广大，传世最远，富冠诸土郡”的鼎盛时期。

阿勒邱——女，出场年龄 20 岁，木增妾。为人忠孝贤淑，是木府出色的女管家。

高玉龙——男，出场年龄 31 岁。木增寄留京城期间，神宗派出的护将。精通兵法，能征善战，懂火器、知水利。后经木增奏请，带回木府，成为得力助手。

和　立——男，出场年龄29岁，纳西族东巴。既是组织和处理神事和祭祀的巫师，也是木增处理日常政务、包容不同教派、实现文治武功和履行各种礼仪的助手和参谋。

禄氏蘩——女，出场年龄16岁，木增的正室夫人。虽喜文好字，略知汉事，但因娇生惯养，好逸恶劳，不理家事，然为人善良，单纯开朗，与世无争。

阿室加——女，出场年龄31岁，木增的母亲。喜武好胜，通达事理，豪爽直率，聪慧果断。既对丈夫木青的斯文软弱是个补充，又对木增的成长起着重要的影响。

罗氏宁——女，出场年龄48岁，木增的祖母。木府的主妇，阿室加的姑姑。

木　青——男，出场年龄32岁，木府第32代木氏传人。木增的父亲。罗氏宁的长子。精通汉学，善于诗文。生性软弱，明哲自保，终因屈从于弟弟木隆的不忠不孝而引咎自尽。

利　雅——女，出场年龄5岁，木增的私生女儿。

康　沙——女，出场年龄17岁，木增一见钟情的女人。性情豪爽，坦直憨厚，仗义敢为。

阿　迪——男，出场年龄18岁，木增的护从、心腹。

阿　照——女，出场年龄18岁，木府厨娘。

阿　玉——女，出场年龄16岁，木府女佣。

木　隆——男，出场年龄31岁，纳西名阿希。木增的二叔。罗氏宁的次子。木青的二弟。喜武好胜，性情暴虐，野心勃勃，始终想与哥哥争位夺权。终因害父弑母、杀弟欺兄而引起族人的愤恨，于是群起而诛之，逼其自尽。

阿　勇——男，出场年龄25岁，木隆的心腹、随从。

洛　喜——男，出场年龄25岁，和立的徒弟。木隆指定的东巴。

2. 阶段人物

徐霞客（1587—1641年）——男，出场年龄52岁。明朝地理学家，旅行家。名弘祖，字振之，号霞客。江苏江阴人。足迹所至遍及21省区。所著《徐霞客游记》记载了他于万历四十一年（1613年）至崇祯十二年（1639年）间的游历。其对广西、贵州、云南、四川的石灰岩地貌的记述早于欧洲人近300年。并经过考察，肯定了金沙江为长江的源头，纠正了历来以岷江为江源之谬。

高攀龙（1562—1626年）——男，出场年龄36岁。高玉龙的哥哥。明朝官吏。字存之，号景逸。江苏无锡人。万历进士，授行人。因不善阿谀逢迎，被谪为广东揭阳添注典史，遂辞官近30年。曾与顾宪成讲学于东林书院。熹宗时复出，官至左都御史。后因首揭阉党得罪了魏忠贤，投池自尽。

康　虎——男，出场年龄25岁，盐工。盐井领工。康沙的哥哥。

顾　行——男，出场年龄27岁，徐霞客的随从、家仆。

阿　姒——女，出场年龄35岁，接生婆。

3. 临场人物

木　旺——男，出场年龄50岁，木府第31代传人、土司。木增的祖父。在奉旨征缅中，因次子木隆见死不救而阵亡。

木　懿——男，出场年龄5岁，族名阿春，木增的长子。

朱翊钧（1563—1620年）——男，出场年龄34岁，明朝皇帝。10岁即位，因起用张居正，整顿吏制，推行“一条鞭法”，国势日渐中兴。张居正死后，改革再废，政局也复守旧。他蛰居深宫，怠荒朝政，视金银珠玉为命，公然传索帑藏，并派出矿监税使，四处搜刮，致使民变四起，党争滋蔓，民不聊生。庙号神宗。

沐昌祚——男，出场年龄51岁，朝廷命官，云南巡抚。

常　洛——男，出场年龄15岁，神宗的大皇子。

锁南丹增——男，出场年龄39岁，吐蕃来丽江避难的藏传佛教的大宝法王喇嘛。

木　鲜——男，出场年龄30岁，木增的三叔，木青和木隆的三弟。被木隆陷害而死。

纳　忠——男，出场年龄52岁，修建木府的老建筑师。

其他临场人物若干。

七、剧本内容（第一个剧本节选）

从森林茂密的缝隙中，只能看到两个骑在马上的人。

木盛（31岁）和木鲜（30岁）并肩骑在马上，伫立林中。

木盛怀里抱着一只肥硕的兔子，狡黠地扫了一眼弟弟，说："要想让我们纳西人成为真正强大的民族，就得靠我们的胯下马、手中剑！三弟，你先来还是我先来？"

木鲜显得十分敦厚："二哥，听你的！"

木盛："记着。只能追上刺死它，不可动用弓箭！"

木鲜："记住了。"

木盛猛地将手里的兔子扔向前方！木鲜催马追去！

野兔在狂奔！

木鲜催马猛追！

被灌木和草丛掩住的崖边！野兔骤然拐向另一个方向！

木鲜却连人带马伴着凄惨的惊叫——栽下万丈深渊！

林中。听着弟弟惊魂的呼叫，木盛冷冷一笑，拨马走了。

山道。东巴和立（29岁）匆匆迎着木盛跑来："二少爷！二少爷！"

木盛敏感地一惊："什么事！"

和立："老爷要奉命出征了！让您和三少爷速去大营议事！"

木盛："带路！"

和立："您去吧，我再去通知三少……"

木盛凶暴地："我让你带路！"

和立只好转身走在了前边。

艳丽的阳光照耀着巍峨的玉龙雪山。

碧绿如茵的大片草坡，集聚着羊群。

草地上铺着猩红色的毛毡。毛毡上坐着彪悍肃穆的木府知府木旺（50岁）、略显不安的木盛和满脸文静的木青（32岁）。

不远处，站着惴然的东巴和立，忙不时地回头看向坡下。

一匹白马奔驰而来。从马上跳下英俊的木增（18 岁），另有卫士忙接过木增的马缰。

木增大步来到木旺身边，跪地而拜："孙儿拜见祖父！"

木旺喜爱地冲木增点头："木增，起来。坐下，从今天起，爷爷要你参加木府的议事。"

木增："是。"

木盛顿显不满。

木旺："开始吧。"

木青："父亲，三弟还没来。"

木旺："来不及了，不等了。东巴，你过来。"

和立应声走来，跪在了一旁。

木旺："都给我听着！缅番又在挑起战端，进犯我大明王朝。为父奉旨率兵征缅，进军腾越和永昌。我本决定带老三一起去。现在军务紧急，他又不知去向，只好独自前往了。走之前，有几句话说给你们。东巴，你也记下。"

和立："是，老爷。"他从怀里取出纸张和炭笔。

木旺："征战胜负，在所难测。我如有意外，长子木青理当袭位，继承知府。次子木盛虽然也喜兵善武，但性情暴戾恣睢，贪得无厌。只能由三子木鲜担当将军，掌管兵权。"

木青瞪起惊恐的眼睛，直勾勾地看着父亲。

木旺："东巴，你记下了吗？"

和立："都记下了，老爷。"

木盛急了："父亲！我们凭什么总去做送死的？我们每年都要捐军费、送金银，可朝廷给我们什么好处了？"

木旺大怒："放肆！混账东西，你懂得什么叫作忠爱吗？我们纳西族，之所以能在众多强人面前走到今天，就是因为我们历代土司都知道：皮之不存，毛将焉附！"木旺说着嚓楞一声抽出腰间的宝剑，当地戳在了面前的草地上！"木青！"

木青忙从惊恐中醒来："儿在！"

木旺："为父把圣上赐予的这口龙泉宝剑留给你！有了它，尔可镇族报国、服众理家！”

伏在地上哆嗦着的木青：“是，父亲……大人……”

一旁的木盛，早已妒火中烧，眼里冒火。

木府全家在夫人罗氏宁（48岁）、木青和妻子阿室加（31岁）的带领下，送木旺出征。

丽江街上，人群攒动，鼓乐齐鸣，燃香祈祷，欢歌起舞。走在马前的木旺感激地向族人挥手致意。

木盛挤到母亲罗氏宁的身边，连连恳求着：“娘，替我说说吧，就让我跟随父亲去吧！三弟实在是不知去了哪里，让父亲独自出征您也放心不下嘛！”

罗氏宁来到丈夫面前，为儿子木盛说情。木旺却一眼看见了孙子木增！他来到木增面前，仔细端详，终于感慨地说：“爷爷老喽！”

木盛在捅妈妈，罗氏宁：“没阻拦就是应允嘛，还求什么？”

木旺：“都去！木增也该去见见世面！”

木增高兴地跳了起来！

木盛虽然对父亲让木增也去感到意外，但还是阴险地笑了。

清晨。木府。

阿室加正在挥剑习武：

罗氏宁带着家人站在一旁得意地观看。

木府的侍从阿迪（18岁）惊慌跑来，告诉罗氏宁：族民进山采药，在山崖下发现了二少爷木鲜的尸体和摔死的战马！

木府立即沉浸在丧亲的悲恸之中。负责丧事的东巴和立，始终处在忐忑之中，他想起了那天木盛不让他去找三少爷的情景，开始怀疑木府为了争夺权势，正在发生着互相倾轧的事。偏在这时，大获全胜的木家兵却在木盛的率领下，抬着父亲木旺的尸体回来了。木增木然地随在其后。

丧夫失子，使罗氏宁大病临危。

阿室加一边亲自周到地护理着婆母，一边开始思考：这一切到底为什么突然发生了。

夜。阿室加和丈夫木青把儿子木增叫到房中，向儿子询问战事经过。

木增却只是流泪和自责，责怪自己没有保护好爷爷。

一天，她又把东巴和立叫到了房中，以其聪颖的思考和敏锐的观察，迫使和立说出了自己的看法，但苦于没有证据，阿室加与和立也只能处于怀疑之中。

阿室加又找到了随军征战的老兵，详细盘问征战情况。几位老兵开始时不敢吐露真情，经过阿室加的百般恳求和陈述木府的安危对纳西族的重要，老兵们才说出了实情。

原来，在木老爷木旺单身克敌的时候，木盛却临危不救，反而带着侄儿木增去打猎！当木旺被缅番的大象用鼻子卷起，摔成重伤，奄奄一息时，木盛才带领木增利用缅军的盲目欢庆之机，突然袭击敌人，反败为胜。

老兵们边说边痛哭失声。阿室加掌握了木盛以牺牲亲父的生命换取个人荣耀的证据，明白了木盛的狼子野心，十分愤怒！

阿室加再次找到了东巴和立，推断木盛也是杀害亲弟弟的凶手。可是胆小怕事的和立却因为事情的真相大白，反而回避不出了。

婆母正在病中，不能求助；东巴和立本可以站出来明理，却又避而不出：阿室加悲愤之中，只有向儿子木增诉说着满腹的不平。但她怎么也没想到，儿子，却说出了令她大吃一惊的话！木增对妈妈说："凡事都讲名正言顺。我们木府忠君报国，不也是求得名正言顺吗？爷爷死了，爸爸是名正言顺的木府之主，您为什么不让爸爸去料理此事？"阿室加热泪涌出："不是妈妈没想到。妈妈是怕爸爸生性胆小怕事，本来就厌烦理政，再告诉他有这么个狼心狗肺的叔叔，他会让出知府的，好消消停停钻研他的诗文！"

木增也陷入了无奈。

木盛见自己所为，并没有引起木府本家的猜疑，便变本加厉地活动起来。他与心腹阿勇（29 岁）密谋，先逼东巴和立交出木旺出征前让和立记下的遗嘱，跟着就除掉和立这个心腹之患。木盛还让阿勇找来了和立的徒弟洛喜（25 岁），让洛喜监视和立，并答应事成之后，立洛喜为新的东巴。木盛得意地说："只要和立把老爷的遗嘱一交出来，便立即宣布就职！我要让纳西族自成一国，独霸滇西北！到那个时候，我阿希就是纳西国的开国皇帝!”

阿室加对木盛早有警惕，便派出阿迪监视木盛动向:

这天夜里，阿勇果然来逼和立去见木盛。阿室加得知后，带着阿迪潜伏在了木盛所在的酒肆外面。就在和立拒绝交出遗嘱，木盛想拔刀伤害和立的时候，窗外的阿迪突然投石灭灯!一个身轻如燕的蒙面人破窗而入，救出了东巴和立!

在场的洛喜吓坏了，忙跪在木盛面前说:“二少爷，东巴是神的臣民，杀不得的!救走和立的肯定是上苍派来的天兵!我可不敢再逗留了!”说着跑走了。

一旁的阿勇也心惊肉跳起来，忙劝木盛不可硬来，应该见机行事。木盛一时拿不定主意，索性狂饮起来。

被阿室加救进木府的东巴和立，感恩不尽。他不但交出了老爷木旺出征前让他记下的遗嘱，而且愿意挺身而出，主持典礼，帮助木青接任知府。

罗氏宁已经痊愈。阿室加和东巴和立向罗氏宁奉上了木旺的遗嘱。罗氏宁一面让孙儿木增执笔奏明神宗皇帝:木旺为国阵亡，其长子木青世袭接任新一代木府知府;一面准备举行接任大典，庆祝新的木老爷主宰木府。木府里终于又充满了喜庆气氛。

然而，木青在不情愿的情况下，接任第16任木氏土司，并答应了弟弟木盛的要求，让木盛当上了大将军，掌握了军权。

木盛并没有因此而罢休，仍日夜惦记着哥哥的知府大权，梦想着纳西独立建国，由他做皇帝。甚至不许人称他木将军，而是喊他阿希将军，不承认朝廷钦赐的木姓。阿勇乘机献策:只要控制了木府的银库，不让木府给朝廷缴纳军费和供奉税银，朝廷就会变心，进而会利用别的民族制服木府。到那时，您阿希将军也就可以率兵起事，立国成君了。木盛闻之大喜，开始索取木府财务大权。但是，木府的财权一向是掌握在主妇手里的。木盛几次向母亲提出此事，都被罗氏宁顶了回来。因为阿室加为了不让婆母因气伤身，始终没有把木盛灭弟害父的事告诉罗氏宁。罗氏宁也只是认为木盛是贪心而已。但阿室加却因木盛伸手要财权，对他是不是又在策划新的阴谋产生了怀疑。她立即找来了东巴和立，让和立想办法查清此事。和立特意和洛喜一起诵经，并通过诵经唤起他的“立德奉天”。自从与木盛搅在一起，深感终日痛苦不宁的洛喜，终于向师父和立诉说了木盛与阿勇的祸心。

和立把木盛的新阴谋告诉了阿室加，阿室加立即带着儿子木增，找到居住在玉龙山下的木青，与丈夫木青商量对策。软弱的木青却说：“他要就给他。惹急了朝廷，正好让官兵收拾他！”阿室加见丈夫如此糊涂推脱，不禁怨从心起。她向丈夫掰开揉碎地讲了个中的道理。她说：纳西族的爱国忠君决不只是为了讨得什么安宁和封晋，更不完全是为了纳西族的自身存活。我们心向朝廷，一是因为无国哪有族，无族哪有家；二是因为汉学源远流长，博大精深，只有学得这些学问，才能兴族建业，使纳西族自强不败。不料木青听了微微一笑，说：“这还用你告诉我？既然知道这些，你该懂了我为什么不想理政，而专想钻研汉学诗文了吧？”说罢竟吟诵着诗文，哼哼唧唧地走了。阿室加气得不行，不顾儿子在，竟号啕大哭起来。木增掏出手帕为妈妈拭泪，劝道：“妈妈，您别太伤心了。木家不会改变报国之心的！”妈妈听了含泪看着木增，问：“你是在说你自己？”木增：“是的，请妈妈放心。爸爸在教我汉学的同时，也让儿知道了什么叫资治于礼。”她看着儿子，久久地看着儿子。

阿室加领着儿子下山了。

巍峨的玉龙山，清澈的金江水。母子俩融进这秀美山川虽无片语，却在尽享这美好风光……

转眼，木增的生日到了。全家人都在为此做准备。奶奶看着孙子，长得既高又壮实的样子，更是高兴得要好好给孙子过生日。但是，谁也没想到，生日那天，木盛竟让人送来了那么丰盛的大食盒！里边全是木增最爱吃的东西。阿迪十分奇怪，对阿室加说：“夫人，大将军怎么知道小少爷爱吃什么？”阿室加也在想这事。她叫来了女厨阿照，盘问最近都有谁关心过小少爷吃喝的事。阿照回答没有人。恰好在厨房外散步的罗氏宁，听到了里边阿室加与阿照的谈话，不禁恼了：“别一眼就把人看进地里！是他二叔跟我打听过。那么粗的人，都把心细到这地步了，还要他怎样？”阿室加一惊！她没再说话，但大步而出。在院子里叫上看家的大黄狗，走进了儿子的住房。

木增正从食盒里拿出吃食往嘴里放！

走近的阿室加猛地打掉了儿子手里的吃食！并捏着儿子的腮，看他嘴里还有没有！木增告诉妈妈："我还没吃，刚拿起来一块！"

这时，吃了掉在地上的吃食的黄狗，发出一声呻吟，口吐鲜血，死了！

阿室加瘫软地坐在了儿子的床上，搂着木增哭了起来。

阿迪听见哭声闯了进来："夫人，怎么了！"但他一眼看见了地上躺着的死狗，惊呆了："啊？"

阿室加擦去泪水："拿出去埋喽，不许声张！尤其不要让老夫人知道。马上套车，去玉龙山！"阿迪："是，夫人！"

木青也惊呆了。这次，他听了夫人阿室加的话，决定带着儿子去昆明见云南巡抚沐昌祚，求巡抚大人做主，保护儿子的性命。木青没有让妻子和儿子再回木府。他连夜回到木府，取了足够的银两和供奉，并以进藏走访为名，先往西再往南，起程绕道奔往了昆明。

沐昌柞拿到木府的捐款十分高兴。告诉木青：张居正力主革新，正需资政。朝廷定会感怀木府的一片忠心。当木青把儿子木增介绍给他，并说出儿子想进京学习汉学时，他更为木府有如此一表人才的后人而欣慰，当场决定带木增进京面圣。

明神宗朱翊钧在后宫召见了木增，同样为木增的魁梧和成熟而吃惊。神宗喜欢珠宝玉石，看着木增献上的玉雕，更是喜出望外。他让木增在京城多走走多看看，体会一下大明的辉煌和京城的伟魄。木增则借机奏请，想好好学学汉学。神宗越发高兴，命内侍好生款待木增，并给木增安排了专门的护卫、太医和一名老师。

专门从翰林院派来的老翰林陪着木增读书、写字和游览京城。木增对京城的处处都觉得十分新鲜，却把老翰林累得不行，请了假。

木增开始接近整天跟随自己的护卫高玉龙。通过交流武艺，比试功夫，议论兵法，木增发现连个护卫都如此学识渊博，更感京城不凡：他向随行的阿迪说："难怪祖上一直鼓励后人学习汉学，今日才知道其中的道理。"恰巧痊愈的老翰林听到了木增与阿迪的交谈，笑着告诉木增："你以为那高玉龙就是个看家护院的？不，那还是个人物呢！"原来，高玉龙本是江苏无锡人士，后因哥哥高攀龙考中进士，便随兄进京伺候哥哥。他入京的当年，正赶上京师连降暴雨，长安街水深五尺，通州河湾石、土二坝决口，沉没粮船二十一只，损粮数百石。热心的高玉龙借助自己来自水乡的水利知识，挺身而出，分水排洪，治理河道，一干就是一年多！可是当他回到城里时，才知道因为哥哥不会阿谀逢迎，被朝廷贬到广东揭阳去了。他想去追随哥哥，但朝廷不允，就暂时把他安置在了宫内，以待水患来时再用。偏偏这几年京城又连年大旱，弄得他无事可做，便埋头研究兵法，练习刀枪棍棒。听了老翰林的介绍，木增对高玉龙更加敬重。

…………

木府客厅。阿室加在向东巴和立说着什么。和立吃惊地看着她："夫人，您可真神了！那阿勒邱可是百里挑一的，您怎么会知道她的?"阿室加白了他一眼："别看你是东巴，要讲知道女人，你们男的只会看皮儿，我们才能看透瓤子!"和立忙躬身称是："夫人高见。不过，那阿勒邱可是比老爷还大一岁呢!"阿室加："大小我不管，我选的是木府的总管！这件事已经定了。我把你请过府来，是想让你想办法，看看老爷的意思。"和立垂下眼皮，想着。

坡上。阿勒邱（20岁）正同姑娘们在树丛中寻采野果。她们像一群百灵鸟，有说有笑，叽叽喳喳。姑娘甲："阿勒邱！你唱个歌儿给我们听吧!"阿勒邱："不，为什么偏要我唱?"姑娘乙："就要成木府的贵夫人了，你不唱谁唱?"

"对呀！唱，非唱不可!"姑娘们开始围向阿勒邱，捅逗着求她。阿勒邱推脱不掉，开始唱了起来："天上的白云啊，你要飘到哪里？地上的金江啊，你想流向何方？百灵鸟你在哪里筑巢穴？彩蝶儿你在为谁在奔忙？莫非都那么飘忽不定，这叫我怎能不愁肠?"

灌木丛中。和立陪着木增在看、在听。木增脸上显得十分欣然："她家里答应了吗?"和立："嫁给老爷还能不应？做梦也想不到的!"木增："她知道是作二房吗?"和立："夫人做事从不掩着盖着的。她愿意。"

阿勒邱继续唱着："为什么梅花开，总缺绿叶衬？为什么草儿绿，又无花儿香？玉龙出慷慨融得金河水，金水河金满滩呀银满江。敢问八方天神九方客，穷家女何时才不愁断肠?”

木增听了一愣：“姑娘家里，有什么愁事吗?”和立：“有啊，与木府结亲是要做出脸面的。可阿勒邱家里太穷，办不起嫁妆。”木增：“那就不办嘛!”和立：“夫人也是这么说的。可她家知道，您的原配夫人与木府门当户对，如果她家太不像样子，怕阿勒邱过了门被人看不起。”本增急剧地思索着：“你能不能暗地里给她家送些钱去?”和立摇头：“不会收的，这不等于更让人难堪嘛。”木增突然眼睛一亮：“那就抢亲！让她家落个被迫无奈!”和立也顿时惊喜：“这倒是个办法!”但他很快又忧郁起来：“不过，堂堂的木府老爷竟然抢亲，这会不会有失体统?”木增：“顾不得这些了！你在这里等候，我这就回府叫人来抢!”和立一惊：“啊?现在?”木增已经猫着腰，钻过树丛，走了。

阿勒邱和姑娘们采了野果正走在路上。突然阿迪带着几个府兵跑来。他们不容分说，抢了阿勒邱背起便跑！姑娘们吓得连忙呼救。阿迪告诉她们：“是木府来抢亲了，快告诉她家去吧!”姑娘们急忙跑去报信。

阿勒邱家闻讯惊喜异常，但为了有所表示，还是拿着棍棒追了上去。

一场假戏真做、喜剧悲唱，搞得热火朝天。

…………

茶马古道上，走来疲惫不堪的徐霞客（52 岁）和挑着行囊的家仆顾行（27 岁）。

走进丽江古城的徐霞客，顿时被这奇特而深邃的民居民风惊住了。他像发现了金子的觅宝者，忘记了疲惫与辛劳，无休止地在丽江城中观察、巡望。年轻力壮的顾行，却连迈步的力气都没有了，只能一路趔趄地相随在后。

听说徐霞客到了丽江，木增（51 岁）大喜，他破例走出三清殿门，亲自到街上寻找徐霞客。

一个痴心观访，一个四处寻找。木增和徐霞客终于在街上相见了。两人一见，并没有互通姓名，而是通过一对一答地抒发对丽江的感受，一见如故!

但是，木增并没有把徐霞客请进木府。甚至连徐霞客的主动拜访，也遭到了木增的拒绝。

徐霞客并不在意。两人彻夜长谈：从祖国各地的秀丽多姿，到石林的奇特地貌；从丽江的祥和丰美，到徐霞客立志要完成一部游记的志向。可是当木增问徐霞客，有如此才学为什么不报国为官时，徐霞客却沉默良久。然后，徐霞客反问木增：木老爷乃木氏之贤人，为什么在 15 年前，正年富力强的时候，却让位于子了呢？木增也陷入了沉思。

突然，两人同时用豁然大笑打破僵持，相向而言……

徐霞客说："我为保住爱国之心。"

木增答："我为了却报国之志。"

两人又大笑不止起来。

从此，他俩更是朝夕相伴，形影不离。

但是，徐霞客还是趁木增有客去会之机，悄然爬上了狮子山，俯瞰了木府，发出了"宫室之丽，拟于王者"的兴叹。

由于徐霞客的长途劳累和在丽江的兴奋奔波，他病倒了，而且病得很重。

得知徐霞客到丽江的木盛又起了邪念。他让木勇用种种手段收买徐霞客的随从顾行，促使顾行背叛主人，不但悄然离去，还偷走了仅有的盘缠，想以此告诫木增：汉人不可亲，也不可信。

木增知道后，立即来看望并安慰徐霞客，告诉徐霞客：木府就是他的家，会让徐霞客感觉像在家里一样，没有任何困难。徐霞客知道自己已经不久于世，便向木增述说了自己必须回家的请求，他要抓紧有限的时间，完成他的《游记》，而大量的笔记都在家里，所以他必须尽快赶回家乡江阴。

木增当即派出他最信任的阿迪，带领木府的仆人，把徐霞客抬回江阴。他要求阿迪："一副滑竿数千里，这就是纳西人对汉学的崇信！一定要把徐先生尽快、安全地送回家！"

躺在滑竿上的徐霞客流着感激的热泪，离开了木增。也正因为木增的为人和德义，才能使后人得以看到那部《徐霞客游记》……

知道木增如此崇信汉学，木盛急了。他要让木增知道：创建了汉学的汉人也会拿汉学来换银子和金子的！

为此，木盛花钱雇来了围棋高手，想通过与木增比试棋艺要木增的好看。

得知木盛凌辱过康沙的木增，不但接受了挑战，而且向木盛提出：要与木盛直接对弈；如果下不过木盛，情愿让出土司，跳涧自尽！木盛大喜，也发誓：如果输给木增，情愿与所有亲信一同自焚，为木增永消后患。

金江河畔搭起了肃穆的灵棚，不管谁胜，木府都要出此殡：木府上下在阿室加的带领下都穿起了重孝，准备行丧。

断定好了五局三胜。

名贵的云子。大理石棋盘。

木增和木盛席地而坐，开始对弈。所有观看者都屏息噤声，心惊肉跳地看着。

木增输了第一局！

木盛趾高气扬。

木增又输了第二局！

木盛越发盛气凌人。

开始挑灯夜战了。

天已大亮。二人还在苦战。

木增已扳成二平。

最后一局开始了。木盛开始慌了。

木增越下越勇。

木盛已知败定，但仍不死心。

跪在木盛身侧的阿勇突然惊魂不定，恐惧地惊叫着爬起想跑！木盛一把将他按在地上继续下着。

木盛终于抬起了头，看着木增说：你把你的人都带出去。

大火烧着灵棚。

一片鬼哭狼嚎，只有木盛安然不动。

灵棚塌了。大火却更加火爆。

深夜，高玉龙在读着高攀龙的来信。信上说：神宗驾崩，常洛太子夭折，太监专权。

木增呆呆地听着。

深夜，木增在向幼小的儿子传位交印，并叮嘱着：爱族先爱国。

玉龙山下。

很小很小的深山古刹。

供台下跪着木增。听不清他嗫嚅着什么，边说边拜，跟着起身而去。

木增走出院门。

突然，从墙角后面闪出一名衣衫褴褛、年近花甲的老道姑！她痴然地盯着走出院门的木增！

她是康沙！

古刹门前。康沙追出观门，趴在门框上，望着已经向玉龙山走去的木增！

她喃喃地说："那里是玉龙……那是玉龙……那是玉龙……"

乐起。伴出《玉龙之歌》……

（执笔：钟源）

第二节 《木府风云》剧本修改建议书

当钟源先生写出的第一个剧本摆在我们面前时，我们惊讶之中带有一些憧憬。惊讶的是这么快就拿出了剧本，钟源不愧是著名的剧作家；憧憬的是《木府风云》与我们想象的剧情会吻合。我们迫不及待打开剧本，反复阅读，反复思考，觉得这个剧本虽然好，但要拍起来有难度。后来他们又反复修改了几稿，我们仍不满意。但是，我们不是剧作家，不知怎么样提出修改意见。我们讨论了不少时间，思考了很久。最终，我与当时任副院长的陈桂云沟通后，达成基本共识，我们的修改意见终于喷涌而出，由她动笔，我来口述，形成以下这份修改建议书。这份修改建议书奠定了数年后横空出世的《木府风云》剧本的指导思想和内容。

《木府风云》剧本修改建议书

我们看了《木府风云》几稿的大纲，总体觉得线索还不够清晰，主题思想不够鲜明，这样一来，整个剧情的发展就显得不够流畅，也影响了人物形象的塑造。大纲的人物形象有些是塑造得比较好的，比如阿勒邱和木隆，但木增的形象还“站不起来”，不够丰满。由于线条不够明确，主题不够鲜明，安排的一些情节和细节有些显得没有地方特色，没有民族特性。一个民族与一个民族是不同的，应抓住民族的特点来写剧本，才会有这个民族的特色。如果剧本要走向世界，越是民族的才越有世界性。对此我们有如下的看法：

是否可以考虑这样来写故事的背景：剧情发生的地点定位在西南边陲、三江并流的交通、经济、文化都比较闭塞的这样一个区域里，这个区域里有一个木氏家族，这个家族从中国的大西北走来，落脚在丽江这块土地上，历经元明清470年，传位22代。他们有着他们的兴盛，也有着他们的衰败，更有着他们的发展史，总结这个家族的发展史。这个看法是通过实践得到的，通过斗争得到的，是为了生存，特别是这个弱小民族的生存而总结出来的血和泪的经验。已成定论的看法如下：

一、守住一块地盘。这个地盘南从丽江起，北至西藏的芒康，东至四川木里，东北至四川巴塘、理塘，西至维西、怒江一带。远古时，木氏家族的势力还未强大的时候，这块地盘是很少有人过问的，里面有的是各路的酋长、流窜的游民，有些是聚众形成扰民的团伙，而更辽阔的地盘上，沟壑交错、深山密林、人烟稀少。木氏家族落脚丽江，以丽江为根据地，深入四面八方，实行军事扩张，火并弱小落后的部落，打击流窜的团伙，扫清通往吐蕃和四川的经商的道路。同时实施发展工农业的战略，把部分纳西族举家迁往无人居住的地方，进行屯耕，平时为民，战时为兵；实行工业开发，在木里开采金矿、铁矿。值得一提的是，木里的俄亚，木氏土司在那里开采铁矿，人员都是从大研厢，也就是现在的古城的居民移民过去的，至今俄亚乡是四川省唯一的一个纳西族民族乡。在芒康的盐井，木氏土司在澜沧江边开了盐田，那里至今也成了纳西族的民族乡。木氏土司也大力发展畜牧业，丽江当时的马是非常有名的，特别能走山路，很适于山地作战，在丽江、中甸、维西这些地盘里，都流传着木氏家族在这样或那样的地方养过马的说法。

二、文化是多元文化。木氏土司在长期的军事扩张和致力于发展生产，发展繁荣一方的经济、文化、政治的过程之中，深知自己的家族和民族的情况。纳西族是一个弱小的民族，人口不多，比起周边强大的白族、藏族、彝族力量有限，所以土司强调要与周边民族搞好团结的政治策略和政治主张，那么怎么团结呢？从文化入手，他大量吸收吐蕃的文化、白族的文化，使大家能对周边民族的文化有认同感。但是，在接受这些文化的过程中，他坚持强调不能丢弃本土文化。木氏土司特别注重学习汉文化，并把汉文化尊为最正统的文化。我们认为，他在这块地盘上进行军事扩张、发展生产、稳定一方，在做这些事的过程中，汉文化的影响对他起了非常关键的作用。正因为如此，这一块地盘就变成了各族文化在这里砥砺磨合的非常神秘的一块地盘。

三、这块地盘是多教合一的。同样也是为了搞好与周边民族的关系，再加上出于从思想上统治这块地盘的需要，土司实行一条多教并存的宗教政策。最早传入丽江的是道教，然后从吐蕃传入了藏传佛教，后来汉传佛教也传入了。其他宗教，包括伊斯兰教、基督教都能在这块地盘上和平共处。这种宗教政策的主张，我们认为，木氏家族可能是出于统治这块地盘的政治考虑，但这客观上起到了促进民族之间思想交流以及搞好民族关系的作用。比如丽江有道教的道观，藏传佛教的喇嘛寺，还有汉传佛教的和尚庙。历史上许多藏传佛教方面的领袖都曾莅临丽江，受到木氏家族的欢迎，欢迎队伍延绵数里，蔚为壮观。木氏家族曾在丽江印刷大藏经《甘珠尔》，还在藏区，比如中甸、德钦、稻城、乡城捐资建庙，影响很大。在丽江的白沙乡，木氏土司在琉璃殿、大宝积宫里请人绘制了白沙壁画，遥想当年绘制白沙壁画时，有从中原来的落魄画家，还有从吐蕃来的藏族画家，齐聚一堂，是何等热闹、何等辉煌。以上是第一个方面。

第二个方面，与中华民族的关系（事实上也就是与当时中央王朝的关系）。木氏家族历来认为，纳西族是中华民族不可分割的一部分。无论是汉朝、元朝，还是明朝，木氏家族始终都紧跟着中央王朝，始终抱着这样一种想法，无论是哪一代朝廷，都能够承认纳西族，容纳纳西族，这种想法毫不动摇，一代一代地传了下来。在木氏家族的档案柜里，对大中华的认同感和对中央王朝的忠心是有史可考、有据可查的。那么从木氏家族拓荒的那块地盘与大中华的关系来看，是带领纳西族守住了中国的这一块疆域，并繁荣了这一块疆域。而历代的中央王朝也非常清醒地看到了木氏家族的存在意义，所以多次下旨册封木氏为朝廷命官，这样也就实现了木氏家族的愿望。我们认为，纳西族也只有这样，才是这个民族生存的希望。历史上，元明清三代中央王朝都嘉奖木氏家族，分别赐匾为“辑宁边境”“为国干城”“益笃忠贞”。木氏家族也经常上贡金银给朝廷，把他们饲养的丽江马进贡给朝廷，当时丽江的集市多以骡马交易而著称。马是当时重要的运输工具，木氏家族之所以能在西南边陲屡建奇功，也与丽江马有千丝万缕的联系。对于历代王朝的忠心耿耿，体现在至今木府还悬挂着的有关对联上，其中有一句话叫“官拜五朝扶圣主，世居三甸守规恢”。

第三个方面，木氏家族与纳西族之间的关系。主要以纳西族为主的民族就生活在这样的一块地盘上，木氏家族与纳西族之间的关系如何呢？木氏家族是这个民族的组织者，这个民族在生存和发展的过程中，也形成了本民族特有的民族文化，比如有自己的文字——东巴文；有自己的神话故事，说是纳西族的祖先，娶了天上的姑娘为妻；神话里还说，藏族、纳西族、白族是三兄弟，老大是藏族，老二是纳西族，老三是白族；还说老大继承了父业，老三继承了父辈的许多产业，而老二就没有什么可以继承。从这个神话里，我们得到的启示是：纳西族这个民族，从一开始就需要奋斗，需要创业。正因为如此，纳西族所走的生存之路的确是非常艰辛的。所以这个民族的基调就是悲壮的，无论是在纳西族的民歌里，还是在纳西族的故事中，无处不充满着悲壮的格调。这个民族既顽强地保存着本土的文化，同时又非常善于学习各民族的文化。纳西族在这个地方，不仅有农耕，还有畜牧业，还开矿、经商，做马帮、山货、药材的生意。这个民族勇敢坚毅、心胸宽阔，善于吸纳其他民族的东西，变为自己的东西；这个民族还热爱生活，积极向上，追求自由，追求美好的生活。这个民族有理想，而且可以执着地为这个理想去斗争。男女青年之间为了争取婚姻自由，不惜殉情。尤其是披星戴月的纳西族妇女，勤劳勇敢，战时为兵，她们可以与父兄并肩作战。纳西族特别崇拜三多神，无论是外出打仗，还是经商，都喜欢到三多庙烧上三炷香，祈求三多的保佑。这些情况，在纳西族最传统的音乐“白沙细乐”里得到充分的表现。这个民族还有多种祭祀仪式，还有许多节气以及特殊环境里形成的特殊服饰，这些都表现了这个民族的审美观。这个民族与其他民族一样，部族里的英雄是他们崇拜的对象。

前面提到，木氏土司是这个民族的组织者，的确是这样，是他们组织了这个民族，使社会形态发生了变化，从原始的社会形态，变成了繁荣的封建社会形态。在这个社会形态变化过程中，广开疆域，与天斗，与地斗，与人斗。并组织这个民族巩固地盘，发展生产，实现了丽江明末盛世景象。当然，这里面也有着对老百姓的剥削和压迫，土司制度的残酷性在这里也体现出来了。

由以上的情况看，我们认为，《木府风云》剧本只能以木氏土司的发展史，同时又是这个民族的兴衰史、史诗作为总的线索，而主题只能告诉人们，有这么一个地方，有这么一个民族，他们的爱憎是什么，他们的理想是什么，他们的生存之道是什么。拿现在时髦的话说，就是离开了大中华这个民族，就无法生存下去；同时也告诉人们，为实现祖国的领土完整，这些边疆的民族也是立下了一定的功劳的。我们知道，一部三十几集的电视连续剧容纳不了那么多的东西，也无法详细地反映波澜壮阔的纳西族史诗，但是这些史诗的影子是一定要具备的。而《木府风云》的大提纲在这方面不鲜明、不突出，或者换句话说，有些支离破碎，再加上没有更多地采用这个民族特有的文化风俗细节，结果就没有显示出地方特色，使人觉得，这个故事放在哪个民族头上都可以。剧本给人的感觉是空间过小，无法展开情节，使人压抑，似乎只是一场“家族闹剧”。

第四方面，我们觉得大纲的细节不够丰富翔实，也缺乏特色，主要缺少的是纳西族地区人民的生活画面，可能是因为作者不熟悉纳西族的缘故。其实只要稍微注意一下，很多东西是可以信手拈来的。剧本里为什么不可能写住在金沙江边的一家人，或者古城里的几户老百姓呢？你也可以写远在丽江北大门的芒康盐井的盐田女，这些都会给人一种融自然与生活于一体的美的享受。比如婚丧论嫁，丽江有这样的传说：“美女出塔城，俊男出俄亚。”纳西族喜欢放鹰捕猎，这个习俗在当时蔚然成风，当时的这种狩猎活动也提高了战时的战斗能力。前面曾提过，远在木里、俄亚开矿炼金的人多是从大研厢（即今天的古城）过去的，那么就找这么一家人，一部分人留在大研厢，一部分人在俄亚开矿，这样就会给人一种开阔的空间感。也可以写马帮，也可以写养马的人，或者在古城做生意的人。总之，通过这些百姓的生活画面可以反映出当时的社会生活，让人有一种真实感。

我们看了大纲以后，觉得故事的基本梗概显得非常简单，有些东西还牵强附会，基本剧情无非就是木增与木隆在那里斗来斗去。争斗的东西写得过多，当然我们不是说不能这样写，但写得过多，加之空间感觉又小，给人留下的印象简直就是“窝里斗”，这种写法无论给哪一位纳西人看，都不会留下好的印象。

我们也知道，没有矛盾就没有情节，解决了一个矛盾同时没有新的矛盾产生，就很难展开情节，但是这种矛盾完全可以在我们前面所说的这些内容里找到，问题是费不费心地去找。有些民族关系问题，有些中央目前的政策问题，我们在上面所说的内容里面都已经注意到了，关系也理清了。问题是你们如何去做，这是我们无法做到的事情，要靠剧作家来做，不要老找这样那样的借口，不去用心，就出不了好剧本。当然，我们不是说木增与木隆的矛盾斗争不能写，反过来是可以写的，但是原则上是不能违背木氏土司历来效忠中央王朝的这个大原则。木增与木隆之争，也只能是小人在旁边，或者是坏人在旁边怂恿，那些小人和坏人是另有目的，而木隆的目的是想掌权，但他又不是嫡系，所以是因无法得到权位所引起的矛盾。木氏家族里有严格的规定，实行嫡系长子继承制，旁系的三代后改姓“阿”，五代后改姓“和”。木增与木隆之争是宫廷之争，而宫廷之争背后，又有错综复杂、险象环生的社会背景，这背景里有民族与民族间之争，有民族内部之争，有落后与先进之争。正因为如此，剧情需要的矛盾总是可以恰当地找到的。

前面提到丽江文化是多元文化，丽江宗教是多教并存，这些特点不是一蹴而就而形成，也是通过争斗，甚至是血与火的争斗，从中得来的纳西族的生存之道，而剧本为什么对此熟视无睹呢？我们知道，文艺创作源于生活而高于生活，允许艺术虚构与夸张，但是我们同时认为，纳西族是一个“夹缝中求生存”的民族，这句话是源于生活而高于生活的一个艺术的总结，为什么就不能高明地恰当地对此予以表现呢？

有些现成的情节我们觉得不妨可以考虑一下，比如说徐霞客与木增交往的情节。前面屡次提到，木氏土司治理丽江的军事策略、政治策略，这些东西都是统治这块地盘后，从他们的统治实践中得到的，无论是木隆还是木增心里都有一本账，但是去找谁诉说呢？这时候徐霞客来了，木增把徐霞客作为知己，什么话都可以说出来，再插上徐霞客的点评，这就可以把人物内心的心理活动通过徐霞客与木增的交往，在动人的画面中展现出来。通过这样的场景安排，还从一个角度可以让人知道故事背后的木氏兴衰史、纳西族的史诗。徐霞客是时代性非常强的人物，这样一来，故事就融入了极其深刻的时代感。还有，古城是世界文化遗产，对古城贡献最大的人是谁呢？首先是丽江人民，还有外地来的商贾，但是无法否认木氏家族对古城的影响和重要贡献。谁都想写古城，但是古城不好写，如果能把古城与木氏联系起来，点明形成古城过程中木氏所起的作用，构思出一些细节，那无疑也是一个很好的情节，这一点不会没有卖点吧？据纳西族史诗记载，在这块地盘上，发生过“黑白之战”，后来纳西族的一些歌谣和音乐中都有一些叙述和记录，其中上面提到的“白沙细乐”就是最典型的，有人说它是追悼阵亡将士亡灵的歌，凄厉、婉转、悲壮。

当然我们也知道，根据大的线索和主题的指导，也可以虚构更动人的情节和细节，这是剧作家的事。

第五个方面，根据第一部分提到的一些基本概况和由此引出的故事的主要线索和主题，我们可以得来这样的一些人物，从秋阳一世祖开始到木增，亦是第19世（按《木氏宦谱》乙种本——编者注）。其中始祖秋阳是个人物，第12世传人木泰写下“凤诏每来红日近，鹤书不到白云闲”的诗句；后来又出了“木氏六公”，也是非常有名的，木得七率亲兵贡马朝廷，表示木氏家族对朝廷忠贞不贰，因而被赐姓“木”。赐姓木之前，纳西族的姓名实行“父子连名制”，比如木得叫阿甲阿得，其子叫阿得阿初，其孙叫阿初阿土，传到木增，就叫阿宅阿寺。由此看来，是不是在木增的生活里，还可以叫他纳西族的名字？木增还有另外的一个纳西名，叫“阿布洒”，人称“阿布洒与阿勒邱”。木高更是有名，战功赫赫，在金沙江畔与盘踞和骚扰这些地方的武装集团发生过多次的交战，立下战功，保住了一方的平安，自称为木氏家族是统治金沙江畔的唯一主人，称为“长江主人”。

纵观上面列举的几位人物，他们都有文韬武略，丽江的历史也正因为几辈人的不懈努力，并且坚持走一条如上所提到的正确的政治路线，丽江才有明末的空前辉煌。而我们的剧本，正是要反映空前繁荣的那个时代，所以有些剧本里的场面是不是可以出现清明上河图似的繁荣、辉煌？

剧本的主人公木增，他应该是集历代木氏土司的优秀品质为一身的人物，历史上曾发生过的许多不是他做的事也可以放在他的身上，因为这是文艺创作。他不但聪明、善良、富于同情感，博得人民的爱戴，而且思进取、有本事、有能力、有文韬、有武略，再加上他与阿勒邱之间的爱情和木隆的反衬，人物形象应该是非常丰满的。但是大纲里他的形象不但不丰满，而且软弱无力，是需要人扶着走的阿斗似的人物，这是我们最不满意的地方。要如何完美地塑造木增，我们觉得的确需要一番深思熟虑，如果这个人物站不起来，这部戏就立不起来，随之而来的是线索的支离破碎和主题思想的不鲜明。木隆人物个性是非常鲜明的，比较起来是塑造得比较成功的一个人物，但是因为他对整部戏的负担和展开情节的任务太重，所以我们觉得这个人物形象有点变形，出自木府的人物，我们总觉得不应该这样。他的性格应该有双重性：第一重是传统的家庭教育；第二重由于受周围环境的影响，又有想篡位当家的个人野心，所以他这个人物的性格是矛盾的。我们认为，从这个角度出发来展开情节，他的任务才会轻一点，人物才不会变形。这样一来表面上似乎削弱了这个人物的形象描写，但事实上却更完善了这个人物，这么一处理，还可以丰富木增的内容。意思就是说，削弱木隆，加强木增，整个剧的面貌会有一个比较好的改观。阿勒邱这个人物也是塑造得比较好的典型，英雄配美女，画面的美使观众获得美的享受。作为纳西族女性典型的阿勒邱，本身是勤劳、能干、聪明、美丽、贤淑的一个人物。她留给人们更多的印象是，她这个人不但会做事，而且喜欢做事，还喜欢管闲事，“热心肠”，好表现，这就是她留给丽江人的形象。但是要处理成大纲里的阿勒邱的形象，我们认为也是可以的，要有刚才提到的这些痕迹，这样阿勒邱这个形象才能站得起来。俗话说“盐巴一剂”，它的意思是说，我们炒什么菜都要放一点盐巴，盐巴喜欢掺和，什么事都要掺和一下。鉴于这样的分析，我们建议，阿勒邱可不可以把她说成是从芒康的盐井来的女子。芒康县纳西族民族乡盐井出来的盐田女，是在澜沧江边生长的人，这样一来，就更有着江边姑娘的精明能干。还可以通过这个人物的活动从一个侧面反映当时远离丽江的、最北部的纳西族人民的生活。

以上是我们初步的一些看法，写剧本我们不懂，这些事情写出来也只不过是给剧作家从另外的一个侧面提供创作的素材，也许会有众多的不对之处，请原谅我们的直率。

于先生、周先生、蒋女士看了以后希望能直截了当地把自己的看法提供给我们，以便做更进一步的研究和探讨。剧本剧本，一剧之本。不成熟的剧本如果硬是拍下去，我们认为对大家都不好。

2005 年 8 月 12 日

第二章 《木府风云》定稿拍摄

在前述“修改建议书”的基础上，编剧者对《木府风云》剧本又进行了多次修改，从立意到人物刻画，都下了很大功夫，把我们的想法都表现出来，真是“数易其稿酿精品，齐心合力塑经典”。这一打磨又是几年过去了，我把这个剧本节选收录如下，希望能够给读者呈现该剧创作过程一个清晰的发展脉络。

第一节 修改后的《木府风云》剧本（节选）

明万历二十三年（1595 年），大雪席卷而来铺天盖地，滇西北的三江大地，已银装素裹，位于玉龙雪山下的木府也已经被白雪掩盖。就在这万物肃杀的时节，木府雄伟的大门正在缓缓打开，木府少爷，8 岁的木增和 7 岁的堂弟木坤，正准备在木府执勤武官高玉龙的陪同下前往木府后的狮子山游玩行猎。

大门打开时，木增却停住了脚步，木府大门边，有着一个小小的雪包，木增惊奇地发现，这雪包居然自己微微动了一下，好奇的木增用小手拨开雪堆，所有人都惊呆了，一个面容清秀的纳西族小女孩紧闭双目晕倒在地……高玉龙慌忙抱起小女孩转身进了木府，木增和木坤也好奇地跟随而去。没人发现，木府对面的墙角后，一双阴险的眼睛，冷冷地看着小女孩被抱进木府。

温暖的炉火前，可怜的小女孩在救治下醒了过来，她醒来后发现自己所在的正是木府后院的大堂之内，木府土司木旺长年征战，处理公事等都在前院，他的两个儿子木青和木隆，也常年跟在木旺身边，

而整座木府后院，掌握一切内事大权，有控制后院各房生死之权力的，就是木旺的妻子，木增和木坤的奶奶，当代木府土司夫人——罗氏宁。

此时，大堂内虽然人数众多，女眷俱全，木青的正妻、木隆的正妻等，再加上木旺最喜爱的两个孙儿木增、木坤，堂堂一大家子人却一片沉默，所有人都用敬畏的目光，悄悄看着正中大椅上，窝在火光之后闭目养神的罗氏宁。罗氏宁手无缚鸡之力，此时只是一个普通老太太的模样，瞧上去也是慈眉善目，然而就是这么一个老太太，却让木府的孙少爷和长房正妻们，连大气都不敢喘上一口，被冻晕的小女孩醒来后才一眼就已经明白自己的处境，乖巧的女孩立刻跪倒在地，感谢救命之恩。

小女孩可爱的声音，让所有人侧目，然而火堆之后大椅之上的罗氏宁，却好像什么都没听见，依然闭着双眼一动不动，好像已经睡熟。

一片沉默过后，木旺长子，下一代土司继承人木青的正房妻子，木增的母亲，也是罗氏宁的亲侄女，一向性情和善的阿室加终于忍不住开口，询问小女孩儿的姓名身世。

乖巧的小女孩儿声称自己名叫阿勒邱，父母家人都在一场雪崩中死去，此时已经无依无靠，阿勒邱跪在地上，乞求土司夫人收留她做一个木府的女佣人。

阿室加本来就为人善良，看着小阿勒邱可怜的样子，心中自然起了怜悯之心，再加上小阿勒邱看上去聪慧可人，尤其是为了表现自己的本领，还当众在大堂中火堆边，为大家跳了一段稚嫩却又清秀可人的舞蹈，堂外大雪纷纷扬扬，成为阿勒邱独舞的背影，阿勒邱精灵般的模样，让在场所有人都很喜爱，尤其是两个孩子——木增和木坤，都齐声开口请求各自的母亲同意阿勒邱留在木府。

阿室加本来就喜欢这可怜的女孩儿，而木坤的母亲高氏菊虽然一向小气势利，但是眼看阿勒邱可爱，也没有开口阻止。

阿室加当即开口，同意阿勒邱留下，并且打算让阿勒邱留在木增身边，做一个贴身的小丫头，同时也能做个玩伴，就在阿勒邱磕头谢恩，小木增喜笑颜开的时候，一直端坐未动在正中大椅上的后院之主罗氏宁缓缓张开了紧闭的双目，表情不变，只是淡淡地说了一句："这木府后院的事，如今是谁在做主？"

阿室加和高氏菊等人都是脸色大变，虽然罗氏宁看上去是个与人无害的老太太，但这些媳妇们却都知道，罗氏宁极有手段，所有人都从心底里害怕这个土司夫人。虽然罗氏宁只是淡淡的一句话，可几乎所有女眷的额头上都已经有汗水渗出。

只有阿室加，仗着自己是罗氏宁的亲侄女，再加上实在觉得阿勒邱可怜，才忍不住开口，刚想说明阿勒邱的可怜，罗氏宁已经打断她的话，再次开口，说："高玉龙何在?"

一直守在堂外的木府值勤武官高玉龙应声而入，叉手站在堂前。

罗氏宁半眯着眼睛，依然还是淡淡的一句："把这小女孩，扔出木府门外去吧!"

所有人都是脸色大变，没人知道老太太为什么突然之间下这种命令，要知道罗氏宁虽然素有手段，却也不是真正的凶狠之人，罗氏宁一向极重情理法度，而且也有善心，按理不会对一个家破人亡的女孩下这种狠手段才是。

要知道此时大雪纷纷，阿勒邱无亲无故，再被扔出木府门外，几乎必死无疑。然而老太太长年积威，后院之间谁不害怕，包括高玉龙，虽然都觉得脸色变得惨白的阿勒邱十分可怜，可是没人敢开口反驳一句，问一声为什么。

高玉龙叹了口气，无奈地走到阿勒邱身前，准备把她带走，阿勒邱虽然脸色苍白，却不多说，只是静静地磕了几个头，开口再次谢了救命之恩，就要跟着高玉龙离去，所有人看着这个孤单的小背影即将重新走入大雪之中，全都面露不舍的神色，却依然没人敢开口说话，大堂内静悄悄的。

就在阿勒邱即将出门之时，一个孩童的声音清脆响起。随着一声"孙儿不服"，阿室加的儿子，木家土司的嫡长孙，8 岁的木增走到堂前，对母亲阿室加紧张的目光好像没有看见一般，恭恭敬敬地跪在罗氏宁身前，开口称木府素来遵从中原礼教之学，讲究仁义，如今一个身处绝境的小女孩，却要把她推进必死的境地，甚至没有一个理由，木增虽然害怕得浑身发抖，可还是挺身而出，表示自己对奶奶的举动心中不服。

罗氏宁依然面无表情，看看跪在堂前的木增，依然是静静问了一句："你是说我不仁?"

此言一出，全屋上下一片哗然，阿室加看着自己的儿子，惊慌地使劲摇手摆头示意他千万不要胡说，木增虽然害怕，汗如雨下，可依然咬着牙关，说了一声：“是。”

顿时，全屋立刻一片安静，所有人呆呆地看着面无表情的罗氏宁，不知道这位后院之主将会对自己孙儿的当众顶撞如何应对，而阿室加则惊恐万分跪在儿子身边，求婆婆原谅木增少不更事，童言无忌，同时偷偷推着木增，要木增改口。

木增却毅然摇头，不愿改口。

而罗氏宁始终半闭半睁的眼睛终于完全睁开，直直地瞪着这个只有8岁的木增，木增虽然害怕，依然没有畏缩，和罗氏宁对望。

出人意料的是，老太太的脸上居然慢慢露出了笑脸，对阿室加说了句：“你养了个好儿子！”

阿室加还以为罗氏宁在说反话，还想辩解。罗氏宁却扫视四周，冷冷开口，称满屋上下，居然没一个人比得上一个8岁的小娃儿，所有人都对自己的决定心怀疑虑，却无人敢挺身而出，说一句公道话。仁与理，本就该是心中准则，不畏惧威势，不在恐惧前退缩，这个挺身而出的小娃儿，将来一定会是木府有史以来最出类拔萃的土司。

所有人都没想到罗氏宁的这番话，全都呆住。罗氏宁转头看向木增，声音缓和下来，声称既然木增想要一个理由，就给他这个理由。要赶走阿勒邱的原因很简单，这女孩子，不对劲。

罗氏宁侃侃道来。要知道阿勒邱看上去年纪也就和木增、木坤差不多，这个年纪的小女孩能懂什么，父母双亡应该悲痛莫名才对，怎么会一醒过来立刻对答如流，甚至还翩翩起舞，这女娃子来历不明，若不是天生蕙质，就是心怀叵测引人同情。更重要的是，她醒来之后，立即磕头请土司夫人收留她，请问，谁告诉过她这是木府，她从哪里得知在座的有土司夫人，这分明是早就有人教了她一言一行，这女娃儿恐怕是被人送进木府，另有目的。

有人目光看向阿勒邱，此时都有些怀疑起来。阿勒邱依然平静地将罗氏宁的疑问一一解答，而且回答得都合情合理，找不出一点破绽。在场众人又再次忍不住站到了阿勒邱这一边。

罗氏宁皱着眉头，静静地看着阿勒邱，对阿勒邱的辩解，她不是完全不信，但她总是藏着一份担心，万一这女娃儿真是另有目的怎么办，这么小年纪就如此聪慧，如果留在木府之内，心怀不轨，就会后患无穷。罗氏宁心中考虑的是木府后院的大安宁，对一点点小隐患也不敢轻易放过。

可是罗氏宁毕竟本性善良，刚才发觉疑点，狠心赶走阿勒邱也就算了，现在阿勒邱所有解释都合情合理，万一她说的都是真的，此时赶走她，等于是害人一条性命。

罗氏宁犹豫半天，叹了口气，终于开口，同意阿勒邱留在木府做个侍女，但是绝不同意把她放在木增身边。罗氏宁的意思是，阿勒邱只能留在后院，时时刻刻在她眼皮之下，木增和木坤都离她越远越好，万一阿勒邱来历真有问题，也不至于伤到自己的两个孙子。

阿勒邱终于留在木府，这个善良、美丽、勤劳的小女孩儿人人喜爱，什么脏活累活都抢着做，罗氏宁看在眼里，虽然没说什么，却也渐渐对她放了心。

这一天阿勒邱一个人捧着杂物，小心翼翼地扔出木府后门，刚要转身离去，一个阴沉的声音叫住了他，阿勒邱一惊，缓缓回头，一个面目阴沉的男子站在墙脚之后，阿勒邱犹豫半天，慢慢走到那男子身边，轻轻叫了一声西和舅舅。

这个叫西和的人用憎恶的眼光瞧了一眼木府，冷冷地告诉阿勒邱，自己费尽心思，想出这条苦肉计，让阿勒邱进入木府，是要她时时刻刻牢记，这木府，就是她阿勒邱不共戴天的大敌，终有一日，要让木府陷入战火纷乱之中，为阿勒邱，也为自己报仇。

阿勒邱有些恐惧地看着面目狰狞的西和，忍不住开口，希望舅舅能够忘记这段仇恨，西和却恶狠狠地抓住阿勒邱的肩膀，询问她是不是忘记了自己父母丧生之仇，阿勒邱忍不住流出眼泪，不敢还嘴。

西和紧盯着阿勒邱的眼睛告诉她，她在木府只是一颗棋子，从今天起，她就要再正常不过地留在木府，绝不能让任何人发现她的不正常；而从今天起，西和自己就要离开丽江，为复仇大事，慢慢准备，西和一天不回来，阿勒邱一天不能露出马脚，但也绝不能忘记仇恨。西和要阿勒邱必须在这庞大的木府里慢慢地等着，等到哪一天，他重新回到此处，就是木府上下偿还血债的时候！

阿勒邱愣愣地看着西和转身离去的桀骜的背影，两行泪水默默落下。

…………

一转眼已是10年之后，阿勒邱凭借自己的勤劳和善良，已经成为木增母亲阿室加最贴心的女佣。阿室加一直对阿勒邱赞赏有加，然而内府中罗氏宁的那双眼睛始终在默默地看着阿勒邱，虽然10年以来，阿勒邱始终如一，罗氏宁其实也基本相信了阿勒邱，可是在罗氏宁心底最深处，始终还藏着那么一点点的疑虑……

在罗氏宁看来，阿勒邱应该不会别有目的，不然怎么可能10年不露马脚，可是万一，万一阿勒邱是在忍呢？如果她真的能整整忍上10年，那么这个小姑娘该有多可怕！罗氏宁本质上也喜欢阿勒邱的淳朴善良，可是心里这一丁点儿的刺，始终无法让她彻底对阿勒邱放心。

阿勒邱在木府10年，已经对这个深宅大院有了感情，她本性善良，对仇恨一向看得很淡，再说10年来自己的舅舅西和再也没有出现，阿勒邱觉得西和恐怕不会再回来了，在她心里，隐隐希望自己就这么留下去，留在木府，平静地度过这一生。

然而阿勒邱注定无法平静，她的美丽早已深深吸引了木府的两个小少爷——文质彬彬的木增和勇武有力的木坤，木增和木坤都对阿勒邱情有独钟，这件事让木府所有侍女都对阿勒邱既羡慕又嫉妒。

此时的木增和木坤已经变得截然不同，木增文弱沉静，喜爱汉学；而木坤则生性好武，英姿勃发，被人称为玉龙雪山的雪狮子，可见其英武俊朗。纳西族的少女们都私下喜爱着这位英挺的雪狮子，在她们眼中，木增过于沉静，没有木坤的活力，再说汉人的书读多了，只怕人都要变傻了，而且这位嫡长孙为人处世也太温和，不够霸气，此时的纳西族还崇拜英雄，她们自然对木增有点看不起。

然而，阿勒邱心底深处，更喜爱的却是这个文文静静的木增，几次和木增的巧合事件，让阿勒邱知道木增外表文静，心怀良善，他温和，却不是没脾气，能宽容，会体谅，在真正的原则关头，却绝不退避。阿勒邱还记得，10年前，8岁的木增勇敢地站在罗氏宁面前为自己说情的那一刻，那种勇敢，可比现在的雪狮子木坤那种勇武更加难得。

阿勒邱和木增逐渐产生的爱情，瞒不过过来人的眼睛，这些年来一直照顾阿勒邱的高玉龙很是不安，他不时告诫阿勒邱，木增早晚是要做木土司的，她的身份决定了他跟木增的爱情不会有结果……

一次，罗氏宁把阿勒邱叫到屋内，单独见面，明明白白地告诉她，木增是木家世代以来的奇才，罗氏宁对这个孙子满怀信心，他这一代木府必将发扬光大，因此，罗氏宁绝不会允许阿勒邱和木增走到一起，她告诫阿勒邱，别忘记自己的身份。

阿勒邱的心头爱火几乎被冷水浇灭，现实的残酷让她不得不低头，她只好远离木增，木增不明白发生了什么，阿勒邱只是狠下心告诉他，自己不想和他走得太近。木增怎能知道，阿勒邱的身世让她不敢真的再靠近木增。

一年一度的火把节之前，木增和木坤都邀请阿勒邱参加，二人都准备在火把节的篝火晚会上对阿勒邱倾诉衷肠，但阿勒邱忍住难受，拒绝了二人。木增和木坤只好黯然离去。木增告诉阿勒邱，在火把节上，他只会等待阿勒邱一个人。

火把节即将到来，同时到来的，是无法逃避的命运。

阿勒邱的舅舅西和重新回到丽江，再次出现在阿勒邱面前。阿勒邱惊恐地看着自己的舅舅——和木府仇深似海的西和，居然大摇大摆进出木府。此时的西和，已经成为木旺二子木隆的手下。西和在木府远远看见阿勒邱，假装并不认识，却留下了见面的暗号，阿勒邱明白，木府的平静即将被打破，西和忍耐了10年，如今想必已经一切准备完毕，复仇即将到来。

阿勒邱和西和见面，西和询问了阿勒邱这10年来情况，得知罗氏宁始终对阿勒邱心存疑虑之后，西和思考了一下，给了阿勒邱一包毒药，告诉阿勒邱，木家上下，男的里面，他唯一有顾虑的是木旺的长子——只爱书画不爱政事的木青；而女人里面，他最畏惧的就是始终掌控木府后院大权的罗氏宁。

10年来西和忍住没和阿勒邱有任何联系，并且成为木隆的心腹，此时的西和已经做好了让木府大乱的准备。然而罗氏宁坐镇木府后院，始终让他担忧，为此，他希望阿勒邱用这包毒药毒杀罗氏宁，除去他心头大患。

阿勒邱胆战心惊，她不敢直接拒绝，只好换种方式劝阻自己的舅舅。阿勒邱告诉西和，罗氏宁如果突然暴死，木府一定大乱，恐怕对西和没有好处。西和却在冷笑，告诉阿勒邱，今夜之后，木府的混乱可不只是罗氏宁的死；今夜之后，木府将会断绝未来的希望，一个罗氏宁之死，只是点缀。

阿勒邱听得心头一寒，想问清楚西和的计划，西和却不肯再细说，只是用阿勒邱一家曾被木府杀害的仇恨逼迫阿勒邱对罗氏宁下手。阿勒邱犹豫了，她努力地回想着父母的惨死，下定决心把毒药端到罗氏宁面前。眼看罗氏宁将要把毒药喝下时，阿勒邱突然不忍，急中生智借故端走了带毒药的羊奶。

与此同时，阿勒邱突然觉得自己想明白了舅舅下午说的那番话，即让木府断绝未来的希望是什么意思，木府真正的未来只有一个，就是木旺的嫡长子木增，如今木增和木坤已经前往火把节，西和真正的目的就是在今夜火把节上暗杀木增，毁掉木府的根苗。

阿勒邱毫不犹豫，冲出木府，急匆匆赶向火把节现场，在纷乱的暗杀现场中，阿勒邱救了木增和木坤，也因此得到木府上下更多的信任。

罗氏宁虽然怀疑阿勒邱为何这么巧出现在现场，但是木增和木坤都已经表示是自己约阿勒邱去火把节，罗氏宁找不出疑点。

西和再次来找阿勒邱，警告阿勒邱，如果她忘记了家族的仇恨，家族所有死去的冤魂都会来纠缠她，让她永世不得安宁……

然而当西和发现木增对阿勒邱的感情后，又缓和下来，他要阿勒邱用自己的智慧，牢牢抓住木家未来的土司木增，要让自己成为木府未来的女主人。到那时候，她就能光明正大对木府下手，为她死去的父母，为她灭亡的部族复仇……

与此同时，木增和木坤在火把节上遭受的袭击，被西和巧妙地用编造的证据，引向别的部族，让自己逃脱了嫌疑。木家的士兵们仔细排查，最后只能查到这些女杀手曾经藏身在一座尼姑庵，木隆亲自下令，把这个尼姑庵里唯一剩下的一个女孩关押起来，逼迫她交代出一切真相。

木隆把这个女孩送到家中，罗氏宁下令把她关在后院的房间内，阿勒邱觉得这个被关押的女孩很是可怜，因为她知道真相，舅舅西和曾经告诉过她，这个女孩和暗杀没有关系，也什么都不知道，留下她就是为了转移木府的注意力，用这个可怜的女孩的牺牲，换取自己的安全。

阿勒邱偷偷和这个被锁着的女孩隔着门聊天，得知女孩的名字叫作阿照，从小就是孤儿，被尼姑庵收养，阿勒邱可怜阿照的身世，于是想办法，和木增一起，成功地让阿照消除了可疑之处，并且让她留在了木府，成为一名侍女。这个从小在尼姑庵里长大的阿照，聪明机灵，天生心思聪慧，她对阿勒邱的救命之恩很是感激，成为阿勒邱的好姐妹。

阿勒邱在木府中终于有一个可以说心里话的人，阿勒邱常常和阿照在一起，并且不小心在阿照面前泄露了自己的秘密。阿照知道阿勒邱的身份之后，并没有告发阿勒邱，她拉着阿勒邱的手说道，自己一定会帮助阿勒邱隐瞒一切，还要帮助阿勒邱和木增走到一起，因为阿勒邱是自己的姐妹。

阿勒邱也真正把阿照当成了自己的亲姐妹，阿照很有些小聪明，几次帮着阿勒邱和木增偷偷见面，木增对阿照也很是感激。然而好景不长，罗氏宁已经觉察到木增和阿勒邱的感情。她不允许阿勒邱和木增走到一起，于是决定给两个已经成年的孙子——木增和木坤娶妻，木增的妻子将是宁州土知州之女阿室于，深爱着阿勒邱的木增抗婚不成，为表示自己的决心，拉着阿勒邱偷偷离开木府打算去玉龙雪山殉情。

罗氏宁看到木增留下的绝笔信惊恐万分，西和和高玉龙等人分别怀着各自的目的，开始寻找木增和阿勒邱的下落。

雪山冰洞中，就在木增义无反顾地拉着阿勒邱的手躺在冰洞中、要为捍卫爱情而结束生命时，快被冻僵的阿勒邱听见了远处阿照悲痛的喊叫声，清醒过来，看着已经昏迷过去的木增，突然泪水迸流，她紧紧地抱住木增坐了起来，乞求木增不要因为她这样一个卑贱的女子而放弃生命，他是将来的木土司，只要木增心中有她，做一个爱民的好土司，她不要任何名分，甘愿一辈子做侍候木增的丫鬟。

阿勒邱把冻僵了的木增背出了冰洞，终于回到木府。

阿勒邱挽回了木增的生命，没有得到奖赏，反而因为殉情不死，成为人们的笑柄。罗氏宁为了断绝孙子的私情，决定把阿勒邱嫁给由木府管辖的当瓦寨头人。

阿勒邱在没有任何思想准备的情况下，突然被木府兵带出木府，交给了来接新娘的当瓦头人。阿勒邱情急之下，让阿照快去告诉少爷木增。就在当瓦头人准备强行带着阿勒邱离开丽江时，西和和木坤出现在街中，得知阿勒邱要被嫁往当瓦寨，西和比阿勒邱更着急，在他的挑唆下，木坤蛮横地上前拦截下了阿勒邱。正当恼怒的当瓦头人要跟木坤动武时，得到消息的木增随阿照赶了来，木增一字一句地告诉当瓦头人，他要带走的这个女人，是木府少爷木增钟情爱恋的女人，如果他要娶这个女人，就必须先把木府的少爷木增杀了，木增把刀交到当瓦头人手上，当瓦头人懊丧地把刀还给了木增说，既然阿勒邱是木少爷喜欢的女人，他就不能接受老夫人的一片好心了……

当瓦头人丢下阿勒邱走了，西和悬着的心落了地，木增拉着阿勒邱去求自己的母亲阿室加，告诉母亲自己对阿勒邱的感情，如果阿勒邱真的被嫁走，自己哪怕用生命也要阻挡。木增和阿勒邱表现出来的一片真情，打动了阿室加，她为了儿子的幸福，向公公木旺请求，给了阿勒邱一个妾的身份，让多情的孙子、木家未来的土司不至于为情爱再做出傻事来。

西和得知木旺同意孙子木增纳阿勒邱为妾，欣喜若狂，认为祖先显灵，他和侄女彻底毁灭木府的日子就不远了。

罗氏宁得知这件事勃然大怒，她呵斥自己的侄女兼儿媳阿室加，告诉她阿勒邱很多行为无法解释，如果阿勒邱和木增在一起，不知未来如何。对木增一片母爱的阿室加耳根子软，逐渐有了疑虑。然而事情到了这一步已经不能回头，罗氏宁警告阿室加，看紧了阿勒邱，她总觉得阿勒邱身上藏着秘密。

罗氏宁为了木增安危着想，仍然想着阻止这门婚事，如今木旺亲自开口同意，罗氏宁不好当面改口，只想着在成婚之前，让阿勒邱犯错，失去做妾的资格。罗氏宁并不是凶狠之人，她也曾犹豫，这样陷害阿勒邱会不会过分，但是想到自己的孙子，自己倾注了所有希望的木增之后，罗氏宁下定了决心，并且偷偷向三多神祷告，是自己在做恶事，以后有报应，都请报在自己头上。

罗氏宁数次暗中的陷害，却都被西和或阿照帮着阿勒邱化解。西和是为了让阿勒邱早日成为木府女主人，满足自己报仇的希望，而阿照则纯粹是为了帮助自己的姐妹。这段时间以来，阿照和阿勒邱的情感越来越深。

同时，此时的木坤，得知木增要和阿勒邱成亲，恼羞成怒，和木增大闹，甚至几次向木增动手，木增理解木坤的痛苦，对木坤一再忍让，木坤也知道自己不对，可是一想到阿勒邱要被木增娶走，总觉得心里难受。

罗氏宁的几次阴谋都没有成功，阿勒邱平平安安等到了成婚这天。

木府张灯结彩，阿勒邱为妾，阿室于为正妻。成婚当天，大喜之日，朝廷圣旨到了，缅番思瓦剌进犯大明边境，神宗皇帝朱翊钧传旨丽江知府木旺率兵征缅。

即将到来的征战，隐约将喜庆气氛掩盖了许多，木增和木坤的大婚在匆忙中结束，新婚的当晚，木增便因为和刁蛮的妻子阿室于不和发生争吵，愤然离开新房，去到阿勒邱房间寻找安慰。尽管明理善良的阿勒邱把木增劝回了新房，阿室于还是把丫鬟出身的阿勒邱当成了眼中钉，新婚第一天就开始欺负为难阿勒邱，不要丫鬟阿照侍候她梳头、洗脸，

图5－2　木增剧照

图片来源：木府提供

而要阿勒邱来侍候她梳头、洗脸。木增气恼地告诉阿室于，阿勒邱现在的身份不是侍女，按规矩她可以不侍候夫人，阿室于顿时火冒三丈，又跟木增吵了起来……

为了不给木增添心病，阿勒邱处处忍让着阿室于，仍然把自己当丫鬟一般侍候人，并且不愿意把自己遭受的痛苦告诉木增，她不希望木增为家中琐事烦恼，然而阿照却忍受不了阿室于的跋扈，为此偷偷使诡计，几次让阿室于在众人面前落了面子，阿室于把这一切都归咎在阿勒邱身上，对阿勒邱更加怀恨在心。

阿室于和阿勒邱的暗战进行中，而奉圣旨讨伐缅甸的人马也已集结完毕，木旺带领木隆、木坤出征，而木增也主动请命要陪爷爷出战，木旺欣然同意。

临走前，阿勒邱告诉木增，自己一定会和阿室于好好相处，不让木增担心。木增握着阿勒邱的手告诉她，不要阿勒邱委屈，对阿室于，他没有感情，只是迫于奶奶的命令，他真正爱的，只有阿勒邱一个。

阿室于偷偷听到了这段对话，对阿勒邱更加深恶痛绝，她下定决心，一定要在远征军回来之前，狠狠整治阿勒邱，出一口心中恶气。

木家的男人们出征而去，除了一心诗书足不出户的木旺长子木青之外，留在木府的只有这些女性。

而阿室于则开始了对付阿勒邱的计划，她假装和阿勒邱和解，二人越发亲近，同时偷偷偷走阿勒邱的信物，想要栽赃陷害阿勒邱。阿勒邱是个善良的女孩，但并不是没有心眼的人，阿室于并不聪明的诡计没有瞒过阿勒邱。阿勒邱没有报复，只是无奈地阻止了阿室于的举动，并且真诚地希望和阿室于化敌为友，不要再争斗下去。

阿室于痛恨地对阿勒邱大叫，她把痛苦全部怪到阿勒邱身上，并且警告阿勒邱，告诉她绝不会善罢甘休。

阿勒邱没有在意，只是无奈地叹气。然而听到这一切的阿照，却冷冷地看着阿室于的背影。不久阿室于在罗氏宁面前出丑，违反木府族规，被罗氏宁当众惩罚，阿室于认定是阿勒邱的诡计，于是一怒之下，用鞭子抽了阿勒邱。这件事可大可小，罗氏宁依然以家法为主，惩罚了阿室于。

阿室于被罚，囚禁在小黑屋内。

阿勒邱不顾身上的伤痕，只是静静地看着阿照，问她阿室于出丑的事，是不是阿照做的，阿照犹豫一下，点头承认，是自己忍受不了阿室于的刻薄，给了她一个小教训。

阿勒邱无奈地牵着阿照的手，劝告阿照，阿室于嫁到木府后，无亲无故，木增又和她关系很差，她心头难受总是难免，希望阿照以后不要为自己报复阿室于，依然希望能和阿室于化敌为友。

阿照平静地看着阿勒邱的眼睛，告诉她，自己一定会听阿勒邱的，但是始终觉得，仇敌就是仇敌，不把仇敌完全消灭，终究会留下祸患。

看着阿照平静的眼神，阿勒邱不知道为什么，感觉到心里有一股寒意滋生。

木府，不时有捷报和死讯传回来，逃难的各民族边民不断涌入丽江，后院之主罗氏宁毅然决定，把木府兵营的马厩改建成能住人的临时居所，每日施粥两次，号召木府主人、仆人捐献衣物、被褥，不能让任何一个难民被饿死冻死。

阿勒邱也全心全力投入到拯救难民的活动中。阿勒邱对难民的真诚关爱，让苦难中的难民把阿勒邱当成了救苦救难的女神。

同时阿勒邱也数次偷偷去见阿室于，阿室于也逐渐感受到阿勒邱的真诚，虽然依然对她冷言冷语，但渐渐地也没有了仇恨，有时候她甚至能和阿勒邱合作救助难民，阿勒邱对和阿室于之间的改变很是欣喜。

然而她没注意到的是，阿照一直在用冷冷的眼神，警惕地看着阿室于。

不久之后，噩耗传来，缅甸之战木府战胜而归，然而木旺和木增却在大战中异军突进，遭遇埋伏，木旺被害身死，尸体已经被木隆和木坤带回，而木增身陷敌阵，连尸体都没救回来。

这一晴天霹雳让木府上下顿时慌了神。木旺既然已经死了，木青理所当然成为下一代土司，让众人出乎意料的是，失去父亲和儿子的木青，好像没有悲伤，只是平静地接受了这一切。

与此同时，云南巡抚陪同傲慢的太监张丰前来木府传圣旨，对木府在对缅之战中的表现进行嘉奖，不畏皇权、厌恶太监的木隆不愿面对太监张丰下跪，张丰恼怒，问木隆见旨不跪，是不是想谋反，木青却对张丰赔笑，好不容易把这件事遮掩过去。

张丰极其贪婪，对木家财富很是觊觎，并且要求木青派工匠制作了一把沉香木龙椅，准备带回朝廷，结果西和怂恿木隆和木坤，伪装抢匪夺回龙椅，并且羞辱了张丰一番，将他逐走。

龙椅被带回木府，木隆在西和的夸赞下，得意地坐在龙椅之上，没注意到身后西和阴冷的微笑。

图5-3 木隆剧照

图片来源：木府提供

木青经神宗帝获准即位成为第16任木府土司、丽江军民府知府，抗缅有功的木隆被封为戍边大将军，兼木府大总管，协助兄长掌管府内外一切大事，然而真正执掌大事的却是木隆，木青则渐渐地失去一切权力，可他却并不慌张，依然整天吟诗作对。

木青这样的表现让纳西族人都很失望，都觉得木隆才是木府的顶梁柱。

与此同时，阿室于已经认定木增战死，吵着闹着要离开木府，结果被一向和言细语的阿勒邱拦住。阿勒邱紧紧抓着阿室于的手，告诉她，一天没找到木增尸体，他就还活着一天！只要她阿勒邱还在，木府后院永远不会散！她要阿室于记住，木府还在，谁都不许离开！

阿室于被阿勒邱爆发出来的气势镇住，这一幕也被罗氏宁看在眼里。

夜半三更，罗氏宁把阿勒邱叫到房中，一老一少两个女子对坐，罗氏宁终于开口，第一句就是，阿勒邱是不是在怀疑缅甸之战。

阿勒邱脸色立刻变了。是的，缅甸一战，木旺死得离奇，木增消失莫名，阿勒邱对这一战的结果深深怀疑，她心里最怀疑的就是随军出征的舅舅西和，可是回到木府后西和根本没有和自己见面，自己没法询问一切内幕，她也只好强撑着，并且坚定地相信木增还活着。她必须撑着这个家等木增回来。

没想到罗氏宁和她一样，对缅甸一战深有怀疑，罗氏宁告诉阿勒邱，自己已经私下和缅甸一战的各处官兵聊过，木旺被伏击那一战很是蹊跷，其中疑点众多。

阿勒邱奇怪罗氏宁为什么和自己说这些，罗氏宁告诉她，从阿勒邱遇大事之后的表现，自己才真正相信阿勒邱是一心为了木府，为了木增，如今木府后院之内，有主张有能力的女人，只有自己和阿勒邱二人而已。

罗氏宁告诉阿勒邱，今天晚上的话，跟谁也别说，两个人都要记着，木旺的死内有玄机，必须偷偷地调查，找到真正的凶手。罗氏宁甚至告诉阿勒邱，她已经在怀疑木隆的那个手下西和，此人来历不明，应该别有目的。

阿勒邱对老太太足不出户知天下事的敏锐很是吃惊，没想到罗氏宁已经这么快就抓住了关键，而阿勒邱自己心中也在怀疑，木旺的死，木增的失踪，到底是不是跟自己的舅舅有关，可是光靠西和一个人能做出这种大事吗？

阿勒邱不敢告诉罗氏宁自己跟西和的关系，她只好私下想法找到西和，询问缅甸之战的真相。真正的真相让阿勒邱彻底震惊，原来西和这些年来在木隆手下经营，已经成功地挑起了木隆的野心。

缅甸一战，将木旺和木增送进死地的就是木隆，在危急关头，不派兵相救的，也是木隆，是木隆逼死了自己的父亲木旺，而木增和随身保护他的高玉龙下落不明。西和得意地告诉阿勒邱，木增恐怕已经无法生还。

阿勒邱眼前一黑，险些昏倒。西和得意地告诉他，阿勒邱一家的仇就要报成了，木隆的野心已经无法抑制，木府就要完了。

阿勒邱却恢复了平静，和舅舅摊牌，她告诉西和，自己是木增的妻子，木府现在就是自己的家，纳西人民的中心就是木府，木府一完，不知道将有如何生灵涂炭。阿勒邱现在对着三多神发誓：一定要守住木府基业，等待木增归来！若违此誓，天人共诛！

西和惊讶地看着阿勒邱，怒骂着，怀疑她莫不是疯了，居然要和自己的仇人走到一起！阿勒邱平静地回答，她只是不希望因为自己一家的仇恨，让更多人遭受家破人亡之苦。

西和冷冷地看着侄女，告诉她，大局已定，她已经无法翻盘，更何况别忘了她自己的身份，如果说破西和和她的关系，她自己一样死无葬身之地！

阿勒邱在罗氏宁的帮助下偷偷离开木府，找到参加缅甸一战的官兵，终于满满地解开他们心头的恐惧，一点点凑齐了真相并告知罗氏宁。罗氏宁铁青着脸告诉阿勒邱，现在只能虚与委蛇，等待时机，暂不能说出真相，否则自己这个丧心病狂的二儿子不知道会做出什么事来。

罗氏宁和阿勒邱成为最坚实的同盟，等待着奇迹的发生。

而阿室于天天混迹在木府之外，她已经认定木增已死，认为自己的未来没有希望了，结果在木府外认识了一个商人，二人暗生情愫。这件事被阿照发现，然而阿照既没有阻止，也没有把这件事告诉阿勒邱，阿勒邱和罗氏宁现在都专心于木隆之事，对阿室于的事也没有留意。

木隆逐渐从木青手中夺过权力，并且在木府内建了一座小木屋，名为迎仙阁，怂恿木青躲进迎仙阁，专心书画，把一切凡俗之事留给自己照应。

木青居然真的住进迎仙阁，什么都不再去管，也不顾罗氏宁的劝阻，把大小权力全都交给木隆。木隆的欲望越来越大，跟随木隆的西和见时机成熟，假借神灵之言，要木隆立即遵天命，摆脱明朝廷，征服四方土司，建立庞大的纳西国，他将是纳西国的第一代君王……

就在木隆逐步走向立国之时，罗氏宁和阿勒邱则在偷偷地通过家将们联系还忠于木旺、木青的实力，希望能力挽狂澜。

与此同时，一向软弱的木青突然约木隆在迎仙阁见面，木隆欣然前往，让他没想到的是，木青第一句话就是没想到木隆居然为了野心连自己的父亲木旺都要加害。

木隆一下子愣住了，木青静静地看着他，告诉他，木隆所做的一切，他木青不是看不出来，只是他不愿意为了权力，和自己的亲弟弟生死相搏，所以自己一让再让，如果木隆只是要当个土司，没问题，他木青可以不管不顾，可眼看木隆居然要背叛朝廷自己立国，这将是把纳西族送入了深渊。木青告诉木隆，自己绝不会让木隆毁了纳西族，一定会阻止他的阴谋。

木隆愣愣地看着一直瞧不起的哥哥木青，想起了西和曾经告诉他，他却不以为然的一句话，要小心的两个人，一个是罗氏宁，还有一个，就是木青。

木青果然一鸣惊人，他迅速和罗氏宁、阿勒邱合作，飞快掌握自己的实力，加上木青还是名正言顺的土司，很快木青就夺回了一部分权力，和木隆在木府分庭抗礼。

木隆对此很是头痛，自己的大哥和母亲都无法理解自己的心愿，自己立国也是为了纳西族好，为什么所有人都不理解。

西和再次出现在木隆面前，告诉木隆，为了纳西族的未来，为了木隆的理想，有些事必须要做，千万不能心软。木隆冷冷地看着西和，拔刀架在了西和脖子上，他告诉西和，木旺和木增的死一直让他心头愧疚，现在西和又来劝自己对大哥动手，其心可诛。

西和平静地回答，为了木隆的梦想，自己死不足惜。

木隆犹豫再三，没有动手，终于决定，对木青下手。然而他为了面子，还不想把事情闹大，希望西和暗地里给木青下药。西和同意，开始动手。

这件事被阿勒邱发现，阿勒邱不能告诉罗氏宁，要杀害木青的是自己的舅舅西和，她不能让自己唯一的亲人被木府杀害，可是她也不能眼看着自己的公公被毒杀。阿勒邱两相为难之下，只好默默地阻止着西和和木隆的一次次阴谋，唯一一个能知道一切还站在她这一边的，就是她的好姐妹阿照。

在这段惊心动魄的斗争岁月里，唯一支撑着阿勒邱的，就是相信自己的丈夫木增还活着，还能回到木府。

木隆见西和数次下手都没得逞，终于失去了耐心，听从了西和的话，痛下决心，利用手中的兵权，软禁了母亲，软禁了兄长木青，限制了木府内所有人的自由。

同时木隆亲自带着毒酒来到木青隐居处，告诉兄长，他建立纳西国的雄心来自祖先神灵的启发和支持，即便为此粉身碎骨也在所不惜……木青和兄弟彻夜长谈后，明白了弟弟上山来见自己的真实意图，冷笑一声，喝下弟弟带来的毒酒，在雪山下点燃木屋自焚仙去，木隆望着火光中消失的哥哥号啕大哭……

木青的死在西和的策划下成了得道修仙的一段佳话。

而木隆已经在做好各种准备，决定在二月八日建立纳西国。如今木隆大权在握，罗氏宁和阿勒邱只能忍气吞声，尽量营救那些还未被木隆野心浸染的有识之士。然而二月八日眼看临近，真正能阻止木隆的人，又不可能是女流，罗氏宁和阿勒邱都焦急万分。

就在这时，木增偷偷回来了，他在高玉龙的陪伴下回到丽江，并且想法子见了阿勒邱，告诉她，自己已经掌握了三江大部分民众和各部落军力，他不敢把自己没死的消息送回来，就是要让木隆失去提防，如今他悄悄回来，就是准备阻止木隆的大错。

阿勒邱看着木增，热泪夺眶而出。在阿勒邱的安排下，木增溜回木府，和罗氏宁见面，新的谋划开始了。

离立国之日越来越近，木隆却遇到各种奇怪的事件，木增的鬼魂总是在木府出现，各种怪事围绕着木隆，木隆开始心神不宁。

终于，在木增等人的设计下，木隆再次以为闹鬼，结果在所有手下能听见的情况下说出了自己害死木旺和木青的真相。木隆一下子众叛亲离，连自己的儿子木坤都对父亲极其失望。木增趁此机会出现，要捉拿木隆，木隆在一些忠心的手下的帮助下逃离木府。木坤虽然痛恨父亲作为，可毕竟那是亲生父亲，只好帮着木隆逃离。

木隆和木坤带着忠心的手下们逃至永宁，拥兵自重，和木增的木府遥遥相对，战争一触即发。

与此同时，木增正式接任木府新一代土司之位。就在木增成为土司不久，一桩丑闻爆发，木增正妻阿室于和商人的恋情爆发，按照族规，阿室于要被处死。最后还是阿勒邱从中斡旋，终于让木增放弃了杀阿室于的意思，放阿室于离去。

同时，阿勒邱也就从妾变成了木增的正妻。

虽然地位改变，阿勒邱却对阿室于被人揭发的事耿耿于怀，当她逐个排查时，却惊讶地发现，真正布置一切的正是自己的好姐妹阿照。阿照在阿勒邱的逼问下没有否认，得意地说自己所做的一切都是为了阿勒邱，现在阿勒邱已经成为木府土司正妻，就是自己的功劳。

阿勒邱看着阿照的笑容，感到心寒，她和阿照之间发生争吵，两个好姐妹开始有了裂痕。

阿照开始感觉到阿勒邱对自己的不满意，从小成为孤儿，危机感很重的阿照，开始担心自己的安危，阿照能想到的最安全的身份只有一个，就是成为木增的妾室。

阿照设计，弄醉木增，木增醒来后，身边躺着阿照，木增无奈下只好同意让阿照成为自己的妾室。阿照得意地见了阿勒邱，她告诉阿勒邱自己所做的一切，都是为了保住自己，并不真的是针对阿勒邱，否则自己只要把阿勒邱和西和的关系一说，阿勒邱就完了，她希望和阿勒邱还是好姐妹，两人合力，让罗氏宁下台，她们两个真正成为木府后院的女主人。

阿勒邱和阿照大吵一场，二人之间越发不和。

与此同时，罗氏宁偶尔发现阿勒邱曾经数次跟西和碰头，罗氏宁开始怀疑阿勒邱的真实身份。

阿勒邱重新身处钩心斗角之中，这次的敌人变成了老辣的罗氏宁，以及比罗氏宁更可怕、心机更深的阿照。阿照和阿勒邱隔阂越来越深，阿照渐渐感觉阿勒邱对自己有威胁，她开始夺取木增的欢心，准备从阿勒邱手中夺取正妻之位，这样才能真正后顾无忧。

而罗氏宁对阿勒邱的调查也一点点在加深，阿勒邱既要化解阿照的攻势，还要小心罗氏宁的眼睛，辛苦至极，这些却又都不能告诉木增。让她欣慰的是，几次她都处在有口难辩的状况下，木增却始终相信着她。

此时的永宁，木隆在西和蛊惑下一心要战胜木增夺回木府大权。这时木隆派去丽江的密探回来复命，他们获悉丽江城现在发生了瘟疫，本来要来剿灭永宁的木增也因为染上瘟疫病倒，生命危在旦夕。得此消息，木隆大喜，认为是天要助他完成霸业。在西和的谋划下，木隆一边拿出从木府带出来的金银，派人去牧区买马迅速扩充军队，一边派暗探去丽江借瘟疫进行造谣破坏活动，企图颠覆木增统领的丽江军民府……

丽江，一场突发的瘟疫严重地危害着人畜的生命，每天都有人死去，整个丽江城处在惶恐之中。木府内，因为视察疫情而感染了疫病的木增为了不连累家人，命令医官把自己隔离起来。挂念木增的阿勒邱不惧怕被传染的危险，坚持去照顾陪伴木增。就在木增的病情一天比一天严重时，各种谣言开始在丽江蔓延。木隆派来的暗探四处游说，说木增心向汉人，得罪了三多神，三多神特地降下了病魔惩罚背叛三多神旨意的纳西人，要想消除病魔救纳西，只有赶走所有汉人，把木隆请回来做纳西王……

谣言起到了巨大的作用，病得很重的木增眼看由西和和木隆借助瘟疫操控的阴谋将要得逞，关键时刻，病中的木增不顾及礼法，让勇敢、聪明、善良的阿勒邱代替自己，主持府内外大事……

在阿勒邱的努力下，木坤派来传播谣言者一个个被抓获，但瘟疫却依然在横行。就在木增的病情进一步恶化，眼看性命堪忧时，木增的旧识多吉喇嘛带着藏药前来，在喇嘛的救治下，生命垂危的木增有了好转。当多吉告诉阿勒邱，木增的病情好转，是藏药对疫病起了作用时，一场抗拒瘟疫的战役在阿勒邱的指挥下拉开了序幕。为了购进能降服瘟疫的药材，在木府夫人们的带头捐献下，丽江各民族商人、官员纷纷捐钱，在短短的三天时间里，便凑足了购买大批藏药的费用，高玉龙和木鲜带着捐献的钱款前往藏区购药……

为断绝瘟疫源头，阿勒邱在丽江发动了一场浩大的卫生运动，消灭所有的老鼠，对所有饮用水井、街道、住房进行清洁消毒，火化一切在瘟疫中死去的人、畜尸体……

就在阿勒邱带领丽江民众抵抗瘟疫时，在永宁的木隆却带兵在茶马道上拦截了购药从中甸返回丽江的高玉龙。木隆要杀了高玉龙，致使木增的木府无药可医，彻底完了。

然而木坤却偷偷放走了高玉龙，他告诉高玉龙，自己虽然跟着父亲和木增敌对，但是自己依然是纳西人，此时是纳西人生死存亡之时，自己不会用纳西人的危难做文章，他希望这场瘟疫能很快过去。

高玉龙把药材运回了丽江，阿勒邱指挥人们连夜将药材研磨成抗疫药，免费分发给染上瘟疫的普通民众。

阿勒邱带领木府夫人、小姐、丫鬟亲自上门给贫困的各族民众送药，死里逃生的民众在获救后，把阿勒邱当成了救苦救难的女菩萨……而聪明的阿照也在这场救难中有很多表现，大家对她也很是爱戴。

瘟疫过后，木增把目光收回到了木隆的永宁，得知木坤曾经放过高玉龙后，隐约感觉木坤将是战胜木隆的关键，毕竟木坤依然还有着一腔热血和良知。

现在的问题是谁能赶去永宁和木坤详谈。怀着身孕的阿勒邱自告奋勇去永宁找木坤，木增无论如何不愿意让妻子去冒这样的危险。然而阿勒邱还是偷偷前往永宁，她希望靠自己的力量，阻止纳西人之间的内战。

阿勒邱在永宁偷偷见到木坤，在阿勒邱的劝说下，木坤终于渐渐明白父亲已经丧心病狂。最后木坤终于被阿勒邱说服，亲自捆绑了木隆，投降木府。木增抓着木坤的手，告诉木坤，虽然叔叔木隆杀害了爷爷和父亲，但他绝不会对自己的亲人动手。木隆被长久监禁，而木增依然放心地把兵权交到木坤手上，木坤痛哭流涕，跪倒在木增面前，从此对木增心悦诚服，忠诚一生未改。

而阿勒邱最担心的是，自己的舅舅西和神秘地消失了，最后关头他还是逃走了，事实上阿勒邱曾经见到他逃走的背影，可还是不忍心开口让人抓捕他。西和曾经远远回头，他看向木增的目光，依然充满仇恨。阿勒邱知道，西和还没放弃报仇，木增的危险还在。

安定丽江的木增逐渐声名鹊起，他民生政事齐头并进，并且注重文化，渐渐声名远播。与此同时，木家后院之内，争斗也在逐渐升级，罗氏宁眼看着阿勒邱舍身劝服木坤，已经对她放心。

然而偷偷潜回来的西和跟阿勒邱再次见面，阿勒邱劝舅舅放弃仇恨，二人不欢而散。这场面被罗氏宁发现，罗氏宁惊讶地发现阿勒邱确实和西和暗中有联系。

与此同时，阿照发现木增自始至终都把一颗心放在阿勒邱身上，心中警惕，加上此时也已经怀孕，她本来没想真正伤害阿勒邱，然而怀孕让一切改变了。阿照知道，阿勒邱的孩子即将出世，他将是木增的嫡长子，并且继承一切，而自己肚子里的孩子什么也得不到。

阿照为了自己的孩子，终于下定决心，对阿勒邱下手。

这两个曾经最好的姐妹，如今变成了仇敌，这也是阿勒邱最强的对手。阿照的聪明不在阿勒邱之下，二人又知己知彼，互相之间的暗斗也环环相扣。阿勒邱依然念着旧情，始终只是被动抵挡，渐渐地，阿照占了上风。

阿照不是没考虑过把阿勒邱的身世说出来，然而自己做的很多事阿勒邱也都知道。为了避免和阿勒邱鱼死网破，阿照决定用别人的手来揭穿真相，她想法子让罗氏宁知道了阿勒邱和西和的关系。

但是阿照并不知道，罗氏宁早就见到了阿勒邱和西和见面，却什么都没说，依然静静地坐在后院里，看着阿勒邱和阿照的争斗，并不参与。

阿勒邱眼看就要生孩子了，阿照想要毒杀阿勒邱，罗氏宁在最后关头突然出手帮了阿勒邱一把，把阿照的野心公之于众。在危急关头，救了阿照的居然还是阿勒邱，阿勒邱握着阿照的手，告诉她，二人依然还是姐妹，阿照被阿勒邱感动，放弃了伤害阿勒邱的念头。

阿勒邱感激罗氏宁帮助了自己，罗氏宁平静地回答，自己只是不喜欢阿照的所作所为。

阿勒邱并不知道罗氏宁已经知晓了自己的一切。

罗氏宁已经准备好堕胎药，想要打掉阿勒邱的孩子，她一心为孙子着想，对阿照下手，是因为觉得这个小姑娘心机太深，而打掉阿勒邱的孩子，是不希望阿勒邱的仇恨将来影响到木府。

罗氏宁苍老地迈步走向阿勒邱的房间，给她送去放了堕胎药的汤，随即默默转身离去，然而却在路上看见了木增，看着木增的微笑，罗氏宁想起了木增年少时的笑脸，看着回忆中小木增的脸，突然转身、回头，冲向阿勒邱的房间，在阿勒邱即将端起汤的时候一脚踢翻桌子，阿勒邱惊讶地看着罗氏宁。

罗氏宁瞪着眼睛看着阿勒邱，问她为什么一直不对阿照赶尽杀绝，阿勒邱回答不忍心。罗氏宁静了半天，刚要离去，阿勒邱突然开口，缓慢又坚定地将自己的身世告诉了罗氏宁，罗氏宁问她为什么不隐瞒下去。

阿勒邱微笑着看着罗氏宁，告诉她，仇恨放在心里藏着，就会慢慢变质，说不定什么时候就会腐朽，现在是把一切放到阳光下的时候了，她不愿意自己即将出生的孩子还带着这么沉重的秘密。

阿勒邱准备把一切都说出来，向木府请罪，

罗氏宁静静地看着她，告诉阿勒邱，她没有罪，她为木府做的一切所有人都会记在心里。

当天夜里罗氏宁宣布，木府后院大权，交在阿勒邱手上，她相信阿勒邱能成为真正的木府女主人。

这段时间内还要交代的一些大事，是徐霞客来访，以及木增请回大藏经进行刻印的大事。这期间都夹杂着西和的身影，西和打算杀害徐霞客引起混乱，被阿勒邱阻止。

《大藏经》刻印用了十余年，所以本剧里没时间把刻印工作说完，可以着重在从西藏请回《大藏经》的隆重上着手。西和同样准备动手毁去《大藏经》原本，让木增成为天下佛教徒之敌，这件事，依然还是阿勒邱阻止了。

至此，西和对阿勒邱深恶痛绝。

阿勒邱产子，西和偷偷潜入木府，劫持阿勒邱之子，想要以孩子作威胁，刺杀木增。最后，阿勒邱替木增挡剑身死，西和也身亡。

阿勒邱离开了木增，所有人都相信，她被三多神接走，因为她的灵魂是那么纯洁，只有神灵才有资格和她相比。木增终于成为伟大的土司，然而盛年之时，木增就放弃权力，把一切交给儿子，飘然离去，没人知道他的下落，只是多年后，偶尔有人看见，阿勒邱的坟前，总会坐着一个孤单的身影，陪着那座墓碑，不言不语……

（2011 年 3 月 22 日）

第二节　全力支持《木府风云》拍摄

就在上面这个剧本出来之前，还曾有一个很详细的剧本，即本书选载的前面的那个剧本，得到了木府、导演等一致好评。但于荣光先生提出，那个剧本好是好，但预计要耗费两三亿元，而他们无法在短期内筹集到这么多的资金。再说了，丽江方面也没有提供资金，所以，剧本要“瘦身”。就这样双方又“舌战”了六年，就像谈恋爱一样。呈现给大家的后面这个节选剧本就是一个双方不断打磨、不断思考的结果。我们基本上达成一致意见，请来了不同的撰稿人，在2011年的3月终于完成定稿，并于同年秋天在木府正式开机拍摄（拍摄中有个别情节有所改动）。木府作为最主要的拍摄场景，全力以赴地主持和配合电视剧拍摄工作。

那段时间，木府的工作分三个步骤，并交错在一起。

第一步，在电视连续剧《木府风云》拍摄期间，木府仍要正常营业。木府实行早上点名制以来，单位形成了一种凝聚力，也形成了团结、奋进、和谐、努力的氛围。特别是《木府风云》正在如火如荼地拍摄时，一个单位的凝聚力和员工的敬业奉献精神更显得尤为重要。但从工作状况来看，在《木府风云》剧组需要抽调木府员工扮演群众演员或做其他工作时，个别员工的服务意识和奉献精神还是有点淡薄，工作态度还是有点散漫。鉴于此，我们要求各部门要严肃纪律，增强单位员工的责任心和奉献精神，不仅把自己的本职工作做好，还要积极完成院里的各项工作任务。

第二步，拍摄电视剧《木府风云》。HLH市长讲过这样的话：“在丽江拍过那么多部电视连续剧，但历史上还从来没有过像《木府风云》这样一部纯粹、透彻地反映纳西族历史、纳西族爱与恨的片子，一部都没有。”丽江社会各界人士都非常赞赏、支持《木府风云》的拍摄。大家都知道，丽江是个旅游城市，而民族文化就是民族文化旅游的源泉。拍摄《木府风云》，是繁荣丽江纳西族民族文化的一个大举措，也可以说是“促进丽江文化大繁荣、大发展”这项工作的重要组成部分。所以，拍摄《木府风云》是丽江文化界的一件大事，作为木府人，要全力以赴地支持《木府风云》的拍摄工作，为丽江文化的大繁荣、大发展做出自己的贡献。为此，鉴于拍摄工作随时会有突发情况需要解决，从一开始，剧组一旦需要群众演员，各部门就要马上派出人员支持拍摄工作，我们规定，有谁不听从安排，出了问题，要及时上报到院领导处，由院里做出严肃处理。同时，我们要求宣传工作也要跟上。期间由陈副院长组织有关人员到现场慰问剧组，并邀请丽江市、区、县电视台、报社及相关媒体前来参加，共同做好电视连续剧《木府风云》的宣传工作。

第三步，《木府风云》电视剧拍摄完成后，全院打扫卫生，以崭新的姿态迎接春节黄金周，做好黄金周游客接待工作。之后，准备进入木府古建筑群封闭修缮施工阶段。

我们要求全院职工要有机地配合好这三项工作，相互兼顾，把各项工作落到实处，并积极有效地完成工作任务。三项工作完成后，在今后丽江古城博物院的工作中，要加大力度，进一步深层次地做好民族文化研究工作，做好游客接待服务工作，最大限度地达到社会效益、经济效益双赢。

GGS 区长曾提议："《木府风云》拍完后，可以做个宣传片到中央电视台放几分钟。"这个提议非常好，非常有意义，故我们要求剧组在《木府风云》拍摄工作结束后，做一个三分钟的《木府风云》宣传片，并力争在中央电视台上播出。

随后，《木府风云》剧组王主任也表示，非常感谢丽江古城博物院院长及各位领导对剧组方方面面给予的支持，特别是对剧组临时突发情况

图 5－4《木府风云》拍摄现场

图片来源：木府提供

给予了很大的帮忙与支持，同时也感谢各部门对剧组的大力支持。

就这样，耗时十多年、数易剧本的《木府风云》终于出来了。当时，木府上下不管是谁，都既对这部电视连续剧充满了期待，又对这部影视剧的前途命运多少有点担心。大家都怀揣着希望，心头紧锁着忧虑，期待着这部影视剧的出世和成功。

第三章 央视《木府风云》研讨会

《木府风云》拍摄杀青后，进入了后期制作阶段。半年后，于荣光导演打电话来说，后期制作基本完成，将在央视八套黄金时段播出！我听后觉得有点意外，因为以一个少数民族为题材的电视剧，一来就在央视八套播出，比较少见，但又觉得这部剧选题是没有问题的。在半信半疑中，《木府风云》横空出世了，而且是一发不可收拾！

《木府风云》电视剧专家研讨会是对该电视剧的一次全面审核，也是一次“阅兵”，检阅的不仅仅是于荣光导演的艺术水准，也是检阅木府文化的价值和社会地位。我们经常说的木府文化，其实就穿插体现在这部剧的剧情中。如果专家们提出的意见多，那是对我们前期工作的否定；如果专家给予较高的评价，那是对我们木府人的最高荣誉和鞭策。我们飞到北京，参加了这一次研讨会。为了全面展示专家们的评价和建议，我把会议记录整理如下。

电视剧《木府风云》专家研讨会

时间：2012 年 6 月 21 日

地点：梅地亚中心三层第七会议室

主持：王丹彦 国家新闻出版广电总局电视剧管理司副司长

王丹彦：各位专家，各位新闻界的朋友，由中国电视艺术委员会和中央电视台电视剧频道联合举办的电视剧《木府风云》专家研讨会现在开始！

参加本次会议的还有人民日报、光明日报、搜狐网、央视八套的新闻媒体的朋友们①，我们一并用掌声表示热烈欢迎。今天上午开会，大家

① 除与会发言者外，还有以下代表参加会议：中央电视台项目部综合组组长杨蔚，项目部主任、本剧主任编辑谭洁，项目部主任、本剧责任制片林刚，节目部节目统筹组组长郭婷，丽江古城博物院院长黄乃镇，丽江古城博物院副院长陈桂云，中国电视艺术委员会研究部主任陈超英，中国电视艺术委员会编辑部主任陈玮，中国电视艺术委员会组联部高级编辑周红文等。

在百忙中能够抽出时间，上午开会时间紧，但是我们今天的题目确实是给大家一个空间、一个切入点。首先我们掌声欢迎电视剧频道项目部主任周亚平代表央视八套致辞。

周亚平（中央电视台电视剧频道项目部主任）：电视剧频道定制大剧《木府风云》已经于昨天晚上在我们频道的黄金强档开播。这里我谨代表中央电视台电视剧频道以及张子扬总监，对今天前来参加研讨会的嘉宾、主创人员，以及媒体朋友们，表示衷心的感谢。

《木府风云》不仅是电视剧频道的一部定制剧，更是频道在运营的机制、编播的模式、宣传推广方面一个创新的个案。关于《木府风云》的美学价值和艺术特色，相信今天到场的各位专家会给出非常精辟的诠释和评价，我这儿主要借《木府风云》这样一个个案来谈谈电视剧频道的机制创新、选剧标准和价值追求的问题。

第一点，从《木府风云》看电视剧频道的机制创新。2012 年是电视剧频道定制剧全力发力的一年，从开年剧《大戏法》到现在的《木府风云》，以及之后的《劝和小组》等，都围绕台领导提出的“好戏出央视”的战略目标来进行。我们举全频道之力，甚至全台之力，打造一批重点剧目，以机制创新来应对日益激烈的市场竞争形势，以王者归来的气势重振国家电视台的收视影响力和市场号召力。加大定制剧和自制剧的力度是央视机制创新一个非常重要的举措，以往单纯依靠选购成片的模式已经很难获取市场上靠前的 10%—20% 的优质的电视剧资源，所以必须转变观念，主动出击，有效地联合拍摄公司以及顶尖的社会制作机构，发展定制剧和自制剧，整合制播资源，发展平台优势，实现多方共赢。《木府风云》就是在这样一个改革的背景之下诞生的，从频道的定制到集体审片，到观众测评，到我们目前采取的《木府风云》与《翡翠凤凰》3 +3 特属编排策略，全媒体宣传方案，《木府风云》见证了电视剧频道机制创新的每一个环节，其审查编播速度之快，宣传推广力度之大，方方面面关注度之高，可谓刷新了频道的新纪录。

第二点，从《木府风云》看电视剧频道的选剧标准。结合频道定位、受众诉求，电视剧频道通过一年的运行，通过对数据抽样的分析，目前我们选剧的配比是当代剧占 60%，年代剧占 30%，古装剧占 10%。在古装剧的配比较低的情况下，我们为什么选择这样一部《木府风云》呢？《木府风云》是一部充满浓郁民族风情和地域特色的少数民族题材剧，剧中美丽聪慧的阿勒邱用真情战胜阴谋，以善良化解世仇，通篇拓写民族团结与民族和谐，是讴歌真善美的上佳力作。选择《木府风云》作为频道的定制剧主要基于四点：

（1）其民族和谐的价值导向，应合全面宣传贯彻落实十八大精神为主线的宣传主题。

（2）少数民族题材类型契合了国家新闻出版广电总局加强农村题材、少儿题材和少数民族题材电视剧的总体规划的思路。

（3）其恢宏、精良的制作水准符合台领导提出的“好戏出央视”的战略目标。

（4）其跌宕起伏的故事情节、流畅利落的视听呈现和细致精湛的演员表演，满足了广大观众的收视需求。

可以说，《木府风云》具备了中央电视台所要求的高品质、高品位、高品格的精品标准。正是基于这样的选剧标准，电视剧频道在全国卫星频道中显现出强大的竞争力，尤其是2012年以来，频道的收视成绩令人瞩目。从横向上看，CCTV8在全国上星频道收视份额排名中，大多数时间一直稳居前三，基本上已经高于江苏、湖南、浙江等第一梯队的省级卫视；从纵向上看，CCTV8的收视份额同比大幅上升，尤其在2012年第一季度增幅明显，多次创造了单日份额全国排名第一的纪录，最高单日份额达到6.21%。

第三点，从《木府风云》看电视剧频道的价值追求。电视剧是广大人民最主要的精神消费品和市场化程度最高的文化产品。中央电视台电视剧频道坚持以市场为目标，从观众中来，到观众中去，充分挖掘和展现一个国家媒体的传播价值，建立中国电视剧市场的标准化和风向标。电视剧也是弘扬民族精神、建设社会主义核心价值体系、构筑中华民族共有精神家园的重要途径。作为国家级专业电视剧频道，我们一直强调用播出引导创作、用播出传递精神，在实现电视剧商业价值之余，更好地实现其社会价值和文化价值。

中央电视台电视剧频道将《木府风云》作为定制剧，在这部剧创作伊始便做重点跟踪，今天又在黄金强档隆重推出，正是基于国家媒体的社会责任感和文化使命感。希望通过这部剧在央视播出，能够充分展现多彩的民族文化和秀美的丽江风光，大力弘扬民族和谐和民族团结的精神力量，引领广大观众和影视行业对少数民族文化的关注与支持。

最后，感谢各位主创和专家以及今天在座的各位领导为这部电视剧的倾情付出和大力支持，更感谢大家长期以来对电视剧频道的关注和支持。预祝《木府风云》在央视八套的播出成功，为少数民族题材树立一个新的标杆。谢谢大家。

王丹彦：谢谢周亚平主任给我们提供了很丰富的信息，一方面对这部戏从四个角度提出为什么央视八套选这个戏，给我们很重要的思考角度；另一方面也谈了央八选剧、购剧的思路举措，对我们的思考和点评很有帮助。下面我们用掌声欢迎赵智江总裁致辞。

赵智江（海润影视有限公司总裁）：我代表海润影视制作有限公司衷心地感谢艺委会的各位领导、中央电视台的各位领导、云南省的各位领导。今天《木府风云》研讨会的召开，也是对《木府风云》的创新，以及对《木府风云》12 年前缘起的肯定，我对此感到非常高兴。因为《木府风云》创作从 12 年前开始，那时我们跟蒋老师、于老师说起这个故事，我们首先觉得这是一个好的故事。第二它是少数民族的题材，这个在电视剧创作中也是非常少的、非常稀有的、有价值的题材。当然在后来的创作上，从故事的创作上等方面我们都付出了很多心血，同时也得到了各位领导、专家，包括媒体朋友的支持，在这里再次向大家表示衷心的感谢。

海润做这样一部剧，也是响应国家新闻出版广电总局的号召，发展少数民族的题材。海润影视公司在做电视剧上也有十几年的时间了，过去我们做了军旅题材、红色经典题材等方面的电视剧，也做了像《木府风云》等少数民族题材的电视剧，下一阶段海润影视公司也会在都市言情方面加强创作，我们真诚地希望能够跟中央电视台在这些方面有一些深度的合作。我们现在还有一部戏，也是中央电视台定制剧《劝和小组》，已经开机了，这样的项目我们也希望能够跟中央电视台在早期进行沟通，能够把我们的创作做得更好，把剧本故事做得更好，把拍摄质量进一步提高，能够为广大观众奉献出更多更好的影视作品。今天我们也是来倾听各位专家对《木府风云》这部电视剧的意见、想法，以便我们进行进一步的总结，同时也为我们下一步电视剧创作和拍摄提供更好的指导和帮助。在这里，我再次衷心感谢各位领导、各位专家、各位新闻媒体朋友，谢谢大家。

王丹彦：谢谢赵智江总裁谈了海润为什么选择这部戏。下面以热烈的掌声欢迎本剧导演兼主演于荣光先生介绍选择这个题材的难度和突破及其思考。

于荣光（云南润视荣光影业制作有限公司总裁、本剧导演）：说起这个戏，时间蛮长了，我们当年拍《钱王》的时候去到丽江，我们到木府取景，木府老板，其实他叫黄乃镇，我们12年前就认识了黄老师，当时我们去搭景，他不让我们搭，打得乱七八糟，把我们的景拆了。因为蒋老师坐在他门前求他，他盖木府非常不容易，我们不知道这个情况，看了木府整个规模什么的，最后我们的热情、我们的坚持感动了他，后来他让我们拍这个戏，大家还成了好朋友。他是纳西族，我们到木府参观，我发现了两句诗，是木泰写的，“凤诏每来红日近，鹤书不到白云闲”。我问过黄院长，这诗什么意思，他说太复杂了，有很多来由，简单地说就是心向恒泰。我说这是什么意思呢？后来我从这个地方开始了解纳西族的历史，发现一个问题，这么一个弱小的民族，那么长的时间，为什么经久不衰繁荣在那个地方，过得这么好，这是为什么？后来我们发现这个民族特别包容、特别祥和，从这点开始，我们萌生了要创作《木府风云》这么一个东西的想法。

很多年前，我们就在丽江开过好多次讨论会，创作这个剧本前后也有十几年时间，直到现在去拍。拍的时候的想法非常简单，为什么这么一个少数民族，这么少的人，在这么一个地区，能够有这么包容的思想，接受这么多外来文化，能够融合在一起，然后我们就开始讨论。

王丹彦：为什么拍，拍的过程中怎么样?

于荣光：真到拍的时候就简单了，很多创作应运而生，包括里面的服装、造型，木府对我们的支持，因为十几年的时间，在找一个东西，也是在找我们现在要求的结果。前面写的剧本不是这个意思，仲呈祥老师也看过这个剧本，也跟我们聊过这个事情。包括丽江政府对我们这个事情很支持，黄乃镇老师对我们很支持，找了很多纳西族的人来研究、探讨这个剧本到底应该怎么来拍。因为我们觉得少数民族题材是很难拍的，你不知道从哪方面入手，才能够更好地来反映。

王丹彦：我们欢迎蒋晓荣女士发言，谈谈怎么把难拍的民族题材变成现在的精彩。

蒋晓荣（云南润视荣光影业制作有限公司总经理、本剧制片人）：今天，在我期盼了12年的研讨会上，又和这些专家坐在一起。因为原来在云南我们也是获奖专业户，很多老师都给我们看过剧本，这个剧本是最重点的一个。我们在丽江拍中央电视台的《钱王》，2000年的时候我们花了15万元，那时候是很多钱了，我天天去找黄乃镇老师，天天坐在他门口哭，感动了他。他非常爱他的木府，但被我们破坏了，他可伤心了，就把我们的东西藏起来了。但是通过这一打，我们成为好朋友了。因为我们看到了纳西族身上特别坚韧、特别勇敢的东西，因为拆掉中央电视台《钱王》剧组的场景真是不得了。我们在《木府风云》剧里看到纳西族女人的那种善良、那种美丽，就像我们在座的YYB副市长那么漂亮。比如在街上，老百姓会给我们吃好多东西，不要钱，喝茶不要钱，那么好的地方，还那么美丽，所以我们决定要做这个剧。

这个剧本写了十几稿，换了好多编剧，最后的成形要感谢中央电视台张子扬和周亚平老师，还有谭洁老师。他们一直帮我们看剧本，看完以后决定定制。在这时候全中国的电视台也都需要这类剧，也签订了一些合同，但最后《木府风云》还是回家了，回到了中央电视台中国第一的电视剧频道。所以今天能在这里请专家给我们指导和评论，我特别开心。特别是我看了《八频道》期刊上李舒东主任的评论、仲呈祥老师的评论、曾庆瑞老师的评论，我特别高兴，他们是看了纳西族的历史，结合我们剧本每个章节、每个段落来评论的。

王丹彦：听了主创人员的介绍，下面进入专家点评环节。首先掌声欢迎仲主席发言。

仲呈祥（中国文联原副主席、著名文艺评论家）：我说一点感受。因为这个戏是十年怀胎，我见证了，当年拍《钱王》的时候我去了，看见于荣光先生、蒋晓荣女士在里面忙忙活活，当时我还不认识木府的黄院长。当时我们聊天的时候萌生了一个想法，说这个地方要是有一个生动的纳西族故事拍部电视剧的话，它的影响肯定很大。因为对纳西族我多少有一点认识，由于纳西古乐的争议打了那么久的官司，我们也去看了，就萌生了这么一个想法。没想到十年怀胎，锲而不舍，不断在创作的思维里发酵、升华、提炼，逐渐锻造了这么一个故事。

大概半个月以前，张子扬很兴奋地跟我说，你必须看这个剧。我马上当成一个很重要的事情，就组织我们的博士生看，我们博士生评价很高，说比韩国《大长今》好看。这些博士生口味很高，他们看了很多剧，他们是学这个的，是专门研究这个的。我跟他们一起讨论。我说究竟好在哪儿？今天大家都要发言，我不能占太多的时间。我觉得这个剧高出其他剧的地方，在于创作者自觉不自觉地融进了一种可贵的历史哲学意识。我们在写一个民族的历史的时候，当然最低层面是客观地真实地再现它的历史，包括它的风情，它的代表性人物的精神风貌、心灵轨迹，这是第一等的。比这个高一等的，它不是客观地呈现，它是站在今天的视角上反思既往的历史，看这个历史有哪些东西跟今天相通。不是简单的比附，而是打通历史同现实的通道，给今人以启示，这是第二等作品。再高一等的作品，就是既能够站在今天反思过往的历史，它还能够着眼于未来、明天，为了明天站在今天去反思历史，这就是一种历史哲学意识。这个剧在我看来，达到了这个高度，它比一般的剧要高得多，我们有一些剧是仅仅再现了历史，还缺乏站在今天视角的高度。

《木府风云》不仅站在今天回望历史，更着眼于明天认识历史的价值。为什么这样说？人类进入21世纪，普遍遇到的问题就是钱学森作为一个大科学家提出来的，包括我们一些科学家、计算机专家提出来的一个共同的问题：人类要走向何方？这就是文化自觉，这是已被党中央写进文件的。这些大哲学家、大文化学者都提出今天的人类为了明天，要倡导和谐、倡导交流、倡导互补，而不要讲斗，讲报仇、复仇。不要这样，应该怎样呢？应该是在一段历史风云过后，能够自觉、主动化干戈为玉帛，人与人相互宽容、相互包容、相互理解。最高的做法是以德报怨，以交融消弭战争。这是人类的共同理想，为了明天就要有这个理想。

而这部戏正是通过一个非常感人的，而且编织得环环相扣的纳西族的故事，一个木府里边的故事去表现这个理想的。木府为什么兴旺？就是跟朱元璋有关。这部戏是民族题材，写了民族和谐，尤其可贵的是塑造了木增这样一个形象，写出了文化包容意识。他本来在纳西文化中是很弱小的，但是他善于吸收中原文化，善于吸收藏文化，都拿过来，这样一种做法实际上是形象地诠释了纳西族民族的性格、民族的优势、民族的风俗、民族的习惯。他把藏族好多东西拿过来，把中原好多东西也拿过来。木增是超越他的祖辈的，他带领纳西民族走向了一种繁荣，一种具有旺盛生命力的境界。这个戏写出了原本为了复仇的阿勒邱，她是为了复仇进木府的。西方有西方的复仇故事，东方有东方的复仇故事，但是在今天的条件下，为了明天，继续写复仇故事，它虽然也有价值，但不是新的发现。这部戏高就高在这儿，不再写复仇故事，尤其是写阿勒邱心中复仇的种子逐渐变成了化干戈为玉帛的动力。她的心灵轨迹、她的思想嬗变、她的精神，应该是纳西族能够自立于民族之林、虎虎有生气的一部精神史的体现。她的舅舅是那样给她下命令的，但最后她成为主张民族和谐、民族交融的人。她善于把自己民族好的东西和他人好的东西交融在一起。本来她要灭掉木府的，但是她从木增身上看到了他的伟岸，这样才能一笑泯恩仇。创作者的最高境界是站在哲学的境界看问题，特别是体现了历史哲学，这是很重要的。

这个戏可以这样说，于荣光他们是进行了 10 年的史料准备，特别是在纳西族兄弟朋友的帮助下，研究了纳西族的民族风情、民族历史、民族性格，有了史学准备，同时还有了一种自觉不自觉的美学准备。艺术说到底是传递情感的，而艺术说到最后是追求真善美的。过去钱钟书把艺术划分成三个级别，第一个级别的艺术品就是“世之法天”，完全按照自然界的真实；第二个级别是超越了自然的境界，要歌颂善的；第三个级别的作品，心知通天，在真善的基础上追求美。美学是什么？是哲学的一个分支。最后，像阿勒邱这种形象是产生精神美感的形象。这部剧的艺术节奏的把握，在中国电视剧里边我认为是一流的，把握得很好。几个主要演员，不要说在座的于荣光，演一个老谋深算的人物，他的刻画表现、含而不露、步步深入，给人很深刻的印象。我还很佩服老戏骨潘虹，这么多年风云过后，扮演了这位罗氏宁，真是表现得细致入微，让我们看出了一个演员的功力。

还有这部剧的美工、摄影，我们学电影的博士是很挑剔的，你看打光，晚上的光都是讲究的，不是讲究拍了就算的。这种艺术上精益求精的态度是必须有的，服装在他们的指导下，肯定不会乱穿的。所以刚才记者问我，我说从这个意义上，《木府风云》也可以称为一部形象的纳西民族的风情史教材。要了解纳西民族请看《木府风云》，可以这样说。而且你要了解中华民族56个民族里，这么一个人数不多、虎虎有生气、活得滋润、对未来有希望的民族，它的生命力来自哪儿？来自它的文化。黄金是会枯竭的，而文化会支撑一个民族的繁荣。这是这个剧的主题。我为这个剧叫好。我也觉得我们国家电视台，无论是台领导，还是周亚平他们，推出这样的作品，除了在央视八套上，一套也是可以上的。当然国家电视台有国家电视台的考虑，我们平民百姓在旁边瞎说两句，也不能干扰人家的大政方针。我认为这部戏可以作为电视剧教学的教材来进行分析。我不占用更多的时间。

王丹彦：下面我们掌声欢迎李舒东主任进行精彩点评。

李舒东（中央电视台电视剧频道项目部主任）：我跟仲主席有同样的感受，当央视八套总监张子扬把光盘给我的时候，我当时心里还存着一个疑问，因为跟仲主席说的一样，其实我们认识文联的BGS，他就是纳西族。当时我心里有一个疑问，因为木氏土司在历史上来讲，是属于封建领主，我们来歌颂一个封建领主，到底怎么来表现？就带着这么一个疑问来看这个片子。随着片子的推进，我释然了。《木府风云》最积极的意义，从内容来讲，一个是歌颂民族的融合和团结；另一个是展示了人性的光辉，也给我们在内容上提出了非常值得深入思考的一些历史话题。比如说我先前存在疑问的问题，就是作为封建领主，在促进文化融合上，他以客观的、理性的态度做了非常准确的把握，这是非常难的，但是这个片子做到了。

关于人性的复杂性，这个片子给我留下很深刻的印象，它是故事，不是说教，所以我在评价的时候，我第一点就讲到了，它是找到了一个最好的文学表达形式，那就是故事。当然很多人都会以自己是在讲故事来展示一个文化的题材或者一个历史的题材，但是有很多片子它实际不是在讲故事，是在说教。而这个片子是以故事的形式来表现的，有爱情的故事、友情的故事、权力之争的故事、创业的故事，通过这个打开一扇窗户，让更多人了解纳西族和丽江的木府。

我看了有关纳西族的历史，在历史上本身就有木增这么一个人物存在，他在促进民族的融合，尤其是在汉文化的学习方面，做出了积极的贡献。而且在片子里头，实际他也是几个兄弟里最理想的接班人。就是这样一个人，他在有些情节中给我们留下思考，他亲民、爱民，把百姓的利益置于非常高的位置上，他同时又非常看重爱情。因为片子到最后，是讲他 38 岁时因为阿勒邱的去世，他也飘然而去。这也引发了很多思考，作为一个统治者，是政治利益高于爱情，还是爱情高于政治利益呢？但这不是一个失败，这恰恰是这部片子成功的地方。它没有一个标准统一的答案，它会留下很多问题，让观众们去讨论、去思考，然后得出自己的认识和理解。这就是这部片子非常成功的地方。

另外，强烈的艺术表现力彰显了纳西族的文化性格和价值取向。通过故事的情节和人物的表现，折射了纳西族一些可贵的文化性格和价值取向，我概括了这么几点：一个是纳西族人的开明、开放、开拓；第二个是以习教化，自信、自立、自强；第三，有亲民、爱民的政治取向；最后还有和为贵的价值取向。

在艺术表现力方面我也有同感，我觉得《木府风云》艺术表现力是非常强的，特别是有一批优秀的演员，刚才讲到于荣光、秋瓷炫、潘虹、吕良伟都是实力派演员，给观众带来了美感。尤其是他们的服饰，也是非常大的特点。我个人认为《木府风云》的主题是道德，实际是复仇与反复仇，阿勒邱是反复仇的，她赞成和；她舅舅是一以贯之要复仇的。这个故事的主题就是道德的主题。我觉得《木府风云》的灵魂还是道德，彰显了这样一个主题，就是大爱、大善。这个主题是有力量的，它能够感召人心，战胜邪恶。我对《木府风云》的评价是小切口、大历史、大主题。切口很小，就是讲木府里面的复仇与反复仇，但是彰显了民族的团结、民族的融合、人性的光辉，而且是放在巨大的、开阔的历史背景下面展示的，可以这样说，内容纵横刚性，反映了广大的社会背景；境界阔大，不仅歌颂了木府土司积极向上的进取精神，歌颂了木府保家卫国的精神气概，歌颂了木府的爱民，还表现了木府人与人之间的矛盾、融合，对恶的蔑视和揭露，达到了艺术上的善和美，激起了崇高的精神。

我对《木府风云》还有一个评价，因为《木府风云》的色彩是很有特点的，我觉得它的色彩艳而有骨，清而不薄，艺而有志。

我也是学哲学的，学哲学的人有一个“毛病”，喜欢一分为二，我这里也想说一下在《木府风云》非常大气、宏伟和具有深刻道德意义的前提下，存在小的创作上的问题，当然这是我的个人看法，不一定对，提出来跟大家共同探讨。一个是人物角色的一以贯之，在这点上表现得不是太彻底，这个人物的一以贯之不彻底表现在两个人物的塑造上，一个是阿照，一个是阿勒邱。

阿照从整个片子的演进过程中，虽然她有她的野心，但我觉得从故事一开始，她把自己关在柜子里，偷听到阿勒邱和西和两个人的对话，她没有向木府主人告发。当然这一方面是由她的野心所驱使的。如果是野心，我觉得，一个非常普通而且很年轻的女孩，她有那么深的心机吗？这里把她的城府写得过于深。我觉得她还是非常主流的，但为了跟阿勒邱争妾的这个地位，竟然用毒药去毒阿勒邱，这个举动有违这个人物的本性。

第二个人物，阿勒邱。围绕阿照，阿勒邱的表现，在木增要纳阿照为妾的时候，她的一系列表现跟整个作品所塑造的阿勒邱的真善美，特别是善的那一方面有矛盾，她突破了自己的底线。因为从很多故事情节里可以看出，阿勒邱这个人是非常宽容的，别人要打她、要杀她，她都能谅解，而一直辅佐她的姐妹，想成为一个妾，在那个历史时期，也不是太大的事，但从她的表现来讲，有点不容人。当然，这一方面表现了善和恶的斗争；另一方面跟人物性格有关。我认为在这个问题上不应该这么表现，应该给阿勒邱更多的宽容，才会把阿勒邱这个形象一以贯之到底，让观众接受。这是可以探讨的。

王丹彦：谢谢舒东主任，看得非常细，点评也是准备得非常充分。我们现在掌声欢迎车文龙老师发言。

车文龙（国家民族事务委员会《民族画报》社社长）：最近几年我

们中央电视台涌现出了不少民族题材的优秀影视作品，像一套播出的《茶马古道》《金凤花开》，昨天晚上播出的《木府风云》，又是一部反映民族题材的优秀力作。这部剧聚焦了我们祖国西南边陲丽江，聚焦了丽江木氏土司府家族的风云变幻。剧中不但展现了迷人的丽江风情，而且通过这个故事情节讴歌了纳西族人民比较亲和、开放、爱好和平、拥护中央政府、维护国家统一的思想。

咱们纳西族人口不多，刚才几位专家都讲到了，只有 30 多万人口，但却是一个有着悠久历史、灿烂文化的民族。大家都知道，三江并流是自然遗产，丽江古城是文化遗产。在远古时代，纳西文明和周围的文明在漫长的历史当中创造出了灿烂的文化，纳西族非常善于学习、包容。从历史上看，纳西族在继承自己本民族优良传统的同时，也吸收各个民族先进的文化和技术，不断充实提高自己，在历史上出现了很多促进纳西族社会发展，创造出很多有业绩的人物。《木府风云》主要的人物木增可以说是一个典范。刚才仲主席和其他几位专家也讲到了，木增这个人物的塑造，比如开矿，比如他请了徐霞客来修《鸡足山志》，在我们剧中都有描写。而且他可以说是一个文学家、诗人，书法也写得非常好。

我觉得这个电视剧的成功，主要是在编创电视剧的时候，主要人物选择得好，选择了木增。另外，把阿勒邱这个纳西族妇女的形象也写得非常好。我在央视首播发布会那天也提到，人们印象当中，纳西族妇女都是勤劳、善良的，通过这部剧，不仅仅写到她们的勤劳、善良、包容，而且通过电视剧的剧情写到阿勒邱是非常有智慧的，表现出纳西族妇女不仅善良、不仅勤劳，也是很有智慧的。

我看这个片子总的感觉是，第一，它洋溢着一个和谐的主题，整个剧以和谐作为主旋律，写了很多故事，有爱情、有亲情、有内部的钩心斗角，也有创业，但最后体现的都是和谐。为什么纳西族在历史上能够发展成现在这样？我想是因为有这种和谐的思想，所以能够和其他文明一起进步。

第二，人物塑造得好。不但电视剧中人物选择得好，而且演员班子的选择也不错，其中就有藏族的演员多布吉，像于导演，既做导演，又做演员，还有吕良伟，人物刻画得相当好。我可以说是第一个看了全剧的人，通观全剧，我觉得《木府风云》对以木增、阿勒邱为代表的人物的善良和宽容、大度和果敢，以及顾全大局、明辨是非、大胆追求爱情的美德，给予了充分的展示和歌颂。同时它又是一部洋溢着浓郁民族风情的民族题材电视剧，央视也把这个作为重点，这是民族题材表现得比较好的一部电视剧。全剧充满了民族和谐的基调，贯穿的主题思想对当今社会如何化解仇恨、消除矛盾、促进民族团结，使社会更加和谐，具有一定的现实意义。试想一下，人人和谐共处、坚守真爱，各民族共同团结奋斗，共同繁荣发展，这个社会才会有理想、幸福、和谐的家园，就像我们电视剧主题歌唱的那样“传说中的净土……”我就简单谈这么一点自己的感受。谢谢大家。

王丹彦：谢谢车老师，而且他从民族文化史角度对我们这部戏进行了横向比较考据，谈到了纳西族独特的民族品性和文化风格。我们这部戏是一个正史，而且是以信史为基础的创作，有史料说：“知诗书，好礼守义，以丽江木氏为首。”

仲呈祥：徐霞客说木府就像王府一样。

车文龙：徐霞客当时没有进到木府，只是让他看了一下，因为木老爷可能怕犯上。

YYB（云南省丽江市人民政府副市长）：徐霞客在日记里写到，木府规模是有僭制的，超规模，快赶上王者了。

王丹彦：下面请曾庆瑞老师发言，掌声欢迎。

曾庆瑞（中国传媒大学教授、博士生导师）：晓荣给我打电话，我说我一定认真看。我首先往大处说，我觉得这部戏展示或者说缩影了人类历史的另一种真实，或者人类的另一种文化，中华民族的另一种民族精神。我们这代人从小到大学的是斗争的哲学，知道政权的更迭、社会的变换都是通过暴力，而不知历史动力也应区分为善和恶两面来看待。其实人类历史上还有不是用暴力、不是用斗争来推进它的进步、它的变革、它的发展的。特殊的国情，或者说特殊的文化传统常常遮蔽了这一面。这部戏告诉我们还有另一种真实。因为在不同的题材领域，大家可以注意到，近几年我们在电视剧里面，看到了像《中国地》这样的剧。包括谍战剧也是，从20世纪50年代的电影到现在的电影和电视剧，都是斗得死去活来。但今年央视播了《誓言今生》，反映了国共握手言和。历史按照朝代一个个排列下来，文化人按照时间顺序排列下来，但是人们解读历史的时候，都不可避免地要受到解读者所处时代的局限。这几年在电视剧领域发生的变化，体现了我们这个时代的精神、色彩，体现了我们这代艺术家们，用艺术来阐述历史，来帮助我们解读历史、解读文化，他们站在今天的时代精神这个立足点上，写出还有另一种文化、另一种民族精神：要和，不是要老斗；斗是一种哲学，和同样也是一种哲学；斗是历史的动力，和也是历史的动力。

我们这部电视剧从艺术的角度就体现了这个时代的精神。明朝嘉靖年间，纳西族有这么一段历史故事。那个年代在木府内部，我们可以叫政权更迭，一共写了 4 代土司，处理了很多矛盾关系，通过阿勒邱、木增这两个人物形象塑造，体现出一笑泯恩仇、以德报怨的精神，促进了民族的和谐。其实它的故事情节还是有很多斗，但最终都是以和谐来化解的。这是历史真实，只不过是我们过去的文化、历史遮蔽了这一点。现在通过这部剧来告诉我们，历史上还有这样一种真实的存在。

这部剧大家从网上看到很多说法，有人说它是纳西族的孝庄故事；也有人说，因为这两年宫斗剧很厉害，而这部剧说的是纳西族王室的宫斗故事；也有人说是纳西族灰姑娘的故事，侍女出身的阿勒邱后来成为土司府后院主人。还有很多人把它定位为历史的情感大戏。于荣光说这是一个挑战命运的故事，由于为阿勒邱一生的命运所吸引，因此产生了创作的激情。这都不妨碍我们可以有各种各样的观感。我觉得这部戏，我刚才讲了，它阐释历史另一种真实的时候，借助了这样一个富有传奇色彩的故事。另外，它不是说教，因为中国人特别喜欢看传奇故事，幸亏你们12 年前没拍，如果12 年前拍出来，肯定不是现在这样的，你们苦苦守望了 12 年之后，表现了当代伟大的时代精神。

我们可以把这个故事理解为阴谋和爱情的故事，它是用人类基于本性或者应有的一种真善美的大爱，来化解仇恨的故事，放在玉龙雪山下面来演绎这个故事，让玉龙雪山来见证这样一种真善美、大爱的故事。木府我去过，让人流连忘返，丽江古城同样让人流连忘返，玉龙雪山同样让人流连忘返。承载这样一种文化使命的主要人物是木府土司木增，还有木府后院主人阿勒邱。我看纳西族史，木氏土司在经历了元、明、清三个朝代，一共传世是22代土司，前后是470年。而明代木府木增土司处于纳西族极盛时期，我们现在写的是因为阿勒邱不幸逝世，他放弃了王位，而历史记载中木增放弃王位是因为他对明朝失望，不愿意再做这个土司，所以38岁时把土司之位传给了他的大儿子。而明代土司的极盛时期，当时丽江土府和蒙化土府、元江土府并称为明朝云南三大土府，木增是历史记载中最杰出的土司，他积极引进中原汉族地区的生产技术、文化教育，从内地引进文艺、教育以及建筑、开矿、工艺制作技艺等。刚才说到徐霞客，他请了徐霞客去丽江，徐霞客在大理时候，随从逃走，自己行李和物什也被人拿走了，是木府给他重新装备和送他回老家的。

木家统治当时出现危机，年幼的木增表现出过人的才华、能力和手腕。他在母亲的支持下，镇住了父亲死后木府内外的图谋不轨之徒，11岁就继承父亲之位，当了土司。他是22代土司当中的第十九代。1622年，38岁的他放弃了土司的职位，让位给长子，自己退居到山中过隐居生活去了。

我们这个故事聪明在哪儿？在于把要演绎的历史表现出一种时代精神，展示出一种历史的哲学。我们选择这么两个主要的人物，尤其是真实的历史人物木增，木增是纳西族历史上最有代表性的土司，这个选择很好。你这样一选，就把整个故事，包括传奇也罢，真实也罢，虚构也罢，都放在一个真实的历史框架里了。这里写了4代土司，放在明朝的环境当中，让你感觉是真实的历史。让你看到4代土司的更迭，让你看到木增土司、阿勒邱的传奇故事，这就有历史化的可能，就是戏剧借助历史化，让纳西族土司也有了艺术化的可能。我们做实的结果，使“两化”结合。因为当你被他那种审美的魅力所吸引而不再去深究、追究他，这就很容易在创作界形成一种审美的沟通。有时候宁可把它看作是一部具有史诗意味的历史大剧，相信那些故事，哪怕是传奇都可能是历史上曾经发生过的。历史并不是什么都记载下来，我们可以借助文物、借助文学艺术作品来重新建构，这也使木府成为传奇的历史故事，升华为大剧。你们做了12年，这是非常值得的，你们12年磨一剧，这是一种值得的付出。

在这样一个做实的木府4代土司的历史框架上，再来发展木增和阿勒邱的爱情故事，显得和很多戏不一样，就是爱，爱到最后也是爱。这部戏演绎他们的爱是有所互利的，不是一己的悲欢，没有把两个人的悲欢看成全世界，他们的爱是伴随木府的风云变幻而发生，走向美好的结局的。所有发生的事都成了他们爱情的经历、婚姻的经历。唯有如此，《木府风云》才有了史诗叙述的意味，让木增和阿勒邱这个戏有了英雄史诗的色彩。这部戏里木增和阿勒邱的爱，我们创作的目的达到了，高高托举起一位纳西族爱的女神和她不朽的爱的精魂。阿勒邱之前就是为了复仇，因为木府让他们家满门灭绝，所以在混进木府前的风雨之夜，阿勒邱发誓以鲜血换回鲜血、以仇恨换回仇恨，让木府万劫不复。所以开场的戏里面，我很注意话外的旁白，有一个古老的传说……我们的故事在这个夜幕之中拉开帷幕。还有谁能说明仇恨呢？旁白把这个说到极致，充满了仇恨，充满了血，充满了狡诈阴谋。把这个说到极致的时候，才能让我们感到后来当故事徐徐展开的时候，当阿勒邱用她的人性的真善美和人格的魅力来化解仇恨的时候，让我们有置之死地而后生的感觉。一个身负血海深仇的少女因为仇恨而活，但她表现出来的却是善良、大爱。阿勒邱说“人和人之间不会只有阴谋”，一句话把所有的仇恨都化解了、都冲淡了，自己被高高地托举起来。现在虽然世风日下，虽然风气很坏，但我还是劝大家要相信，世上还是好人多，人间自有真情在。这应该是我们人生的信条。比如说在木府，阿勒邱当然不是做简单说教，在木府她一路走来，她面临种种挫折，所以导演说这是一个命运的故事。身边的人，以有姐妹相称的阿照最后都背叛她，命运常常把她陷入绝境，以至于到最后两人到雪山上殉情，但最后却回来了，为什么？她没有完成化解木府恩怨情仇的事，而不是贪生怕死。她一直怀疑她的身世，她是行走在黑暗之中的人，导演这个把握非常准确。那种令人窒息的压力一直想把阿勒邱拉入黑暗之中，阿勒邱完全可以变成另外一种人，变得心境险恶、钩心斗角，但她不这样，她始终出淤泥而不染，她没有摒弃人性的光芒，美丽的人性让她一路走来，一直保持着对世界的真爱。不顾一切陷害她的阿室于还有阿照，最后都被她感化，只有陷入仇恨而无法自拔的西和走上了绝路。最后木府老夫人把重担压在她的身上，保证了纳西族的繁荣昌盛。

这部剧除了爱以外，还有多吉大师所讲的一句话：“人别被仇恨蒙蔽心智。”正是这样一部电视剧的精魂，使得木府内外，那种盘根错节、复杂多变的恩怨情仇一一化解，除了西和以外，一个个人物都回归了，这是对中华民族人生信条的最好诠释。这部剧完全是表现真善美战胜假恶丑，还有表现纳西族的大爱、宽容的精神，以及边疆人民对国家统一的拥护。看起来斗得很厉害，但全剧充满了明媚的阳光，让人看着心里很温暖、很温馨。这部剧把纳西族善良、宽容、大度的品格传播出来了，这个民族有很深厚的文化底蕴，所以我要感谢创作者给我们展示了纳西族美丽的女神和她身边一群美丽的男人、美丽的人性、美丽的故事、美丽的风光、美丽的音乐、美丽的寓言、美丽的画面，让我们感受到在恢宏大气的故事演绎里，有一种思想的震撼，有一种审美的吸引，让我们深信不疑。那个地方是一片净土，净土上住着一个古老的民族，让你在美丽的梦中默默领悟雪山是在如何坚实有力地见证世上人间的真善美的大爱。最后祝贺你们成功。

王丹彦：谢谢曾教授，给我们很细致地做了人物关系剖析，而且对审美的整体风格做了概括。下面欢迎沈卫星主任发言。

沈卫星（《光明日报》总编室主任）：首先感谢咱们艺委会、电视剧频道，尤其是张子扬强烈推荐这个剧，还有云南主创，让我有机会接触这么一个很好的作品。我把这个剧归结为“宫府院剧”，宫就是皇宫，府就是王府，院就是乔家大院，这类剧非常有收视率。《木府风云》在宫府院剧里是非常好的一个剧。

从观赏的角度来讲，如果用接受过程的梯次来表示，我觉得有三个梯次。第一个是故事，故事非常好看，非常抓人，曲折、复杂，在这种曲折、复杂的框架内，始终进行着一种凶险的与善良的、美好的较量，非常动人心弦。第二个，非常好地表达了丽江独特的、美丽的边地文化，包括木府习俗，包括里面的人物关系、性格，这种元素表述得非常充分。第三个，主题。这个主题建立在前面好看的故事上，建立在民族文化元素的基础上，我们接受这样一种主题。这种主题就是消除仇恨，把善良和美变成巨大的征服的力量、超越的力量。木府不是很大，但是这里装载了非常多的内容，这是一个很好的作品。我简单从三个方面谈谈感受。

第一点，这个剧的故事性。特别是主创人员，叙事功力非常强，这是目前影视剧创作当中不可多得的叙事能力，这个剧不遗余力地在追求那种故事的复杂性、传奇性、曲折性，让你看不出故事有什么破绽来。做到这点非常不容易，特别是让我们在观赏的时候出人意料。这个剧不根据你的经验、你的判断、你的情绪走，有时候突然拐一下，这是这个剧非常成功的一个方面。虽然经常出人意料、曲折，但我觉得它又非常缜密、非常周全、非常合理，有很多地方非常合理，我很欣赏编剧的功夫，比你观众更加先见、更加高明、更加曲折回环。这些都大大刺激了你观赏过程当中的兴奋点。比如说西和这个人物，一直到最后才揭秘，这个人物不是阿勒邱的舅舅，他是边疆的一个土匪，是冒名顶替的，编剧把这个人物编得非常合理。阿勒邱在木府这么多年的过程中，她在转变，但是西和为什么那么死命要复仇，到最后非常合理，人物走向是出人意料的。

第二点，认识价值。我们没有把这个剧看成是后宫的斗争变成木府的斗争。木府有很多文化的遗产，像里面的组织、里面的婚制、怎么世袭，包括族谱的关系，这些元素用得很好。在这个剧当中，我们很好地认识了丽江的那些文化元素，包括服饰，包括建制，包括历史，都做得非常好，赏心悦目。它的基调、风格是非常有诗意的、非常浪漫的，有的地方很明快，不像宫闱戏那样充满阴郁的感觉。

第三点，在前面的基础上，这个剧在追求和张扬人生的境界，包括追求美学境界。我觉得阿勒邱是这个剧的灵魂人物，在她身上至少有两点给我们非常多的人生启示，第一个，她自己在木府的成长和转变。第二个，在她的影响下，木府里所有人的成长和转变。作为自己的成长和转变，我觉得马克思说过一句非常好的话，怎样在非人的环境中得以合乎人性地成长。我觉得阿勒邱基本上在这个问题上做到了合乎人性地成长，虽然木府里有很多很好的人，但是她的环境大部分还是一种险恶的、充满争斗、充满凶险的环境，在这种环境中，很难得的是她得以合乎人性地成长。这个力量是非常强大的，正是这种力量使我们感觉到这个作品在人生境界上，有一个很好的、沉甸甸的、厚重的分量。像最后罗氏宁的那句话，把敌人变成姐妹的事我很少碰到过。罗氏宁属于镇宅的一个人物，她非常欣赏阿勒邱，所以毅然决然地把自己的位子让给阿勒邱。这是对人生价值最大的肯定。她也觉得阿勒邱比自己强多了。这个后宅里面，有一种大爱、大美的东西存在，这种大爱、大美集中在以阿勒邱为代表的，包括木增，包括木青的身上，都有很多很多。

王丹彦：谢谢沈卫星老师，从宫府院这个独特的角度，把我们这个剧的特质做了深度分析。下面掌声欢迎路海波教授发言。

路海波（中央戏剧学院教授、著名评论家）：首先祝贺咱们剧组主创为我们观众带来一部非常出色的具有深刻人性和思想的优秀作品，也祝贺出品方，感谢云南和丽江各方面的支持。

我去过丽江几次，对东巴文化和纳西族人文风情也有点了解，看到这个戏感觉非常亲切。很巧的是，这次正好赵总给我打电话，我就在丽江。今天看到杨女士和陈女士，她们都穿着披星戴月的纳西族服装。剧中阿勒邱是勤劳勇敢、勤俭持家的纳西族妇女的统称，阿勒邱成了纳西女性的典范。木增作为纳西族第 19 代土司（按《木氏宧谱》乙种本），纳西族在历史上能够在祖国大西南雄霸一方，实际上纳西族无论在人数上，还是在整个民族的力量上，要在夹缝中生存，需要有高度的智慧。雄霸西南 470 年，这是非常了不得的。木增是最杰出的木氏土司。因为他 10 岁时父亲去世，在奶奶的支持下，召开高层大会，排除了有叛逆之心的异己。他即位没多久就发生边乱，他亲征。而且在当时敌人力量比较强大的情况下，他手下大将不主张进攻，他坚持进攻，居然打胜了，由此树立了他的威望。这个人曾经写过一千多首诗，非常了不得。

我看《木府风云》，印象最深的就是那个过街桥，纳西族，包括以木增为代表的开明的首领，他们跟老百姓的关系非常密切。因为木府不是一次建成的，而是建了多次，后院一直到三清殿那块，他们的后花园、娱乐那块，包括玉音楼，他们本来可以把街道拆了，把路阻断，但那条路已经存在很多年，最后他们就在通往后院的那块搭了一个过街桥，让老百姓方便走过街。那个时候他们就能这样体恤爱民，非常不容易。

看了这部戏我想了很多，关于民族题材的剧这些年拍了一些，但也有很多拍了以后播不出来，于是几千万、上亿的戏就搁在库里烂掉了。

我在丽江的时候，当时木府的解说员很自豪地跟我讲，过两天中央电视台要播出《木府风云》，就是讲木府的。这个戏播出以后，大家会一片叫好，但也会有人说像宫斗剧。宫斗剧这几年的确很火，但也受到一些批评。我觉得纳西族，包括东巴文化，有这样一种文化传统，包括民族包容，什么样的东西好，我就把这个东西拿来，不管是汉族的还是什么民族的，包括国外的。刚才曾老师讲得非常对，这个应该上升为整个中华民族的精神。特别是改革开放以来，与东巴文化、纳西族的人文风情和整个内地的文化沟通，都有关系。纳西同胞生活过得非常好，当然也得益于改革开放，旅游起来了，很多家庭旅馆都是星级的，非常卫生。包括在丽江城看到的小客栈，非常棒、非常干净。

我看了这部戏有 12 个字的感受：“文化包容、民族团结、审美佳作。”云南省委宣传部、云南文联在昆明开过一次会，叫“全国少数民族影视题材创作研讨会”。在那个会上我也有一个发言，中国少数民族影视剧创作的最高原则，无论你意识到还是没有意识到，其实都是政治第一的。最近这些年我国边疆地区有一些不平静，出了很多事，现在仍然是，或多或少，有时候媒体披露了，有时候媒体没有披露。在这个时候，纳西族同胞、纳西文化，包括《木府风云》这部非常优秀的作品，为我们提供了非常好的艺术佳作。这部剧作也是有很高的国情认识意义的作品。一个民族，乃至一个国家，因为我们知道中华民族是一个大家庭，云南有 25 个少数民族，纳西族能够在西南边陲屹立这么多年，而且在新的时代他们还在继续自己的辉煌。我的朋友白馆长，他是民间博物馆的馆长，他把这个博物馆办得非常好，中央的领导、省市的领导都去考察参观过。另外，他们个人生活过得很富裕、非常好，他自己有一栋楼马上建起来，建筑面积是 400 多平方米。刚才曾老师也说，在一定的历史时期，历史的主旋律不是这样的。当然有时候你说主旋律，在那个时候可能是偏的，比如“文化大革命”极“左”，可能有点偏。但在前半段有原因，比如新中国刚建立，帝国主义的封锁，对我们打压严重，把我们逼到很尴尬的地步，所以后来发生了“文化大革命”。包括有国家历史的局限，还有个人的局限，以及历史对它的打压，所以形成整个国家的那么一种态势。对我们后来人来讲，反思那段历史就是不要重复它。1978 年以后，中国之所以发展那么快，在全球都有很强的话语权，第一次是 1998 年，第二次是 2008 年，两次金融危机，再就是今年，在 G20 峰会上，我们都发表了自己的观点，所有这些都是因为中华民族具有对自我创伤的修复能力，对于自我错误认识和改正的能力。我们现在在全球讲和谐，当然不是说没有斗争，对于真正的邪恶势力你不能手软，因为有些邪恶势力是不能改变的。比如木增为了木府强盛，而木隆也是为了木府的强盛，这是纳西族历史的两个方面。除了和以外，有时候该斗争还是要斗争的，因为实际在历史上，当时依附明朝也好，实际上是为了抵御外族侵略，这也体现出一种高度的政治智慧和生存哲学。

纳西族文化是非常丰富的，包括戏里写到木增和阿勒邱的爱情，大家如果去过丽江，可能对殉情也是有所了解的。最多的时候，二三十对一块约好去殉情，这也是很绝的。

YYB：还有殉友情的，不光殉爱情。

路海波：斗争也是为了和谐，只有斗争才有和谐。现在纳西族又自由了，当然现在也不用殉情了。我们看到木府的“玉花园”，它的“玉”是翡翠玉石的“玉”，而不是皇家的“御”。到了雍正元年（1723 年），清廷把土司给废了，木府也就慢慢衰落了。当然这是另外一个话题，咱们不说。总而言之，刚才曾老师讲的，我觉得很好、很同意，包括仲主席讲的，这个戏切入点小，从后宫斗争开始切入。仲主席对历史非常熟悉，包括黄巾军起义，董卓到洛阳，引起东汉大乱，其实也是跟后宫有关系。刚才说到孝庄也好，罗氏宁也好，潘虹演的罗氏宁很厉害，她是一个开明的、后宫的、镇宅的、明智的领导。包括木青这个人物也不简单，他跟弟弟表面上看起来一文一武，但他在木府里也有自己的势力。我觉得编剧很有意思，这个戏写得很复杂，其实也是很简单的，每一对兄弟都是纳西族的两个方面，包括木增和木坤。文化包容使东巴文化和纳西族在西南边陲屹立七八百年，这里有很多东西值得我们总结。这是第一点。

第二点就是民族团结。现在中华民族又处在一个昌盛辉煌的高峰，在历史上，无论是西汉，还是唐朝、早期的宋朝、明朝的一段时期，现在中华民族在历史上是最强盛的，我们更应该强调民族团结，因为我们知道世界不平静、不安宁。在我们艺术创作的大花园里，百花齐放，其中民族题材的艺术作品，包括文学，包括其他的艺术作品，如美术、音乐、舞蹈，具体到我们讲的影视，我觉得对于好的作品我们应该给予高度肯定和坚定支持，尤其是影视艺术。不说别的，好莱坞，尤其今年上半年，中国电影票房受好莱坞冲击很大，有人用了“全军覆没”四个字来形容。在这个时候，我们的电视剧能够有非常好的少数民族题材的作品，从某种意义上来说，弥补了电影票房在这方面的遗憾，改变了让我们感到有一点担忧的这样一种情况，特别是《木府风云》出来。因为有一个数字，上半年 12 部好莱坞电影，包括 3D 大片，票房是 27 亿人民币，我们 17 部国产影片只拿到 4 亿票房，除了《黄金大劫案》过亿以外，其他都没有很好的表现。而 12 部好莱坞大片，他们拿到的票房是 27 亿，这是一个很大的冲击。在这种情况下，无论是个人还是观众，都希望我们的电视剧始终保持一个非常好的势头。刚才央视八套的领导也介绍了，很多作品都保持在前三名，其中少数题材的影视作品也是功不可没的。我们也期待《木府风云》在这次播出当中能够获得好的收视成绩。另外，在可能的情况下要加大宣传力度，就像我讲的背景情况一样。

仲呈祥：这个收视调查，又不包括我们，有什么用啊！

路海波：收视人群调查应该有各个方面的代表，包括在座的仲主席这样的领导，也应该平等对待，应该一视同仁。

仲呈祥：我们在收视上的话语权，早就被剥夺了。

路海波：第三点，它是一部审美佳作。我们也不讳言，好看是第一位的，前面我讲大的方面，它的主题、文化内涵，在座很多领导、专家都谈到了，当然刚才我也谈到了，这里尤其要谈谈艺术创作上的特点。

作为一部审美佳作特点有三个，第一个是个性人物，第二个是复杂性格，第三个是深邃的思想。个性人物，其实用的是最简单的、观众最喜欢的二人对立的人物组合，包括人性的两个方面，当然不是正和邪的关系，比如兄弟俩是文和武的关系，讲儒雅和刚烈。这个剧有两条线，一条是后宫之争，女人争宠、争爱、争位置，罗氏宁居高临下，她裁判、动用家法。另一条就是兄弟之争。当然还有一种力量是以西和为代表的。

阿勒邱在后宅成长过程当中，她怎么从侍女成为土司所爱，经历了非常凶险的人生转折之后，成为纳西族崇拜的女神形象。据说披星戴月就是纳西妇女特有的披肩，我们在木府里看到，木府最大的殿顶上，除了中间的龙以外，左边和右边一个是太阳、一个是月亮，下面是北斗七星。纳西妇女天没亮就出去，天黑了才回来，披星戴月。另外，个性人物，每个人物都有特性，阿勒邱就是善到极致，西和就是坏到极致。电视剧往往是以45岁以上的家庭妇女为主要收视群体，所以往往要表现出好要好到极致，坏要坏到极致。但是也有一些人物是为利益、情感所要挟。比如阿室于被西和掌控，为什么木增原谅她呢？就是因为她的爱人被西和掌控。天下人性有很多共通的地方，你说是普世价值也行。在这里虽然是个性人物，但是在某种意义上也带有一种普遍特点，这个普遍特点看起来跟个性有点对立，其实是不对立的，人性就是由个性和普遍特点构成的。

再就是这部剧反映了复杂性。你说阿勒邱复杂不复杂？也很复杂，但主要是善，否则很多东西就说不通了。另外，其他人物也都一样。最复杂的有这么几个人物，罗氏宁代表的是纳西的政治文化，她的领导艺术、内修外治，对内、对外肯定是不一样的，家法必须得严。我们到木府看一下，它的规制非常严，后宅就是后宅。一方面在当地是土皇帝；另一方面跟中央政府要保持一致，既要显出自己在当地的威严，同时不要让中央政府产生疑虑、疑心，里面有很多高超的处理。

最后，是这种剧表现出深刻的思想。一方面在很商业化的叙事框架底下，对人物大恶大善做了极致化的处理；另一方面体现出核心的价值，就是民族团结、民族要和谐。只有这样，大家和小家的关系才能处理好。其实所有民族都一样，只有这样，中华民族才能永远屹立于世界民族之林，而且拥有它应该有的话语权。这是非常重要的。

我除了非常推崇这部作品以外，还有一点建议，如果有些地方处理得更细致一点可能会更好。比如西和这个人物，到底要不要让他露出我不是阿勒邱的舅舅的面目？如果阿勒邱的舅舅这么坏，阿勒邱怎么可能这么好呢，会不会编剧可能认为对纳西族造成负面的感觉？所以把西和安排成是一个边匪。那么他如果是边匪，他是大头目还是小喽啰？他和阿勒邱到底是什么关系？如果说他个人跟木府没有仇恨，他至于对木府这么深恶痛绝吗；如果他只是小喽啰，更没有必要这样。

蒋晓荣：这个人物是边匪，他要把木府破坏掉。

于荣光：我们确实在这方面陷入两难境地，这种处理有点草率，但也不失为一种好方法。比如刚才有老师提出这个好，您提出反对意见。我们在描写纳西族历史的时候，发现用这种真情来描述它比较好，为什么要出现这么一个人，因为这是很极致的，是相克的，所以我们宁可有一些小瑕疵。

蒋晓荣：完美爱情。

路海波：我接受他们的解释，因为这不是大问题。咱们在这儿是在研讨，有一些个人的感觉，如果这样的话，能更好一点，所以我就提出来了，这个不妨碍整个戏非常出彩。就像咱们经常用的那个词说的，小的瑕疵瑕不掩瑜，非常棒。我在家里跟我太太一起看这个戏，非常喜欢，我们属于观众当中比较少的，跟仲主席一样，广大观众的反应我也看了一些，非常火爆，再一次祝贺。谢谢。

王丹彦：谢谢路海波教授。下面掌声欢迎黄艾禾老师发言。

黄艾禾（《中国新闻周刊》主笔）：我原来刚入行的时候是影视记者，后来做专题，好久没有开这种会了，这次把片子送来看，看到很多老朋友。前面大家说得太充分了，我没有太多可说的。

丽江很多人都去过，以这个为题材拍一部片子，天生就有号召力。木府的精美、壮阔，站在上面看整个丽江城，不知道后面是怎样的故事，现在有这么一个故事出来，会很有号召力的。这是第一个感想。

第二个感想，拍一个民族题材的戏，会有很多限制，现在民族问题一直是比较敏感的，所以拍这样的剧一定有很多限制。但如果这个戏变成一个宗教政策的说教，这个戏就没法看了，但这个戏还是很好看的，有非常多的娱乐因素。我们说里面有宫斗或者有权力、阴谋、爱情，现在比较流行的娱乐因素，这里全都有，娱乐因素是很丰富的，所以一播出来才有那么高的收视率。

第三点感受，我们要和谐、和为贵，最后阿勒邱是以宽容和仁慈征服一切，是拿这个收住的，这是和宫斗不一样的地方，比较有特色。

王丹彦：下面掌声欢迎艺委会评论员陈芳点评。

陈芳（《中国电视》杂志高级编辑、中国电视艺术委员会评论员）：看了这个戏以后，首先一点，我很喜欢这个戏，特别是这个戏的后半部分。这个戏在创作上有两个意义。一个是用活动的影像，用电视剧的形式正面表现和讲述纳西族最高统领的木府纷争、纳西族的古老文化、民风民俗以及自然风光，《木府风云》是我们目前在电视荧屏上看到的第一部电视剧，可能也是唯一一部。从这个意义上讲，《木府风云》的创作具有开创性的价值，而且也在电视剧的家族谱系上填补了一个空白。第二个意义，这部戏除了讲述木府家族内部的权力之争，以及木府内外盘根错节、复杂多变的恩怨情仇和纯美善良的爱情故事以外，还讲述了以木增为代表的木府土司对丽江的统治，对中原文化、孔孟文化的引进，以及对道教、禅宗、艺术等各种文化习俗的引进，在保证边疆长治久安，促进各民族同胞的文化交流，消除隔阂与误解，和睦相处，相互促进，倡导各民族同胞亲如兄弟方面做出非常大的贡献，极大地彰显出民族和谐的力量，使得这部作品超越了一般意义上的快节奏取胜的作品，具有更高层面的文化价值和深远意义，具有与时下所倡导的社会和谐稳定、各民族经济文化共同繁荣发展、56 个民族是一家这样一种社会价值观高度契合的品质。剧中几首纳西族民歌非常好听，而且服饰也很漂亮。

因为对《木府风云》这部电视剧的解读和诠释的角度可以有很多层面、视角，我有两点突出的感受。第一点感受，近年来，中国电视剧创作者们都在自觉、努力地探索电视剧的类型融合与创新发展之路，逐步找到成熟的类型剧的创作模式，并且融入悬疑侦破、爱情时尚等各种娱乐元素，把主流价值观的彰显，通过人们喜闻乐见的艺术形式加以诠释，那么这一点在这部作品当中，我觉得表现得非常充分。这种融合混搭也是电视艺术的一种创新，比如剧中有很多武打场面，在拍摄手法上运用升格、降格、停顿等多种手法，使武打场面非常好看，很显然这里融入了武打片的创作技法和思路。还有比如剧中第 11 集、第 12 集重点讲述阿勒邱、木增等潜入金矿，调查金矿的真相，这里融入了很多我们所常见的悬疑侦探剧的编辑技巧在里面，比如木罗的真实身份，逃跑的矿工跟木罗的关系，他为什么以这样一种形象出来，等等。还有阿室于要伤害阿勒邱的时候，就在举起剪刀的时候，镜头切到一双脚，一步步接近阿室于，这双脚是谁？这个人是来帮助阿室于还是阻止她？还有水渠的传信，这些都是悬疑侦探剧的拍摄手法，等等。还有木增和阿勒邱之间至纯至圣至善的纯美爱情描写，理想化色彩非常浓，又让人看到当下言情剧和偶像剧的影子。包括后宅宅主之位的争斗，这种尔虞我诈、钩心斗角，让我们看到后宫戏的影子。所以说《木府风云》是融合各种创作元素，而且是融合得非常好的一部作品。

第二点感受，在结构上，这个剧结构线索庞杂、人物关系复杂，最大的主线是西和和阿勒邱复仇的故事。在这个主线之下穿插了非常多的复线，这里有阿勒邱和阿室于、阿照的关系，有山匪、地质学家等的关系。但是非常难能可贵，在这些纷繁复杂的线索中，都做到泾渭分明、杂而不乱，使整个作品的叙事脉络非常清晰、自圆其说。再有一个方面，由复仇和谋杀带来充满紧张、悬疑、惊恐的氛围当中，编导非常聪明、非常有智慧地穿插了木增与阿勒邱之间具有童话气息的圣洁、纯粹的爱情故事，用他们的爱情和相对舒缓的节奏，与命悬一线的快节奏形成对照，这是在叙事上非常大的特点，做得非常好。前面很多老师对这部作品的优点分析得非常到位，我也都赞同，因为非常喜欢这部作品，所以看得比较细，下面有几点不是很满意的地方，提出来与各位老师、专家，还有主创人员进行探讨。

其一是，第 5 集全家人在木府祠堂祭祖的时候，祭祖现场有阿勒邱出现，这个不应该，因为阿勒邱是木府的侍女。阿勒邱和阿照都是非常普通的女孩，之前剧中也没有交代过，这两个人在进入木府之前有非常好的受教育的背景，让这两个人掌管金矿，两个人不仅胜任，还做得非常出色，这里是不是欠一个交代，大家也不是很清楚。还有一点，我们在拍摄过程中有一些疏忽或者没有交代得很好，比如第 16 集，木增听到老夫人要把阿勒邱许配给阿诺为妻的时候，他任何表情都没有，就过去了，这个不太应该。从他跟阿勒邱生死相许的情况来看，即便当时已经有策划，他跟阿室于成婚之前要带阿勒邱私奔，他外表平静，但也应该通过眼神来有所表示，但剧里就这么过去了，这个不应该。如果这样的话，就对两个人生死相守的爱情少了一点铺垫。有些细节的地方可以斟酌。

其二是，刚才主创、编导说了，我觉得阿勒邱形象过于完美，哪怕我们在剧中给她增加一点反复，也并不影响这个人最终的结果都好。比如她对阿室于的态度，那么刁难她，那么陷害她，可是那么阴险毒辣，她对阿室于始终是一个态度，比如宽容、友善、亲和、委曲求全、丝毫不计较，但是哪怕安排一场戏，比如她在丈夫木增跟前哭诉一下，我们都可以看出这个人物心理的变化、心理变化的层次，但是现在没有，所以让人感觉她过于完美。还有，阿月拉也是如此，她那么爱木坤，木坤因为出征，让她照顾阿勒邱，她就毫无怨言地照顾，没有一点瑕疵。可是爱情毕竟是自私的。

当然我说的都是很小的问题，从我个人来讲，我还是非常喜欢这部作品的，就像前面几位老师说的瑕不掩瑜，这是非常有实力、有品质，制作精良的作品。我衷心祝贺该片创作，也预祝它在央视收视飘红。谢谢。

王丹彦：我们现在进入最重要的领导总结发言的环节，首先掌声欢迎云南省委宣传部 LQ 副部长讲话。

LQ（云南省委宣传部副部长、省委外宣办、省政府新闻办主任）：非常荣幸能够在《木府风云》开播之际参加这次研讨会，首先受本片联合出品人的委托，我代表云南省委宣传部向国家新闻出版广电总局、中央电视台和我们的主创团队以及各位专家长期以来对云南的关心、支持、厚爱，表示衷心的感谢。

《木府风云》是近年来央视推出的第三部云南民族题材的大戏，这部戏是扎根丽江，已经通过我们央视的平台发向全国，我们有信心，很快这部戏会誉满全国。我作为来自云南的代表，对这部戏也有特别的感情。刚才各位专家分别从人类学、历史学、美学、哲学、民族学等各种高度、角度对这个戏做了深刻的、充分的评论，这些我非常赞同，而且也深受启发，戏内戏外同样精彩。我在这方面也不专业，各位专家说的，我就不再赘述了，我就从云南的角度，谈谈这部戏对云南特殊的价值和意义。

首先，《木府风云》这部戏是创造性地找到了一条民族文化、现代化、时尚化、大众化，甚至博学化的道路。因为我们讲民族是世界的，民族是历久弥新的，但民族只有不断注入新鲜活力，才能与时俱进。我们现在感觉《木府风云》这部戏把民族的题材和流行的元素巧妙地融合、融汇、贯通、交织，以一种愉悦的方式去宣传、推广我们云南丽江的民族文化符号，为小到类似的题材，大到云南文化走出去提供了可供借鉴的经验。我昨天用一天的时间一口气把40集看完，直到现在感到还是余音绕梁，是非常轻松的方式。听了专家的高度评论，我既愿意从国家、民族的角度去提炼、升华这部戏，也愿意从普通观众的角度来轻松享受这部戏。

第二点，在偶像剧、情感戏这么一部大剧中，自始至终贯穿着民族融合、天下归心的主线。对于云南现在作为边疆稳定、民族和谐的示范区，有着非常强烈的现实意义，说明主创团队心中有大局、胸中有大意。

第三点，纵观全剧，从建筑、风景、歌舞、民俗等方面，勾勒了一幅纳西族民族文化大观园的全貌，也是把丽江博物馆非常生动鲜活地搬上了荧幕。正像刚才仲主席所说，相信随着这部戏的热播，丽江木府一定可以掀起第二次全国关注的热潮。而且阿勒邱一定会像很多年前的一部戏《阿诗玛》一样，成为第二个少数民族真善美的符号。特别是这部戏的名字非常好——《木府风云》，带有鲜明的地域特征，这是对我们丽江最具艺术性的广告宣传，我们求之不得。非常感谢主创团队为丽江人民、云南人民、全国人民奉献了这部大戏，我们云南省委宣传部也会根据省里对重大题材创作的优惠政策，对这部戏后期予以重奖。

大家都知道，云南是影视创作的天堂、沃土、富矿、海洋，因为大家都是云南的老朋友，我们很希望以这部戏的热播为契机，继续和央视电视剧频道携手，继续和海润、荣光公司加强合作，借助央视电视剧频道机制创新的东风，把我们云南变成央视电视剧频道的生产基地，我们也期待着荣光在云南找到更多的灵感，也希望在座专家更多关心关注支持云南。

最后，我再呼应一下仲主席的一个建议，我们建议将来类似这么好的题材，完全可以在一套播出，不但可以在一套播出，而且完全可以翻译成东南亚、南亚这些国家的语言播出，这是非常好的外宣题材，我们要让这部戏走出国门。我就讲这些，谢谢大家。

王丹彦：谢谢 LQ 部长。下面我们用热烈的掌声欢迎 LJS 司长做总结发言。

LJS（国家新闻出版广电总局电视剧管理司司长）：我简单讲几句。今天的研讨会开得非常好，专家们对这部电视剧给予这么高的评价，对一部大众电视剧能够上升到历史、文学、哲学的角度来探讨，确实是非常不容易的。民族题材电视剧受到专家这样赞扬的作品是不多的，这部作品的历史哲学意识，是另外一种历史真实，这是电视剧要提升思想文化品格触及的文化层面，大家能够在这些层面的话题上提供研讨的材料，说明我们电视剧艺术文化层面空间的提升还是很大的。

这部作品，从大家的发言当中可以看得出，它不仅仅是一部作品的成功，它对我们整个电视剧创作都有很多启发和意义。比如央视讲到，通过这部作品探讨和研究关于央视如何购剧、播剧新的模式和思路，这个很好。因为有些题材在我们市场化制作的层面过程当中，确实不具备市场竞争的优势，比如我们经常讲的少儿题材、民族题材、教育题材，等等，在这样一种情况之下，这些题材又是我们创作当中不能缺少的，所以特别希望大家参与到对这类题材的支持当中，也需要通过市场方式介入创作来给予一定的支持。如果没有这个层面的加入，我们就不会有这样的作品诞生。当然我们制作方海润公司作为非常有经验的公司，拍了很多优秀的作品，他们对这类题材的把握，也体现了民族影视企业对社会文化的担当。在这些方面的共同努力下，才有这部作品的诞生，才能使这部作品具有这么多值得研讨的方面。

刚才大家谈到的这部作品的成功当中，我觉得它还有一个示范意义。民族题材在我们的创作当中历来被市场认为是风险比较大的题材，是把握难度比较大的题材，是不大容易写得好看的题材。现在我们有这样一部作品摆在这里，等于有了一个样本，等于我们不但有这样的题材，而且把这样的题材把握得很好，拍得很好看。由于有民营企业的积极性、有组织领导部门的参与力度，还有政府部门对题材的提倡，以及电视台在播出上的积极关注和扶持，它应该是很有竞争力的题材。在以往的文艺成功样式当中，民族题材曾经也出过许多精品，特别是作为云南这样一个少数民族资源非常丰富的省份，“文化大革命”之前出过《阿诗玛》《五朵金花》，在这样一种前提下，我们这样一部作品的成功，为民族题材创作树立了榜样。

在对电视剧题材的把握、对题材价值导向的开掘上，这个剧也有借鉴意义。现在大部分商战剧、家族剧、年代剧，反复表现复仇的主题，在价值观上有些偏差，比如有仇不报非君子，以血还血、以牙还牙，这些作为江湖信条的东西充斥在复仇题材的开掘当中，有时候对观众的引领有些负面作用。复仇的题材照样可以写成和谐的题材，这是我们作品在思想上的核心价值，我们可以向着更有文化层次、有精神引领、有价值追求的层面上升华。还有很多专家提到人性的光辉、完整的故事、精彩的表演，这些都是必备的因素。刚才仲主席提到央视一套跟八套的问题，我觉得我们这个作品播好了，央视的平台是我们的最高平台，播得好，我们再努力努力，让它有更大的传播面。

第四章　《木府风云》评说

《木府风云》的热播，一时成为大家议论的焦点，丽江电视台著名栏目《嘉慧点击》已经约了我好几次，最终组织了一次访谈节目。以下是访谈过程的文字整理。

第一节　《嘉慧点击》论《木府风云》

时　间：2012 年 10 月 7 日晚 8 点 10 分

节　目：丽江市电视台综合频道《嘉慧点击》栏目

嘉　宾：黄乃镇（丽江古城博物院院长）

　　　　ZB（丽江某高校教授）

主持人：杨嘉慧

主持人：生活万象，一路点击，朋友们，大家好！欢迎收看由丽江老君山国家公园特约播出的《嘉慧点击》。前一段时间，央视一套、央视八套以及云南卫视，包括咱们丽江市广播电视台，先后播出了一部电视剧《木府风云》，我相信电视机前的很多朋友一定都看过了。《木府风云》讲述的是明朝纳西族木氏土司统治时期木氏家族内部的恩怨情仇，以及由此生发而来的对人性中善良、智慧、宽容等一系列美德的探讨。今天，我们的节目非常荣幸地邀请到了来自古城博物院的黄乃镇院长以及来自丽江的 ZB 先生，一起来聊一聊关于这部电视剧台前幕后的一些故事，以及这部电视剧所带给我们的一些感触和思考。在节目一开始，首先让我们通过视频来回顾一下这部影片的精彩内容。

好的，短片看完了，我们常说十年磨一剑，但是《木府风云》这部片子，我们知道从一开始有这个想法到中间的资料收集，到最后我们看到这部影片出来，却整整花了 12 年的时间，那么为什么经过了那么长的时间，我们才最终看到这部影片的呈现呢？

黄：原因是丽江明代的历史资料非常少，而这部电视剧反映的是那一段的历史，《木府风云》这部电视剧，基本上是按照我们整理出来的历史资料为题材的。

主持人：就像黄老师刚才说的，可能这就是为什么我们花了 12 年的时间才最终看到这部电视剧的原因，第一个难点就是因为史实资料不多。

黄：对，在创作剧本的过程中，于荣光他们经常给我打电话，说是去图书馆、去网站收集有关这方面的资料，但是都找不到。他们要创作剧本，首先对这些素材要熟悉，熟悉是要花相当长的一个过程的。历史上纳西族是相当弱小的一个民族，有关纳西族历史文献记载是不多的。

主持人：刚才也说了，其实就是因为 12 年来，黄老师一直在做的事情，就是怎么样把《木府风云》这部影片最终能够搬上银屏，这是您一直在为之努力做的事情，而且也一直在从一些零星的、不多的史实资料当中，尽量去还原那个时候的一些面貌。我们也看到了，其实整个故事是以木增和阿勒邱的爱情故事为主线的，但是，阿勒邱实际上在历史当中是不存在的，没有这样的一个人物，是这样的吗？

黄：看完这部电视剧以后，许多熟悉木府的人都说阿勒邱只是纳西话里面的一个形容词，都说是黄乃镇把这个形容词变成一个人物了，我倒是觉得不能这样说。许多纳西族妇女本身就是勤劳、善良、勇敢的，像阿勒邱这个人物呢，她就是集纳西族妇女所有优点于一身的一个人物。至于有没有阿勒邱这个真实的历史人物，在此不必深入讨论。但阿勒邱这个人物在剧中的出现是不得了的一件事，假如没有阿勒邱，这个电视剧就无法展开情节了；阿勒邱的出现就使这部电视剧有了一种美感。你想想看，什么是人类永恒的主题呢，人类永恒的主题就是爱情，在电视剧中就需要有爱情的故事。所以这部电视剧，简单说，就是以木增和阿勒邱的爱情故事为线索，把丽江当时的大事件贯穿于其中，就这么简单。

主持人：那就像黄老师说的，阿勒邱她是一个虚构出来的人物，但是她在纳西族人当中知名度是很高的，她代表的是勤劳、善良、智慧，还有执着。纳西族人把一切他们能够想象得到的美好的事物都赋予在了一个女人的身上。刚才黄老师也说了，实际上，关于明朝木氏土司那个时期的史实资料是非常少的，那么怎么样来尽可能地还原勾勒出那个时代的面貌呢？或许因资料少，可以这样来说，这反倒是给创作者留下了更多想象和发挥的空间吧。

ZB：我觉得确实是这样的。因为说句实话，你要把正史里面所记载的，有关木府的或者木氏土司的一些内容，把它完全地靠一个拍摄单元展示出来，那么零碎的史料是不可能有的。也就是说，把明史里边，还有明史稿、清史稿，还有一些木氏宦谱，特别是刚才黄院长所说的当地的一些传说、当地的一些文献里的一些有关木氏家族的这些史料，把它们串起来，那么这是一个基本的大架构。大架构是完全按照真实的历史来架构的。但在大架构当中，要有血有肉，要使它饱满，那么在“大事不虚、小事不拘”这样的一个原则之下，给我们这个电视剧的艺术创作留有了非常广阔的空间和想象的余地。

主持人：其实很多观众对这部影片，也应该说都是给予好评的。但是还有一个观点，就是有的观众也直言不讳地说到，他们觉得像兄弟相残、妻妾乱政等这样的事情，是不可能出现在低调内敛的木氏土司家族当中的。我不知道对于这样的质疑，两位怎么看呢？黄老师。

黄：应该说七年之前了，有一次他们给我传了一个新修改的剧本。这个剧本里面，它讲的是木增与木隆两个人斗过来斗过去。在这样的情况下，他们想展开整个故事的情节，诠释紧紧依靠中央王朝这样的一个主题。但是，假如这个剧按这样的情况发展下去，那就比较危险了，危险在哪点呢？危险在我们看了以后，你不管想向观众说明什么，只会给人留下两兄弟在那里斗的印象，你要阐述的主题倒是摆在一边了，大家能领会得到吗？假如这样拍下来，丽江人就会不高兴，纳西族就是兄弟相斗、兄弟相残吗？没有这个规矩。剧本收到了以后，我就说是不行，我说木氏土司是一个地方势力，它的势力周围是应该有一些小人或者是阴谋家的。是不是安排一个小人或者阴谋家，就是企图颠覆木氏政权的这样一个人物，让他去迷惑木隆，最后给大家一个交代，木隆的原来本质也不是这样的，只不过是被小人蒙蔽了。这个人物一出来，许多不好理解的那些矛盾都克服了。

主持人：所以，整个剧本得到了及时修改，是吧？在剧中木府实际上也有斗争，但是正像您说的一样，它和宫廷剧当中的尔虞我诈可能是不一样的，它更多的是走出了人性的阴暗面，上升到保卫民族这样一个高度来说这个事情。实际上，人性当中的善恶博弈每天都在上演，我们也能够在这部戏当中，可能每个人都能够找到自己的角色，进而在这个过程当中，找到自己何去何从的一个人生坐标、人生方向吧。在《明史·云南土司传》当中，我们也看到给了木氏土司很高的评价，原来黄老师也说过，就是："云南诸土官，知诗书，好礼守义，以丽江木氏为首。"曾经弱小的纳西族，在这个多民族夹缝当中求生存，最终成为一方的霸主，我想这其中的生存哲学也是非常值得我们去关注的，而且这样的一个生存哲学，在这个电视剧中有很多的表现，您怎么看？

ZB：是这样的，纳西族确实是一个人数不多的民族，那么从它迁徙到发展，再到强盛的阶段，都是有一整套非凡的政治智慧的。比如说，在迁徙过程当中，在强大的其他民族的夹缝当中慢慢地迁徙到了丽江这样一块地方，这也是非常睿智的。因为这块地方远离权力中心，远离征战的中心，它就有足够的生存发展空间可以生存下去。这是第一个阶段。第二个阶段，我感觉在发展过程当中，木氏土司和他的祖先显现出了非常睿智的政治智慧。应该说麦良，还有阿甲阿得，还有在后来的改土归流过程当中几次关键时刻，木氏土司和他的祖先都能够准确地判断形势，然后审时度势，紧紧地依靠中央朝廷，赢得了发展的空间，赢得了发展的时间。第三个阶段到了强盛阶段，应该说是明代，这个电视剧所选取的片段就是讲文化，所以说明纳西族迁徙的时候讲策略，发展的时候讲政治，到了强盛的时候讲文化，以文化树人、以理服人、以情动人。这样一方面可以保境安民；一方面可以把周边的一些民族通过寻找一种共同的文化认同、共同的精神追求，团结周边的民族，安定本地的民族。我觉得是做得非常好的。

主持人：所以慎行、包容和文化，其实是咱们纳西先民的一种生存之道，而且还一直源远流长直到现今，一直是我们的一笔财富。《木府风云》的播出，掀起了一阵"木府热"现象。咱们这个《木府风云》在央视八套播出了之后，又在央视一套的黄金时段播出，这也是 2012 年咱们文化界的盛事，全民追看《木府风云》，那么一部电视剧，两度在国家级的媒体平台上播出，这真的是非常非常罕见的。我想，这部影视剧能够受到这么大的好评，能够取得如此傲人的成绩，肯定大大超出了咱们黄院长当初的预期吧。

黄：《木府风云》要播放之前，于荣光先生给我打了一个电话，说是《木府风云》要火爆了，我当时还不相信，然后他们请我去看样片，看了以后我的感觉是——

主持人：它会火？

黄：不，不！

主持人：看了之后也没有这样想法吗？

黄：我觉得《木府风云》简直是一件艺术品了，碰不得，一碰就怕它碎，当时蒋晓荣女士说黄乃镇看了《木府风云》以后泪流满面。泪流满面倒没有，但是我觉得是一件珍品，而且心里非常感动、非常激动。以前，大理有《五朵金花》，现在丽江总算有个《木府风云》了，至于说会不会火爆，我不敢去想。

主持人：那我也听说因为《木府风云》这部戏的成功，现在大理方面也有这个意向，要邀请《木府风云》制作的原班人马去帮他们制作一部，也是历史文化方面题材的片子，我不知道您听说了这个消息吗？是不是真的？跟您求证一下。

黄：我们在半个月前，在昆明召开了一个《木府风云》的庆功会。那个会上，央视八套的周亚平先生也来了，这个消息是他宣布的，他说已经签了合同，是要拍这样一个戏。

主持人：哦！是真的。

黄：包括了《木府风云》在中央电视台波澜壮阔的宣传，还有上了八套，最后又上了一套，周亚平先生帮了我们不少的忙，我特别感谢周亚平先生。

主持人：那我手头也有这样一份数据，说这个《木府风云》引发了巨大的银屏效应。据索福瑞全国数据显示，这部剧的平均收视达到了 3.34%，单集最高收视率达 3.56%，这真的是一个非常了不起的数据。我们常常说一件事的成功，它离不开三个方面的因素：天时、地利、人和。那么，我想问下 ZB，您是怎么样看待这部电视剧的成功，您觉得它的成功和这三个因素的切合点又在什么地方呢？

ZB：《木府风云》反映的，是以纳西民族特质怎么样开放，怎么样包容，怎么样广纳，怎么样与自然和谐相处，怎么样与人相处，怎么样与社会相处，用这样一种形式宣传大爱、宣传真善美的主题，应该说这符合时代的潮流、符合社会发展的需要。我觉得，它是顺应历史潮流，推动历史发展进步的一个正当其时的好作品。这是从天时上来讲的。至于说地利、人和，大家都容易理解了，我想因为丽江这块土地，从原来被人遗忘的纳西王国，通过像黄院长这样的老前辈，这么几代人的努力和付出，以及广大丽江各族人民的努力，到今天为止，丽江确实成了一块金字招牌。这个地方，能够吸引每一年千万人次的游客慕名而来，在这里流连忘返，不愿意归去。然后一谈到丽江的题材，人们都觉得有兴趣，大家都想了解一下，看一看这样好的一个地方，在过去发生过什么样的事情，所以丽江的关注度非常高，吸引了人们的眼球，所以一说在丽江拍了这么一部片子，大家都非常关注，这就是地利。人和更不用说了，因为丽江这些年来，旅游和文化互动，特别在宣传丽江的形象方面做得非常好，在市委、市政府，在我们一些专家学者，还有当地每一个丽江人的努力之下，应该是做得非常好的。你看，每一部片子都是丽江的一个发展台阶，比如说当年的《一米阳光》，还有《千里走单骑》，还有《茶马古道》等，让大家应接不暇，我们都从中感到了一次又一次的振奋，文化就是这样具有吸引力。这一次就更是了，你看，这次我们拍的是在丽江，在实实在在的木府，有形的一个具体的地点，在这个木府里面发生的主人的故事，是我们自己人的故事，不但引起了许多外地人，包括海外游客的好奇，而且引起了我们当地人的关注，所以我们是以一种自豪、骄傲、兴奋的心情来看这部片子的。

主持人：是的，《木府风云》以它旗帜鲜明的主题、引人入胜的故事，还有豪华的演员阵容，全方位地提升了这部电视剧的制作水准。其实在网络上也有很多网友对这部影片给予了他们的评论，我们一起来看一下。我们首先来看一下“贾静雯”的微博，她说最近看央视的《木府风云》，很有感触。纳西族是那么小的一个民族，却有那么强的包容性，那么让人感动的人性大爱。假如人人都用一颗包容友爱的心去面对身边的人和事，那么我们的生活将会是多么美好。

另外，这位网友“白萝卜围脖”也说，她特别想去丽江，原因是什么呢？原因很简单，因为前段时间看了《木府风云》，这部电视剧里展现那里的历史、那里的风景，让自己的心灵得到了一次洗礼，想亲身去领悟那个古老民族的文化。

还有这位网友说，《木府风云》这部剧很值得看，它告诉我们宽恕是最大的美德，宽恕和善良会有意想不到的强大的力量。

接下来这位“兰兰”也说了，《木府风云》这部戏包含的内容太丰富了，不仅阿勒邱与木增生死相依的爱情令人感到可歌可泣，同时这个民族所散发出的人性的光辉令我深深折服，由小爱融成大爱情怀，以及善良宽容的美也让我受到深深的震撼。

好！通过网友们的文字，我们不难看出网友们对这部片子所蕴含的文化之美和人文之魄感同身受。那么这部片子历经了 12 年的时间，最终被搬上了银幕，而且也取得了如此傲人的成绩，我不知道就是在最初成功的喜悦过后，当黄老师一个人独处的时候，您自己想得最多的是什么呢？

黄：心情澎湃。当时，于荣光先生他们的创作团队要搞《木府风云》，折腾了很多年，结果还没有出来，我心里就焦急，大家都觉得主题是好的，题材是好的，但是都还是有点担心。那个剧本前后修改了十多次，我好几次都想把那个剧组赶走了，不要他们拍，我的题材留起，我可以另请高明的人来合作。我想，假如我们两家没有那一次的合作，《木府风云》会不会那么好呢？那就差不多错失良机了。我想得比较多，通过这一次的合作，我的感悟也比较深，其实我们的题材跟有关的创作人员只要对接上去了，不只是《木府风云》，我想以后，估计会有比《木府风云》更好的片子出来。

主持人：还是充满了信心啊！那 ZB 教授呢？站在文化现象的角度来说，您认为这部片子的成功说明了什么？在成绩过后，我们更应该思考的又是什么呢？

ZB：这个如果是用一句话来概括的话，就是文化的力量，就是蕴含其间的和为贵、真善美这个大爱，这样的一些文化显现出来了。我觉得

《木府风云》的成功，使我们感觉到文化是非常重要的，因为这些年来丽江的发展变化、丽江的繁荣，都离不开文化的支撑。《木府风云》集中地说明了文化正当其时，应该说，每一个国家，每一个地区，每一个城市，每一个民族，竞争到最后都是文化在起作用，所以，文化的感召力是无穷无尽的，我觉得是这一点。

主持人：是的，说得非常好。说到这个电视剧的拍摄，我们知道这些年来，在丽江取景拍摄的电视剧也不少，而且这些电视剧都能够在一定层面上带动丽江旅游经济的发展。那么我想，就是推出一部电视剧，推出《木府风云》吧，可能站在投资方的角度来说也好，站在咱们市委、市政府的角度来说也好，站在木府方面的角度来说也好，每个人对这个片子的期望值都会是不一样的，现在我们知道，这部片子播了之后，好像来木府旅游的游客量每天都有一个大幅度的增加，是吧？是的，有一个大幅度的增加。但是，黄院长似乎并不愿意有太多的人打搅木府的清宁，是这样吗？

黄：人的思想也是有个发展过程的，当时拍《木府风云》电视剧，还是在恢复重建木府的时候我们就想到了，我是想借这样的一个片子把木府宣传出去，然后呢，获得更多的门票。后面就发生变化了，觉得是木府以后的路该怎么走，不能只停留在一个门票上，而是要去想更多的东西。我觉得你注意这个东西，倒不如去注意更进一步、更完善地去建立木府的文化理论。所谓木府文化理论，也就是说从木府出发去研究丽江更多的历史问题，收集更多的材料，去更进一步发掘那段历史，而且要去做更进一步的考察，甚至要做一些更好的科学论证，就是要把木府文化理论完整地建立起来。建立起来的过程中，为了论证这个理论的科学性，要做更多的考察，现在在中甸那边有许多纳西族的村落，芒康也有纳西族的村落，像盐井、像四川俄亚都有纳西族的村落，应当对这些村落进行田野调查，要把这些事情做好，我们不但要去探寻、探查更多的材料，田野调查我们也要跟上。然后呢，用这些科学的手段让我们整理发掘出来的这些理论有一个更科学的依据，把纳西族明代的那一段历史呈现出来，有一个更详细的资料留给子孙后代。还有，木府的建筑群已经存在了，我们要保护好它，我做这些事情比只考虑门票要强好几倍。

主持人：那么黄院长觉得没有必要太去关注游客量的多少，而更应该关注的是文化现象的本身，更应该关注的是木府文化理论的建立，毕竟木府不仅仅是木府，它其实还是一部咱们纳西族民族史的浓缩。那么，对于咱们木府文化理论的建立，ZB 教授您有一些什么样的看法呢？

ZB：确实是这样，黄院长说得非常对，因为要使一个地方可持续地发展，要使我们丽江永葆魅力，能够吸引更多的人来丽江，让更多的人来喜欢丽江、喜爱丽江、理解丽江，我觉得确实是需要更深层次地去研究深藏在其间的一些历史文化的。实际上从文化这个层面来讲，很多时候，我们是从横向来看民族文化的，各民族文化，以纳西族为主的各民族文化，它是一个横向的概念。但我们有的时候也应该从纵向来看，也就是关注我们的历史文化，所以正是因为这样，木府重要就重要在你把它看成怎么样，如果只看卖门票的话，它是一个景点，那么层次就太低了。所以刚才黄院长也开诚布公地说了，他的境界也在不断地提高。他的一生当中，我是非常羡慕他做了那么两件大事，一件是修了一座有形的木府。真的，这是非常令我钦佩的，在那么有限的，在目前来说，仅有那么有限的资料的情况下，能够在 1996 年到 1999 年，在丽江，1999 年 2 月 2 日，我没记错的话，矗立起了一座有形的木府。另一件是 12 年以后呢，又能够塑造了一部无形的木府。

前一个木府是有形的建筑，它是一个支柱，是一个架构，到后一个《木府风云》，它是从内容上、从精神上、从文化上，去把整个木府充满了、装点了、装满了，所以我觉得今天的木府和当年我们去看的木府已经不一样了。在我们眼里来看，这个木府已经是活生生的、饱满的、立体的、大型的木府了，因为它既有有形的木府的建筑，又有魂，还有根，是我们纳西族的艺术文化。不能把木府仅仅看作一个景点，它应该是纳西族历史文化的载体。所以就像刚才黄院长说的，市委、市政府也好，包括他自己的想法也好，都要以此为起点，以此为开始，不断去升华，不断去开展研究。这个看法是非常睿智的。可以说也是一个非常睿智的长辈的心血结晶和一种感悟，我觉得从这一点来讲是比较明显的。我们觉得，过去我们经常在谈我们把文化作为经济搭台来唱戏，但现在我觉得，这个已经反过来了，还是要用经济搭台，要花钱，但是目的是要做文化的事情，因为我们不仅要护住文化的形，还要稳住文化的根，更要把我们的文化的魂展示出来。所以今天《木府风云》的成功是个起点，包括黄院长他也觉得是一个起点。我们会不断地努力，不断地加强我们的文化自觉、文化自尊、文化自信，在新的形势下顺应潮流，把我们的工作做得更好。

主持人：好，那么在下面的时间中，我还想邀请二位再看一个微博。好，我们看到这个微博中，陕西一个县的境内数处林木被毁，群众举报但一直不见处理，然而林业派出所的民警却在上班时间玩游戏，这是网友发的一个微博。说在玩游戏、看电影，纪委回应说，当时民警看的是一部破案电影，另一位是在玩 QQ 游戏，恰恰被记者发现并被拍照。我们看一下，你们猜他看的是一部什么电影，我们把图打开来看。

ZB：这个就是黄院长要负责任哦，你的这个剧太吸引人以后，你看看，带来一系列的影响。

主持人：所以真的，我觉得两位，特别是黄院长，肯定对这个现象百感交集。我们今天对这件事情不予置评，实际上只想说这部戏实在是太火了。

ZB：文化的魅力。

主持人：对，文化的魅力。好的，今天，我们以这样一个警察上班看咱们《木府风云》的一个微博，应该说是轻轻松松地结束了我们今天的谈话，但接下来我们要做的工作却并不轻松，是吧？包括这个关于木府，关于这个木府文化理论的建立等这些都是并不轻松的事情，需要更多像黄院长一样的有识之士一起来担当，一起来把这个工作继续做下去。我们也知道，木府是咱们丽江古城的核心建筑，我们常说“一座土司府，半部民族史”，对吧？那么在看过了这部电视剧之后呢，在了解了这样一段历史之后，如何来续写咱们玉龙雪山脚下的大爱传奇，如何来化解矛盾，化解冲突，如何拥护民族大团结，我想这些也是留给我们电视机前的每一个人都要去思考的问题。好的，非常感谢两位老师今天能够做客演播室，谢谢你们！

第二节　《木府风云》答谢会致辞

由于《木府风云》电视剧的热播，来丽江和木府旅游的游客人数明显增加，这一成功不得不归功于《木府风云》这部电视连续剧。2012 年底，我们木府率访问团和电视剧拍摄主体单位，在昆明举办庆功答谢会，以感谢为此做出努力和付出心血的各界朋友。在那次答谢会上，我做了简短而诚恳的发言。以下是发言的主要内容。

图5－5《木府风云》昆明答谢会

图片来源：木府提供

各位领导，各位来宾：

《木府风云》成功了，我们在这里举行这个会是十分有意义的。

我有两个消息告诉大家，这两个消息都是来自《木府风云》。第一个消息是：《木府风云》播出以后，木府在 7 月、8 月的门票收入，每天收入都在 10 万元以上。第二个消息是：现在搞电视连续剧，特别是历史剧，都很讲究这个历史是不是真实的，所以全国人民看了《木府风云》之后，有些是来参观的，有些是来调研的，看看《木府风云》这部电视剧里所表现的这个东西是不是历史的。他们到了丽江、到了木府，考察了一番木府，而且又听了讲解员讲解了一番木府以后，游览的过程中都说眼前的木府比《木府风云》里的木府有过之而无不及。

《木府风云》与木府之间的关系是什么？我认为，木府恢复重建了以后，成功地摆在那里了。中央首长来了，说木氏土司非常的聪明，而且还讲政治，那是 1999 年 5 月 2 日的事情了。之后，我们翻阅历史档案，研究木氏土司的家庭档案，翻阅历史文献，大量地收集素材，基本上建成了一套完整的文化理论。这个木府，这个木府的文化理论，为摄制《木府风云》打下了厚实的基础。于荣光先生、蒋晓荣女士，你们真是大手笔啊！你们把《木府风云》这部电视连续剧拍得这么好，真是始料不及啊！而且是拍摄得相当好，木府与《木府风云》就是相互融合、相得益彰，这才获得了空前绝后的社会效益和经济效益。

《木府风云》也好，木府也好，不容易啊！一路走来，困难重重，但是，云南省委、省政府，丽江市委、市政府，古城区委、区政府一以贯之地支持木府和《木府风云》电视连续剧，使木府和《木府风云》获得成功。在此，我表示十分的感谢！谢谢！还有一句谢谢的话没有说完，就是谢谢中央电视台。中央电视台在风起云涌中，选择了木府，起到了这么好的一个效应，谢谢中央电视台！

第三节 《木府风云》背后的文化

中央一套播出《木府风云》后，有几天我的小孙子莫名其妙地发高烧，高烧不退，我就怀疑是不是《木府风云》炒得太厉害了，有点撑不住了，我心里想就不要炒得太大了，降下来一点。许多东西都是挟带着跑，就像山洪暴发一样，石头也就跟着挟带着滚啦！历史上，中国电视剧在央视八套放了又在一套放，从来没有过。在中央电视台召开《木府风云》专家研讨会的时候，我跟陈院长说，这段时间我考虑得比较多的是，我总是觉得好像是又要面临一种艰难的局面了，心里面有点害怕的感觉。我以前不会去看网络评论，《木府风云》播出以后我就天天上网，百度“黄乃镇”，帖子天天都有，什么信息都灌到这里来了。有一段时间他们搞了一个“黄乃镇”“阿勒邱”的网页，为什么取名“黄乃镇”“阿勒邱”呢？就是由《木府风云》插曲《阿勒邱》引起的，信息发到二十多万条。现在有人甚至说《木府风云》是“云南印象”。还有一个收视率，央视八套的收视率是二点九几，没有破三，但事实上有可能是破四。为什么说是破四呢？因为喜欢看《木府风云》的人多数是婆婆妈妈，她们不大会玩电脑，不会点击。在中央电视台举办的专家研讨会上，他们也讲到了要在那个时间段放，那么多少人都是一边炒菜一边看的，家庭妇女看这个剧的相当多，娃娃也多，现在木府的很多游客都是娃娃要牵着他们的父母亲来的，甚至有些游客说再吵闹的孩子只要听到《木府风云》主题曲里的“啊依哟、啊依哟”就不吵不闹，静静地听了，包括我的小孙子也喜欢听。各种说法沸沸扬扬，已经达到这个地步了。中央台的反应比地方台还要强，八套播了一套接着播，还专门开了一个《木府风云》专家研讨会，中国很多一流的评论家、专家都在那里评论《木府风云》怎么样怎么样。我觉得他们评论的几个主要点在这里：

一是历史的哲学性，意思是说这个电视剧有灵魂、有思想，主题鲜明。而且《木府风云》处处都包含着含着眼泪的政治主张，有这样的一种思想在里边，用时髦的话讲就是和谐、大爱。更深层次，就是紧紧地依靠中央王朝。《木府风云》电视剧就艺术地反映出来了这样的思想，提示了大爱、民族团结、和谐的主题，主题的背后更是国家要统一、民族要团结的主流意识形态。几百年前丽江人就做到了这一点，所以说，这个剧充满了历史的哲学，从历史故事里面就表现出这样的一些主题思想啦！

还有一个是艺术的真实。央视八套把有些剧封杀了，他们明文规定网络上编导的电视剧他们不放，那些剧用于娱乐一下可以，但是要起到教育人的作用是没有的。正因为如此，他们看得很重的是历史的哲学，这是上下一致的，是中国电视剧最权威的人们一致认为的。还有一点是艺术的真实，是不是胡编乱造，是不是真的有这么回事，对这一点是看得很重的，所以要采访哪一个，甚至要回避黄乃镇去干这个干那个，这个我很清楚，是不是艺术的真实，探究的就是这样一个意思。作为木氏土司后人，木光先生也给我打来一个电话，说阿勒邱不是木增的夫人，我说："木老，算了，大体过程就是这么一个意思，艺术源于生活，但是要高于生活，就是这么一回事了。"他也说好。我们只是截取了明朝那一段的历史，要不然要怎么办呢。真不真实呢？从总体看，电视剧艺术真实还是建立在生活真实上的。木增真不真实？纳西族从来没有称过王是真实的。"凤诏每来红日近，鹤书不到白云闲"又不是我说的，那是从木泰的诗句中摘录出来的。而且处于那样的情况下，不紧紧地依靠中央王朝，两边强大的民族就会来侵略，电视剧里面反映的就是这样的一个历史故事。而在这个基础上，我们进行了一些艺术加工，还创作了一首《阿勒邱》的歌曲。

我当文化局局长的时候，把全局的人召集起来开了几个会，讲了很多问题，其中就讲到了这个问题。以前在我们的俗语中有"像阿勒邱一样的"这种说法，老一辈的都会说这句话。我就把她假设成一个人物，确定了阿勒邱是一个人物，然后就动员我们的文学家、艺术家、画家去塑造这个人物，这样就丰富了丽江古城的历史，包括木增也是我们在信史的基础上加上艺术处理塑造起来的。当时我对歌舞团的团长 HMD 说，HMD，搞一首阿勒邱的歌吧。此外，画家们就画她的像，最后 YGJ 画了一幅阿勒邱的画，现在电视、报刊上都是用他的这幅画了。这个事情是十多年前就搞起来的了。HMD 搞了几首歌都是不好唱，没有办法，我们只好赤膊上阵来搞，谱写了歌曲《阿勒邱》。如果没有我们做这些基础工作，就没有《木府风云》电视剧；没有我们赤膊上阵，阿勒邱这个形象就丰富不起来。阿勒邱这个词是客观存在的嘛。在木府没有恢复重建以前，我们对木增的印象，也就是那里有一幅字："谈空客喜花含笑，说法僧闲鸟乱啼。"这是真实的，字都留下来了。丽江人的说法是说木增最后变成神仙了，跑到玉龙雪山变成一座山峰了。而我对这个事情的这种解释可能对新闻报道是有好处的，我们要找准一条什么样的路线来宣传木增，就是这么一回事，这也是国家新闻出版广电总局的意思。还有，木增是有一种道教的风味，当时对这一点也没有更多的印象，他 30 多岁就得道成仙了，还留有一些诗词歌赋。但是不能小看这些诗词歌赋，当时诗词歌赋是严肃作品，中国很多的历史都是从当时的古诗词里面反映出来的，从中就能了解他的思想，比如我们从木泰的《两关使节》里的“凤诏每来红日近，鹤书不到白云闲”就知道里面表现出一切都要听中央王朝的思想。后面木增还有一个义举，就是当时满人马上要入关了，木增知道了，该怎么办呢？他就上书，我们木府的对联就是从这些诗文中摘出来的，他说是我母亲借给了我一点钱，我自己也有一点积蓄，合并起来有一万多两银子，就交给中央王朝做军饷吧。他的意思是朝廷有难，我要把所有的钱拿给朝廷去打仗。我们知道的木增也就只有这么一些。我们对木府的研究还是很薄弱，几乎是空白的。马上要开拍电视剧时，他们请我去昆明给他们搞服装的、搞编导的、搞道具的再次上堂课。他们提问说：“我们把所有书籍都翻了，翻完翻尽了也找不到一点相关资料，怎么办?”我说，你们跟谁也不要接触，你们找这个人找那个人的话，我就退出。你们只能接触我，要不然，左说一句右说一句就做不成事了。

有一次会议是由HZX主持的，丽江市委书记、市长、宣传部的人都来了，包括史志办的YSG他们都来了，你一句我一句地说要成立一个领导小组搞《木府风云》，领导小组的组长是LSB，副组长是ZH，然后说办公室主任是我，办公室设在木府。HWD就说到巨甸的和土司，说是和土司势力比木土司大，说这是他的研究成果。听了他说的，会后于荣光跟我说H老师讲得很好，怎么把和土司这一部分加进去。我当时非常敏感，觉得《木府风云》只要有外人插手进来就完了，我就说你要写和土司就去写，去发掘研究去吧！一个木氏土司就已经折腾了十多年了，你还想把和氏土司加进去，你加嘛！自此以后，于荣光团队跟我们说，谁的话他们也不听，一听就乱套。他们说资料查不出来，去哪里查嘛！其实他们都有了，我还没有发表的资料都已经提前交给他们了，我们讲解员的讲解词有80多万字，其中有很多重复的内容，因为是讲解稿嘛！《木氏宦谱》甲种本和乙种本在记载方面也有相互不一致的地方，互相“打架”的情况也有。为什么会是这么一个情况？我是这样解释的，说木增年代是最辉煌的时候，他们还来不及写他们的传，满人就马上入关，打过来了，打过来了以后就改土归流了，你说清朝还会理会跟明朝有千丝万缕联系的木氏土司？还会好好地给他们写传写志？因为是这样，所以整个明代的历史中关于木府记载基本上是空白的。国家档案馆里有这么几句话，木氏土司知诗书，好礼守义，云南1/6的土地是他的，还比较富庶，就这么几句话。你能凭这几句话就写出来一个《木府风云》吗？所以一切就听我的了，是就是，不是就算了。讲到服饰问题也是这样，于荣光先生、小陈和我三个人多次讲过。于荣光就说："听说日本人寻根都寻到丽江来了，那丽江的武士也应该有一种武士道的精神，不是丽江学日本，而是日本学丽江，这种因素可不可以放进去？"我说："放嘛，明代的事情哪个知道？只要把武士的形象树立起来了，也就可以了。"这个讲清楚了以后，其他的事情就好安排了。然后是阿勒邱，女性的服饰问题，我说只要有个披星戴月的东西在里面就行了，以后的服装只要有披星戴月就是延续，然后不断地发展，有点变化嘛，这些都是相辅相成的，所以说艺术的真实性就出现在这样的情况下，话说来说去就是说这么一个意思了。

要拍一个电视剧，并且火到这种程度，我们是始料不及的。我们正在打算搞一个电视剧时，恰巧于荣光他们在木府拍摄《钱王》期间有一些破坏的行为，我就跟他们吵起来，制止了一下，然后就我为什么要保护木府、如何保护木府跟他们讲了一通道理，他们就非常感兴趣，生怕主题表现不好，搞砸了。说句老实话，对拍一部宣传木府、宣传纳西族的大剧，一开始我是有点担心，我就像担心犯了一件什么事一样，犯事我们都见过，是让人害怕的。盖木府嘛，开始盖不出来，世界银行都不想贷款给我们了，后面想尽办法总算建出来了。建出来以后，当时的很多领导都怕接近我，怕接近木府。他们怕什么？房子起的规模太宏大了，你纳西族要干什么？你纳西族要搞独立王国吗？而且这种文辞我已经听到相当多了。当时还有一句流传的话是"成也黄乃镇，败也黄乃镇"。当时HZX拍拍我的肩膀说："老黄，不要怕。"我最有印象的是DZQ，他说："老黄，你怕哪样？我们搞文化嘛，又不搞政治，认定搞文化就行了。"拍这部电视剧我也是下了这样的决心，反正是搞文化。

再谈谈木府的匾、联艺术，其实当时我也有怕的东西。当时赵净修老师还在，赵老师把木氏土司的诗词歌赋全部找来，我说是想找一副对联，找来找去，最后发现"凤诏每来红日近，鹤书不到白云闲"可以做对联。我把“凤诏”当作是皇帝的诏书；把“鹤书”当作当时的文书，当作现在的中央文件。对联搞出来了，因为是你要去解释为什么建这么大的一院房子，不解释的话，你究竟要干什么嘛？中央首长来木府参观考察的时候，没有这副对联的话，他会有什么样的说法呢？好！把这副对联挂起来。紧接着就是钦赐的腰带，三个“诚心报国”都挂上去。然后呢？如何解释这个东西，从木府的地理位置看就很明显，一想就很清楚。以前只不过是我不去盖木府，没有去修复木府，所以也就没有太多去想这个民族的处境；现在有了木府，就要去想它。纳西族从来就不是一个人口众多、地域广大的民族。在北面，有剽悍的吐蕃，南面有富裕强盛的南诏、大理，弱小的纳西民族被夹持在两个强大民族之间，随时有可能被吞并吃掉，纳西族是在夹缝里面求生存的。木氏土司审时度势，率众归顺，紧紧依靠中央王朝，它知道只要紧紧依靠中央王朝，中央王朝不允许侵犯他，旁边的人就不敢动，所以纳西族才得以生存下来。用了这样的匾、联，我想也就可以说明纳西族对中央王朝的忠诚了。

后面讲讲我们的培训资料，几句话概括不起来，木府有 80 万字左右的培训资料，其中最突出的就是对于木增的研究。这个研究就是：当明朝要结束，满人要入关的时候，我就说是丽江出了一个木增，江南出了一个《桃花扇》里面的李香君。侯方域和李小姐的爱情，最后是悲剧。为什么？原来侯公子说不去当清朝的官，最后却去当了清朝的官，李香君不同意，他们两个的爱情在《桃花扇》里大家都很清楚了。江南出了李香君这一个人，丽江出了一个木增。现在很多游客都在问木增的隐情，就是问木增为什么 38 岁就退隐了。这么有名的一个土司，电视剧里面就含含糊糊地说他殉情了，跟着阿勒邱殉情了，那个说服力不大。我们就说丽江出了一个木增，木增虽然只有 38 岁就隐退了，丽江的老百姓只知道他变成了神仙，跑到玉龙雪山去了。其实那时木增的心情是矛盾的，木增知道马上要改朝换代了，因为他与徐霞客交谈时获得了很多信息，在这种情况下，他不想再做清朝的官，所以有一种好男儿，读书人，一臣不事二君，所以他就把土司的位子传给了他的儿子，自己归隐了。我们对木增进行了新的研究，一步一步地把木增的形象丰富起来。

电视连续剧中如果只有木增的形象，只有木增一个人那么跳来跳去，那就会十分枯燥，没人看。所以我们再把早就研究好的、准备好的阿勒邱跟木增配上去，然后以阿勒邱、木增的爱情故事为线索，人类永恒的主题——爱情就出来了，所以这个电视连续剧归根结底就是这么一回事：以木增与阿勒邱的爱情故事为线索，再加上当时丽江发生的一些重大事件，比如说刊印《大藏经·甘珠尔》、跟缅甸打仗，等等，那个电视剧就成了。至于说我们要表现的主题，说当时的木氏土司占领着云南六分之一的土地，我们也知道那时大多数的时候是在跟吐蕃打仗，其实我认为，当时这些区域不是真正意义上的现在认为的香格里拉，也不是藏区，可能还是荒无人烟的地方，木氏土司开拓了那个地方。我们去做田野调查，去到芒康县，芒康县委宣传部给了我们一个资料，说是木高带着兵到了那个地方，后面一听纳西族要来了，就没有人敢来了，后来只要在村头钉个木头桩子就算是归附了。假如这个剧老是跟吐蕃打来打去的话，连央视八套都不会播放，所以就变成写民族内部的矛盾。事实上，虽然说木隆是木增的叔叔，但是他代表的是其他方面的势力。大家对我们讲解员的那套讲解词很熟悉嘛，你们在电视剧里看得很清楚，反映的是这样一个情况：阿勒邱掌管金矿，表面上看是阿勒邱掌管金矿，事实上是讲四川木里是属于丽江的，是木氏土司的地盘。所以我们为什么总是要讲金矿，其实就是以此来证明，历史上木里是在丽江木氏土司的管辖之下，是丽江的地盘。网络上误传说丽江老母猪滚一滚就是金猪，丽江遍地是黄金，就像上海滩一样，那是误传。还有阿照，让她掌管盐矿，其实是说什么呢？就是说盐井也是木氏土司的地盘，当时只要有盐矿和金矿的话，怕什么呢？盐和金子一样贵，纳西族就是从做盐巴生意开始学做生意的，那时候盐巴是非常值钱的，所以说，表面的电视剧是这样一个情况，但是暗地里反映的是另外一个情况，所以说，整个的电视剧是按照我们的讲解词再加上一些细节，就这样创作出来的。

说句老实话，现在搞电视连续剧的这些人不大注意主题思想，一般只注意它的剧情好不好看。我们的《木府风云》，央视八套播了一套播，里面的主题思想是相当深刻的。对这种题材、这种主题思想，我们早就做好了前期的思考，你上网络上查一查嘛，点击百度。于荣光就说过："主题、题材，包括服饰，都是黄乃镇把控的。"有没有这么一句？我们的宣传大概就是这么一个情况，这个《木府风云》怎么出来？就是这么出来的。先是剧作家钟源和于荣光先生、蒋晓荣女士一起来了，我就给他们讲了三天三夜，然后钟源拿出初稿来了。初稿写得相当好，史诗性的，但是拍成史诗性的电视剧需要两三个亿，我说不行了，他们也说不行。后来改来改去，最后拍《木府风云》他们说花了5000万元，我看不会有那么多，但是你看剧嘛！险象环生的操作的确是比第一稿好多了。我们光讨论剧本就讨论了不下10遍，一会儿在昆明，一会儿在丽江，甚至把撰写《五朵金花的儿女们》的和汉中先生也请过去一起修改。这期间，我还署名给于荣光他们写过《〈木府风云〉修改建议书》，内容就是《木府风云》这部电视剧要怎么写。后来按照《〈木府风云〉修改建议书》上讲的原则他们就写出定稿来了。这部电视剧的确是一部不得了的剧，编剧和剧组非常聪明，改来改去，把我们的思想已经基本上表现出来了。电视剧里面木青的父亲，一个老土司，随时都穿着盔甲在外面打仗。剧中常常外面有战事，他都是穿着盔甲凯旋啦，事实上反映出他是在往这边、往那边扩充地盘嘛。这一点电视剧就处理得相当好。我跟于荣光先生商量的时候曾说，一次征战至少要用1000匹马来表现，不用1000匹马征战效果就搞不出来了，他说那个要花多少钱？可不可以用擂鼓的形式或是怎么样的，只是讲战争嘛。后来就是用这样的形式处理的，我觉得效果也不错嘛。所以这个剧基本上就是这样以节俭办事为原则处理的，尽可能地利用了木府的内景。

这部电视剧好到什么程度呢？中央电视台最高层的评论已经出来了，我们再去搞评论，也搞不到他们的水平了。但人家就推剧组怎么样怎么样，人家要吹，也应该吹，我也觉得他们12年不停磨炼剧本真的是难得！但是我们地方又怎么办呢？我总是在想这个问题，我们的宣传应该是从哪个角度切入？我觉得我们的宣传应该从历史的哲学、艺术的真实，或者老老实实地从这个剧的产生过程来宣传这件事，这样宣传说不定才会有丽江特色。我们也一起创作过歌曲《阿勒邱》，本来我说是要用《阿勒邱》这首歌做这部剧的主题曲，本来是要这么干的，但是纳西歌要在全国唱响有点不可能，而且这首歌有点拗口，不怎么朗朗上口，还有待修改的地方。本来这次的主题曲我认为应该是这个，但最后还是换了

主题曲。我保留有一篇中央电视台第八频道的记者采访我的文章，当时

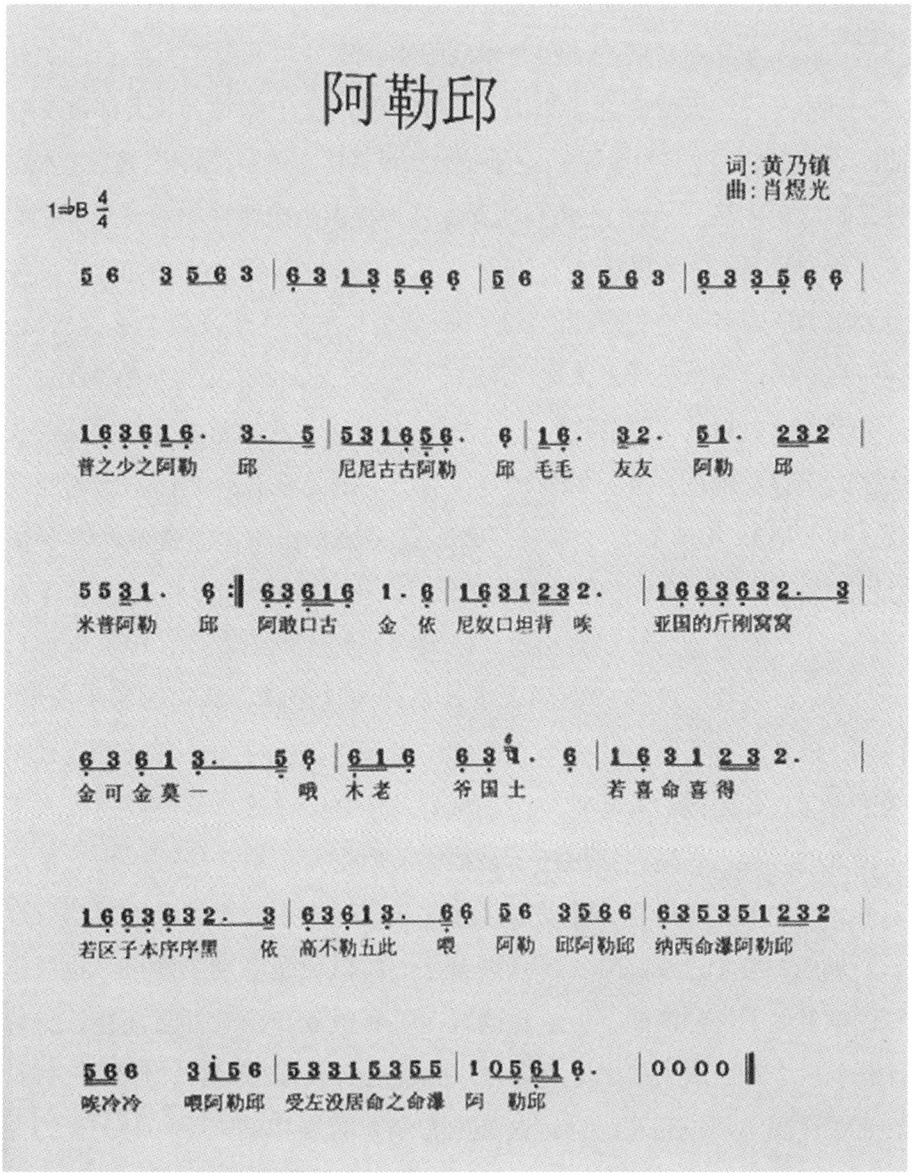

图5-6《阿勒邱》之歌

图片来源：木府提供

那个记者跑到丽江来采访我，就写出来了这么一篇文章。事实上，文章写的东西也就是我们所讲的内容了。后面的《探寻风云背后的木府》这些内容都是我给记者介绍的。《〈木府风云〉文化元素的争论考》上面还有一张我的照片。还有一个是《中国电视报》给我来了一个电话采访，

《木府的管家黄乃镇》等都是电视报上写的文章。我认为最权威的是中央台《八频道》期刊上刊登的这篇文章。

我说过，人们讨论丽江木府现象、云南印象，我最欣赏的就是那几句话了。人家怎么说呢？“在艺术家眼中，每一座城市都有其特色的魅力，诸如《马路天使》之于上海，《曼哈顿》之于纽约，《大都市交响曲》之于柏林，《老妇杀手》之于伦敦，《新桥恋人》之于巴黎，《木府风云》之于丽江。”我们把资料毫无保留地提供给想要它和能够升华它的人，我们找准了，所以就在全国出名了。逻辑推理就只能是这样了。可见要出名还要有一定的新意，我们不仅研究它的艺术表现要怎么样去做，还研究它的价值怎么样去体现，从这个角度来说，我们更有资格出名。

第一次央视八套要播我们这个剧，《木府风云》的新闻发布会陈院长去了，研讨会她也去了，第一次我没有去。据陈院长介绍，剧组的原话说，终于把12年怀胎的《木府风云》这个剧拿出来了。央视八套要播《木府风云》的时候，木府去了许多人，去开了新闻发布会，也见证了非常激动人心的时刻。开研讨会时，国家级媒体、网络直播，中央电视台的负责人、影视界非常权威的人士都在评论这个剧，从它的影视角度、内容，以及电视剧反映的主题思想都给予了肯定。作为去参会的这几个人来说，一开始他们就想把这个剧做好，但是，在这个剧还没有给大家拿出来的时候，心里面把握还不是很大。但是真正地在央视得到肯定的时候，他们确实还是非常激动的。从《钱王》剧组开始到进入《木府风云》剧组的整个过程陈院长都接触到了，所以更是激动。她自己也经常说，虽然她不是纳西族，但是也同样有一种民族自豪感油然而生，觉得比任何一个纳西族人都激动。因为几次谈论剧本的过程中，她都在旁边，在看、在思考一些问题，觉得这个剧有今天的成功确实不容易。作为主创，真正的主创，我没有能够见证新闻发布会的盛况，确实感到很遗憾！还有第二次的研讨会，包括前段时间央视一套的播放又一次把《木府风云》进一步推向高潮，她觉得跑北京就像跑丽江忠义市场一样，今天去一趟，明天去一趟，她觉得非常兴奋，直到今天还沉浸在这种气氛之中。

要谈《木府风云》下一步的宣传工作，一定要挖掘一下背后一些不为人知的故事。这个剧的主创人员思想变化也是一条线索。在开始恢复重建木府，比如在整个规划要出来的时候，我认为总得要有一些理论去支撑这件大事。在这个过程中，开过很多论证会、研讨会，包括房子要怎么摆，门窗要安什么样的，它的造型又是怎么样的，如何按古代建筑的规矩去盖，我都得自圆其说。在这个过程中，我动了很多脑筋。我对拍《木府风云》这部戏的初衷就是，木府恢复重建已经结束了，已正式把木府作为景区推向旅游市场，事实上我们的整套理论已经完善了。陈院长也非常理解我当时的心情，就是要把这套文化理论、把历史的东西在荧屏上展现出来。用当时的话来讲，就是把它拍成一部历史剧或者是以纪录片的形式去放映。但是作为他们的影视剧制作人来讲，他们追求的是利润最大化，于是又跟我的意愿有一些出入。电视剧可以拍，但是要投资很大，在这两个方面上，于荣光先生与我们不断磨合，他们也是按照我的思路写了一个剧本，写着写着，编剧自己也在想这个剧拍出来会不会好看。编剧是受剧组之托，剧组总是强调好不好看，而我们这边就始终强调真实、完整，要把这个东西丰满了，在这种情况下，双方僵持了一段时间，这个剧本创作就又停了一段时间。停了一段时间后，他们又再次来接触我，因为中间又间隔了几年，他们又有了一些新的思路。记得是第二次，于荣光先生看了第一稿后提出来的观点是既要满足看得懂门道的这些人的口味，他们的眼光比较挑剔，又要吸引看热闹的这些观众群的眼球。这样的思路出来以后，他们的创作团队又去组织第二稿，紧接着又出来了一个剧本。在这种情况下，我们又看了第二稿剧本，我觉得剧本中一些思路、一些大的历史事件与我的初衷没有吻合，而对我们民族文化、社会经济有一些决定性因素的东西必须要摆在剧情里面。在这个前提下，影视公司可以按照影视界的突发奇想去编一些故事情节出来。我们只能退到这一步了。结果他们又去搞了一些创作。在此过程之中，我和于荣光先生之间不断接触、磨合，最后又达到了默契，这点是很重要的。有些东西他如果要坚持的话，剧组又连贯不起来，这件事情就做不成了。所以，从整个过程来看，他们剧组也是在不断拍片的过程中成长的，他们说，涉及宗教、民族的东西非常敏感，不宜过多涉及；我们说，这个东西必须放进去，现在的发展趋势来看，如果不把《大藏经》放进去的话，这部戏的分量就没有了。陈院长在文史委也收集了一些资料，然后在写给剧组的建议书的基础上又跟他们强调，一定要把这个事件放进去。在他们创作的整个过程中，我们一直强调，木府首先是要讲政治。因为纳西族是集民族、政治、经济、文化为一体的，要以这个为载体，要去展示更多的事情。如果不讲政治就不行。当然，如果太讲政治的话，有些观众又不喜欢看了。我说这部戏首先要讲政治，第二是民族的，第三是文化的，最后再说经济效益，才考虑片子会不会大卖。其实在考虑好这几个因素的前提下，剧组肯定会赚大钱。后来也证明了这一点。开始他们每次来都会问我："大哥，你要拿出多少钱?"而每次来都会不欢而散，会吵架。我就会说："不拍不拍，你每次来都叫我拿钱拍戏，我一分钱都不出，我提供给你的这些素材已经值很多钱了。"陈院长又在中间调和，两边僵持，一边坚持是为了达到经济效益，另一边坚持是为了反映最佳效果。两边还是僵持了一段时间。

到现在，这部剧能够拍成，目睹了整个过程的人比他们任何一方都高兴，觉得制片那边卖大片了，收视飙升，肯定感觉非常兴奋；从木府的讲解部来说，《木府风云》的剧本他们早在10年前就已经看过了，就是这样一个主题。10年前就看过了，他们在培训的时候培训教材讲的就是《木府风云》的内容，一点都没有改变。

图5-7 《木府风云》剧照

图片来源：木府提供

每任丽江宣传部部长都很关注《木府风云》的剧本进展，每来一位新的宣传部部长就开一次会，布置新的任务，把剧本再看一遍。第一任宣传部部长和第二任宣传部部长看的剧本都不一样，但都说如果剧组跟我们要钱的话，不行就另换一个剧组。他们说，于荣光先生不干，张荣光、李荣光也会来干这件事的。

《木府风云》的宣传重点是要定位，更多地发掘发生在台前幕后的一些人和事，通过发掘台前幕后的人和事来进一步丰满宣传内容，来做一个陪衬。不去评说，而去真实地叙述，包括刚才提到的不愉快都可以谈，因为这就是事实，12 年磨一剑，12 年不离不弃。你看在开机仪式上，这就是切入点。开机仪式上请领导讲话，一个也不讲，好像只是我和于荣光两个人的事。于荣光先生逼着我讲，我就先讲。我就讲 12 年前修了一个木府，12 年后在这里搞《木府风云》开机仪式。蒋晓荣女士就马上上来说："这部戏之所以能够开机，是由于黄乃镇先生与于荣光先生，是于荣光与黄乃镇不离不弃 12 年的结果才得以开机。"现在的说法是丽江人民与他们 12 年不离不弃的结果，所以说，人家的宣传舆论都在变化，显然人家有点担心知识产权的问题，但是我说你们愁哪样呢？我早就说过了，我不出钱，你们只要拍出来就行；我什么都不管，我什么都不要，都支持。男子汉大丈夫，一言九鼎。只要找到切入点就可以了。

丽江电视台曾提出要给我们搞一个宣传，要像宣传"上有天堂，下有苏杭"那样宣传木府。但我不敢说这个话。后来电视台的人又跟我说，要不，搞一个"北有故宫，南有木府"吧。后来这种说法影响就相当大了，相关的舆论也多了。在此我想说明："北有故宫，南有木府"从来都不是木府的人说的，而是社会上的说法而已。

为了宣传木府、宣传纳西族的历史文化，我们在打造舆论，在搞一套木府讲解词的问题上动了很多脑筋。比如恢复重建木府的时候，为了打造舆论，我们就借助了"雪山倒塌、金沙断流"的时候，木增就回来了，回来做什么呢？回来恢复木府的民间传说，来打造恢复重建木府的舆论。我们认为这是一种积极的暗示。但是有的人认为这是封建迷信的东西。我们真的也是在夹缝里面求生存，每做一件事都必须考虑宣传定位问题。正是由于一开始我们就要宣传木府，立足于这个定位，所以从恢复重建木府开始我们也就想到要打造一个剧的问题了。

我们一开始就想，几十任木氏土司当中，人们对哪一个评价好一点呢？其实，当时倾向木公、木高多一点，认为木增呢一介书生，比较书生气，打天下的是木高。但是为什么我们又尽可能地把许多土司具有的东西贴在木增身上去呢？因为左中右都写不行嘛，只能是突出一个，所以我们把更多的木氏土司的东西都贴在木增身上。那么，我们为什么要拼命研究木增、讲木增？本来是木高做的，或许是木泰做的，为什么都贴在木增身上呢？因为我们要恢复重建木府，如果对木氏历史稀里糊涂的，怎么恢复重建？慢慢地我们悟出来了：必须把木府放在历史的长河里，找一个特定的阶段来恢复它，只有这个定论出来了以后，才能把木府恢复重建出来，不然就无法恢复重建了嘛！考虑来考虑去，木增是后面的，就定在木增那个时代。为什么要定在木增那个时代呢？这是有原因的，因为他是距现在较近的一个；还有一个因素是他 38 岁退隐，有传奇色彩，里面有政治的因素，好讲，好发掘。还有一个呢，外面还要有人认可啊！外面的认可很重要，外面的人说了，丽江人就认同了。所以我们就考虑到徐霞客到丽江来恰恰是木增那个时候，所以我们把木府恢复重建的年代定位就定在明代后期，也就是木增那个时代，我们把许多土司的东西都挂在他的身上。我们就是这样构思《木府风云》的。所以说，木增身上好像既有木青的影子，又有木泰的影子，在《木府风云》中这是一种文学创作吧！其实我们在盖木府的时候，就都已经考虑到这种种因素，做了这个工作了。

“木府的宣传、讲解词之类的那些，事实上都是给《木府风云》奠定了基础。”《中国电视报》记者有一句话就是这么讲的。这句话很对。

第五章　三论《木府风云》

《木府风云》播出以后，我的事情更多了。一方面，要应对各种媒体的采访，还要应对全国各地乃至其他国家的邀请，要我讲一讲《木府风云》的成功经验；另一方面，也要在丽江及纳西族圈子里讲一讲，主要目的是让大家知道，纳西族生存和发展之道是什么以及该如何认识和思考这些问题。以下是我有代表性的三次系列讲座的整理文字，时间及人事关系等均没有改动，以突出当时的现场感。

第一节　初论《木府风云》

雪山书院开设有“丽江讲坛”，已经办了几年。这个讲坛不定期地邀请文化界人士，就纳西族历史文化和当下热点问题展开讨论。《木府风云》播出以后，因雪山书院数次力邀，盛情难却，我就去做了一个讲座。

图 5－8　雪山书院讲座

图片来源：木府提供

和晓兰（主持人）：说到丽江古城博物院（木府），大家一定会想起前不久在央视刚刚播出的电视剧《木府风云》。该剧播出以后，在国内外引起了强烈的反响。今天，我们雪山书院很荣幸地邀请到了丽江古城博物院院长黄乃镇。有请黄院长与我们分享一下《木府风云》问世前前后后的故事。

黄：感谢雪山书院给我提供这样一个机会。

丽江的百姓希望能有一部像大理的《五朵金花》一样的影响很大的影视作品，已经算是一个长久的夙愿了。但在我小的时候，对我影响最深的并不是《五朵金花》，而是NXK他们所写的《玉龙第三国》。记得那时，我正在读小学，恰好文学作品《玉龙第三国》以话剧的形式在丽江的舞台上粉墨登场，对我及对我们那一代的小孩和学生的影响都相当深。虽然当时我们只是小学生，但我们班上就有“阿达哥”之称的男同学，也有“阿海妹”之称的女同学，从小就种下了种子。不仅是丽江的社会舞台上演这部剧，我记得甚至当时丽江的最高学府——中学堂（现在的市一中）里也有老师、学生激情地演出过《玉龙第三国》。时间比《五朵金花》都还早的《玉龙第三国》是感人肺腑的，影响相当深远。大家都知道，生命是相当宝贵的，《玉龙第三国》里的人物可以为自己的爱情献出生命，双双去殉情，当然他们的殉情里面包含着比较复杂的因素，撇开这些东西不说，《玉龙第三国》的确是影响至深的。后来，我就有这样一个疑问：“这部文学作品为什么没有拍成一部电视剧?”这部著作出版以后，大理的《五朵金花》就出来了，影响相当大，这种影响程度到了一种什么状态，在这里我就不一一描述了。

在这种情况下，无独有偶，多少丽江人写了许多剧本，就是说要像《五朵金花》一样地搞出一部电视连续剧来，这对民族、对这个地方都有好处。所以，丽江人就盼星星盼月亮，希望出现像《五朵金花》一样的片子。记得那时我已是教委副主任，当时主管文化的副县长HKZ就异想天开了，他说：“黄老师，我们也要搞一部《五朵金花》那样的作品。”那么，大理已经到了一种什么程度呢？大理是已经到了《五朵金花和她的儿女们》都出来了，五朵金花之后的五朵金花都已经出来了。其中，有一个丽江人叫和汉中，听说他是《五朵金花和她的儿女们》的剧作家

图5－9 《玉龙第三国》封面

图片来源：木府提供

之一。H副县长就说："把他请过来，再加上你与几个丽江文化人，去香格里拉考察一番。"我们去香格里拉最终的目的是去白水台，听说东巴经书就藏在那里，想看看在那里能否挖掘出一些素材来。我们开了一辆吉普车，五六个人挤在一张车里，冒风雪前往。考察一番回来后，还召开了一个座谈会，说是一定要下决心搞出一部电视剧或电影来。H副县长说："老黄，若你能搞出一部电视剧或电影来，奖励给你2000元。"在当时的情况下，2000元还是很不错的一笔收入，我也心动啊，但是苦于无路搞出来。后来，我被任命为丽江县文化局局长。有人说，教委副主任担任文化局局长，1/3的县财政是掌握在县教委手里面，你去文化局，能干什么呢？可我还是踌躇满志地到了文化局。到了文化局之后，苦于不知道该干些什么。LX副局长已经把东巴文化搞到了一个相当的高度，我到了文化局，真是觉得不知道该怎么办。原来的文化局长HWJ，可能向当时的县委、县政府战战兢兢地要了四五千元。他带着四五千元，感觉自己已经有了四五十万的一包钱，兴冲冲地赶到长春电影制片厂，说是我们有许许多多的电视剧或电影的素材，是不是可以给我们搞一部电视剧？他的诉说，真的是打动了长春电影制片厂的人。最后，人家也果然带着编剧和剧作家到丽江来考察了。经过考察，最后拍了一部电影，但也没有产生多大影响。此外，对“东巴文化如何丰富”研究的人也相当多，完全可以产生一部电视剧嘛。后来，又听说有人在那里东跑西跑，跟这家联系，跟那家联系，拍摄出了《大东巴的女儿》这一部电影，有一定的影响。可见，我们要在丽江搞出好一点的一部电影或电视剧，是几代人的梦想啊！

丽江人是很聪明的，假如能搞出一部丽江的《五朵金花》，丽江的旅游会更热，生意会更好做，丽江人的地位会更高。真的是“吾将上下而求索”啊！真的，丽江要出一部轰动一点的电视剧或电影，是几代人梦寐以求的东西。之前虽然也拍出了一些，但影响不够大，我们要的是很有影响力的一部电视剧或电影，一部能够领奖的电视剧或电影。领导是这样想的，人民群众也是这样想的，文化人更是这样想的，几代人都是这样想的。就像今天，只要你考上北京大学，我奖给你5万元、10万元，现在听说甚至是20万元了。假如搞出一个电视剧来，一集就给你1000元、2000元、5000元，甚至1万元、5万元、10万元。我想当时他们夸下海口，可能心里觉得就是给奖金这剧也出不来。包括《木府风云》这部电视剧还未播出之前，我心里也有个感觉，就是怕出不来，想搞出来不容易啊！说到《木府风云》的由来，《木府风云》这部电视剧就是在这样的一个背景下出来的，是几代人为之努力以后出来的，绝不是木府一家的成果，也绝不是黄乃镇一个人的成果。《木府风云》的产生，经历了种种的坎坎坷坷，直到央视八套播出的那一刻，我才觉得是梦想成真了。之前，我都一直以为不会有那么大的影响力，事后细想一下，这也是一个必然的结果。

现如今木府恢复重建出来了，但它不容易。更多涉及木府方面的事情，不是今天要讲的内容，但有一点，它与《木府风云》有着千丝万缕的联系，所以值得提一提。木府恢复重建不容易，一开始就不容易。当时世界银行答应给我们贷款了，但我们连规划图纸都画不出来。我们曾经邀请了北京、上海等全国各地的专家，可以说，只要是搞古建筑规划的专家都请遍了，几经周折，规划图是陆陆续续地画出来了，北京的画过来了，云南省的画过来了，各地专家的规划图都画过来了，我们前后共收到北京、云南等地专家绘制的6份图纸。之后，世界银行官员来了，说要拨款给我们，但要看看图纸怎么样。但他们一看6份图纸，都认为不像木府，说："按照这种样式修下去，能成吗？"一家伙把6份图纸都给我否定了，我真是入地无门、欲哭无泪啊！那种酸甜苦辣什么味道都有，那种滋味在我记忆中最为深刻。你想想看嘛，人家要贷款了，但黄乃镇无能，连个图纸都画不出来，搞不撑展，你还有什么能耐做文化局局长啊！到手的钱，黄乃镇又拱手把钱还给人家了。这背后的话，骂我就得了，说不定还要骂我的祖宗三代："就是五一街那一家的儿子，那个人的父亲啊！就是这样一个无能的家伙。"我只要一闭上眼睛想想这一张又一张的面孔，是非常害怕的，现在回想起来也是害怕啊！当时没有办法，左突右冲，又根据已有的6份图纸，好不容易自己绘制出了第7份图纸，世行的人一看，说行，竖起大拇指，"钱，马上到位"。钱到位后，也就可以修复下去了，结果，施工中，施工人员又说："我们没有修过，没有设计过，怎么设计施工图呢？"我们只好出重金把云南省规划院的专家请到木府工地上，但也是画不出施工图。后来，又"挖地三尺"，画出了施工图，终于把木府恢复重建出来了，我也应该可以歇一口气了。

之后，剧作家、电影人团队，我接待过不下二三十个团队，说就是要搞电影创作，有些么看看，有些么说说，有些么讲讲，有些人说是宫廷戏还怎么怎么样了，可以弄一部。就在这个时候于荣光先生、蒋晓荣女士因拍摄《钱王》这部戏而来到丽江，但《钱王》这部戏拍得三心二意，拍得并不怎么成功。他们老是与我讲要拍丽江的故事，而且他们觉得这个戏拍出来，会相当好。当时，他们就有了这样的一些想法。其实，在这种背景下，《木府风云》的基础早就已经打好了。电视剧都还没有开拍，基础就已经打好，主题就已经明确了，主题就是木府门口的那副对联。但光是有这样的主题，剧情又如何发展呢？假如没有其他内容加以配合，这部电视剧还是搞不下去啊！在这种情况下，我们木府人也就行动起来了，我们文化人也就开始行动起来了。我们搞文学的人都知道，人类有一个主题叫作“永恒的主题”——爱情，没有爱情故事穿插于电视剧中，好像很不容易打动人的。在这种情况下，我们更多地考虑木府里面的人物形象，丰富木府的文化内涵。于是，我们就塑造众多的人物，包括木增在内，在某种意义上说，木增是我们这一代人在挖掘整理的基础上塑造出来的。丽江人对于木增的理解只是这么一回事，木增就叫木生白，会作诗，琴棋书画会来一点，人相当好，又喜欢读经书，最后遁入空门，不理政务，很早就把权位交给儿子了，他就是这么一个人，留给丽江人的木生白的印象就是这么一个印象。我们的专家也说他就是这样一个形象。像这样一个人物，变成《木府风云》中的一个主要人物是站不起来的，于是我们又更进一步地探讨木府的一些更深的内容，我们对木增又进行了新的研究。我们认为木增有军事方面的才干，也有文化、文学方面的才干，且多才多艺，更是一个思想家。那时恰好徐霞客到了丽江。我们估计，徐霞客到了丽江以后，木增与徐霞客肯定交换过对时局的看法与意见，可能从徐霞客口中，木增已经得知明王朝将不保。而面对这种情况，丽江普通老百姓当然肯定不知道这一类的情况，但木增知道啊。木增知道后，回忆往昔，木府世世代代受明王朝的恩惠，甚至连姓氏也是明王朝给的，这个王朝要灭亡了，他唱挽歌，他可惜啊，但没有回天之力啊！他把自己的所有积蓄都捐献给明王朝作为军饷，希望能够挽回败局，但历史的车轮滚滚向前，败局不可挽回。在这种情况下，他就学习江南或者中原读书人的气概，好男儿不事二君，既然明王朝要亡了，他就弃官不做了。我们读过孔尚任的《桃花扇》。当时，明王朝要灭亡了，李香君是江南的名妓，与侯公子相爱。侯公子是读书人，他慷慨陈词、拍案而起，说假如明朝完了，坚决不做清朝的官或者臣民，信誓旦旦。李香君见侯公子是这么一个拍案而起的风流才子，就获得了她的芳心，李香君就要跟他走了。但后来，清朝的铁骑到了江南，侯公子又做了清朝的官，他穿着清朝的官服到山里面来找李香君，但李香君肯定是不会认这个事了二君的读书人、软骨头的。

然后，我们就做个比较，我觉得丽江文化的一些衔接点就应该这样去找。在这种改朝换代的时候，江南出了一个李香君，爱国者；丽江就出了一个木增。木增这个人物就活起来了。木增的研究资料已有了，现成的，但木增孤零零地骑在大马上，或是弹琴或是赋诗，只是这样的一个人物形象，有多少人会看他呢？这时，我想到了《赤壁赋》，《三国演义》中的赤壁之战相当有英雄气概，苏东坡曾写了一首词，诗词里说道："遥想公瑾（周瑜）当年，小乔初嫁了。"正是英雄气概时，周公瑾还娶了一个美人，带回家去。当时，大乔、小乔是吴国最美的两个美女了。周瑜娶小乔是早年的事情，但英雄气概再配上美女，更显英雄气概。这样一来，我们想到应找个美女配给英雄木增，所以，这是一环扣一环的。由此，阿勒邱粉墨登场。在丽江，老一辈人的纳西话中有"阿勒邱尼尼"的说法，为什么俗语里的阿勒邱不能是一个人物呢？阿勒邱就是一个人物，是美女，但不是李香君。李香君是江南的名妓，阿勒邱是牧羊女或背盐女，这样考虑是想说明当时丽江的统治版图已到达西藏的盐井，此外我们还有阿勒邱或是复仇女等多种设计呢，但不管如何，她是一个美女。阿勒邱的人物形象、木增的人物形象、主题摆在那里，一部电视剧水到渠成了。这也就是《木府风云》最初产生的基础。

于荣光先生是有心人。记得那是十多年前的春节了，于荣光先生带着一位写过很多电视剧剧本的著名的剧作家钟源先生以及蒋晓荣女士一起来找我，我和他们谈了三天，可以说这是剧本创作的开始。说句实话，当时我自己都在想能否成功？经过那么几代人的努力，还是这么一种情况，我又不是神仙，所以我还是持怀疑态度，但是我想试一试嘛！我的烂脾气，就是喜欢讲，只要有人听我讲课，那么我的气势也不知从何而来。气势一来，就讲开来，我还跟于荣光先生说："你不要一天地打断我的话，听不清楚的问旁边的人。因为我的普通话又讲得不好。你一打断我的话，你讲的是什么，我又在强调一下的话，那怎么行，你过后再问，不许打断了。"但他们没有听懂的其实很少。特别是剧作家钟源先生，你们可以去看他的博客，说我是什么什么的。那时天气很冷，我们几个人到曹家的一个小酒馆，生上一盆火，在那里讲，又到我的办公室里讲，可能我讲给他们的木府故事若整理成文字，不会少于20万字，前后讲了3天，估计有共10多个小时。钟源先生相当厉害，他是《钱王》的剧作家，我向他提了一个要求，即不要离开我的思想与构架，不然就会误入歧途的。假如偏离了我的思路，哪怕写得再好，我也不会采用。几个月后，他兴冲冲地说写好了，当时我还在昆明参加讨论会。去参加讨论会时把纳西学专家杨福泉也喊着去了。第一个剧本我们也看了，确实把整个丽江的历史全貌表现了出来，把当时丽江的大事件都穿插进去，写成了我们的《木府风云》。他写成的第一个剧本气势非常的威武雄伟，是一种悲壮的场景，估计有60集。其实，第一个剧本拿出来后，我们基本上是满意的，但要求尽可能地再精益求精。连杨福泉看了之后都觉得相当好，我觉得也可以。但我对他说："你先不要说这个话，要继续改，再精益求精。"第一个剧本是这么一回事，就是我对他们讲的材料的全记录。我那几天之前去上海开会，遇到丽江原宣传部部长ZHP，一见面她就说："黄院长，你现在又在编什么故事了？"当然，这只是开玩笑，我都不知道该怎么说了。之后，第二稿拿出来了，但不如第一稿，接着第三稿又出来了，但更不如第一稿，我就问他们："怎么会是这么一个情况呢？"他们告诉我，若按第一稿的形式拍出电视剧，至少要花两三个亿，或者会更多一点，还问我"你是不是拿一点嘛？"原来是这个问题，所以不能说第一稿不成功，那是经费的问题。第三次、第四次改得稀里糊涂，第五次、第六次越改越糟糕。第六稿兴冲冲地又拿出来了，你说该怎么说呢，剧情简直发展不下去了。木青、木隆两兄弟斗过来斗过去，窝里斗。因为阿勒邱代表着人类永恒的爱情主题嘛，所以对阿勒邱强调来强调去，阿勒邱的形象还树立得起来一点，但这个木增是软不拉沓的，然后又是亲兄弟窝里斗，剧情真的发展不下去，展开不起来，就是拍成三集的电视连续剧都没有人看了，事情已经发展到这样一个地步。电视剧剧情为什么要这样写？为什么要根据这个剧本来拍？我估计是因为花很少的钱就可以拍出这部电视剧来，因为钱的问题。我说："既然是这样，就干脆不要拍了。"

之后他们就来丽江讨论，住在了金沙滩酒店。于荣光先生个头高，床又小，睡觉时脚都伸在外面。但这是在人家的屋檐下，他们只能将就。

这些人的敬业精神我是佩服得五体投地。在金沙滩酒店里讨论剧本，讨论来讨论去没有结果，我没有办法，于是把《五朵金花和她的儿女们》的编剧和汉中从大理请过来。剧情简直就只有窝里斗，且原来的剧本里没有西和这个人物，如果没有这样一个人物，就不能激起矛盾冲突，和谐的主题也出不来，爱国的主题也出不来，“成人之美、美美与共”的主题也出不来。后来我给剧组一个修改建议，才使得剧本创作顺利完成。

据说人们都在讲木府有十个悬念，也可以说有十大秘密吧！我们一般有个规定，木府的秘密不准外传；或者有些正在揭秘，还要慢慢继续去探讨、发掘或者研究。有些秘密已经被识破了，密码已经破了；有些还没有破，我们也在努力破。其中有几个秘密，我今天趁着讲课越讲越顺，话也会溜出来一些。所以，木府的十大秘密，今天就给大家暴露两个：一个是拍《木府风云》花了多少钱这个问题。其实，大家最关心的就是这个问题。每逢记者采访，往往会问我们花了多少钱，给了中央电视台多少，给了剧作家多少，给了剧组多少。我们一直把这个问题当作秘密来处理。今天，说开了嘛，就算我们给了中央电视台3000万元，给了剧组和剧作家3000万元，一共6000万元吧。这算不算秘密？算吧！至于它是不是真的，就算给大家留一个悬念吧。的确，现在是讲市场经济，你没有钱，哪个给你干这些事情！这是第一个秘密。还有一个秘密是由我来说，由陈副院长打字，一气呵成的《〈木府风云〉剧本修改建议书》，在这里我很快地给大家念一下。这里面就有春秋、有风云、有丽江的历史，还有木府，特别是喜欢丽江历史的人，我觉得听了以后是会有所感觉的，年轻人也会有这样一种感觉：“原来我是这样的一个民族之中的一员，我为它自豪。”而且，纳西族与中原的关系也在里面了。就是这样，他们在北京召开会议，我们在这里打字，写剧本修改意见，写完之后直接发给他们，丽江与北京碰头，谁是谁非，谁赢谁败，都在里面。这算是第二个秘密了。

于荣光先生，我对他是敬慕的。他为《木府风云》真的是立下了汗马功劳，作为导演，他也始终在影响着这个剧本。开始的第一个剧本完全是以我的口述写出来了，打下了基础，史实反映得相当好。但也就是荣光先生否定了第一稿。原因是什么呢？是由于人民币的问题，他又在影响着剧本的继续创作。我们两个人斗过来斗过去，有一段时间，他简直是不想干了，我也说不想干就算了。蒋晓荣女士是晴雨表，她是搞这部电视剧的老板，很想拍这部电视剧，因为这个主题是她放不下去的一个主题，假如这部电视剧一旦拍出来了，肯定火爆，但苦于没有钱，所以变来变去。那么如果没有钱，也就算了嘛！我们还始终担心他们能否拍得出那么好的戏来，总之大家都处于矛盾之中。有一次，蒋晓荣女士说："黄院长，给你买了一件T恤，是于荣光在美国的时候买的。"我知道她的心思，他们确实想拍这部剧。可过一段时间，又没有声息了。像这个剧本，有些局外人是不好理解过程的，其实，于荣光先生始终都在影响着我的思路。怎么说呢？你看，第五稿剧本是相当糟糕的一稿。这些话也只是在今天的这种场合跟大家诉一下苦了。于荣光先生是唱戏出身，搞武功，父辈都是唱戏的，他是科班出身，梨园子弟，听说武功不错，后来与香港的几个人认识，开始拍电视剧，而且长期都是拍武戏。不过，他要演木增是不行的，木增是一身书生气，他怎么能演呢？我认为他的形象只能演木隆，所以创作剧本的时候，他有私心，在第五稿中，木隆的人物形象就写得很突出，因为他要演。这一点把我气死了。我骂了他一顿并说："于大哥，你不能这样啊！"我当时就向他提出，要打倒木隆，抬高木增，不然这个电视剧就演不下去了。"你只注意自己的人物形象，那怎么行呢？"我骂来骂去，就是坚持要打倒木隆，抬高木增，不然木增的形象简直树立不起来。后来，我们把《〈木府风云〉剧本修改建议书》发过去。蒋晓荣女士还说："谢谢你啊，你的剧本出来了，我们就按照你的剧本拍戏，行不行啊？你满意了，黄老板？""好嘛，你太好了。"就这样一来一往，就把木隆打倒下去了。丽江人要知道，如果我不把木隆打倒下去，还会有现在的《木府风云》吗？剧情发展不下去了嘛！还有一个是按我们原来定好的基调，即以爱情故事为线索，这样一来，剧情才发展下去了。

刊印《大藏经》是一件大事，但中央电视台一开始说不准有这个情节，对此，丽江人不知道啊，就像徐霞客来到丽江，丽江人不知道一样。中央电视台电视剧频道的主任来丽江，你们根本也不知道嘛！我们做了多少工作，你们也不知道嘛！央视的人来了，我们就接待，就讲《木府风云》，在我家里都接待过两三次了。他们就说：“刊印《大藏经》这一情节不能放进去，你们有你们放进去的理由，我们中央电视台也有不放进去的理由。因为这是中央电视台要播的事情，所以不能放。你要放进去，我们就不能播出《木府风云》。你考虑，好自为之。”一来一往的，不知接待了多少拨人，央视八套《好戏出央视》的负责人换了几拨，我们都接待过，现在的这一位，对我们是太好了。

我顺便揭秘一下，其实，我们一分钱都未给中央电视台，更是一分钱未给剧组。但是，说给也可以嘛，我们对剧组的人说，我们交给你们的材料、剧本，这个钱又怎么计算？说是给你们3000万元也可以嘛，互相抵嘛！他们还与我开玩笑说：“老乡，你们一分钱未给我们。”“那我们的材料、剧本又怎么算？还是各算各的？”他们还说：“老乡，我们是为你们服务，我们电视剧拍完就完了，你们木府还可以天天有收入，你说哪个的利大一点？”现在，听说剧组赚了好几个亿，而且还在继续赚，木府也天天人来人往，你说，大家还有什么说的呢？因此，在债务问题上，我们是和平共处的。其实，中央电视台我们一分钱未给，剧组我们也一分钱未给。不能给嘛！拍片之前，我把所有木府人都集中起来说：“开始拍片的时候，你们老是说‘他们剧组、他们剧组’，什么他们剧组，要好好对待他们，他们就是为我们服务的，要好好善待他们。”

其中，还有一句话要插进来说，就是整个电视剧从写作到拍摄是从20世纪开始，整整经历了12年的时间，在打磨剧本期间，我们来了个“山雨欲来风满楼”的宣传。什么叫“山雨欲来风满楼”呢？即估计不是蒋晓荣女士来拍《木府风云》，就是李晓荣会来搞《木府风云》，剧本在我们手中，我们怕什么呢？现在，剧本也出不来，那我们怎么办呢？我们就唱歌吧！我们就创作了一首歌《阿勒邱》，“尼尼古古阿勒邱，毛毛友友阿勒邱”，大家对此能领会得到我们的用意吗？那就是为《木府风云》出来造势。丽江人在听《阿勒邱》这首歌时，就应该有个感觉：可能《木府风云》要来了。

之后，叫我们审片，排名字。播了3集，我说：“行，可以了。”中央电视台不播的时候，我还是有点担心呢，总是不放心他们那个剧组。有一天，我在石鼓吃饭，电话铃响了，一接听，是蒋晓荣女士打来的电话，说：“黄老板，央视八套要放《木府风云》了，你要派人来参加首映式。”我说：“已经派陈副院长组织一帮人去了。”蒋晓荣女士说：“你为什么不来？陈副院长说你恐怕是怕坐飞机，那我们都该死了吗？世界上只留下你，你就舒服了。”蒋晓荣女士的语言风格就是这样。那时，他们正在外面拍戏，于荣光先生就一把把电话抢过来说：“黄院长，《木府风云》要火了。”为了参加首映式，我把人马都派出去了，但还是有点不相信，《木府风云》会火到这种程度。木府派了一帮子人，女的是最漂亮的，男的是最英俊的。这样，央视八套召开了首映式，然后央视一套发布消息，说央视八套要播《木府风云》了。这对于我们来讲，是从来没有过的大喜事。

随后才过了几天，中央电视台出面组织中国一些顶级专家召开《木府风云》研讨会，说这一次我们一定要来，不来不行。我、陈副院长、YYB 参加了研讨会。研讨会上，有中国文联副主席、电影评论家十多位专家发言，听说还惊动了中央电视台台长，个个都说这部剧好，相当好，对《木府风云》一致赞扬，可能评论文章大概有一二十万字。看了这些评论，有说《木府风云》这里可惜了，服饰又怎么了，这里又要怎么加了。央视记者一直与我保持着热线，人家讲服装，我又讲一下服装；人家讲阿勒邱，我又讲阿勒邱是怎么塑造起来的。总之，央视八套里的评论相当多，不仅如此，电视、网络里的评论也相当多，但最打动我的是这么一个评论：现在的中国电视剧有一种现象，就是武打片打打闹闹，宫戏钩心斗角、阴谋诡计。多少人都说，看的时候是娱乐性地看看，一旦闭起眼睛一想，就一样都回忆不起来了，启示人们、教育人们的片子简直找不到了。但是社会上认为这样才有卖座率，才不亏本，所以说中国的电视剧是悲哀的。就全国而言，大的趋势就是这样，诸如《美人心计》等等。用我们那个年代所接受的教育来说，文艺创作要做到内容与形式的高度统一，用战斗的号角鼓舞人们、教育人们，同时还要有一种审美的价值。在多少年来充斥荧屏的大多是娱乐性电视剧的情况下，《木府风云》如雨后彩虹般出现，它做到了内容与形式的高度统一，里面有着美、和谐，它的美是“成人之美”，并到了“美美与共”的程度了。

央视一套播出《木府风云》，这是事出有因。央视八套播放了《木府风云》，也就算了嘛。而央视一套会放，大家肯定是始料不及，但我们认为这是水到渠成的。因为央视八套播放了以后，在高级研讨会中，教授、专家就提出来了："一台充什么老大?《木府风云》这部电视剧你们都不放，那么你们要放什么电视剧?"这是专家的原话。也有人说黄乃镇塞给中央电视台多少钱都不知道，其实一分钱都未给，但人家需要我们这个主题，社会需要我们这个主题，中国的时局需要我们这个主题，全球的时局需要我们这个主题，所以这些东西是水到渠成的，所以央视一套肯定要放。果然，在八套播放后一套又接着播放了《木府风云》，央视一套还说明了一下，是"应广大观众和专家学者的要求"。央视一套播放了《木府风云》以后，这部剧更热了。快要放完之前，中央电视台赶紧组织了一个新闻，就是中央电视台一套的新闻节目等着我，还说是我的镜头不出来的话，人家不播。那天已经是下午 5 点钟了，中央电视台打电话给云南省委宣传部，省委宣传部又打电话给丽江电视台，说赶紧找黄乃镇这个人拍片，快点快点，新闻里面没有他的节目不行。他要播一个什么节目，即电视剧《木府风云》放完了，大家的反映怎么样。中央电视台晚间新闻节目的播出时间是晚上 7 点钟，他们 5 点钟才来拍这条新闻，怎么回事啊？中央电视台放新闻联播，还要在丽江找这么一个人物拍片，真的是少见。中央电视台和许多地方台都播放了《木府风云》，当时《木府风云》火到这样的程度。记得有一次我在江阴开会时，有人给我打了个电话，说《木府风云》正在香港播放，是粤语版的；缅甸经济困难一点，我们说不要片酬，给他们放。听说国外不少国家电视台都想播放《木府风云》，因为里面的"成人之美"到了"美美与共"的程度，那真是一种生活的最高境界。所以，对此我也有一个感慨，就是"路漫漫其修远兮，吾将上下而求索"，这部电视剧，真的是我们丽江人上下求索的结果啊！丽江人啊！丽江人！

最后，还是回归到《木府风云》的主题歌上。现在整个地球上、世界上到处打来打去，你争我斗，无非都是想争取一个幸福。什么是幸福呢?《木府风云》主题曲就有这么一句话："曾经模糊的幸福，越来越清楚。"看了《木府风云》后，大家对幸福又是一个什么感觉呢?

第二节 再论《木府风云》

丽江人喜欢文化，一直都有一批文化人，他们学历不高，但喜好探索某一方面的问题，久而久之，也就成了文化人。有的水平还不低，能力不错，具有一定的鉴赏力。为此，我也专门组织丽江文化名人来对话，讨论《木府风云》，主要谈拍摄电视连续剧《木府风云》的过程。以下是对那次对话的主要内容进行整理，其中涉及的时间等均未做改动。

我记得木府是1999年剪彩迎宾的，2000年左右，于荣光先生和蒋晓荣女士跟我联系，说是要在木府拍《钱王》，想跟我借一下场景。我本来不同意，但是后来还是答应了。答应后，他们乱搭建一些房子，一气之下我把他们的房子给拆了，然后划出一个范围，要求他们只能在那个地方拍。为此我们就吵起来了。蒋晓荣女士当时流着眼泪，我走到哪里她就跟到哪里。然后她就摆出于荣光先生，要于荣光先生来跟我谈。我怎么谈呢？人家是大名人，我就讲木府是一个什么样的木府，这个民族是一个什么样的民族，门口的对联怎么样，当时中央首长到木府，看了木府的对联以后，说木氏土司是聪明的，讲政治的，前因后果都跟他讲了一下，所以我要珍惜木府，我要保护木府，我要保护木府就像保护自己的眼睛一样。虽然我们两个那次的会谈只是两个小时左右，但是他的心已经不在拍摄《钱王》上了，飘到了将来要搞个电视连续剧，而且定为《木府风云》上了。我以为是玩笑话。最后拍完《钱王》后才过一个月，他就匆匆领着剧作家钟源先生来找我，我觉得他还是个有心人嘛！于是在一个小酒店里，我们几个就开始创作，于荣光、蒋晓荣、钟源、我、陈副院长我们几个就在那里一边喝茶一边讲，整整三天给他们介绍情况，并且都有记录，听过介绍后他们都很激动。同时，我还把没有发表的将五六十万字的材料提前给了他们。我当时的意思就是木府的游客量较少，当时旅游局又“封锁”木府，一碗绿豆汤是可以出卖长子继承权的，该宣传的他们又不宣传，打商品广告我又不好意思，我的意思就是通过拍这样的电视剧，把木府宣传出去。就是在这样的背景下，我才把我的心血交给他们，我连我自己的材料都还没有发表，就提前给了他们，因为我认为他们最懂得什么是最永恒的大主题，就是中央首长说过木氏土司“讲政治、聪明”这句话。这个话体现出永恒的大主题。

图 5－10　阿勒邱剧照

图片来源：木府提供

于荣光他们第一次来的时候，我还没有丰富阿勒邱这个人物。第二次又来了，我也在想这个剧要怎么开始，我就把阿勒邱进一步地丰富起来了。丽江历史当中栩栩如生的人物形象比较少，我就有意识地塑造了几个人物。当时反对的人比较多，但是我反复地说了又说，最后我和他们讲通了，然后就使剧本线索清晰了。这个剧应该是以木增和阿勒邱的爱情故事为线索，再穿插上当时丽江发生的一些大事情，比如刻《大藏经・甘珠尔》之类的事，把它们组织起来。有些细节怎么办呢？我说可以虚构。为什么可以虚构呢？丽江明代的历史记载本来就比较少，因为少，所以我们的木府好恢复；多的话，我们只能按照文字记载来干了。因为历史记载少，所以说剧本一些情节、细节是允许虚构的。剧本的主题，那是早就定下来了的：夹缝里面求生存，木氏土司紧紧地依靠中央王朝，才使纳西族得到了发展。如果不紧紧地依靠中央王朝，30 万人口的民族，你还活得下来吗？于荣光先生认为这是永恒的大主题。木府当时的情况是，一个主要是与北面的吐蕃交战，历史真实就是这样的，但是你在电视剧里大量地表现与吐蕃交战，那是有问题的。所以只好拉出自己内部的人展开矛盾，因为没有矛盾，故事情节就无法发展，无法展开了嘛！有些人说："哎呀，看了以后知道是两个兄弟在那儿争来争去，人家会小看我们这个民族的。"有这种议论的人也不少，但是没有办法，其实这也是人性的一面。但是要看到，古城里如果两兄弟为了争一个滴水沟，又是斧头又是刀的，那个是私有财产之争。而木府里面的两兄弟，一个是紧紧依靠中央王朝，讲仁讲智；一个是讲武力，搞独立王国。这和私有财产之争有本质的不同。另外，我们反映出木增、木青是讲文治，提升到这样一个层面来看，就淡化了一个民族跟一个民族的争斗。这是最巧妙的一点了。

过了一两年，到了2000年的时候，好像是睡着了又醒过来一样，他们又来找我了。我叫于荣光先生等一行人住在我家的金沙滩酒店里，又和他们共同探讨了三天，当时是将写《五朵金花的儿女们》的和汉中先生也喊来，他就是一个信息库，我们又一起探讨了一场。之后他们说是第四稿又修改好了，喊我到昆明去看。然后他们一下拍这个戏，一下又拍那个戏，突然又搁置起来。像这样翻来覆去，我已经厌烦了，我甚至说了，再不拍的话，我要把我的题材拿给其他人了。他们又说是要拍，还让我把钱拿出来。我能有什么钱呢？我说我出题材，你们拍你们的戏，拍得好了你们还赚大钱，来我们木府旅游的人也多了。我们就来个君子协议，拍得相当成功的话，市委、市政府有文件的嘛，拍好了有奖励，他们会奖励的。就这样的一个好剧在手，你们还怕什么？后来一来一往，又拖了很久。我们的宣传部部长跟我说："要不就不要交给他们了，不行就另请一些人来拍。"我说人家都已经坚持了五六年了，喊他们停下，换别人来干，这个事情我做不出来，但我打算把素材藏起来了。我同蒋晓荣女士发生过好几次争执。而中间的和事佬就是现在的陈院长了，她的确还是出了一份力了。她把蒋晓荣拉回来又讲又说，不然我的脾气暴躁，要是没有她的话，可能我早就把我的素材又转给其他人了。那天蒋晓荣女士还给我打个电话说："你这个老农民，我告诉你，如果你把素材给了其他人，那就不会再有《木府风云》了。"就在那一次我也想通了。

原来钟源先生的第一稿是史诗版的，信息量非常多，你要拍起来，简直就是纳西族的史诗了，但是你要拍这部史诗，这是大单子，什么都已经有了，他们的财务整得相当详细了，但是按第一稿来拍至少要花两三个亿的钱。他们跟政府部门要，政府部门不给；跟我要，我也没有钱。最后是跟我提出来，不然不搞史诗了，我们就在这个基础上修改。我觉得也是没有办法了，“有钱男子汉，无钱汉子难”嘛！这一次《木府风云》到了一个需要抉择的时候。但是你说如果真的拍成史诗的形式哪个来看，肯定不会有现在那么高的收视率的。经过几番周折之后，开机之前要我去拍板了。我去了，剧本看了，服装设计师、导演一排的坐在一起，大记者问：“怎么办？服装、剧情、主题等等怎么办？许多东西我们查遍了资料，都查不着。”我说现在我们这个剧，好就好在当时的历史记录非常少，任由你们来想象。但是不能离开：出发点在丽江，而且写的是纳西族。写纳西族的文化，不能离开这一点。至于有些东西，可以由已知推无知，就这样干。“服装怎么样？”给我看。“行。”“这个可以吗？”“行！”两天以后就举行了开机仪式。

我们当时的想法是通过拍《木府风云》，木府的游客量要增加。现在看这个想法已经做到了，木府游客量是成倍地在增加。我们当时做的那些事情，有些时候只是就事做事，没有考虑更深层的意义，但是事情做完后，可以挖掘出来的东西就会相当多了，事实上也就是宣传了丽江。比如，我们几个参加了在北京召开的国家级的、高层的《木府风云》的研讨会，是中央电视台主持的，当时文联副主席等很多人都参加了，参会发言的都是著名的评论家。他们的评论我最记得的是这么几点：第一点说是这个剧是充满着历史哲学思想的一部剧。历史哲学嘛，意思是历史剧里面又包含了许多哲理性的东西在里面，通过故事可以看到一些规律性的东西，反映出民族的发展，这可以说是比较高层次的理解。还有一点是这个剧体现了艺术的真实，讲了在丽江发生的事，剧情是根据丽江的地理环境来发展的，等等。他们评价得比较好。最后有个说法是这样，中国的长篇电视连续剧相当多，但是长篇电视连续剧就是闹剧一场的比较多，这样那样地演下去，看完了以后闭起眼睛想一想，似乎什么都没有。而《木府风云》电视剧呢？是以艺术的形式，告诉大家一些非常鲜明的政治见解，主题非常鲜明，而且是严肃的。《木府风云》连续剧出来以后，事实上是给中国电视连续剧创作起到了一个模范带头的作用、榜样的作用。这些评价都是对《木府风云》深层内涵的挖掘。

第三节 三论《木府风云》

丽江市政协副主席GSX，对永胜文化，尤其是对他家族的历史人物很有研究。他提出要拍一部以民国时期永胜的高玉柱为题材的影视剧。有一天他专程来找我，交流这方面经验。以下是我和他讨论剧本的内容呈现。

G：永胜才女高玉柱在国民政府期间，为西南少数民族得到中央政府的认可和支持做出了贡献，是很有传奇色彩的一个人物。中央民族大学的一个教授写了一篇文章，曾在《永胜文艺》上发表，这篇文章用了大量资料来说明高玉柱在国民政府期间，她作为西南民族驻京代表。作为这么一个人物，她利用她的文章以及她的社会活动宣传云南少数民族的情况，让西南少数民族得到了当时中央政府的了解，并且得到认可，使当时少数民族地区的发展、边疆的稳定引起中央政府的重视。我去南京第二历史档案馆查她的资料的时候，查到一些档案，发现当时国民政府的邢正义专门为高玉柱的事情，发文件给云南省政府，要求省政府落实高玉柱提出的这些建议。云南省政府发了一份文件，当时正搞人口、经济等社会调查，要把调查表发下来，然后把信息报到省政府，再由省政府报到中央。我写这篇文章的时候，专门把当时国民政府的邢正义那份文件的文号和省政府的那份文号都在文章里写到了。

因为黄院长在操作《木府风云》过程中很有经验，很成功，我们过来向你学习、取经，听听黄院长的建议，用什么一种方法来操作，还原这段历史，因为高玉柱的确是很有传奇色彩的一个人物。

黄院长从开始筹划到拍摄《木府风云》用了12年的时间，鉴于长期的经验，恳请黄院长提出一些建议及看法。

黄：《木府风云》最初的剧本是我讲了以后，他们剧组把录音搬过来整理以后形成的，用的都是我的语言。

G：黄院长写的《木府风云》剧本的“修改建议”我从头到尾看

过了。

黄：《木府风云》第一个剧本可不可以呢？可以，完全可以。但是，那个是一个史诗般的大型的电视连续剧，后面因为没有那么多钱去拍，所以否定了。然后一再修改剧本，修改了五六年也修改不出个所以然来，最后我们提出了具体的修改意见，人物都是我们来提供，要不然他们都不知所措。

老实说，我可以坦白地跟几个才子说一下，作为纳西族的这一面，史料记载什么的都非常少，的确没有永胜这样丰富的资料。我也一直会对他们说："闭着眼睛想想纳西族有多少资料？"丰厚的资料是永胜才出得来的。所以，丽江与永胜，我首先表一下态，是这么一个情况，在你们浩瀚的史料之中拿出一部电视剧，那是很容易的。问题是要衔接得起来，还要浓缩，而且要异军突起，要找到一个突破口，要不然再高明的行家也难以下手。

我从《木府风云》得到的感受是，丽江留下的东西不多，而且只有很少的略可参考的材料，如《木氏宦谱》的甲种本、乙种本都是相互矛盾的，寥寥数语。史书方面的记载就是在《明史·土司传》里面有"知诗书，好礼守义，以丽江木氏为首"这么几句话，寥寥数语也就完了。所以说，恢复重建木府时是相当难的。没有历史资料，怎么办呢？我就靠徐霞客的"宫室之丽，拟于王者"。徐霞客说："居庐骈集，萦坡带谷；民房群落，瓦屋栉比。""闻其内楼阁极盛，多僭制，故不于此见客云。""木氏居此二千载，宫室之丽，拟于王者。"要有一种王者的气势，我们就是以这个为依据来重建木府的。但有些学者来反对我了，说这话是出自《徐霞客游记》里的原话，不是国家档案馆的相关记录，所以不能以此作为依据。而且有一次在木府门口，纳西族好多学者说"宫室之丽，拟于王者"这几个字要去掉，要把国家档案馆对明代木氏土司的那几句话改上去。所以我就犯难了，但这样也有好处，一张白纸，就好写好画。

还有一个是我研究纳西族的历史就是用"点"来研究的，具体来讲，就是用已知的点推出未知的点，又由推出来的这一个点，推出另外一个点，然后把点连成线，最后变成面的这样的一种形式。我看你们研究高氏文化，你们有你们的长处，就是素材那么多，资料那么多，史书记载那么多。但是，也因为太多了，所以不知道要领，就容易变成了互相打架。所以说，多也有多的难处，我少也有少的好处。反正我觉得是要跳出这个框框，去挖掘、去想象，事实上《木府风云》的素材是出自我们恢复重建木府的过程中收集的资料。我在开馆的时候招了一些讲解员，然后要培训这些讲解员，讲解员又用我研究出来的这些成果告诉给全国人民，采用了这样一个形式。这就像磁铁一样，我只要把这个大旗一举，就有热衷的人士不断地来响应，当然，也会有不同的声音出现。

从某种意义来说，拍《木府风云》是木府的一种保护手段，事实上就是在保护我自己构建的一套文化理论。木府竣工，宏伟壮观，但当时执政的许多领导不敢接近木府、不敢接近我，为什么呢？原因是担心小小的一个少数民族，建起那么大的一个宫殿，你究竟有什么目的？这个政治责任谁来负？开始我是不害怕的，但后来慢慢就有点害怕起来了。所以说，有些领导不敢接近我。DZQ 还是不错的，他说："不怕，老黄，你这个是搞文化！"虽然有那么多领导、朋友关心，但我还是有点怕的。怕了以后呢，我知道纳西族古往今来，只有 30 万人口，人不多的一个民族，然后想一想，过去北边有强大的吐蕃，南边有强大的南诏政权，后来又有大理国政权，丽江算什么？我就提出了"夹缝中求生存"这样一个理论。这个理论就是我提出来的。

房子竣工了，也有一套理论了。我具体干这个工作的时候，没有理论依据怎么干？我由已知点推未知点，变成一整套系列的东西，"夹缝中求生存"的主题是我想把纳西族与中央王朝紧紧地联系起来。30 万人，被上百万人口的民族包围，多少年来他们能生存下来，平时可以讲民族团结，但是南边大理国的白族要北上，要去藏族地区，丽江是必经之道，吐蕃要去攻打段氏政权，也是要经过丽江，所以说你再怎么跟他们称兄道弟，搞好民族关系，春秋无义战，有时为了自身的利益，他也会想把你吞并掉，毕竟你的势力弱小。但是为什么纳西族还能存在下来？那就是走了一条紧紧依靠中央王朝的道路。明代的皇帝，赐姓木，而且是官姓，中央王朝称赞纳西族，"诚心报国"是皇帝赐的腰带，因战功赫赫而赐了腰带，一共赐了 3 条。我把它制成匾，3 块匾的意思是什么？表示丽江人从来只跟中央王朝走。前几天来了一个文化部的官员，我跟他介绍木府的对联，他说我知道这个对联，以前中央首长在某个会议上讲过。所以我说，我们这套文化理论很好地保护了木府这块文化阵地。后来别的中央首长来的时候，我也是这样讲的，首长都说好，就是这样出来的。一句话，万一说你们“岂有此理”，就完了。就是在这样的背景下，《木府风云》出来了。但是，没有斗争，就没有故事；没有矛盾，情节就无法展开。从这个角度来理解，我们把以前革命的时候学到的理论全都用上。还有一个是电视剧源于生活也要高于生活。于荣光先生他们开始在木府拍《钱王》，他们不按我的规矩来，我把他们的东西都砸烂了，跟他们吵，于荣光先生他们还不耐烦，之后三番五次来找我谈，我就讲，要拍你就拍。后面《钱王》草草收了场。在双方争执的过程中，我说到了我之所以这么爱惜木府的原因，说到了木府与纳西族悠久的民族文化的关系，引起了于荣光先生他们的极大兴趣，后来他们决心拍《木府风云》。他就找了剧作家钟源一起过来找我，我们谈了三天，过后不久第一稿就出来了，里面都是我们讲解员平时讲的那些话。总之，这个题材相当好，主题相当鲜明，即使于荣光不来拍，也会有李荣光来拍。为什么这么说呢？因为中华民族需要这样的题材，国家发展需要这样的主题，而且是不变的。就是在这样的一个背景下，《木府风云》产生了。第一稿出来了，需要两三个亿来拍，第一稿还算是写得好的，都是原始的素材，但是没有那么多的钱来拍。所以他们一会儿说拍，一会儿又说不拍了，最后另外请一个人在这个基础上修改，但修改了五六年也修改不出来，跑到丽江来开了几次会，甚至到我家去反复讨论。经过几次折腾以后，又说不干了，实在干不起了，不然的话，就是让我们拿出两三个亿的钱来干。钱要花得少，素材已经有了，原始资料都已经给他们了，他们又说不干了。怎么办呢？没有办法，我们只好赤膊上阵，我们的剧本修改意见就出来了，后面我们商量了一下，根据这个修改意见，把它作为提纲来搞《木府风云》。你看，这样大致定下来以后，人物就好办了，以前木增的形象不怎么丰富，我们编一下就给他丰富起来了。原来剧情设计如果不能丰富阿勒邱这么一个人物的话，英雄不配美女，人类的永恒主题出不来，故事线索也不清晰，于是我们就把阿勒邱丰富起来了。后来木老给我打了一个电话，说木增和阿勒邱的辈分不合，我说：“你知道阿勒邱是个什么人物吗？你有没有听过她的故事？有的就是一个比较聪明能干的形容词而已，不一定是一个很具体的人物，我把她具化成一个人物形象。”你说，木增跟木隆斗，斗过来斗过去，让剧情发展下去，也许可以把情节展示出来。但是斗来斗去，估计丽江人看后会骂我的。

主题走向基本上定了以后，细节是允许虚构的嘛，把好一点的细节模式找出来用到《木府风云》里边，就是我们纳西族的了。你们没有发现吗?《木府风云》里边隐隐约约还有一种经久不衰的王子复仇记的影子在里边。于荣光先生是不大合适演木增这一人物的，一开始他跟我说是要演木隆，所以在具体的增加细节的过程之中，他把木隆的细节写得相当丰富、相当突出。后来在一次讨论中，我就提出打倒木隆，提升木增的信息量的主张。现在在关键时刻都要放一放《木府风云》，这是政治的需要。所以说，我们有些东西不放到那个场合里，就没有艺术价值、没有意义了。我们的主题本来就是当今世界的人们都相当需要的，是这样一个情况。

回忆一下大体是这样一个经历，然后我们回到这个剧本上，我自己觉得大家讲的就是金沙江流域的文化，只不过我们这里是属于金沙江中上游，永胜是中游，都是属于丽江这个圈圈——金沙江流域范围的，我们的文化就属于金沙江流域的一种文化。大家都在讲文化是融会贯通的，都在讲民族的抗争，都在讲这个事情。我们这个电视剧要诠释的也就是这样的问题，在这里就出现了可歌可泣的故事，出现了这样或那样的人物。因为我们讲的这个不是史料问题，而是如何弄成一个可行性比较强的电视剧的问题，我自己始终觉得电视剧就是要揭示一个大主题，背后就是向人家解释“大中华是怎样形成的”这样一个问题。像 G 老师提出来的这一个高女士，算是一个人物。电视剧虽然是讲她高女士的事，但是你可以把许多历史的信息量，几个民族融合的信息量集于她一身！你不要说是这个不是她干的，那个不是她干的。我们先把放进去的信息量都挂在她身上，是不是这个意思？挂在她身上来表现。老实说，我们讲的是边疆少数民族，而且只有永胜，只有你们这片地方、这块热土才能够出得来这样的题材。为什么呢？你看，可以反映边屯文化与江西、湖南的交往，甚至与毛氏的关系，这样的融合，老实说，这里向世人透露的是一个国家形成过程的缩影，我觉得你们必须站在一定的高度上来表现主题。是的，按你们的说法，这个人物是从南京搬过来的，可以把许多东西挂在高女士的身上，然后就表现出一个像样的东西，而且故事要编得引人入胜。比如高女士也应该有个爱情故事的嘛，因为爱情是电视剧里面都要表现的人类永恒的主题。因为她本人就有这种颜值，所以说可以演绎出一部好的作品来呢！你把永胜璀璨的民俗文化，甚至是隐隐约约暗指毛氏的一些东西，或者大理国是怎么一回事，这些方方面面的内容，通过高家，通过高女士，把历史、未来所有的信息量融合在剧中，找一个好一点的故事表现出来，艺术允许虚构嘛！就像阿勒邱不一定是一个具体的历史人物嘛，我们把她变成具体的一个人配给木增了。现在高女士本来就是一个真实的人物，而且有这样的颜值，只不过事情是发生在民国罢了。在高女士与吴稚晖的关系上，因吴稚晖是如雷贯耳的一个名字，国民党的元老，这个问题怎么处理要考虑好。我看可以在题材、主题、基本概况大概有了一个说法之后，去找剧组，因为他们的导演、编剧还会有许多他们的经验放进来，那在电视剧里面就说是“看点”了嘛！“看点”有些什么东西？我们不搞电视剧不知道。“看点”怎么设计？那些剧组都会放进来的嘛。你们如果不及时着手挖掘高女士这个人物，以后甚至姚安的高家也会牵进来。你们如果不干，姚安的高家也会干，看看谁捷足先登。怎么说呢？把中原文化直接引到边疆少数民族地区来，因为高家是带着中原文化来的。这个话题就可以深入挖掘，在剧中给予表现。

G：根据客观事实来说，永胜的汉文化对于中国滇西北是一个传播辐射中心。

黄：就是这个，抓住这一点。

G：从地域上说，永胜的南边是楚雄彝族、大理白族，永胜的东边是凉山彝族，北边是宁蒗纳西族摩梭人、彝族，西边是丽江纳西族，再往北是藏族，处在滇西北这么一个广大的崇山峻岭当中。从历史上来说，永胜县是汉文化传播最早的一个地区，其他地方如丽江、香格里拉、宁蒗，这些地方的汉文化传播都是通过这个点来传播的，永胜就是一个汉文化传播基地！

黄：就是这样一个地方，我承认，作为纳西族的学者，我承认这一点。而且，纳西族的汉文化事实上也是通过这样的途径过来的。接受了多少？也没有接受多少嘛！中原文化传播到姚安就放缓了，然后，姚安就像一个堡垒，但是，姚安跟永胜就可混为一谈地去说，永胜就是这么一个地方——就看谁家先说出来。所以说，学界应该明白这些道理，但是现在明白的人比较少。

G：其实，刚才我们说的跟你说的完全是一个主题，木氏土司在夹缝中求生存，你以前也跟我讲过这个问题，东边还有彝族，有楚雄、凉山州，确实是夹缝，它能够生存，就是因为你们紧紧依靠朝廷、依靠中央王朝，具体从文化上来求发展生存。木老爷学汉字，读汉书，做朝廷命官，木老爷没有读东巴文！你说的这个我非常赞成，因为任何一个民族的学者、文化代表人物都要有一个很高的境界，要看到本民族的优势，也要看到本民族的不足。比如说东巴文，我也了解过，我也写过，东巴文化只是纳西义化当中的一小部分，只能这样来看，但现在把东巴文化说得好像东巴文化就是纳西文化一样。错！木老爷时代还有一个规定，现在为什么大东、鲁甸，旮旮角角之类的这些地方才有东巴在活动，明代木氏土司的时候是东巴不进木府，所以东巴文化是纳西文化中比较有特色的文化，但它不是全部的纳西文化，更不是唯一的纳西文化。就像你说的，金沙江再往北，江北是雪域高原，东巴旗飘扬，已经没有一点汉文化的影子。纳西族分布在 20 多个省市，都是受藏族宗教文化的影响，但是一过永胜，就没了，藏传佛教画上句号，变成了汉传佛教。所以为什么纳西族能生存发展？一是因为它紧紧依靠朝廷；二是善于吸收汉文化及其他民族的文明 ，受中央王权的保护，纳西族就发展起来了。《木府风云》的成功还是在于融合：文化融合、语言融合、婚姻融合，融合起来以后形成了一种新的文化。

黄：高氏文化是边疆少数民族地区中原文化的代表，先定调下来，联合姚安的高家，这个区域性就定下来了。有了这种定位，然后，深深扎根于这一块地盘去开掘题材。你刚才说的这一句话也是对的，藏传佛教只传播到丽江就停止了。而永胜那边呢？却把中原文化的城隍庙、观音庙引进来传播到丽江，丽江就变成多种宗教并存、多元文化共处的地方。这样一来，架势就出来了，没有这样一个架势的话，我们就不好选择题材。高氏文化如何表现？构思几个故事就出来了，不能小家子气，这样一个故事，那样一个故事，先丰富起来，先有这样一个理念；然后去选择，去虚构，允许虚构嘛，源于生活，高于生活。像我们讲的高女士是首选，颜值又比较高，她的故事展开来就既可以反映明代、清代的历史，又可以反映民国的历史，这就是历史剧了嘛！

G：我是来向你请教的嘛，你讲的这席话思路就比较清晰了。你说的这些层次都很高，我在这里几十年，纳西文化我们都接触过，包括木土司的那几首诗，包括你说的“凤诏每来红日近，鹤书不到白云闲”都不是用东巴文写的，体现了很高的汉文化水平嘛！

黄：我跟 LX 说了，我是从教育局调到文化局的，他研究东巴文化干得已经相当可以了，我再去跟他抢那个东西就没多大意思了。我说你干你的东巴文化，我干我另外的文化，多元文化。事实上归根结底就是汉族文化，我就是干纳西族地区的汉族文化研究，整个木府离不开汉族文化，只不过是要有纳西民族的符号而已。你离开了这种文化，纳西族文化也就存在不下来了。

但凡听纳西古乐演奏的听众，都在演奏厅里看见挂着文昌帝君的画像。这是为什么呢？这是中华文化一脉相通的现象。在中华文化中文昌帝君是主管文化的“官员”，而孔子、老子是专家学者，专家学者的像就不能挂了，但文昌帝君的画像一定要挂。在纳西族人的眼里，这种做法才是正统的，把民族文化融入大中华文化里，才能够源远流长，生生不息。

第六章　佤乡、怒江论木府

作为一位木府人，应该为此感到骄傲和自豪，无论走到哪里，都要为自己所在的部门和单位说好、叫好，这才是敬业精神和主人翁的态度。我们木府人无论到哪里，都要亮出木府的本事来，能说会道，女的是那么的贤惠，男的是那么的能歌善舞。这是一种精神，一种境界。我身体力行，言传身教，到哪里都要传扬这种精气神。

第一节　临沧佤乡论木府

我是1995年担任丽江纳西族自治县文化局局长的，丽江文化的发展，刚好那个时期达到一个高潮境地，我有幸在那个时候当了文化局局长，当时也就是讨论“三多节”作为纳西族的一个固定节日的时候。那时许多文化界的人到丽江来考察民族文化，有许多专家都是这么讲的：

图5-11　临沧座谈会

图片来源：木府提供

三多庙（北岳庙）是纳西族唯一一座庙，照此类推，三多也就是纳西族的一个神了。三多庙可能有些人去过，有些人没有去过，它属于全国重点文物保护单位，而且刚才已经说了，它是纳西族现存最早的一座庙宇。

《木府风云》出来了以后，中央电视台记者采访我，说是《木府风云》里面究竟有多少民族的符号，他们特别地提到了三多神这个问题。我说："是的，三多神是属于民族的一个符号，《木府风云》里缺了三多就不行。"我也在外面待过，我当知青以后，做了桥工队的工人，怒江上的惠通桥、红旗桥，还有盈江的老虎链桥，我都参与了建设。在外面，也就是这一线上，我记得，我们一起来的将近有一百个知识青年，那时候，我们经常讲三多神。我当时回答中央电视台的记者时也讲了，抗日战争的时候，台儿庄战役是非常有名的，许多丽江人都参加了台儿庄战役，那个时候为了保家卫国，我们纳西汉子死都不怕，他们高呼着"三多保佑"就去冲锋陷阵了。三多神就是根植于每一个纳西族人心里面的一个神，而且他是保护神。我觉得"三多节"这个节日很特别，文化的力量是相当强大的，而且是正能量。前面曾谈到我父亲的一次神奇的经历。这件事对我影响深远。我父亲以前也是做生意的，在茶马古道上到处跑，有一次住在木里，晚上做了一个梦，看到一个白发苍苍的老人摇醒他，说是赶紧起来了，赶紧起来了。他一惊就起来，刚刚坐在床边，他床旁边那堵墙就垮下来压在他睡觉的地方，他才意识到是发生地震了。这个老人应该是谁呢？按我父亲的说法，应该就是三多神。丽江人要出远门了，要到外面去了，都要跑到三多庙去烧一炷香，这是一种民俗文化。丽江纳西族人口少，本民族神也不多，三多是唯一的一个，那是一种精神跟感情的寄托。拍《木府风云》这个电视连续剧的时候，对三多放不放进剧中还是争议了一下，当时他们认为不要放了，那个是神；我们坚决要放，强调三多神对于纳西族意义非同一般。《木府风云》里假如没有三多神那就没有意思了，所以大家看电视剧时，里面就有三多的影子。

还有一件事，我有幸参加了丽江申报世界文化遗产在国内论证的第一次会议，后面丽江古城被评为世界文化遗产，就是从那一次会议开始的。那一次我们一起去的有当时的县委书记 XY，还有城建局局长 ZH，我是文化局局长，我们三个一起去北京，参加了决定丽江古城能否进入国内申报世界文化遗产的国内论证会议。那个会议上一起讨论的有两个古城：一个是丽江古城，一个是山西的平遥古城。会议上百分之百的专家都投票，都说丽江古城申报为世界文化遗产是很有资格的。后面讲到平遥的时候呢，那些专家就说平遥不能申报，绝对不能同意。我记得在那个会议上，丽江古城是顺利通过了，平遥并没有通过，真的是这样。当时有一个专家说："丽江古城申报为世界文化遗产，我是赞成的。"但是他认为平遥也应该要报上去，为什么呢？因为假如是只报了丽江古城的话呢，那个是少数民族的，平遥不报上去的话，汉族就没有一座能够报的了。但是其他专家认为还是等一等，以后再报，那一次不能报。最后是两家都报上去，两家都成了世界文化遗产，但是中间的确有这么一个插曲。申报世界文化遗产的程序是这样，先在国内进行研究，然后进入中国要申报世界文化遗产的清单里面，没有这一步，联合国就不受理。首先要走这一步，而且这一步是联合国考虑的基础，最后国内报上去才能够成为世界文化遗产。要走这样的一个程序。

回来的路上大家就讲到这样一个问题，有一个专家就说了嘛，所谓中国古城的布局都有这么一个特点，特别是汉文化的特点是有十字路口，在那个位置就有一个府衙门，或者是县衙门，而且是呈豆腐块、十字块的这样的一个格局，但是丽江古城就没有这个格局。许多专家都到过丽江，认为丽江美，相当好，特别是国内申报世界文化遗产专家组的组长阮仪三先生说，到了丽江古城，就只有一个感觉，胶卷带得太少了。丽江古城的格局是怎样一个格局呢？大家都在讨论这个问题，在讲到这个问题的时候专家们说，丽江古城的结构组织、布置的情况就是自由式的，表现了丽江人的自由、活泼、广纳百川的思想。它是一种自由式的结构。讲来讲去后就提到这样一个问题：是啊！这种结构如果在中原是要被杀头的，是犯忌的，不能这样修建城池。因为古代有古代的规矩，只能按照这样的规矩来干，不然就违反了法则，是不允许的。但是丽江古城为什么会出现这样一个情况呢？阮仪三先生说，一是丽江纳西族是少数民族；二是中央王朝也是鞭长莫及，于是出现了丽江纳西族按照自己的意愿建成这样一座古老的城池。然后又提到了土司的问题，问到当时统治者是谁？我们说当然是一切都由土司说了算。

在国内申报的时候，我们把丽江地图挂在上面，专家学者们要我指出来土司府的位置。当时木府建筑已经被毁了，几乎不存在了，我去哪里指呢？有些专家建议在遗址上保护起来，或者建议能够恢复就初步、雏形地恢复一下，以便能够在申报的时候好说明这个问题。所以说恢复重建木府不是哪一个人预想的，而是在那个会上就有这样的风在吹。回来以后又恰巧碰上地震，地震以后，世界银行的人来丽江视察，视察了当时木府尚存的木家院的几间房子。我就跟他们讲这里曾经是怎么样，要怎么恢复，这里是民族的精神所在，我们要贷款恢复重建它。那个地方当时旁边是看守所，盖的是钢筋混凝土房子，装着铁丝网，还有武警部队驻扎在那里，后面是党校，古城的核心部分就是这样一个情况。我们就顺势提出来要恢复重建木府。恢复重建木府是贷世界银行的款，当时我们要求贷多少呢？贷两千万，世界银行说，不行，你要恢复这么大的一个工程，要贷的款需要的钱估计是3000多万元才行。我一个小小的文化局局长，他能够给我贷一两百万就已经差不多了，但是他们很快拍板，说是一两百万做不出来，要贷的话，同意贷给你3360万元。钱还没有到位，我们就热火朝天地研究鸟瞰图、规划图。我们请了七八家全国著名的规划院，花了100万元左右的钱，虽然规划图源源不断地来到了我们这里，但是一份都用不成。世界银行的官员看图后认为，在他们的想象当中不应该是这样，我们也认为专家规划出来的东西还是不能表达我们丽江人的文化气韵，有这种感觉。后来没有办法，差不多就不贷款给我们了，我们左思右想，最后还是本地人、木府人自己拿出来规划图，而且得到了木氏土司后裔木光先生的认可。

的确，你要恢复这么大的一个工程，而且是在世界文化遗产的核心部位恢复重建木府，那个搞不好就是破坏世界文化遗产，那个时候这是老虎屁股摸不得的事，但是我们偏偏摸了。那个时候，我们和木光先生简直是唱双簧了。我私下跟木光老先生多次讨论，达成共识，我们的说法是一致的。我记忆中的木府就应该是这样，再有专家有不同的观点的话，我就请木老这样说："我老祖宗就是这样讲给我的。"所以说木老的功劳是很大的。其实背后的斗争是非常复杂的，几句话也说不清楚，里面的过程要是细说出来，我恐怕还是会掉眼泪的。古建筑随便起错了一间房子，那就废了，什么风水各方面的东西相当复杂，还会有很大的政治风险呢。在这种非常复杂的情况下，丽江当时的地区行署，县委、县政府都非常支持我，虽然有许多不同意见，但是他们都压起或是说服。流点汗不要紧，但在那种纷争的、舆论的漩涡里面煎熬是很难过的。但是不管怎么说，1999 年5 月1 日终于开馆了。5 月2 日，中央首长一行人视察了木府，并且给予了高度的评价，说我们的木氏土司非常聪明，讲政治。木府门口有这样一副对联："凤诏每来红日近，鹤书不到白云闲"，就是从木泰诗句里来的，我把它最后变成木府大门的对联，我跟中央首长介绍了"凤诏每来红日近"的大概意思，就是说纳西族人每当接到皇帝的诏书就觉得离红太阳非常的近；"鹤书不到白云闲"，就是说没有朝廷的文书，丽江人就不知道该怎么办了，就搓着双手烤太阳，大有这样的一种感觉。总的一个意思就是说与中央王朝保持一致。木氏土司执政时期，云南省 1/6 的版图，就是由木氏土司统管。《明史》上有记载的，云南省的 1/6 的疆土由他统管，后面是 13 个县，现在是只有 4 县 1 区，所以说古大今小，虽然在一方是大，但是作为一个民族却相当的小。历史上北面是吐蕃藏族，南面是南诏白族、彝族，后来大理国的政权也相当稳固，周边都是上百万人口的大民族，纳西族只是夹在中间的一个小民族而已。吐蕃要把它吃掉很容易，南诏要把它吞并也很容易，在这种情况下，木氏土司就采取了一个平时就跟周边少数民族搞好团结关系，同时学习汉文化，而且紧紧地抓住中央王朝，紧紧地依靠中央王朝的政策。两个民族好的时候就好了，不好的时候，你要把他吃掉也没有办法。但是想动他，他只要紧紧地依靠中央王朝的话，中央王朝不允许，旁边的民族也就不敢动，所以才得以存在下来。所以说，木氏土司统治丽江是含着眼泪在统治的，这个纳西族就是这样的一个民族！

木府搞来搞去说到底就是搞一个政治文化。木氏的祖先是非常聪明的，就这样一步一步往下走。当时于荣光先生和蒋晓荣女士他们几个为拍片子到丽江，我们几个在木府又是准拍又是不准拍的，又是吵又是打的。我叫于荣光先生他们要珍惜，我们倒是允许你们在木府拍戏了，但是你们不能破坏，不合规矩的就不准拍，就这样吵了起来。然后我把丽江的文化、丽江的历史、丽江的政治给他讲了一遍，他就很感兴趣，说是要拍一部《木府风云》。他那时是在拍《钱王》，《钱王》杀青以后他就来丽江找我们，说是要拍《木府风云》。他还带来了一个剧作家叫钟源，是《钱王》剧本的编剧。到了丽江以后，我用了三天和他们专门讲历史、讲木府、讲丽江，所有资料都录音，记录以后整理出来，第一版的《木府风云》剧本就出来了。出来以后，我们看看也差不多，事实上就是我们讲给他们的原话记录。但是要拍这个大片，讲的就是丽江的史诗了，这里面涉及方方面面的问题，三多神啦，还有《大藏经》啦，还有相当敏感的许多东西，当时的丽江的大事都已经串在里面了，简直是一部史诗。要拍这个片，估计要两三个亿的投资，你说这个钱去哪里弄？他们也是止步了，不敢下手了。怎么办呢？我说你们要改就赶紧改，随后整整改了五六年也改不出来。没有办法了，最后把剧本拿给我们看。我们一看，不行了，变成“窝里斗”了，木增跟木隆为了抢夺政权在那里斗，斗来斗去，你说老乡们会同意吗？丽江人是“窝里斗”的一个民族吗？不是的，那这个问题怎么办呢？开始时木增和木隆两兄弟在那里打来打去的，我说不行，那个就是“窝里斗”了，兄弟相残嘛，纳西人看了这个电视剧以后会给人家一种什么感觉，人家会喜欢？人家都要把我的头发拔光掉的，你们这个是害人了，不行，改！那怎么办呢？我们就塑造了一个西和，这个西和是个反面人物，原来叫和西，我说不能叫和西，只能是西和，这个人物是我们想出来的。木增和木隆在那里争来斗去的，刀光剑影的，塑造了一个西和以后呢，就说明相斗那个不是两兄弟的本意，而是受了西和的蒙蔽，最后西和也不是丽江人，是边匪。所以整个电视剧就把纳西人包装得较完美了。在那个片子里是把丽江人描绘成完人了，为民族立下了一个不朽的功勋。但中间要怎么写？我们就搞了一个修改建议，比如不方便说的话，可以叫徐霞客先生说，徐霞客是不是说了“黄金可以枯竭，但是文化不会枯竭？”所以我们要讲文化。真的，事实上我们也是在搞文化，只要文化没有灭亡，这个民族就不会灭亡；文化灭亡了，这个民族早就亡了。

木府恢复重建以后，第一年收入 200 多万元，发给我们工作人员工资后也就用完了。第二年三四百万元，虽然收入增加了，但是旅行社不宣传木府，也不带客人到木府。但因为木府名声太大了，所以游客冲破重重的“包围圈”，进来一批人，这些人一出去就又宣传了木府。除了这些人以外，我们还有五六十个长得漂亮又能干的讲解员，普通话比我讲得好的一大群男男女女的讲解员，凡是进到木府都能得到他们的热情接待。而且我们是讲政治的，讲当时丽江的政治、军事、文化，结果许多将军都跑到木府来研究当时木氏土司的军事策略。我都接待过三四个将军，他们说你们纳西族30万人，一直打到巴塘、理塘，那就是玉树附近了。德钦、芒康、西藏一部分也在内了，云南省的1/6都属于纳西地盘，当时你们纳西族只有30万人，怎么做到的？我说是“全民皆兵”，就是毛主席提倡的，战时为兵，和平为民。这么一讲，就宣传出去了。所以就有了“不进木府，枉来丽江”这样的一句话。但是游客还是不多，陆陆续续的。后来由于受诸多因素干扰，许多游客游木府的时间都没有了。面对着这样的情况，我们就说，我们要搞一个电视剧把木府宣传出去，所以说这个电视剧是12年前就在策划了的，改来改去，12年后这个电视剧才出来。《木府风云》出来了以后，这个电视剧有这么一些特点：一个是刚才提到的人物，另一个是主题相当好。刚才讲的和谐、广纳，现在的社会需要这个主题，西藏那边不平静的时候，不知道大家有没有注意到，假如注意了就会有这个感觉。十八大以前，中央电视台的荧幕上常常看到《木府风云》，歌词也唱得好，说的是：“曾经模糊的幸福，越来越清楚，一颗心不再漂浮，只想回到梦中的小屋。”所以说，十八大以前就是放《木府风云》，放过来放过去，还创造了两个奇迹。第一个奇迹是央视八套放了以后，一套又来放，一般是八套放过以后一套就不放了，但《木府风云》却破了这个纪录，可见对这部电视剧的认识他们一开始也是模糊的，后来是越来越清楚，这一点也是应合了歌词的意思。第二个奇迹是《木府风云》在全国的收视率创造了第一，收视率比湖南台还高，年轻人就知道湖南台嘛。2012年中央电视台的春节联欢晚会上这部剧主题歌曲《净土》也播出来了。而且节目主持人撒贝宁说我要去旅行了，现在就去，而且呢他还说要去丽江，然后他说丽江有木府，我要去木府。这一句话说得很多丽江人都接受不了，丽江的有些领导就跟我说：“哎呀！木府也不能全部代表丽江。”我就说这话又不是我说的。一方面我是感谢撒贝宁的；另一方面我是觉得这句话好像有操作嫌疑（但我不认识他，也没有见过面，我担心的是别人会这样想）。正因为是这样，木府的门票收入节节攀升。有一天下午 5 点钟时我接到电话通知，中央电视台新闻联播要播对我的采访，下午 6 点钟记者赶过来仓仓促促地拍了一个采访，发到中央电视台。7 点钟准时插进新闻联播播放。这里谈木府的收入怎么样，因为《木府风云》热播，社会反响热烈，木府门票收入大幅增加，就是这么个关系。

滇西的临沧市跟丽江有着千丝万缕的联系，丽江是茶马古道的一个大码头，大家也在看《西藏故事》嘛！《西藏故事》那个是他们最权威的电视连续剧了，《西藏故事》中就有这么一句台词，说是跟丽江商人做生意。临沧的茶非要拉到丽江这个大码头不可，西藏上层人物跟丽江商人做生意，丽江商人就在临沧拿了茶拉到丽江，跟西藏的上层做生意，然后茶就一包一包地驮进西藏了，丽江是一个大码头，所以天生就有一个缘分在里边。

木府恢复重建了以后，《木府风云》也播出了，其影响力不言而喻。你看，我举两个例子。一个例子是，北京有个恭王府，就是和珅的王府。2013 年恭王府邀请了来自中国和欧洲数十家单位的代表参加一个高级论坛，国内只有 3 家参会，一个是恭王府，一个是故宫，另一个就是木府。这个会叫作“中欧王府古堡遗址博物馆发展之道”研讨会，是在北京的一个超五星级酒店举行的。我们原来说是不去了，后来他们特别邀请，还是去了。会上，都是贵胄的后裔坐在那里，开会和研究主题不外是如何利用名人效应把地方宣传出来，等等，但是我们能感觉到一种文化氛围。很多时候，我们是“只缘身在此山中”，不知道这座山的本来面目是什么。参加了这个会以后，我们就体会到我们的地位，进一步考虑我们以后的路该怎么走，总之深有感触。还有一个是，我那一次在临沧老乡座谈会上也讲了，木府现在的知名度是越来越高了。随着这个知名度不断提高，经济收入也是大大提高。去年一年木府的经济总收入，我估计已达到了三四千万元，除去职工工资等外，实际收入达到 3000 万元。木府总投资只是 5000 万元左右，现在一年就可以把成本拿回来了，这也是创造了一种跨越式的经济运作方式吧！我现在说的，钱那么多，收入那么多，我说这话的目的，并不是显示木府收入高了，而是说我们有个想法，要尽可能地节约、节省一部分出来，我们准备从中抽出1000万元，重修三多庙，也就是丽江纳西族最早的一座三多庙。我觉得世界上的许多事情是要聚集在一个点上来，集中力量才能把这个点打造出名气来，只有这样去运作，一个民族、一种民族文化才能永存。多少年来，我是看得多了，想得多了，经历得也多了，才悟出这样的一个道理来。现在全国都一样，大年初一人们就是要去各种庙宇争第一，争头香，这也算是一种精神寄托吧！因为今天是“三多节”，我们讲什么话都不离其宗嘛。所以说，我就跟老乡们讲，假如实现得了的话，我这里钱已经有了，规划方案已经有了，但是最后是否能做得出来，还有政府部门，还有各方面的制约因素。有些时候我觉得还是比较复杂的，最后能不能实现也不知道。万一实现了的话，外地的老乡回来了，就会有这样的一个地方去祭拜三多了。虽然现在也有三多庙，但是到那个时候三多庙就更加吸引人了，大家都可以去磕个头、烧炷香来寄托一下我们民族的精神嘛！

三多是我们纳西族传说中的英雄，跟全世界各个造神运动时期造英雄神一样，当人们面对自然界神秘的东西时，当人们遇到许多灾难时，人们需要的是团结起来，共同去对抗遇到的困难。长期以来都是如此，往往在自己的族群里就出来一个英雄。可能三多出现的时候，我们的民族也是遭遇到了一个非常危难的时期。那个时期就需要有一个英雄出来，领导族群走出困境，纳西族就出来了英雄人物三多，三多可能是族群推选出来的英雄。三多神作为纳西族英雄崇拜的产物就这样一代代传了下来。

这个三多神，我年轻时经历过有关的事，印象很深。我中学毕业后就去当知青，然后参加工作，我被接收到当时云南省的桥工队里面。造桥跟修公路差不多。那一次我们一起出去的知青，男男女女差不多有100多人，一起到桥工队造桥的地方，丽江的继红桥就是我们桥工队造的。后面是造惠通桥，我曾参加了惠通桥的建设。造桥是相当艰苦的。然后我又到盈江，去参加造老虎链桥。那时工作、生活各方面都很艰苦。100多个老乡在外面，那个时候我们也不知道有个三多节，但是对三多是充满了感激，充满了希望。经常是几十个人、百来人召集在一起祭拜三多。

当然了，那时也不一定是现在的三多节，反正是我们走到一起又是吃又是喝，大声高呼“三多保佑”了。所以说纳西族到了外边，遇到几个老乡的时候，只要谈起丽江，一定都会谈到三多，总是会来一个三多的话题。假如大家都在丽江，说不定又没有这种感觉；但一到外面，三多的形象就会浮现在每一个在外乡亲的脑海中。我是曾经经历过的，所以对此很有感触。

听老人们讲，抗日战争的时候，滇军还是跑到最前线了。据说，台儿庄大战中纳西兵相当多，纳西族的战士跟将军一起出发，跟李宗仁一起打台儿庄战役，打仗非常勇敢，据说是跟日本士兵打仗的时候，有些人还缩头缩尾的，而丽江的士兵第一个冲出战壕，拿着烂步枪冲向敌人，而且嘴里还用纳西话高喊，不是纳西话了，事实上是汉语，但是用纳西话的那种腔调，拿现在的话说，就是喊着“三多保佑”就冲出战壕，扑向敌人的阵地。外边的人听到后问：“他们是在喊什么？”“好像他们是在念着一个咒语，少数民族，只要念了咒语上战场，子弹就不会射到他们，子弹也穿不过他们的肉身。”是不是有这么一个感觉？三多神就是我们丽江人一代又一代神话传下来的一个神，他已成了我们纳西族的精神财富，的确是纳西族的一个文化遗产。

丽江文化与三多的关系还有这么一点，我们都知道有个北岳庙，是供奉三多神的地方。我们也考证过了，纳西族心目中只有一个神，就是三多神。现在的寺庙很多，藏传佛教、汉传佛教的寺庙等相当多，里边都供着菩萨、神仙，还有伊斯兰教清真寺和基督教教堂，等等。在丽江，从木氏土司开始，丽江就有庙、也有神。他拜不拜？拜。但是他具体的信哪一个神就说不清楚了。藏传佛教的寺庙，丽江人要去拜一下，汉传佛教的庙也要去拜一下，只要有菩萨的地方丽江人都喜欢拜，但是纳西族真正全民信仰的一个神就是三多。不然我们年轻的时候出去打工，拿现在的话来说，我们只记得三多。抗日战争时期，我们的战士拿着上刺刀的步枪冲向敌群的时候，他们高呼的也是“三多保佑”，所以我们纳西族对三多的感情是一两句话说不清楚的。作为三多庙，因为我当时是文化局局长，包括文化部部长来了，或者是云南省的文化厅厅长来了，我经常去接待，特别是云南省的一个文化厅副厅长，他对我们的三多神也是到了一个崇拜的程度。他总是跟我讲："老黄，三多庙是纳西族唯一的一座庙宇，三多是唯一的纳西族人都信奉的一尊神，你们为什么不把它修好?"直到现在，三多庙还是破败不堪的，我们真的是心痛不已。最近，我们不断呼吁把三多庙好好地修起来。所以，我多次讲到这个问题。古城博物院的陈院长我们两个也多次讲过，她虽然是汉族，但嫁给纳西族，变成纳西族媳妇了。我们讲过，先拿出点钱把三多庙修起来。我们甚至规划都有了，我们想象之中是把它填高，高高地垒起，让人们在三多庙的门口一眼看过去，有整个丽江坝就出现在眼前的这样一种感觉。至于原来剩下的破败不堪的那一点房子，它是大熊猫，是国家级的保护文物，我们不动就算了，增其旧制，就像修岳阳楼一样修旧如旧地盖起来。我这样说的意思是，以三多节这种文化价值，每年在这个时候大家都能够欢聚在一起开个会，很有意思。还有我讲这个话的意思是，其实我观察到，在外的老乡们回丽江后，还有丽江的大大小小的官员及百姓也都最喜欢去拜三多神，有的人表面上说不拜，其实是偷偷摸摸地拜，拜的人相当多，丽江百姓拜三多神的更多。恢复重建木府对于纳西族是件大事，纳西族全民信仰三多神，所以恢复重建木府少不得要与祭拜三

图5－12 三多庙

图片来源：木府提供

多神仪式相结合 。我们一年要去祭拜三多神四五次，恢复重建木府的时候，要起大房子了，要上梁了，我们都会组织指挥部的成员去三多庙磕头，这些都用录像录下来，直到现在都还保存着。我们认为这也是尊重和传承传统民俗的体现。现在全国也是有这样的一个情况，争烧头一炷香，我们徐霞客学会（后简称徐学会）的人也都争着去上头炷香。像我们的《木府风云》，也是离开了三多就非常遗憾了。从整个剧情的发展变化来看，要惩罚人的时候，不知该怎么惩罚，或者最后要惩罚成什么样的，也断不下来，说不清道不明白的那个时候，就把三多神请出来了，就让三多在冥冥之中来判决，这个是《木府风云》里面的剧情。现在《木府风云》不仅是在国内风靡，据现在统计，已经有 70 多个国家在播放《木府风云》，现在已经到走向世界这个程度了。

第二节　怒江边上论木府

纳西族与怒江各民族之间有着深厚的渊源。这种渊源不仅是有地域上的原因，还有历史进程中形成的文化和血缘关系。2013 年，受怒江纳西文化协会邀请，专程到怒江参加他们的成立大会。会上，他们强烈要求我做一个发言。以下是我发言内容的整理。

一、木氏土司与怒江的历史渊源

说到怒江，在唐宋两代属南诏及大理政权管辖，但是在元、明、清三代则为丽江木氏土司和丽江路军民总管府统辖。当时的丽江路包括现在的丽江市、怒江傈僳族自治州和迪庆藏族自治州南部等地。又据史料记载，元代贡山隶属临西县并与碧江、福贡统属丽江路。可以说，元代以来，纳西族与傈僳族、怒族、独龙族等怒江各少数民族就同在“丽江路”辖境内繁衍生息。如元《一统志・丽江路》“风俗条”说：“丽江路，蛮有八种，曰磨些、曰白、曰罗落、曰冬闷、曰峨昌、曰撬、曰吐蕃、曰卢，参错而居。”文中所载“磨些”“撬”“吐蕃”“卢”正是“参错杂居”于丽江路西部和西北部的纳西族、独龙族、藏族和傈僳族之先民。此外，怒江州是中、缅以及滇藏的结合部，有长达 449. 5 公里的

图5－13 怒江纳西文化研讨会

图片来源：木府提供

国界线。历史上，牟琮之子阿良，在宋理宗宝祐元年（1253年），元世祖忽必烈经丽江境征大理国时，率纳西部族到剌宝、奉科迎接，从而打开了金沙江天堑大门，并随蒙古军征战，攻打缅甸，这征战行程经过怒江。这一历史记载再一次证明当时木氏土司先祖是统治着怒江一带的。

到了明朝时期，明代兰州（兰坪）土知州、碧江、福贡统属丽江军民府；贡山隶属临西县康普、叶枝土千总，属丽江军民府。可见，历史上，木氏土司一直就管理着怒江这一块地盘。我们能确认的是，木氏土司在历史上就管理着怒江这一块地盘是毋庸置疑的。因而，明朝时期，木氏土司对怒江地区各民族有着极其重要的影响。元《一统志·丽江路》中就记载道："磨些蛮最多于诸种……此部人善骑射，最勇厉。"这说明纳西先民在丽江路诸多民族中，无论从人口，还是在作战能力（军事力量）方面就已占有绝对优势。但在忽必烈南下统一云南之前，纳西先民仍然处于"依江附险，酋寨星列、不相统摄"的部落首领各据一方的社会。进入元代以后，特别是明代以来，由于得益于地处滇川藏交界地带重要地理位置，纳西族的杰出首领——木氏土司先辈夹缝之中求生存，审时度势，紧紧依附于中央王朝从而登上了历史政治舞台，不但改变了纳西族的历史，同时也改变了纳西族周围众多民族的历史。从此，纳西族与中华民族整体发展趋势呈现出前所未有的明显关系，而且其周围民族也被逐步吸纳到这一进程里来。这样一来，木氏土司依靠中央王朝，稳固了统治地位，木氏土司的大旗一挥，三江并流区域中的各族群、各家族都依附他、依靠他。在三江并流区域，文化圈的核心一直以来就是纳西族文化，纳西族在政治、经济、文化诸方面都处于相对强势的地位，中央王朝也是一直通过木氏土司来控制滇西北诸多民族。任乃强的《西康图经·民俗篇》中也说："元、明、清三代，滇边傈僳多归当地土司管辖。因政府对边地鞭长莫及，故土司权力甚大。边民之贡赋、诉讼、教化，均由土司办理之。"所以，有史料证实木氏土司就是中央王朝在怒江地区的代理者，傈僳族、怒族、独龙族在政治上受制于木氏土司，经济上存在着互通有无的交换关系，文化上则是相互融合。因此，木氏土司与怒江各族人民的关系是源远流长的。

我们来到怒江，对怒江各民族，特别是傈僳族与纳西族的文化融合、文化相通也是感受很深的。就如语言，纳西族与傈僳族的语言结构是相通的，同属方国瑜先生所说的藏缅语族彝语支，加上维西、叶枝、其宗一线，于是讲我们这种语言的人就分布在三江并流区域，即怒江州、迪庆州，还有丽江这样一个大区域。在三江并流区域这一块地盘上，在木氏土司的统治之下，紧紧依靠中央王朝，民族友好、社会和谐。由于各族群在这一区域中长期共同生活，文化上相互交融，各民族中自然形成了什么少数民族语言都会讲的这么一群人，几种语言都集结在这一群人身上。其实，这群人也是为求和平与和谐，与各民族拉近距离而不得不学习外族语言，从而形成各民族间的自然同化。至今，贡山丙中洛还居住着纳西族，而纳西族与傈僳族的关系非常密切。在傈僳族众多的口述史中也提及，历史上怒江傈僳族与木氏土司一直保持着政治上的隶属关系，傈僳族在明朝时期也曾经是木氏土司在怒江流域管理其他民族的代理人。总之，怒江一直隶属于木氏土司及纳西族管理的范畴，直到1954年，原属丽江专区的碧江、福贡、贡山三县才划归怒江傈僳族自治州。

如今，络绎不绝的游客参观木府后都会问讲解员："你们仅仅只有充其量30万的纳西族人口，怎么盖得起这么大的宫殿？钱从哪里来？"这样一来，若我们不讲兰坪、俄亚的矿产资源，那么木府的辉煌就当然没有雄厚的经济后盾；而这样一讲解，客人听后也才会信服。史料记载，四川省木里县俄亚乡，是一个老母猪在烂泥塘里打个滚，身上都挂满金片片的地方，而木氏土司不仅有兰坪的铅矿、锌矿、金矿、银矿，有俄亚的铁矿，还有丽江马，所以不要小看木氏土司管理着的这三四个地方。你要研究木氏土司、研究纳西族，就一直往北到芒康、盐井，那里是纳西族民族乡，有纳西族原住民，这是不争的事实。而当我们讲到中甸、芒康，则可振振有词，甚至乡城、稻城的寺庙都是木氏土司出钱来盖的，有充足的理论根据。

然而，就目前的情况来看，我们对丽江市、迪庆州范围内木氏土司如何管理等方面虽已经取得了一定的研究成果，对一些问题也有了一定的定论，但由于史料缺乏，对于怒江方面的研究还显得十分薄弱，特别是对明代时期木氏土司与怒江关系的研究依然处于空白阶段。的确，一提到怒江，我们的心就有点虚，总觉得我们手头关于怒江的史料不够，缺乏研究。且由于丽江纳西族在元、明时期的那段历史记载相当少，从而导致研究相当困难，是片空白，比如恩梅开江问题，兰坪木氏土司的金矿、银矿等问题，包括木氏土司如何管理怒江的问题、纳西族与怒江民族关系的问题，都是四五百年前的历史，那个时候是一种什么状态，关于这些方面的研究都处于一种空白状态。然而，对于我们从事民族研究的人来说，尽管史料缺乏是客观存在的，但也不能成为我们研究木氏土司与怒江关系的一个瓶颈。就如我们1996年恢复木府时，当时也找不到什么历史依据。没有依据，专家就不予通过恢复重建方案，我们也就恢复重建不了木府。幸而当时我们找到了《徐霞客游记》对木府“宫室之丽，拟于王者”的描述，以及府志、县志里记载的“仿紫禁城而制”简单的这么几句话，这就是依据。

目前，经过对一些存留至今的片面的、零星的史料进行考证，我们已经确认，怒江在历史上的确是归属于木氏土司管理范畴，木氏土司对元、明以来怒江地区各民族的影响也相当大，只不过对于这些方面的研究还处于非常薄弱的境地。我们来参加怒江傈僳族自治州纳西文化学会成立大会的主要目的，一是与大家进一步探讨木氏土司与怒江的关系；二是对怒江傈僳族自治州纳西文化学会今后要如何研究纳西文化，要如何开展学会工作，提出我们的一点看法和建议，以期推动整个三江并流区域纳西文化研究的共同发展、共同繁荣。

二、怒江纳西学研究的展望

说到这里，我们认为，怒江要怎么研究纳西文化，如何开展工作就不言而喻了。

假如木氏土司管理怒江的这个理论成立，那么现在风靡一时的《木府风云》其实讲的就是在这样的一块地盘上演绎出来的历史故事，即以木增、阿勒邱两位代表人物的爱情故事为线索，来反映民族之间大爱、和谐的主题，来探讨人与人之间、民族与民族之间的追求亲情和友爱的相处方式。一句话，“和为贵”。这部电视剧渗透着我的思想，有政治研究的成果，还有民族研究的成果，因而中央电视台非常看重，不仅在中央电视台电视剧频道（CCTV－8）黄金剧场播放，后来又在中央电视台综合频道（CCTV－1）播出。现在，《木府风云》在国外又热起来了。中央电视台新闻联播都有相关报道，说老挝已掀起“木府风云热”，播放时，上街的人都很少。听说，缅甸也要播放，至于播出以后对我们的恩梅开江流域有什么影响，就不得而知了。从整个国际形势来看，还会掀起一次波澜壮阔的“木府风云热”。所以，面对纳西文化研究潮涌潮起的势头，我们怒江州纳西文化研究也绝不能被边缘化，而是要理直气壮地进行开拓性的文化研究，这才是当务之急。至于一些细节的东西，我们也需要进一步调查研究。在这个过程中，怒江的纳西族年青一代应该下决心，投身到广阔的纳西族文化研究领域中去。

的确，我们讲木府文化时经常讲到俄亚、木里、盐井的纳西族，现在他们与我们木府常来常往，一到木府都说是好像回到家里来了一样，我们也经常去木里、俄亚，对他们有一种久违的亲切感。从他们的言语中可以得知，他们是居住在俄亚、木里、盐井的原住民，所以纳西族可能是最初到那个地方的民族。而说到怒江州，有没有纳西族原住民呢？之前，说到木氏土司管理了怒江，但是怒江州的纳西族原住民又相当少，这就显得十分矛盾，其中的原因尚待调查、研究和考证。而贡山丙中洛就有纳西族，故有历史痕迹是相当重要的，也很有价值。所以，木氏土司与怒江的关系这一研究课题，值得人们深入地进行研究。此外，木氏土司随元军攻打缅甸途经怒江的征战路线也是历史事件中的一个空白点，至今没有哪个专家、学者对此进行过系统的研究。因而，进一步挖掘、研究、整理其路线图，也是今后怒江纳西族文化学会研究工作中重要的、有意义的一个课题。总之，史料的缺乏不是根本性的问题，关键是要有做文化研究的这种理念才行。

此外，纳西族文化的怒江文化现象，也应该算是学会研究的一个内容，而且是新兴的一个民族文化研究课题。我们研究怒江纳西族文化，首先要把概念搞清楚，即纳西族到怒江以后，与怒江的本土文化相融合，使纳西族文化融合了各种民族文化元素，形成新的文化现象，即独特的怒江的纳西族文化。从这样一个角度去考虑、去研究，就很有特色。为什么这样说？那是因为怒江的纳西族在历史上没有中甸、德钦的那么多，但是，后期的纳西族迁徙到这个地方，然后与这个地方的民族文化相互融合，必然就产生出一种生命力相当强的纳西族文化。可以说，缺了这一块，纳西族文化就是不完整的文化。若是把怒江的纳西族文化这一块加进去，纳西族的文化就会越来越丰富，更何况这也是很有价值、值得深入研究的东西。从这样一个理念与高度来研究我们的民族文化，可起到异军突起的作用。

因而，要更进一步地研究中华人民共和国成立后纳西族人口大量支边到怒江后，对怒江的经济、文化发展所带来的影响。这之中，就要首先提到这样一个问题，许多人都提出，怒江的纳西族老干部扎根怒江这片土壤多年，功劳很大，成绩很突出，他们的事迹要记录下来，进行表彰。我觉得，这是做纳西族文化研究的一个基础，有了这个基础，就有了生根发芽的土壤，我们的研究工作就好搞了。对于怒江州纳西族文化研究而言，不能只是停留在记录、表彰这样一个文化研究的层次上，应该是研究他们到怒江以后，他们所带去的纳西族文化如何对怒江当地社会经济、民族文化产生巨大影响，以及在长期的共同生活中，文化如何相互融合，纳西族与傈僳族等少数民族如何共同促进怒江社会经济、文化的繁荣和进步的。这样，才能更好地促进三江并流区域纳西族文化研究的发展。

当然，说到民族迁移文化，这是很有研究价值的课题，对此要有个清晰的认识和概念。比如，我们研究文化，明朝、清朝、民国时期、中华人民共和国成立初期，它都是分时期的。又如，我们研究木氏土司，明代的研究什么，清代的又怎么样，也是要划阶段进行研究的。而说到我们怒江纳西族，其阶段性很有特色，相当丰富，很值得研究。这个课题一旦研究出来，纳西族文化研究将会增添一股新生力量，起到事半功倍的效果。历史上，纳西族民族迁徙文化都是有史料记载的。我是丽江大研镇人，对大研镇的民族迁徙就做过系统的调查研究。现在就以大研镇为例，对纳西族民族迁徙文化及其带来的效应进行阐释。中华人民共和国成立初，大研镇早期居民有三四万人。三四万的城镇人口进行了几次人口大迁移。我记得，第一次人口大迁移时期，最初是土改队，大量的干部，还有裁缝、厨师、鞋匠、石匠去了怒江，我的岳父就是那时候到贡山做了鞋匠，对怒江的手工业发展做出了很大的贡献。同时，怒江在当时是大量的缺医少药、教育资源贫乏，土改工作队一来，派来了大量的医生、老师，对怒江的社会经济发展、文化教育发展起到了很大的促进作用。这之中，以大研镇的纳西族居多。各位同仁，在那一次人口大迁移中，怒江州是捡到了一条条金子啦！为什么这么说？大研镇会教书的、懂点知识的、会点工艺的才能到怒江来，不是那个人才，人家还不要你呢！只有有专长的人才有资格来怒江。那个时候，他们背着行李，翻越雪山来到怒江，想来有多艰辛。第一次人口大迁移，怒江州引进了许多人才。第二次城镇居民大迁移，是到红河挖公路。大研镇的小伙子、胖金妹，一去就是几百人。第三次人口大迁移，是我们知青那一伙，当时有很多人分到怒江，参加工作，当老师或到商业局。那一批人里边尽是人尖子。当时，丽江地区 13 个县，地区中学只有 3 个高中班，150 人，都是人尖子，都当了知青，大量的人分到怒江州，大研镇 1 万多人就这样迁徙到怒江去了。如今，他们的子孙也同样属于人口大迁移的范畴。在这里，我们也要提醒大家注意，这些纳西人迁徙到怒江以后，他们肯定会带去先进的科学技术、教育理念、文化知识、民族文化，在与怒江傈僳族等各民族相互融合的进程中，你中有我，我中有你，他们共同提高了怒江的生产生活水平，共同繁荣了怒江民族文化。这样一来，对文化的融合、民族的融合进行理性研究也是怒江纳西族文化研究必不可少的内容，也会给怒江纳西族文化研究注入新的生命力。

综上所述，历史上怒江就是木氏土司管理着的一块地盘，政治上木氏土司长期经营怒江，客观上促进了傈僳族、怒族、独龙族与纳西族的交往，经济上互通有无，文化上相互融合，形成了“各美其美、美人之美、美美与共、天下大同”的状态。我们同时也要承认对这一方面的研究还远远不够。所以，我们希望，怒江纳西族文化研究工作可以根据以上所探讨的理念，深入研究，并在此基础上，使怒江的纳西族文化研究异军突起。

木徐友谊篇

徐霞客是一代“游圣”，丽江是他遐征的终点，也是他一生大放异彩的地方。“徐霞客与丽江”是一个重要命题，也是一个人与一个民族、一个区域的关系，其间所蕴含的文化内涵深厚而丰富。徐霞客与木府有这样的三层关系：其一，徐霞客与土司木增关系非同一般，徐霞客遐征万里，两人在丽江促膝长谈；徐霞客西南行双脚俱废，木增则千里送徐霞客东归，把徐霞客及他的“游记”安全送回江阴，所以，研究有关木增的事就绕不开徐霞客。其二，木府恢复重建过程中，主要依靠的资料就是《徐霞客游记》，从宏观的恢复到微观的雕刻无不围绕徐公和他的游记而来。其三，徐霞客与木增的友谊是汉纳民族友好团结的象征，也是纳西族人对周边民族态度的一种体现。

第一章　传扬木府第一人

“徐霞客与丽江”是连接长江两头的主题。一方面，当年徐霞客能顺利回归江阴，完全是靠木氏土司木增的帮助，可以说，没有木氏土司就没有徐霞客晚年东归，更没有《徐霞客游记》问世；另一方面，木府恢复重建离不开徐霞客及其“游记”。因此，徐霞客成为木府恢复重建中不可或缺的重要人物。

第一节　丽江召开国际徐学会议的由来

这些年，在江阴市召开的中国徐霞客研究年会上，江阴市及徐霞客研究学会的有关负责人都会邀请木府参加，他们都有这样的体会：中国徐霞客研究学会如果没有丽江方面的参加，将显得不完整。有一年的全国徐学年会上，会长、副会长以及有关专家都提及丽江，而且说得都富有诗意：“君住长江头，我住长江尾，相遥四千里，共饮一江水。”同时，江阴人都深知徐霞客与丽江的故事，都知道徐霞客到丽江后，尤其是从滇西考察回到鸡足山后不能走路了，是木增老爷派人送他回家乡的故事，所以，研究徐霞客，离不开丽江。鉴于此种情况，我们达成共识，在丽江成立徐霞客研究学会（简称徐学会）并与外地的徐学会进行交流。2004 年年会筹备会上，亲临会议的徐霞客研究泰斗们聆听了徐霞客与丽江关系的介绍以后，都感到非常激动，建议形成“游圣”旅游的热潮，并把 10 月 26—28 日召开年会的地点定在丽江。由此，我们筹备组加快了丽江市徐霞客研究会的前期准备工作，并得到了各方面的支持。大家分头工作，做好宣传、动员、联络工作，拟订了章程，并向市文化局、民政局作了报批。各项工作准备就绪，条件成熟后，丽江市徐霞客研究会成立了。

成立会上，丽江市徐霞客研究会副会长兼秘书长 LJS 说，成立丽江市徐霞客研究会对提高丽江文化内涵，加强精品文化建设很有帮助，也很有必要。在徐霞客的《滇游日记》中，丽江的篇幅占得很多，而且如果没有木增，徐霞客就不能回归故里，恐怕《滇游日记》也会丧失。丽江作为少数民族地区，出现过众多的知名人物，如木氏六公、历史学家方国瑜老先生等，这与纳西族接受汉文化大有关系。所以，要回答丽江文化是如何发展的这一问题，从研究徐霞客入手便是一个很好的切入点。

图5－14 丽江徐学会成立

图片来源：木府提供

第二节 “徐霞客与丽江”国际学术研讨会纪要

2004年10月，在木府举办了“徐霞客与丽江”国际学术研讨会，为期3天的会议取得圆满成功，社会反响强烈。

当时，朱惠荣作为云南徐学会会长，代表会务组做了一个学术评议。他认为，本次会议有5个方面特点。以下是朱惠荣教授的部分讲话整理。

此次会议有几个特点。第一点是提交论文多，内容聚焦在“徐霞客与丽江”主题上，成果十分突出。这次学术讨论会一共收到了76篇论文，有9个省市的专家学者和领导参加，包括北京、江苏、上海、浙江、江西、湖北、广西、贵州、云南，还有美国、韩国等国家和我国香港的朋友们。这一次会议学术研讨的成果在以下几个方面比较突出：第一，这次学术讨论对“徐霞客与丽江”这个主题的研讨取得了很大的成功。“很大的成功”这个评价我认为不过分，比如这次大家的发言及有关论文，关于“徐霞客与丽江”这个主题的数量是最多的，比例是最大的，只要看看大家手里的《丽江日报》专刊，就有20篇文章的摘要，这还只是摘要，因为报纸篇幅有限，还有很多高见没有登上。由此可见，这次有关“徐霞客与丽江”这个主题的论文数量，已经大大超过大家预期。第二，有关“丽江与徐霞客”这个主题的内容很丰富，包括对游记相关内容的梳理，包括对徐霞客与丽江的评价，包括丽江在明代、在后来，一直到今天与徐霞客的关系，涉及丽江的风光、名胜、旅游纪念品、食品和纳西族地名的考证，内容非常丰富。第三，我们从相关的作者中发现，外地专家对“徐霞客与丽江”这个主题倾注了大量热情，这很不容易。过去在有些会议中，外地的朋友只是去看看、去听听，自己没有发言权。那么外地的朋友有没有发言权呢？我认为有，不但有，而且他们有更大的热情，这一次大家表现出的对“徐霞客与丽江”这个主题的热情和研究深度，都非常值得赞佩。第四，大量的文章还反映出本地专家发挥了他们熟悉丽江当地情况的优势。在这方面，当地老、中、青学者提出了对丽江的很多高见，而且紧扣“徐霞客与丽江”这个主题。通过外地学者和丽江学者的合作，全面梳理了有关这一主题的各个方面，所以“徐霞客与丽江”这一主题的研究取得了很大的成功。

第二点是研究领域不断拓展。通过这次学术讨论，徐学研究领域又有了新的扩充。大家都知道，徐学研究的领域，原来主要是文学、地学、旅游、历史文献这几大块。前几年，有关旅游方面的内容逐步受到重视，大家有了比较深入、比较热烈的讨论。但我们这次发现，除了徐学研究传统的这几块以外，又有很多新领域的研究成果出现了，比如有关徐霞客的创新精神，有关徐霞客的科学精神，有关徐霞客的环境文化观，有关徐霞客的人才思想，有关徐霞客的人类学贡献，这些在过去的徐学研讨会上，有的提出过，但没有深入研讨，有些则完全是这一次才提出的新的研究成果、新的领域。刚才我介绍的这些领域、这些成果为什么会

图 5－15　研讨会现场

图片来源：木府提供

在最近几年受到大家的关注？这和国家对经济文化发展建设的需要有关，也和一些新兴学科的需要是相结合的，比如旅游文化学、人才学、创新精神，这些一直都是受到大家重视的，那么这些受到大家重视的新的学科、新的领域和徐霞客有没有关系？这当然就引起了大家对此的关注。通过这次大家的研究成果，我发现不但这些新的领域和徐霞客有关系，而且徐霞客的一些观点、徐霞客关注的一些对象、《徐霞客游记》研究的成果，对这些新兴的学科和领域很有贡献，所以这方面反映出徐学研究在今后发展的后劲，是不是我们只有传统的几大板块？不是。今天证明了徐霞客研究会越来越渗透到其他有关的学科和领域，会越来越受到各个学科、各个单位、各个系统的重视。这是第二点，即学术研究的领域，通过这次学术讨论又有了扩大。

第三点是徐霞客与其他历史人物的比较研究也有了新的成果。过去大家都认为，用徐霞客与其他历史人物进行比较研究，这对扩大徐学研究领域很重要、也很有用的方法。谭其骧先生提倡把徐霞客与王士性对照研究，CXY 提倡把徐霞客与郦道元进行对比研究，这一次讨论会还有关于王士性的研究。同时这一次又有其他研究，比如杨升庵与徐霞客的对比研究、《徐霞客游记》与《马可·波罗游记》的研究。这些研究又继续在人物对比方面有所扩大，不单人物可以对比，而且历史事件也可以对比，历史文化也可以对比，比如THZ把东巴文化与东夷的象形文化、象形文字进行对比研究，这又提出了新的课题。除了这些，这一次还有专门的人物研究，比如有关徐霞客与担当的关系、有关徐霞客与陈函辉的关系的研究。当然，人物关系的研究在这一次学术讨论会上接触最多，大家认识最多，或者说成果最多的是徐霞客与木增关系的研究，大家取得了很多共识，而且留下了深刻的印象。这样通过人物对比的研究，也扩大了徐学研究的领域。通过对比研究，又有利于认识徐霞客的贡献所处的历史地位。这就是人物对比研究这方面在这次会议上取得的成果。

第四点是有关分期研究的成果。侯仁之先生、任美锷先生，这两位院士在几十年前就提出了徐霞客开创了系统的观察自然和描述自然的新方向的观点，徐霞客系统地观察自然、描述自然，不单具体到对一个省进行系统的观察和描述，而且具体到一个府、州、县，具体到一座名山，具体到一座城镇，所以《徐霞客游记》的这种研究方法和分期研究有很大的关系。进行分期研究，就可以大大地深化对《徐霞客游记》的认识。可以这样说，最近几年，很多省、很多地方开展的徐霞客研究活动都和分期研究有关，或者说都是进行徐霞客有关部分分期研究的范例。在这一次研讨会上，涉及徐霞客有关分期研究的成果还有一些，比如华中师大的教授，他们提出了有关《楚游日记》部分的研究，也有其他有关《滇游日记》部分的研究，当然大家自然地会想到和丽江关系最密切的地方，所以这一次有关鸡足山研究的成果有好几篇，这些也应该是属于分期研究的范围，就是以一座名山为单位进行的分期研究。当然，在这一次研讨会上，分期研究成果最大、最集中的，就是对徐霞客丽江游日记和其他有关部分的研究。在有关徐霞客与丽江的分期研究方面，丽江当地学者充分发挥了优势，我刚才说这次我学到了很多东西，这不是纯粹的谦虚之词，而是发自内心的感受，对一个地方认识最多、最深、最详尽、最准确的，应该就是当地的学者，就是当地的父老，就是当地的群众。我到丽江不是一次两次，很多到丽江的旅行者、外地学者，可能来过几十次，甚至上百次。我算了一下，假如我们外地的学者来丽江100次，每次10天，这样加起来可能是一个相当可观的时间，但是我们比之于当地的学者，他们在这个地方生活、劳动、研究、学习，他们一住就是10年、20年，甚至一辈子，所以我们对丽江的研究，首先从我自己来说，我这次是来向丽江的朋友们学习的。那么同样的，假如每一个地方都进行分期研究，比如浙江的朋友们，他们用10年的时间就开了10年的分期研究的重点解剖的会议，这应该说是成果卓著。其他的省也搞了很多，假如我们能把这个方法推广，有朝一日，通过我们的分期研究，把徐霞客到过的有关地方基本上都梳理一遍，可以想象，那时我们对《徐霞客游记》的认识，将会大大地深化一步，很多内容就不只是概念，而是非常具体的了。那时要和今天的地理环境，和今天的人文，和今天的很多民情风俗进行对比，我们就会有充分的发言权，可能到那时，我们的徐学研究，又会达到一个新的高度。

第五点是徐学研究的新动态。徐霞客和徐霞客研究不是靠行政命令来进行研究的，也不是靠行政命令来进行宣传的。现在在国内的很多地方，很多朋友都是自觉地、自发地研究徐霞客、宣传徐霞客的。最近，江阴有了一个“霞客书画社”，这霞客书画社不是一个国家资助的单位，完全是个人掏钱办的一个文化产业，但这个文化产业的主要负责人说，他的目的就是宣传徐霞客，就是宣传徐霞客精神。他最近办了几件事，他办了与徐霞客有关的楹联的征集活动，最后竟然有上千位作者把楹联寄给他评选，而且他也给予优胜者奖励和鼓励。他还制作了以“千古游圣徐霞客”为主题的2005年的挂历，这幅挂历的每一页反映了徐霞客在这个省的行踪，主题就是宣传徐霞客、歌颂徐霞客。最近，他还和另外一位著名书法家王祥之先生合作，把徐霞客流传至今的全部38首诗用隶书写了出来，XHM自己掏钱，让自己的公司把它印刷出来，最后由贵州人民出版社出版，作为书法欣赏的专题，而这个专题的内容是徐霞客流传至今的全部38首诗。我举这一位私人搞文化产业的例子，是因为他计较的不是他的收入，他计较的是如何宣传徐霞客精神。在宣传徐霞客精神方面，很多省都做了大量的工作，比如江阴在这方面的成果非常突出。再比如云南，这次会议上云南来了一位昆明徐霞客纪念馆的馆长，还有昆明徐霞客小学的校长，他们两位的感想可以谈很多，但现在在有限的时间内，我用一句话来归纳，就是致力于宣传徐霞客精神，用徐霞客精神来教育青少年。昆明的徐霞客纪念馆欢迎各位朋友、各位领导去参观、批评、指导，昆明徐霞客纪念馆现在是云南省的重点文物保护单位，是云南省的爱国主义教育基地，云南省评了三批爱国主义的教育基地，加起来有100处，这100处中就有昆明徐霞客纪念馆，也就是说，国家鼓励用徐霞客精神来教育青少年。还有参加这一次会议的国外的朋友们，他们的热情令我们感动。我想提供一点这次会议以外的信息，这次来参会的韩国学者裴永信，是高丽大学的博士，她取得博士学位的论文就叫《徐霞客游记研究》，她是韩国第一位以《徐霞客游记》研究作为博士论文、获得博士学位的人，现在韩国的出版商正在跟她联系，希望她用韩文翻译《徐霞客游记》的简编本，分量要压缩，但要译成韩文在韩国出版。最近她休假去新西兰，临行前她问我有没有事情托她办，我说有，请你在新西兰了解一下，在奥克兰市、奥克兰大学有没有有关徐霞客研究的藏书，你了解一下、统计一下，摸索这方面的动态。她去以后，在奥克兰大学居然发现有相当一部分汉文出版的《徐霞客游记》的各种版本及研究成果，还有唐锡仁、杨文恒先生的研究成果，还有我主编、中华书局出版的《徐霞客与徐霞客研究》的书。她说新西兰的奥克兰大学，专门有三位外国学者，其中一位是华人，精通汉文，他的任务就是千方百计采集中国的汉文研究成果当然他很懂行，所以他也采集了有关徐霞客研究的成果。而且她在那里还发现了前几年出版的《徐霞客游记的文学艺术》这本书的英文本。后来我告诉她，这本全部用英文写的研究成果在昆明也有收藏，在云南大学图书馆里，也有汪金年（音）先生——他是英国研究徐霞客的学者——这本书的英文原版，朋友们如果需要，可以到云南大学图书馆去查阅。我刚才说的、举的这些例子，都是作为私人在学术界，甚至商业界、经济界的朋友们所做的事，这就反映了徐霞客和《徐霞客游记》是靠它的地位，靠它作为中国文化遗产的强烈的吸引力，靠它的精神力量，成为全国各界喜爱的东西，也成为国外的朋友们愿意接触、喜闻乐见的内容，这正反映出了徐霞客和《徐霞客游记》的生命力，这不是像现在靠广告、吹嘘、宣传所能做到的。

我由此联想到这一次“徐霞客与丽江”学术研讨会，这次会议又一次反映出徐霞客和徐霞客精神的力量，我们到木府首先看到的，大家也说了，就是木府门前的照壁，最近几年我没有时间来丽江，但去年我女儿来了，她回来就告诉我，木府门前有徐霞客的题字，她就把那两句话告诉了我，我很受感动。前几个月她又来丽江，回来告诉我木府里已经挂出了“徐霞客研究会”的牌子，我感受很深，丽江的朋友们确实对徐霞客有很深的感情，木府少不了徐霞客，徐霞客与木府，这也是最好的结合。谁能够宣传木府，徐霞客是最有发言权的，“宫室之丽，拟于王者”，假如换成清代的人来说这句话，他知道明代的木府就是这样的吗？这就不好说，但徐霞客是亲自看到的，他说的话、他的评议就是对木府的最高评价，木府的地位徐霞客早就评价了。今天我们把木府修复、展示给世人，这应该说明了徐霞客与丽江密不可分的关系。这两天听到丽江学者详细谈到解脱林的状况，大家也很受感动，在这里我有一个不成熟的建议，我希望能够通过立法的手续，尽快让解脱林成为丽江市的重点文物保护单位，因为重点文物单位也包括古建筑、古遗址，不能说解脱林没有古建筑，它保留下来了相当一部分古建筑。另外，即使古建筑很残破了，这古遗址还是很完整地保留到了今天。这一次来的朋友们都在问，解脱林的情况怎么样，一听说解脱林的遗址还在，还比较完好，大家都非常放心。今天我们去看了五凤楼，很多朋友就说，假如解脱林的五凤楼也恢复，那不更好吗？所以我想假如下一步丽江要做旅游的大文章，那么解脱林的保护和按当时历史面貌逐步地恢复，应该是木府以后的另一篇大文章，那时将会吸引更多的人到解脱林，因为我们现在能够看到洛克的小屋，但我们现在看不到徐霞客活动的解脱林的大院，所以希望这又成为丽江新的亮点。丽江徐霞客研究会的成立，应该说是把今天，把这一次我们进行的“徐霞客与丽江”的研讨会，把它持久化、经常化了，我们现在都说如何可持续发展，经济上可持续发展，在文化上也可以、也应该可持续发展，那么徐霞客研究会、丽江徐霞客研究会就会动员、组织丽江大量热爱徐霞客、研究徐霞客的学者、朋友、当地的群众继续深入、扩大对丽江与徐霞客的关系有关情况的研究……

中国徐霞客研究会会长张宏仁做了大会闭幕发言。他指出这次会议非常突出的一个重点是“两江”（江阴、丽江），首先是在丽江开的，丽江是徐霞客在科学考察的一生中最悲壮的一页，但在这最后的旅程中，体现了各族人民之间的友谊，也代表了这种民族间的精神。在这次会议之后，希望大家共同努力，促进两江之间结成文化友好城市。现在我们两头已经有了，“两江”就是“两头”，中间这个过程，希望今后我们能把它搞得更加丰富、更加茁壮，成为一个非常有力的链条，来推动徐霞客精神和思想的发展。

图 5－16 2004 年国际徐学研讨会合影

图片来源：木府提供

第二章　丽江徐学研究

自从丽江徐霞客研究会成立，真可谓是：徐学年年有主题，研讨岁岁出成果。

图 5－17　2010 年丽江徐学会座谈会

图片来源：木府提供

第一节　参与国际徐学研讨

2005 年的丽江市徐霞客研究会派代表团参加了在江阴召开的国际徐学研讨会。这次江阴之行，丽江徐学会得到了江阴方面的特殊礼遇，明显感觉到了江阴人对丽江的感激之情。我们徐霞客学会的副会长在《丽江日报》上发表了题为《丽江与江阴的文化情缘》的文章，对古代徐霞客与木增、近代刘半农与方国瑜，以及当代两地徐学会之间的关系做了分析。学者研究学问的最终目的是为了服务社会，通过这次出行，认为一方面丽江经济可以与江阴经济相联系，再通过江阴与世界经济联系起来，借助“江阴模式”所取得的成功为丽江服务；另一方面，丽江现在因为城市扩建，有不少农民需劳务输出，江阴是一个比较好的方向，一是因为两地有历史情缘；二是江阴人普遍对丽江有好感。希望通过“文化搭台，经济唱戏”的形式，让丽江徐学会为本地经济发展做出贡献。江阴方面目前正在做两件事情，一是把徐霞客的生日申请为中国旅游节；二是准备把徐霞客的故居扩大。此外，这次行程让我们了解了江阴学者刘半农与纳西族学者方国瑜之间的师生关系，但江阴方面对此还不太清楚，希望以后能进行这方面的文化交流。丽江徐学会在江阴能受到特殊礼遇，一方面是因为以前木增与徐霞客的历史渊源；另一方面与2004年在丽江召开的国际徐学研讨会取得的成功分不开。在江阴，不仅是文化界，其他各方面的人对丽江印象都很深。

在木府恢复重建的过程中，就是依据了徐霞客那句著名的记述“宫室之丽，拟于王者”，否则木府的恢复重建是无法进行论证的。记得以前我去江阴的情景我觉得很有意思，当时江阴对徐霞客的故居保护得不好，展馆也小。但展馆里，2/3的版面都在讲述徐霞客与木增的关系，可惜大部分江阴人对此并不了解。我在接受电视台记者的采访时，对此情况做了批评，在江阴引起了不小的震动。而且当时江阴对徐霞客甚至出现了“正反”“好坏”两种评价，所幸通过两地徐学会这几年的努力，徐霞客

图5-18 2011年参加江阴学术研讨会

图片来源：木府提供

在江阴越来越受重视，已成为他们的文化品牌。木府文化理论的提出，是从“宫室之丽，拟于王者”这句话里找到答案的，所以当时决定要在木府举行一次全国性的徐学研讨会，这个夙愿在2004年已经实现，而且为2005年丽江徐学会的出行江阴打好了基础，丽江徐学会现在应多考虑自己的治学方向，如何将两地的徐学会联系起来，与全国的徐学会联系起来。我对此有信心，也希望大家都有信心。如何将文化与经济联系起来，这是一个很好的课题，应专门写文章论述。2004年江阴与丽江曾经要结为姊妹县，但因为丽江撤地设市、区县分设而没有成功，这是一个遗憾。经过努力，2015年10月江阴市与玉龙纳西族自治县正式签订了缔结为友好县市的协议。

第二节　徐学工作稳步推进

在2012年丽江徐学年会上，我提出，要加强学术研究，多出成果。

在丽江范围内，文章写得最好的就是徐学会的老师们，还能有哪几位能比诸位“风流”呢？所以，大家要多写一些关于徐学研究方面的文章。

以下是我在2012年丽江徐学年会上的讲话整理。

一直以来，江阴徐霞客研究会，包括中国徐霞客研究会都派人来丽江与我们一起共同开展徐学活动，活动方式之一是私访，即经常拜访几位专家，交换意见，论文方面也互相交换、互相切磋，共谋徐学发展。江阴徐学会、中国徐学会相关人士来木府，我们从同仁的角度盛情款待他们，席间交换一些对徐学研究的意见与看法，从中可以看出他们对我学会的创新意识很感兴趣。由此可见，若不能紧跟时代潮流前进，那么有些东西是建立不起来的。譬如，在过去的一年，围绕着“徐霞客”这个主题，我们与《木府风云》剧组不断进行探讨，把有些虚构的说法也放进《木府风云》里去了。当然，有些是真实的，有些是虚构的，是从真实出发，以信史为依据，加入一些虚构的成分，如在“派壮汉用滑竿把徐霞客抬回江阴老家”的真实基础上加进去“黄金可以枯竭，但文化不会枯竭”此类的元素。这也是丽江徐霞客研究会所做出的一些工作，否则，若没有我们的提示，剧组也想不到那么多。所以，在徐学研究方面，零星的工作我们一直在做，只是大规模的、气势磅礴的事情做得比较少一点而已。

记得 2011 年初，我们在北岳庙召开了丽江市徐霞客研究会年会，在那次会议上就决定：丽江市徐学会与木府一起祭三多，时间就安排在当地民众所说的八月属羊日那一天（按当地人的说法，过去木土司就在那天祭祀三多，有公祭的意义）。本来决定在 2012 年完成祭三多活动，杀猪宰羊，并邀请当地代表、徐学会成员，共同祭拜三多，但由于《木府风云》的热播，忙着跑北京，频繁召开新闻发布会，参加专家研讨会，故未能按期祭三多。不过，话又说回来，我们参加《木府风云》研讨会后，发现研讨会上的文章写得非常好，准备要出本书。而文章中的主要观点，指出一是艺术的真实；二是《木府风云》是中国电视连续剧的楷模。的确，有许多人看了《木府风云》后，都说知道了“子女该如何孝敬父母，如何懂礼教”的哲理。所谓“仁者见仁，智者见智”，除此之外还有很多种说法。LJ 书记告诉我：“我母亲看《木府风云》是看了央视八套又看一套，一看就是老半天，出都出不来，还直流眼泪。我太高兴了，黄院长，有没有剧本，给我一本看一看。”无独有偶，后来省里有位领导与我聊天时也说：“我经常开会，所以没有看完《木府风云》，我老母亲是太喜欢看了，中央八套看了又看一套。”可见，《木府风云》的影响相当大。而讲到和谐，《木府风云》还为十八大的召开做了舆论宣传工作呢！这里面就包含有徐霞客在剧中的一些话，一个是和谐，一个是“黄金可以枯竭，但文化不会枯竭”的理念。这句话，你说徐霞客是否说过？有可能说过，也可能未说过，但从文化的角度来看这也是一种精神。话又转到祭三多上，《木府风云》中也贯穿着三多传统信仰，这与我们的研究成果是分不开的。所以，我们在过去的研究工作中的确是做了不少的事情，有些及时收集整理则成为文章，有些来不及收集则流传于民间，所以我们不是没有可写的东西，其实有很多，只是目前的主要问题是关于徐学研究方面的文章还不够多，尚需努力。

尽管在这期间我们没有开展大的活动，但在徐学研究方面做了许多的工作，这也应该归功于丽江市徐霞客研究会的组织形式和活动形式，而正因为有了丽江市徐霞客研究会这个组织形式，中国徐学会、江阴徐学会才能在丽江找到我们，才能扩大徐学研究领域。从这个意义上讲，丽江市徐霞客研究会也起着有形与无形的作用。一个月前，江阴徐霞客研究会徐副会长曾给我发了一条信息："黄会长，您好！明年我们设想把重走霞客路活动的落脚点设在丽江木府，我们能否共同在木府塑立一座徐霞客塑像？请指教，好吗？谢谢！"对在木府塑徐霞客像这个问题，在我们多次提及后，正因为《木府风云》的巨大影响，江阴方面终于有了说法，当时我决定先与各位商量一下再回话。两三天后，徐副会长看我未回信息，又再次打了电话。我回复说先等一等，结果他等不及了，又马上与夫巴联系。夫巴对此也很着急，多次催促在元旦前召开徐学会议，共同商议一下，故急急忙忙中写上召开了理事会议。从这也可以证明，丽江市徐霞客研究会的工作一直在做。目前，我们要专题研究有关徐霞客塑像的具体位置，并进行实地勘察。此外，陈副院长要做好与古城管理局的联系工作，写一份请示报告，毕竟塑立徐霞客像是发生在古城里的事情，要得到他们的批准，事情才能顺利进行。

展望未来，任重道远。要动员丽江徐学会全体会员，包括木府讲解员（木府的讲解员现在是声名鹊起了，刚刚中国总工会还授予了他们"中国巾帼标兵岗"的荣誉称号，全国没有多少家能获此殊荣。他们也是丽江徐学会会员，天天在讲徐霞客的故事）写一些文章。假若丽江市徐霞客研究会的研究成果丰硕了，在此基础上，我们将考虑在丽江召开一次国际性的徐霞客学术研讨会，这样也可以提升我们在全国的地位。而我们学会作为研究徐学的核心组织，要多多吸收热爱写文章的同志，让丽江徐学组织力量越来越强大，徐学研究越来越繁荣。

还有一件事，2013 年"三多节"时，丽江古城博物院（木府）、丽江市徐霞客研究会、三多阁的当地父老一起祭拜三多神，以民间形式来举行仪式。记得 L 书记曾说过："古城区的一切事情都要围绕文化来设计与安排，且以纳西文化为主，因为离开了文化，就什么东西都没有了。"所以，这一次农历八月属羊日祭三多不能再耽搁了。此外，从祈求三多保佑的角度出发，我们采纳夫巴先生的建议，由丽江市徐霞客研究会、丽江古城博物院（木府）共同在三多阁镶一块匾。

第三节　动议会刊编辑

我提议动员丽江市徐霞客研究会会长、副会长、理事每年写一两篇文章。同时，在经济条件允许的情况下，每年定期不定期地出一本《徐学研究通讯》，内容可包括学术文章、会议通讯、消息等。由夫巴来牵头承担此项工作，先做一本特刊，把徐霞客游历丽江的路线、图片、文字、资料及我们的研究成果完整地展示出来，并与相关出版社要一个内刊号即可。当然，为更好地体现徐学研究成果，也可以申请公开出版一本关于徐学研究方面的刊物，把以前发表过的文章以及未来的研究成果都收录其中，公开发行。刊名可暂定为《徐霞客与丽江》，由丽江古城博物院（木府）、丽江市徐霞客研究会共同创办，由丽江古城博物院（木府）主办，丽江市徐霞客研究会主编，同时成立编委会，由我任主编，副会长任副主编，夫巴任执行编辑，编委为正副会长和理事。对于刊名，可进一步落实。

图 5－19《徐霞客与丽江》会刊

图片来源：木府提供

第四节　徐学研究与木氏研究并驾齐驱

2013 年年会上，我做了一个发言，以下为发言的主要内容：

整个国内的徐学研究是非常热闹了，值得研究的内容相当多，全国徐学研究在五六年内达到了顶峰。在打那个战役的时候，丽江人是没有落后过的，甚至刚才大家提到的世界级的徐学研究会议也在丽江开了一次，在徐学研究界很有影响。在不断研究徐霞客的过程中，各家院校的专家学者、老师们，各地的学者也起到很大的作用。全国就是这样一个形势，队伍相当庞大。这么一来，那么多的人员涉及了徐学研究方方面面的问题，各个角落、各个旮旯的问题都深入进去了。现在徐学界有这样的一个说法：是再研究。研究什么？是不是有些东西要转向？或者把徐学研究从一个飞跃转向另一个飞跃？是不是需要飞跃了？又怎么飞跃？研究的角度是否可以换一些？这样一来，可以更加拓宽徐学研究的路子。现在国内学界都在探讨这个问题。老实说，在我们丽江也存在这样一个问题，好像我说是要研究徐霞客，有人就过来写一篇文章，这样，蛛丝马迹也要翻翻，一些徐学研究者会上也都在讲这个问题。因为“徐学研究热”热到了这样一个程度，所以徐学进一步研究本身也就有了一定的难度。在我看来，我觉得难度在于搞田野调查。

徐霞客不是坐在家里搞研究，不是先带着一种观点再去搞研究，而是在旅途行走之中，在苦行僧般行走中研究问题，在记录那个地方的所见所闻。所以你要更进一步、更透彻地研究徐霞客，假如你不走那条路，又该走什么一条路？不然就变成学术栏、学术网了嘛！总而言之，这是目前徐学研究存在的第一个问题。

第二个问题，你说徐学研究全国到处都在搞，徐霞客在全国都非常有名，大家都在研究，借徐霞客之名，搞销售、影视，那样的情况可以说是层出不穷。但是大家的结论很少，有关徐霞客的文学著作很少，很有影响力的就没有了，包括影视在内。大家就会反思，为什么会出现这样一个情况？这也就给各位徐学研究的专家学者提出了一些问题：为什么会是这样一个情况？你说，徐学研究缺钱吗？你们个别地方缺钱，但是像江阴那些地方缺钱吗？它不缺钱，有的是钱！但就是哪怕有钱，却没有得到这样一个结果，所以大家对此感到一种茫然，他们搞了“万里之行，走徐霞客之路”的活动，就是在探讨这个问题，但左也不是，右也不是，现在处于一个左突右冲的阶段，没有办法，就来创作个动漫，想在动漫上打开一个缺口。国内是处于这样一个状况。他们采访我，我倒是说：“权威的故事片还是有的，动漫上突破一下可能还有几个优势。作为一种宣传、教育方式，动漫对下一代是很有帮助的。”还有一个是《徐霞客游记》本身是文言文作品，没有达到一定的水平，你就是去读原著都有点困难。你要普及或者要更进一步研究，就有一定的困难。总之，大家坐在一起就讲到这样的一些问题，如应该要抓住切入点，切入点要找准。有些时候是不是可以采用逆向思维？我们木氏土司八十大看、木增与徐霞客的对话、五凤楼、鸡足山的悉檀寺、漾西万德宫，等等，在我们本土也是研究得差不多了，也讲得比较多了。我说，大家写文章，要思考抓什么切入点去写，可能还有不少能写的东西。切入点交换、理念转变后，大家都会有一些新的想法。我们研究徐霞客基本点抓得相当好，丽江人最善于找“准”了。我们瞄准的那一点是：没有木氏土司的话，就没有徐霞客，至少没有《徐霞客游记》的后半部。这样就沾沾自喜起来了，就是这么一回事。那次我们搞了旅游节之后，还写了文章发表一些观点。还有对徐霞客的研究，我认为类似方面也可以做些研究。我们在大肆宣传徐霞客的时候，有几个学者提出，徐霞客的“宫室之丽，拟于王者”那几个字也该拿下来，搞成《明史》里的“云南诸土官，知诗书，好礼守义，以丽江木氏为首”那一段话，他们说的话我们几个都是在场听到的！我就提出：“我修木府就是凭着徐霞客的那几句话，那个时候你们又在哪里？我就不拿！”所以说，事实上徐霞客对木氏土司还是会批评的，关键是说他“墙上的芦苇风吹两边倒”，就像墙头上的草，蒙古军来了俯首称臣，明朝军队来了也是如此。所以，研究徐霞客的过程中，有些东西是不能回避的，是历史事实。对现在徐霞客研究的情况，我跟北京的张宏仁会长说：“研究徐霞客不要只停留在自然科学方面，这只是其中一个方面，更多地要聚焦像丽江社会、徐霞客科学探索等方面，这些方面我们很不清楚。我们知道的只是从自然科学角度研究的徐霞客，研究徐霞客应更多地从社会科学的角度来研究。研究完整而真实的徐霞客，既有自然科学又有社会科学，全国研究徐霞客的态势就是这么一个情况。”会长频频点头，很是认同！

我们要拓宽徐学领域在社会科学方面的研究，木氏土司内部不仅只有称兄道弟，你好，我好，大家好，太平盛世，不是这样的。因为徐霞客到丽江，跟木氏土司接触的那段时间是明末，恰恰是改朝换代的前奏，我们可以更多地从这方面研究它，说不定在全国徐学研究方面又起到一个比较好的作用呢。

12 月或春节前，我们到临沧开个理事会。有理事提出来在鸡足山开会也可以，但是我们先把临沧之行搞起再说，我们还不知道徐霞客是否到过云县，到过凤庆，到过巍山，而且有的理事说这些也可以作为我们研究的切入点，给我提了个醒。丽江木氏土司知道徐霞客是高人，就拼命邀请他去丽江，所以我历来这样讲：“徐霞客去这个地方那个地方是他为考察而去，而到丽江是木氏土司邀请去的。”区别点就是这一点，也表现了木氏土司的高瞻远瞩。在徐霞客的心目中，在出来之前他就晓得木氏土司。他读了有关丽江的很多书，对木增很钦佩，丽江是他西南之行的主要目的地！

还有一个这样的事情。老实说，我们徐学会这次为什么要搞木氏研究会，我刚才也讲了一下，是想尽可能地与江南联系。老实说，徐霞客研究会也离不开木氏文化，我们徐学会的路子要越走越宽广的话，下一步就考虑成立木氏研究会。到时候，两块牌子一起挂就顺理成章了。搞木氏研究要请《玉龙山》的主编牛老师，他的文学思想对我们的成长影响很大，他是《玉龙第三国》的作者。我们徐学会下一步可以做这样考虑，我们就不能在这里云外谈天了，要深入进去。第一步走成了之后，第二步做木氏坝（缅北地区地名）田野调查。木氏坝田野调查研究搞出来了，对于木氏研究会有很高的学术价值。

我们有 80 万字左右的素材，但是那个素材太粗糙了，我讲了，进行录音整理，但不准改动。我认为现在还不是动它们的时候，在还想不出一种最佳的办法整理和处理这些素材时最好不动它。最近想了想，我有这样一个考虑，这也是木氏研究，与徐霞客有千丝万缕的联系，可作为我们丽江徐学会和木氏研究会两个会合开的一个基础条件，综合起来开展工作。我给讲解员培训，讲到哪里算哪里，一讲就是 6 个小时，吃块面包就讲。反正都录音，不然你要讲 10 多年前的事情，现在就会记不清了，庆幸凡讲过的现在都保存完好！我考虑，最好的办法就是把原汁原味的素材整理出来，才会有人看，如果重新组织写作，变成一篇文章、一本系统的著作之类以后，反而没有人看。我们决定以老师讲课讲稿的方式，第一讲、第二讲、第三讲……就像讲古汉语通论那样来表达。这个素材 HZX 通读过，郭大烈老师通读过。HZX 说有点史记的感觉。郭大烈老师说："就是要这样出，俨然像一篇文章就没有人看了，原来的风格也丢了。"我打算有时丑话、骂人的话也说出去了，照样记录，就这样整理一下。我的老前辈牛相奎老师，我写文章就是跟他学的，《新丽江》报的记者牛相奎老师是我的编辑。我认为里面对盐井这一点、俄亚那一点讲得相当好，木氏坝也讲一下的话，简直是三条进军路线！我们考虑了一下，想再找几个人一起整理。但我考虑来考虑去，一直没有考虑成熟。

这里面存在这样一个问题，你说围绕木府来讲，巴掌大的一个地方，转过来转过去都是讲木府，好像也不行。此外，这些资料有些口头语化，还有交叉重复的现象，但是我觉得虽然讲同一个问题，今天的思想火花跟明天的思想火花不会一样，不必嫌弃它重复！哪怕重复就重复，就像老师上课一样，有点重复也说得过去。最后郭大烈老师也要来参加整理木府资料和出书工作。

第五节 "三位一体"的学会

2015 年，全国徐学会进行换届选举，我当选为理事，江阴选了唐汉章当理事，他又是副秘书长，重新产生了徐霞客学会的会长和副会长。我想说的意思是，秘书长要产生，应该是在理事会里产生。我是代表了木府和丽江来担任中国徐霞客学会的理事的，没有我们参加，中国徐霞客学会也不过是半个徐霞客学会。对丽江的徐学会来说，我觉得我们是很正统的徐学会，应该是很正统，因为它是全国的一个分会。尽管在丽江的影响面还不大，但我们是根深叶茂的一个学会，并且我们会不断发展下去。

学会的编委成绩是一流的，因为过去的那段时间里曾出过两期刊物，那两期的刊物是高水平、有内容的，特别是第二期，很有史料的价值。那次我们的副会长问我说：“要印多少册？3000册吗？”我说不行，5000或是6000册，有存史的价值。丽江的很多事情，假如有些问题你要弄明白，你可以去翻我们的刊物，可以悟出一些大道理呢！这里面体现了夫巴等学会成员的才智。我们陈院长的那些材料也是大量地加进去了。顺着这个形势继续努力下去，继续干，接着出第三期、第四期，甚至一直出下去，希望第三期的质量和水平比第二期更好。我们既回顾过去，也展望未来，希望把刊物办得更好，所以大家都得多动点脑子，把这个工作继续干下去。我跟陈院长也要“约法三章”了，对徐霞客学会要一如既往地支持下去。投入一定的财力也是值得的。我们老在说，要搞一个木氏土司研究会之类的，这个刊物和徐霞客研究会本身就有这个方面的研究内容，所以你把相关的材料拿进去就是了。我们第一期、第二期的刊物已经寄到全国各地了，都说影响相当大。当然从历史的角度看，北京的于希贤教授，第一次我们两个交谈，我说过你们只能算是半个徐霞客学会，那个时候我的性子比较急。我以前也不是什么理事，这一次被推举为理事，我估计是与我们的第一期、第二期刊物有着一定的关系。

我们徐霞客学会要继续干下去，人才方面要宁缺毋滥，不是哪一个人都可以发展进来的，要有所选择，可以的我们都要长久考虑，不可以的就不要凑数字了，这是一个原则！还有一个原因，现在的情况比较复杂，我们这个徐学会、《徐霞客与丽江》刊物可以看作是博物院院报，三位一体，对于木府的发展，意义很重要。那次市委宣传部叫我给他们提意见，我提了一些建议。主要是建议他们，一要强化思想意识，做事前思想明确，行动才能有明确的目的性；二要强化担当精神，敢于拍板，支持新生事物。我们徐学会，我自己觉得是一个很正统的学会，应该算是阳春白雪吧！是阳春白雪这样的一个学会，老、中、青人才都有，在这种情况下，在宣传部的支持下，我们一定能把这个学会办得更好，坚持下去，我自己都觉得这是对丽江的一种真贡献。

第三章 木徐情谊塑成像

木府在恢复重建过程中，始终有一个江南才子的影子，他就是徐霞客。他虽然一介布衣，却遐征大半个中国，成为中国的“游圣”，洋洋洒洒的《徐霞客游记》成为他永恒的足迹印记。它不仅书写了中华大地的大好河山，也记录了边地少数民族的状况。为进一步挖掘和弘扬徐霞客精神，进一步加强徐霞客与木府关系，丽江与江阴开展了多层面的交流，这成为拓展木府文化、弘扬木府精神的重要举措。

1639 年正月，作为西南万里遐征的旅行家、地理学家的徐霞客进入丽江考察，受到纳西族人民的极大欢迎与帮助。丽江土司木增更是以松针铺地作地毯、“鹿鸣宴”大肴八十道的最高礼仪款待徐霞客。二人相见恨晚，彻夜长谈，情投意合。木增求贤若渴，徐霞客真诚相助，为木增《山中逸趣》作序，为其《云薖淡墨》校对错讹、分门编类，指导其子撰文作诗，最后在病中完成了《鸡足山志》的编纂，充当了传播中原文化的使者。在他的游记中，他记录了丽江的政治、军事、文化、习俗等情况，歌颂了勤劳勇敢的纳西族人民创造的独特文化，以及木氏土司的文治武功和保卫边疆的功勋。当徐霞客“两足俱废”病重以后，木增土司以其大爱精神派出数名身强力壮优秀的纳西族兄弟，跨越千山万水，历经 150 多天千辛万苦地把他抬到湖北黄冈，徐霞客才得以回到家乡，千古奇书《徐霞客游记》才得以流传于世。丽江和江阴人民要永远珍惜木增和徐霞客结下的生死友谊，像长江之水浩浩荡荡，永远不息，代代相传。

第一节 塑立《情谊》铜像的经过

土司木增与一介布衣徐霞客建立的友谊是生死之交，千古传奇，感人肺腑，堪作民族团结的典范。我们考虑在丽江和江阴两地竖立他们的塑像，为人民群众提供凭吊瞻仰、了解这段历史的载体，这对推动汉文化和少数民族文化的交流合作具有深远意义，尤其对年青一代和后来者都很有教育意义，可发挥潜移默化的教育作用。丽江方面决定委托江阴方面拿出设计方案，双方确认后筹资实施。为加强“两江”（丽江、江阴）合作，我与江阴徐学会领导谈过多次，希望江阴方面塑一个徐霞客铜像送到丽江来，这是因为我们自己塑一个不很恰当，而且江阴的经济在全国居于前茅，塑徐霞客铜像也是一件容易做到的事。另外，这个行动会随着两地文化的交流与传播，随着徐霞客知名度的扩大，进一步提升江阴的知名度。这样既宣传了江阴，也会给江阴带来经济效益。当然，最好是塑“木增与徐霞客”的铜像。至于铜像安放在哪个位置，我们会妥当安排。我们还提出，塑这尊铜像，要花费 50 万—60 万元，要不然，也可以由木府拿出资金，请江阴雕塑好以后送过来。由江阴徐霞客研究会把雕塑送到丽江来，意义毕竟不一样啊！江阴方面表示，在木府“塑立木增与徐霞客的雕像，那将是我们共同的目标”。

2015 年 5 月 18 日，丽江徐学会代表团抵达江阴，观看了徐木塑像的模型。当时，我们就提出，对木增的塑像相当满意，但是对徐霞客的塑像，包括背景的山体，感觉还不太满意，提出了几点意见。关于作为背景的山体，江阴方面认为是玉龙雪山，但我们建议去除山体，因为木增与徐霞客这两个人就是“山高人为峰”，这两个人就是两座高峰。他们还设计了长江第一湾的模型，我们对此也提出了一些建议。同时，由于考虑到这座塑像要放在室外，又是位于丽江古城内，必然涉及会有人拍照、攀爬等一些实际情况，故提醒塑像制作者加以考虑。最后我们的建议是旋转一定的角度，形成两个人在一起谈话的场景。

关于塑木徐的铜像，我们建议铜像高 2 米，底座高 1 米。至于费用，在 50 万元左右，由徐氏后人来完成这件事情，铜像估计在两个月内可以完成。当时我们主要讨论的问题有：第一点是关于铜像的名字。江阴市徐霞客研究会陈会长提出的名字是“共饮一江水”，木光先生提出来是“木徐友谊传千秋”。到底是“木徐友谊”，还是“两江情缘”呢？对此，两边都处于讨论与斟酌之中。第二点是底座部分介绍铜像的碑文，已经请江阴徐学会的副会长兼秘书长老唐起草。第三点是江阴方面负责把铜像运送到丽江，那么石料底座是否也由江阴出资？第四点是塑像安放的位置。第五点是铜像的揭幕时间。因为这座铜像已成为民族团结、民族友谊的见证，所以揭幕时间要慎重选择，活动要尽量做得隆重一些，成为全国性的一个活动，这样一来，影响力就会更大一些。

图 5－20《情谊》铜像落成典礼

图片来源：木府提供

几位徐氏后裔企业家都谈道："徐霞客在危难之时，能够由木生白公用 150 多天的时间，由数名纳西大汉夜以继日地抬他回到家乡江阴。若没有木增的帮助和护送，徐霞客肯定是要死在云南了，《徐霞客游记》也不存在了，所以，我们作为徐氏后裔，非常感谢丽江人民和木氏后裔。因而我们愿意承担木徐塑像的 80 万元资金，我们来承担是应该做的一个回报。"而且把铜像送到丽江时，有政府部门派的代表团、徐氏后裔的企业家代表团，30—50 人，队伍非常庞大，形式很隆重，意义也非常重大。

后来经过充分论证，丽江方面提出，铜像取名为"情谊"比较妥当。铜像的标题若太复杂了，人们往往记不住，但取名为"情谊"，则有文化、有政治、有民族、有纳西族与汉族的友谊、有木氏土司与徐霞客的友谊之意义，标题简单、客观、一目了然，徐木两人在那里叙友情，一切尽在其中。

2015 年 9 月，在丽江古城天雨流芳广场举行了木徐铜像揭幕仪式，10 月在江阴徐霞客故居举行了木徐铜像揭幕仪式。历时 8 年之久的塑铜像之事终于圆满完成，成为延续木徐友谊的证物。

第二节　盛开的木徐友谊之花

丽江文化界非常重视徐学研究，把徐学研究作为丽江民族文化研究的重要组成部分。2004 年成立徐霞客研究会以来，举办了徐霞客国际学术研讨会，创办了《徐霞客与丽江》会刊，出了一批学术成果。江阴市徐霞客研究会是全国最早成立的徐霞客研究学术团体，长期以来，在坚持潜心学术研究、热心服务社会等方面取得了可喜成绩。此后两地研究会进一步加强合作交流，发挥各自的地域文化优势，尤其注重《徐霞客游记》中关于少数民族方面的研究，使之成为徐学研究的重大课题，不断涌现相关的学术成果，为徐学事业的发展做出了贡献。

一、长江首尾结队

鉴于丽江市玉龙纳西族自治县与江阴市的特殊关系，我们提出两地缔结友好城市的倡议，这不仅有利木徐友谊的传承，有利于两地文化交流与经济合作，更是增进中华各民族团结、民族和谐的积极举措。两地政府对此都十分重视，江阴的多位领导先后考察过丽江市与玉龙县。

2011 年 4 月 10 日，应玉龙纳西族自治县政府邀请，江阴市组成以副市长 ZJJ 为团长的代表团赴丽江，出席玉龙纳西族自治县成立 50 周年庆典。期间双方还举行了缔结友好城市座谈会，并在中国徐霞客研究会、丽江市人大原主任、丽江文化研究会、纳西文化研究会见证下，由 MZY 副县长和 ZJJ 副市长签署了《云南省玉龙纳西族自治县 江苏省江阴市缔结友好县市框架协议书》。虽然事后由于两地领导人事变更而几年间未能正式签约，然而两地民间交往频繁，还促成了江阴全顺汽贸为玉龙县龙蟠小学徐霞客楼的援建等事宜。

终于，在 2015 年 10 月，两地的领导在江阴正式签订了《玉龙县与江阴市缔结友好县市关系协议》。

图 5－21 2015 年 10 月签订缔结友好县市合作协议

图片来源：木府提供

二、在徐霞客博览园建立木徐友谊馆

徐霞客在其一生 30 多年的旅行考察生涯中，以西南万里遐征时间最久，路线最长，考察地区最多，科学成就最高，影响最大，而又以在云南考察的时间最长，考察面积最大，接触少数民族最多，他与少数民族亲如兄弟，堪称促进民族团结的亲善大师。如今丽江古城博物院（木府）已成为宣传木徐友谊的重要场所，木府干部职工为此做出了积极努力。徐霞客故里江阴亦在徐霞客故居和博览园建有反映木徐友谊内容的景观，如果在此基础上能够专门建立木徐友谊馆，则更有其历史意义和现实意义。

2015 年 10 月，在江阴徐霞客故居举行"木徐友谊厅"揭幕仪式，木府与徐霞客关系不断升华。2017 年 11 月，在木府木家院举行了"徐木友谊厅"揭幕仪式。至此，丽江、江阴两地为弘扬徐木二公精神，分别完成了雕塑铜像、建友谊厅、签订两地友好协议等工作，取得了一系列成果。

图 5－22　江阴木徐友谊厅

图片来源：木府提供

图 5－23　丽江徐木友谊厅

图片来源：木府提供

第四章 徐霞客丽江行考

徐霞客与木府的关系、徐霞客与木增的关系，可以说是千年积下的功德，不是因为徐霞客成了“游圣”，我们就跟风，这是300多年前两位贤德给子孙后代留下的财富。在研究徐霞客的话题中，不能不说的有三方面的问题，其一是徐霞客为什么不进木府？其二是为什么木增不让徐霞客东进北走？其三是为什么木增千里送归徐霞客？这些问题延伸到今天的木府和丽江，仍然是一个值得深入研讨的重要课题。在丽江，通过丽江徐学会的不断努力，徐霞客的形象和品位不断提升，不断赋予其时代生命力。

徐霞客是我国古代伟大的地理学家、旅行家、探险家、历史学家。据不完全统计，我国现有的50个世界遗产中（含文化和自然遗产），有20多个世界遗产留下了徐霞客的足迹。他晚年遐征西南，远抵丽江，与土司木增进行广泛交流，留下了汉族与纳西族团结友谊的千年美谈。学界对徐霞客与丽江、徐霞客与纳西族的友谊是肯定的，2014央视播出的《徐霞客》电视片，不仅仅再现了明末社会历史，还展示400年来徐霞客曾经行走过的各地风貌。央视十套播出的《溯江纪源》一集，主要介绍了徐霞客丽江之行，制片者对“徐霞客未能继续西行和不能到石鼓考察长江第一湾”甚为疑虑和不满，连续用了6个问句来表达制片者“不能了解”的心情。因此，针对这一问题，我们有一些看法，以正本清源。

第一节 近年来宣传徐霞客的影视作品概览

宣传和介绍徐霞客的影视资料不断出现，据不完全统计，近年来先后有十余部系列影片问世。其一，2010年6—8月初陆续在央视十套《走进科学》栏目播出九集系列电视片《徐霞客》，每一集紧紧围绕一个主题，结合史料和实地考察实景的展示，不仅有普及知识的作用，还给人身临其境的感受。其二，2009 年在央视科技频道播出的 7 集电视纪录片《霞客滇游记》，分别是《最后的远行》《不尽的江源》《未知的疆域》《山水的家园》《云中的穿行》《极边的彩虹》《公元 1640 年的背景》。以徐霞客晚年遐游西南，进入云南为时间线索，突出徐霞客云南行留下的足迹，较全面地展示了徐霞客云南行的过程和影响，并结合徐学专家呈现出的研究成果，突出了观赏性和知识普及性。播出以后，社会反响很大。其三，《中华上下五千年》儿童卡通历史教育片第 251 集的《徐霞客远游探险》，以动漫的手法，加上通俗易懂的旁白，使略显枯燥的历史知识活跃起来。其四，大型动画系列片《中华勤学故事》之第 28 集《徐霞客志在天下》，运用动漫的手法，讲述了徐霞客幼年时期的故事，以寺庙前石狮子被大水冲走为由头，叙述了后来在徐霞客的帮助下当地村民找到了石狮子的故事，其中还穿插讲述了徐霞客孤身一人深入麻叶洞考察的故事，为小朋友们展示了徐霞客勇敢和善于动脑子的奇人形象。其五，由房晓溪导演的 3D 模拟动漫影视片《徐霞客》，运用 3D 高科技的手法和夸张的故事情节，环环紧扣，从一个侧面传播了我国古代文化名人的传奇经历。其六，云南文化交流网制作的《徐霞客重游曹溪寺》，用云南土话来讲述徐霞客当年畅游曹溪寺的过程和历史影响。其七，2007 年科技频道播出了由北京大学中国古代史研究中心监制的《历史纵横——千古奇人徐霞客》的电视纪录片。其八，2010 年 4—7 月间拍摄的《霞客行》，采用“行走 + 采访 + 模拟扮演”为节目架构的方式，以徐霞客西南游考察路线为中心，对比 400 年来西南地区自然环境及人文社会的变迁。其九，1987 年上海电视台播出的《徐霞客和他的游记》。其十，1991 年贵州电视台播出的《徐霞客在贵州》。其十一，1991 年 11—1992 年 10 月中央电视台播出的《山魂水魄》（上、下集），等等。

以徐霞客为主题的电影，令几代电影人孜孜以求。最早可以追溯到毛泽东主席在中央会议上两次谈及徐霞客，1958 年 1 月，毛泽东主席在第十四次最高国务会议上说：“明朝那个江苏人，写《徐霞客游记》的，那个人没有官气，他跑了那么多路，找出了金沙江是长江的发源。‘岷山导江’，这是经书上讲的，他说这是错误的，他说是‘金沙江导江’。”1959 年 4 月，在中共八届七中全会上，他又说：“如有可能，我就游历黄河、长江，从黄河口子沿河而上。搞一班人，地质学家、生物学家、文学家，只准骑马，不准坐车，骑马对身体实在好……我很想学徐霞客。徐霞客是明末崇祯时江苏江阴人，他就是走路，一辈子就是这么走遍了，主要力量用在长江。《徐霞客游记》可以看。”[①] “文化大革命”前，夏衍提出要拍徐霞客的电影，但在那个特殊的历史时期，这个计划只能束之高阁。1996 年由青年女导演杜云萍执导拍成电影，将徐霞客形象第一次搬上了银幕，终于圆了中国电影界几代导演的梦。该片在江阴举行首映式，并在 1996 年武夷山徐霞客国际旅游节暨学术研讨会上放映，得到与会中外徐学专家、学者的肯定。

以上皆是介绍和宣传徐霞客其人、其事的事例，至于涉及徐霞客题材的影片，更是不胜枚举。近年来，如此频繁出现以徐霞客为主题的影片，在对我国古代文化名人的宣传、研究中也是少有的。《徐霞客游记》因其真实性、科学性、现实性而愈受世人青睐和关注，徐霞客的精神和思想所具有的现实关怀和创新思想成为我国传统文化的精髓休现，因而深受影视界关注。

第二节　央视十套播出的《徐霞客》

由江阴市委、市政府发起，联合中国徐霞客研究会、中科院和中央电视台拍摄的 9 集电视纪录片《徐霞客》，于 2010 年 6—8 月间在央视十套《走进科学》栏目中先后播出。我们丽江徐霞客研究会组织有关人员观看了纪录片，该片记录了 400 多年前“游圣”徐霞客自家乡江阴出发，30 余年间，先后游历了 21 个省区名山大川的历程。纪录片以有代表性的地点或事件为主线，以全新的视角展现《徐霞客游记》中所记载的奇特地形地貌、独特的地域风情和丰富多彩的各民族文化。大型纪录片《徐霞客》，分作《一个人的国家地理》《千古奇书》《徐家有奇人》《探寻神秘洞穴》《破解地貌悬疑》《调查旷世奇案》《寻源盘江》《涉险瘴疠之地》《溯江纪源》等，共 9 集。据江阴徐霞客研究会唐秘书长介绍，《徐

---

① 转引自张永康等主编《徐学发展史》，中国地质大学出版社 2012 年版，第 196—197 页。

霞客》摄制组自2009年3月29日（出游日）在江阴徐霞客镇开机，先后奔赴福建莆田九鲤湖、九龙谷等地，沿着“游圣”曾走过的古道，下探九漈瀑布群，还临时增加了当地驴友利用现代设备徒步、攀岩、速降等镜头。摄制组转战湖南茶陵，展现“游圣”从江西进入茶陵，发现麻叶洞等情况。摄制组又来到云南曲靖，寻找盘江之源；在腾冲，拍摄了留有“游圣”足迹的高黎贡山、打鹰山、火山、仙人洞、热海和顺古镇等景点，揭示了“旷世奇案”——雷毙羊事件；徐霞客在滇西游历中，鸡足山是徐霞客行踪的地标，往北到了丽江，留下弥足珍贵的《丽江纪略》《法王缘起》《溯江纪源》等文章。该片中徐霞客的扮演者不是专业演员，更不是大腕，是无锡市徐学研究会的成员，当地的中学老师，神似霞客儒雅，所以荧屏上的徐霞客没有太艺术化，这也是一大看点。《徐霞客》系列电视片中如诗如画的风景、如痴如醉的意境追求，尽显华夏大地的壮丽河山；徐学专家解说其中玄机，学者展示研究硕果，将徐学理论性研究走向实用性运用。纪录片《徐霞客》播出后，引起了社会强烈的反响，观众为徐霞客一生游历、考察祖国大好河山之举无不惊叹，为他的《徐霞客游记》的内容所折服。影片在国内外产生深远影响，对旅游理念和旅游产业发展起到推波助澜的作用。

总而言之，央视纪录片《徐霞客》吸取以往的影视成果，采用“实地取景＋模拟事件＋采访专家＋史实评述”的手段，将难以阅读的古文《徐霞客游记》和400多年前的徐霞客行踪进行复原，让观众通过听、看、思等感受徐霞客，超越了《霞客滇游记》的时空范围，增强了徐学的普及性，启示和引导了更多的游客、读者游览祖国大好河山的方式，促进了我国旅游业发展和深化。

第三节　再论徐霞客丽江行之遗憾

丽江市徐霞客研究会成员共同收看了央视十套《走进科学》栏目中播出的《徐霞客》系列片，一致认为点子出得好，拍摄水平高，把徐霞客一生的精华推向大众，促进了徐学研究的发展，让世人对徐霞客形象的认识更加立体化，更加清晰。但在《涉险瘴疠之地》和《溯江纪源》

两集中还有些内容值得商榷。

其一，是对“云南”的解释。影片上解释说“云南因位于云岭之南而得名”。云岭的位置在哪儿？它位于云南省西北部，是由北往南延伸的山脉，属横断山脉，断块山地，北接芒康山，南接无量山、哀牢山等。山势高峻，多深谷大峡；海拔一般在4000米以上，高山部分终年积雪。位于丽江市西北的玉龙雪山是云岭的主峰，海拔5596米，也是澜沧江、金沙江的分水岭。这样一来就可以很清晰地发现，云岭是位于云南西部自迪庆南下至保山止的一系列山脉，那么，“云岭之南”就到了缅甸、老挝、泰国去了，还能说“云岭之南”就是指云南吗？退一步说，云岭山脉位于云南西北，焉能区区一隅就代表云南全省？从云南历史上看，古代云南政治中心先后发生过四次转移：战国以来以昆明的晋宁为中心；三国以来以曲靖为政治中心；唐代洱海边各民族政权突起，大理成为云南政治中心；元代以来定于昆明。云南省原省长HZQ就专门撰文纠正过，云岭是云南最大的山脉，“云岭之南”就不在今天云南的行政区域内了。“云岭之南”的说法是不对的，是数十年来以讹传讹。多数学者认为，“云南”是从汉武帝时期“彩云见于南中”的史料中来。《云南通志》载：“汉武年间，彩云见于南中，遣使迹之，云南之名始于此。”这个以“彩云南”冠名的县就在今滇西祥云县境内。从汉元封二年（前109年）汉武帝设云南县于今祥云县云南驿镇至今，已经2100多年，“云南”第一次以行政区划名称出现。蜀汉建兴三年，改设云南郡；南诏大理国时期，设云南节度；元朝设云南行中书省。至此，“云南”正式成为省级区划的名称。

其二，徐霞客西行探江之源，丽江成了他旅途的终点，剧中说“木氏土司木增百般阻挠，有很多的隐情”，连用了6个问句来表达制片者不解的困惑。对此许多专家出来分析，但均回避了一个关键的问题，即是明代木氏土司在滇西北防卫边疆安宁的地位和作用，往往拘泥于木氏土司如何富有，如何有隐情，而没有把问题放在当时历史大背景下来思考。施坚雅在1977年曾指出：“必须注意边地城市在军事防守和社会管理两方面的职能的和谐性。”丽江作为一个边地军事重镇，应放回到明代后期的社会去考察木氏土司的军事防御和社会责任，我们不能从内地或今天的视域来评头论足。我们结合历史上中央王朝对边疆策略来思考就会得出满意的答案。今日之中印藏南达旺和中日钓鱼岛之争，多源自这些地方常年没有中国居民居住，只有派军队防守巡防，所以容易成为与邻国产生争端的区域。而少数民族居住的边疆地区很少有这样或那样的争端，客观上起到了保家卫国、守卫边防的作用。《南风窗》2009 年第 17 期登有《立国自有疆，有民斯有土——对话葛剑雄》一文，葛剑雄教授在对照顾少数民族问题上提出，长期以来，少数民族在为国家守疆。达旺以南地区被印度占据，原因之一就是当地人太少。明代在丽江设置土司，不仅是沿袭元朝土官制度的需要，还是治理西南地区的需要。自唐以来，吐蕃一直是中央王朝的心患，唐代天宝年间吐蕃收买南诏，控制区域延伸到安南，大理国时期到元朝，吐蕃经常南侵。明代朱氏王朝对滇西北区域的安定主要依靠的是木氏土司来防范。但说木氏土司阻挠徐霞客探索长江之源，是怕他看到木氏土司的军事基地，等等，这种说法是站不住的。明代丽江木氏土司与吐蕃时常在金沙江边交锋，使这一带成为最不安全的地方。显然，木增是出于安全考虑和守疆责任而阻劝徐霞客继续北上。明代中后期许多游记提及的丽江和木氏土司，不过是道听途说，既看不到边地城市的商贸繁荣和社会和谐，也看不到木土司守疆的作用。明代中后期所进行的“改土归流”，主要针对的是贪婪、暴虐的土司，如果像其他游记所言，丽江木氏土司早就被列入“改土归流”的行列了，根本不会等到雍正元年。

其三，《徐霞客游记》被誉为“真文字、大文字、奇文字”。徐霞客在丽江撰写的《丽江纪略》中，其实很清晰地说明了为什么放弃北行的原因。文中记述了木氏土司与北部蕃人之间最近发生的冲突。“甲戌岁，先有必烈部下管鹰犬部落，得罪必烈蕃主。”鹰犬部落不但占据了蕃主的领地，胡作非为，还阻断了“胡股商贩”和“大宝法王往来之道”。为打通大路，乙亥岁，即崇祯八年（1635 年）木氏土司发兵前往讨伐。下管鹰犬部知道木天王兵众又善战，自愧不如，便玩起伎俩来，说自己如何卑微，木氏土司又如何骁勇善战，还放出话来说他们要逃走了。这样一来，木氏军队放松了戒备，“乘懈返袭，丽师打败”。木氏土司“雄视南服”，攻无不克，战无不胜，而今突然遭受重创，“国人大愤”，徐霞客到丽江时还没有报此仇，两边关系紧张。因此说，土司木增劝说徐霞客不要北行，是出于对他人身安全的考虑，而不是体现木增的“极具矛盾”心态。木增邀请徐霞客到丽江实属不易，明知危险还要让他北行？之所以有如此的分析和结论，不过是长期以来国人的习惯思维“阶级性”在作怪，把土司自始至终列为人民的对立面，而没有看到土司在维护地方平安上的积极一面。这是深层次的历史根源。

其四，徐霞客到云南，尤其在滇西北、滇西南的时候身体多有不适，再继续往丽江北行，50 余岁的身体能承受 3300 米以上的高原反应吗？徐霞客南行归来重上鸡足山，如果不是木氏土司供养他于悉檀寺，最后木氏土司还派数名壮汉将徐霞客抬回黄冈，怎么会有 60 余万字的《徐霞客游记》得以流传后世呢？木氏土司更多的是关心徐霞客本人身体健康及安全，哪里有什么“隐情”可言？再说，今人对古人的苛求是很显然的。对于徐霞客来说，今人很想让他考察金沙江全流域，直到乌斯藏，至昆仑。但我们应该以一种理性心态来学习古人牺牲自我的精神，学习古人科学的思想、严谨的求学态度，而不是对古人提过分的要求，研究历史是不能有“假如”的。

图 5－24 玉龙雪山

图片来源：木府提供

余 论

徐霞客一路走来，考察了澜沧江，也考察了怒江，之后认为这两条江都不是长江的源头。他在丽江发现，被金沙江包围着的丽江，金沙江在丽江石鼓 180°地绕了一个大弯之后，一江春水向东流。徐霞客到了丽江之后，就认定了金沙江是长江的源头。在丽江，徐霞客一共住了 16 天。徐霞客在丽江的 16 天是溯江源的 16 天，是研究丽江历史文化的 16 天，这一点可以在《徐霞客游记》中得到充分的印证。他在《徐霞客游记》里描述了当时丽江的自然景观、社会形态，记录了当时丽江古城的轮廓、布局以及风土人情，尤其对当时的木府大为赞赏，说丽江木府简直有一种“宫室之丽，拟于王者”的感觉。

1996 年丽江发生“2・3”大地震之后，丽江县政府和老百姓都有一种要恢复重建木府的意愿。我们接受了这个任务。这个任务是艰巨的、复杂的，你要恢复重建的木府是明代晚期或者说是徐霞客来丽江那一段时间的木府，首先必须了解当时的丽江纳西族及木府的一些基本状况，只有这样，恢复重建木府才有依据。但是翻阅了整个丽江的历史材料，有关明代晚期的丽江以及木府的情况记载是少之又少，甚至可以说是语焉不详，可以说得清楚的资料几乎没有，这个就叫作材料缺失。恢复重建没有依据，那么恢复重建出来的木府就没有历史感，也就谈不上恢复，充其量就是重建了。而《徐霞客游记》对于丽江古城以及木府的描述，好比给了我们一把钥匙；《徐霞客游记》对于丽江木氏、古城、木府的记载，启发了我们，使我们对当时情况有了一些初步认识，促进了我们对当时情况的了解和感悟。

木府是纳西族的木府，是丽江的木府，其建筑群背后蕴藏着纳西族和丽江当时的政治、经济、军事、文化诸多内容。假如我们在恢复重建木府的过程中不首先掌握这些事情，掌握这个地方上发生过的诸多大小事情，并且对这些大小事情有一个通达的论述的话，恢复重建出来的木府也就没有多大的意义啦！为了解决这个问题，我们在恢复重建木府之前就大量翻阅资料，实地考察，“挖地三尺”地探索文化层，尽可能多地查找证据，因为有些东西你去找也找不到啦！我们必须首先掌握好当时木府的历史背景，之后才去动手恢复重建木府。在这个过程中，我们有意或无意地触摸到了这个地方的历史文化，为《木府通论》的完成积累了第一批素材。

本着以上讲的原则，我们终于把木府恢复重建出来啦！恢复重建出来以后，木府又像是一块磁石，把散布在民间、散落在三江并流区域的材料活跃起来。长期居住在那里的族群以及了解那一段历史的各民族同胞，把一些当时发生的历史事件以及零星的痕迹材料，纷纷提供给了木府。假如没有木府的恢复重建，就没有这些素材的“苏醒”，说不定再过一些岁月，好些材料可能就会烟消云散了。《木府通论》的第二批素材就是这样得到的。二者一结合，很少有的记载明代丽江的文字以及木府的历史原貌，甚至是曾经发生过的事情，就可见一斑了！

《木府通论》就是通过这样的方式把明代丽江的政治、经济、军事、文化等方面，做了一次通达的阐述。当然，做这个事情太难了，难免挂一漏万，贻笑大方。

我们还惊奇地发现，那一个时代的丽江历史文化、纳西族的历史文化都包蕴着一条文化脉络，那就是源于中原文化。当纳西族文化与中原文化交融，形成自己的独特文化之后，又流向了中原文化。

纳西族啊，纳西族！

参考文献

1. 郭大烈、和志武著：《纳西族史》，云南大学出版社 2015 年版。

2. 丽江县志办：乾隆《丽江府志》，1991 年印。

3. 云南省建筑设计院：《云南民居》（纳西族部分），中国建筑工业出版社 1986 年版。

4. 朱良文主编：《丽江纳西族民居》，云南科技出版社 1988 年版。

5. 刘天华著：《画境文心：中国古典园林之美》，生活 · 读书 · 新知三联书店 1994 年版。

6. 任晓红著：《禅与中国园林》，商务印书馆 1995 年版。

7. 时文编：《世界名园百图》，中国城市出版社 1995 年版。

8. 《木氏宦谱》（甲、乙本）。

9. 《明史》，中华书局标点本。

10. 政协丽江市古城区委员会编：《光绪丽江府志》2005 年印。

11. 徐弘祖著，朱惠荣校注：《徐霞客游记校注》，云南人民出版社 1985 年版。

12. 和志华主编：《丽江文史资料全集》，云南民族出版社 2012 年版。

13. 王冶秋：《丽江行》，载《文物》1961 年第 2 期。

14. 尤中编著：《中国西南民族史》，云南人民出版社 1985 年版。

15. 《纳西族社会历史调查》，云南民族出版社 1986 年版。

16. 《丽江纳西族自治县概况》，云南民族出版社 2000 年版。

17. 建设部：《中国丽江古城》，世界文化遗产申报资料，1996 年。

18. 《丽江纳西族社会历史调查》（二），云南民族出版社 2009 年版。

19. 丽江县博物馆：《木府遗址考察报告》，打印稿，1996 年。

20. 龚荫编纂：《明清云南土司通纂》，云南民族出版社 1985 年版。

21. 云南省文化厅编：《文物博物馆工作手册》。

22. 《木家院东巴文化艺术馆修复可行性研究报告》，打印稿。

23. 刘敦桢主编：《刘敦桢全集》，中国建筑工业出版社 2007 年版。

24. 中国科学院自然科学史研究所编：《中国古代建筑技术史》，科学出版社 1985 年版。

25. 《恢复木府场地工程地质勘探资料》，图文本。

26. 陈明达：《营造法式大木作研究》（下），文物出版社 1981 年版。

27. 清华大学建筑系编：《中国古建筑》，清华大学出版社 1985 年版。

28. 《丽江木府衙署保护、修缮云南省城乡规划设计院恢复总体方案设计说明书》，复印本。

29. 余嘉华等著：《木氏土司与丽江》，云南人民出版社 2014 年版。

附 录

丽江木府与黄乃镇其人

编者按：关于木府和黄乃镇的文章很多，这一篇是较为全面介绍黄乃镇先生的纪实性报告文学，特收录于本书中。作者华模、何世辉通过数次与黄乃镇先生座谈，在此基础上整理而成。该文发表在《云南省政协报》2010 年 6 月 25 日第 6 – 7 版。①

老黄似乎养成一种习惯，他喜欢登上丽江古城西北的狮子山上，俯瞰近在咫尺的古城。狮子山是古城的最高点，站在这里，当年徐霞客描写古城的“居庐骈集，萦坡带谷”“民房群落，瓦屋栉比”的画面尽收眼底，一览无余，给人一种自然美和古朴美的强烈震撼。

2009 年初冬的一个早晨，黄乃镇又一次登上狮子山。在山上一棵古老的柏树下，他掏出一支烟点上，然后坐下，目光静静地凝视在眼前的古城上。老黄爱古城，不仅是因为他生在古城，长在古城，在他心目中，古城犹如慈母的怀抱。更重要的是，他在人生的黄金季节，在古城干了一件了不起的大事，一件 370 多年来丽江人一直梦寐以求的大事，一件永载丽江史册的大事，这就是将被彻底毁坏殆尽的木府重建起来。

太阳还没有露脸，老黄看到一层烟雾合成的雾霭轻轻飘逸在古城上，雾霭下的古城密密匝匝挤挤攘攘的青瓦世界，形成一个庞大的迷宫。西南角的木府建筑群三清殿、玉音楼、光碧楼、护法殿、万卷楼、议事厅，从狮子山麓向东延伸到古城中心，显得雄伟、庄重、浑厚。同时，又天

① 此次收录有个别改动。

衣无缝地与四周古老的建筑融为一体，协调至极。太阳冒出来了，淡淡的阳光洒过来，蓝天、白墙、青瓦，木府此时成为一副绝妙的水粉画，美得令人眩目。眼前的一切使老黄进入了如梦如幻的境地，以至于香烟燃过之后，长长的烟灰也不曾断落。是的，他是看不够啊，尽管是上百次上千次。自1996年开始动工恢复重建，至1999年建成，木府已经走过整整10年的历史。10多年来，他的人是木府的，心是木府的，连做梦也是木府的，他与整个木府已经紧紧地融为一体，他为木府倾注了太多太多的心血，也倾注了太多太多的情感。

一 机遇成就梦想

机遇在任何人面前都是平等的，然而有的人抓住了机遇，有的人却丢掉了机遇。培根曾经说过："机会老人第一次给你送上的是头发，如果你第一次没有抓住，再抓就只能是他的秃头了。"老黄抓住了机遇，这是因为他有梦想，做了准备。

"丽江古城不能没有木府"

丽江古城木氏土司府建于元初。木氏土司从白沙（今丽江古城北10千米）南迁至大研古城时，选中了狮子山南侧的一片缓坡，开始了大规模的建造。在约100亩的土地上，土司规划了4个部分，一部分建造府署，相当于现在的办公地；一部分建土司家院，相当于现在的家属区；另一部分是玉花园，相当于现在的休闲花园；另外是祭祀区。并在府署大门前建造了忠义石牌坊。其建筑规模宏大，壮丽之极。当年徐霞客应土司木增之邀，来到丽江。翻过蛇山，一个偌大的村寨闯入徐霞客的眼球。只见田野仟佰之间，白墙、青瓦的建筑熠熠生辉，令人惊诧。徐霞客快马策鞭，心想走近一赏芳容。然而木氏管家却一再推辞，原来木氏土司是怕府署的过于华丽引起朝廷的责难。于是，徐霞客只好遥望木府写下了非常遗憾的文字："闻其内楼阁极盛，多僭越，故不于此见客云。""宫室之丽，拟于王者。"然而，这样宏伟壮丽的木府因兵乱和失修，被彻底毁坏，不留一丝痕迹。

木府承载着丽江大研古城数百年的历史，传承着纳西族的古老文化。生长在古城里的黄乃镇从小就知道古城有一座宏伟的木府，他是听着木府许许多多生动神奇的故事长大的，他还常常一个人跑到人们所说的木府旧址，一待就半天。和所有古城的人们期盼的那样，他想，如果哪一天木府能够重现该多好啊！尽管这只是非常非常遥远的一个梦。

然而，这似乎是巧合，也似乎是天意。黄乃镇小时的梦想竟在几十年后如愿了。1995 年 6 月，已是丽江纳西族自治县文化局局长的他与县城建局长 ZH 一起，随县委书记 XY、省文化厅 QCX 处长到北京，参加了建设部、联合国教科文组织中国委员会、国家文物局召开的丽江古城申报世界遗产专家评审论证会。国家有关部门负责人和国内著名建筑专家郑孝燮、罗哲文、傅熹年等参加了会议。会上，郑孝燮的一番话深深地打动和启发了黄乃镇："丽江古城的建筑是自由式的，它未受方九里、旁三门、国中九经九纬，经涂九轨的中原建城礼制的束缚。这种建设规模只有我国西部少数民族地区才有。它的渊源如何？值得挖掘。""木府原先的位置在哪里，它在古城中起到了一个什么样的作用？"黄乃镇根据自己掌握的一些知识，向郑老做了阐述。郑孝燮说："土司府署在古城中的地位非常重要，它可以说是古城政治、经济、文化的中心，古城因它的存在而发展，这一点不可忽视。"

这天晚上，黄乃镇在京西宾馆的床上辗转难眠，郑老的话反复在他的耳边响起，他儿时的梦想一幕幕重现出来。作为文化局局长，他深深地感到，木府已经与他有了深深的牵连。丽江古城申报世界文化遗产，历史文化是最核心的部分，而木府正是传承和承载了丽江古城最厚重的历史渊源，一个有积淀很深的文化古城，一个有着灿烂文化的纳西民族，它离不开木府，不能没有木府。而木府的重建，这很显然，历史的重任无疑是由他这个文化局局长来承担。从政治责任来说，这事他不干谁来干呢？想着想着，他蓦然间感到后怕。这宏伟的工程可不是一般的小工程，干砸了怎么办？干得不符合历史事实怎么办？人们都说，丽江这个地方文人多，吐的唾沫可以足足淹死人哪？不干吧，卸下文化局局长这一职，临阵逃兵是最可耻的事，这他黄乃镇绝对不能做。

大潮向你袭来，别无去处，只有迎浪而上。黄乃镇咬咬牙暗暗地说，这次我只有豁出去了！

第二天，黄乃镇把自己的想法全盘向XY书记提出，XY书记非常支持黄乃镇的意见。他要黄乃镇返回丽江后很快搞一个方案，供县委、县政府研究，把这事作为丽江古城申报世界文化遗产的一件大事来做，恢复重建木府。

1995年9月至10月间，全国历史文化名城专家委员会成员郑孝燮、阮仪三、鲍世行到丽江古城作申报世界文化遗产评估考察，专家们又一次着重提出：丽江既有明代土司衙署，又有清代流官府城，风格独特。再一次指出木府在古城的地位，这使黄乃镇鼓起了更大的勇气，木府重建一定要干，而且要干好。这是他作为文化局局长义不容辞的责任。

“攥到手里的机遇怎能溜走”

木府被毁之后，数百年来在丽江古城的百姓中间有这样的谶言，木府总有一天要重新恢复重建，这天是“金沙断流，雪山崩塌，象山无毛，狮子露骨”。

黄乃镇在提出重建木府的意见后，到木府实地认认真真，仔仔细细考察了一番，眼前的一切突然使他感到胆寒，木府旧址几乎找不到一点点痕迹。就在昔日木府的地盘上，有着公安、工商、看守所等20多个单位，还有密密匝匝的40多户居民的住房。更重要的是，木府的恢复重建需要上亿的资金，还有单位和居民的搬迁安置费。这些巨额资金对于经济欠发达的丽江县，那简直是一个天文数字啊！

那天乌云低沉，山雨即将来临，站在木府的旧址，黄乃镇眼睛发花，耳朵作响，大脑一片空白，他甚至感到自己干了一件蠢事，就像把一根索绳拿来套在自己的脖子上，如今这绳索已经解不掉了，成也萧何，败也萧何，他感到很无奈，无奈。

1996年2月3日傍晚，一场7级大地震袭击了丽江，丽江遭受了前所未有的灾难和重创。地震发生后第14天，一直关心丽江古城申报世界文化遗产的联合国教科文组织专家踏着余震来到丽江。他们经过认真考察，认为地震给丽江古城造成极大的伤害，但古城的历史沿革、古城的选址，古城自由灵活、不拘一格、富有变化的街道布局，作为古城灵魂的丰富的文化内涵等申报的基础条件没有改变，原定申报程序不变。

大灾难带来大机遇，就在联合国专家到丽江考察不久，世界银行官员也随后来到了丽江，他们到丽江的目的只有一个，这就是考察丽江是否有合适的文化贷款的项目，如果有，他们可以提供可观的贷款数目。真是“踏破铁鞋无觅处，得来全不费功夫”，从县长 HZX 那里得到了这个大好消息，黄乃镇仿佛就像在即将熄灭的火堆浇上了一桶油，一度低落的情绪一下高涨起来。这不是天赐良机，天助我也吗？他高兴得真想面对古城的天空大声吼叫……

根据 HZX 县长的安排，为了竭力说服打动世界银行的官员，黄乃镇抓紧时间准备材料。可怜的是当年丽江历史上赫赫有名的木氏土司府，留下的文字资料少之又少，唯一比较叙述得完整的是著名的旅行家、地理学家、文学家徐霞客描写丽江的游记。黄乃镇把主要的工夫花在研究徐霞客的游记上，有许多重要的段落他几乎做到了倒背如流。第二天，世界银行官员实地考察木府项目，黄乃镇发挥得淋漓尽致，他从徐霞客笔下“宫室之丽，拟于王者”；从徐霞客与木增交流文化到吟诗作对；从木增派人到鸡足山远迎徐霞客到芝山解脱林设宴款待，“大肴八十品，罗列甚遥，不能辨其孰为异味也”。这得益于他平时掌握了木府大量最精彩的历史资料。

这不是一般的介绍，这几乎是一场非常完美的演说，世行官员们一边听一边不停地点头和发出爽朗的笑声。当天晚上，紧跟到世界银行官员下榻的格兰大酒店的黄乃镇得到消息，世界银行官员们当晚做了研究，一致同意贷款 3360 万元，用于木府的恢复重建。作为一个小小的县文化局局长，他一年的工作经费从没有超过 10 万元，听到即将拥有几千万资金，黄乃镇太高兴、太兴奋了。他邀约了几个伙伴，跑到附近的一个卡拉 OK 厅大叫大吼到半夜。

资金有着落了，黄乃镇心情松了一半，他邀请有关设计部门，对木府恢复重建进行了规划。首先，他率队到北京，找到我国权威的规划设计专家，请他按照徐霞客的游记的记述，画出了以石牌坊为中轴线，广场、议事厅、万卷楼、护法殿、光碧楼、玉音楼、三清殿的木府轮廓。然后再到上海、昆明等地，请有关部门先后设计出了 6 份规划图。

天有不测风云。谁也料不到，半年后世界银行的官员重返丽江，要求听汇报，看规划图，然后再最后敲定贷款事宜。由于汇报和图纸两个方面不足的原因，世界银行的官员们竟做出决定，取消这个项目的贷款。

煮熟的鸭子眼看就要飞了，这使一直蛮有把握的黄乃镇始料不及，听到消息，他瘫软在沙发上半天站起不来。

“攥到手里的机遇怎能溜走?”上山下乡当过农民，在桥工队当过工人，后又当中学教师，从副班主任、班主任、教导副主任、校长、教育局副局长，到文化局局长、县政协副主席，几十年的磨炼使黄乃镇养成了不服输，敢啃硬骨头的性格。已经到手的好事绝不丢掉，煮熟的鸭子绝不能让它飞了，他一边给下属打气，一边暗暗下定决心，决不放弃这个千载难逢的机遇。

第二天一大早，他就等在格兰大酒店大门口，打算趁机会拦住世界银行官员，力挽败局。当得知世界银行官员要上玉龙雪山云杉坪游览，他不顾接待人员的强烈反对，挤进车里。在车里、在玉龙雪山旅游景点，他不管世行官员们爱听不爱听，反复地一路讲、一路说，讲述木府在丽江古城中的地位，讲述木府在古城申报世界文化遗产中的分量，讲述木府与纳西族文化的关系。由于没有想到要上雪山，他只穿了一件衬衣，到了海拔3000多米的雪山上，他冷得瑟瑟发抖，嘴青脸绿，一身鸡皮疙瘩。一位世界银行官员被他的执着精神感动了，半开玩笑地说：“你是不是姓木，是不是木氏土司的后代，不然你会对木土司府的重建怎么这样感兴趣，这么卖力?”黄乃镇真切地说：“我姓黄，不姓木，但为了纳西族的历史文化，我必须努力去做!”

当天晚上，黄乃镇为了等待消息，顾不上一天在雪山的劳累，一直在格兰酒店的大厅里待着。直到深夜11点，世界银行丽江工作组负责人理德发现他还在那里等待，便准确地告诉他，世界银行工作组经过反复认真考虑，决定不准备撤销木府的贷款项目。理德拥抱住他，真切地对他说：“黄，你的精神我敬佩!”

黄乃镇长长地喘了一口气，压在心头的石头终于落了地。他心里说，我一定要圆丽江人百年的梦想!

二 心血铸成智慧

爱迪生说："天才是百分之九十九的汗水，百分之一的灵感。"老黄说，我并不聪明，承担了木府重建的重任，我得付出全部的心血。

取其一段 凸显亮点

世界银行的贷款最终落实了下来，黄乃镇并没有因此感到轻松，而是更加感觉压力像一阵阵排山倒海的巨浪，劈头盖脸压下来，压下来。

原因来自县委、县政府的一个决定。为了加快木府的恢复重建工作，县委、县政府决定成立木府恢复重建指挥部，由于他是文化局局长，与木府重建最关联，指挥长这副重担于是便压在了他的肩上。

令他头痛的是，木府从建成到被兵燹，大有370年左右的历史，当初的木府基本没有留下文字和建筑图纸，最多的资料仅仅是徐霞客的几篇游记。重建木府应该建成什么样？虽然民间百姓传说木府有议事厅、万卷楼、护法殿、玉音楼、三清殿，但它们是哪个朝代的建筑？它们的位置是怎样排列？黄乃镇的头脑里一片空白。他更担心的是木府是世界银行贷款项目，同时又是正在申报的世界文化遗产项目的重要组成部分。木府恢复如何，成功与否，直接关系到丽江的形象，中国的国际形象。如果搞几栋四不像的房子在那里，不是让千人咒、万人骂吗？

活了大半辈子，黄乃镇这才真有点悟出了人生，许多事情道来简单，但需要落实的时候，面前全是穿不透的荆棘林、拦路虎。艰难险阻一个接一个蹦出来，横拦在路上不让你行。

他把自己关在家里的一间斗室里，屋里摆了一条烟，两个烟灰缸。他下决心不出门三天，硬是要想出一个方法来。哪知才两天，一条烟全部被吸光了。他高喊爱人拿烟来，爱人一推门，斗室的烟雾像火烧房子一样涌出，呛得爱人一边剧烈地咳嗽，一边骂他吸那么多的烟简直不要命。他只好逃出室外，叫上驾驶员，朝著名的长江第一湾驶去。

黄乃镇站在长江第一湾，眼前只见滚滚的金沙江水从青藏高原奔腾而来，在这里画出了一个美丽的弧形，留下了壮丽的地理奇观——长江第一湾。看着眼前的一切，黄乃镇突然联想，万里长江滚滚东流，长江第一湾是最壮观的一景。木府的历史悠久，但最辉煌的时期是明朝后期。木府的建造大部分在这期间进行。在此期间，木氏土司励精图治，加强了地方的治理。同时向中央王朝靠拢，争取中央王朝的管理和领导，还敞开大门，吸纳中原文化。在周边关系上，北面处理好同藏区的关系，南面加强同大理国的交往。它在木府漫长的历史长河中是最有亮点，在纳西族文化长河中它也是最灿烂的一章。木府的历史很长，许多历史事实众说纷纭，仁者见仁，智者见智。但是木府的恢复重建只要瞄准了这段历史，锁定这一段历史，木府就能很好地还原历史，恢复旧貌，得到认可。一团糟的乱麻，终于被解开了，黄乃镇仿佛拨开了乌云，迎来万里晴空，红日耀眼。他跳上车，直奔丽江古城。

在木府重建指挥部的会议上，黄乃镇取其木氏土司明朝晚期最辉煌那一段恢复木府的意见建议，得到了县委、县政府领导和有关专家的一致认同。木府恢复重建工作迈出了实质性的一大步。

“杂家”的风采

熟悉黄乃镇的人都知道，黄乃镇有很好的天赋，他聪明睿智，反应灵敏，许多东西一学就会。从小学、初中到高中，数学成绩一直是全年级的佼佼者。

有人说，隔行如隔山，然而黄乃镇独有的天赋，使他的聪明才干在木府重建中表现得淋漓尽致，无论是设计专家，还是工作人员，大家称黄乃镇行行通，是个“大杂家”。然而黄乃镇却说，我哪里有天赋？我只不过多付出一点心血而已。黄乃镇的智慧是用心血铸成的。

虽然已经把木府的恢复重建定格在明朝晚期，但是，当规划队伍云集丽江时，来自省规划设计院的年轻专家们却感到束手无策。不仅仅是这些年轻专家，就是老黄也感到格外棘手。虽然木府大的布局已经有了，但到具体的，说实话，老黄也不是很有把握，木府应该表现什么样的建筑风格？这是一个令人头疼的问题，也真是难为这些年轻的专家了。因为古代的建筑不像现代建筑，最没有规律可循。如不掌握其特点，盲目上去，就会像放马一样，岂不乱套！

已有一年多研究探讨经历的黄乃镇查阅过大量的县志、府志，清理过木氏家庭历史档案，他知道木府的建筑中有石牌坊，有护法殿，有万卷楼，有议事厅，有玉音楼，有光碧楼、有三清殿。但是，这些建筑的布局是怎样排列、先后顺序是什么，这是必须认真对待的问题。黄乃镇把这些建筑物的名称制成小卡片，放在衣袋里，一有空就拿出反复排列。经过反复思考，最后他敲定了这些建筑的次序是忠义坊，进木府大门后是广场、议事厅、万卷楼、护法殿、光碧楼、玉音楼、三清殿。整个建筑分中轴线，前院后院，前院是议事厅、万卷楼、护法殿，用于办公；后院光碧楼、玉音楼、三清殿是休闲区、后花园，其中光碧楼是用来接待重要贵宾的，玉音楼是接受皇帝圣旨的地方，三清殿是从事道教活动的场所。整个建筑群以石牌坊为中轴线排列。这样的布局既符合木府作为当地官府的特征，又符合纳西族的传统历史文化。

在布局上，黄乃镇还牢牢地掌握一个历史事实，这就是整个建筑不拘一格，自由式发展。因为当时丽江是少数民族的偏僻之地，山高皇帝远，中央政权鞭长莫及，从而使木府建筑不受中原建筑文化的影响，而得以自由式发展，这种自由式被古建筑专家认为在西部少数民族地区才有。黄乃镇在规划设计中认为，木府的建筑必须反映和表现这种自由式，这就是民族的特色，这也就是丽江民族文化的特色。

中原传统民居一般来说都是坐北朝南，木府建筑的坐向应该朝什么方向？规划设计的专家们引起了一场激烈的争论，多数同志说应该坐北朝南，这是中国的建筑传统，有的说既然是自由式，那么应该坐西朝东。静静地认真听取了大家的意见之后，黄乃镇清清嗓子，站起来发表了自己的看法，他认为木府建筑的坐向应该坐西朝东，这是因为当时的木氏土司在北有吐蕃，南有大理国夹击的情况下，采取了一条上靠中央王朝的路子。被称为纳西族最早的一首纳西人写的汉文诗就这样写道："凤诏每来红日近，鹤书不到白云闲，折梅寄赠皇华使，愿上封章慰百蛮"，充分表达了对中央王朝的忠心和感恩皇帝的思想，以及企望皇恩的赐封和谕旨。而明朝皇帝曾亲笔题"诚心报国"和"忠义"等，木府建筑向东，意蕴着忠效皇帝。这是其一。其二，从木氏的姓氏来讲，木氏的旺方在东，"迎旭日而得木气"，家族容易兴旺发达。其三，从木府的护城河的流向来看，古城西河水环绕北东南，在东的方向，仿建了天安门金水桥的石拱桥，历史上证明也是坐西朝东。

黄乃镇引历史事实，据地理志要的发言，逻辑严明，分析细细入扣，博得了大家的阵阵掌声。

在建筑风格上，黄乃镇对明朝的建筑风格如数家珍，细细道来，充分显示了他常识渊博的“大杂家”的水平。他说：木氏土司的建筑大多是明朝晚期所建，我们恢复的就是具有明代风格的建筑。其特点是斗栱挑梁，斗栱是为了挑梁，无限延长屋檐。同时它的用料粗大结实，粗柱肥梁，高大粗犷，显示出土司府署的雄伟高大。而清代的建筑恰恰与此相反，采用的是肥梁瘦柱，小巧袖珍。

半年之后的木府恢复重建规划专家评审会，更使黄乃镇这个“大杂家”出尽了风头。这天，丽江格兰酒店大会议室里坐着34位来自省内外的规划专家。会议的主要任务是评审丽江木府恢复重建规划，专家们将对黄乃镇他们的规划进行挑刺、评头论足，以形成最佳的规划方案。会议室里除了各地专家外，还有地区领导和县的领导，气氛显得格外压抑和紧张。因为这是黄乃镇他们半年辛劳的成果，如果这个规划方案不通过，那就需要推倒重来，那么，也许是一年或更多的时间，它关系到木府的恢复重建三年能否完成，不管黄乃镇如何暗暗嘱咐自己要沉住气，稳定情绪，但他的心一直忐忑不安。

云南规划设计院院长顾奇伟首先做了发言。顾奇伟说，今天这个规划是在翻阅了大量的历史资料，特别是丽江古城和木府的历史资料来定位的，同时还有文化层的地勘和周边情况的调查推理，初步拟出了方案。这个方案反映出了木府的历史、文化背景以及建筑布局，我认为是一个比较好的规划方案。

顾院长的发言使黄乃镇紧张的心情放松了一半。然而，正当黄乃镇感到庆幸的时候，一位专家站起来，指着投影屏幕说：“请问黄局长，万卷楼为什么要摆放在整个木府中最显眼、最重要位置上呢，一个相当于现在的图书馆或者是上课学习的地方，它在木府中有那么重要的地位吗?”

黄乃镇站起来，坦然地说：“作为文化局局长和一个土生土长的纳西人，我知道当时的历史背景是这样的：历史上，以纳西族为主的丽江处在一个夹缝中间，北有强悍的吐蕃，南有势力强大的大理国。两者夺取丽江是轻而易举、易如反掌的事情。在这样的情况下，木氏土司只有一个选择，这就是需要一方面加强同周边少数民族的团结；另一方面要背靠中原，依附中央王朝，才不至于两面受敌。而背靠中央，依附中央王朝最重要的一个方面是传播孔孟之道，学习汉文化，以在文化和政治上与皇帝保持一致。可以说，万卷楼是中央王朝的象征和代表。”

黄乃镇的话音刚落，一个专家又马上站起来说：“我同意你对这个问题的看法。但是我弄不明白，一个木府大院为何要有一个道观，也就是三清殿呢？这请你解释。”

黄乃镇马上答道：丽江是个多元文化汇聚的地方，汉传佛教、藏传佛教、道教等诸教合一，共融共存是丽江一个最显著的文化特点。丽江纳西人在宗教方面没有太多的限制，什么东西都信。土司木增当时在后花园修建了三清殿，与他的信奉有关。他到 38 岁就主动退位，潜心修道。有一首诗反映了他的心态，诗中说：“谈空客喜花含笑，说法僧闲鸟乱啼。”民间传说他死前一个人走向玉龙雪山，不知去向何处。后来据说变成了玉龙雪山的一座山峰。

文化、典故、故事、传说，黄乃镇娓娓道来，使人们如临其境，既得到历史的熏陶，又得到文化享受。与会人员啧啧夸赞：“这个黄局长懂得的东西太多太杂了，有杂家的风采!”

原定一天规划评审会半天完成，木府恢复重建的规划方案顺利通过。

无锡偶得

恢复重建木府的工作犹如一场战役，一场战斗刚结束，一场新的战斗又即将展开。

规划设计图顺利通过之后，黄乃镇面临的是施工图，没有施工图工程就无法按时施工。更重要的是，施工图并不是一般意义的施工图，它要还原那段历史，填充那段空白，充实那段文化。在掌握明代晚期的建筑特点后，黄乃镇率人拼命地去发现、发掘纳西族的那一段历史。在研究《丽江府志》、县志，搜集民间传说的基础上，他与工作人员远涉藏东南、川西北和云南的迪庆、怒江全面搜集资料，最大限度地掌握木氏家族的有关的情况。回到丽江后，又进行综合分析、推理，力求找到最贴近当时的历史的轮廓。这期间，世界银行为确保木府的恢复重建，提供了一个非常好的机会，由世界银行出资，组织专家和施工技术员到江南一带考察古建筑。

由省建设厅、省规划设计院专家及黄乃镇等人组成的考察组，风尘仆仆地赶往明代古建筑特点较为突出的浙江、江苏考察。

江南不仅是园林的大观园，而且也是明代建筑的博物馆。考察组先是在浙江，后又至江苏，把所有负有盛名的园林和明代建筑几乎都看了个遍，对明代建筑的风格和特色，有了一个比较直观的了解和认识。但是，考察组还需要找到的是体例上能够类比的建筑，这才好照葫芦画瓢作临摹，有个参照。

到江苏几天，看了很多地方，一直没有找到考察组要找的体例，大家的心都比较着急。到无锡后，当地有关部门建议去看一下影视城，因为明代的好几部影视片都在那里拍摄。

到了影视城转了几圈，来到大相国寺，其他几位同志往前去了，黄乃镇仍然绕着大相国寺看了又看，他突然感到自己要找的就是大相国寺这样的建筑体例。因为经常阅读有关资料，黄乃镇知道明代的建筑大小是按几开间来确定的，有三开间、五开间、七开间和九开间，其开间是按官位，皇帝、一品、二品依次排列的，皇帝是九开间，地方官员最大的就是五开间，大相国寺恰巧是五开间。

黄乃镇急忙招呼大家回来，一群人围着大相国寺看了又看，都觉得木府的议事厅后应该是这样一个体例，便叫助手们对大相国寺四面八方进行了拍照、拟图。为了得到更准确的资料，他们打听到无锡园林局有位领导是从大理州文化局回去的，和省规划设计院的院长顾奇伟是朋友。于是，他们很快找到了这位领导，通过他更进一步了解了大相国寺的有关情况。

考察组负责人、省规划设计院长顾奇伟高兴地说："老黄，今天又是你聪明。我们是否可以在这里决定，丽江木府议事厅的体例就参照大相国寺的体例。"

绝妙的施工方法

恢复重建木府的工作冲破各种瓶颈，很快就要进入施工，但是就像一个弹得正欢的琴断弦一样，关键的时刻卡壳了。问题出在哪里？出在工程的预算上，因为木府的建筑是砖木结构，而且又是明代建筑，预算如何算，难住了预算大师们。请专业建筑部门算，他们摇摇头；请建设银行算，建行的同志说我们只会算钢筋水泥和沙灰，木府的这种仿古结构我们做不来。

黄乃镇只好请教木工大师傅，好几个木工大师傅狮子张大口，出口价格高得吓人。

黄乃镇又陷入深深的苦闷和无奈之中，工程造价预算不出来，是绝对不能施工的，有关审计部门也绝不会同意；如果按木工大师傅的一口价，整个工程就会莫名其妙地多陷进去几千万元。更着急的是木府施工的最佳时间只有 3 个多月，3 个月一过，整个滇西北高原就会迎来连绵不断的大雨，这对工程质量和工程进度将造成严重的影响。

领导用质询的目光看着黄乃镇，技术人员用等待的眼神看着黄乃镇。一个眼神说，老黄，如何干下去？另一个眼神说，我们还是这样等下去？实际上，黄乃镇的心里比任何人都还要着急。他是整个项目的负责人，他曾向县领导立下军令状，三年内完成木府恢复重建，地区领导看着他，县领导看着他，群众看着他。老黄，你的牛就这样吹的？

在办公室里丢下一地烟蒂，留下满屋子的烟雾之后，黄乃镇晕晕沉沉地走出古城，他想到郊外呼吸呼吸新鲜空气，清醒一下头脑。路边的村寨都在进行震后重建，黄乃镇走近建房的人们，看到他们有的在砌石脚，有的砍木架。想到自己也在建房子，黄乃镇于是就问他们，是不是整栋房子都是一拨人做？木工们答道，不是，砌石脚的是一群人，做好后就完了，然后由做屋架的来干。各做各的，各负其责，互不相干。

“有了。”黄乃镇高叫一声，转身匆匆离开小村。正在建房的村民看他离去的背影，一头雾水，什么人？做什么的？“可能是西努（纳西语：疯子）”一个村民说。

黄乃镇赶回木府建筑工地，速速召来技术人员和工地负责人。将整个施工分成六个部分，基础石脚部分，大木作部分、小木作部分、瓦屋面部分、油漆部分、彩绘部分。六部分分别做预算，很快，预算出来了，费用非常清晰。更使他无比兴奋的是，到此为止，虽然没有动工，但是木府的整个轮廓已经在他的头脑中定型。他要的就是这样的房子，这是他天天想，日日思，为它绞尽脑汁，为它吃不进睡不好的房子。这神奇的房子似乎曾在他儿时的多次梦中出现过，它是那么高大、庄严、浑厚；它是那么富丽堂皇，漂亮至极。真是老天有眼，天助我也！

一个非常复杂的问题被黄乃镇简单化了，明晰化了，操作性强了。上到领导，下到专家技术员又一次向黄乃镇伸出大拇指："黄局长，你真厉害！""黄局长，你真行！"

这个方法被专家技术员叫作"六段式施工法"，有了这方法，整个施工部分被分解为工厂化施工。做基础的做基础，做大木作的做大木作，做小木作的做小木作。基础刚做好，大木作的屋架也完成了，同时，小木作的斗拱、雕花部分也可以安装了，整个工地形成了一个非常严密的流水作业，像一架机器运转，环环相扣，步步相跟，严丝合缝。

施工的进度大大加快，原来被耽误的时间一天天被抢了回来。1999年2月3日，一个艳阳高照的日子，木府恢复重建顺利完工。"宫室之丽，拟于王者"的建筑，耸立于昔日木府旧址上，它向世人宣告，被兵燹一百多年的木府重新建造起来了！它不是神仙造的，而是丽江人造的。

三　追求重现和还原

成功学家小盖洛普说过："成功本身决不是目的。"许多杰出人物之所以能创造伟大的奇迹，就是因为他们认为成功没有终点。他们把每一次成功都作为前进的新起点。

终点是起点

时光如流，十年一瞬间。从1999年木府恢复重建完工至今已经整整10年有余了。10年来，木府被人们认识和了解，并得到很高的褒奖。文化部一位领导称赞说："木府恢复得惟妙惟肖。"世界文化遗产论坛组长游览了木府后说："我认为，木府的恢复重建几乎做到了完美无缺，它给世界的古建筑恢复重建提供了一个蓝本。"世界银行的官员则说："木府恢复重建项目的成功运作，增强了世行在华投资文化遗产项目的信心。"纳西族的著名诗人杨世光先生对此叹道："木家故院落尘埃，再铸辉煌起众才。借得黄君龙虎气，王牌推向五洲台。"

10 年来，木府走过了辉煌的道路，接待了多位党和国家领导人及外国元首，接待游客数百万人次，取得了非常好的政治效益和经济效益。

现在，只要有空，黄乃镇每天都会站立在木府的忠义牌坊面前，静静地观察游客游览木府的表情，细心地倾听他们的评说。面对人们对木府的褒奖和赞扬，面对木府恢复重建取得的重大成功，他没有沾沾自喜，自我陶醉，因此而止步。自恢复重建就一直在木府工作的陈副院长对我们说："黄院长没有把木府的圆满重建画一个句号，而是作为一个新的起点。他考虑得最多的是，木府如何取得新突破，走向新高度。"

黄乃镇在接受我们采访时说："没有木府，古城就没有重量，有木府，古城就增加了分量。木府是纳西族的民族史，同时又是纳西族的文化史。我们虽然恢复重建了木府，只是将纳西族历史长河中的事做了一部分。我们必须总结木府重建的经验，然后跳出木府，站得更高去研究探寻纳西民族发展的历史长河，去修撰一个民族的历史，一个民族的文化史。一座土司府，半部民族史。"

足涉历史长河

终点是起点。黄乃镇无疑是个最具长远眼光的人，他站得高，因而看得远。早在木府恢复重建还在进行的时候，他就已经想到仅仅建一个木府是不够的，许多历史还要进行再探讨，许多资料需要再研究，许多民族文化需要再丰富，再拓展。他想到，必须以木府为主线，将历史追溯到唐代更远的时期，将有关历史内容拓展到丽江周围，滇川藏这个大范围，多民族这个大领域。恢复重建完成后，他即着手查阅研究大量的府志、县志和风物志。他带着工作人员千里迢迢，穿峡谷，过江河，攀雪山，实地探访了藏东南、川西北和滇西北广阔的地区，接触了无数的少数民族群众和学者，获得了大量珍贵的历史资料。深谙恢复重建木府的现任丽江市委书记 WJZ、市长 HLH 要求黄乃镇以木府的兴衰史为线索，拓开研究纳西历史文化的视野。

大量的历史资料摆在案头，使黄乃镇如获至宝，许多众说纷纭、似是而非的历史事实正在显山露水，逐步明朗。他了解到，木氏土司极盛时，势力扩展到滇川藏广大地区，并在那里留下了非常深的政治影响和文化影响；他了解，木氏土司非常重视与周边少数民族的团结和睦和经济文化交流，为后来这一地区的发展，特别是茶马古道的繁荣打下了基础；他了解到，木氏土司非常注重汉文化的学习交流，敞开大门，广泛吸纳人才；他了解到，木氏土司上靠中央王朝，精忠报国，与皇朝的关系相当密切，获得了皇帝亲笔题“诚心报国”的金腰带和“辑宁边境”“忠义”等匾联，等等。他要涉足这浩如烟海的历史长河，在繁多的资料中找到历史依据，梳理分析，去伪存真，还原当时的历史面目，填充那段历史空白。黄乃镇说，比起重建一个木府，这些工程太大太大了，需要做相当的努力，耗费相当的时间和精力。他要坚持一直做下去，为重现昔日丽江历史文化长河的辉煌而竭尽全力。

我们得知，黄乃镇正在组织、收集、整理 80 万字的涉及丽江纳西族及周边民族的历史文化资料，准备出两本书，目前已有 60 万字的初稿。

黄乃镇还在不懈地努力着、探索着、攀登着，为了民族博大精深的历史文化。

黄乃镇啊，黄乃镇！

（执笔：华模、何世辉）

品读《丽江木府与黄乃镇其人》

丽江，一个柔情似水、世外桃源般的名字！历经七八百年风霜雪雨的丽江古城，没有锈迹斑斑的古老和沉重，而是年轻人最向往的旅游地之一。丽江的天空是湛蓝的，丽江的水是清冽诱人的，丽江的空气是清爽养人的，丽江的民族文化是绚丽多彩的，丽江的景色是无与伦比的，丽江的人民是质朴的，加之天人合一的丽江古城，成为丽江旅游最独有的资源，所以，世人没有理由拒绝丽江。自 1997 年被列入世界文化遗产名录以来，丽江成了“小资天堂”“艳遇之都”，其实到过丽江的游客无不为丽江古城建筑、小桥流水、民族文化所动心，很多人停留在了丽江，成为新一代的“丽江人”。可见，丽江古城的灵魂乃是文化！

最近在《云南省政协报》看到题为《丽江木府与黄乃镇其人》专篇报道，对木府重建和黄乃镇对木府付出的心路历程有了更深刻的认识。又喜闻该篇入选《求是》杂志社所编的《学习实践论坛》文集。《求是》杂志社研究所认为，该文在深入学习实践科学发展观的体验和经验方面，是一个典型的成功案例，具有较强的宣传价值。木府是丽江古城桂冠上闪耀的宝石，丽江人没有不知道木府；木府是丽江古城地标性建筑，是丽江古城的“统帅”。因此说，没有木府的丽江古城是不完整的。而在丽江古城申报世界文化遗产之际重建木府，当属丽江人的文化自觉。今天，我们回看各地元明清建筑遗址的保护问题，便能清晰看到当时决策者前瞻性和文化自觉性：大理国遗址被人为破坏，建水古城被人为破坏，昆明老城老街被人为破坏，等等，不过是“一念之差”罢了。读罢该文，有以下两点感触，以飨广大读者。

其一，木府是丽江古城的地标性建筑，是丽江古城桂冠上的宝石。

余海波、余嘉华在《木氏土司与丽江》一书的引言部分就说：“要了解历史文化名城丽江，必须了解木氏土司的兴衰史。元、明至清初 470

年间，木氏土司曾经是丽江的主宰者，在滇西北导演过一出出引人入胜、威武雄壮的历史话剧。”丽江古城背靠狮子山，呈扇形向北、东、南方三个方向蔓延，木府便是圆心。众山之中，有一山峰傲然独立，便成名山，丽江古城众多建筑中，木府凸显成顶，俨然是古城众建筑中的“统帅”，成为地标性建筑。华模先生在文章中这样描述木府：“雾霭下的古城密密匝匝挤挤攘攘的青瓦世界，形成一个庞大的迷宫。西南角的木府建筑群三清殿、玉音楼、光碧楼、护法殿、万卷楼、议事厅从狮子山麓向东延伸到古城中心，显得雄伟、庄重、浑厚。同时，又天衣无缝地与四周古老的建筑融为一体，协调至极。”木府是丽江木氏土司府的简称，是统治丽江长达470年之久的木氏土司指挥枢纽，是丽江木氏土司的衙署。整个建筑群“踞其南，东向临玉河”，取“迎旭日而得木气”之意。学界认为，一代“游圣”徐霞客到丽江之时便是木氏土司最强盛的时期，也是木府建设规模到达最宏伟的境界。他北望木府而发出“宫室之丽，拟于王者”的感叹，说明了木府建筑之华丽，规模之宏大。木氏土司是“王者”吗？当然不是，那么他们为什么享受王者的待遇呢？这是因为木氏土司先祖阿宗阿良与中原王朝建立起藩属关系，此后，阿甲阿得承袭这一做法，屡次进京朝贡，深得朝廷的器重和赏识。木氏土司进京纳贡的同时，为京城和大都市的建筑风格所吸引，加上木氏又好学汉文，引起思变，一旦经济条件允许便有可能去仿效京城的建筑去建造。明代木氏土司的经济雄厚，积数代土司的不断修造才有了如此宏伟的宫苑。徐霞客所言的“拟于王者”中的“王”，笔者认为是指明代皇族子弟。明代继续推行分封制，对皇族兄弟都封“王”，受封的“王”可以修建一定规格的居室；大臣则依官阶来确定建造规模。徐霞客只是听说“其内楼阁极盛”，不知道楼阁“极盛”到什么程度，他想只会“僭制”到“王”的标准。木氏土司也深知这样的建筑已远远超过自己应该享受的标准，所以，他们不仅在邱塘关严守来往的行人，而且像徐霞客这样尊贵的客人，也不得接近，所以就有了“多僭制，故不于此见客云”。其防范心理可见一斑。

清雍正元年推行“改土归流”，木氏土司才渐渐衰落下去。随着木氏土司的没落，其“王室寝宫”也随之破落。辛亥革命后，其地不断被侵占，木氏土司的后代也被放逐，几乎无人维修，以致在风雨中败落。中华人民共和国成立后，木府收归政府；“文革”时又遭人灾：屹立了300多年的忠义坊被拉倒，门前的石狮子或被锤棒相加，或运至黑龙潭。残破不堪的木府几乎找不到当年恢宏的气象了。改革开放以后，丽江人开始清醒地认识到木氏土司在丽江历史发展中的作用，木府的重建就显得格外紧迫。

丽江古城在申报世界文化遗产的同时，作为丽江古城重要组成部分的木府，重建工作就被提到议事日程上来。组织者首先遇到的问题是：按什么时期的标准来重建？木府的建造时间从明初算起至“改土归流”，已有三百余年的历史，对木府建造过程和具体的规格又无记载可查。木增时期是木氏土司最强盛的时期，历经百年的建造，木府规模在那时也应该达到最宏伟，于是重建木府的时间定位为木增时期，也就是以徐霞客到丽江的那段时期为准。其次，遇到的问题是：以什么样规模来建造？由于徐霞客在《游记》中说到“宫室之丽，拟于王者”，新建的木府就应该有这样的气派，至少规模要宏大。所以选址时基本在原来木府的遗址上还要扩大一些，建筑材料上力求在原采地开采。在建筑风格上，既要保持明代的风格，又要体现纳西族善于吸收周边民族文化的特点，集纳西、白、藏、汉族建筑风格为一体，恢复至其鼎盛时期的建筑。重建的木氏土司府于1999年5月1日竣工并对外开放。如今木府被誉为丽江的“大观园”“博物院”，又有“丽江紫禁城”之美称，是世界文化遗产中比较显著的可视遗产。

木府重建的意义远远超出了其建筑本身，木府不仅是丽江古城的核心建筑，而且在纳西族发展史中占有重要的地位。万卷楼门前有这样的一副对联：“一座土司府，半部民族史。”郭大烈先生在《重建木府记》中有这样的表述：“木府复兴则古城复兴，古城复兴则民族复兴，民族复兴则无愧于国家名城、世界遗产之号也。”木氏土司统治的470年是纳西族发展壮大，开疆拓土的关键时期。

“凤诏每来红日近，鹤书不到白云闲”，此诗句体现了木氏土司的一种智慧，也是他洞察时局的一种心态！唐代，纳西族先民逐渐向西南迁移，还建立过六诏之一的越析诏。此后，纳西族夹在三股势力之间，西北有吐蕃，南有南诏，东有强大的唐王朝，而西面则是高不可攀和荒无人烟的高黎贡山。在这个夹缝里，纳西族先民不断寻求生存之道，时而依附于吐蕃，时而投奔于南诏，纳西族先民的向背直接决定着各股势力的前途。南宋末年，蒙古军队南下，纳西族先民主动迎接，得到蒙古首领的重用。元朝建立后授世袭土官，此后，各部落才逐渐统一起来。

在此后的470年间，纳西族首领在元、明、清三代的册封下，不断经营壮大，从此开始了纳西族辉煌的历史。木氏选址狮子山东面为土司衙门，不断建造，至明代中后期规模空前绝后。木氏领有通安州、宝山州、兰州和巨津州，向北控制了今天的维西、香格里拉，并延伸到今天的四川巴塘、理塘一带；西面领有今怒江州，直抵高黎贡山；南面领有今七河、九河，与大理相接。其经济主要依靠盐 、铁矿和金矿的开采，在文献中有“富甲一方”的记载。可见，木氏土司运筹帷幄于木府，决战于千里之外。

如今有人说：“不进古城等于冤来丽江，不进木府等于不到古城。”无论怎么说，木府都是丽江古城的一枝奇葩。

其二，黄乃镇不仅是文化“大杂家”，还是民族文化的自觉者，更是纳西族鲜有的思想者。

文化自觉，主要指一个民族、一个政党在文化上的觉悟和觉醒，包括对文化在历史进步中地位作用的深刻认识，对文化发展规律的正确把握，对发展文化历史责任的主动担当。文化自觉是一种内在的精神力量，是对文明进步的强烈向往和不懈追求，是推动文化繁荣发展的思想基础和先决条件。历史和现实表明，一个民族的觉醒，首先是文化上的觉醒。丽江市委在提出“文化立市”战略前，黄先生已洞察到丽江文化之特点，木府重建当务之急，木府文化研究之需求。黄先生在丽江是名人，先是教育界名人，现在又是文化界名人，实属不易！黄先生在重建木府中可谓是倾注全力，超越了重建木府本身，将自己的心血、精神、思想完全融入木府的基石里。有人说，老黄有时候很孤单！是的，这里借用陈寅恪在王国维纪念碑上的一句话：“为此文化所化之人，必感苦痛，其表现此文化之程度愈宏，则其所受之苦痛亦愈甚！”木府所承载的数百年来丽江的历史，这份重量有几人能读懂？黄乃镇先生已投入到木氏土司的历史长河中，滇川藏大三角为宽度，统辖丽江 470 年为长度，在深不可测的长河里，翻阅大量文献资料，徒步行走在三江并流的崇山峻岭间，对许多众说纷纭、似是而非的历史事实查个清楚。现在，他还在思考这些问题：木氏土司极盛时，在滇川藏广大地区留下了非常深的政治影响和文化影响；木氏土司非常重视与周边少数民族的团结和睦和经济文化交流，为后来这一地区的发展，特别是茶马古道的繁荣打下了基础；木氏土司非常注重汉文化的学习交流，敞开大门，广泛吸纳人才；木氏土司上靠中央王朝，精忠报国，与皇朝的关系相当密切，获得了皇帝亲笔题“诚心报国”的金腰带，和“辑宁边境”“忠义”等匾联。这些课题研究比起重建木府而言，“工程太大太大了”，需要付出相当的努力，耗费他更多的时间和精力。正如他所说，现在是骑在虎背上，怎么能下来呢？他要坚持一直做下去，为重现昔日丽江历史文化长河的辉煌而竭尽全力。数年来，他对这些问题进行不懈的收集整理和研究，手头已有两本约 60 万字的书稿，内容主要涉及丽江纳西族及周边民族的历史文化资料。他觉得自己每天都有一些发现，都有一些感悟，所以，还要做更细致的校对和补充。“黄乃镇还在不懈地努力着、探索着、攀登着，为了民族博大精深的历史文化。”

黄乃镇先生喜好抽烟，静静地思考问题。他很少思考自家的问题，把更多的心思投入到木府恢复重建的大事中。大家都说老黄脾气不好，喜欢骂人，有些时候武断，不容他人指点和破坏木府。无论怎么说，有两点不容置疑：第一点，他是真爱这个民族，舍得为这个民族付出一切。他前大半辈子在丽江教育界可谓是功成名就，从教育系统转移到文化系统，就同龄人而言，也是够满足了。然而，他却主动提出恢复重建木府，并为此奔走呼喊。五十岁的年龄一下子回到三十岁，精力充沛，未曾有过懈怠。儿时从祖辈那里传承下来的文化符号，成为他孜孜以求的目标，进而融入纳西族这条历史长河中，成为真正的纳西人。他很少为自己着想，更没有为自己的私利而与人吵过一架。然而，他所发脾气和吵架的事情，都是公事，都是与木府恢复有关，与维护木府稳定发展有关。因此，借用哲人一句话说，他未曾有过一个私敌。第二点，他是纳西族鲜有的思想者。纳西族是一个有着悠久历史的民族，上接西汉，下止 1954

年的民族认定，2000 余年的历史中，真正能影响和决定民族发展走向的人物不多，真正思考民族发展的思想者不多。就明代而言，木氏土司木泰，开启木氏土司撰写汉文诗书的先河，也开启了纳西族另一条文明史先河；其魄力和眼界，不失为纳西族一位思想者。土司木增，更是能文能武的忠臣，甚至能为明代“殉国”，这是纳西族生存智慧的体现，也是价值取向的抉择；对周边民族刚柔并济之策，对内地汉文化的“虔诚”，推进纳西族与内地关联，他也是鲜见的思想者。就现代而言，和万宝、和志强等纳西族先贤，都是纳西族思想者。老黄站位很高，看的问题很深，思考的事情很长远；从古城申报世界文化遗产到木府恢复重建，从木府运营管理到《木府风云》的成功打造，无不体现出他对纳西族历史和未来的深度思考，我们说他是纳西族思想者不为过。

20 年后我们回首木府重建，无不为当时的决策者、执行者叫好！1995 年时任丽江县文化局局长的黄乃镇，参加了在北京丽江古城申报世界遗产专家论证会，当夜他无法入眠；地震后世行官员丽江行，口头答应 3360 万元的贷款，已是让他兴奋不已；为了世行贷款，他苦口婆心地向世行官员说道，一直说到海拔 3000 米以上的雪山上；他把自己关在家里，两天抽完两条烟，直到被媳妇骂出门；把木府主体建筑模型放在口袋里，有空没空掏出来排兵布阵；半年时间读尽与木府相关文献资料，行千里在大相国寺找到原型；工程预算上独创“六段式施工法”；等等。黄乃镇就是这样一路风雨兼程走来，我们看到了一位有血性、硬骨头的纳西族汉子。一个人的阅历就是一份财富，不仅是精神上的，更是品质上的。他出生在丽江古城，干过农民、工人、教员、官员，在新中国成立后的风风雨雨中成长起来，最苦涩的生活、最激烈的政治斗争、最艰苦的工作都挺过来的人，其品质是有韧性的，其决策是睿智的，也正因如此，黄先生堪当此重任！

木府用了 300 余年时间历经数代土司静心修造，成为丽江“改土归流”前一夜的辉煌；270 余年间木府在历史风雨中渐渐破落，直到忠义坊被不知世故的年轻人拉倒；恢复重建木府 20 年间，游人如织，世人无不惊叹如此宏丽的建筑！因此说，木府承载了丽江深厚的历史文化，研究丽江、纳西族历史文化，就需要研究木府！黄乃镇先生的贡献也在于填补了元、明、清初丽江历史文化现存文献资料之不足。虽说对这一长段历史文化研究才是起步，毕竟已在路上，愿木府走得更坚实！

（执笔：杨林军）

2010 年 7 月初稿

2018 年 4 月修改稿

“中国第一媚联”乎？

凤诏每来红日近

鹤书不到白云闲

镌悬于丽江木府的这副古联，现今名扬四海。

在木府那轩敞华美，与狮山古柏相衬映的石坊和厅、堂、楼、殿、阁、榭、廊、院以至碑、匾、联诸景观中，此联无疑是被中外游客摄入镜头最多者。因为此联悬挂于由忠义石牌坊进入木府的大门楹柱，与同门檐正中、云南省原省长和志强所题“木府”两个金色大字门匾，成为木府的标志性景点。即便不购门票不进木府，也能在大门之前观光与拍摄。因而，络绎不绝的游客多在此留影，否则您能说您到过丽江木府了吗？于是此景此联，传之遐迩。

话说这天，一大群外地游客来到木府，其中像是领头的一人想必曾来过，只见他快步上前，指点着这副大门楹联呼喊：“大家都来看哪，这就是中国第一媚联，献媚的对联！”在场的木府工作人员一时怔住了，刚好经过的丽江古城博物院院长黄乃镇也看到、听到了，他只笑笑。言论自由，木府依然，何须干涉他人的评说呢？

词典有释：“媚”者，有意讨人喜欢、巴结之意。因而衍生出了媚世、媚俗、媚态、媚骨、媚外、狐媚、妖媚、谄媚、献媚等词语，均贬义。此词的另一义项则为美好、可爱，因又有妩媚、娇媚、柔媚、秀媚、春光明媚等词语，均褒义。

这位游客为这副木府楹联，下了三个定语：“中国”界定了地域、空间，言影响面之广；“第一”，乃进而做出全国最前排名，言影响力之大；“媚”，便归结到联语的内容和感情色彩，综而夸张地将这副木府楹联好好调侃了一回。任何文学作品，作为社会意识形态之一，都具有倾向性，反映一定的社会生活，表达作者的观念、思想感情。而评判一个作品，同样具倾向性。这位游客之评判，“媚”居核心，是其主旨，说不但是献媚，而且数全国第一！这贬损可谓无以复加了。我们不必推究其贬损此联缘由，他或者就是弄个噱头，哗众取宠；也无须指责他不甚尊重当地人们的感情，却需指出：这位游客并不了解丽江的社会历史，也并不洞察此联作者与联语所表达的情怀。因为评价任何文学作品，若是抛开了历史背景，不顾作者特具的社会体验与情感，必然失之偏颇，或是断章取义。倘带了某种情绪，借以生发，那就不是评价文学作品了。

这副古联，本非专门题写的楹联，实为明代丽江第六任土知府、迄今所知首位木氏作家木泰（1455—1502年，字本安，号介圣）仅存的七律《两关使节》中的颈联。其诗云：

郡治南山设两关，两关并扼两山间；
霓旌风送难留阻，驿骑星驰易往还。
凤诏每来红日近，鹤书不到白云闲；
折梅寄赠皇华使，愿上封章慰百蛮。

木泰于明成化二十二年（1486年）保勘袭职，因战功卓著，弘治间加授太中大夫。传说他的先祖牟保阿琮受大理国段氏聘还，自觉忘其所感灵异，因重入玉龙山，寻饮当年石盎中清水未得。当坐憩磐石，执随手竹杖拄之，不料竟使11竹节入地，乃悟其后11代复生慧缘。这传说是讲：木泰为其先祖牟保阿琮再世，所以夙慧不学而“识先祖所制本方文字”（此即指纳西族的象形东巴文），史籍称其“敦尚雅道，倡事诗书”。从他这首硕果仅存的诗作，已见其格律严谨、对仗工稳且遣词典雅，并其情境意蕴，已足以体现木氏作家高起点、高品位的一代风貌。

诗中：“使节”本指使者所持信节，代指朝廷和上级派来的使者。“南山”指丽江坝南端的关坡，两关即关坡间设立的东、西关。西关专称邱塘关，为古驿道进出丽江之锁钥。乾隆《丽江府志》载：“在城南二十五里，设有守兵。关前两山对峙，中通一道，崎岖难行。知府管学宣重修，题额曰‘保乂天西’。”乂音yì，意为治理、安定。明代木氏设此关据险扼之，严格出入，被称为“开门节度，闭门天子”。“霓旌”，古代皇帝出行时的仪仗。历史上并无皇帝来过丽江，也不是一个边地土知府所能迎请到的，所以说“难留阻”。“驿骑”言乘马传送公文之人，是说木氏治下的丽江，与朝廷保持着密切联系，所以“易往还”。“凤诏”指皇帝的诏书。“红日”喻指帝王，亦谓帝王的恩典。“鹤书”为书体名，古时征辟贤士的诏书用体。“白云闲”乃自喻，这句说：每当朝廷安宁无事、未下诏来征用之时，自己便如闲云野鹤一般悠然自得了。“皇华使”，《诗经·小雅》有“皇皇者华”篇，谓为君遣使臣之作，后遂以皇华作为出使的典故。“封章”，臣下密封寄上的章奏。“百蛮”，指与华夏对称的诸少数民族。

整个明代，以迄清雍正元年“改土归流”，丽江土府一直是中央王朝治下的羁縻之地。明代的丽江土府，辖境甚广：东与澜沧卫（含北胜州、蒗蕖州）隔江为界；南与鹤庆府（含剑川州）相接；东北隅与永宁府相接；北至西，统辖今迪庆州全境，与朵甘思宣慰司相接；最西境，抵今缅甸境内的里麻司，隔恩梅开江为国界，包括高黎贡山、怒江流域后来怒江州泸水县之外兰坪、碧江、福贡、贡山全境及今缅甸境的部分。今四川巴塘、理塘一带，还曾被丽江木氏统治。明代云南三大土府之一的丽江府，史称“土地广大”“传世最远”“富冠诸土郡”，木氏始终坚定地拥戴明王朝并被倚重，先后受领历朝明帝颁给的“行化边徼”“西北藩篱”“辑宁边境”“为国干城”之褒誉。其之“木”姓，亦当初明太祖朱元璋钦赐的殊荣。此前唐、宋时期，古纳西族一直在吐蕃、南诏又大理国的夹缝中求存，若非归依中央王朝，古纳西族早被并吞了。至今，纳西族仍只是个仅三十多万人口的少数民族。省内一位著名教授认为：历史上的丽江木氏，应称为云南少数民族中的“第一俊杰”！俊杰者，识时务也。木氏先祖在各个时期地方割据、战乱不止的历史情势下，审时度势，先后主动归顺元、明、清，主观上为求民族生存，客观上则维护了祖国统一。再前溯至汉代，纳西先民与同共居于川西南地区的诸民族部落，跋山涉水至洛阳汉廷朝觐，献上《白狼王歌》，表达了“慕义向化”“心归慈母”大一统的国家民族观和这种盼愿。可见，丽江木氏之拥戴中央王朝，乃有着长久的历史和思想渊源，并非一时趁势而为。

在这样的社会历史背景下，木泰之诗，通过丽江险要的地理形势、与朝廷紧密联系的描述，形象表达了地处滇边的纳西民族期望并坚定维护国家一统的情怀。尤诗中颈联，以“凤诏，红日，鹤书，白云”一系列形象鲜明的比喻和衬托，生动描写、殷勤寄托了忠诚于明王朝，亦望受倚重之心。这诗固然是身为封疆之臣的木泰所作，而在当时，木氏家族而外，纳西族平民阶层中了无汉学，此地汉文学作家只可能出自木氏。无其民，则无其臣，怎能认为木泰的诗，就只代表木氏而不代表府辖之民众？木泰自己倒未曾料想：其诗中之联，被后世选取镌悬，成为重建的木府大门楹联，昭示于五洲四海游人。

那是在木府恢复重建竣工之前，1997 年中，全面负责这一浩大工程的原丽江县文化局长黄乃镇，就边筹划木府需设置的碑记和匾、联了。碑记，请著名民族学家郭大烈先生撰写；匾文，可现成从《木氏宦谱》之载撷取；唯楹联颇费斟酌。虽可征集撰联，总觉得少了点醇厚的史味。于是，黄乃镇一一敦请谙熟纳西族历史文化的饱学之士，一起从繁多的丽江古诗文、古联中，仔细遴选，他感到这也就是在发掘纳西民族精神。这天，他查阅到首位木氏作家木泰的《两关使节》，被诗中颈联那诚笃的情怀、隽永的意境、工稳的对仗吸引住了，再三吟味之余，当即拍板：用以作为整个木府的门面、“眉眼”，重中之重的大门楹联，非此联莫属！于是，那副原拟用于木府大门的木氏家族名联——“越自汉唐，缙笏簪缨世胄；肇兴元宋，衣冠文物人家”，便“退居”到府内了。就是明状元杨升庵为木氏代表作家木公选编的《雪山诗选》序中“继缘情绮靡于古昔，获美誉鞶帨于士林”一联，也恰宜悬于木府内万卷楼，而不甚适用于木府大门。至今，黄乃镇仍为自己最终遴选出这副最能表达历史上的木氏与纳西民族心声的对联感到欣慰。并且他认为这副对联，由纳西民族精神的体现，成为有形的木府一个不可或缺的组成，甚至就是木府的缩影！故此有人认为在特定意义上，这副木府大门楹联的作者，不是原本赋诗的明代木泰，而是后世的黄乃镇其人。这当中还有一个小插曲——一天，黄乃镇熟识的一位老教师寻来木府，认为这样用不大合适，说此乃古人诗句啊，不是专门撰写的楹联！黄乃镇感谢他的关心，亦为阐释之：诗中之联，可用为“摘句联”。如杭州西湖岳飞墓前那脍炙人口之联“青山有幸埋忠骨，白铁无辜铸佞臣”，本为松江徐氏女子《咏岳王诗》中之联；成都杜甫草堂陈毅元帅所书之联“新松恨不高千尺，恶竹应须斩万竿”，本为杜甫诗中的颔联；清康熙皇帝巡游镇江金山寺，就撷取唐人许浑《咸阳城东楼》颔联“溪云初起日沉阁，山雨欲来风满楼”

为该寺题联；鲁迅《自嘲》之颈联“横眉冷对千夫指，俯首甘为孺子牛”则被很多人引为格言联，悬之书斋。这就因为对联与律诗中的颔、颈联，在实质上是相同的。因此选取诗联为楹联，毋庸置疑。

这副楹联镌悬而今，未标明作者。乃以其鲜明的思想内容和感情色彩，并文辞之典雅灵动，引人瞩目。1999 年 5 月，中央首长视察丽江来到木府，曾驻足而诵、书抄此联。中央首长再次来木府，无须介绍而诵此联。却另有民间版本曰：中央首长说此联是“拍马屁的”，这或许就是那位游客有所听闻，借以发挥之由了。而一副丽江古联，竟引动国家主要领导人瞩目，起码说明其非平庸之作。此诗此联所抒发的思想感情，正是历史以来，中华各民族向心力的具体体现！这种向心力，不也正是当今祖国现代化建设所需的“与中央保持一致”吗？忠臣表忠，非为献媚，奸臣表忠才是献媚。何况这副五百多年前的诗联，本非欲呈送皇上御览的“封章”，它就是作者自我抒发情感之作，何以言“献媚”？如果这就是献媚，那么中国历史上汉代“文景之治”、清代“康乾盛世”，人民诗人杜甫之诗“忆昔开元全盛日，小邑犹藏万家室”，后世陕北农民李有源作词“东方红，太阳升，中国出了个毛泽东”，人民群众歌颂“没有共产党就没有新中国”……数之不尽的真情实感，皆是献媚了。则何以评价祖国历史、人民的情怀？可见，那位游客之贬损，实如豫剧中的唱词：“理太偏”！

对联，是中华民族特有的一种传统文学艺术形式、我国的“国粹”之一。2007 年，国务院公布了第一批国家级非物质文化遗产名录，“楹联习俗”名列其中，拟进一步申报世界非物质文化遗产。释评为：“楹联习俗，在华人乃至全球使用汉语的地区以及与汉语汉字有文化渊源的民族中传承、流播，对于弘扬中华民族文化有着重大价值。”源远流长而盛于明清、民国，复兴于“文革”之后的楹联，如同诗歌之兴、观、群、怨，其社会功用世人皆知：年年家家户户必张贴的春联，婚娶必备的喜联，贺生、祝寿之联，丧挽、守制、修墓之联，建屋、乔迁之联，撰修家谱、溯祖明宗的“家对”，至于集会、庆典之联，各行各业开张、经营的行业联……均少不了以对联装饰，还尚多悬挂于客厅、书斋以抒情言志、修心养性之联，不胜枚举。斯如当代国学家、纳西族周善甫先生所言：“从金銮宝殿，到牛栏马厩，从通都大邑，到穷乡僻壤，举凡华人井突之所在，俱可见它高张津要的身影。直到如今，它仍参与到社会生活中：颂、祝、庆、节、喜、笑、怒、骂，状景、抒怀、讽喻、训斥，居然未失其畅茂的生机……”还在清代，纳西族诗人杨品硕的《花马竹枝词》里就写道：“备好猪头与酒茶，门联春帖亦堪夸。过年物事已全具，待购山茶一束花。”可见，丽江对联上承明代木氏，亘续而今，早已形成为此地不可或缺的民风民俗，并以高层次的汉文学风貌，成为丽江多元历史文化的重要组成——这样一个具有鲜明地域性、民族性而且生生不息的文化现象！

当我们缜密地观照丽江楹联产生与发展的历程，完全有理由认为：本文所辨析的这副古联，乃是迄今所知、丽江本土出现的第一副楹联——它最先是明代木泰的诗中之联，为“摘句联”。此诗此联，无论是真挚情怀的抒发，还是艺术表现手法，对于其之后的木氏作家和丽江的汉文诗、联创作，无疑都具有开创性的影响。

（执笔：杨陆）

后 记

20 年前的 1999 年，丽江古城处于“2・3”大地震后恢复重建的过程中。而古城西南靠狮子山一麓，一组宏伟的建筑拔地而起，那就是用了 3 年时间恢复重建的木府。我们还举行了盛大的竣工典礼，当时可谓是万人空巷，风云际会，成为当时丽江人最津津乐道的“头条新闻”。穿过了 20 载风云变幻，木府的建筑群显得更加浑厚凝重，木府的文化张力更加卓尔不群。

今天，我们把木府恢复重建以来的素材收集起来，束成五卷本的《木府通论》，并公开出版发行。这里我有 3 句话需要说一说。

第一句话是，木府恢复重建之前，我们根本找不到现成的图纸，也找不到历史上木府建筑的具体内容，文献中只有几句支离破碎的评说。即便是民国时期有一些学者对丽江木府考察，并撰写了日记，也是所见所写，根本看不到历史上木府的原型，更不用说是我们要恢复的明代晚期木府的具体模样了。为了找到恢复重建木府的依据，我们的做法是：一方面，通过多渠道寻找相关的背景材料，确定明代后期纳西族建筑风格等要件；另一方面，通过考古挖掘原址，寻找木府地面建筑的遗物和轮廓，找到木府建筑群位置。此外，我们采用通过已知点来推测未知点的办法，对一些重大的历史节点进行研究和推演。通过这样的办法，把模糊不清的木府模样清晰起来，把历史上的木府完整起来，由此也形成了木府文化理论。木府文化理论是在木府恢复重建需求的基础上形成的，并在 20 年实践中得到验证。虽然如此，我们还是觉得不够完美，或者说是不够完备，仍然有值得商榷的地方，敬请读者不吝赐教。

第二句话是，木府恢复重建的 20 年，参与其中的人员涉及方方面面。首先是各级党政部门的主要领导们，尤其是时任丽江党政部门的主要领导们，他们果断决定，前瞻决策，坚决支持，成就了木府恢复重建的大业。其次，自萌发了木府恢复重建的想法之后，我们一直与文化、古建筑等各行各业行家里手们探讨木府恢复重建和发展的事宜，他们是我们所倚重的“靠山”，又是推动我们事业发展的动力。木府既是一个建筑群，也是木府文化的载体。是成千上万的工人、技师的实践和付出，才完成了宏伟的木府建筑群的恢复重建，成就了今天木府的辉煌。我们还忘不了世界银行朋友们的鼎力支持，以及宣传木府的媒体朋友们的全力支持，还有一直在默默奉献的木府人和热爱家乡、热爱纳西族的同胞们的大力支持。对以上提及的人们，我们的感恩之情不言而喻，没有你们的奉献和支持，就没有木府的今天！

最后一句话是，与我一同参与木府恢复重建的同志很多，但在此有一个人不得不提出来，那就是现任丽江古城博物院（木府）院长的陈桂云。从木府恢复重建至今，她一干就是 20 年，做事认真果敢、一丝不苟。我在编撰本书之时，曾邀请她担任第二作者，但她婉言谢绝了，只作了一篇序。此外，云南大学出版社毅然同意出版这套书，并动用全社之力促成本书及时出版发行，我想他们是基于对木府文化的兴趣和对纳西族文化特色的把握。所以，我要感谢他（她）们的大力支持。

要感谢的人太多了，以上所提及的人只是一部分，挂一漏万。借本书出版发行之际，我再次向为木府恢复重建做出贡献的人们和关心、支持纳西族文化事业的人们深表谢意！

黄乃镇

2019 年 2 月于木府

木府通论

第四卷

黄乃镇 / 著

云南大学出版社
YUNNAN UNIVERSITY PRESS

图书在版编目（CIP）数据

木府通论：全5卷 / 黄乃镇著. -- 昆明：云南大学出版社，2019
ISBN 978-7-5482-3597-2

Ⅰ. ①木… Ⅱ. ①黄… Ⅲ. ①纳西族－民族历史－丽江②家族－史料－丽江 Ⅳ. ①K285.7②K820.9

中国版本图书馆CIP数据核字（2019）第001729号

出　品　人：施海涛
特约策划编辑：柴　伟
责 任 编 辑：陈　曦
封 面 题 字：李继文
装 帧 设 计：刘　雨

木府通论

第四卷

黄乃镇 / 著

出版发行：云南大学出版社
印装：昆明理煋印务有限公司
开本：787mm×1092mm　1/16
总印张：57.5
总字数：913千
版次：2019年10月第1版
印次：2019年10月第1次印刷
书号：ISBN 978-7-5482-3597-2
总定价：800.00元（全5卷）

社址：云南省昆明市一二一大街182号（云南大学东陆校区英华园内）
邮编：650091
电话：（0871）65033244　65031071　65031070
网址：http://www.ynup.com
E-mail：market@ynup.com

目　录

木府前世篇

我出生在古城，对古城耳濡目染，情有独钟，从小对木府、木氏土司等有着深刻的印象。后来，我临危受命，担当了木府恢复重建的大任。然而图纸如何设计？如何恢复重建？建成什么样子？一系列的问题犹如连绵不绝的横断山脉，摆在我面前。纳西人有一种性格，那就是敢于直面问题，不轻言放弃。这些性格就注定了我不怕面对前所未有的困难和问题。

“不谋万世者，不足谋一时；不谋全局者，不足谋一域。”为完成木府恢复重建任务，我们首先对纳西族千百年来的历史文化进行了全面分析和研究，试图在纳西族历史长河中寻找出木府的影子和“魂魄”，尤其是有关木府建制的相关文献资料，是恢复重建木府最重要的依据，必须搜集、整理和分析。另外，木府恢复重建不仅仅是一座土司府外形上的恢复重建，而是有形建筑与无形文化的恢复重建，难度不言而喻。功夫不负有心人，为了恢复重建木府，我们舍得花大力气，收罗天下文献，探寻木府旧事，考察探微旧址，展开了一次大规模的纳西族历史文化考究，并取得了显著成绩。这方面的一些具体情况，在本书第一卷中已有涉及。

第一章 祖先足迹

汉文典籍中，最早明确记载纳西族事迹的文献是晋代的《华阳国志》。那时，纳西族被称为“摩沙夷”，唐朝称“磨些蛮”，其聚居于远离中原文明的边徼之地，人们对它知之甚少。

实际上，正如世界上所有有着悠久历史文化的民族一样，纳西族的历史开始于无文字时代。史学家认为，纳西族源于我国西北河湟地带的古羌人。这个地方大致在现在的甘肃、青海一带，是黄河上游地区。羌人是远古时代的游牧民族，逐水草而居。羌人是现今我国许多少数民族的祖先。那么，我们的祖先怎么会到了今天的丽江呢？著名的史学家方国瑜先生在《纳西族的渊源、迁徙和分布》中说：“纳西族渊源于远古时期居住在我国西北河湟地带的羌人，向南迁徙至岷江上游，又向西南迁至雅砻江流域，又西迁至金沙江上游东西地带。”①

第一节 纳西族的迁徙路线

现在我们来讨论民族迁徙的问题，这个问题也许一段话就可以讲清楚了，但在这条漫长的迁徙路上，可能经过了数十代人，几百年甚至上千年的行程。我们的祖先扶老携幼，驱赶着牛羊，战胜了天灾人祸、蛇蝎猛兽等的威胁与灾难，才一步步地、一站站地向着自己理想中的乐园前行。应该指出的是，当时做如此大规模、长时间迁徙的，不仅有纳西族，还有西南诸多民族，他们大体沿着这条线路由北向南迁徙。著名民族学家费孝通先生把这条迁徙之路称为“藏彝走廊”。这条路线北起甘南，进入四川西部，然后沿雅砻江、大渡河流域，翻山越岭，再往南至滇西北、滇西、藏东南等地。

① 方国瑜：《纳西族的渊源、迁徙和分布》，参见《纳西象形文字谱·绪论》，云南人民出版社2005年版。

为什么在中国历史上会有这样一条迁徙路线呢？简单地说，战争是一个因素。每当部落间、民族间、国家间战火纷飞时，百姓唯有逃亡才可保命；此外，游牧民族逐水草而居也是一个重要的原因。先民们越往南方走，发现气候就越温和，水草就越肥美。虽然高山峡谷地区的草场没有大西北的草原那么广袤辽阔，但是满足那时人们的生活之需还是绰绰有余的。更何况，新发现的牧场、新开垦的土地，使许多家族一夜之间充满了希望，改变了命运。俗话说“树挪死，人挪活”，就是这个道理。当然，也不可否认，在漫长艰辛的迁徙中，有多少家庭分散了，有多少氏族消亡了，这些我们今天已不得而知。但存留下来的，就是英雄，就是胜利者，就成了我们的祖先。

从世界记忆遗产纳西族东巴经典中，我们也可以看到祖先迁徙的足迹。东巴经《人类迁徙记》（又称《创世纪》）中有一句就说：“人类迁徙呀，先从什罗山顶（即巨那茹罗山）走下来，经过什罗山腰，来到什

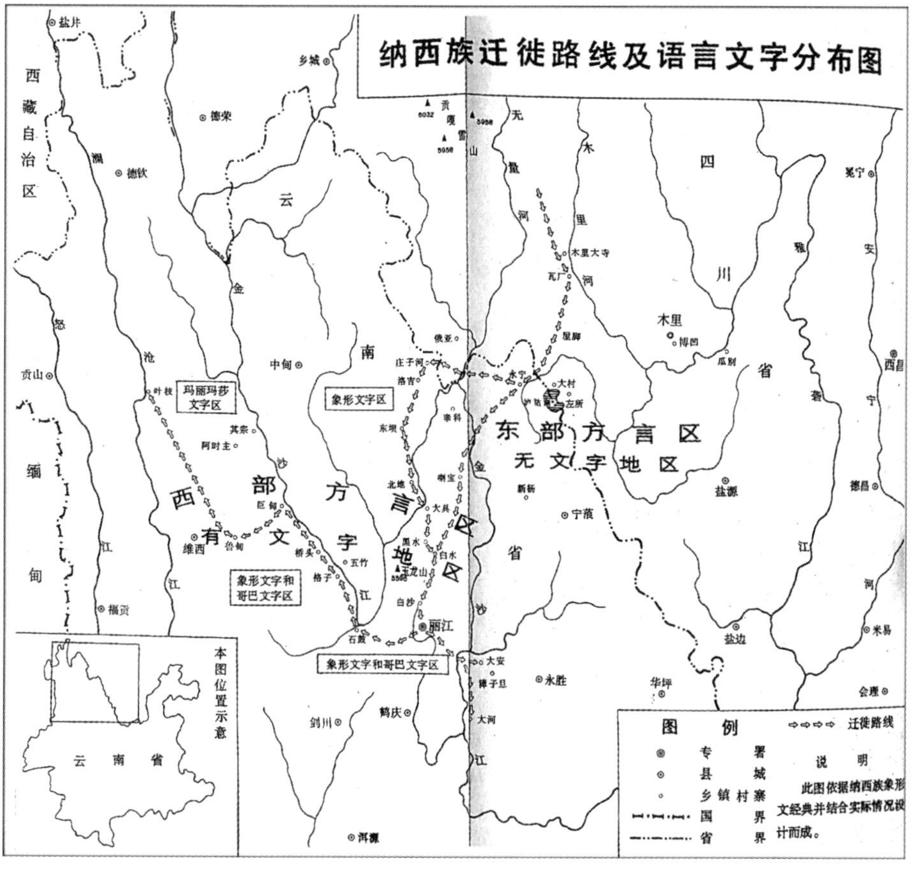

图4－1 纳西族迁徙路线及语言文字分布图

图片来源：郭大烈、和志武著《纳西族史》附图

罗山麓……”经过一长串的地名，最后“从黑水迁徙，来到白水河；从上干海子迁徙，来到下干海子，从本窝里迁徙，来到章再坡……从白沙迁徙，来到龙泉村，最后来到英古地（丽江）。”①

稍具地理常识的人都知道，这就是一条由北往南迁徙的路线。《人类迁徙记》中提到的那些地名，无不是一站一站，从北方次第排列下来。我们相信，《人类迁徙记》虽然是个神话传说，但它具有一定的历史依据。神话与传说，就是远古时期人类历史的反映，那时还没有文字，属于口述历史时期，人们传承历史和认知世界，还是以口耳相传为唯一方式。先民将从祖先那里听来的故事，加上自己和先辈们的想象，再传给自己的下一代。这构成了我们的传说，也构成了我们远古的历史。

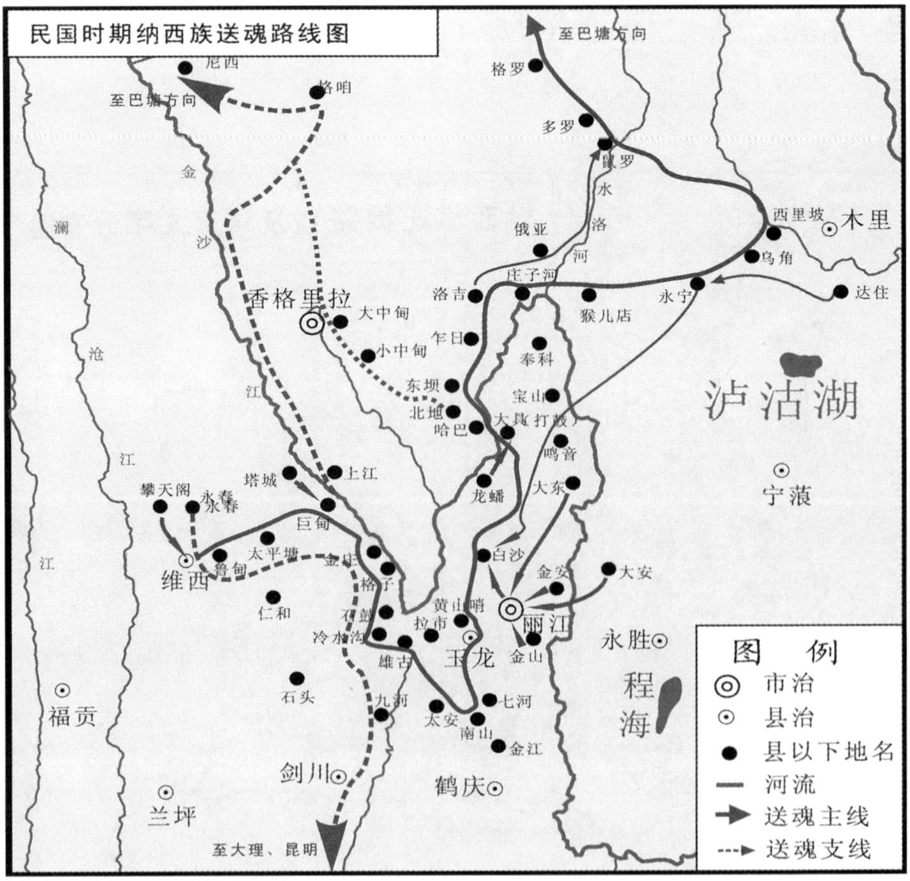

图 4－2 纳西族送魂路线图

图片来源：木府提供

① 东巴文化研究所编：《纳西东巴古籍译注全集》第 80 卷，云南人民出版社 2000 年版，第 57 页。

从纳西族送魂路线中，我们也可以反推出纳西族的迁徙路线来。大家知道，纳西族是非常崇拜祖先的民族，既是“祭天”的民族，也是“祭祖”的民族。纳西人家中有人去世，要请东巴来“开路”，东巴做仪式时手持送魂线路图，把死者从家里一站接一站地送往祖先居住的地方。祖居地就叫“巨那茹罗神山”，也就是《人类迁徙记》中的什罗山。分居各地的纳西族，最终都要把家中死者的灵魂，从不同的线路送回“巨那茹罗神山”。

有史学家考证后认为，“巨那茹罗神山”就是现今四川省稻城县的贡嘎大雪山。那么，贡嘎岭一带就是丽江纳西族的族源所在地吗？这个问题史学界至今还在争论。也有学者指出，《人类迁徙记》中提到了一个叫“美令达吉海”的地方，说这个地方海水茫茫，空阔无边。从地理位置上看，贡嘎岭往北，最大的湖泊就只有青海湖了，这和史学家考证的纳西族来自甘肃、青海一带地区相印证。因此，贡嘎岭或许就是远古的纳西先民迁徙路线中重要的一站。

通过不断地进行田野考察和查阅文献典籍，我们也可以看出，当年纳西族并不是沿同一条路线迁徙而来，应该有很多的、成网状的迁徙路线。比如有从大渡河上游，经巴塘、理塘、德荣、石鼓到丽江，也有由达住[①]过永宁，跨金沙江到宝山，再至白沙，到丽江的；还有从中甸、德荣、石鼓至丽江的。总之，纳西族的迁徙不是一次性的，也不是同一个年代完成的。史学家的考证和纳西族的历史传说，都为这个民族的族源和迁徙史提供了有力的佐证。

其实，无论是华夏民族的历史，还是世界各国的历史，远古时期的神话和创世传说，都构成了其中的一部分。华夏民族的三皇五帝都是传说时代的部落首领，他们半人半神，开天辟地，教民桑梓。三皇之一的太皞伏羲氏，传说他人头龙身，部落以龙为图腾，我们被称为龙的传人，就与此有关。三皇中的炎帝神农氏，传说他牛头人身，亲尝百草，为民治病，还教民农耕。而三皇中的黄帝，则被我们尊奉为中华民族的共同祖先，传说他在位100年，活了111岁，最后乘龙升天。至于西方的创世

① 达住：地名，今四川省盐源县泸沽湖镇达住村。

传说，看看《圣经》就知道了，《圣经》中说，天地万物，人兽花鸟，都是由上帝在一周之内创造的。信奉基督教、天主教、犹太教的西方各民族，也把《圣经》传说看成是他们不可或缺的一部分历史。

因此，我们可以这样说，每一个民族的传说时代，都为我们打开了窥见人类远古时期历史发展足迹的窗口。我们纳西族的创世传说，也从一个侧面告诉了我们的祖先是从哪里来的，族源在哪里。

第二节 纳西族族称和《木氏宦谱》

这里需要说明的是，在历史进程中的各个朝代，典籍中对纳西族的称谓是不一样的。最早将纳西族记载于典籍中的是晋代的《华阳国志》，书中称纳西族为“摩沙夷”；唐朝时期称为“磨些”，元代称为“麽些”“摩娑”“末些”，明代称为“麽些”“摩些”“摩莪”；清代、民国时期，以称“麽些”为主，尤其是到了20世纪30年代，在一些学者如芮逸夫、吴泽霖、方国瑜等人的倡导下，逐步通称为“麽些”。中华人民共和国成立后，通过民族识别，名从其主，统称为纳西族。

每一个民族都有自己的社会发展史，从原始社会到奴隶社会，从奴隶社会到封建社会，然后到资本主义社会、社会主义社会。纳西族早期的社会形态是如何从原始社会过渡到有阶级的社会的，由于汉文史料记载较晚，已无从考证。但从东巴经的描述中，我们也可以窥见某些社会形态。如氏族社会中等级制度的上层人物“酋长”和“老人”，下层人物“牧奴”“家奴”，可见那时阶级分化已经出现。在元代以前，金沙江流域的纳西先民处于“依江附险，酋寨星列，不相统摄”的社会形态。这说明到那时纳西族还没有纳入中央王朝的统一管辖范围内，一些势力雄厚的酋长、头人各据一方，拥兵自重，据险各守其地。这应该视为封建割据，可以说是“谁也管不了谁”的时代。

在这些酋长头人中，势力最大的当属木氏家族的先祖了。明代谢肇淛在《滇略》中记载：“丽江木氏土官于诸土酋中，传世最远，自唐贞观以来，谱系历历可考。”一个家族能够做到源远流长，而且“谱系历历可考”，那一定是非同一般的世家。我们今天考证木府文化，首先就要梳理清楚木府的历代主人——木氏土司家族的历史。唯有这样，我们才能通过木府的宏伟建筑，看透木府后面的历史烟云和木氏家族的命运，从中窥见纳西族所经历的重大历史事件；也唯有如此，我们恢复重建的木府，才具有它的文化内涵和历史价值。

图 4－3 《木氏宦谱》乙种本

图片来源：木府提供

应该感谢木氏家族，它为我们留下了一个家族的谱系，就像在历史的黑暗隧道中，为我们点亮了一盏盏引路的灯火，让我们依此寻根溯源，探寻一个家族的秘史，进而走进一个民族的历史隧道。现存的木氏家族谱系有两种版本，一种叫《玉龙山灵脚阳伯那木氏贤子孙大族宦谱》，称为甲种谱本（本书称《木氏宦谱》甲种本），成稿于明正德（1491—1521 年）年间；另一种版本叫《木氏宦谱图像世系考》，亦称《木氏宦谱》，又称乙种谱本（本书称《木氏宦谱》乙种本），清道光二十一年（1841 年）由木氏 28 世祖木汉所撰。这两个谱本各有所长，都受到当时历史、政治、文化等方面的影响，存在着一定程度的缺失和遗憾。但不管怎么说，纳西族自唐代以来，尤其是元、明、清以来，因为有了这两部木氏土司家族的谱本，而显得形象、生动、连续，有案可稽。

图 4－4 《木氏历代宗谱》石刻本

图片来源：夫巴提供

我们先来谈谈《木氏宦谱》甲种本的情况。《木氏宦谱》甲种本将木氏先祖追溯到唐朝的武德（618—626 年）年间，鼻祖为叶古年，叶古年以前还有 11 代，再之前的祖先属于人神参半的祖先。如谱系里记载的这些祖先都是娶天上的女神为妻，许多祖先都活了 1000 岁以上。方国瑜先生在《〈木氏宦谱〉（甲）概说》中说：

此书首录“草古天能古”十一句，见于《东巴经》言天地万物之始；次录“天羡从从娶天女亏都母书”十二行，亦散见于《东巴经》中，为人类始祖，大都是神话。①

因此，“其事迹则多出自臆造也”。连明代的木氏后人木公也在撰写《建木氏勋祠自记》中说：“祖叶古年已上十一代，虽有俗老口传名讳，

① 方国瑜主编：《云南史料丛刊》卷五，云南大学出版社 2001 年版，第 525 页。

而无谱牒，不敢据信。”[1] 可见，就如汉民族的三皇五帝一样，远古时期的木氏先祖，是夹杂于神话故事与家族繁衍传承之间的一种传说人物，既有溢美之词，也有木氏后人的想象，更有根据东巴经文中的创世描述，将先祖的事迹和形象牵强附会。作为严格意义的家族史，据《木氏宦谱》甲种本载，木氏28代传人木公也说“不敢据信”。但我们认为，从民族学、民俗学、宗教学，甚至从文学意义上看，这样的传说也是有价值的。它至少让我们知道，在人神共处的远古时代，纳西人对神祇的态度和对祖先的尊崇是一致的。

我们在前面谈到了远古时期纳西先民的迁徙路线。那么，木氏家族的先民又是从哪里迁徙来的呢？或者说，他们在来到丽江之前，原驻地在哪里？

作为每一个重视自己历史文化的纳西人都有权利追问：我们是谁？我们从哪里来？直到今天，这个追问在世界各民族中，都是一个重要的哲学命题。

明朝文人梁之杰在为《木氏宦谱》甲种本作的序中说：“木氏先世居筰国，邈于周秦，自汉晋迄唐，由来世载其德，始称越析诏，为六诏之一。”[2] 从此话中我们可以看出，从遥远的周朝、秦朝以来，木氏先祖就世居在“筰国”一带。“筰国”即现今四川省盐源县，西汉时称为“定筰县”，唐朝时又改称为“昆明县”。到了唐武德年间，木氏先祖家族逐步兴旺，已经有人做了“昆明总军官”，相当于当地军政首脑的职位。这应该是自有木氏家族以来最值得光宗耀祖的职位，因此，木氏家族将叶古年作为本氏族的鼻祖，也是可以理解的。

叶古年在木氏先贤中具有举足轻重的地位，还在于正是他带领纳西先民从今四川的盐源县迁徙到了丽江。为什么要离开自己的家园远走他乡？这当然和当时的战争有关，也和当时极为重要的紧缺资源——盐有关。

我们知道，盐源县因产盐而得名。《华阳国志》把生活在定筰（盐

① 管学宣、万咸燕纂：乾隆《丽江府志》，丽江县印刷厂印刷1991年（内部资料），第235页。

② 张永康主编：《木氏宦谱》（影印本），云南美术出版社2001年版，第81页。

源）县的纳西先民的制盐方式描述为："摩沙夷，有盐池，积薪，以齐水灌，而后焚之成盐。"这是最为古老的制盐方式，但在古代，一坨盐贵若黄金。尤其是对于藏族人来说，由于喜食牛羊肉，不食蔬菜，体内所需的维生素唯有靠酥油茶来平衡和补充，茶中若无盐，酥油茶就做不成，更不用说日常生活的方方面面，盐是不可或缺的生活必需品。因此，在那个时代，盐对于吐蕃而言，是值得用战争去获取的。

据敦煌吐蕃历史文献记载，松赞干布的曾孙赞普都松芒保结，曾亲率大军，大约在703年前后"至绛域，攻下其地。""绛"是藏族人对纳西族的称呼，"绛域"即纳西人聚居的地方。吐蕃和纳西人打仗并不仅仅为领土之争，对盐资源的占有才是其真正用兵目的。

从著名的藏族史诗《格萨尔王传》中，我们也可找到这场为争夺盐资源而战的旁证。《格萨尔王传·姜岭大战》讲述了纳西族的"姜国"和吐蕃的"岭国"为争夺盐池而发生的战争，这部史诗又叫《保卫盐海》，可见食盐是引发藏、纳西两个民族战争的主要动因。尽管这部史诗是用神话故事的风格写成的，但它的确是那段历史的艺术反映。史料记载，在三国时代盐源县为"摩沙夷"所有，到了唐天宝末年（约756年）又为吐蕃所占；至唐贞元十一年（795年）又被南诏收复。那时的"摩沙夷"是臣服于南诏的，因此，可以认为"摩沙夷"和吐蕃是在为盐而战。两个民族的拉锯战经历了几十年，互有胜负，盐池几易其手。当"岭国"占领盐池后，用了九年时间才打退了"姜国"的进攻；而当"姜国"夺回盐池后，"岭国"又集结十万兵力来反攻。

就是在这样的历史大背景下，木氏先祖叶古年率领一支纳西人离开了战火纷飞的盐源，也许是因为战败，也许是因为不堪连年用兵，民不聊生。因狼烟四起的战祸，纳西先民不得不选择离开因盛产盐而著名的富庶之地。对和平的向往，对农耕宁静生活的追求，历来是人类的天性。既然此地年年难免刀兵之灾，天下之大，总有让人栖身之处。就这样，一支纳西先民来到了他们的后人世世代代奉为天堂的丽江坝。

塞翁失马，焉知非福。叶古年率领的纳西先民（麽些蛮）迁徙到了"三赕"，即丽江坝，那里原先是"濮𧄼蛮"居住的地方。后来，"麽些蛮"击败并赶走了"濮𧄼蛮"，在丽江的白沙岩脚凤凰山下，建立起了自己的总管府。可见这支随叶古年迁徙而来的麽些，即便在吐蕃的铁骑前是败军之师，但来到丽江地域时还是相当有势力的，击败了原住民，取而代之，又建立起自己的政权。直到 1285 年，才将总管府迁到今天大研镇的狮子山脚下。

也许，木府最早的一块基石，就在那个时代奠定下了。真可谓失之东隅，收之桑榆，纳西人终于不用再迁徙了。在丽江坝，他们找到了自己的理想家园。

明朝时木氏土司作家群中颇有诗才的土司木高，曾经在诗歌中追溯了家族渊源和治理丽江的功绩。其诗曰：

木氏渊源越汉来，先王百代祖为魁；
金江不断流千古，玉岳尊崇接上台。
官拜五朝扶圣主，世居三甸守规恢；
扫苔梵墨分明见，七岁能文非等才。

其诗虽然对木氏家族不无溢美夸张之辞，但大体符合木氏土司家族的发展史。血脉传承悠久而高贵，数个朝代，都有“官”可“拜”。“三甸”是过去对丽江的称谓，木高说自己的家族“世居三甸”，也只是从先祖叶古年迁徙来时算起，与“木氏先世居筰国”相悖，但似乎木氏土司

图 4－5　摩崖诗

图片来源：木府提供

更愿意把丽江当作自己家族的发祥地。事实也是如此，丽江的水土，滋养了一代又一代的木氏土司。同样，由于木氏土司的文治武功，保境安民，才使丽江成为滇西北地区纳西族聚集的一个重要城市。

我们再来看看《木氏宦谱》乙种本。该谱本成稿于木氏家族势力已经式微的清朝，与《木氏宦谱》甲种本最大的区别在于：将木氏家族第15代传人牟乐牟保尊奉为一世祖“爷爷”，而阿琮之前的先祖，则一笔删除，既不承认本氏族的远古祖先半人半神的传说，也不书写先祖叶古年率领纳西人历尽艰辛，从盐源迁徙来丽江坝，开创祖业的丰功伟绩。而且，生于宋徽宗时代的阿琮，在家族先贤的出场中也颇具神话色彩。《木氏宦谱》乙种本中写道：

一世考：肇基始祖，名曰爷爷，宋徽宗年间到雪山，原西域蒙古人也。初昆仑山中，结一龛于岩穴，好东典佛教，终日趺坐禅定。忽起一蛟，雷雨交兴之际，乘一大香树，浮入金江，流至北浪沧，夷人望而异之，率众远迎，遂登岸上。当有白沙羡陶阿古为野人长，见其容貌，苍古离奇，验其举止，安详镇静，心甚异之，遂以女配焉。①

《木氏宦谱》乙种本的撰写者木汉为什么要把自己家族的前14代祖先一笔勾销？甚至还把自己的族源改称为蒙古人？至于乘大香树从金沙江而来，被当地的“野人长”招婿上门，由此开始了木氏家族在丽江坝的发迹史，属于传奇性质，更不足为信。我们需要弄明白的是，木汉为何要冒天下之大不韪，甚至顶着被史家嘲笑的风险，改写自己的家族史呢？

我们先从《木氏宦谱》乙种本的成稿年代来看，其时已是清朝的道光年间，木氏土司家族与中央王朝的关系最紧密，或者说最受宠的两个朝代——元朝和明朝，已经被历史的发展更替。自从清朝取代明朝的那时起，尽管木氏家族紧跟形势，及时归顺，诚表忠心，但当时的木府掌权人是木增之子木懿，已没有了祖先们在之前中央王朝的那种运气和机遇了。关于这一点，我们在后面详加叙说。木懿归顺清朝后，受平西王吴三桂管辖，吴三桂表面纳降，实则想利用木氏土司家族为自己的野心

① 张永康主编：《木氏宦谱》（影印本），云南美术出版社2001年版，第99页。

服务。木懿却不敢违背永世不得背离中央的祖训。当看清吴三桂的阴谋后，他坚决不执行吴三桂的命令。不久吴三桂就借故囚禁木懿于昆明，囚禁时间长达 7 年之久。清政府与元、明两朝政府不一样，不是利用木氏土司“守石门以绝西域，守铁桥以断吐蕃，滇南籍为屏藩”，大施怀柔拉拢、以夷制夷的政策，而是从一开始就采用打击削弱的手段。吴三桂叛乱，虽然木懿深明大义，不愿跟随，但朝廷灭吴三桂后，木氏家族仍然没有获得当权者的好感。

其实这不是一个家族或一个人的命运问题，而是朝廷对边远地区土司的政策已经有了根本性的改变。清王朝实行改土归流，将土官降为土通判，增设流官，制约本地势力，以加强中央政权对边疆地区的直接统治。这种变化并不是仅仅针对木氏土司一家，所有滇、川、藏和其他民族地区的土司，都面临着中央王朝的这一改革措施。应该承认，这是时代进步使然，对发展民族地区的政治、经济、文化有推动作用。木氏土司在雍正元年（1723 年）传到第38 代传人木钟时，因改土归流，由世袭土司被降为土通判。自此以后，木氏家族屡受朝廷打击，不仅没有保住世袭的官爵，连木府都几经焚毁。

在江河日下的形势下，道光年间撰写《木氏宧谱》乙种本的木汉，我们可以想象他应是在战战兢兢、如履薄冰的状况下重修自己的家谱的。首先，他把自己源远流长的家族历史缩短了十几代；其次，将族源更改为蒙古人。这是为了讨好清政府的无奈之举，但也使乙种本为后人所诟病。

方国瑜先生在《〈木氏宧谱图像世考〉概说》中归纳得最为准确：

何以木氏肇基始祖来自蒙古？殊不可解。有一故事，似可做旁证：嘉庆七年，维西傈僳族以恒乍绷为首，起义兵反抗清统治。云贵总督觉罗琅玕率兵镇压，至巨甸，见一和姓墓地古塔（俗称蕃字塔）周匝刻蒙古文，琅玕识之，诵其家属云：“尔家乃蒙古籍，与满族至亲。”琅玕待之甚厚，自是此家改姓元，以系蒙古籍为荣……此事虽与木氏无涉，惟木氏附会蒙古原籍，希得清统治者之重视，乃作新谱，则可能也。①

了解了当时的历史背景，我们在审视《木氏宧谱》乙种本时，就从

① 方国瑜主编：《云南史料丛刊》（卷五），云南大学出版社 2001 年版，第 526 页。

一开始的“殊不可解”转为可以理解了。一个显赫家族的繁衍延续，在历史风云变幻的时代里，还真是一件很困难的事情。封建时代被满门抄斩、灭绝九族、流放异乡的王公贵族、贵胄之家数不胜数，何况边远地方的一个区区木氏土司？如果处理不好，可能会因为一句话、一段文字，就引来杀身之祸。木氏后人既要取悦当权者，又要保存血脉，延续下去，就不得不更改家谱，把自己的祖先说成“西域蒙古人”，以和清王朝套近乎，可说是煞费苦心。只是史家多有感叹，连方国瑜先生也说：“是可知木氏自述家乘，愈后愈不知其渊源也！”

应该说明的是，两种版本在记述方式上有许多共同特点：首先，它们把历代木氏土司的军功描述放在首位，我们总是在每一代土司的个人传记中了解到他们征伐四方的武功。其次，木氏家族历来强调自己“诚心报国”，重视和中央王朝的关系，尤其是从元代归附中央朝廷以来，木氏家族的土司们总是紧紧依靠中央王朝这座大靠山来维系自己的统治，而中央王朝也根据木氏家族在滇西北的战略地位，赋予其“屏边”守土的职责，并对其功绩封赏有加。《木氏宦谱》对此记述甚详，并引为家族的荣耀。客观上讲，《木氏宦谱》证明了一个边陲地区的土司及其统辖的民族和中央王朝历朝历代的紧密关系。第三，两种宦谱版本对家族事务记载甚少，对宫闱争斗、家规传承、木府规模等方面都很少描述。受当时历史条件和客观环境的影响，撰写者在记录家族史时，不乏脱离客观史实之处，这是两个版本均存在的遗憾。这使我们今天重新梳理木氏土司家族史，尤其是恢复重建木府时，在两种宦谱版本中都找不到足以取信、可作为蓝本的史料描述。

综上所述，《木氏宦谱》甲、乙两种谱本在史料价值上既各有千秋，又都不乏缺憾。甲种谱本从先祖叶古年时开始记述，到雍正元年改土归流的木钟时结束，凡38代；《木氏宦谱》乙种本自一世考始祖“爷爷”那辈以后，各辈木氏先祖和甲种本大同小异，只是由于少了14代，以禄麦为始祖，家谱最后记述到第25世木德，比甲种谱本往后多记一代。木德在乾隆年间从父亲木钟手中接过木家权柄时，已经是改土归流后的一代了。

为了对《木氏宦谱》甲、乙两种谱本进行比较，我们排出两种谱本的谱系对照表：

朝代	土司名（承袭世数）	《木氏宦谱》甲种本家族代数	《木氏宦谱》乙种本家族代数	主要事迹
元	阿琮阿良（1）	17	3	宋理宗宝祐元年（1253 年）元世祖忽必烈授察罕章管民官
	阿良阿胡（2）	18	4	元成宗元贞元年（1295 年）授正奉大夫护军宣慰司
	阿胡阿烈（3）	19	5	元泰定元年（1324 年）袭父职，至至正十五年（1355 年）授太中大夫轻车都慰总管
	阿烈阿甲（4）	20	6	元顺帝至正十六年（1356 年）为通安州知州
明	阿甲阿得（5）	21	7	明洪武十五年（1382 年）赐木姓，升授丽江府土知府
	木　初（6）	22	8	明洪武二十四年（1391 年）世袭知府，授中顺大夫
	木　土（7）	23	9	明永乐十七年（1419 年）世袭知府，授太中大夫参政
	木　森（8）	24	10	明宣德九年（1434 年）世袭知府，授太中大夫资治少尹，云南布政使司参政
	木　嵚（9）	25	11	明正统七年（1442 年）世袭知府，授太中大夫
	木　泰（10）	26	12	明成化二十一年（1485 年）世袭知府，授太中大夫
明	木　定（11）	27	13	明弘治十六年（1503 年）世袭知府，授中宪大夫
	木　公（12）	28	14	明嘉靖六年（1527 年）世袭知府，授中宪大夫
	木　高（13）	29	15	明嘉靖三十四年（1555 年）世袭知府，授亚中大夫
	木　东（14）	30	16	明隆庆三年（1569 年）世袭知府，授中宪大夫
	木　旺（15）	31	17	明万历八年（1580 年）世袭知府，授通奉大夫
	木　青（16）	32	18	明万历二十四年（1596 年）世袭知府，授中宪大夫
	木　增（17）	33	19	明万历二十六年（1598 年）世袭知府，授四川布政使司左布政，太仆寺正卿
	木　懿（18）	34	20	明崇祯九年（1636 年）世袭知府

续 表

朝代	土司名（承袭世数）	《木氏宦谱》甲种本家族代数	《木氏宦谱》乙种本家族代数	主要事迹
清	木　靖（19）	35	21	清康熙八年（1669年）袭父职，任土知府
	木　榁（20）	36	22	清康熙二十三年（1684年）因木靖无子，以侄袭伯职，吏部颁给丽江府世袭土知府
	木　兴（21）	37	23	清康熙三十一年（1692年）袭父职
	木　钟（22）	38	24	清康熙五十九年（1720年）因木兴无子，以弟继兄职，雍正元年改土归流，降为土通判

第二章　祖先智慧

在梳理了纳西族的族源和木氏土司的家世渊源以后，我们便可清晰地看出，木氏先祖是如何历尽波折从历史的烽烟中闯出来，又如何从历史的纵深处，一步一步地向我们走来的。

第一节　夹缝中求生存

唐朝，木氏先祖已经跃上了政治舞台，那个时期的纳西族是处于什么样的社会状态呢？首先，我们所谓“汉唐雄风”，是指汉朝和唐朝作为中国封建社会最为发达强盛的朝代之一，具备了世界上其他民族难以与之抗衡的实力。唐时，在中国的西南部、西部还有两个强大的民族政权，一个是南诏政权，一个是吐蕃政权。唐朝不时向吐蕃、南诏征战，打打和和。史载从634年—846年的200多年间，唐、蕃之间既互派使臣，甚至结亲合盟，又互相征战达100多次；征伐南诏，更有着详尽的历史记载，并为许多古诗所描述，如“唐将南征以捷闻，谁怜枯骨卧黄昏？唯有苍山公道雪，年年披帛吊忠魂”，等等。这些征战中的许多重要战役，都发生在西南地区。“磨些蛮”正处在这三大势力的夹角地带。那个时代的纳西人主要分布在东起雅砻江，西到金沙江的广大地域，这里既有金沙江的铁桥之险，又有盐源县的盐池之利，必然会成为群雄逐鹿的战场。磨些曾先后属于吐蕃和南诏，但又有着自己的独立性，历史上与吐蕃有着千丝万缕的联系，在地理位置上乃处于南诏与吐蕃、南诏与唐王朝之间。纵然自身实力与吐蕃、唐朝、南诏相比很弱小，但它站在哪一边，就直接关乎民族生存了。

本来，作为共同生活在滇西北高原、三江流域地带的民族，在历史的长河中相互砥砺，此消彼长，都是符合历史发展规律的。在他们各自的历史传说中，都把本民族的历史和其他民族的历史联系在一起，甚至视为同一个母体所孕育的血脉相连的同胞兄弟。纳西族的东巴经《创世纪》里讲，人类始祖崇忍利恩与天女衬红褒白结婚，生下了三个儿子，长大后却不会说话。崇忍利恩请一只蝙蝠飞到天上询问天神，得到的回答是，只要你们诚心祭天，就可以使儿子们说话。于是纳西先祖定下祭天的仪式和规矩，虔诚祭天，膜拜冥冥之中的天神。一天早晨，三个儿子在家门口玩耍时，发现一匹马在田里吃蔓菁，三个儿子竟然如有神助，一齐喊起来，但是他们说出的第一句话却各是一种语言。

老大用藏语喊："达尼迂玛早！"

老二用纳西话说："软尼阿肯开！"

老三用白族话喊："满尼左各由！"

三兄弟用三个不同民族的话喊出的，其实是同一件事、同一个意思，即"马吃蔓菁了！"①

于是，一母之子变成了三个不同的民族：老大是藏族，住在上头拉萨白坡脚，他与盘部落通婚，饲养白犏牛和白牦牛，种白青稞和白麦子，住在白帐篷里，过着自由自在的生活；老二是纳西族，住在人生广阔地，他与吾部落通婚，建立坚固的铁寨，"居住在地面上，好像草一样繁荣"；老三是白族，住在下方放羊路尾上，与禅部落通婚，饲养弯角大水牛，骑宽耳大象，栽种白稻和红麦，住在大瓦房里，过着自由自在的生活。

这则神话形神兼备地阐述了自古以来生活在滇西北高原的藏族、纳西族、白族三个民族血脉相连、唇齿相依的历史渊源。许多相依相邻的民族的远古历史，如果一直追溯上去，都有可能找到同一个祖先。只是在漫长的历史进程中，各民族或分化、或组合、或迁徙，才慢慢形成今天的各民族并存的格局，这是一种历史发展的必然规律。只是在不同的历史时期，有的民族强盛，有的民族相对弱小。奴隶社会和封建社会时代，恃强凌弱，以大吃小，各民族、各民族间分分合合、打打和和，这些都是历史发展的必然。

因此，由于唐朝时分辖各地的"磨些蛮"中还没有出现一位杰出的领袖人物，"磨些蛮"基本上为各种强大势力所左右。吐蕃来了，"磨些

---

① 东巴文化研究所编：《纳西东巴古籍译注全集》第80卷，云南人民出版社2000年版，第61页。

蛮”臣服之。8 世纪中期，吐蕃在金沙江边的铁桥城设置“神川都督府”，就是为了管理金沙江一带的“磨些蛮”等部落；而当南诏势力强大起来时，“磨些蛮”在征战中往往又成为南诏军队中的急先锋。“磨些”兵英勇善战、吃苦耐劳。在南诏与吐蕃的战争中，“铁桥之役”是有名的一场战役，它一举改变了滇西北的政治格局，吐蕃从此被驱赶到金沙江以北，“磨些蛮”在这场战争中功不可没。

史学界认为，唐宋时期，“磨些蛮”周旋于唐、南诏（大理）、吐蕃三大势力之间，奇迹般地延续了 500 多年，直到南宋末年。这为此后元、明两个朝代中木氏家族的崛起打下了坚实的基础。方国瑜先生说得好：“自南诏以后，麽些之境，大理不能有，吐蕃未能至，宋亦弃其地，成瓯脱之疆，自为治理，经三百五十年之久矣。”

这足以说明纳西先民的智慧。纳西族在各种强大势力中周旋，既以保存自己的民族与文化不被同化、吞噬为首要；又必须审时度势，把握好机会。纳西先民似乎抱定这样的观念：我的地盘你可以拿去，我也可以为你去征战四方，但我的血脉你永远也不能改变。东巴经中有一句话颇具概括性，说纳西族是“砸不烂的种族，砍不死的种族”。可见纳西族具有一以贯之的民族性格和坚忍顽强的民风。纵然强手如林，本民族又暂时处于群龙无首的状态，但纳西族还是顽强地生存下来了，直到他们等到了自己民族崛起的天赐良机。

第二节　统一纳西族各部

13 世纪初，一个更为强大的民族政权在中国的北方崛起，这就是成吉思汗的蒙古帝国。蒙古军队的铁骑不仅由北而南，踏破了南宋的层层防线，而且还由东而西，横扫欧亚大陆。任何试图抵挡如潮水般涌来的蒙古大军的反抗，都如螳臂当车一样，显得自不量力。那是一个属于蒙古人的时代，历史总是这样，在某一个时间段里，有的民族崛起，有的民族衰败；有的民族似乎有如神助，一夜之间成为世界舞台上的主角，有的民族则在眨眼间被历史的洪流湮没了。

1253 年，忽必烈亲率蒙古大军进军云南，直扑大理国，其最终目的，既要平定西南诸民族与部落，又要抄断南宋王朝的后路，为南宋敲响灭亡的丧钟，以最终达到一统江山的目的。忽必烈率兵出甘南，经四川雅安，兵分三路，其中一路过大渡河进入宁蒗永宁，然后至金沙江，渡江抵达丽江纳西族地区。《元史·世祖本纪》中说：

(1252年) 冬十月丙午，过大渡河，又经行山谷二千余里，至金沙江，乘革囊及筏以渡，摩娑蛮主迎降，其地在大理北四百余里。

这就是有名的“元跨革囊”。在那个时代，生产力低下，渡河方式原始简陋，河面较窄的地方，人们用溜索、藤桥过河，遇到金沙江这样江面宽阔的大江大河，人们大多是用羊皮制成的“革囊”，吹气以助泅渡。自成吉思汗时代起，这种“革囊渡江”的方式就已经在蒙古军队南征北战、横扫亚欧大陆中广泛运用。此次南征大理国，忽必烈亲率的中路大军与兀良合台率领的西路军，主要也就是凭借每个战士随身携带的革囊泅渡过金沙江的。忽必烈的军队在渡金沙江时，“摩娑蛮主迎降”，木氏祖先顺应历史，不是凭金沙江之险据守反抗，而是摆好酒宴归附之。这说明双方早在蒙古军队过江之前，就已经达成了归附协议，“迎降”不过是个仪式而已。

图4-6 阿琮阿良像

图片来源：木府提供

率先带领纳西先民迎接忽必烈的“摩娑蛮主”就是《木氏宦谱》甲种本中排第17代的先祖阿琮阿良。“宦谱”中记载：

元世祖忽必烈亲征大理，良迎兵于剌巴江口，赐赉甚厚，宠渥优礼，将授职为茶罕章管民官。复给班官服色二套，金镶玉顶，有辅弼前后黄线帽及带靴，全引礼舍人二员前导，摆搭荣之。①

古代的统治者，对下级表示恩宠、信任的方式就是赐予官爵，给予奖赏。“将授职为茶罕章管民官”，是忽必烈送给阿琮阿良的第一份见面厚礼，它奠定了木氏家族在元、明两代崛起于丽江的基础。由此我们可以看出，忽必烈对阿琮阿良的归顺是多么的高兴和赞赏。不仅赐给统领纳西族地方的军政大权，连官服、帽子、靴子一整套行头都赏赐了。用现在的话来说便是，你穿上这身衣服，就是我的人了。

其实这还有更深刻的含义：“茶罕章管民官”的官职和那些官服帽靴，标志着从阿琮阿良开始，“摩娑蛮”的部落首领正式成为中央王朝的朝廷命官了，木氏家族再不是“土酋”了。打个比方讲，是正式的“国家官员”了。

忽必烈征讨大理国时采用的是“胡萝卜加大棒”的政策，恩威并施，先行招降策略，尽量避免兵戎相见，甚至对讨伐的主要对象大理国，也先派出使臣劝降；对敢于抵抗的土酋，则坚决扫荡。

忽必烈对率先归附的阿琮阿良厚爱有加，有一则史料可以作为旁证。我们知道纳西古乐《北石细哩》，它最初并不是产生在纳西族地区，“相传为元人遗音”。传说忽必烈征大理国过丽江时，其军队中有随行的乐班。一次忽必烈带人到木氏家族巡视，也把乐班叫来演唱助

图4-7 苏古笃

图片来源：木府提供

① 张永康主编：《木氏宦谱》（影印本），云南美术出版社2001年版，第10页。

兴。大概是此乐班的技艺深得阿琮阿良的赞赏，忽必烈离开丽江时，干脆就把这个乐班连人带乐器赠送给阿琮阿良了，由此奠定了纳西古乐的基础。我们知道，像苏古笃、胡琴、古筝等乐器本不是纳西族民间的乐器，而是从中原汉地引进来的。从忽必烈赠送乐班一事，我们也可看到忽必烈笼络人心的智慧与大度。

阿琮阿良受到忽必烈的宠爱和信任，当然要效犬马之力，他统率的纳西族军队立即成了忽必烈大军荡平西南的急先锋。《木氏宦谱·阿琮阿良传》对此的记述是：

遂破巨津州半空和寨，生擒叛贼阿塔剌，功升茶罕章宣慰司，寻而攻拔大各寨，又同克大理，擒获段兴智，功列蒙古将兀良合台之右，升授副元帅，赐节钺虎符金牌一面。兀良合台还镇大理，琮良还镇摩娑……①

阿琮阿良在新阵营里也许是因占尽地利之便，人气兴旺；也许是因依持的靠山强，主子赏识，其表现之积极，战功之显赫，晋升之迅速，着实令人感叹。忽必烈帐下的大将兀良合台跟随他南征北战数十年，也才官拜元帅。阿琮阿良凭迎降归附和协助攻克大理立下的战功，就升到“副元帅”之职，位列兀良合台之下。这足以证明忽必烈对阿琮阿良的器重，也说明蒙古人那时就大搞“统一战线”，你立了多大的战功并不重要，重要的是，你首先来归顺。

在人类历史的发展过程中，总有一些转折点和紧要关头。作为一个民族首领，能否审时度势、顺应潮流，是至关重要的。阿琮阿良是幸运的，又是智慧而聪明的，他做出了正确而明智的选择，从而使自己的部落免受了一次灭顶之灾。我们看到同样是纳西族的一些部落，在忽必烈大军压境时，采取了反抗的策略，从坚守本民族气节来说，这或许是对的，但从国家统一这个大目标来讲，又是违背历史潮流的。这不是“成者为王，败者为寇”的问题，而是我们必须站在整个历史的高度来看的问题。中华各民族大一统的格局，“分久必合，合久必分”，是几千年来历史发展的规律。尤其是云南这样地处西南边陲、山高皇帝远的省份，

① 张永康主编：《木氏宦谱》（影印本），云南美术出版社2001年版，第10－11页。

自秦汉以来，一直跟中央王朝延续着一种若即若离的关系。中央王朝对边远地方的民族头人及封建割据政权，大多采用的是一种“羁縻”政策，中央政权在此并不施行具体的行政统治。

因此，我们应该为木氏家族感到庆幸，当身怀一统江山大志的忽必烈来到云南时，阿琮阿良和忽必烈可以说是“英雄识英雄”，阿琮阿良及时地做出了既维护国家统一，又拯救本民族于危亡之际的正确决策。其他本地的土酋姑且不论。

这里顺便插一段《木氏宦谱》中记载的关于木氏家族与大理段氏政权的逸闻。据说阿琮阿良的父亲牟保阿琮聪颖异常，7岁时不学而识文字，而且长大后还“通百蛮各家诸书”，创制了本民族的文字。最为神奇的是，牟保阿琮在一次偶然的机会中喝了山中的一处神泉后，竟然能识鸟语，听懂禽兽的语言。大理王不相信，将牟保阿琮请到大理自己的宫殿里当场考察他。这时有几只乌鸦呱呱叫着飞走了，大理王问：“这乌鸦叫，是什么意思啊?”牟保阿琮回答说：“是山后有两匹马死了，乌鸦们说赶快去吃。”大理王派人去验查，果然如此。大理王虽然感到神奇，也重赏了牟保阿琮，但仍不完全相信。一天，大理王私下将宫殿屋檐下的燕巢捣毁，把小燕子藏在自己的袖子内，然后问牟保阿琮：“房檐前的燕子为什么叫唤啊?”牟保阿琮勇敢地回答道：“燕子说，你的国家不久就要灭亡了，为什么不积积德，还要毁我的燕巢啊?”大理王当时相当不高兴，但又不得不承认牟保阿琮说得对。果然，没过多少年，蒙古军队就消灭了大理国。

用唯物史观来看这段记述，虽然似不足采信，但它也透露出那个时代的某些信息。其一，那时的纳西族是臣属大理国的，当大理国王有事要召见木氏先祖时，他们都必须去；其二，牟保阿琮是个充满智慧的人物，在和大理国王斗智斗勇的过程中，他既展现了自己的聪颖，又维护了自己的尊严；其三，大理国的国王刚愎自用，自负骄横，其衰败的征兆已经显现端倪。这为他被历史潮流湮没埋下了伏笔。

在历史的转折关头，阿琮阿良不但顺应历史潮流，站稳了脚跟，继续统辖纳西部落，还借助蒙古军队的力量，趁机扩大了自己的势力范围。《木氏宦谱·阿琮阿良传》中记载：

后又破铁桥城、华马国。世祖至元中，加授银印，重四十八两一颗，为提调诸路统军司，其所属者：越析郡、柏兴府、永宁府、北胜府、蒗蕖州、罗罗斯、白狼、槃木、夷僚等处地方，无不管束。①

这里面涉及的地名，“北胜府”即现在的永胜县；“蒗蕖州”即今宁蒗县南部一带，其他地方已深入到金沙江上游靠近吐蕃的地区和四川境内。可以这样说，阿琮阿良的归附，使得木氏家族在其后的元、明两代几百年的时间内，能称雄于滇西北一带，无人可以与之抗衡；吐蕃被挡在金沙江铁桥以东、以北，大理国不复存在，其他弱势民族更不构成威胁。木氏家族只要紧跟中央王朝，就可以将家族的权柄与香火代代相传。而对纳西族来说，这是一个振兴的大好时机，是一个相对安宁的和平年代，也是纳西文明得以延续发展的时期。

元朝在中国各朝代中虽然疆域广阔，但即使从1253年攻灭大理国起计，延续至孤守云南的梁王于明洪武十五年（1382年）被明军剿灭，也仅存在了120多年。丽江木氏家族在这个朝代内传了5代，从阿琮阿良到阿甲阿得，为明朝时木氏土司家族的大发展打下了雄厚的基础。纳西族社会的经济文化也在这个相对安定的环境中得到一定程度的发展，元顺帝时期设置“丽江路军民总管府”，下设七州一县，后又设“宣抚司”“宣慰司”等机构，均由木氏家族总领滇西北地区的军政事务。纳西人在木氏土司的统领下，加强了与中原文化的交流，开屯田、设驿站、修水利，推广来自中原汉地的先进农业技术，这些对纳西族经济社会的发展起到了积极的推进作用。史学家们普遍认为，元代是纳西族自身发展的重要时期，以丽江为中心的纳西族在木氏土司的经营下，为明代纳西族经济社会的进一步发展打下了基础，纳西族也得以在此前“互不统摄”的部落形态上进一步统一。

纳西族的东巴经典《创世纪》中曾有如此的描述：在洪水泛滥、洪水滔天的年代，人类死得只剩下了一个男子，名叫崇忍利恩。为了繁衍人类，崇忍利恩便到天上娶了个竖眼（眼睛是竖着生长）的天女，结果生下了蛇和青蛙；崇忍利恩不甘心，再次到天上去求亲，这回娶回了个

① 张永康主编：《木氏宦谱》（影印本），云南美术出版社2001年版，第11页。

横眼（和现在的人一样）的天女，和她生下了三个孩子，老大是藏族，老二是纳西族，老三是白族。三个儿子生活在人间，但是开天者是“盘”，“盘”为藏族神；辟地者是禅，禅为白族神，所以“天”为开天的藏人所有，“地”为辟地的白族人所辖，唯独纳西人没有天，也没有地。纳西人要活下去，就要靠自己去开辟新的天地。纳西族还有一句不断警示自己的谚语：“老二没有祖业。”

东巴经是纳西族原始信仰的教义经典。一个民族的经书里首先把自身的处境放在非常不利的地位，这种忧患意识便会极大地促进该民族自强不息、开疆扩土的雄心壮志。木氏土司正是利用了东巴经中纳西人“没有祖业”的劣势，声明木氏土司本有“乌鸦飞翔七天的领地”，为自己四处征战、扩充疆域打下舆论基础。试想一下，在滇西北高原的雪山峡谷中，骑最快的马，一天也走不了多远的路，大不了穿一条峡谷，或者翻越一座大山；乌鸦飞翔七天的路程，应已远远超出了任何一个纳西人的想象能力，那该是一个多么广阔的天地啊！木氏土司把这些极具蛊惑性的开拓理想编成吟唱经文，纳西人的天空，是广阔无边的；山高谷深，水急路险，都挡不住纳西人开拓新天地的步履！

在忽必烈进入云南之前，纳西各部落的首领对疆域的梦想，大约还只能停留在乌鸦飞翔七天的路程范围内。自从在元初归顺中央朝廷以后，纳西人找到了同中原文化和中央皇权保持密切关系的有效路径。

也就是在相对和平、稳定的环境下，木氏家族将自己的府邸从白沙岩脚凤凰山下，迁到了现今的丽江古城狮子山麓。关于这次大搬家，《木氏宦谱》甲、乙两种谱本中都没有记载，史料上也无描述。木氏官邸在当年是何种风格的建筑，是否宏伟壮观，已无从考证。我们推测正是由于元中央政权不断给木氏家族加官晋爵，设置“总管府”“宣抚司”“宣慰司”，让木氏家族的势力范围不断扩大，纳西族及其周边地区都在木氏的权力管辖之下，才使得木氏家族感到有大张旗鼓重修官邸的必要。于是，一座宏伟的土司府邸，就在元朝中期开始修建起来了。它必将见证几个朝代的历史，也必将见证数代土司的命运，更必将见证一个民族的兴衰。

第三章 丽江崛起

如果说元代纳西族在时代潮流的变革中，由于统治者木氏家族的审时度势，让纳西人在滇、川、藏交接区域各民族文化多元并存的状态下，终于在崇山峻岭中找到了自己的位置的话，那么明代，纳西族就迎来了崛起于中华民族之林的大好时机。与此同时，纳西人由历来处于被动地位的角色，一跃而成为主动进取的民族。仅就云南而论，木氏土司与蒙化土司、元江土司并称为“云南三大土府”。木氏土司发展到极盛时代，在云南诸土府中，以其“土地广大”“传世最远”“富冠诸土郡”“知书识礼”的荣耀而著称于世。

第一节 率众先归迎辉煌

历史总有惊人相似的一面，人类社会发展的各个阶段，尽管各有千秋，各具特色，但某些片段的历史事件，似乎只是在重复着已经发生过的历史。这个结论用在木氏土司家族在元、明两朝改朝换代的时期再准确不过了。

当元朝广袤的江山在不太长的时间内分崩离析、日薄西山时，地处边陲的云南似乎对这一社会的变更不以为然。不过，自以为山高皇帝远就没有人管是错误的，皇帝的恩威总有一天要延伸过来，你要么服从，要么反抗。但在历史潮流的大趋势面前，反抗是没有用的，逆历史潮流的人，终究会折戟沉沙、灰飞烟灭。

在明太祖朱元璋建立明王朝已经十数年的情况下，云南还在中央集权统治之外，身怀雄才大略的明太祖当然不会容忍这种状况。他多次派出使臣来招降镇守云南的梁王和大理的段氏政权，但都遭到这两个自以为是的地方政权的拒绝。于是，朱元璋便派傅友德、蓝玉、沐英率30万大军征伐云南。转眼间，云南梁王和大理段氏城破人亡、灰飞烟灭，云南版图被纳入了明王朝的统辖之下。

耐人寻味的是，在这种“覆巢之下，焉有完卵”的历史大背景下，木氏土司家族再次选择了一条明智的谋生存、求发展的路线——跟上历史变革的步伐，紧随中央王朝，维护国家统一。

明王朝征伐大军开到纳西族地区是在明洪武十五年（1382 年），是时木氏家族已传到第 21 代（按《木氏宦谱》甲种本计），由阿甲阿得统领纳西地区。阿甲阿得应算是一个有勇有谋的土官，在历史变革的紧要关头，他“率众先归，为夷风望”，维护国家统一，避免了灭顶之灾。《木氏宦谱》甲种本中记载：

大明洪武十五年，天兵南下，克服大理等处，阿甲阿得率众首先归附，总兵官征南将军太子太师颍国公傅友德等处奏闻，钦赐以木姓，移行总兵颍国公傅拟授职。十六年奉总兵颍国公札付，拟本府知府，开设丽江府。[①]

阿甲阿得不仅以“率众归附”换来政权的和平过渡，还因此得到傅友德等明朝将领的褒奖，并上报明太祖朱元璋，次年阿甲阿得进京觐见，皇帝龙颜大悦，钦赐予“木”姓。从此，木氏家族从过去实行父子连名制改姓汉姓，成为有名有姓的世家望族。阿甲阿得改姓木，名得，从此木氏家族的后人都以“木”为姓。《皇明恩纶录》中朱元璋对此事的御批是：

……自即位以来，十有五载，寰宇全归于版图。西南诸夷，为云南梁王所惑，恃其险远，弗遵声教。特命征南将军颍川侯傅友德、副将军永昌侯蓝玉、平西侯沐英等率甲士三十万，马步并进，罪彼不庭。大军既临，渠魁尽获。

尔丽江土官阿得，率众先归，为夷风望，足见摅诚！且朕念前遣使奉表，智识可嘉；今命尔木姓，从听总土官兵官傅拟授职，建功于兹有光，永永勿忘，慎之慎之。

木氏家族在明太祖眼里最被赏识的是“率众先归，为夷风望”。偏远地方的蛮夷之邦中，有深明大义的土酋率先站出来，做出表率，与中央

---

① 张永康主编：《木氏宦谱》（影印本），云南美术出版社 2001 年版，第 14 页。

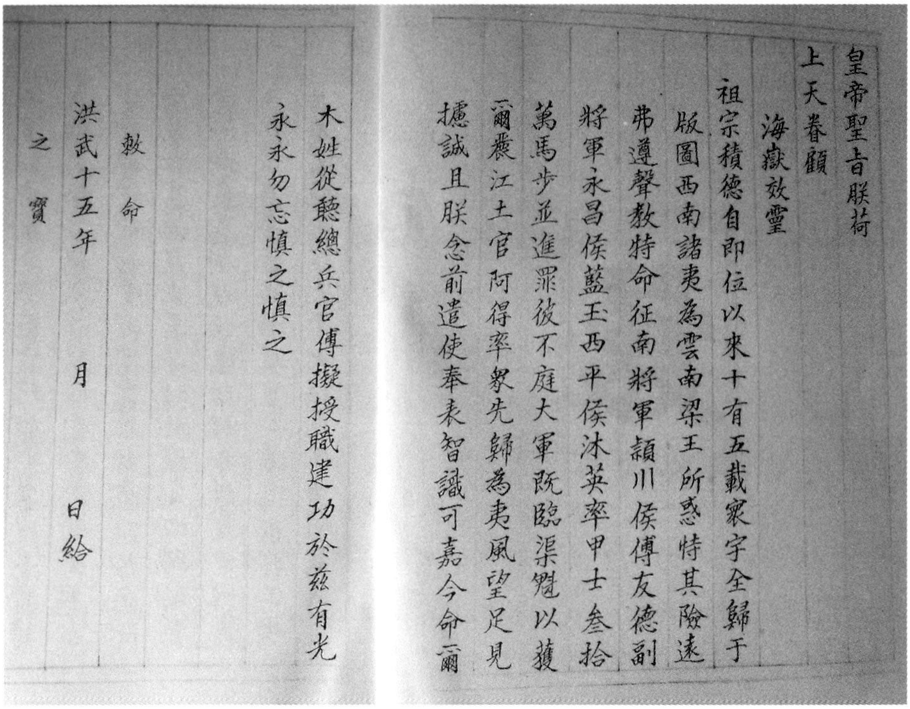
皇帝聖旨朕荷
上天眷顧
海嶽效靈
祖宗積德自即位以來十有五載寰宇全歸于
版圖西南諸夷為雲南梁王所惑恃其險遠
弗遵聲教特命征南將軍潁川侯傅友德副
將軍永昌侯藍玉西平侯沐英率甲士叁拾
萬馬步並進罪彼不庭大軍既臨渠魁以獲
爾麗江土官阿得率衆先歸為夷風望足見
攄誠且朕念前遣使奉表智識可嘉今命爾
木姓從聽總兵官傅擬授職建功於茲有光
永永勿忘慎之慎之
敕命
洪武十五年 月 日給
之寶

图4－8 诏书

图片来源：木府提供

王朝站在一起，其功绩在皇帝眼中当然高于攻城略地的战将。于是乎皇帝欣然赐姓，一个传承悠久的家族从此有了自己的汉姓，而且还是由皇帝亲自赐予，这是一个划时代的事件，它的影响力波及今天，甚至将来。只要纳西族还存在，我们到处都可以碰到姓木的纳西人。

木得的归附和其祖先阿琮阿良当年在忽必烈亲征云南时，“迎兵于剌巴江口”归顺元朝，何其相似！也许这个家族深知自己只有和代表中央王朝的势力站在一起，才有生存、延续、发展下去的可能。应该承认归顺者们胸襟的广阔，思路的灵活。如果木得抱残守缺，固执地认为自己是元王朝的朝廷命官，要去为一个行将完全灭亡的朝廷而战，那他的命运也只有和云南梁王、大理段氏一样了。

和先祖阿琮阿良一样，木得同样急于以战功表忠心。在《木氏宦谱》甲种本中我们可以看到这样的描述：

本年二月，从征南将军克佛光寨，元右丞普颜笃自焚。三月西番大酋卜劫将领贼众侵占本府白浪沧地面，令长男阿初攻退。又本年八月随攻北胜府，擒高大惠之裔……又领兵跟随总兵颍国公会同董指挥攻破石门关、铁桥城等处有功，事奏闻。①

木氏家族的军队很快就和明军一道东征西讨，还屡建战功。不仅如此，我们还可从木得的大儿子木初打败“西番大酋”这个事件上看出，木氏土司的军事势力有明王朝的军队作后盾，可和吐蕃相抗衡甚至战而胜之了。当然，木氏土司功绩上报到朝廷，皇帝自然是奖赏有加的，甚至准予木得“晋京朝觐”。《木氏宦谱》甲种本记载：

本年九月，赴京进贡朝觐，太祖嘉其伟绩，授诰命一道，任本府世系土官知府职事，中顺大夫，防固石门，镇御番鞑。并赐金花钞贯，彩缎表裹衣冠，给金花带一束，镌四字曰“诚心报国”，元宝六锭，令字银牌重二十两。②

图4－9 “诚心报国”匾

图片来源：木府提供

这是木氏土司家族第一次走出纳西地区，去到中原汉地，而且还是去朝觐当朝皇帝。这个殊荣是木氏先祖所没有的。它标志着木氏土司家族在中央王朝中的分量，“授诰命”“防固石门”“镇御番鞑”，皇帝不仅

① 张永康主编：《木氏宦谱》（影印本），云南美术出版社2001年版，第14页。

② 张永康主编：《木氏宦谱》（影印本），云南美术出版社2001年版，第14－15页。

给予丰厚的赏赐，还给木氏土司家族明确了权利、责任和义务，即所谓“守石门以绝西域，守铁桥以断吐蕃，滇南籍为屏藩”。无论是元朝还是明朝，都需要纳西木氏土司利用所处的地利之便，为国家服务，为朝廷效命。朱元璋赐予的“诚心报国”，既是对木氏土司家族的期望，也把木氏土司家族和明王朝的命运紧密地联系在一起了。

从史料上看，明代木氏土司家族与中央王朝的关系比元朝时紧密得多，朝廷对木氏土司家族的封赏也丰厚得多。可以说，在那个时代边远地方的木氏土司和明朝廷的关系处于“蜜月”期，朝廷对木氏土司家族充满信任，木氏土司也对朝廷忠诚有加。自从归附明王朝以来，前三代木氏土司木得、木初、木土，都亲自到南京觐见明朝皇帝，还每年给朝廷上贡。来自纳西地区木氏土司家族的贡赋颇值得玩味，它们并不是像现在我们想的那样，是什么价值连城的奇珍异宝，只不过是一些很寻常的贡品：丽江马、银子和一些方物而已。而且进贡的数量也不多，开初每年贡奉白银760两，后来改为“以马代输”。用多少匹马来代替呢？在明洪武十六年（1383年），不过是127匹而已。贡银在有明一代长达200多年的时间里，共进贡白银6.6万两。其中明末木增土司进贡的白银最多，仅在他手里就共进贡了4万两。其余200多年，平均每年进贡的贡银也不过几百两的区区之数。

从这些进贡品的数量和价值我们就可以看出，它们对偌大一个明王朝来说，真是沧海一粟。但朝廷并不在乎木氏土司家族进贡了多少财物，而是只注重木氏土司家族的一颗忠诚的心。中国的历代王朝向来喜欢“万邦来朝”“恩泽四方”的盛大场面，各民族各国家的使臣，不管你带什么礼物来，都会得到比所带贡品价值高数十倍甚至数百倍的回赠。不然怎么体现一个泱泱大国的雍容大度、仪态万方的风范呢？

明王朝最看重的是木氏土司的忠诚。忠诚何以表现？当国家有难时，为朝廷东征西讨、浴血沙场，是显示一片忠君报国之心的大好时机。在《木氏宦谱》记载中，彪炳木氏先祖战功的部分最多，尤其是在明朝，就有许多木氏土司兵随朝廷军队四处平叛的军事行动。1383年攻克景东佛光寨，1388年克定边，1394年攻打北胜蒗蕖，1394年远征四川盐井卫，1398年至1440年随明朝大将军王骥三征麓川，1439年再克北胜州，1528

年又出兵武定，等等。仅木初一代土司随朝廷征战就达 15 次之多。

值得一提的是，木氏土司兵随明王朝军队“三征麓川”的功绩。麓川在现今的德宏州南部，离丽江有近 1000 公里之遥。从明洪武初到正统十四年（1382—1449 年），麓川土司外通缅甸，多次叛乱，朝廷的军队被迫一次又一次地讨伐。正统三年（1438 年），明朝军队远征麓川，木氏土司木森也率领自家的土司兵随军参战，《木氏宦谱·木森传》有载：

正统三年领兵从总兵官定远王沐忠敬晟，征进麓川缅寇，当时各处军马逃散，惟丽江奋勇先阵过江，烧营栅七处，生擒一名，斩首十六颗，获象二只，又复斩首二十四颗……四年又随官军杀获首级二十颗……五年五月征进麓川奇功事，总制尚书靖远侯王忠毅公骥奏闻，钦蒙给赐彩锻裹里……六年总制靖远侯王忠毅公征麓川，遣兵随克，前后俘馘十六名，象一只，攻破思任发栅寨得功。[1]

“三征麓川”是明朝在云南军事史上的大事件，当地土司思任发勾结外敌叛乱，明王朝不得不派兵部尚书王骥亲领大军多次远征麓川。史料记载缅兵用大象阵来对付明朝的军队，数百头大象一齐冲来，官军的阵脚就乱了。但丽江木氏土司的纳西兵没有临阵脱逃，他们“奋勇先阵过江，烧营栅七处”，还颇有斩获，连大象都俘获了。每一次征麓川，都可以看到木氏土司兵勇敢作战的身影，而且每次都建了奇功，得到封赏。据《木

图 4－10　木森像

图片来源：木府提供

① 张永康主编：《木氏宦谱》（影印本），云南美术出版社 2001 年版，第 24－25 页。

氏宦谱·木森传》记载，正是在“三征麓川”的军事行动中，木氏土司家族每次立功，皇帝就加封行赏。正统三年，“蒙犒赏银碗、花牌、缎匹等项”；正统四年征麓川归来，“受赏如前”，另加“赏沙桥田一庄”；正统五年征麓川更是立下奇功，木森“自备马匹方物，差人赴京进贡，请给诰命”。这虽然说是一次“进贡”，但也有邀功请赏的意味，皇帝也给足了木森面子，“授太中大夫资治少尹，云南布政使司左布政”等职。

当然，随皇家军队征战，也不是没有风险的。元代时，木氏家族就吃了个大亏，也是因为远征缅甸。元朝初年，朝廷多次攻打缅甸，木氏家族刚刚归附不久，这样的军事行动，必然要征调纳西土司兵同去。率领土司兵远征的就是阿琮阿良的长子阿良阿胡，那时他作为“丽江路宣抚司”随军参战。可是元朝的将领在战争中竟然被敌方收买，本来大功即将告成的战局，却弄得个无功而返。元军统帅是一个叫阔阔的亲王，他首先被贿赂，这仗还怎么打？阔阔亲王以天气热、瘴疠厉害、军队疲劳为借口，擅自撤军。此事惊动朝廷，朝廷派人详查。事情当然查清了，但怎么会追究一个亲王的罪责呢？于是就把阿良阿胡和另一个随军征战的土司当替罪羊杀了。这是木氏土司家族中唯一一个被朝廷诛杀的土司。

不过，木氏土司家族获得的朝廷的许多加官晋爵、封赏题匾，都是因战功挣来的，史料上有明文记载的，就达 28 次之多。朝廷的赏赐纷至沓来，皇帝的诰命一道又一道，连数代木氏土司的正房夫人，都得到了皇帝的诰封，如“恭人”“淑人”等等。反正皇帝也只是看臣子们报上来的奏折和木氏土司的请奏，觉得地处偏远西南的那个纳西土司既听话，又卖命，是个不错的家伙，于是朱笔一挥，准了！木氏土司因此就足以骄傲于后世了。

让我们来看看木氏土司家族从朝廷那儿得到些什么样的嘉奖吧：

1383 年，明太祖朱元璋亲笔题“诚心报国”金腰带一条；

1405 年，皇帝赏赐金盾牌一面；

1412 年，皇帝赏赐金腰带一条；

1543 年，皇帝赏赐“辑宁边境”匾额一幅；

1560 年，皇帝赏赐“乔木世家”匾额一幅；

1574 年，皇帝赏赐“西北藩篱”匾额一幅；

1620 年，皇帝御笔亲题“忠义”二字；

1622 年，皇帝赏赐“益笃忠贞”四字；

1644 年，皇帝赏赐“位列九卿”匾额一幅。

……

这些木氏祖先挣来的荣誉，可让我们从中去体味一个土司家族几百年来的文治武功，考证一个少数民族和中央王朝的紧密关系。它们并不只是一个家族值得骄傲的历史，而应该是纳西族在历史长河中，用血泪和汗水，用生命与忠诚，换取来的维护国家统一、自强不息、不屈不挠的民族精神象征。

图 4－11 钦赐“益笃忠贞”

图片来源：木府提供

第二节　盖世武功定江山

世界历史告诉我们，任何一个民族的崛起，都与军事势力分不开。在战乱年代，军事力量是民族扩张的工具；在和平年代，军事力量是民族安宁与发展的保证。

纳西族以“善骑射、最勇厉”著称，秉承了游牧民族马背上打江山、勇武好斗的特点。从前面所述的木氏土司兵随明王朝军队“三征麓川”

战役中，我们就可以感受到纳西军队临危不惧、作战勇敢的精神。在成百头大象如洪流一般冲过来，连大地都被震动得颤抖的情况下，明军队都四处逃散了，但木氏土司兵不仅不跑，还过江冲入敌阵，斩敌烧营，力挽狂澜，勇立头功。

自从有了明朝中央皇权做靠山，木氏土司开疆扩土的胆量更壮了，而明王朝也顺水推舟，对木氏土司向其周边地区发动的连年战事充耳不闻，采取默许态度。自唐以来，历代中央王朝对青藏高原的吐蕃都是心有余悸的，现在有木氏土司替皇帝“守铁桥以断吐蕃，滇南籍为屏藩”，他们当然求之不得。精明的木氏土司拿准了中央王朝的这种心理，对吐蕃的战争也就进行得更加有恃无恐。在金沙江和澜沧江上游的你那（今云南迪庆藏族自治州维西县）、石鼓、中甸（今迪庆州州府所在地香格里拉市）三角地带，历代木氏土司同各地藏族土司争来杀去，用兵曾多达34次；在东北方向的雅砻江流域，为争夺鼠罗（今四川省木里藏族自治县）的金矿，木氏土司也多次出兵，将之据为己有。现在木里那里的人们还在传说“木天王”挖金矿的故事。总之，土地、金矿、盐巴、牛羊等，都是木氏土司要为自己“没有祖业”的民族开拓“新天地”而夺取的资源，藏族土司及周边其他民族土司的地盘在木氏土司军队的凌厉攻击下步步退却，关隘天堑、雪山峡谷，都抵挡不住木土司军队前进的步伐。

从元、明两代木氏土司的军事外交路线中，我们可以得出这样的结论：木氏土司家族先取得中央王朝的信任，以确保自己在滇西北的政治地位，此为第一步；第二步，跟随皇家军队东征西讨，既为朝廷效力，赢得中原皇帝的信任和嘉奖，又锤炼了自己的军队，壮大了军事实力；第三步，利用中央朝廷“以蛮治蛮，诚治边之善道”这一治边政策，向周边地区用兵，攻城略地，蚕食其领土，掠夺其资源，扩充自己的势力范围。就是这样的军事外交路线，使得木氏土司一跃而成为云南的“三大土府”之一，纳西族也从元、明以前处于吐蕃、南诏（大理）等政权之下的从属地位，发展成为滇西北地区的强势力量。

从史料上看，木氏土司的势力范围，在元代辖有通安州、兰州、巨津州、宝山州和临西县。到了明初，也仅限于今古城区、玉龙县、维西县、兰坪县的地域。在它的南面，与鹤庆军民府及其所属的剑川州相邻，东边和永宁府、蒗蕖州、北胜州地界隔江相望，北至今中甸一带，“西至西番浪沧江二百里”。这是木氏家族从其先祖手上继承下来的全部遗产。

但是具备雄才大略的木氏土司家族，在理顺跟中央王朝的关系以后，及时抓住这一大好时机，四面出击，趁势扩大自己的势力范围，一度使木氏土司在藏区被称为“木天王”。

明朝时期木氏土司的征伐路线以丽江为基点，大体上可分为西线、北线、东线三条。

我们先来看木氏土司征伐的西线。从丽江往西北方向是金沙江和澜沧江上游地区，这里历来为藏族、纳西族、彝族、傈僳族、怒族等多个民族犬牙杂居的地区。由于紧靠藏区，藏族土司在这一地域占有统治地位，但由于远离首府拉萨，其势力又相对分散和薄弱。西藏地方政府对当地统治者的支持，远不及明王朝对木氏土司家族的扶持。木氏土司进行军事扩张的西线是：丽江—石鼓—巨甸—塔城—维西—兰坪，以及更西边的怒江流域。木氏土司在向西扩张的过程中，主要和吐蕃（藏族）的军事势力发生激烈的争夺，主战场在你那（今维西）、石鼓和忠甸（今香格里拉）一带。而明朝时的吐蕃早已没有了唐朝松赞干布时代的雄风，藏区各地也处于割据和半割据状态，藏传佛教的各个教派宗教领袖互不见容，闹得派系林立，民不聊生。这也给了木氏土司可乘之机，家族的宏图大业，终于在血与火的多年征杀中，在累累白骨、哀鸿遍野的凄境中得以“功德圆满”。

《木氏宦谱》乙种本《木嵚传》中记载：

（明）成化四年，得胜你那母来各寨、当瓦寨、木都瓦寨、岩甸寨。六年得胜你那为刁，下接具加瓦寨、相必瓦寨、刺木瓦寨……二十年得胜忠甸，偖罗投降，随例差人进贡，叙功蒙赐诰命，给授太中大夫，世袭知府……①

从这段记载中我们可以看出，木氏土司对现今维西、香格里拉一带一再用兵，均取得了胜利。而且，打下人家的地方了，还连忙进京报功

① 张永康主编：《木氏宦谱》（影印本），云南美术出版社2001年版，第119页。

图 4－12　木嵚像

图片来源：木府提供

邀赏，“随例差人进贡，叙功蒙赐诰命”。这是木氏土司极为聪明的一招，即要为自己在西北方向的军事扩张找到中央朝廷的支持。而吐蕃历来为中原王朝所忌，现在既有丽江木氏土司为之征伐“屏藩”，朝廷当然高兴，所以对木氏土司的军事扩张不但不制止，反而让木氏土司加官晋爵，“给授太中大夫，世袭知府”。

据《木氏宦谱》记载，在有明一代200多年的时间内，最让木氏土司家族骄傲，也是最大的一次战争发生在嘉靖二十七年至二十八年（1548—1549年）。当时吐蕃兵进占你那（维西）、巨津（巨甸）一带，其时正是木公当政，他派自己的长子木高领兵出战，迎击吐蕃。在《木氏宦谱》中我们多次看到，只要一有战事，土司家族一般都由长子率军出战，这不失为培养后代的一个良策吧。《大功大胜克捷记》中说：

严君令长子木高，领率勇兵殄贼。本年八月九日，到利干毛、日不挪影，杀退贼兵二十余万，获贼首级二千八百余颗，如破竹然……己酉年八月内，达贼吐蕃又掠巨津州。地方照可巴托界又令高再领雄兵，抵至巴托寨，遂破贼兵，斩贼首级一千余颗，水死者无数……[①]

这次战役之大令人咋舌，如果真如《木氏宦谱》中所记载的南下的吐蕃兵有“二十万”之众的话，那么木氏土司出兵至少也在数十万以上。

① 杨林军编著：《丽江历代碑刻辑录与研究》，云南民族出版社2011年版，第134页。

在高山峡谷地区，摆几十万雄兵可不是一件容易的事，不比平原地区，部队不好展开。但斩杀数千人，被江水淹死者无数，可见战争之惨烈了。

作为这次战役的历史见证之一，木高在得胜后写了一篇《大功大胜克捷记》，刻于其父亲木公撰写的《太平歌》石碑后面，该碑就是有名的石鼓碣①，如今还立在长江第一湾石鼓镇。

据史书记载，从丽江出发的军队往北行军凡50里，就要建一个碉堡，或称作烽火台，这些碉堡有的是属于吐蕃的，有的是属于木氏土司的。清代文人余庆远到维西一带考察时，在其所撰《维西见闻纪》中曾有这样的描述：

麽些兵攻吐蕃地，吐蕃建碉数百座以御之，维西之六村，喇普、其宗皆要害，据守尤固。木氏以巨木作碓，拽以击碉，碉悉崩，遂取各要害地。屠其民，而徙麽些戍焉。自奔子栏以北，番人惧，皆降。于是，自维西及中甸，并现隶四川之巴塘、里塘，木氏皆有之，收其赋税，而以内附上闻。②

可见，那时麽些兵是很擅长作战的。吐蕃兵躲在碉堡内认为可以凭险据守，但麽些兵放倒大树，将一端削尖，用成排的士兵抬着，冲击碉堡的底部，最终将碉堡冲垮。在冷兵器时代，没有枪械火炮，打仗靠的是力气和勇气，面对巨大的碉堡，人们只有靠自己的力量和勇敢以及牺牲精神来战胜敌人。木氏土司还“屠其民，而徙麽些戍焉。”现在在维西、中甸一带的纳西人，应该是当年被木氏土司迁徙过去的纳西人的后裔。

从这些史料记载中我们可以看出，在西北方向，木氏土司的势力已经到达现今的香格里拉、奔子栏、德钦，甚至远至西藏的左贡县一带。而在怒江流域，即现在的怒江傈僳族自治州，史料中关于木氏土司用兵的记载不多。那些至今生活在怒江流域的纳西人，就应是这段历史最好的注脚。有史家经考证甚至认为：木氏土司在西部的势力范围达到了现在缅甸境内的恩梅开江一带。

---

① 石鼓碣，民间叫作石鼓碑。

② 方国瑜主编：《云南史料丛刊》（卷十二），云南大学出版社2001年版，第58页。

第三节　深入藏地夺资源

我们再来看看木氏土司在北线的进军路线。我们所称的北线是指：丽江—白水台—中甸—奔子栏—德钦—巴美—盐井—芒康。大体是沿着现在的214国道，即逆金沙江、澜沧江北上。关于在北线的战争，我们在前面引用的《木氏宦谱》中多次看到，木氏土司数度“得胜忠甸”，说明在这条线路上，木氏土司和吐蕃之间战事频繁。现在迪庆藏族自治州的纳西族，占了全州人口的13%以上，约4.64万人，主要分布在香格里拉市的三坝乡、金江镇，维西县的塔城、永春、攀天阁、叶枝以及德钦县的佛山乡等地。沿214国道出佛山乡巴美村，就到了西藏自治区昌都地区（今昌都市）芒康县的盐井乡，这里有个纳西族自治乡，是全西藏唯一的纳西乡，再往上就是芒康、左贡，现在已经很难寻觅到纳西人的身影了。

迪庆藏族自治州州府所在地香格里拉，现在是经214滇藏公路到小中甸、大中甸；还有一条是过去的马帮路线，从丽江到白水台，一直到芒康，中途经过盐井。白水台对纳西人更为重要的是：它被称为纳西东巴的修行圣地。东巴大祭司阿明曾在这里修行，木氏土司作家群中的木高曾经有诗为证：

五百年前一行僧，曾居佛地守弘能；
云波雪浪三千垄，玉埂银坵数万塍。
曲曲同留尘不染，层层琼涌水常凝；
长江永作心田玉，羡此当人了上乘。

这首诗作，吟诵的就是阿明，他生活在11世纪时期，生活在白水台。阿明被尊奉为仅次于东巴教祖东巴什罗的一代东巴大师。据传，正是阿明用纳西象形文字编写东巴经，在白水台一带传授东巴教义，现在那里还有阿明修行的灵洞。纳西人说：“没有到过白地（即白水台），算不得大东巴。”可见白水台在纳西人和东巴祭司心目中的地位是何等重要。人们普遍认为，东巴信仰形成于白地，却在丽江得到了更大的发展。

这是一个耐人寻味的现象，一个民族的宗教发祥地和修行圣地，竟

图 4－13 白水台

图片来源：木府提供

然不在自家民族的中心之地，却扎根于边远地区。我们只有这样理解：在历史的长河中，隋唐之际，纳西族先民南迁到金沙江中游两岸，直到今天，仍然能看到这一分布局面，藏族、纳西族两个民族很久以来就水乳交融地生活在一起了。这里面有战争的相互征杀，也有经济、文化、宗教的相互影响和融合。东巴信仰和藏族的本教就有许多相似之处，关系尤为密切，如两种信仰都表现为自然崇拜，也都是多神崇拜，还都注重占卜。相传东巴祭司的鼻祖东巴什罗还是本教的教主，白地的大东巴阿明也曾经到西藏学过经文。

至今，中甸一带的藏族聚居地区对当年的“木天王”还敬畏有加，有一首在藏东南地区流行很广的颂歌《却协》这样描述“木天王”：

姜域萨当王……专擅杀生，血肉为祭，脏腑为帘，弓箭为栏，上祭天神，中祭厉神，下祭水神……

好一幅血淋淋征杀的场面！但历史就是如此。根据史料记载，从成化十九年（1483 年）始，木氏土司家族开始连年用兵中甸，在《木氏宦谱》木嵚、木泰、木定、木公、木高等几代土司的传记中，我们都可以发现他们在藏区征战的身影。仅就进军藏区北线路这一个方向，木氏土司家族用了70年的时间，在嘉靖三十二年（1553年），占领了中甸全境。

但在藏区，不是在纳西地区，周围都是被征服的康巴人。木氏土司家族总会在一些战略要地建立城堡，当时叫“年各羊恼寨”，意即“木天王宫”。木氏土司平常派出自家的子女、亲属来镇守这些建于各地的“年各羊恼寨”，类似于分封给他们的庄园。木氏土司的后裔们在这里既是庄园主，也是本地的最高行政长官。那时木氏土司将中甸分为五个“宗卡”，“宗卡”下面才是行政村，每个“宗卡”都派自家的人去镇守，实行家族式的军政合一的统治手段。“年各羊恼寨”还兼有木氏土司行宫的功能，土司巡行到藏区，一般都驻扎在这种城堡里，既安全又舒适，因此，人们将它说成是木天王的行宫。

小中甸的古城堡遗址就是当年的“年各羊恼寨”之一，建于明嘉靖八年（1529年），是木氏土司家族统治藏区最重要的一处屯兵屯田的要塞。民国时期的中甸县县长段绶滋纂修的《中甸县志》中，专门对小中甸的“年各羊恼寨”做了如下描述：

小中甸为全县三大平原之一，南北袤长四十余里，东西之广半之，地势平衍，草木丰茂；复枕倚石嘎（现在称作的斯卡）雪山之险，左扼阱口，右通金江，诚宜牧宜耕，尤宜屯兵之形胜地区矣。路西有荒废古城，询诸故老，谓系木天王所筑。四围土墙长二百丈有奇，墙厚五尺；墙外周围有壕，城内十字甬道；四隅颓垣林立，然细加观察，则仍井井有序；南门前有石狮子二，雕刻精良，惜土人不知爱护，竟被牧竖将口鼻磕毁，委置草莽。城西百步外有土堙，可资瞭望，最高处有碉堡遗迹。绕土堙左右而西，未及百武，即冲江河，可汲水以供饮料。实当日木氏经营边地时屯田之所，即《唐书》所谓“堡障”也。①

大约在明崇祯年间，大明王朝的国力走向衰落时，小中甸的“年各羊恼寨”被进入藏区的蒙古和硕特部击破，木氏土司兵败中甸，不得不撤出藏区各要塞。于是这座曾经是“枕倚石嘎雪山之险，左扼阱口，右通金江，诚宜牧宜耕，尤宜屯兵”的城堡，就慢慢地被岁月的风尘侵蚀、湮没了。

① （民国）段绶滋纂修：《中甸县志》，丽江县印刷厂1991年印（内部资料）。

图 4-14 小中甸行官遗址

图片来源：木府提供

木氏土司走了，城堡凋败了，纳西人却在藏区一代一代地留了下来，他们用自己的生命见证着这段渐渐被遗忘的历史。无论是怒江上游区域，还是澜沧江流域如德钦、白水台、盐井等地，都是自然环境恶劣，山高路远，找一块平地都很难的地区。但就在这些区域，凡有纳西族居住的地方，给人的感觉是多数村寨自然条件相对较好，适合农耕。

据《芒康县志》记载，当时纳西族的首领，木氏土司率领着军队，占领了芒康。当然他采取的是亦军亦民的政策，即平时为民，战时为兵。该县志强调说，后来从丽江派去进驻这些村寨的人逐渐减少了，但这里又需要人。于是，木土司的地方官就劝说这里的人归顺木天王。怎么归顺呢？归顺方式是：只要在这些村庄的村口竖一根木头，就视为归顺木氏土司了，这些村就免遭烧杀之苦，成为木氏土司的地盘，这里的百姓便是木氏土司统治下的臣民。

盐井历来为兵家必争之地，不仅纳西族人、藏族人要争夺它，清朝的军队也想占领它。盐井的盐来自澜沧江边一些自然冒出盐卤水的孔穴，人们把卤水用桶背上来，倒进江岸边搭建的盐田上晾晒。峡谷属于典型的干热河谷地形，十分闷热，春夏两季，一天就能把盐田里卤水中的水晒干，剩下的就是白花花的盐了。这是最自然的一种制作盐的方式，比起唐朝时吐蕃将卤水浇灌到干柴上，然后焚烧干柴取盐环保生态得多。

木氏土司的北线扩张进军路线，从丽江一直延伸到盐井。到了盐井后为何不前进了呢？因为这些地区荒无人烟，雪山高耸，峡谷纵深。这样的地盘占领了又能起到什么作用呢？我们相信，木氏土司进军北线的最终目的，就是夺取盐井的盐。

第四节 东北方向狼烟急

明朝，木氏土司在军事扩张中，西线的重任在于“守铁桥以断吐蕃”，既为明王朝的江山社稷效力，又巩固自己的西部边境，这本是一个“封疆大吏”的份内职责。历代木氏不仅土司恪尽职守，还趁势扩大了自己的势力范围，还在连年的征伐中不断得到朝廷的嘉奖赏赐，这极大地鼓励了木氏家族的扩张雄心。“率土之滨，莫非王臣”，滇西北一带各大小土酋部落纷纷降服。我们看到，聪明的木氏土司在充分获得朝廷信任的同时，也捞足了好处。这个好处是多方面的，既有政治的，也有经济的。如果说木氏土司在北线征伐的最终目的是为了争夺盐井的盐的话，那么在东北方向，木氏土司和当地各种土司势力征战的目的，就是为了争夺另一种更为珍贵的资源——金矿。

从丽江往东及偏东北方向，是宁蒗、永宁、盐源、木里、稻城、巴塘、理塘等地，这一带都有纳西人世代居住，其中盐源是木氏土司祖宗的族源地，木氏先祖叶古年就是在初唐时期从那里带一支纳西人迁徙到丽江的。但明朝时代的木氏土司家族似乎对先祖的故乡并不十分在意，他们更讲实惠，他们向东北方向用兵，可不是为了回老家祭祖归宗的，他们的目标是木里。木里虽不是祖先的故乡，但是木里有金矿。这就足以说明问题了。

明朝时木氏土司的东线的进军路线，大体方向是鸣音—奉科—俄亚—木里。忽必烈的军队南征大理，也是从奉科、宝山进入丽江的。可见自古以来，这条线路都为人们所重视。

这一带属于金沙江流域的无量河支流，气候垂直变化，总体来说很湿润、温和，有山有水，虽然平地很少，但勤劳勇敢的纳西先民在那里开辟了大量的梯田，一代又一代的纳西族人在那里躬耕繁衍，休养生息，而且那些地方多处于金沙江峡谷，空气湿润，水资源丰富，气温高，适

图 4－15 金沙江渡口

图片来源：洛克 摄

合农耕。那里山上都是原始森林和高山草场，更适合畜牧业，沿江矿产资源也比较丰富。据传，明朝初年，木氏土司的管家到这一带游猎，在河边不慎掉下了一些麦粒。等第二年他再次来到该地时，发现那里竟然长成了一片麦地，且麦穗饱满。这一带土地之肥美，由此可见一斑。

但另一则传闻可能更令当年的木氏土司心动。传说在木里俄亚的一些地方，老母猪在泥塘打个滚，身上都会带上一层金子。直到中华人民共和国成立之前，国外一些来滇、川、藏地区冒险旅行的探险家还把木里称为“黄金世界”。

在《木氏宦谱》甲种本中我们可以看到，从明朝中前期第 10 代土司木泰开始，一直到明朝末期第 17 代土司木增，木氏土司家族一直都在这一带征伐用兵，有“得胜鼠罗”的记述：

木泰土司在明成化二十二年“得胜鼠罗苴公寨……”

第二十七代木定土司在明正德十七年“得胜鼠罗长安寨……”

第二十八代木公土司在明嘉靖十五年“得胜鼠罗铁柱寨、香押寨……”

第二十九代木高土司也于嘉靖三十三年“得胜建立鼠罗那天水寨，

图4－16 可淘金的俄亚河

图片来源：木府提供

立各以下归服……”

第三十一代木旺土司在明“万历十年（1582年）永宁会五所兵，毁伤鼠罗村寨二十七处。本年正月，亲领兵杀退到永宁地。本年八月亲领大兵，分军而进，前至鼠罗、导立、左所，约领众兵围营，杀溃解围，得胜攻进……”

第三十三代木增土司在万历二十九年（1601年）在“鼠罗杀叛，得胜……”

“鼠罗”就在今四川省凉山彝族自治州木里县的无量河畔，现名“水洛”。“鼠罗”为纳西话语音，这里以盛产黄金而闻名。所以，我们在《木氏宦谱》中看到，木氏土司在这个地方用兵最多，先后达20多次。木旺一代土司就在鼠罗作战达10次之多。

关于木氏土司家族对黄金的开掘方法，从《滇略》中可见一斑：

有兄弟三人，长名木公，次名木么，三名木厶[①]，长既土知府也。三

① “长名木公，次名木幺，三名木厶”，查《木氏宦谱》无此说法，有误。

人皆好礼有名，颇善取金，其法每雨过，辄令所在犁其地伺之，及又雨，耨而杂拾皆金矣。①

雨过之后，农夫犁地都可能犁出金子来，可见当地金子产出之多。当然，这些金子也不是谁找到就是谁的，要知道，这是木氏土司兵打下的地盘，将士们来征战的目的就是为了这些金子。木氏土司当然有一套严格的管理方法：

特拾金皆输之官，民间匿铢两皆死。尝贮金数十库，馈人每馈以千计，人谓之木公金云。②

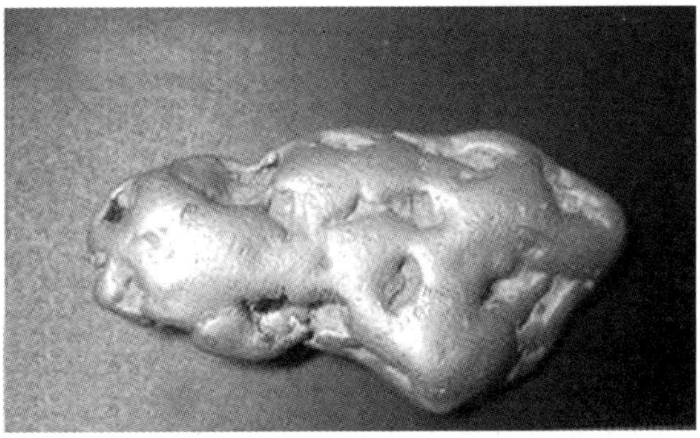

图 4－17　狗头金

图片来源：木府提供

老百姓要是胆敢私藏一点点黄金，那就要马上被处死。“铢”是古代的计量单位，一“铢两”只相当于一两的1/24，但百姓们就连这一点点也得不到。而木氏土司的黄金储备则有“数十库”，这是一笔现在无法衡量的财富。我们只能从木氏土司馈赠朋友黄金的慷慨大方来推测其家藏黄金之多。什么人可以得到木氏土司慷慨的“木公金”呢？当然第一是贡奉给朝廷的。我们在《木氏宦谱》中可以多次看到，明代的丽江木氏土司每当在周边打了胜仗，大都会“自备马匹方物，晋京朝觐”。这里面的“方物”就包括黄金。第二是供奉给寺庙、道观。木氏土司家族的宗教观非常独特，不仅信奉来自汉地的汉传佛教以及道教，更信奉藏传佛教，因此对各种教派供养甚厚。这一点后面有专章论述。第三是送给朋友。“木公金”馈赠的朋友，对象既有各地结盟的土司贵族，更有木氏土司作家群中结交的文友，他们为喜爱弄文舞墨的木氏土司修改诗文，编撰家谱，土司们是一定会用黄金赏一些“润笔费”的，著名的旅行家徐霞客到丽江时，木增就曾以黄金相赠。

俄亚的铁也极大地支撑了木氏土司的军事实力。在冷兵器时代，人

① 毛奇龄：《云南蛮司志》，见《云南史料丛刊》，云南大学出版社1998年版，第442页。

② 同上。

们作战全靠大刀长矛等铁制兵器，没有一处储藏量丰厚、品质高的铁矿，就制不出好的战刀等兵器。据说当时俄亚人用木柴来冶炼铁矿，那时山上都是原始森林，人们放倒巨树后，就送进简易的冶炼炉。听俄亚的老人讲，当年从丽江迁徙来的人中，不仅有工匠，还有医生、东巴、淘金者、农夫、牧人等。征服俄亚的时期，也是纳西人又一次人口大迁徙的时代。

俄亚的金矿和铁矿，夯实了木氏土司的经济和战略物资基础，使历代木氏土司有能力四处征战，也使木氏土司家族有实力不断修建、扩大自己的土司官邸。所以我认为，俄亚的发现和开发在木氏土司的历史上，在民族的发展史上应该是浓墨重彩的一笔！木府的辉煌，少不了俄亚黄金的增色。

《徐霞客游记》中写道：

木氏居此二千载，宫室之丽，拟于王者。盖大兵临则俯首受绁，师返则夜郎自雄，故世代无大兵燹，且产矿独盛，宜其富冠诸土郡云。①

木氏土司官邸“宫室之丽，拟于王者”是建立在上追随中央王朝，下“夜郎自雄”和“产矿独盛”的基础上的。没有强大的军事、经济实力，木氏土司家族不会延续几十代、上千年的时光。我们从明王朝时木氏土司的三条军事扩张路线中，就可以大体推测出明代木氏土司家族的势力范围，也就可以看出这个滇西北土司曾经一度拥有的雄风。

到明末木氏土司家族势力最鼎盛时期，木氏家族的势力东北方向扩张到雅砻江流域（今四川凉山州西部一带），包括木里、九龙、稻城等地；北面达到了四川巴塘、理塘及西藏昌都地区；西部则直抵今怒江州高黎贡山以西，甚至远达现属缅甸的恩梅开江一带；南同大理剑川、鹤庆相接。这意味着，川藏、滇藏结合部的大部分地区，都统辖在木氏土司的势力范围之内。一只乌鸦飞七天七夜，大约也飞不出这片广袤的疆域。

有史学家认为，木氏土司的发展史就是一部军事扩张史。木氏土司依靠文治武功完成了霸业，同时也使西南各少数民族相互融合达到一个

① 徐弘祖撰，朱惠荣校注：《徐霞客游记校注》，云南人民出版社 1985 年版，第 930 页。

空前繁荣的时期。尤其是同藏区的关系，在这一时期政治、宗教、经济、文化等几个方面得到前所未有的交流和砥砺——无论是统治者间的战争，还是民族间的交往和老百姓间的商贸往来，丽江纳西地区作为中原统治者“屏藩”地位的格局，在木氏土司不断向四周扩张中进一步得到了加强。从人类历史的长河来看，血腥征杀以后，总会迎来一个各民族文化大交流的浪潮，这种大交流在一定程度上，同样也可以推动人类文明、民族发展的步履。正如著名的历史学家方国瑜先生指出的那样：

自唐初，麽些民族介于吐蕃、南诏之间，其势力消长，互相攘夺，则其文化之冲突与融合，亦可想象得之。今日麽些之文化，受西川传入汉文化之影响甚大，而南诏、吐蕃之文化亦当有影响。又麽些之文化输至吐蕃者亦有之（如食品、礼节，多习麽些也）。[①]

可以肯定的是，木氏土司当初开疆扩土、连年征战，想到的只是疆域的广阔、矿产资源的丰富以及牛羊牲口的富有，但他们绝没有想到民族文化的砥砺和交融，同样荫福着他们的子孙后代。而我们今天更看重的，并不是木氏土司穷兵黩武的扩张野心，而是民族与民族、文化与文化的交融和发展，是由此带来的“文化传输”——不是谁传输给谁，而是相互间的渗透和影响。这大约是木氏土司无心插柳柳成荫的“功绩”罢。

今天，我们在滇川藏区域行走时，不时会遇到许多纳西族村落，还有一座座残缺的碉楼，这是纳西族先民曾经纵横驰骋于这一片土地的见证，也是纳西人从丽江走出去的远近的印证。四川木里的俄亚、西藏芒康的盐井、三江沿线的纳西族村落，星罗棋布。只是随着时间推移，纳西族在这片广袤的地区逐渐退缩，最终只留下了最坚硬的“核”，一个无法被周围溶解的“核”。这些村落保持着明代丽江纳西人的生活习俗和规矩，成为我们今天研究纳西族文化的“活化石”。

① 方国瑜：《麽些民族考》。

第四章　多元文化

在人们对自然现象、历史发展和文化传承等方面认知有限的时代里，有一种可以和军事征服力相媲美的力量，那就是宗教。如果说军事征服是对地域、族群、资源的占有的话，那么宗教征服就是对人心灵的控制，是对人们精神世界的占有。木氏土司面对多种宗教，既保留本民族的宗教文化，亦能对外来的宗教兼收并蓄，为我所用。

第一节　兼收并蓄好“佛乘”

我们知道，纳西族是“祭天”的民族，“祭天”是一种远古时期流传的自然崇拜观，对天的崇拜实则是对自己民族祖先的崇拜。东巴经的《人类迁徙记》中记述纳西族的始祖崇忍利恩，娶的就是天女，生下的三个儿子都不会说话，祭天以后，才分别说出了藏语、白语、纳西语三种民族语言。

从有关史料看，远古时期纳西族的崇拜观是多种多样的。可能是因为各个氏族部落所处的地域文化环境不同，也可能是由于本氏族的传说路径有异，更因为在远古时期人们认识外部世界的能力有限，因此纳西族早期的信仰带有萨满教的自然崇拜与鬼神崇拜的特征。我们看到，古代纳西族对一切他们不甚明白，并由此而产生敬畏的事物，都深怀崇敬之心。如对水和火的崇拜，是因为古代的纳西人不知道洪水为什么会发怒，而火带给他们温暖，他们就感谢火的恩赐。对动物的崇拜，是因为一些庞大、灵异的动物，要么让人心生恐惧，如老虎；要么令人喜爱，如牦牛。

古代的纳西人分为梅、禾、树、叶四个古老的氏族，实际上是四个不同的“祭天”族群，每个“祭天”族群都有自己的一套隐秘的、外人不得观看的仪轨和程式。这种神秘感和程式化，对族群的凝聚力大有帮助。这是祖先崇拜的典型，人们以祖先的号召力来作为自己族群的精神支撑。我们在前面已经论述了纳西族的迁徙路线，纳西人死后，要把死者的灵魂沿着这条迁徙路线一站一站地送回到祖先所在地。这是一种灵魂的“落叶归根”。

图4－18 三多神

图片来源：木府提供

需要特别一提的是历来被纳西族视为保护神的“三多”及其崇拜。“三多”的全称是“阿普三多”；“阿普”为纳西语祖宗之称，“三多”是神名。“阿普三多”与纳西族的原始木、石图腾和山神崇拜有关。纳西族是个既认为万物有灵、又悲天悯人的民族，一根木头、一块石头，也可能被其赋予神性。“三多”的传说来自玉龙雪山上的一块奇异石头。据说有个猎手在打猎时喜欢上了它，便把它背回家里。可是这石头却越背越沉，在歇了一口气后就再也背不动了。人们由此称奇，认为它是神石，便在此建庙祭祀。庙建起来后，背倚玉龙雪山，人们便把它和巍峨雄伟、圣洁孤傲的雪山联想在一起。传说人们于此地屡次看见一个骑白马、披白色铠甲、执白色长矛的武士。“三多”由此成为纳西人供奉的战神。纳西武士外出作战时，总是要迎请“三多”战神保佑自己战无不胜，平安归来。

在历史进程中，三多神越来越为纳西人所信奉，不管是在出征作战中，还是在日常生活中，纳西人都认为是可禳灾祈福、避祸免灾的保护神。元世祖忽必烈到丽江时，顺应民情，将纳西人的三多神封为“大圣北岳定国安邦景帝”，三多神从此被彻底偶像化，以至于各村寨都有自己的“三多庙”“三多阁”，最后连东巴祭司们也把三多神作为自己的神祇。

纳西族的东巴信仰，就是在这种自然崇拜和鬼神崇拜的基础上发展起来的。它和世界上人类文明早期的原始宗教一样，也是从对自然的敬畏，到偶像崇拜，再逐渐形成某种固定的宗教仪轨和程式，并产生了一批专司祭祀的祭司。东巴信仰的文化特征之一便是：东巴祭司将历代祭司口诵的经文和祭祀仪轨用本民族的象形文字记述下来，这成为我们今天研究古代纳西文明的一笔宝贵的财富。

现在说到纳西族的信仰，可能大多数人的第一印象会认为是东巴教。但我们认为，尽管东巴信仰有经书，也有比较固定的宗教仪轨模式，但从严格意义上来讲，东巴教还不能算作一种完整的宗教。其一，它没有固定的宗教场所，也就是寺庙；其二，它没有专职的神职人员，过去的东巴祭司大都是兼职的；其三，它的教规不甚严格规范，它的教义也不成体系，经书各自口耳相传，差异较大；其四，东巴信仰没有进入纳西族的上层和政治中心，也没有成为一个民族的主体信仰，尤其是经历了元、明、清几个朝代后，纳西族的宗教信仰就是多元的而非唯一的了。因此，到目前为止，东巴信仰也只能算作是人类早期文明的一种信仰模式。这不是对纳西民族的信仰的不恭，这恰恰证明了纳西文明的可贵之处——它保留了人类早期的文化遗产。

有的学者认为，纳西族的东巴信仰大约产生于唐宋以前，因为它和藏族的本教有许多相似的特征，所以推测东巴信仰的产生年代是在吐蕃统治纳西族地区的年代。这已是不争的事实。但是，东巴信仰始终没有成为这个民族的主体宗教，像佛教之于藏民族，天主教、基督教之于欧洲各民族，伊斯兰教之于中东各国那样。这又是为什么呢？

首先，我们应该知道，宗教最终是要为政治服务的。世界各民族史中，曾经有过“政教合一”的时代，那时宗教僧侣既有绝对的宗教权力，又有世俗的权力。但欧洲在神圣罗马帝国时期，由于军事首领的权势坐大，因此有“把上帝的归还给上帝，恺撒的归还给恺撒”的主张，这样，便逐步实行“政教分离”。宗教只是统治者驭民的工具之一。西藏地方政权在民主改革前一直实行的是政教合一的制度，达赖喇嘛具有至高无上的权力，但这极大地制约了社会生产力的发展。政教合一的社会形态已经被人类发展的步伐抛弃，成为人类历史的一道陈旧的风景。

我们说东巴信仰没有成为纳西族的主体宗教，是因为它从来没有在纳西族的政治事件中担任过主体角色，更因为纳西族的统治者——历代木氏土司家族，自元、明、清以来，从来没有把东巴教当成自己所皈依的宗教，他们信奉的是来自外部的宗教——汉传佛教、藏传佛教、道教，以至儒家文化。

历代木氏土司宗教信仰的多元性，跟纳西族所处的地域环境有关。它北连吐蕃，南接南诏，而南诏受汉文化影响比纳西族更早。关键之处还在于，统治纳西族的木氏土司家族，自元代归附中央政权以来，需要在政治、军事上得到中央政府的扶持，因而在文化与信仰上，就需要与中原汉文化保持一致。这就使木氏土司家族在信仰的价值取舍上，采取的是一种注重实际的、为其统治服务的方针。只要是对其的统治有用的宗教，便什么都信、都提倡。

这种兼收并蓄、多种宗教并存的局面，使得以丽江为中心的纳西族文化也呈现出一种灿烂多元的色彩。同时，也让任何一种宗教，既都能在丽江这片土地上和其他宗教和平共处，但又都不可能成为这个民族的主宰。从人类发展史的角度来看，这应该是一种宽容、和谐、多元的社会信仰典范。世界历史上多次发生过因为信仰不同而刀兵相见的悲剧，已足以让我们深思。进步、文明的信仰本是令人敬畏、叫人行善的，但为信仰而战，本身既是对信仰的维护，又是对宗教主张的宽容精神的破坏。

我们在前面已经论述到，木氏土司家族的发展史就是一部军事扩张史，而且主要是向正北、东北方向用兵扩张，即向藏区及周边民族地区扩张。在军事上，木氏土司基本上达到了自己的战略目的——攻城略地，占有资源。而在精神领域，木氏土司家族面对强大的藏传佛教，采取的却是扶持、吸纳、引进的策略。也许历代木氏土司明白，军事占领容易，精神征服难。既然如此，作为占领者的木氏土司，干脆也像藏族一样，对藏传佛教敬畏、膜拜，乃至大开方便之门，敞开一个民族的胸襟，迎接另一个民族的宗教文化。这有点像元朝时的蒙古人，虽然他们统一了中国，但全盘吸纳汉民族文化。军事上的征服并不意味着文化上的胜利，木氏家族也深知这一点。

我们知道，藏传佛教是在印度佛教引进西藏后，结合西藏的地域文化和历史背景而形成的一种宗教。西藏宗教史分为“前弘期”和“后弘期”。“前弘期”大约形成并盛行于公元 8 世纪至 9 世纪时期，由藏王松赞干布从汉地和印度请来佛教大法师传承。其后吐蕃王朝发生宫廷政变，朗达玛“兴本灭佛”，推崇本教，剿灭印度佛教，在藏地大肆击杀信奉佛教的僧侣，佛教寺庙也被悉数捣毁，连吐蕃王朝也在这场“兴本灭佛”的灾难中分崩离析。这样折腾了 100 来年，西藏才慢慢恢复元气，又重新去印度迎请大法师来传教。可是，此时的吐蕃王朝已经四分五裂，王室的后裔们各自割据一方，拥兵自重。他们请来信奉不同法门的印度法师传教，于是便逐渐形成了西藏同一教祖，却有多种教法、教规、教义的宗教派别的局面。史称这个时期为藏传佛教的复兴期，即“后弘期”。在历史的进程中，这些教派有的消亡了，有的壮大了，各种教派延续到今天，便形成了今天我们所熟知的红教（宁玛派）、白教（噶举派）、黄教（格鲁派）、花教（萨迦派）四大宗教派别体系。

藏传佛教最大的特征之一是显宗、密宗俱修，特征之二是它分为不同教派体系。格鲁派的势力最大，历代达赖喇嘛体系和班禅喇嘛体系都出自格鲁派，因此他们在过去政教合一的西藏拥有绝对的统治权力。而在藏东及藏东南一带，却是噶举派的一个支系噶玛噶举的势力最大，这一教派由于其势力范围紧靠纳西族分布区，因此和木氏土司结下了深厚的友谊和佛缘。木氏土司家族多次迎请这个教派的活佛到丽江弘扬佛法，在藏区捐钱修建寺庙，供养僧侣，甚至还出巨资刊印《大藏经·甘珠尔》。

不过，我们应该看到，木氏土司家族对藏传佛教的供奉，除了自己的精神需求外，还有政治、军事上的考虑。他们在中甸、巴塘、理塘、木里等藏地取得了军事上的胜利，但收服人心还需要从宗教上入手。因为西藏毕竟是全民信教，你可以夺占别人的土地、牛羊、房舍，但你不

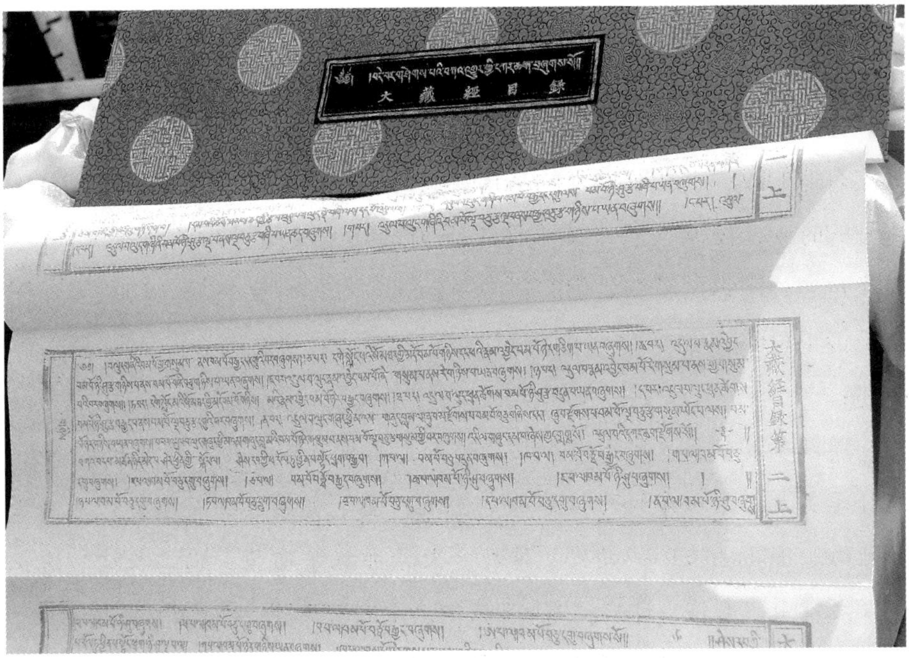

图 4-19 《大藏经·甘珠尔》目录

图片来源：木府提供

可能轻易改变别人的信仰。木氏土司最明白这一点，因此他们对藏传佛教的活佛、寺庙、经典，采取的是供奉、捐建、发扬的策略。这不啻为木氏土司家族统治藏区的驭民之善道。

按《木氏宦谱》甲种本所载，和木氏土司家族往来密切的是明朝中叶时期，噶玛噶举黑帽系的七世活佛曲扎嘉措。木氏家族第 25 代传人木嶔和第 26 代传人木泰对七世活佛曲扎嘉措供奉甚优，多次邀请他到丽江弘扬佛法。但可以想象的是，那个时期藏、纳西两个民族尚处于交战状态，七世活佛又驻锡理塘，作为藏民的活佛，到敌方去做客人，这很为难。因此七世活佛终未能成行。

到了第 27 代传人木定当政时，仍一如既往地邀请藏地的大活佛到丽江弘法，此际七世活佛已经圆寂，八世活佛弥觉多杰虽然年幼，但还是应邀而来，终于完成了前辈活佛的夙愿。

这里面有一个小小的插曲。当弥觉多杰活佛答应来丽江时，明朝武宗皇帝因为崇尚密宗，也派出了自己的使臣来藏区迎请弥觉多杰活佛。但活佛身边的高僧们认为，去京城朝觐当朝天子并不比去丽江见木氏土司更为重要。因此他们编造了一个借口来婉言回绝。皇帝派使臣邀请活佛进京时，木氏土司先下手为强，他“兴兵一万”，将弥觉多杰活佛“迎请”到了丽江。

弥觉多杰活佛身边的高僧敢冒天下之大不韪，来丽江见木氏土司，其实有他们政治上和军事上的考虑。其时，正是木氏土司家族用兵藏区正烈的时候，藏族人已经顶不住木氏土司兵的凌厉进攻，此番来丽江，其实是想利用弥觉多杰活佛的宗教身份来议和。藏文典籍《历代噶玛巴法王传记总略·如意宝树史》对弥觉多杰活佛的这次造访有诗意般的描述：

姜结布（注：木定土司）乘坐轿子，其叔父及弟弟各骑坐大象一头，侍仆牵引大象，众人骑马执举佛伞、幡、幢等贡品簇拥而来，行至法王住地纷纷下马磕头……询安，献礼。大象亦跪下磕头，呜呜长啸。法王询及之情由，象倌当即曰：“法王莅临，象悦而鸣。”

木定土司对法王恭敬有加，待之甚厚，除了礼义上的谦逊、隆重、周到外，木定土司答应：

自此十三年内不发兵西藏，每年选送五百童子入藏为僧，且度地建一百座寺庙云云……在此之前，姜结布不信奉佛教，然而从此以后，姜结布对佛教尤其对噶玛教坚信不移。

这就是藏区的法王宁可得罪朝廷也要来丽江的原因。宗教的仁慈和悲悯可以熄灭刀兵之灾，弥觉多杰活佛和他身边的高僧大德也许就是这样认为的。但是土司毕竟是土司，第二年，木氏土司的兵马照样挥戈藏区。不过，木氏土司家族和这个活佛体系却建立起了密切的联系。木定的公子死了，请藏区的喇嘛们念经超度，并对每名喇嘛布施黄金一两，向藏地的寺庙捐献黄金上千两、茶叶50包、黄铜30驮。木氏土司通过向藏区布施大量的金银，来填平扩土战争所带来的民怨鸿沟。

自此以后，这一派别的活佛与木氏土司家族建立了深厚的联系，丽江成了他们的一个驻锡地。十世活佛却英多吉在和黄教的争斗中失势，逃难来丽江，木增土司将他藏匿于一寺庙内，让他继续弘法传教。他在丽江居住的时间前后长达31年，藏传佛教在纳西族分布区的传教使不少纳西人也皈依了这种宗教，甚至，有好几代藏地的活佛都转世到纳西人中，纳西活佛的产生有力地证明了藏、纳西两个民族在历史文化的交往中，既相互砥砺征杀，又互通有无、相互敬重的过程。

在与藏传佛教界的交往中，木氏土司家族最辉煌的一页，是在木增时代邀请藏地的高僧大德，完成了刊印丽江版藏文《大藏经·甘珠尔》这一浩繁巨大的刊刻、印刷工程。我们平常所说的《大藏经》其实是由《甘珠尔》和《丹珠尔》两大系列巨著组成。《甘珠尔》是佛祖释迦牟尼的语录，由其弟子辑录而成，成书于 8 至 12 世纪，共有 1108 种，称为“正藏”；而《丹珠尔》则被称为“副藏”，它是佛教弟子和佛教学者对佛祖的教义所做的论述和注疏，共有 3461 种，大约成书于 14 世纪中叶。

木增土司完成的是《大藏经·甘珠尔》的刊印，他多次邀请藏地的活佛高僧到丽江指导、编校这一巨大的佛经，费时 9 年，其意义非同一般。我们知道，虽然汉地早在北宋时期，就由毕昇发明了活字印刷术，但在藏地，却一直保持着雕版印刷。这种古老的印刷技术费时耗力，效率低下，但它是人类文明进步的一个足印。藏文经书的印刷先是逐字逐句地、工工整整雕刻在专门的木板上，再由佛学造诣深厚的高僧大德校对后，才付诸印刷。一块经版上至多只能刻数十行藏文，而一部《大藏经·甘珠尔》共 108 部，1000 多篇各类教义文献，需要雕刻的经版，得

图 4－20 《大藏经·甘珠尔》回归木府

图片来源：木府提供

用“汗牛充栋”来形容。

丽江版的《大藏经·甘珠尔》在明天启三年（1623 年）完成，它的意义和价值在于：其一，它是由纳西族刊刻完成的，见证了藏、纳西两个民族在宗教文化上的交往史；其二，《大藏经·甘珠尔》在流传的过程中，因为卷帙浩繁，各种版本收录的佛陀文献有多有少，顺序时有倒错。而丽江版是以西藏的权威抄本——奠巴《大藏经·甘珠尔》作为刊刻的底本，又由专程请来的大活佛编纂、校阅、刊印的，具有权威性。至今为止，收藏各类雕版藏文经典最多的四川甘孜藏族自治州的德格印经院，它的《大藏经·甘珠尔》也是用丽江版作为底本的，足见其价值和权威已为藏民族和藏传佛教界所认同。

丽江版《大藏经·甘珠尔》因木氏土司的努力而得以流传于世，至今拉萨的大昭寺里还保存有当年木增赠送的全套《大藏经·甘珠尔》朱印版。几百年来，大昭寺把这套《大藏经·甘珠尔》当成镇寺之宝，每卷经书都用绸缎包成一包，装进木箱里，外面再用金线缠绕，用银制的锁仔细锁好，存放在佛堂大殿里。

这里不得不说的还有一件事：几年前，丽江东巴博物馆馆长 LX、副馆长 MC 等先后到拉萨访问，在大昭寺木增赠送的《大藏经·甘珠尔》里，发现半张“天字第一号”凭据及一张盖有“明国忠臣”大印的《大藏经·甘珠尔》引言。经初步研究，凭据是当年木增发送《大藏经·甘珠尔》时双方各持一半的收据，中间写有“天字第一号”5 个大字，其上盖有“明国忠臣”大印（压缝），留在拉萨的是右边部分，左边部分可能存留在木府（已轶）。材料为白绢，经 300 多年已变成灰色。“大藏经引”写在黄绢上，落款为“天启三年四月初八日”，天启三年即 1623 年。与凭据一样，盖“明国忠臣”大印。

为何叫“天字第一号”？我们认为原因是：其一，此事是木府在天启年间做的第一件大事；其二，木增被称为“木天王”，这是他与西藏拉萨签署的第一号重要文件。其三，两个文件都不提丽江，没有私章，不落个人姓名，只盖“明国忠臣”大印，除了表示隆重、重视与庄严之意外，也在暗示：这是明国的忠臣木增代表天子做的一件大事。寓意非常深刻。经 LX 与 MC 诸先生对比其他馆藏文件，认为这两份文件都是木增亲笔，

图 4－21　明国忠臣凭证

图片来源：木府提供

可以说，这是新发现的非常珍贵的木增手迹。

遗憾的是，丽江版的《大藏经·甘珠尔》雕版刻本竟然没有保存在丽江或者木府，木增土司当年将它们存放在中甸。清康熙六年（1667年），木氏土司家族在藏区的势力已经衰败，蒙古军队打进中甸，攻破木天王府的“年各羊恼寨”。《大藏经·甘珠尔》雕版在这期间被运送到了理塘大寺存放，因此人们便改称它为“丽江—理塘版”《大藏经·甘珠尔》。

我们不应忘记的是，尽管木氏土司家族为藏传佛教做了那么多的善事，但这个家族的历代土司并没有独尊藏传佛教。我们从遍布丽江的汉传佛教寺庙和道观中，就可窥知木氏土司家族的宗教多元化策略。

从木氏土司先后在丽江修建的福国寺、琉璃殿、大定阁，以及作为自己家族家庙的鸡足山悉檀寺等中，都可以窥见木氏土司家族对汉地佛教的醉心、虔诚。

福国寺是丽江第一大寺，建于明万历三十七年（1609 年），为有名的佛教禅林，坐落于丽江西北的白沙芝山上。原名为解脱林，后来由明熹宗亲自赐名为福国寺，还钦赐佛经一套，可见该寺在中原也是有知名度的。福国寺里最为有名的是法云阁，为三层全木制建筑，据史料记载该阁雕梁画栋、造型精湛，楼顶有宝塔，涂以金粉，金光闪耀。最为神奇的是用 32 棵巨大的立柱支撑的八角飞檐，三层共 20 个飞檐[1]，且无论从哪个角度看，都能看到其中的 5 个飞檐，人们形容它们像 5 只展翅欲飞的凤凰，因此称为“五凤楼”。

图 4－22 福国寺

图片来源：吴积仁著《写照丽江》，第 30 页

① 要特别说明的是，最高一层有 4 个飞檐，其余二层有 8 个飞檐，合计 20 个飞檐。众多书籍中说是 24 个飞檐，有误，特更正！

由于福国寺是皇帝赐名，又有皇帝钦赐的经书，更因为福国寺所在地芝山风光秀美、景色旖旎，因此木氏家族对该寺极为看重，将之视为私家别墅。历代木氏家族的土司都常到福国寺读书写作、赏月怡情。也许，木氏土司只有到了福国寺，才能感受到中原汉文化的文脉和传承。史载木氏土司不仅在丽江建庙，还在全国各地到处供奉香资，在汉传佛教的四大道场：山西五台山、浙江普陀山、四川峨眉山、安徽九华山，历代木氏土司都供养甚厚。

不过，木氏土司最器重的汉传佛教寺庙，当属鸡足山上的悉檀寺。该寺不仅是木氏家族的家庙，由木增捐资建成，也是鸡足山各寺中最为宏大的，寺内僧众最多时达600余人。一直到民国末年，悉檀寺的和尚每年过年时都要到木府来拜年，可见其与木氏家族的渊源关系之深。

据说木氏土司家族珍藏的传家宝并不是其金库银库里的财产，而是一个米粒大的佛像，该佛像雕功细微，毫发毕肖，平常轻易不给人看，是木氏家族世守千年的镇府之宝。可惜已经失传，我们只能从前人杨楝的《粒佛歌》一诗窥见其貌。此诗自注：“丽江木世守先世所宝藏，传家已千余年矣。”诗曰：

人间奇事那有此，丈六之身藏介子；
虚空粉碎渺微尘，三千世界一弹指。
古来貌佛推能事，道子化去贯休死；
谁与作者须达多，神通具足小游戏。
如来面目还本来，雕黍细入毫芒里；
造化允难测端倪，鬼工神斧奚足齿。
……

木氏家族对道教也相当推崇。道教应该是在元、明之际传入丽江的。纳西族的北岳神庙中供奉的三多神，在元初被忽必烈封为“大圣北岳定国安邦景帝”，该庙的修建说明道教在丽江开始立足。后来历代木氏土司先后在纳西地区建盖道教建筑，如吴烈山神庙，束河九顶龙王庙，七河大玉初神庙，九河神庙，束河大觉宫、玄光寺，古城玄天阁，白沙真武祠、太极庵，古城东面的兜率园、三宝庵等。

多元并存的宗教造就了丰富灿烂的文化，这一点我们从闻名于世的丽江壁画中就可以看出来。丽江壁画也是多教合一的产物。现在恢复重建的木府的玉音楼里陈列有我们组织丽江画师花五年时间临摹的壁画。我们知道，壁画最为盛行的是秦、汉、唐代，当时它在中原相当盛行，且有许多的专职画师。到元、明时代，由于木氏土司很富有，有条件邀请一些中原的著名壁画师来丽江画壁画。比如有个叫马肖仙的画师，是被木增土司从浙江宁波请来的，先是在鸡足山的寺庙里画壁画，然后再来丽江。由于他的画技高超，最后连来丽江的大宝法王也请他到西藏帮忙绘壁画，博取各宗教绘画流派之长。

丽江现存的壁画都集中在白沙、束河一带。我们木府玉音楼内收藏的一幅、也就是白沙壁画中最大的《释迦牟尼佛会图》，画中所体现的就是多教并存，其中既有佛教的禅宗，也有密宗，还有道教的人物，他们都来听释迦牟尼讲经，每个人都是很投入、很认真，形态各异，惟妙惟肖。这么多不同宗教的神职人员汇聚在一起，出现于一幅壁画上，让人不能不感叹丽江这块土地上宗教文化的多元灿烂。

丽江壁画的珍贵之处不仅仅是由于其技艺精湛、画风多样、题材广泛，还在于它呈现给我们一种不同文化与信仰间的水乳交融、和谐共处的理想场景。在一幅壁画中，我们不仅可以看到佛经故事、藏传佛教的神灵，还能辨认出道教中的诸仙；不仅能欣赏到不同画派的笔墨风格，还能感受到汉传佛教、藏传佛教、道教乃至东巴教在宗教艺术领域里的无穷魅力。内地宗教绘画的传统、西藏唐卡画的风格、东巴图文并茂的勾勒，我们都能在一幅虽然已经斑驳陆离，但仍不失其光辉灿烂的壁画中一览无遗。岁月虽然侵蚀了这些壁画的色彩，但它们留给我们的人文精神却永存于世。

行文至此，也许人们要问：那么，木氏土司家族究竟是信奉哪一种宗教呢？或者说，他们更推崇哪一种宗教？

我们只能回答说：历代木氏土司的信仰是多元的。在世俗世界里，他们是“闭门天子”；而在精神领域，他们是开放而胸襟广阔的。在木氏土司眼中，一种宗教能为我所用，就是好的信仰。他们并不为捍卫某一种信仰就罢黜百家，独尊一宗，扼杀其他的宗教派别。就像丽江的古城在改土归流之前从来没有城门一样，木氏土司的宗教情怀，也从来不自设藩篱，画地为牢。

图4－23　白沙壁画

图片来源：木府提供

第二节　乔木世家多雅士

拥兵自重，东征西讨，凭武力定乾坤，世代皆有战功，这是木氏土司在元、明两代值得骄傲的历史。但我们还要看到木氏家族更值得骄傲的一面，即吟诗作赋，投身风雅，研习中原文化，倡导文明。在中国西南各民族的土司中，木氏土司家族自成一个诗人作家群。明代的木氏土司上马能征杀，提笔作诗文，文武双全，可谓难能可贵、独树一帜。前面我们谈到了木氏土司家族的宗教情怀，如果说儒家文明也是一种宗教——儒教的话，木氏土司家族也同样是这个宗教的虔诚信徒。

木氏几代土司的诗作可不是一般贵族阶层附庸风雅、客串玩票似的作品，木氏作家有不少诗入选《明诗别裁集》《滇南诗略》等选本。内地的文化人对木氏土司的诗文评价也颇高，称其为“文墨比中州”“共中原之旗鼓”等。我相信这些评价并非是中原文化人的客套附会之说，不难想象，当一个中原地区的诗人骚客面对来自偏远之地的、由非汉族人撰写的文辞典雅的精致诗文，他当然会惊异与感叹。这是文化交融的硕果，是民族融合的必然，也充分说明木氏土司诗人作家群已跻身中原主流文化的行列，为将来纳西族汉文学史的发展奠定了一个坚实的基础，也开创了一个前所未有的境界。

文化的力量有时大于军事实力，军事实力是一时的，文化的力量在于它能传承、坚韧，以及它对一个人乃至一个民族品格的提升和改变。木氏家族的历代土司自从归顺中央朝廷以来，深知汉文化的博大精深。在对上效忠朝廷，对下扩张势力的同时，他们独尊汉文化，全盘吸收中原文明，勤奋学习，尤其是对吟诗作赋情有独钟。也许，木氏土司家族很早就认识到，虽然地处边陲，身为异族，但要保持家族血脉的传承，要更新家族思想，要维系家族的长久延续，要紧随朝廷的治边策略，则在家族内部全盘吸收、学习汉文化，是相当必要的。

王崧在道光《云南志钞》上是这样说木氏家族的：

地虽汉夷族杂处，一皆范以圣王之道，择其人之秀才者补诸生，土司子弟争以入序为荣。而丽江木氏、姚州高氏尤乐与流寓文士交游，所作诗词，颇传于世。当是时，思皇济济，誉髦峨峨，古昔榛狉之区，居然文明之域。

木增延纳儒流，所著为一时名士所称赏。《明史》谓：“云南诸土官，知史书好守礼义，以丽江木氏为首，诚非虚美也。”

据《木氏宦谱》甲种本记载，从木氏第26代传人木泰土司开始，木氏土司便倡导学习汉族诗书。那时木氏家族已经归附明王朝100余年，从武功到文治，木氏家族的统治逐渐进入佳境。

木氏土司作家群从木泰发轫，此后历代木氏土司都以能吟诗作赋为荣。木泰遗留下来的诗仅存一首，但相当具有代表性，充分体现了那个时代木氏家族和中央王朝、和中原文化的紧密关系。其诗名为《两关使节》，诗曰：

郡治南山设两关，两关并扼两山间；
霓旌风送难留阻，驿骑星驰易往还。
凤诏每来红日近，鹤书不到白云闲；
折梅寄赠皇华使，愿上封章慰百蛮。

这首诗的后四句颇值得玩味。皇帝的诏书来了，就好比温暖的太阳照在身上，“红日”喻当朝皇帝。而没有诏书下达的日子，就像白云一样悠闲了。远方的土司只有“折梅寄赠”，请朝廷的信使带回忠于朝廷的土司的一颗赤诚之心，“百蛮”需要皇帝的嘉勉和信赖。木氏土司倘若一段时期内没有收到来自中央王朝的音讯，他们自己心里都会不踏实起来。

这其实展示的并不仅仅是一个土司的心态，而是一个民族的焦虑和孤独。我们已经知道纳西族是在夹缝中求生存的民族，他们在木氏土司的统领下能称雄滇西北，实则是靠了中央王朝这座大靠山。他们随时需要来自中央王朝的鼓励和扶持，借朝廷之威“辑宁边境”，木氏土司奉行的就是这样的治边政策。

值得一提的是，“凤诏每来红日近，鹤书不到白云闲”一联，在恢复重建木府以后，我们把它作为木府大门的一副对联。我们认为，它准确地表达了一个偏远地区的土司对中央朝廷的一片忠心。木氏土司家族从来没有分裂之心、叛乱之谋，他们认定自己只有融入中华民族的大家庭里，才会有自己生存发展的机会。尽管他们修建了“仿紫禁城而制”的木府，尽管他们也乐意当“闭门小朝廷”的王者，但是他们在大是大非问题上，还是坚定地站在维护国家统一、民族团结的立场上的。

就是在木泰土司后，开始有了“木家书院”，有了一代又一代的木氏土司作家。在从汉地请来的先生儒士的言传身教下，土司官邸的深宅大院里，诵读秦汉古文、唐诗宋词的书声朗朗，抑扬顿挫，这里俨然像一座书院了。汉族文人进来看了，就发出了这样的感叹：“古昔榛狉之区，居然文明之域。”

可以说，把中原礼教、诗歌文学带入纳西族地区的，首推木氏土司家族。木氏土司崇尚汉文化，强大的经济实力使他们有充足的资金去内地“延纳儒流”，聘请高人韵士，为自己的后代传授四书五经、唐诗宋词。从木泰始习汉文化，三世以降，到木公土司，已是从小“读书百言，过目成诵”，人们都称他为天才。良好的中原文化熏陶将木公培养成为一位高人韵士，在尚未继位当土司前，他在玉龙雪山南面过着桃花源般的闲云野鹤的日子：

植桃百株，种竹万竿。一称丹霞坞，一称翠竹亭，凿池构屋其上，为一镜堂；日惟焚檀瀹茗，听鸟浇花，梵呗渔歌，咸借为适。已而更号万松，环堂皆植以松，日哦其间，所得佳句录成一帙，命曰《万松吟》。

又尝泛玉湖，著《玉湖游录》。居尝手王（维）、孟（浩然）、高（适）、岑（参）诸编，枕籍弗去，曰：“天壤间有乐于此者耶？”①

这哪里像个土司世家的贵族少爷？分明是文人雅士范儿。中国古代的文人士大夫历来崇尚以物表志，以物寄情，喜欢用梅、兰、松、竹来代表自身人品高洁，文风儒雅。而泛舟渔歌，品茗论道，听鸟赏花，吟风弄月，更是读书人之一大乐事。木公把这些雅好可谓玩到了极致。但他更喜欢读前人诗书，把亲手抄录唐代大诗人的诗作当成天底下最快乐的事情。木公的文气、文韵、文雅、文格由此可见一斑。

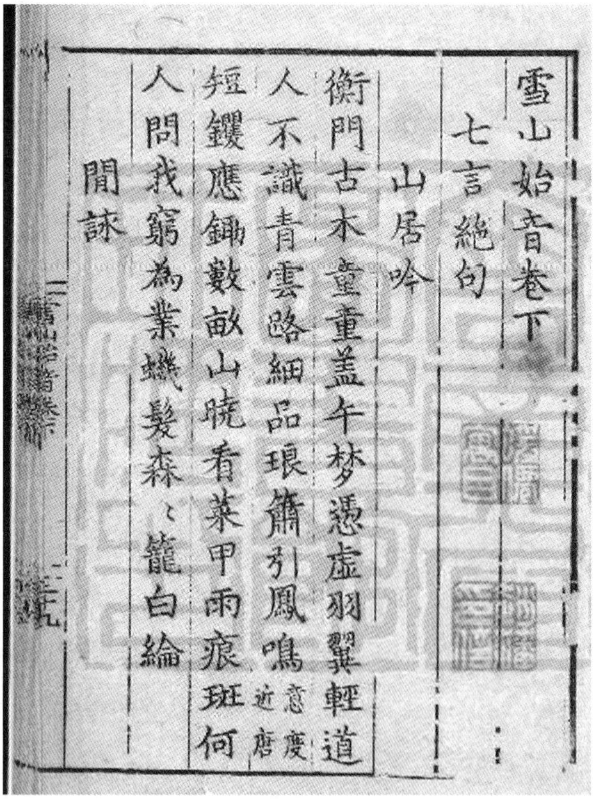
雪山始音卷下
七言絶句
山居吟
衡門古木童童盖午梦憑虚羽翼輕道
人不識青雲路細品琅簫引鳳鳴 意度近唐
短钁應鋤數畝山曉看萊甲雨痕斑何
人問我窮為業蠛髮森森籠白綸
閒詠

图4－2

图片来源

木公于木氏家族中有两大彪炳史册的功绩：一是编制《木氏先世二十八代图文谱》，供奉在专门修建的木氏勋祠里；二是建盖了万卷楼。

木公在木氏土司作家群中，是遗留诗集最多的——达七部，诗歌造诣最高的一代土司。他的第一本诗集叫《雪山始音》，因为是纳西人的第一本汉文诗集，故称“始音”。明代永昌（今保山）文人张志淳说：“雪山者，丽之望也；始音者，丽初无诗而今创有之也。”木公广交天下文人雅士，切磋诗艺，他的诗集大都请当时的名人作序，如李元阳、杨升庵（杨慎）、张志淳等。为了结交文友，他甚至不惜派人携带诗稿，驱行千里，登门求教。李元阳评价其诗有如“汉乐府音节”，杨升

① 明·冯时可：《明丽江府木氏六公传》。

庵赞叹："体、句俱新，写景入画。"

木公的诗作题材涉猎广泛，无论民俗、自然、山水、游猎，还是社会、征战、家国，均形象生动、情真意切，诗中有画，画中有诗。明人冯时可评说木公："所至辄诗，以情为母，以境为辅，卒所以得，非境非情，慷慨淋漓，神来天至，吾无间然矣。"但我们也不要忘记，木公身为土司，负有治理一方的职责，所以他的诗作也颇多政治色彩。如《述怀》诗表露了对朝廷的真诚之心：

丽江西迩西戎地，四郡齐民一姓和；
权镇铁桥垂法远，兵威铜柱赐恩多。
胸中恒运平蛮策，阃外长开捍虏戈；
忧国不忘驽马志，赤心千古壮山河。

又如，赞叹本家族乔木世家、忠君报国的：

汉唐宋元世，历官岂须夸；
腰系黄金带，诚心报国家。

"诗言志"，我们从木公的诗作中可以读出一代纳西族土司的文韬武略、滔滔诗才。木公自己倒是相当谦虚，他说："吾之才也，无大过人者，独吾之性也，则大异乎人焉。"举凡非常之人，才作非凡之文，这用在木公身上，再恰当不过。

前面我们已经谈过了，木公在土司任上，也颇有战功，曾因军功获得朝廷"辑宁边境"匾额一面，还被授予"中宪大夫"。

木公的儿子木高，既秉承其父诗才，又是一位盖世英雄。史料记载他"少以才智，为考所奇，年十八能挽数钧弓，发无不中"。弯弓射大雕，戎马关山北。木高年纪轻轻的，就经常替父出征，东征西讨。木氏土司家族在西北路线用兵中，最辉煌的一次战役，就是木高指挥的。他刻在"石鼓碣"背后的诗作，颇有唐代边塞诗人高适、岑参豪迈苍劲、雄浑铁血的诗风。我们试着将唐代著名的边塞诗人岑参的名作《走马川行奉送封大夫出师西征》与木高的一首《破虏歌》相比较，就可以看出唐代的大诗人们是如何影响了木氏土司诗人作家群的文风的。

岑参的《走马川行奉送封大夫出师西征》如下：

君不见走马川行雪海边，
平沙莽莽黄入天。
轮台九月风夜吼，
一川碎石大如斗，
随风满地石乱走。
匈奴草黄马正肥，
金山西见烟尘飞，
汉家大将西出师。
将军金甲夜不脱，
半夜军行戈相拨，
风头如刀面如割。
马毛带雪汗气蒸，
五花连钱旋作冰。
……

而木高的《破虏歌》如下：

二年克捷江东西，
千里万里戎马嘶；
地寒六月冰霜冻，
风烈三秋雾雨迷。
雪片如手雨连暮，
风吹如箭冰凝路；
冰路倾沙牛马行，
贼骑行行向南渡。

木高的诗句与岑参的诗句，内容描述、雄浑气势和所取意境何其相似！这充分说明了中原汉文化对木氏土司家族的文化影响，如果我们说以岑参、高适为代表的唐朝诗人是以描写西北边塞闻名的“边塞诗人”的话，那么木氏土司诗人作家群也完全可以称之为“西南边塞诗人”。

木高的诗的另一个特点是忠君报国，气概豪迈。试看这一首：

诚心报国家，男儿佩宝剑；
双挥风雨忙，独舞鬼神惊。

豪气边疆宁，寒光牛斗揆；

石门锁钥坚，世作大明圮。

木高的晚年功德圆满，遂“凿池泛舟，延云弄月，曲蘖自娱，曰：‘吾藏于酒以避世也’”。还说：“读书最乐，为善最乐，此二乐吾不让人矣。”从中我们可以看到，木高虽在征战沙场时，为赳赳武夫、盖世英雄，但和平年代却吟风弄月，以诗酒避世，以读书行善为乐。这些充分体现出他的文韬武略，体现出他能出为将、入为相，拿得起、放得下的性格特征。

木高不仅战功显赫，文才一流，还是一个孝子。史载其父病，他竟然“割股吁天”。“割股”是古人尽孝的一种方式，当家中有长辈生病时，晚辈为了表现孝心，将自己大腿上的肉割下一块来，煲汤给长辈喝。木高的孝心连朝廷也知道了，皇帝特颁诰命褒奖：“诚心报国，割股奉亲，化行边徼，永为乔木世家。”

我们从木高在石鼓大胜吐蕃后写的《大功大胜克捷记》中，也可看出他对忠孝二字历来看得很重。其文开篇曰：

图 4－25　石鼓碑文

图片来源：木府提供

功不著不足以成名，德不显不足以立身。盖功忠于君也，德孝于亲也。惟忠可以懋功，惟孝可以懋德。贵而能忠，保其世爵；富而能孝，守其世官。四海中外，忠孝大节，卓为天下轨。①

本来是为一场大获全胜的战役写的祝捷文，但木高在开篇并没有对自己的战功沾沾自喜，居功自傲，而是大谈忠孝二义，为人臣，尽忠；为人子，尽孝。自古说忠孝不能两全，但木高似乎要求自己，尽忠尽孝，一样也不能少。可见中华传统文化已经深深地融进了木高的血脉里了。

木高以后的两代土司，孙子木旺，重孙木青，都秉承家风，既有战功彪炳于世，也有诗作。只是木旺的诗作失传，木青的诗作虽佳而传世不多，与木公、木高相比，略输文采。下面我们要着重谈的，是木氏土司家族最为重要的一代土司——木增。

第三节　有朋远来续佳话

木增土司在明万历二十六年至崇祯九年（1598—1636 年）在位。他在位时，历代土司的文治武功为这个家族积累了丰厚的一笔物质与精神遗产，木氏土司家族发展到了鼎盛时期，这也让木增有优裕的条件做他喜欢做的事情，交喜欢交的文化人。

木增与中原文化人交往最为精彩的一笔，大约就是他与明末著名旅行家徐霞客“以文会友”的友谊了。可以说，没有徐霞客对木氏土司官邸“宫室之丽，拟于王者”的描述，就没有我们今天恢复重建木府的证据。正是徐霞客的这句话，让我们找到了木府的影子。

我们都知道，徐霞客是闻名于世的地理学家、大旅行家、文学家，其名著《徐霞客游记》记载有山川、地理、民族、人文、风物、掌故，几乎无所不包，他是备受我国地理学界、史学界、文学界推崇的一代宗师。徐霞客被称为“千古奇人”，《徐霞客游记》一书则被誉为“千古奇书”。这样一个旷世奇人与木增的君子之交，在当年又是怎样的一个过程呢？徐霞客眼中的丽江、木府、木氏土司，又是什么样子的呢？

① 杨林军编著：《丽江历代碑刻辑录与研究》，云南民族出版社 2011 年版，第 133 页。

明崇祯九年（1636年），徐霞客从故乡江阴出发，开始了他人生最后一次漫漫旅途。这个总是在大地上行走、思考、写作的大旅行家、大文学家，这次的目标是云南。他于崇祯十一年（1638年）底抵达昆明，受到昆明文人雅士的盛情款待。由于木增历来和外面的文人贤士保持着密切的联系，因此徐霞客到昆明的消息他当然也知道了。同时，木增也委托昆明的文人朋友转达他对徐霞客的敬意，并盛情邀请徐霞客到丽江一游。而徐霞客早就对滇西及滇西北少数民族地区的人文风情心神向往，当即就承诺下来。是年腊月，徐霞客从昆明一路西行，到了大理鸡足山。那时的鸡足山香火鼎盛，尤以悉檀寺的寺庙建筑规模和在寺僧侣众多为甚。而悉檀寺正是木氏土司家族的家庙，是木增为其母罗氏夫人求寿，专门拨银万两而建的。悉檀寺的500僧众早就接到通知，要盛情接待好徐霞客。因此，徐霞客在悉檀寺受到热情欢迎与款待，让这个远游四方的旅行家大有宾至如归之感。

大约一个月后，木增便派专人来鸡足山迎请徐霞客到丽江。不过，由于木增对木氏土司官邸的恢宏庞大、“仿紫禁城而制”心有顾忌，担心交游甚广的徐霞客向外道出实情，引来朝廷猜测与不满，就没有直接在木府里迎接徐霞客，而是将他迎请到丽江郊外30里的芝山解脱林。在朝廷天子面前甘为臣子，韬光养晦，一向是木氏家族对待中原王朝的策略。

徐霞客于崇祯十二年（1639年）初到丽江时，对这个滇西北的小城及其地理环境的描述极为精彩、简练。在《徐霞客游记·滇游日记六》中，徐霞客写道：

陇北平畴大开，夹坞纵横，冈下即有一水，西自文笔峰环坞南而至，有石梁跨其上，曰三生桥。过桥，有坊二在其北，旁有守者一、二家，于是西北行平畴间矣。北瞻雪山，在重坞之外，雪幕其顶，云气郁勃，未睹晶莹。西瞻乌龙，在大壑之南，尖峭独拔，为大脊之宗，郡中取以为文笔者也。路北一坞，窈窕东北入，是为东坞。中有水南下，万字桥水西北来会之，与三生桥下水同出邱塘东者也。共五里，有柳径抱，耸立田间，为土人折柳送行之所。路北即万字桥水潆流而东，水北即象眠山至此南尽。又西二里，历象眠山之西南垂，居庐骈集，萦坡带谷，是为丽江郡所托矣……木氏居此二千载，宫室之丽，拟于王者。盖大兵临则俯首受绁，师返则夜郎自雄，故世代无大兵燹，且产矿独盛，宜其富冠诸土郡云。①

走南闯北、眼光独到的徐霞客，纵然没有被请进丽江郡属，更没有被请进木府，仅是远远地眺望丽江，但他还是一眼就看出了木氏家族的家底，一句“宫室之丽，拟于王者”，就将当年木府的气势、外貌、内涵涵盖尽了。

徐霞客也对木氏土司家族的统治策略一语道破天机：“大兵临则俯首受绁，师返则夜郎自雄。”按现在的话来讲，就是“墙头草，风吹两边倒”。徐霞客是站在中原文化的优势地位来看待他所面对的“土人”“土酋”的，中华帝国大一统的观点在徐霞客的骨子里应该根深蒂固，面对形式上归顺朝廷、实际上割据一方的木氏家族，他既有客观的评判，也有藐视的眼光。不过，作为一个初来乍到的文人知识分子，他不可能明确了解滇西北各民族相互砥砺交融数千年的社会历史，更不可能了解木氏家族历代土司苦心经营纳西族分布区的不易。

徐霞客虽然没有被邀住进木府，但这并不意味着木增对这个远方来的尊贵客人有所不恭。解脱林是木氏土司家族的别墅，现在叫福国寺，位于芝山的半山间，古树森森，风光秀美。徐霞客对解脱林的描述是：

解脱林倚白沙坞西界之山。其山乃雪山之南，十和后山之北，连拥与东界翠屏、象眠诸山，夹白沙为黄峰后坞者也。寺当山半，东向，以翠屏为案，乃丽江之首刹。②

寺内原来有建于明万历二十九年（1601 年）的五凤楼，也称法云阁。因为该楼形状奇特，有八角飞檐，高耸入云，无论从哪个方向看都像五只展翅翱翔的凤凰，故取名五凤楼。五凤楼为三层木结构的建筑，三开间。20 世纪 70 年代，五凤楼被迁到黑龙潭公园内。

从《徐霞客游记》里看，徐霞客在解脱林享受到的贵宾待遇甚高。负责接待的通事把他迎请到大门，文武两位大臣早已恭候在两侧，再进二门，木增已在此迎候了。徐霞客没有详说初见木增的第一印象，只说

---

① 徐弘祖撰，朱惠荣校注：《徐霞客游记校注》，云南人民出版社 1985 年版，第 953－954 页。

② 徐弘祖撰，朱惠荣校注：《徐霞客游记校注》，云南人民出版社 1985 年版，第 958 页。

图 4－26 《情谊》雕像

图片来源：木府提供

被木增“迎入其内室，交揖而致殷勤焉。布席地平板上，主人坐在平板下，其中极重礼也。叙谈久之，茶三易，余乃起，送出外厅事门。”

可见初次见面，宾主大有相见恨晚之感，隆重的礼节，长久的叙谈，连茶都换了三次。木增尊徐霞客为师长，让他坐上方，自己坐下方。他们的话题不外乎朝政时局、文人墨客近况、徐霞客沿途见闻、诗艺切磋等等。徐霞客考虑到主人日理万机，不好长久打扰，才起身暂别。如果徐霞客不出此举，木增或许会和徐霞客长谈至深夜。

次日，木增让大把事送来白银十两以为见面礼，然后设丰盛的“鹿鸣宴”正式为徐霞客接风洗尘。周游四方、见多识广的徐霞客可能从来没有见识过如此琳琅满目、独特珍奇的美味佳肴。徐霞客感叹道：“大肴八十品，罗列甚遥，不能辨其孰为异味也。”菜肴之丰盛，层层叠叠，已经摆放到餐桌的远端，以至于客人已经不知道如何区别它们之间的美味了。这就是我们今天根据有关典籍，发掘整理出来的“木府家宴”。

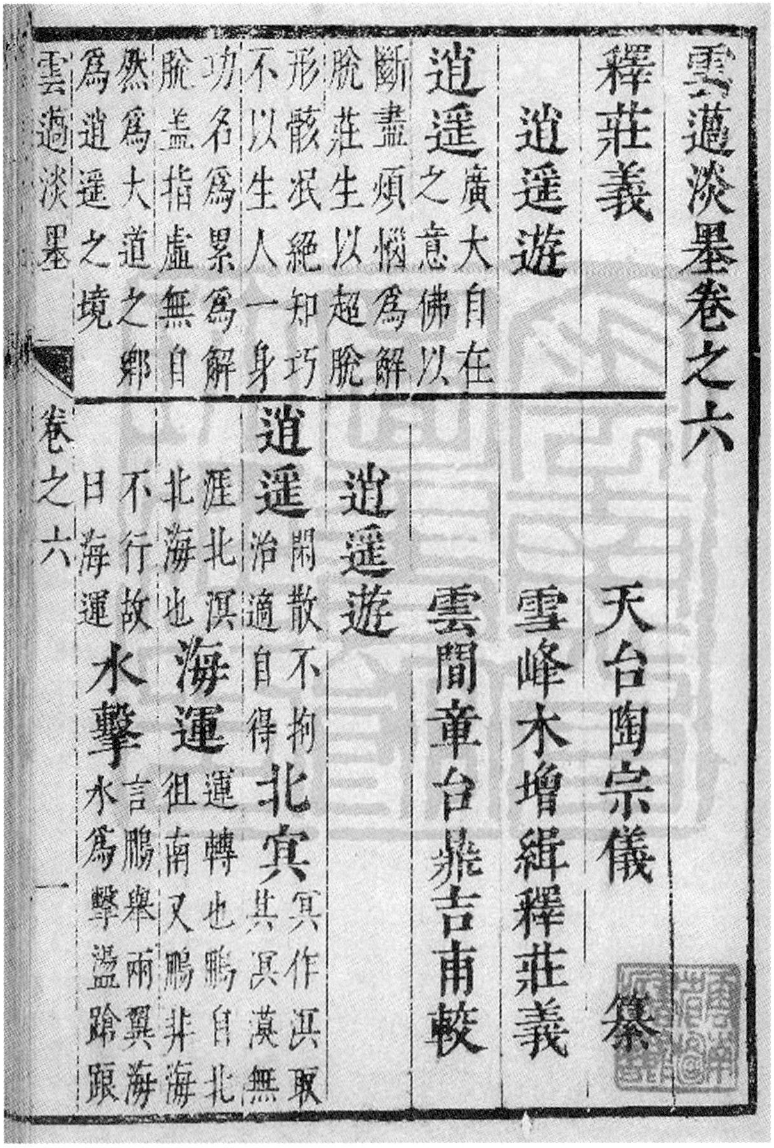
雲薖淡墨卷之六

釋莊義　天台陶宗儀　纂

逍遙遊　雪峰木增　緝釋莊義

雲間章台鼎吉甫　較

逍遙　廣大自在之意佛以斷盡煩惱爲解脫莊生以超脫形骸泯絕知巧不以生人一身功名爲累爲解脫蓋指虛無自然爲大道之鄉爲逍遙之境

逍遙遊

逍遙　閒散不拘治適自得　北冥　冥作溟取其溟漠無涯北溟北海也　海運　運轉也鵬自北徂南又鵬非海不行故曰海運　水擊　言鵬舉兩翼海水爲擊盪蹌踉

雲薖淡墨　卷之六　一

图 4－27 《云薖淡墨》内页

图片来源：木府提供

木增对徐霞客的尊重，当然是把他当作中原文化名流大师来虚心请教的。木增将自己的文集《山中逸趣》《云薖淡墨》送给徐霞客看，请徐霞客评点斧正，并为之作序。徐霞客自然也很看重与木增的友情，既认真阅读，不无褒奖之词，也指出不足之处。徐霞客评价道：

其所书洪武体虽甚整，而讹字极多，既舛落无序，而重叠颠倒者亦甚。余略为标正，且言是书宜分门编类，庶无错出之病。

徐霞客毕竟是名流贤士，俗话说“外行看热闹，内行看门道”，我们相信徐霞客的评点是中肯的。木增虽然与一帮云南的文人骚客保持着密切联系，家里一定也经常高朋满座，谈诗论道，但多是书信往来。其他文人士大夫论诗学功力，显然不能与徐霞客相比。像这种当面向名师大儒求教、接受耳提面命的机会，在木氏土司诗人作家群中，尚属第一次。因此木增十分珍惜与徐霞客的这次相见，对徐霞客的指点虚心接受，邀请徐霞客在解脱林多住几日，为《云薖淡墨》分门标类，使其更加完善、系统。徐霞客也欣然同意，认真地校点《云薖淡墨》。木增甚至还恳请徐霞客当他儿子的老师，为他的四个儿子传诗授艺，可见木增对徐霞客文才的倚重。

徐霞客给木增的儿子教习诗艺是在漾西木家院，该院为木氏家族的先人木高在明嘉靖年间所建。从《徐霞客游记》中我们可以一睹当年木家院的风采以及木增对这位老师的敬重：

先是途中屡有飞骑南行，盖木公（指木增）先使其子至院待余，而又屡令人来，示其款待之礼也。途中与通事者辄唧唧语，余不之省。比余至，而大把事已先至矣，迎入门。其门南向甚敞，前有大石狮，四面墙垣之外，俱巨木参霄。甫入，四君出迎，入门两重，厅事亦敞。从其右又入内厅，乃拜座进茶。即揖入西侧门，搭松棚于西庑之前，下籍以松毛，以示重礼也。大把事设二卓（即桌），坐定，即献纸笔，袖中出一小封，曰：“家主以郎君新进诸生，虽事笔砚，而此中无名师，未窥中原文脉，求为赐教一篇，使知所法程，以为终身佩服。”余领之。拆其封，乃木公求余作文，并为其子斧正。①

① 徐弘祖撰，朱惠荣校注：《徐霞客游记校注》，云南人民出版社1985年版，第964－965页。

这场拜师学艺的过程被徐霞客写得活灵活现。老师还在路上，木氏家族的下人们早就忙着一迎再迎，骑马往来通报，大把事恭候已久，木家院重重大门洞开，院内搭松棚，地下铺松毛，想必这松香之味，让徐霞客久久难忘。人家木增为其子拜师求教的理由也很合理，“此中无名师，未窥中原文脉”，此话道出了丽江木氏土司诗人作家群虽偏居边陲，但向往中原文化，让汉文化在木氏后代中文脉相传的急迫心情。木增的谦逊、好学、尊师、重教，跃然纸上。

木增还与徐霞客谈论过天下英雄文豪，谁是最好的，木增都希望徐霞客引见，徐霞客如实回答。当介绍到在云南省城供职的吴方生时，徐霞客说此人“天子不能杀，死生不能动，有文有武，学行俱备”。木增甚至问能否请来丽江？徐霞客答应可以帮他以书信为媒，代为介绍引荐。可惜后来时局动荡，木增再也无缘见到能和徐霞客相媲美的中原贤士了。

也许，徐霞客在丽江期间虽然备受景仰，被甚厚款待，但也有遗憾。其一，木增始终不肯在丽江的木府内接见徐霞客，其原因前面已述。其二，有些地方徐霞客希望能去探险考察，但被木增婉言谢绝。这的确有考虑旅途风险的原因。当时北线正在发生战争。徐霞客想去的地方一是中甸，一为贡嘎岭一带，也即我们前面所述的“鼠罗”，这是历代木氏土司在北线和东北方向征伐攻掠的地带。但木增以书信回答徐霞客说：“忠（中）甸皆古宗，路多盗，不可行。”徐霞客当然有自己的判断，他认为这是木增怕自己看到木氏家族征伐藏区的真实情况。至于贡嘎岭一带，是历代木氏家族攫取金矿资源的战略要地，木增自有不便示于人之顾忌。徐霞客为此记述道：

盖亦其托辞也。然闻去冬亦曾用兵吐蕃不利，伤头目数人，至今未复，鼠罗、古宗皆与其北境相接，中途多恐，外铁桥亦为焚断。

木增的小心使徐霞客无缘对中甸、贡嘎岭一带进行人文考察，也使我们无缘看到当时这些地方的人文风情，这不啻为《徐霞客游记》中的一大损失。倘若徐霞客当年能成行，《徐霞客游记》中又当增添几篇关于藏族、纳西族结合部多民族地区的美文啊！

木增对徐霞客的敬仰却是真诚的，在徐霞客于丽江完成了考察和校点完木增的诗作之后，他再次邀请徐霞客撰修《鸡足山志》。鸡足山的悉檀寺为木氏家族的家庙，因此木增认为类似《鸡足山志》这样的文章非徐霞客莫能胜任之。于是徐霞客又于崇祯十二年（1639年）重返鸡足山，又驻足了五个月。徐霞客与木氏交往的时间长达半年之久。

徐霞客从丽江出来后，经洱源到大理，然后向西经永昌府（保山），翻越高黎贡山进入腾越州（腾冲），曾打算进入缅甸一游，但也未成行，只得折返，经昌宁、凤庆到蒙化府（巍山），然后从弥渡、祥云、宾川回到鸡足山。

徐霞客这一趟可以说把滇西至边境一带走了一遍，沿途人烟稀少、民族众多，许多地方被视为“瘴疠之地”，其旅途之艰辛不言而喻。徐霞客兜了一大圈再回到鸡足山，足见他重承诺、讲信义，既然已经答应了木增要修《鸡足山志》，哪怕远涉千山万水也要不辞劳苦地完成它。徐霞客与木增结下的深厚情谊，由此也可见一斑。

其实到了鸡足山后，徐霞客已经身染沉疴，他记述道：

余先以久涉瘴地，头面四肢俱发疹块，累累丛肤理间，左耳左足，时时有蠕动状。半月前以为虱也，索之无有。至是知为风，而苦于无药。

可见，由于徐霞客连年四处奔波，久涉瘴疠之地，长期的栉风沐雨、艰辛旅行已严重损耗了一代大旅行家的身体，他已经有了中风的前兆。但徐霞客仍夜以继日地工作，抄录碑铭、《藏经》以及各种文史资料，同时开始着手《鸡足山志》的撰写。本来徐霞客还想到苍山洱海一游，但身边的人告诉他，已经派专门的信使去丽江报信，说他已到鸡足山。如果现在离开了，木增土司的特使来了，岂不认为你不守信用？信义二字，使徐霞客放弃了苍山洱海之游。

我们现在看到的《徐霞客游记》，内容只记述到鸡足山为止，为《滇游日志十三》。可以说，鸡足山是徐霞客漫长的旅行生涯的终点。徐霞客在鸡足山一待就是三个月，就是为了完成木增的嘱托。他记述道：“余按公奉木丽江之命，在鸡山修志，逾三月始就。则自九月以迄明年正月，皆在悉檀修志之日也。”

就是在鸡足山，徐霞客的病愈发严重，先是感到双腿麻木，行走困难，到最后竟然到了不能下地的地步！木增知道后，屡请名医来为徐霞客把脉治疗，但徐霞客已经病入膏肓。

崇祯十三年（1640 年）初，徐霞客的身体越来越虚弱，这个终生行走在大江南北的侠客、一代地理学大师、大文学家已经不能走路了。木增闻讯后，立即派木府的大把事前来照顾。浪迹天涯的游子总得落叶归根，木增深知这一点，不惜花重金派人用滑竿将自己的挚友徐霞客抬回江阴老家。轿夫用了 150 多天的时间，才将徐霞客抬到了湖北黄冈，然后从这里雇船走水路，沿长江将徐霞客护送回到江阴老家。第二年三月八日，徐霞客病故于江阴家中，终年 56 岁。关于这段故事，陈函辉的《徐霞客墓志铭》、钱谦益的《徐霞客传》以及《腾越州志》都有一致记载。

图 4－28　木府照壁

图片来源：木府提供

木增对徐霞客的敬重、帮助，使徐霞客得以将此番出行三年来的游记手稿带回家中。如果没有木增土司的慷慨襄助，徐霞客很可能客死他乡，《徐霞客游记》也许就不会是今天这个模样了。尤其是徐霞客关于云南的《滇游日记》，也许我们就看不全甚至看不到了。因此，木增土司对中国的文学史、地理学史、民族学史是有功的。

关于木府的历史，元朝几乎没有记载，明代才渐多起来，但多数为传抄内容。唯有《徐霞客游记》记载最为翔实，尤其是“宫室之丽，拟于王者”，成为恢复木府最直接的史料，也是木府恢复重建最重要的依据。

第五章　夕阳西下

历代木氏土司对儒家文化的崇敬，使他们在文化上同中原文化保持着难能可贵的一致，这种一致性使其在经济、政治、军事上都获益匪浅，也造就了木氏家族的土司作家群，这在各少数民族之中是非常奇特的现象。在明代的木氏各土司中，木增是最值得大书特书的。这是因为木增已处在一个山雨欲来风满楼的时代，一方面，木氏土司家族两百多年的靠山——明王朝已经穷途末路，气数将尽；另一方面，木氏土司家族在滇西北的政治格局中，经过历代土司励精图治、往来征战，已为木氏家族积累下了一笔丰厚的政治遗产和物质财富。这就像一个富翁，不幸坐上了一艘即将沉没的巨轮。他既不能力挽狂澜，也不愿随同巨轮一同葬身海洋。他或许只有一条路可走，那就是放弃所有的功名利禄、荣华富贵，全身而退，隐遁于江湖。

第一节　朝纲颓废殃家业

木增继位时刚 11 岁，时为明万历二十六年（1598 年），明王朝的腐朽衰败已经使这个朝廷步履蹒跚、老态龙钟了。而木增的家族连遭厄运，在他年幼时父亲和祖父先后去世。土司府内一时人心惶惶，周边各土酋也蠢蠢欲动，“孤临大敌，人心动摇”。木增在其母亲和叔伯宗亲、近臣老将的帮助、支持下，召集各方要员和宗族老人表示：“谕以祖宗成规、朝廷法度俱在，敢有不利孺子而思偾，败者不贷。”几句话就震慑住了家族中图谋不轨之人。然后，木增又在宿将老臣的帮助下，以年幼之君出师，大破吐蕃。由此奠定了自己的土司权威。

这里应该为木增的母亲罗氏夫人记上一笔。《明史》上记载罗氏夫人也是官宦世家之女，自从嫁给木增之父木青后，内相夫教子，外调治政事。木青长年卧病在床，罗氏夫人里外一肩挑。木青病故后，外敌入侵纳西地。罗氏夫人慨然说："彼以我新遭丧，子在襁褓，妇人无能为耳!"好个罗氏妇人，她披上铠甲，跃上战马，身先士卒，带领木氏土司兵一举击溃了敌人，给木增做出了表率。这证明了木氏土司哪怕是孤儿寡母，在非常时期，也同样可以迸发出超强的能力、非凡的勇气。

《木氏六公传》载："（木）增生而秀异，如琼林玉树，迥出风尘之表。"木增年少时已经熟读经史典籍，文学修养极佳。在木氏土司诗人作家群中，木增的著作颇丰，内容丰富，题材多样，有诗词歌赋、随笔小品等，多数编订成册，付梓问世。有《云邁淡墨》《山中逸趣》《竹林野咏》等。

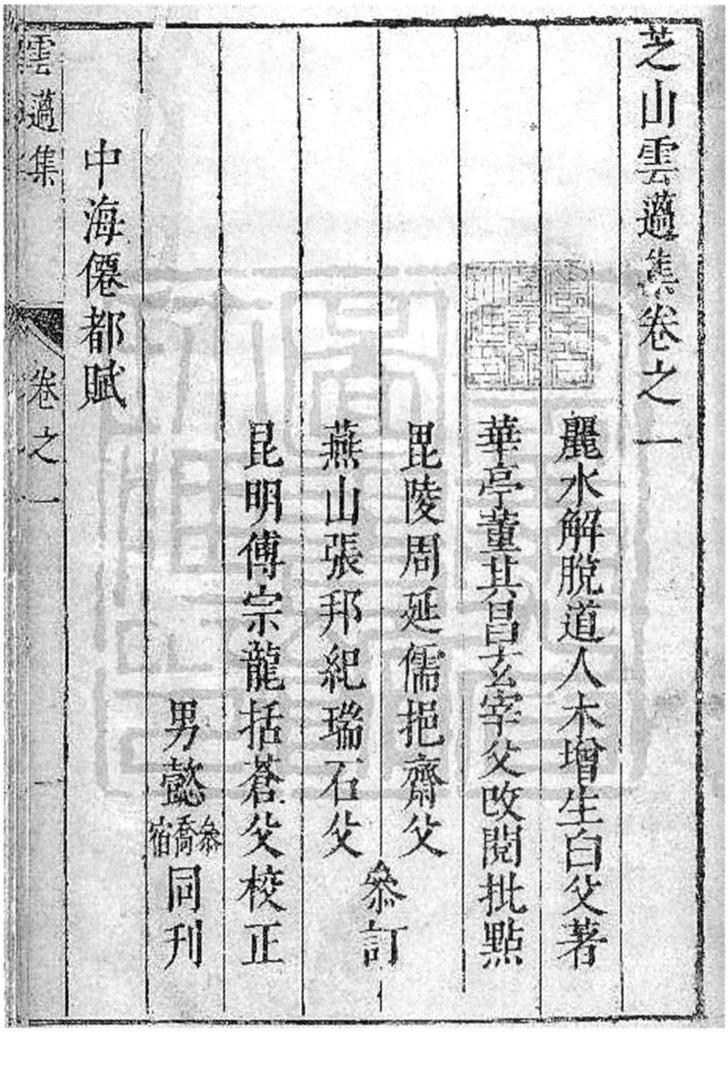
芝山雲邁集卷之一
麗水解脱道人木增生白父著
華亭董其昌玄宰父攷閱批點
毘陵周延儒挹齋父
燕山張邦紀瑞石父　叅訂
昆明傅宗龍括蒼父校正
男懿 宿喬叅 同刊
中海僊都賦
雲邁集　卷之一

图 4-29《芝山云邁集》内页

图片来源：木府提供

综观木增的诗作，我们会发现，他博采众长，广泛吸收前人优秀作品的长处，尤其是晋、唐、宋时期大师巨擘们的诗艺精华，形成了自己的一代诗风。明人蔡毅中所撰写的《云南木大夫生白先生忠孝纪》中说：

喜静摄寡，声色绝玩，好游神澹泊，积书千箱，手不释卷，徽尘英轨，翩翩儒者。以故中国贤士大夫乐与之交，绝域之向风者至，裹六月粮以候一面，此则古今边吏所莫敢望者耳。

这给我们大体勾勒出了诗人木增的形象。他虽然贵为一方土司、封疆大吏，但沉静好学，家里的诗书典籍汗牛充栋；他又不喜声色，只好读书，体现了一派儒者风范。以至于各地的贤士文人，均以与木增交朋友为幸事，甚至不惜自带盘缠食粮，排队在木府外面等候召见。不是因为他的权势，而是由于他的文才与做人的品质。

蔡毅中还评论说木增的诗“古似陶沈，律如李杜，奇丽似商隐”。这绝非溢美之词。陶渊明、沈潜、李白、杜甫、李商隐等诗坛泰斗对木增的诗作影响极为深厚，使其文脉一袭相承，风格又独树一帜。论想象力的丰沛广袤、胸襟的博大深远、意境的浪漫灵动，木增的诗可与诗仙李白的诗堪比。如《文笔凌云》：

东壁图书照丽阳，湖边文笔碧霄翔。
峰常绚彩何须梦，天自书云为纪祥。
列岫层峦皆几案，行云流水尽文章。
巨灵千载题春雪，始信如椽出大方。

该诗想象奇诡，气势磅礴，飘逸浪漫。湖水、山峦、风雨、行云、春雪，在诗人的笔下奇妙组合，呈现出一幅江山如此多娇的动人景象，既体现出了诗人对故乡大地的热爱和真情，又抒发了诗人的豪情壮志。据说木增才华横溢，激情丰沛，一个题目，也能让他文思泉涌、信手拈来，一口气可以写上二三十首同题材的诗歌，足见木增诗才之高、激情之浪漫。

“文以载道”是历来中国的文人士大夫所追求的为人、为文风范，木增也不例外。虽然身处边疆，贵为土司，但常怀忧国忧民之心、忠君报国之志，在木氏家族历代土司中，木增最为赤诚忠勇。从木增的诗作中，我们也可读出这一代土司的拳拳报国之心。比如这样的诗句：

王师经岁遏胡尘，每读邮书为蹙频。
万里遐荒输夙悃，九重浩荡沛新纶。
疏庸忝负封疆寄，报称还期戎狄宾。
树绩鹰扬经略在，须臾饮至慰枫宸。

木增所处的明朝末年，正是朝纲不举、内忧外患的年代。京城的崇祯皇帝，关内要应付李自成势如破竹的农民起义军，关外要对抗清军的百万雄师。国家战火连绵、狼烟四起，已经濒临国破家亡、改朝换代的历史转折时期。但木增面对这破败的国运，仍然“居庙堂之高则忧其民，处江湖之远则忧其君”，大有“先天下之忧而忧，后天下之乐而乐”的儒士风范，从中原汉地传来的消息，总是让他为国家民族的命运忧心忡忡。因为他早就看到：木氏家族的命运是和明王朝的命运紧密联系在一起的。如果大明王朝社稷不保，那么他木氏家族苦心经营了几百年的江山，“覆巢之下，焉有完卵乎?”

主忧臣与辱，师众饷尤多。
薄贡惭毛滴，天恩旷海波。

木增最知道君臣之纲，是知恩图报的忠臣。他在国难当头之际，恪尽一个臣子的职责，先后主动向朝廷贡献银子4万多两，期望既让崇祯皇帝明了自己的一片忠君报国之心，又能以这区区薄银，为朝廷分担点忧患。他还像中国历代的许多忠臣一样，上书言事，进谏兴邦。针对当时国家的实际情况，木增在写给皇帝的《陈言十事》中规劝崇祯皇帝，要注意10件事情：1. 遵守先祖法度；2. 爱身修德，去声色；3. 体恤爱民，减少赋税；4. 任人唯贤，薄责厚施；5. 广开言路，优容直臣；6. 详察亲访，明辨是非；7. 慎用刑罚；8. 赏罚分明，讲究信用；9. 平定辽东大患，和周边国家搞好关系；10. 重视孔子之学，这是国之根本。

这10条建议，连为木增写过传记的蔡毅中也感叹道：“言言中窾，语语当机，即古名臣奏议，孰能过之?”朝廷为了表彰木增的忠君之心，特地钦赐“忠义”牌坊一块，后来又升木增为云南布政使司左布政。木增从一个地方土司，被朝廷任命为类似于我们现在所说的“省级干部”了。

但木增也许已经意识到朝纲颓废，国家衰败，明朝的江山行将不保了。他作为一个边陲土司，为朝廷尽的那点绵薄之力，已不能挽狂澜于既倒，扶大厦于将倾。他的消极悲观思想，也许就是在这种时代大背景下产生的。让我们来看这样的诗句：

何年得御朝簪去，布袜青鞋去世氛。

会心何必多探讨，独爱玄同契老庄。

木增的厌世、厌政思想在这首诗中表露无遗，朝廷的官我不做了，官服冠帽也不穿戴了，给我一身布袜青鞋，让我到一个远离人间烦扰的地方去吧。那么，这样的地方是如何一种境界呢？请看木增的另一个诗作：

我爱山幽逸，天开面面图。

瑶空凌雪窦，玉液漾风湖。

钓笠晴依浦，樵歌暮在途。

隐沦清绝地，处处是仙都。

令人惊讶的是，木增是这样想的，也是这样做的。在他 38 岁富有春秋之年，竟然将土司的位子传给自己的儿子木懿，自己到芝山解脱林读书作诗，过闲云野鹤的隐居生活去了。他向往的生活方式也非常自然、纯朴，一首风趣幽默的《衣破风补》，道出了木增归隐后平和淡泊的草根心态：

著得轻裘笑破衣，笑侬衣破被风欺。

若然捉得清风补，温暖千秋似一时。

他这一退隐就是 20 多年，真的过上了一种“目接溪山绣错，嚼梅以除俗气，煮雪以清烦襟”的隐士生活。

一个被明中央王朝诰封为中宪大夫、云南布政使司左布政、四川布政使司左布政、太仆寺正卿、资治少尹，官居三品，官高爵显，拥有云南疆域 1/6、势力广及川滇藏三省区的声名显赫的大土司，说不干就不干了，这是为什么呢？

木府现在收藏有木增一副对联真迹，对我们认识木增其人，以及其退隐之谜，或许有所帮助。其联曰：

谈空客喜花含笑，说法僧闲鸟乱啼。

该联暗藏禅机，意韵空濛，如果不结合木增本人扑朔迷离的人生归路，后人很难理会其深刻底蕴。

要读懂这副对联的深刻含义，我们应结合当时的时代背景来思考，我们不应忘记木增时代堆积在中原上空的历史烟云。李自成的农民起义军已如江河之水，席卷华夏大地，明王朝已是穷途末路、摇摇欲坠。作为一个将自己的命运和民族的兴盛同中央王朝紧紧相连的土司，木增不能不对明王朝的命运深感担忧，况且他刚刚于崇祯十二年（1639 年）送走了自己的朋友徐霞客，明王朝破败的江山社稷情况，木增一定向徐霞客打听了不少，在他看来，国破家亡似乎是不可避免的了。木增除了一腔悲切失意、回天乏力的忧忿之外，还能有什么作为呢？木增在临退前还给崇祯皇帝上书，倾诉自己的忧国忧民之志，还敬献白银 1 万多两，以济朝廷平息东北兵患之用，但这无疑是杯水车薪了。

大明皇帝对木氏土司家族的惠泽，有如再生父母般恩重如山，看看那些由朝廷送出的皇帝亲赐给历代木氏土司的御笔，还有那些金匾、联，金腰带等等赏赐，木增怎能不感世伤怀？怎能不哀叹世运不济、天不造我？作为西南少数民族地区的一代枭雄，他又怎能面对“国破山河在，城春草木深”的最后结局？

于是，木增选择了逃避，选择了归隐。

民间有这么一种说法，丽江的玉龙雪山有十三峰，其中一峰叫生白峰。1996 年“2・3”大地震之后，人们发现生白峰塌陷了。生白就是木增的号，传说木增土司后来得道成仙，成了生白峰，民间还传说木生白说：“金沙江断流，玉龙山崩塌的时候，我又要重回人间。”

明人蔡毅中在为木增所写的传记中，在写到木增退隐这一段时说：

会大夫（木增）以劳瘁积疾，雅有山林之志，移文告致当路，慰留愈殷。其辞愈恳，中丞乃代为奏，时大夫已隐芝山矣！[①]

木增“雅有山林之志”，寄情山水，当然是他的禀性使然。但我们认为，还有一个重要的原因是：木增是有骨气之人，“不事二君”是他效忠明朝君主的最后决策。他不愿看到自己随同明王朝的江山，一同沉入历史的深渊。在明亡之时，“江南有李香君，丽江有木增”，这是后人对木

① 方国瑜主编：《云南史料丛刊》（卷五），云南大学出版社 2001 年版，第 561 页。

增退隐的解语。

如果对毁灭性的打击不能抗击，不能避免，那就自己先放弃。这不是服输，不是逃避，而是面临苦海深渊前的毅然解脱。非有大智慧，不能出此“全身而退”之策！

我以为，木增无疑是一个智者。

当年谁能透过木府的豪华盛宴看到“乔木世家”的衰败呢？大约木增看到了，而且是透过中央王朝日薄西山的衰亡之气看到的。

木增的退隐虽然充满智慧，但绝对悲凉、凄迷。他留给世人一个在历史的烟尘中倏然消失的孑然背影，我们永远看不到他满脸的沧桑——或许因为他太聪明了，压根儿就不想让世人看到。

木增在“地僻迎宾少，山深识鸟多”的山林里，把这些朝代更替、争权夺利、患得患失的人间烦恼，早抛到九霄云外，自己找高人韵士“谈空”“说法”去了。

徐霞客在给木增的诗集《山中逸趣》作的跋中，对木增的评介应该是最为中肯的，其文曰：

丽江世公生白老先生，夙有中山逸趣者何？非天下皆劳而我独逸？

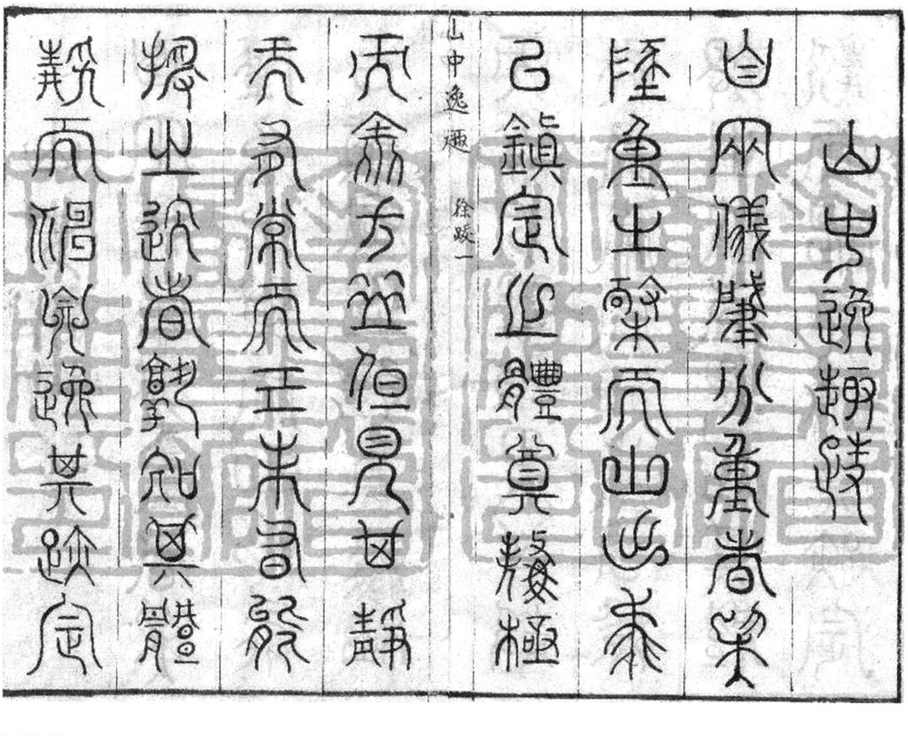
山中逸趣　徐跋一

图 4－30《山中逸趣》跋

图片来源：木府提供

天下俱悲而我欲趣？即以天下之劳攘还之天下，而我不与之构；以我之镇定还之我，而天下阴受其庇。与山之不能相忘，我欲迹之。是山非天下之山，乃我之能镇能定之山也。多山非我一方之山，乃天下之山，而为镇能定之山也。①

徐霞客勾勒出了一个跳出世俗红尘，归隐山林、寻求解脱、以天下之山为己爱的离任土司形象。权势和欲望、富贵与荣华，都是人一生难以解脱的欲望，也是人一生难以摆脱的劳役和烦恼，木增却智慧地解脱了。

根据《木氏宦谱》记载，木增于明天启四年（1624 年）把土司位让给其子木懿，自己“静摄芝山”，打坐参禅，吟诗作赋，过着闲云野鹤般的宁静日子。清顺治三年（1646 年）逝世，终年 59 岁。

第二节　苦心营造貌王宫

当年徐霞客的一句“宫室之丽，拟于王者”，让我们大体可以推想出木氏土司官邸的宏伟气派。在数百年来历代木氏土司的苦心经营下，木府建筑的富丽堂皇、典雅恢宏，在当时的滇西北乃至云南，可以说是首屈一指的。只可惜明朝以后，丽江历经战祸，木府几多磨难，木府的原貌早已荡然无存，但我们还是能从只言片语的史料记载、木氏后人的回忆描述中，在国泰民安的清平盛世，为弘扬民族文化，重建木府辉煌，还原给大家一个较为完整的木府，提供一座清晰的历史上的木府。

明朝时代的木府，大体包括了两个部分。一是木增以前历代木氏土司所建的牌坊、木氏勋祠、木家院等建筑；二是木增时代扩建的从石牌坊到狮子山脚下的五凤楼等一系列坐西向东的宫廷式建筑。

需要特别说明的是：我们在这里描述的是木氏家族最强盛时期的木府，也就是木增时代的木府，因为它集历代木氏土司建筑之大成，又最具有代表性。恢复重建的木府是以木增时期的木府为蓝本的。

我们先来看当年木府的位置和占地情况。木氏家族在元、明两代世

① 杨林军著：《徐霞客与丽江》，云南美术出版社 2007 年版，第 165 页。

袭土司知府的官邸，坐落在丽江古城狮子山南侧山坡及坡脚一带，占地面积达一百亩。整个官邸背靠狮子山，面向古城民居和广袤的丽江坝，穿越古城而过的玉河的西河紧紧环绕着木氏宅邸的东、南、西三面，像一条天然形成的护城河。据说在明朝时，这条河既是木府的防护河，也是木氏家族的风水河，任何人不得开沟引水。因此我们可以想象，当时玉河的西河肯定比我们现今看到的宽阔，水量也丰沛许多。

木府所在的地势，由东向西，渐次升高。木氏家族将这片土地一分为三，最西面建造府署，作为木氏官衙；中间是木氏家院，作为私人宅邸；西面依山就势，建造北花园和南花园两个私家园林，作为后花园。由东向西，石坊院落、楼台亭阁、家院大屋，沿一条中轴线次第展开，这就是木府的总体布局。

下面，我们分头简述明时木府的主要建筑及其特色。

我们先从木氏官邸的府署及外围谈起。府署前面最夺人眼目的石牌坊是在木增时代建设的，一直保存到20世纪60年代，可惜在“文化大革命”中被毁。过去丽江人习惯称之为“忠义坊”，因为这座牌坊就是木增在得知朝廷危难之时，主动给皇帝上了个奏章，贡奉给朝廷1万多两银子，以急朝廷不时之需后，得到皇帝赏赐而建的。《木氏宦谱》甲种本中记载：

（万历）四十六年自备马匹方物，差人赴京进贡，恭庆圣寿，钦赐及妻纻丝彩缎钞罗表里靴袜等项，并请给镇边敕一道祇领讫。本年辽阳大警，饷银一万解京，户部移咨兵部具题，蒙圣旨刊载事例，通行天下，蒙吏部复题，钦加三品服色，赐花币银三十两……四十八年，助银一千二百解京，军前买马，蒙钦赐“忠义”。①

我们看到，木增与朝廷的关系是非常密切的，从万历四十六年到四十八年（1618—1620年），每年都要派人进京进贡，“军前买马”，那可算得上是救急之钱了，尽管不是很多，但其心可嘉。皇帝当然龙心大悦，钦赐“忠义”二字给木增，以表彰其赤诚忠勇。木增为此专门修建了这个牌坊，以彰显自己的尽忠报国之心。史料记载这座石牌坊“高数丈，

① 《木氏宦谱》甲种本，第47－48页。

图 4－31 忠义坊
（石牌坊）
图片来源：木府提供

栋梁斗栱，通体皆石，坚致精工，无与敌者”。建筑学家刘敦桢于 20 世纪 40 年代到丽江考察，目睹了破败的木府，描述其主体结构为：

坊三间四柱六楼，明间面阔较巨，其柱与楼亦较次间为高，柱皆通天式，以狮、鱼及抱鼓石自前后夹持。每间于龙门枋及额枋上，施绦环板及楼各二层。下层之楼仅为前后坡顶，上层改为庑殿顶，且将山面之檐，绕至柱外，为最鲜见。檐下斗栱，下层二跳，上层三跳，皆具斜栱，又于跳头上置三幅云，与当时建筑作风，大体符应。

这座石牌坊应该算是木氏土司府衙的门面，既有建筑美学上的价值，又有政治含义，表明了历代木氏家族与中央王朝的紧密关系。因此它建造得精美坚固、大气磅礴。它的许多工艺造诣，今天我们都很难达到。

作为石牌坊的附属设施，其前的玉水西河上有一座石拱桥，据有关史料及民间传说，它是仿造北京天安门前的金水桥造的，是一座拱砌圆桥，桥面中间高两头低，因此老百姓又叫它“高低桥”或“马鞍桥”，官方则称之为“玉带桥”。石牌坊后面则有一圆形大池，池边置杨柳，池中养荷花，池水游金鱼，令人赏心悦目。据说这池子是人工挖掘出来的，本也非有意为之。当年建石牌坊，又没有现在的钢管脚手架，采用的是“堆土”建筑法，牌坊建多高，周围的土堆就堆多高，以便于施工。牌坊建成了，后面就形成了一个大坑，沿边砌堤，引水灌之，便为一人工小湖了。

绕过池子，是一广场，广场边有一坐北朝南的五间大木楼，此楼称为"护法楼"，即现在我们恢复重建的"护法殿"，其中间开一门楼，与石牌坊中间的一道门相对应，内还有一院子，叫"护法院"。这幢建筑内外皆为斗栱构架，做工精细，雕饰细微，高大庄严、威风八面。中间三道朱红色的大门，中门上书"世系丽江分府"，北门上有一块横匾"辑宁边境"，南门上也有一横匾"乔木世家"，均为明朝皇帝钦赐，上面还有朝廷印鉴。"护法院"为木氏土司处理军机要务的地方，大门前还有一对石狮子，以显其威严勇武。

在池子的西侧，为玉音楼，它是一栋五间三层的大房子，其时丽江的楼房很少，三层高的楼房已很罕见，因此人们俗称为"三层楼"，前人形容它"雄伟奇丽，称甲于滇西"，可见这幢建筑之地位。玉音楼是木氏家族专为皇帝祈祷祝福的场所，是精心建造的为表自己忠心的"万岁圣位，为祝厘所"。有一匾额上书"天威咫尺"，在《木氏宦谱》甲种本中，我们可以看到，木增每逢初一、十五，都要穿上三品朝服，到玉音楼叩拜皇帝的圣位。

图 4－32 钦赐"天威咫尺"

图片来源：木府提供

木家院是木氏土司的生活区域，位于整个木府布局的中间部分。为一进三院的建筑格局，房屋均为平房。其院的大门为三间大门房，门檐也有斗栱雕饰，从大门进去，便是一小院，称为头院；头院接第二院，也有三间中门，一大二小，但这三道门不经常打开，除非遇到重大事情和贵客驾临；人们平常由二院的东南、东北角的两扇侧门进出；第二院与第三院也有三扇门，同样不轻易打开，由第二院的南北走廊通往。第三院正中即是木府大堂，为木氏家族处理家务事之重地。木氏土司平常都住在第三院，有南、北两宅。其余房屋为木府内的管家、执事、奴仆、守卫的士兵等居住，木氏家族的亲戚都没有资格住进木家院。因为历代木氏土司有严格的规定：木府只允许世袭者使用，其余木氏家族的非世袭者，都必须搬到外面去住；而且非世系的木氏后人，头两代可以姓木，第三代就改姓阿，第五代后就得改姓为和了。也就是说，按“官姓木，民姓和”的丽江风俗，他们也变为平民百姓了。

在木家院背后，狮子山的前面，便是木公在位时修建的木氏勋祠，它也是一座坐西向东的一进三院的四合院。木公修建木氏勋祠的目的在其专门为之写的《建木氏勋祠自记》中说得很明白：

先代建功立业之显官，我所世授禄，我所世享政，我所世出谱，我所世系土地人民，我所世有德之祖宗，而延及后之子孙者，非无本也。我子若孙……如不知朝廷之恩，祖宗之德，虽继有今世之荣，则何用矣！于是募工，始创木氏勋祠于黄山（即狮子山）之阳，以妥祖宗之神，俾克享春秋祭祀。①

应该说明的是，木氏勋祠与一般世家的宗祠还不一样。因为木公只把对木氏家族有突出战功和业绩的先祖供奉在勋祠内，而不是把每一辈先祖都请到。“木氏十六世画像”，则是木氏家族在勋祠中祭祀祖先时必备之物，因为他们都是家族中文治武功显赫的先祖。木公在其“自记”中还为木氏后嗣规定了家规戒律：

后之子孙，念祖宗之艰，述我所为善。内不可耽于酒色，外不可荒于犬马。惟立身行己，克恭克敬，勿亵尔神，勿怠尔心，学书学礼，忠

① （清）管学宣、万咸燕纂：《丽江府志略》，丽江印刷厂1991年印刷，第235－236页。

君至恳，爱民至专，孝亲至勤，祀神至诚，训子至要。此五者，蓄诸于内而行诸外，垂诸子孙，庶几永久勿替。

据此可以相信，木氏家族的家规向来是很严厉的，上敬祖先，下训子嗣。唯有这样，这个庞大的家业才能一代接一代地传下去。因此，木公对勋祠的修建十分看重，专门从大理请来有名的石匠负责土木砖石，勋祠内各院落、各大小门上的所有匾额、对联，也由木公亲自题写。据史料记载，一进三院的木氏勋祠分为正院、北院和南院，共有31间房屋。

万卷楼过去叫"三层楼"，是木氏家族的藏书楼，建于明嘉靖九年(1530年)。其结构为殿宇式三层楼，借鉴了中原殿宇建筑风格，雕梁画栋、古朴典雅，汉白玉栏杆环绕四周，整幢楼宇古色古香、富丽雄伟。

据传，万卷楼的一楼为木府弟子学习诗文的场所，二楼、三楼为木府藏书的书库，其书架高达六层，环列四周，井然有序。不管是哪一代木氏土司，万卷楼里除了不断从汉地请来的、进进出出的教习土司弟子汉文诗歌的先生外，还有一名专职的图书管理员，负责将土司从中原汉地购进来的各类图书分类、标目、归整，并负责借阅等工作。万卷楼的图书在明末木增时代已达3万多册，其大部分是历代木氏土司派人到中原各地采购，通过马帮驮运回来，另外还有一部分是省内外各地的诗人文友赠送给木氏家族的。木氏土司诗人作家群如木泰、木定、木公、木高、木增等的诗集文稿大都存放在万卷楼里。他们的诗集都送到江南一带去请人刊刻，再走驿道运回。到明中期以后，木氏土司开始在芝山解脱林自设刊印所，专为土司诗人作家群的文稿刊刻使用。

万卷楼的藏书也很规范、丰富，经、史、子、集各类要籍基本上都有收藏，堪称一个藏书丰厚的图书馆。

玉音楼（小五凤楼）位于狮子山坡脚，是中轴线上地势较高的一个点。因此五凤楼看上去居高临下，高耸云端。它与芝山的五凤楼有一样的结构，只是比它小一些，更精巧玲珑一些。据说木府里的五凤楼地下铺汉白玉，木料全部用香木，门窗均有雕饰，也极其奢华。木增在五凤楼还没有竣工时就退隐了，五凤楼里供奉的是玉皇大帝的牌位，平常闲置的时候较多。

图4－33　玉音楼
图片来源：木府提供

此外，木府里还有一些建筑，如光碧楼、寿星楼等。这些建筑群落在木府里井然有序，排列整齐，无不处处体现出木氏土司家族的威严博大与强盛势力，也难怪徐霞客要发出这样的感叹："闻其内楼阁极盛，多僭制，故不于此见客云。"

"僭"在中国古代是一种犯皇权的越权行为，即"僭越"，凡有"僭越"之罪的，不但乌纱帽会被拿掉，脑袋都可能不保。京城有一个紫禁城，你在丽江也搞一个"仿紫禁城而制"的木府，当朝天子要是查到了，龙颜一怒，木氏家族的灭顶之灾就来了。因此，木氏土司从不在木府接待任何来自朝廷的大员官吏，哪怕是朝廷来的赏赐圣旨的官员，甚至钦差大臣，都是派人到丽江与鹤庆的交界处邱塘关迎接。木氏土司敢在自己的府邸越权犯上，也是拿捏准了自己山高皇帝远，与中原交通不便、信息不灵，只要与皇帝搞好关系，随时进贡、表忠心，让遥远的皇帝知道自己在滇西北这片土地上恪守着"屏藩""戍边""擒贼"等职责就是了。然后，自己关起门来做"闭门天子"。因此，把木府建造得"宫室之丽，拟于王者"，也就无关紧要了。

第三节　巍巍木府成焦土

再封闭的社会制度，终是要被打破的，这是人类社会发展史的必然。因此，不要说一个家族的事业不可能富贵绵延，永传后人，就是一个王朝，也没有代代江山万年传的道理。木增退隐不到几年时间，即公元1644年，明王朝的京城被李自成的农民起义军攻破，崇祯皇帝自缢于煤山，明亡。

同年，清军入关，清王朝建立。

两年后，云南各民族矛盾激化，全省陷入战乱状态。失去了大明王朝护佑的木氏土司家族，再也没有了往日雄风。南明王朝虽然还在中国的南方一带负隅顽抗，但已是穷途末路。国不可一日无君，在新的统治者还没有平定江山的情况下，必定是最为动荡不安的年代。清顺治四年（1647年），丽江城和木氏土司府被“流寇”打破。这应该是木氏土司家族的奇耻大辱，但我们在《木氏宦谱》甲种本中看到的是客观到近乎悲凉的描述：

丁亥年，流寇首乱，搜掠历代所赐金银牒物并敕诰，俱被罄尽，地方焚掠一空。幸云开见日，苟全性命，以保赤子。①

元明以来，木氏土司家族征伐四方，威风八面，只有人家的城池被打破，从无自己的家园被焚毁。现在真应了那句老话：风水轮流转，此一时彼一时也。木氏土司家族两个朝代以来的好运到了头，开始走下坡路了。家族数百年来尽忠报国所赢得的那些来自朝廷的牌匾、封赏的文书，皇帝钦赐的礼物等，都被这帮“流寇”搜刮一空了。在这兵荒马乱的岁月，木氏家族的后人能保存性命，已是大幸。

好在顺治十六年（1659年），吴三桂作为平西王率领清军入滇，荡平了各路“流寇”。大军压境之下，土司木懿向清王朝“争先投诚”，以图寻找新的靠山。

历史总是有惊人的相似之处。在元、明、清三个朝代更替之时，木

① 《木氏宦谱》甲种本，第52－53页。

氏土司家族总是及时地站在代表中央王朝势力的一边。元朝时木氏家族的阿琮阿良在剌巴江口率领自己的兵马列队迎接忽必烈，获得忽必烈的赏识，其后被授以“茶罕章管民官”，从此让木氏家族成为朝廷官吏。明朝时木氏家族的阿甲阿得“率众首先归附”，由此开创木氏土司在有明一代的辉煌，并获得皇帝钦赐的“木”姓。现在清军来了，饱受战祸之痛的木氏土司家族传人木懿也能审时度势，一方面要维护国家统一，另一方面为保证拥有木氏土司的地位和权力，于是就主动向清王朝示好。

图 4－34 木懿像

图片来源：木府提供

吴三桂虽然接受了木懿的投诚，并在第二年批准木懿“仍袭土知府之职，管理原地方”。但吴三桂是一个有自己打算和阴谋的人。作为降清的前朝大臣，他知道清朝廷对他不会十分信任。但为了博得朝廷的重用，吴三桂采取的是“不可使滇一日无事”之策略，反正云南山高皇帝远，朝廷好欺瞒。吴三桂的治边政策不是安抚各路土酋，而是制造事端，甚至暗中串通吐蕃，借机生事，以向朝廷证明云南没有他吴三桂不行。木懿不幸成为这种策略的牺牲品。

根据《木氏宦谱》甲种本记载：

吴逆（吴三桂）到滇，心怀不轨，欲结吐蕃以为外援，见丽（江）所辖地方，防御严密，公（木懿）素秉正直，每被逆鳞，吴逆怀恨，突于康熙丁未年（1667 年）行谕，着备士兵一千名，公推故不从。是以将元朝所赐历代掌管镇边金印之一颗，三台银印一颗，一并严追去讫。次年又将原管江外照可、你那、香罗、鼠罗、中甸五大地方，割送吐蕃，以为和好之计，而钱粮累公赔纳。①

在吴三桂手下，这土知府是没法当了。祖先过去打下的地盘，被无端割送，但该上缴的税款钱粮，还一文不少地要缴。这种来自上方的刁难可能是历代木氏土司从来没有遇到过的，而木懿又是一个刚直不阿的人，要论玩权谋花招，他哪里是一代枭雄吴三桂的对手？许多云南的大小土司，都在吴三桂的淫威下屈服了。《木氏宦谱》甲种本又说：

彼时滇省大小土司，尽授伪职，争换札付，以媚吴逆。独公坚持清白，札屡次严追，宁死推托不缴，留与子孙，以彰忠义。吴逆尤加怀恨，令公结连吐蕃，以为内应。而公固守，始终不移，吴逆只得押令公御事，以应袭木靖委署府事，管理地方，遂诬公以私通吐蕃，拿赴云南省城囚禁七年，几为倾陷。

吴三桂反叛清廷并不是一时冲动之举，当年他在山海关镇守边关时，因为心爱的女人陈圆圆被李自成的部将所掳，“冲冠一怒为红颜”，引清兵入关，由此改写了中国的历史。但这次反叛，不是为女人，而是为自己的权势和野心。或者说，为了保命。他深知中国历代王朝在开国之后，对拥兵自重的肱股之臣的打压追杀。所谓“飞鸟尽，弓箭藏，狡兔死，走狗烹”，更何况吴三桂还是明朝降将，尽管为大清王朝鞍前马后，立下汗马功劳，但他的“血统”不纯正，也就注定他迟早有一天会被主子抛弃。因此，吴三桂一方面加紧在云南制造事端，以使朝廷离不开自己；一方面又做反清的准备。他并不是真正为了恢复明朝的江山，而是为了一己之利而已。

吴三桂在做谋反的准备时，见木懿不从，又使了更坏的阴招，命令木懿勾结吐蕃为内应，一同反清。这是吴三桂玩弄的双刃剑，木懿若从之，是叛逆朝廷之罪；不从之，则是忤逆上峰之罪。但木懿宁可冒犯吴三桂，也要保持气节。吴三桂最后只有贼喊捉贼，将木懿拘押到昆明。

康熙四年（1665年）后，吴三桂在昆明谋反，云南各地再度陷入战火之中。康熙二十年（1681年），清军终于平息了吴三桂的叛乱。在朝廷的平叛战斗中，木氏家族始终站在中央政权一边，继位的土司木尧积

① 《木氏宦谱》甲种本，第53－54页。

极协助朝廷的军队追剿吴三桂的叛军，甚至“调集夷民万余，谨守堵剿”，为平叛战斗贡献自己的力量。战事平定后，朝廷派来平叛的“定远平寇大将军”固山贝子也在写给木尧的晓谕中赞赏道：“点集部民，预防堵御，足见该府怀忠抱义、为国效力之心。”

平心而论，在清朝初期，木氏家族对中央朝廷忠心耿耿、赤诚报国，像木氏家族的先辈一样，为维护国家民族的统一，做出了自己巨大的贡献。木尧之后的木兴叔侄，率兵五百，跟随去西藏平定叛乱的清军，为其运送粮草，侦察敌情，逢山开路、遇水架桥，立下生死功劳。但清廷内部的尔虞我诈、钩心斗角，也殃及木兴父子。四川总督年羹尧因与云贵总督蒋陈锡治边政见不合，导致年羹尧迁怒于木兴父子，上奏朝廷诬告木兴，再加之进藏一路风餐露宿，积劳成疾，木兴竟然在从西藏回来后“惊悸成疾，食不下咽”，一命呜呼。

随同伯父木兴一同前往西藏为朝廷效力的木崇，也因在藏地的征战中“卧雪餐霜，复染寒湿，遂成浮肿症”，回来不到两年，也病死在丽江。

清初，木氏家族本来运势已衰，家族内部也钩心斗角、争权夺利，特别是朝廷又在边疆民族地区推行“改土归流”政策，以稳定边关、加强统治，从而木氏家族受到沉重的打击。所谓“改土归流”，是清政府对边疆少数民族地区各世袭土司推行的一种改革创举，即将世袭的土知府降格为土通判，受流官知府管辖，听话就让你干，不听话我就拿办你。“改土归流”后，土司不再是权倾一方的实权人物，而只是流官知府下面的一个下属官吏了。

为了对丽江木氏土司家族进行“改土归流”，当时的云贵总督高其倬专门给雍正皇帝写了一道奏疏，先将木兴叔侄随清军进藏的功劳抹杀，还诬陷其乱杀已归顺的吐蕃土酋，然后笔锋一转：

木兴前罪未惩，木钟又不能胜任，不但法宪未允，且恐误地方。丽江府原设有土知府一员，流官通判一员，今照云南姚安等府之例，将知府改为流官，将通判改为土官，一转移间，实有裨益……①

雍正皇帝朱笔一批，从元代以来世袭土司职的木氏家族，便再也不

① 参见乾隆《丽江府志》，第228页。

能官袭原职了。木氏第38代传人木钟，就由土知府降为土通判。至此，木氏家族经历元、明、清三朝22代共470年的土司地位，终于画上了一个凄凉的句号。

客观而论，并不是木钟没有守住祖先的荣耀和产业，而是社会发展使然。改土归流是中国封建社会缓慢向前发展的一大进步，尤其是在边疆民族地区，它对国家统一、社会变革、生产发展、文明传输、民族交融、文化发展等都有着极为重要的意义。对木氏土司家族来说，这或许是一场悲剧，但对一个民族来讲，则应该看成是一次进步之举。

木氏家族第38代传人木钟，从其父辈身上承袭到的不是荣华富贵，而是颠沛流离的生活和家破人亡的打击。木钟从小被送到姚安高家抚养读书，后来高家将木钟招为女婿。木兴叔侄相继病亡后，木钟经族人推荐，回来执掌木氏家族，可刚一上任就遇到“改土归流”，承袭土通判职。但他只当了40多天的土司，虽然日夜操劳，奔忙家事国事，但这个家族已不被朝廷待见。木钟被朝廷委派的流官知府杨馝借故使往剑川，又无端被软禁。杨馝到丽江来任职，要推行“改土归流”的新政，首要之务，就是要打压木氏家族的威风。《木氏宦谱》甲种本记载：

督宪盘查交代（木）兴（木）崇两任，亏空公项，万有余金，现在严追等文。复借亏空之名，将十二里住居祖宅，折为衙署，以及兵丁营盘。其祖遗典卖之庄田，官给凭据，各处加找未卖庄田，尽数归官。家人尽数入里为民，孳生牛羊干地折租银两，作为合府公件。

木氏家族的后人看待这样的变革，当然是站在本家族的立场上，对杨馝在丽江推行的新政，颇多微词而无奈。祖宅被拆毁，庄田被没收，家中奴役解放为平民，牛羊土地，折租银两。自“改土归流”后，丽江的纳西族社会的确迎来了一个新的发展时期。木氏土司家族的封建领主庄园被废黜，流官知府劝农桑，修水利，引进汉地麦种，发展农业生产。同时“设义学”，推广文化教育。木氏土司家族以崇尚汉文化、知诗书好礼守义而著称，但是这只是限于土司贵族世家，老百姓是没有读书的权利的，可以说木氏土司家族在元、明两代统治纳西族几百年，实行的是“木氏有学，民间无学”。“改土归流”以后，丽江第一次有了孔庙、府学、书院等教民众习文化的场所。

时代的变迁、新政的推行，让这个“乔木世家”不再享受朝廷的庇荫，大权一旦旁落，家产财富就不用提了。当杨馝在丽江大搞“改土归流”之时，木氏家族代代富贵的丧钟就敲响了，《木氏宦谱》甲种本中凄凉地为木钟唱了一曲挽歌：

公在剑川闻之，家产破尽，顿足捶胸，由此不能进食，渐成痼疾，气昏无言，以至卧床。雍正三年，帮回到屋，至七月到家，三日后身故，计公委任土知府及授通判职，约有两载，中间危疑忧患，内外交攻，以至终日扼腕，竟含泪而赴九泉，诚可慨也。

就木钟个人的命运来说，自然是应该扼腕叹息的。他并不是一个横征暴敛，或者荒淫无度、不修政事的土司，他只是刚好赶上了时代变迁、改革的年代。他个人的失意并不代表整个纳西族的悲剧，恰恰相反的是，一个家族的衰败正印证了时代洪流的推进。

木钟死后，木氏后人再无中兴家业的英雄豪杰，虽然他们都继任为土通判，但他们在滇西北叱咤风云的岁月一去不复返，因为时代、社会均不给他们提供用武之地了。

木钟的继任者木德在其父逝世时，才不过 9 岁，“遭家变故，茕茕孤苦，承袭通判新职，室如悬磬，贫乏难堪……借资斧，先恢复些微产业，以供衣食”。可见木氏家族已经家室空空，财产荡然无存，衰败到不如一般人家的地步，连吃饭都成问题了。难以想象这个“闭门天子”之后是如何去感受那世态炎凉，又是如何忍饥挨饿，度过那一年复一年的贫寒岁月的。

所谓富贵如过眼烟云，木德大概感悟最深。《木氏宦谱》甲种本中说他：

为人根基朴茂，器量宏深，克勤克俭，有忍有容，不言人短，不矜己长，谦和可挹，持重不佻，且勤学好问，于经史易象诸书，殚心研究，傍通星评相术地理各家，自卜茔地，叶吉牛眠，晚年恒以琴书自娱，优游颐养，享清闲之福……

这是典型的“达则兼济天下，穷则独善其身”的士大夫情怀。可以想见，那时的木氏后人，虽然还有一份祖业微薄的收入，朝廷一介芝麻官（木德的土通判职为六品官），但怎能和往昔木氏土司家族的辉煌风光相比呢？“旧时王谢堂前燕，飞入寻常百姓家”，木氏家族的后人这时已经成了一个谦逊忍耐、沉默寡言、不言是非、琴书自娱的“闲人”了。但若不如此，他又如何保命呢？《木氏宦谱》里虽然在为他极力粉饰，家业不保，就守气节，还说他“享清闲之福”，但又有谁知道这个木氏后人内心深处的凄凉呢？

土司制度消亡了，土司便成了一个历史符号；土司的家业没有了，土司的官邸便没有了支撑。它被焚毁，被拆除，被历史的烟尘湮没，都是必然的事情。到了清朝末年，木氏家族连执行自己家规的能力都没有了，过去“头世姓木，三代姓阿，五代以后姓和”的规矩也没有人听了，众多的叔伯兄弟钩心斗角、争卖祖宗家业，甚至连木府的地基都卖。丽江在清末有民谣云：“翰林儿子不入学，屠户人家又中举，木氏天王卖地基。”

我们透过一个家族的兴衰，看滇西北各民族砥砺、交融、发展的风云；我们也通过木氏土司府宅的辉煌，看纳西族的智慧和勇敢、勤劳和坚韧。中华民族上下五千年，秦皇汉武，唐宋元明清，再强大的王朝都要经历由盛而衰的这一历史过程。更何况一个区区的土司家族，能延续三个朝代，传世几十代人，已属不易，足以令我们纳西人为之骄傲了。

鸦片战争之后，庞大的清朝朝廷也处于内忧外患之中。其时，朝廷内有太平天国义军的打击，外有西方列强“船坚炮利”的侵略，鸦片战争已经打开了中国的大门，内部朝纲颓废，吏治腐败，国势衰微，各地农民起义军如野火蔓延。咸丰年间，云南爆发杜文秀农民起义，杜文秀义军活动的中心就在滇西北一带，丽江成为官军和义军反复争夺的战略要冲。为此而遭受长达 18 年的兵燹之灾，史称“乱世十八年”。义军杀进丽江，自然要把高堂大屋的木氏土司庄园府邸视为反抗泄恨对象。当官军克复丽江之时，义军放火烧古城，木府再次成为主要焚毁目标。这次浩劫让木氏土司府邸损失最为惨重，万卷楼、光碧楼、木氏勋祠、木家院、三道门、木氏家庙通通被夷为平地。仅剩下已改为玉皇阁大殿的小五凤楼、无法烧毁的石牌坊、一座来不及点火的二道牌坊，就这三样建筑幸免于难。

本以为经历四次浩劫就能喘口气，殊不知在 20 世纪五六十年代的极

“左”思潮的影响下，仅存的房舍、石牌坊和两对石狮子也成为最后的不幸者。据20世纪50年代初在大研镇公所工作过的一位同志讲，当时大研镇公所里堆满了各种书籍，都是没收来的，他看到的很多工具书和卷轴，或许就有《木氏宦谱》和木增的那两轴中堂字，即“谈空客喜花含笑，说法僧闲鸟乱啼”与“花鸟乃多情好友，诗酒真无量福缘”。在白沙大宝积宫里板壁上裱有木家得到的圣旨、诰命、刺谕，曾有人设法去揭下，但是裱得很牢，很难揭，只揭下少数几张作资料保存。还有人见过印有木氏土司诗文的绵纸书册被撕开，用来扎酸腌菜罐做盖子。忠义坊（石牌坊）和木牌坊是明朝皇帝对朝廷有难时木氏土司输银献马的表彰和奖励，榜额上都镌刻着“圣旨”“忠义”，它也是丽江纳西族和各族工匠勤劳智慧的结晶，丽江各族人民历来引以为豪。木牌坊的榜额上镌刻着“天雨流芳”四个大字，它是纳西语“读书去吧”的谐音，多么文雅的字面，多么美好的寓意，今天读起来也并不过时，它勉励人们去读诗书，开阔视野，充实自己，提高文化素养。“文化大革命”中“造反派”把木府大门的忠义坊和官院巷口光义街上的木牌坊彻底毁灭，至此，丽江人民引以为豪的忠义坊和木牌坊在丽江消失了。

洛克在《中国西南古纳西王国》一书中说，木氏祖先邸宅有三块纪念牌，分别是张邦纪写的《木青传》，木高为其父写的《木公传》和木旺为其父写的《木东传》，这些纪念牌嵌在木家院里的墙壁上。木氏勋祠里有木公撰写的《建木氏勋祠自记》碑，此碑体现了木氏土司爱国爱民的具体要求：“念祖宗之艰，述我所为善，内不可耽于酒色，外不可荒于犬马，惟立身行己，克恭克敬，勿亵尔神，无怠尔心。”“学书学礼，忠君至悬，爱民至专，孝亲至勤，祀神至诚，训子至要。此五要，蓄诸于内而行诸外。”对子孙的这些要求，除去“忠君”“祀神”，其他的仍然是中华文明传统美德的重要组成部分。它是木氏好几代人思想的结晶，它既是规范木氏家族的行为规范，又鲜明地体现了木氏家族的价值取向。这些碑文都在“文化大革命”中被“造反派”一字字凿去，20世纪70年代皈依堂被全部拆除，80年代残留的木氏勋祠被搬到北门坡原丽江县一中北面下侧。咸同兵燹劫后余生的明代木氏建筑就这样几近全部消失。

现在我们已经难以想象其状之惨烈，其情之悲凉。那烧毁“仿紫禁城而制”的木府的大火，究竟燃烧了多少时日，才得以熄灭？丽江古城的民居以及古城的百姓，又有多少葬身于这场灭顶之灾中？兵燹之下，黄钟毁弃，玉石俱毁；断垣残壁，可怜焦土！哪里还能寻见当年木府宏伟壮丽、威仪天下的威风呢？

木府武略篇

我们以木府为主线，来阐述纳西族的迁徙路线。纳西先民由西北迁至丽江。其迁徙路线是：甘肃、青海河湟流域—四川西部—云南丽江。到丽江后的动向如何是我们要研究的问题，如现在的香格里拉、德钦、木里一带均有纳西族居住。如何解释三江并流区域的纳西族居住情况，沿途为何出现了纳西族村寨等问题目前都没有定论。但这些问题又是必须要弄清楚的，特别是要研究木氏土司就得弄清楚。

第一章　木氏土司拓展之路

木氏始祖是从金沙江以北迁徙过来的。今天的滇、川、藏交接地带均居住有纳西族，最北至巴塘、理塘。我们对这一个区域进行实地考察，它是属于金沙江、怒江、澜沧江的中上游的一个区域，这个区域内，都有纳西族村寨，这些村寨中的土著居民直到现在还在讲“我们原来是木氏土司管理下的人员”。包括现在的怒江州，凡是有纳西族居住的地方，人们都这样讲。我们先对这些地方的基本情况做一个介绍。

首先我们持这样一个观点：这样的一群人迁徙到丽江以后，就是以一种各部落散居的形式存在的，当然其中最大的是木氏先祖为首的部落。除了木氏先祖之外，还有许多其他的部落存在，各部落由酋长统领，星罗棋布。木氏土司先祖属于势力比较大的一个酋长，凭借强大的势力落脚于丽江这块地盘上。后来蒙古军队来了，他们要攻取大理国，还要打遍全国。就在蒙古军攻打大理国的过程中，木氏土司归顺了蒙古军，借他们之力，在以丽江为中心的滇西北广大地域中确立了统治地位。这样一来，木氏土司在经济、军事、文化等方面受到了蒙古政权的影响，思想方面进步很快，势力不断强大，之后便有了进一步扩张、控制更多地盘的想法，执行了从三方面扩张的路线。往哪三面进军呢？他们往北、往东、往西发动了大规模的军事行动。

第一节　寻踪木氏拓展路线——北线

先从北线讲起，笔者曾亲自走了一趟，从丽江出发，过金沙江到香格里拉市境内，再到小中甸、大中甸，也可以从丽江到白水台，一直至芒康，中途经过盐井。我们先到了白水台（白地），那里是个纳西族乡，当地人讲的是纳西话，穿的是纳西服装，在家里的规矩跟大多数纳西族村寨中老百姓的规矩完全一致。我们从白水台走到了中甸。中甸人认为，以前中甸土著居民不多，许多人是从外地搬来的藏民，同时也有许多纳西族在这里居住。从香格里拉继续往北到了德钦，我们也进行了深入的调查。德钦往北走不远便到了松顶，松顶这个村庄中的纳西族生活习俗比丽江纳西族更传统。走进他们家中，仿佛到了丽江纳西人家中一样。更有甚者，他们都异口同声地回答我们的问题："我们是从丽江大研厢到这里的。"离松顶不远有一个巴美村，村落很大，这里的纳西族更纯粹了。这里的老百姓告诉我们：这个村里九岁以下的儿童都只会讲纳西话，尽管周围居住着其他民族，但都没有影响他们，他们只会讲纳西话。听口音，不是宝山、奉科这一带的口音，而是纯粹的大研镇纳西口音，我们与他们进行对话均畅通无阻。这里的居民都说："木氏土司把我们先辈领到这个地方，他离开前还跟我们先辈讲，你们只是暂时住在这个地方，以后呢，我们会另派一些人来替换你们，新来的住下，老住户再接回丽江去。"当时的土司在临走之前还留下了这样的话。现在老百姓都还说："不知道何时，木氏土司会来接我们。"从巴美村继续往前走便到了盐井，盐井是西藏自治区芒康县的纳西族民族乡，盐井过去与丽江的往来很频繁，后来来往少了，最近又活跃起来。盐井盛产盐，在当时盐巴就是重要战略物资，牲畜不吃盐就没有力量，特别是马，骑着没有力量的战马，怎么可能打败敌人呢？所以那时盐真的比金子还贵！离开盐井便到了芒康县。据芒康县的宣传部部长介绍，芒康县的县志里有这样的记载：当时纳西族的首领（头人）木氏土司率领军队占领了芒康。而占领的方式非常残酷，只要到了人口居住比较稠密的地方（当时这些地方居住的并不一定都是藏族，因为在这个区域里，比如澜沧江、怒江、金沙江中上游流域并非均是藏族），木氏土司就采取比较激进的政策来进行占领，把整个村庄的人都赶走，派带去的纳西族进驻到这些村寨里，成为那里的居民。当然土司采取的是亦军亦民的政策，即平时为村民，战时为军人。乾隆《丽江府志》里强调说，后来外援的人员越来越少了，派去进驻村寨的人逐渐减少了，但这里又需要人，在这样的情况下，纳西人就劝说这里的人归顺木天王（藏族人称木氏土司为木天王）。怎么归顺呢？只要在这些村口竖一根木头就视为归顺木氏土司了。归顺的村子就可免遭烧杀之苦，成为木氏土司的地盘，老百姓便成为木氏土司统治下的臣民。

木氏土司治理一方，采取的就是这样的做法。从海拔 3000 米以上的芒康再往北前行约 50 公里，地势便发生了变化，道路变得很险，弯多，据当地人说拐 99 道弯之后，便下行到了怒江边，到了怒江边又要往上爬，前面仍旧是雪山。穿行在峡谷里的山路，尽头便是雪山丫口。翻过这些雪山跨过雅鲁藏布江后，才能进入拉萨。所以说离开芒康后的路，也许是地球上最复杂的公路了，很难走，翻山越岭，翻的都是雪山。直到现在这一带仍旧荒无人烟，这是地球上最褶皱的地形，在当时纳西族先民不可能从这一条线从北迁至丽江。因为在当时的条件下，要经过这么险的路迁徙到丽江是不可能的，尽管这里风光无限好，也不可能作为迁徙路线。我们考察后得出了这样的结论：这条线绝对不是纳西族先民的迁徙路线，而是木氏土司的扩张进军路线，木氏土司从丽江一路打到芒康，到芒康后为何不前进了呢？因为继续前进已没有多大价值了，这些地盘上荒无人烟，没有重要的战略资源，这样的地盘占领下来又能起到什么作用呢？这条路线被我们称之为北线，即：丽江—白水台—香格里拉—德钦—松顶—巴美—盐井—芒康。

我们有足够的理由来证明这是一条木氏土司扩张地盘的进军路线，这个区域属于被占领和开拓的区域。据史书记载，从丽江出发的军队往北行军 50 里，就要建一个碉堡，或称作烽火台，这些烽火台在三四十年前，在以上提到的线路上，沿途都还存在许多痕迹。现在被毁得所剩无几了。但是在松顶，我们看到了一个保存相当完整的烽火台，若继续细查这样的烽火台遗址，在这个区域内是随处可见的。烽火台的作用就是发出军事信号。试想一下，一见烽火腾空，附近的烽火台也连续燃起烽火，这就意味着需派兵去迎战了。所以说这一带是古战场，这些地方的纳西族的确是由丽江进发到这里住下的。这一举动属于正义还是非正义，这些现象存在的意义何在，我无法评论。这是先民之间的争夺战役，都为抢地盘。但当时居住在这一区域的村民中，纳西族毕竟比其他部落要先进一点。纳西族进驻这些村寨后，他们亦军、亦民、亦农，对此地的开发有着积极意义。我们对这些纳西族的村庄进行了考察，结果发现，居住在这里的纳西族，暂时居住的思想根深蒂固。这种临时居住思想已经变成了一种文化特色。诸如巴美、松顶，包括白水台的纳西民居，其

图 4－35　碉楼
（烽火台）
图片来源：木府提供

结构与这里的藏族民居相比，都显得较为简陋，反映出了这一带纳西族的临时居住思想。又如，纳西族建房，砍下一棵树，在树干上挖出几个凹，就拿来当作梯子用了。这与木氏土司当年离开这些村庄时留下的那句话有关系，即你们只是在这里临时居住而已，以后会另外派军进驻，将你们又替换回去。这种临时住一住的思想一直延续到今天。以上所述，就是木氏土司控制范围当年能以如此大的规模存在的历史依据。

第二节 寻踪木氏拓展路线——东线

接着我们讲一下东线的进军路线。它与迁徙路线接近，其代表地为：鸣音—奉科—俄亚—木里。木里处于迁徙路线和进军路线的中间，继续走便到了四川省的巴塘、理塘，这里既接近成都又接近拉萨。木氏土司当年连巴塘、理塘都控制下来了，我把这条线称为东线。先前蒙古军队也是从奉科、宝山一带进入丽江的。鸣音居住着比较传统的纳西族，从奉科过金沙江，便到了四川界的，再走五六天路程便到了俄亚，然后就到了巴塘、理塘。我们不能只看现在的公路，从前的进军路线是沿着商道走，当时的路线与现在的公路没有什么关系。比如，我们今天去俄亚走的路线是丽江—香格里拉—洛吉—俄亚，但当时只能走丽江—鸣音—宝山—奉科—俄亚。从民族分布来看，鸣音是纳西族居住地，这里也许是纳西族迁徙到丽江后最先占领的地盘。宝山也是纳西族居住地，奉科更是如此。这些地方有山有水，虽然平地很少，但勤劳勇敢的纳西先民在这里开辟了大量的梯田，一代又一代的纳西族在这里休养生息，而且这些地方属于金沙江峡谷地区，空气湿润，水资源丰富，气温高，适合农耕。这些地区山上都是原始森林，更适合畜牧业，沿江还有一些矿产资源，可以提供给这个民族开采。这样的地方纳西先民不去占领，那还去什么地方开辟地盘呢？所以要先占领这些地方，正是这个地区的工农业资源支撑了这个民族。后来发现再往前走还有更好的地方，所以这个民族又继续往前推进，哪怕是高山大河阻挡也无所畏惧，这样他们就来到了俄亚。

是不是先占领了俄亚这个地方，然后又占领宝山、奉科呢？并不是。而是先占领和稳定了宝山、奉科后，才往俄亚方向挺进。历来民间都是这样传说的。又因为俄亚居于北线和东线之间，所以对俄亚还有一些说法。我们讲进军路线也可以不讲俄亚，而是可以说纳西先民迁徙到这个地方后自行发展。进军则是从鸣音、奉科、宝山往北，通过原始森林，

图4－36 俄亚大村
图片来源：木府提供

跋山涉水之后一直打到木里，从木里往西北方向前进，便到了巴塘、理塘。

到现在，巴塘、理塘还留有哪些当年纳西人进军的痕迹呢？这两地属于四川省甘孜州，都有纳西族村寨，而且历史上人口不少，据说这些村庄的纳西族中也曾出了县长和县委书记之类人物，这里的人都认为自己是从丽江派去进驻的纳西先民的后代。关于这方面的记载相当多。木府里收藏了《大藏经·甘珠尔》，木氏土司曾主持刊印《大藏经·甘珠尔》，其中有一部献给了拉萨的大昭寺，这些都可以用来说明纳西族和藏族的关系。在东线进军途中要经过四川省稻城县（亚丁），稻城也有一些纳西族居住。

东线上的宗教文化现象相当突出，如说稻城就有一个白教寺庙，属于噶玛巴派，这个寺庙的主持是白马塔青活佛，这座寺庙在稻城来说是够宏伟壮观的，还有点布达拉宫的架势。据说当年在修建这个寺庙的时候，木氏土司曾给予了资助，这是文化交流的见证。再往前走就到了印经院，印经院位于巴塘、理塘附近，很著名的《大藏经》就在这里刊印。我们所说的丽江版《大藏经·甘珠尔》是在丽江刊印的。从东线来看，木氏土司采取了文化与宗教交往、交流的策略，甚至捐钱建寺院。刊印

《大藏经·甘珠尔》，甚至把神事（职）人员请到丽江来，这是两个民族的文化和宗教信仰相互融合的一种现象，是一种融合政策。东线扩张，多采取了文化的攻势。进军东线为什么要采取文化、宗教手段呢？为何以攻心为上呢？事实上，出资建寺，出资刊印《大藏经·甘珠尔》这些举措既是文化手段，也是宗教手段，也可以理解为是一种信仰。东线之所以采取这种方式进攻，是有原因的，因为纳西先民的迁徙路线与进军东线比较接近，在迁徙的过程中对这一条线上的情况比较熟悉，该怎么对付自然就心中有数，而且在迁徙过程中可能与当地人已接触过了，觉得对东线只能采取文化交流与思想交流的方式才能把这些地方巩固起来。

就东线来看，鸣音—奉科—宝山—木里—巴塘—理塘（中间经过稻城、乡城），沿途均有木氏土司资助修建的佛教寺院、纳西族村寨。文化的融合在东线表现得尤为突出。历史上木氏土司曾在丽江接待过活佛噶玛巴。噶玛巴在藏区也是非常有实力的一个教派，后来由于诸多原因，受到其他教派的打击，所以噶玛巴流落到了丽江。比如说中甸的松赞林寺，是属于黄教的寺院，而稻城寺是属于白教的。来丽江避难的最大的活佛噶玛巴，是属于白教的领袖，不难看出木氏土司在东线上与白教的接触较深。所以东线进军是以文化进攻为主，而并不像北线进军那样杀气腾腾的。在东线进军途中，木氏土司不仅在稻城捐资建寺，在许多地方也进行过捐助。东线还有一些很奇特的现象，比如俄亚，就相当典型。木氏土司到处争夺地盘，打仗、占领和开拓自己的疆域，没有雄厚的经济基础是不可能的。有了钱还得有大量的物资作为军事支撑。战争其实也带动了其他方面的发展，比如畜牧业，打仗要用战马，于是便大量饲养马匹，直到现在丽江周围水草茂盛的地方，老百姓都说这是木氏土司的养马场。这说明在征战过程中大量发展了畜牧业，特别是养马业，曾有“丽江马最吃苦耐劳，善于行走山路”之说。丽江与周围的互市、木氏土司向中央王朝的朝贡，许多时候靠的就是马，即大量上贡马匹。在我们的俄亚之行中，我对此深有体会，对马的感情加深了。但是光有马匹也不行。当时属于冷兵器时期，没有好的铁矿，就制不出好的战刀。打仗用铁量很大，比如造马掌、战刀等也需要铁。正因为当时军事的需要，以及开拓疆域后农业的需要，使人们考虑到要发展采矿业。

图4－37 骡马交易场面

图片来源：木府提供

在这样的背景下，木氏土司发现了俄亚这块地盘。丽江的宝山、奉科一带，金沙江中盛产沙金，在当时已经有了淘金业，那么多的沙金是从哪里来的呢？是水从冲江河带到金沙江的，这条冲江河来自哪里呢？源头就在俄亚这个地方。关于俄亚这个地方的传说很多，如传说木氏土司的管家在狩猎途中，将麦粒落在了河边，第二年再去时发现那里长出了一片麦地，于是觉得这里不错，便派人守住了这个地方。奉科、宝山一带的金沙是从俄亚、洛吉一带顺冲江河而下的。俄亚产金和铁。因战火不断，拓疆开支较大，上贡缺钱，占领后的新地盘进行农业开发需要铁制锄、犁等劳动工具，于是，木氏土司就看上了俄亚。俄亚在稻城亚丁雪山的西侧，与罗极山相隔。木里到俄亚现在才通公路，我们去考察时走的线路是：中甸—洛吉—漆树湾—俄亚。俄亚的地貌是：两边是大山，中间有俄亚河流过。从俄亚到木里开车行走的路线是：俄亚—洛吉—香格里拉—丽江—攀枝花—西昌—木里。俄亚这个地方很多是万丈悬崖，路很危险。水资源很丰富，海拔低于丽江，很适合农业生产。俄亚是一个奇迹，当然如今时过境迁，没有留下当时的什么痕迹，也没有留下一张图片，史书对这方面也没有记载。当时的木氏土司说，发现俄亚河里有许多金子、金洞，并且还发现了铁矿，俄亚的铁是用木炭来冶炼的。遥想当年，想必木府一定是张灯结彩来庆贺发现俄亚的。发现俄亚后，木氏土司立即拍板决定，派人率领一部分人进驻俄亚，大力开展淘金、冶铁活动。虽然这方面的记载不详，但木氏的确是派去了统治俄亚的首领。派去俄亚的人员就在丽江坝子范围内征集，不仅征集女性成员，甚至不惜让派去的人举家搬迁。在征集过程中，又优先选择工匠、有冶炼技术的人、懂医术的人，另外还有东巴神职人员。丽江历史上曾经有过一次这么大的活动。移民到达俄亚安营扎寨后，就开始淘金、炼铁……

对俄亚的占领，使木氏土司如虎添翼，各个战场大受鼓舞，使得人心大振，军威大振。不仅军事，农业方面也传来捷报，俄亚的铁制锄头、犁头都非常好使，经久耐用，极大地解放了生产力；俄亚的铁制作的战刀也格外锋利。所以我认为，俄亚的发现和开发无论是在木氏土司的历史上，还是在纳西族民族发展史上应该是浓墨重彩的一笔。

我们在俄亚考察时就感叹：这样一个山旮旯产出的铁矿，怎么运往外界呢？是否在这里炼铁呢？俄亚往西北就是德钦—芒康—盐井。再往东边走就是稻城—亚丁—木里。往西走就是中甸—维西—怒江，俄亚处于这个大区域的中心位置，我认为，不能以现在所通的公路去展开联想，在当时的条件卜，靠善于走山路的马匹来运输，也只是远近一点而已，这样来看，俄亚所处的位置也不算是交通闭塞。当时马作为主要的交通工具，俄亚所处的地理位置其实是四通八达的。直到后来丽江的许多农民都以拥有一把俄亚的铁打制的锄头为荣。在纳西山歌中，人们曾唱道："我给你的聘礼中有俄亚的铁打制的镰刀和斧头。"有些人由于珍爱俄亚的铁，而舍不得使用俄亚产的锄头。甚至有人唱道："漂亮的姑娘在塔城，最英俊的小伙在俄亚。"从中我们可以感悟到，这首民歌中赞美的不仅是美女，而且赞美了俄亚的小伙子，进而赞美俄亚的铁和金。赞美俄亚给丽江人带来的好处，是用美女与它相配的手法，最漂亮的仍是这里的铁矿和金子！

我们在俄亚调查到的种种迹象表明：木氏土司派了一支人马到俄亚去的推理是完全正确的。派这些人去干什么？开采沙金、炼铁。俄亚现在是四川省凉山彝族自治州木里藏族自治县的一个纳西族乡，这个乡里的纳西族有3600多人，占了全乡总人口的60%以上。这里有称为小村、大村的两个寨子，大村是俄亚的经济政治中心，住着三四百户人家，两边是高山，中间是峡谷，略有一些平地都种了庄稼，俄亚河从其间穿过，人们都说这条河里有许许多多的金子。这里的纳西族的确是从丽江过去的，我举几个例子说明。从俄亚纳西人的风俗来看，东巴是很有地位的，在木氏土司派去俄亚的人中也包括东巴，是作为神职人员派去的。东巴在俄亚很有威望和地位，俄亚的纳西族至今还经常举行东巴宗教仪式，举行祭祀活动，甚至俄亚人要出远门时，早上起来都先要举行东巴祭祀活动，举行完所有活动后才动身。这次我们去俄亚，当地人说好要8点来接我们的，可我们左等右盼仍不见来，他们的一个副乡长叹道："俄亚人出门是讲很多规矩的，那些规矩不行完，他们不会出门，我们只好耐心等吧！"我们从漆树湾到俄亚小村，为迎接我们，乡政府举行了大型的东巴迎接仪式，念东巴经、喝酒祭神……所有仪式完毕才让我们继续前行。东巴在那里的地位很高，往往被邀请到火塘的上方坐下。举行完一系列的仪式后，我们才能吃饭，他们把纳西族的传统礼仪保存下来了，使之成为纳西族文化的"活化石"。

我在这里一直强调东巴有地位，目的是要讲一个文化现象。我们知道，东巴教在丽江古城并未形成一种成熟的宗教。在丽江的说法是：有种东巴文字，它是连环画般的象形文字，纳西先人把从前发生过的一些故事用东巴文字记载下来，还有纳西族的一些生产生活方式也用东巴象形文字记载下来了。有些专门记载这些活动的会写、会读懂这些象形文字的人，就被称为东巴。但是，前面我们讲过纳西族对宗教的观点是：由于木氏土司的广纳、博采，木氏土司什么教都信，使得纳西族也信其他宗教，佛教、道教、伊斯兰教、基督教都信。有人说东巴教是纳西族的本土宗教，但更多的人说它还没有达到宗教的形式，因为任何一种宗教都要相当成熟才称得上是宗教，而东巴教还没有达到形成教派的程度，所以从严格意义上讲还不能称为宗教。东巴教没有形成一种成熟的宗教，也许与木氏土司有很大关系，他认为月亮还是外面的圆，木氏土司是有这么一点想法的。丽江人最信的是外面先进的东西，自己的东西觉得不宝贵，过上一段时间才发现自己的东西才是最宝贵的。当时木氏土司认为，东巴只适合在穷乡僻壤里活动，在幅员辽阔的农村活动。东巴教作为地方的一种民俗活动，不能大摇大摆地进城来传播。东巴教还没有达到形成理论体系的程度，假如木氏土司更尊重一点，更强调一点的话，说不定东巴教就会形成一种宗教——东巴教（当然也有学者认为东巴信仰就是一种宗教）。但要与中央王朝搞好关系，把东巴教视为一种宗教好像又不妥当，所以说历代的木氏土司就生活在一种矛盾之中。

丽江纳西族总是在夹缝中求生存。当时木氏土司派军进驻俄亚时也只是从文化的角度考虑，将东巴神职人员派去了，但后来东巴在俄亚开始演变，俄亚随着木氏土司家庭的兴衰也在发生变化，木氏衰败了，俄亚又恢复到无人问津、在一个大山包围之中与世隔绝的地方，与外界接触很少。俄亚人的生命力相当顽强，在“改土归流”后木氏势力大大削弱的情况下，俄亚人不炼铁了，但仍然淘沙金，以此作为经济来源。他们需要大量的马匹作为运输工具，同时开垦土地。尽管地势狭窄，但水资源丰富，还有一些可耕之地，他们便过起了自给自足的牧歌般的农耕生活，而且这种农耕生活中，还有一种传统的、潜在的丽江坝区纳西族的思想存在。由于俄亚这个地方只能自给自足，长期以来便形成了这么一个情况：家里有地可耕，田里需施肥料，便养牛、羊、猪来生产肥料，因运输的需要又要养几匹马，一个三口之家也力求样样齐全。直到现在，俄亚仍保持着这样的自然经济形态。现在农业分工已经很明确了，有了养猪专业户、种植大户，而俄亚仍保持着传统的农业生产模式。乡政府试图改变那里的传统农作模式都无济于事，当地人仍然保持着那种牧歌式的田园生活。在长期与世隔绝，文化生活枯燥的情况下，东巴仪式便盛行起来，于是东巴的地位在俄亚相当高，变成了一种宗教的雏形。当时的执政人员为唤起民众的团结，有意无意地还会与东巴商量一些事务。这样一来，东巴的地位更上升了。所以说，要寻找最原始的东巴文化就要去俄亚。俄亚的东巴是东巴文化的“活化石”。

俄亚盛产黄金的说法也在这一次考察中得到了证实。在俄亚乡有一个叫大村的寨子，寨子中心有一户人家房屋突然倒塌了，人们开始有各种猜想，后来彻底清理了倒塌的房屋，发现这所房子是建在一个废弃的金洞上的，由于地基空虚而致使建在上面的房子倒塌。所以说，木氏土司派那么多的丽江坝人到俄亚，是冲着铁矿和金矿去的。俄亚人到现在也都这样认为。俄亚纳西人由几个家族组成：一是东巴世家；二是木瓜家（木氏土司的代理）；三是一些平民百姓。这几个大家族组成了俄亚人。考察了俄亚之后，我们最后的一个感觉是，俄亚与丽江有着千丝万缕的联系。如我们去考察俄亚时，从音乐人的角度去采访几家人，让他们吟诵一下那里最原始的歌曲，结果发现歌词中有“坞鲁银别”之类的词，问他们这些词指什么？俄亚人称：“坞鲁”指的是玉龙雪山，而非亚丁雪山；但问“银别”指什么时，他们回答不上来了，只是说师傅这么教，我也这么唱。在丽江，“银别”指的就是金沙江。这就是语言方面的记载，这种文化现象是比较突出的。到了俄亚，使人有如到了丽江的感觉，尽管它是四川省的地盘。由于俄亚属于四川省，加之长期与世隔绝，俄亚纳西人的服饰也有了变化，刚开始的服装一定是从丽江带去的，由于气候的原因，丽江的羊皮褂是很厚的，但到俄亚，羊皮褂子就变成麻制或毛织布做的了。还因长期与世隔绝，语调的高低长短与丽江也有所不同，有些话我们听不出意思来。但他们所讲的与我们讲的话大都一样，基本词汇的意思也没有变。这是由于地域的变迁、年代久远及与世隔绝造成的。如果将俄亚的语言与丽江古城为代表的语言进行对比研究的话，是俄亚的语言更接近纳西族的原始语言，还是丽江的语言更接近纳西族原始的语言？这就不好下结论了。也许俄亚的语言才是最原始的纳西语，因为丽江受外界的影响要比俄亚大。此外，丽江的东巴与俄亚的东巴现象哪个更传统？俄亚的一些风俗习惯，特别是火塘文化，与丽江的火塘文化相比较而言哪个更接近纳西族的传统文化？这些课题都尚待研究。

俄亚人保留下来的、体现着传统纳西文化，值得引以为荣的另一种东西，那就是马帮文化。我们平日所说的马帮文化，对马锅头都只停留在想象和追寻中，但在俄亚，这种马帮文化随处可见。每到黄昏你如果坐在大村的桥边，这时这里是俄亚大村最热闹的地方。各路的俄亚马帮都回来了，一串一串的马匹，叮叮当当的马铃声，分散进各户寻常百姓家，还有经过长途跋涉后急于回家喝一杯热茶的赶马人……那是一个最感动人的场面。我在考察俄亚时也感慨道：世界上最风流的要数俄亚的马锅头了。马帮人旅途的种种艰辛，一到家中都忘到脑后了。鹰钩鼻的、个头高大的俄亚伙子在余晖下都不失英雄气概。风尘仆仆的马帮是俄亚久远的一种文化现象。我由此认为，俄亚人在俄亚这个地方保持了一种游牧生活，保存了纳西人从北线、东线和西线占领地盘开拓边疆时的那种英雄气概。俄亚是一块风水宝地，过去那里盛产金子、铁矿，从经济上支撑了木氏土司家族，支撑了丽江人。当年徐霞客被请到丽江来，替木氏土司修改和编撰诗文，临走时木氏也赠送了金子，从而可以看出俄亚这个地方对于纳西族的贡献。我在俄亚考察时也曾说，木府曾经的辉煌也是建立在俄亚的基础上的。

在讲东线进军路线时，把俄亚拿出来做了专门的讲解，在讲北线的时候又要把盐井拿出来专门进行讲解。北线进军路线中的盐井，是坐落在澜沧江边的一个纳西族民族乡，这里有纳西族1000多人，约占当地人口的1/4。由此我们不难推测：这个地方当年对丽江人来说太重要了。现在食盐的作用似乎不明显了，但在过去食盐对人类的生存是相当重要的。人要是缺碘就会出现“大脖子”现象，现在极少见了，在以前，四方街上随处可见长“大脖子”的人，特别是贫穷的百姓更容易得这种病，原因就是缺碘，吃不起盐。战马要是缺了盐，那就会浑身无力；战士若缺了盐，会浑身浮肿，哪来战斗力！所以多少年来大家对于食盐的价值及重要性非常明白。盐与人的一切活动息息相关。那么多的牲畜，那么多的纳西人，那么多的军队，缺了盐行吗？丽江坝一带的地盘，哪里有盐呢？而盐井正是盛产食盐的地方。俄亚有铁矿、金子，盐井有食盐，两个地方正如孪生姐妹一样。俄亚是纳西族乡，盐井也是纳西族乡，对最根本的东西当年木氏土司是抓得很紧的。

我们考察了盐井后才知道盐田是怎么一回事。在澜沧江边有冒出来的几股水，是自然的含盐水，只要把这种水背去放入一块块人造盐田内，水蒸发后，盐就会附在盐田表面上。这几股水的出水处在澜沧江边。当江水上涨，出盐水处就会被水淹没了，一旦水位下降，盐井的纳西先民就把含盐的水一桶一桶地从江边背上去，倒入盐田中进行晾晒。听说盐井的盐最适合人食用了。盐田女非常辛苦，背盐水的大多数是能吃苦耐劳的纳西妇女。背盐水还挺有讲究，一个高高的大桶，假如顺着山坡背，爬山时稍一弯腰盐水就会泼出来，但她们就有本事，不是靠在脊背上背，而是悬在半空，这样无论怎么走，怎么上坡，盐水桶始终保持着垂直。纳西妇女就这样将盐水一桶一桶往上背，然后晾晒出盐。多少年来就是这样的一种操作方式。谁不想争夺盐井这块地盘呢！历史上不知发生过多少次争夺之战，来攻打的，进行保卫的，在那里打拉锯战屡见不鲜。

图 4－38 盐井晒盐场
图片来源：木府提供

藏族史诗中的《格萨尔王传》里描述的其实就是争夺盐场的故事，所以说所有的民族都要去抢这么一个地盘，那里发生过多少次的战争，死了多少人，不难想象。为保卫盐场而发生的争夺战事，史书上甚至没有记录，我们现在只能凭想象了。人们都称赞纳西妇女很能干，我看是盐井的盐田女更为辛苦，但同时也充满着乐观精神。我们到盐井考察时，到处能听到山歌，大家哼着山歌，背着盐水，那里就是这样的一种情况。盐井这个地方的盐田是一个池子接着一个池子，高高低低，远远看去犹如一大片梯田。这一点尤为重要，即经过多次争夺战后，盐井被纳西人死死地保住了。纳西人无论付出多大的代价都要守住盐井的意识是相当强烈的。直到现在，盐井仍然是西藏自治区的纳西族乡，这就是实证。

盐巴有时胜过金子。有了盐之后，盐也变成了马和金子，俄亚的金、铁还有盐井的盐都是这个民族的宝藏。木氏土司为什么要进行东线的进军？我们从俄亚、盐井的状况中就可得到认识和体会。如果你不去占领那个地盘，那么这个民族怎么生存呢？这是生存问题，更不用说发展了。所以从这一点而言，当时的木氏土司、当时的丽江人是很有战略思想的。

盐井和俄亚共同支撑了当时的木氏土司，也正因为二者的原因，纳西族的许多文明和辉煌也就形成了。反过来说，纳西族的许多文明和辉煌是建立在盐井和俄亚的经济支撑基础上的。从这样的角度去理解，当时木氏土司的战略思想也就跃然纸上了，你就能领会木氏家族的发展脉络了。我们若要领略纳西族的发展，就要了解俄亚和盐井在整个民族的发展史上所起到的重要作用。现今丽江游客经常质疑的一个问题是：“小小的纳西族的土司，怎么会建如此大规模的宫殿？”答案就在此。

我们还认为，木氏土司不仅把持了盐井其地，也将这里产出的盐惠泽四方，从西藏过来的也得到了利益，从丽江过去的更得利，都吃过盐井的盐。要将遥远的海盐送到这些地方是很难很难的，这里的盐井不知道养育了多少辈人。再就是盐井的盐巴教会了丽江人做生意，培育了一代丽江商人（盐商）。当时一小撮盐巴，说不定就可以换回一群牛羊。盐田的人要吃肉，他忙于采盐，盐又不能当饭吃，所以只能用生产出来的盐换回牛、羊、马以及粮食。盐田采盐的不属于农民，而是手工业者。人背或马驮一袋盐到一个地方，如果用一小碗盐能换两只羊的话，说不定到另外一个地方用一小碗盐就能换回一头牛，哪里有利可图就往哪里跑，这就是商业行为。通过以物易物的方式，纳西人学会了做生意，所以说，盐井“培育了纳西族的一代商人”的说法半点都不夸张。还有，当时俄亚处于自给自足的生产方式里，你牵一头羊去那里卖，那里也有羊；你骑一匹马去，那里也养着大量的马，这样一来就达不到互通有无的目的，民间的小商小贩靠这样的方式是发展不起来的，也是不实际的。但是盐巴呢？可以由一种物质换成另一种物质，商业活动往往就是从这些形式开始的。这样一来，就培育出了丽江的一代商人。

老实说你没有钱买茶喝也不会怎么样，你不穿华丽的衣服也不会死人，但是人不吃盐巴是不行的。所以除了丝绸之外，除了茶马古道之外，依我看对盐巴互市的研究在我国还是一个空白，至少是没有像茶马古道和丝绸之路一样叫得响。另外，盐还使其他食品的交换成为可能。我们试想，假如家里杀了一头猪，要把肉晾干后去卖，这个制作过程要是没有盐巴的话，肉就会腐烂，也卖不了好价钱，味也不美。但是如果用盐腌制一下，就能做出味美可口的火腿，这种猪肉就会变成高档商品，就可以做火腿生意了。古代丽江的火腿从何而来？是从盐井而来的，要不然如果当年在丽江食盐比金子还贵，谁家会如此奢侈来制作需要用大量的盐来腌制的火腿呢？我们在芒康考察时，芒康人说“丽江人就是做火腿的”。没有盐井还能制作出火腿？丽江火腿还会如此有名？所以说盐井这地方虽然远离丽江，但我们不能忽视这个地方对于纳西族的发展、对于木氏土司的发展所起过的作用。木氏土司也是慧眼识宝，在占领、开发与保护俄亚、盐井中表现出雄才大略。我们要从这样的角度去理解俄亚和盐井，否则木府就会变成无源之水、无本之木。我们在讲俄亚、盐井的过程中，表面上看好像是在讲这两个地方的盐、火腿、铁、马、金子，但事实上我们是在讲一个民族的英雄气概，是在讲一个民族的思想和战略。当然，除了盐井，木氏土司还从附近的兰坪、剑川等地获取盐巴。

第三节　寻踪木氏拓展路线——西线

木氏土司进行军事扩张的西线是：丽江—石鼓—巨甸—维西—塔城—怒江。跟北线和东线的存在形式一样，迁徙过来的这个民族，当然首先要占领丽江附近比较富足的地方，所以说纳西先民迁徙过来，便很快占有了石鼓、巨甸一带，塔城是后来才占有的。那时木氏土司是否全面组织了进攻路线呢？

图 4－39　长江第一湾

图片来源：木府提供

前面我们说到，木氏凭借蒙古军的势力逐渐强大起来，统一后就更加威武雄壮了。从西线出发，也就意味着要往澜沧江流域的上游和怒江流域的上游地区进发。由鲁甸至维西、兰坪至澜沧江、怒江峡谷，但当时那个区域比东线、北线的区域还要落后，不少地方荒无人烟。派去了一些人，自然在那里形成了一些纳西族的村落。在占领这些村落的过程中，战争不激烈，对其统治起来也很方便，所以说西线无战事，很快就使这些地区变为木氏土司的地盘了。然后木氏土司委派人对这些地区进行管理，再把部分人陆续地移民过去，所以这条线上的村民亦兵亦农的现象很少，大多是以一种人口迁移的形式落脚在那些地方。西线上没有发生过可歌可泣的大事，但是为保护中华民族利益的大事时有发生，因为怒江过去就是缅甸了，在边境上发生战乱，木氏土司就会发兵去镇压，以保护中华民族的领土完整。

当时的木氏土司、当时的纳西族，一步一步地把势力扩张到了今天的香格里拉、德钦、芒康、盐井；鸣音、宝山、奉科、俄亚、木里、稻城、乡城、兰坪、怒江、鲁甸、维西、巴塘、理塘等。这些地方曾是汉唐时期丽江纳西先民的居住地，已故四川著名民族学家李绍明先生曾指出："元明时期丽江纳西族木氏土司又将势力发展到今康南（指巴塘、理塘、稻城、乡城、木里、得荣）一带，可以说是白狼羌人的后裔在此返居故地。"木氏土司吞并了这些地方，统一了这些部落，或许是通过武力，或许用征东线时用的文化战略、宗教战略来返回故地。这个地盘又是地球上褶皱最深的地方，地形地貌相当复杂，贫穷落后而且交通非常闭塞。木氏土司占据了这些广袤的地方之后进行开发，促进了这些地方的经济发展，文化也发展起来。对此，四川省《甘孜州志》指出："纳西族人民移居康南等地后，同当地的藏民一道为农业经济发展做出了贡献，他们从云南丽江当地引进铁犁，改造了大批梯田，其中仅巴塘白松乡（后划归得荣县）所造稻田就达300亩左右；开挖水渠，仅白松乡就开挖6条大堰；引进红米等农作物及生产技术，推广条播，精耕细作，提高了粮食单产。"这些区域是金沙江、怒江、澜沧江上游一片广袤的土地，山美、水清，有原始森林覆盖。木氏土司、丽江纳西族为这些地方的发展立下了功劳。这一带区域的地形低于青藏高原，靠近喜马拉雅山，往西南再过去就是缅甸，这样的一个区域被木氏土司占据了，开拓了，而且是保护好了，发展了。木氏土司以及丽江先民始终认为，纳西族是中华民族的一个重要组成部分，是其中的一员。他们从内心深处不愿被中华民族抛弃，因而衷心拥戴中央朝廷，始终认为，只有增强国家认同、依靠国家，纳西族才会有出路。在当时的情况下，能做到这一点实属难能可贵，是木氏土司、丽江人的功绩。反过来讲，如果不是走这么一条路，纳西族要长期繁衍下去、要存在到今天也不容易。

现在旅游热了，人们都提倡回归大自然了，过去用八抬大轿都请不来的地方，大家都赶时髦，争着去，并以自己到过这样的地方旅游为荣，于是便有了“大香格里拉旅游环线”的说法，这条线指的就是：丽江、迪庆、稻城、乡城、巴塘、理塘、怒江峡谷，澜沧江峡谷。而这些地方正是当年木氏土司开拓过的地方。作为一个木府人，该有多么自豪！

木氏土司在滇川藏区域纵横驰骋470年之久，才有了今天纳西族散布在这广袤区域的局面。那么，木府和这些纳西族村落是什么样的一种关系呢？木府和这些纳西族村落的关系是皮与毛的关系。“皮之不存，毛将焉附?”过去，木府这张“皮”很强大，所以“毛”就长得很茂盛，以至于长到了高海拔的藏族聚居地区、崇山峻岭的川西南地区。随着时间推移和许多事件的发生，外边的“毛”还在生长，但是这“皮”已愈来愈弱。所以，木府的恢复重建，从更深层次的意义上说，就是重新树立木府这块丰碑，使“皮”强大起来，长在外边的“毛”也就有了根基和向心力，也就能挽救和强化纳西族的历史文化。

第二章 丽南锁钥——邱塘关

邱塘关是丽江的南关，是进入丽江的咽喉之一。一代“游圣”徐霞客，于明崇祯十二年（1639 年）正月二十五日过邱塘关踏入丽江，二月十一日离开，在丽江驻足了 16 天。他在《徐霞客游记》中描述了自己进出邱塘关的状况，给后人留下了深刻的印象。我们重走徐霞客到邱塘关的路线，可清晰地体会到木氏土司对南线的战略考虑。

第一节 萍踪霞客路

从鹤庆往北，过三岔黄泥岗，就行至新民下村。此村沿北坡而居，坡头有一关，即为哨房，20 世纪 50 年代被毁坏。居民多为汉族和白族，也有几户纳西族杂居其中。一直往北走，过新民中村、上村，漾弓江水曲折流向南，迂回在田畴之间。往北走到勒马村，有一条旧路从村口横向东面，人们在漾弓江上修建了一座水泥桥以便东来西往。听说其南有一座古桥，叫勒马桥，这个村子以这座桥命名。可惜此桥已毁，只剩几根腐烂不堪的木块立于两岸，还能模糊地看到一点桥的痕迹。过去商贾行人一到勒马桥，便勒马仰首直叹：“上丽有三关，三关像梯形；爬关步步高，鼓劲向前行。”作为茶马古道的组成部分，这里昔日商贾来来往往，一片繁华景象，而今成了无人问津之地。过哨房前行，从勒马桥往东过漾弓江，就到瓦窑村。此村北面又有一个村子居于土冈上，为当年木氏土司的税所，来往的马帮在此纳税。《徐霞客游记》中有“大宅新构者，乃木公次子所居也”的记载。从今天的地理位置来看，当时的税所就是现在的新民村。明代后期木增次子居于此地，一来是收税卫家；二来是体现木氏土司推行嫡长子继承制，其余子弟迁居四乡之策略。

在新民下村的山头上有一哨房；在勒马村的山岗上有一门牌。七河的西关，就处在丽江到大理的驿道上。驿人从鹤庆出发，将邮件送到勒马桥，再在勒马桥换人送至西关村。当时邱塘关有三户姓郑人家，后来迁居至漾西木家桥附近的中吉村。郑家把信送至东元冈哨房处，交到朱家手中，最后由朱家送达木氏土司衙门。

图4-40 观音峡

图片来源：木府提供

西关村背靠西山，北面为复第山，山下有黄龙潭，清澈见底。此潭又名西关龙潭。这处龙潭有着一个传说：鹤庆人到丽江卖大米，途经西关龙潭旁，见两头野猪在拱斗，甚为激烈。此人用挑担将两头野猪打散，并把其中的黑猪赶到鹤庆逢密，黄猪则留在此地。后来这两头野猪都变成了龙，此处潭水便称为黄龙潭。黄龙对此次不分胜负的决斗，而且还挨打尤为不悦，便在水源处施魔法，致使鹤庆一带的百姓饮用此水后，疾病不断。因此每年春、冬季节鹤庆人络绎不绝前来烧香敬拜，祈求保佑人员安康、顺利、发财，保佑六畜兴旺。大年初一、十五这两天，附近村民也纷纷来此敬拜，以求在新年中得以平安、顺利。此水潭从没干枯过，四季如常。现在出水口左边有座庙，为四合院，门口有牵马像；东面是庙会活动的场所，房内塑有财神、马王神等。黄龙潭东边，有一峡谷，称为观音峡。据传，远古洪荒时代丽江发大水，洪水淹没了整个坝子。天庭派观音娘娘来视察人间，观音见丽江已成一片汪洋大海，遂大发慈悲，在南面山上砍下一刀，顿时洪水泻下，丽江子民得救了。为彰显观音的功德，此峡谷被称为观音峡。被观音辟开的峡谷有数十丈深，两侧笔直相对，悬崖峭壁。其实此峡谷是木氏土司率领纳西民众用“积薪烧岩”之法打通的。峡谷深处有一棵树，生长在一个凹石上，没有土，却长得十分繁密，成为一奇景。此树也被称为观音树，旁边建有观音庙，供人们敬拜观音菩萨。

观音峡之尾，有一泓水塘，称为犀牛塘。传说观音下凡后，丽江众生虽然得救了，但从七河到鹤庆一带经常发生干旱。有人观察后发现，漾弓江水流量虽大，但注入此水塘后，就再也没有流出。原因是塘底部有一个偌大的落水洞，洞口有一头犀牛守着，不让堵塞。附近村民用长长的木杆测量洞的深浅，但木杆再长也没法插到底，只好求助于山顶觉显寺的僧人。为救广大生灵，觉显寺主持与徒弟一同前往。经过一番念经后，高僧下水去制服犀牛以解民疾。下水前他与徒弟约好，只要见到他伸出手，就把银链条丢下去，好让他拴住犀牛。高僧变成一条蛟龙在水中与犀牛搏斗，终于把它制服，于是伸手索要银链条，然而徒弟看到一只伤痕累累、满是犀牛毛的手，惊恐万分，撒腿便跑。最终高僧与犀牛同归于尽，用身体堵住了落水洞。这样池塘里的水就流出来了，使附近地区的干旱得到了解决，此水塘便被称为犀牛塘。

在偏远的云南，明王朝承袭元朝推行土司制度，丽江也不例外。木氏土司十分拥戴中央王朝，不但进京纳贡述职，还积极随明军征战，深得明王朝的器重和赏识。木泰在《两关使节》中说：“凤诏每来红日近，鹤书不到白云闲”，表明了木氏土司的臣属之心。要保持与中央王朝的密切联系，受其赏识，木氏土司必须掌握汉文化。因此，木氏土司重视学习汉文化，舍得掷重金购置古籍图书，遍访江南名流，结交名儒为友。在《明史·土司传》中就有“云南诸土官，知诗书，好礼守义，以丽江木氏为首”的高度评价。在木氏土司中，因此接连涌现出颇有文学造诣的文人，有的可谓文武双全。在学界，普遍认为“木氏六公”之一的木增著作最丰。木增的爷爷木旺却常被人遗忘，在诸多著述中木旺总是被一点而过。作者带着这一疑惑，经过多方查寻，发现了一篇木旺所作的碑文，为迄今发现的、唯一存世的木旺遗作，也是复第塔客观存在的依据。

在七河考察时，听西关村的老人讲，西关村北面的山酷似莲花座，因此称为莲花山，又称为复第山，山上有觉显复第塔，以镇“水口”。塔旁竖有一石碑。此塔很高，当年在鹤庆县城就能看到。建塔数十年后，鹤庆人传说：邱塘关东边的复第塔正对着鹤庆的云鹤楼，压住了鹤庆的地脉，影响了商人生意，镇了鹤庆的文脉。这样一来，殷实的富户、客商纷纷捐资，指使他人从丽江归来时，只要从复第塔上取回一块砖头，就赏赐给银两。长此以往，塔身被抽空，塔便倒了。此后无人重修。

至民国年间，近地村民为修桥建屋从山上搬运砖石，这块石碑也被运至山下，可惜断裂，被丢弃于黄龙潭旁。中华人民共和国成立后，丽江文化馆的同志看到此碑被当作搓衣石，便运回黑龙潭保存。据此线索，我在黑龙潭“碑林”中找到了“觉显复第塔碑”。夕阳下，褐黑色的石碑虽已接合，立于浓密的丛林中，但因长年日晒雨淋，有些字迹已模糊，苔藓爬上石碑，显示出它的沧桑和厚重。

碑的背面，还有“觉显塔寺记”碑文，但字迹模糊，尤其是中间部分，虽经多次考证，仍难以辨识。它足以证明复第山上建有复第塔和觉显寺。木氏土司看重此地的战略地位，在复第山山梁靠西处建有邱塘关。此山蜿蜒绵长，古木苍翠，蔚为壮观。

当时西域高僧向木旺建议在复第山上建塔、建寺，以安民保土。木氏土司信佛甚笃，遵从高僧所言，招募民工，开工建寺，又请来雕塑高手，将精美图案雕刻于栋梁，寺上的琉璃瓦熠熠生辉。这篇碑记的落款为：万历二十年，即1592年，为复第塔建成后的第三年；作者是太和人孙愈贤。觉显复第塔碑的出现，证实了邱塘关有塔有寺，丰富了400余年来邱塘关的史料①。

在塔寺遗址南面的峭壁上，过去还塑有一尊佛像。到20世纪70年代，有村民认为此佛像压住了其家族的财气，致使其家族六畜不顺，遂将其敲入山谷，至今隐约能看到残缺的佛像碎片。就在佛像遗址旁，还有一幅精美的摩崖石刻画像——在高翘的一块石头阳面，凿平，将画像阴刻其上。据和力民、李耀煌先生实地测量，石面上宽0.7米，下宽0.5米，刻有一幅金刚镇鬼图。金刚菩提护法神头戴帽，脸部眼、鼻、口似

① 杨林军编著：《丽江历代碑刻辑录与研究》，云南民族出版社2011年版，第22－25页。

图4－41 邱塘关东塔复原图

图片来源：夫巴提供

凿刻为怒相。两耳有大耳环下垂，袒胸露腹，左手持五股金刚，张臂上举；右手持降魔杵，张臂下压，收腹，双肩垂于两袖下。下身着裙，左足将鬼踩在莲花座上，足下的鬼双手交叉于下，反扑在下面，鬼的头、身、脚横扑成条形。整个画像有着色的迹象，至今依稀可辨。金刚的内衣和裙子着青绿色，皮肤和外衣为桔黄色，降魔杵和五股金刚也为桔黄色；而赤身裸体的鬼着红色，莲花座为绿色。《觉显塔寺记》中曰："玉柱标空，金顶耀（漾）日，即于其处创梵刹若干楹，亦以觉显名刹，轮囷焕发，金碧辉煌，猗与西北，伟观也。"如此看来，此佛像是塔寺建筑群的一个组成部分。

第二节　四百年邱塘关

徐霞客在游记中两次提到邱塘关是丽江的锁钥。从西关龙潭到邱塘关有两条路，东侧道路较宽，但比较绕；西边有一条小径，即徐霞客所走的西路。《徐霞客游记》中记载："山下有大道，稍曲而东，由塔侧上；小道则蹑崖直北登。余从其小者，皆峻石累垂，锋棱峭削，空悬屈曲。一上者二里，始与东来大道合，则出之脊矣。"在锋棱峭削的两山间，小路蜿蜒盘旋而上，至最险之处，设有“玉龙关”。每到傍晚，便关闭关门。赶马人或商贾远远就能看到关门，发现门关了，便不再上山，住宿在山脚下的西关村里。赶马的藏人一般不会居住在村民家里，他们往往在山脚下较宽敞的地方搭帐篷宿营，今天还保留有与此相关的地名。如山脚有一块平地，称为“冷记哨板空”，即卸下马驮来休息之地。我们沿着羊肠般的古道，在两山间艰难北上。在两山最窄处，有一处乱石，还能见到一些砌起的石墙，这便是至今仍在传说的玉龙关。显然，徐霞客路过时，此关当时尚未修建。据说此关用石料做门框，横批刻有雄浑苍劲的“玉龙关”三字，两侧还有一副楹联：“玉龙关上石狮子锁住千秋人地脉，花马国里忠义坊佑启万世子孙贤。”站在关口往南望，七河坝尽收眼底，难怪这里有专门下驮歇脚的地方。民国年间玉龙关被毁，“玉龙关”三字已断开，断石残块，倒在路边。

图4－42 重修的邱塘关

图片来源：木府提供

继续北上，“二里，始与东来大道合，则山之脊矣”。东来大道是指从复第塔觉显寺处而来之路。邱塘关南控七河、鹤庆；从山脊北瞻丽江，已见玉龙雪山熠熠生辉。复第山是夹在吴烈山和老母猪山之间的一座东西走向的小山梁。周围的数十亩田地，已是野草丛生，为当年守关者的养粮田。

邱塘关，纳西语称“敢古”，当地人俗称“三家村”。此关由一石门、三个院落组成，东边二院，西边一院。据《徐霞客游记》及相关史料记载，门前有一对石狮子，高约两米，头朝南，雄踞关口。石狮口含绣球，可转动但不可取出，行人好奇，常转动，日久天长，球面光滑。当太阳西下时，夕阳照在狮子头上，远处看到有闪光，因而又有人说是夜明珠。至“文化大革命”期间狮子遭到破坏，至今仍能见到一头石狮倒在西边的灌木丛中，身首分开，见尾不见首，狮口是否含有绣球也就无法证实了。听说守关者姓郑，一直到中华人民共和国成立后才迁居到漾西中吉村。邱塘关一直是丽江的交通咽喉和战略要塞。“改土归流”后，乾隆年间的丽江知府管学宣重修过邱塘关。乾隆《丽江府志略》载：“知府管学宣重修，题额曰：保刈天西。”光绪《丽江府志略稿·建置志》卷二中记载有教授杨士鹏之诗：

叹说南关道，为歌行路难。
马蹄惊乱石，人面碍危峦。
径自谷中转，云从足下盘。
古来设险意，重此一泥丸。①

1954 年在复第塔东侧修通了丽江至鹤庆的公路，此后，邱塘关渐从人们视野中远去，只有当地村民上山砍柴时才走此路。邱塘关西侧大约 700 米的山头上，有一段石头垒起来的围墙，被称作丽江“小长城”。此段石墙随山梁而建，宽有 1. 5 米，高 1. 2 米，其内侧有 0. 4 米的台阶，用石很均匀，都由 20 余公斤重的石头堆砌而成，没有小块的石料。整段“小长城”约有 2. 5 公里，如同一条带子盘踞在小山头上，直至西面的悬崖峭壁边。笔者认为，“小长城”除了有防御外敌入侵的功能外，还能有效地防止过往马帮和商贾偷税漏税，因为这一障碍使得驮负的马匹无法通过。后来，当地乡政府曾在此立了一块告示牌，严禁开采和破坏，但

① （清）陈宗海纂：《丽江府志》，丽江县印刷厂印刷，2004 年，第 76 页。

附近村民图方便，已经把一段长达 200 米的石料运走了。

图 4 - 43 “小长城”
图片来源：木府提供

此段“小长城”曾修缮过四次。第一次是吴三桂踞滇时期。吴三桂降清后，镇守云南，不但接管了木氏的全部财田，而且把明代云南府的全部卫、所和军田据为己有，征收各种赋税徭役。他自恃劳苦功高，作威作福，“西选”任官，云南俨然成了“国中之国”。吴三桂视丽江为要地，想收入怀中，以畅通滇西北至西藏之道。康熙八年（1669 年），云南各地土司纷纷投靠吴三桂，争先宠媚接受封赐，而当时丽江土司木懿拒不投靠，成为他的眼中钉。吴三桂把丽江的属地照可、你那、香罗、鼠罗、忠甸等五处送给吐蕃，作为和好的礼物，也是给自己留后路，但仍对丽江土司征收五地的赋税。此举遭到木懿的强烈反对，吴三桂对木懿更加痛恨，用欺骗手段把他押到昆明，囚禁七年有余。康熙十二年十一月（1673 年），吴三桂上演了一出“假意交兵权”的闹剧，被康熙皇帝识破，吴三桂遂联络靖南王耿精忠、平南王尚可喜分别在两广和云南发动叛乱。吴三桂迅速纠集云南各地兵力，向贵州、湖南等地进犯。丽江土司木垚秉承先祖“决不反叛朝廷”的遗训，毅然反对吴氏的叛逆行为，配合清军镇压吴三桂叛乱。木垚“暗察逆贼伙党情实”，派亲信将情报秘密地送至四川赵良栋将军和建昌守将王镇手里。王镇随即派出军队，同丽江民众一道把守邱塘关，以防吴三桂叛军逃窜到丽江和藏区，断其后路。先遣部队和丽江民众在关前“砌墙堵御，以听调用”，在此修建了用于防堵的“小长城”。

第二次是在咸同年间的“乱世十八年”。咸丰六年（1856 年）九月杜文秀在蒙化（今大理巍山）发动起义，咸丰十年（1860 年）九月起义军北上，先后攻占了鹤庆、剑川等地。为防止起义军进入丽江，府衙动用军民加固西面的“小长城”，又在东关和复第塔周围修筑了一堵石头墙防线，与西面的“小长城”遥相呼应。双方在关口交战，关口数次易手。后人木枝连在《丽南两关话古今》中说：“不知多少勇士亡命，并且两关脚下村民屋舍除房顶插白旗外，几乎烧光，只有败瓦秃墙，满目疮痍。”可见当时的战斗是何等激烈。战后，阵亡将士的尸体被抬到东山脚下火葬，此地至今仍然称“目高莫记板”，意为“阵亡士兵焚尸的地方”。

第三次是民国时期。1936 年 4 月，由贺龙、任弼时等率领的红二、红六军团长征过丽江，民国丽江政府强迫第三区农民在邱塘关和东关修筑碉堡，也加固了原有的“小长城”，作抵抗状，但等红军到来时已是空无一人。

第四次是在 1949 年 5 月，以罗瑛为首的永胜民主联军 4000 余人渡过金沙江，占领鹤庆，企图闯入丽江。中共丽江地下党工委发动群众在东、西关修筑防御工事，并派兵把守，此关固若金汤，罗瑛只好作罢。

可见，丽江邱塘关与“小长城”有着重要的战略地位，是兵家必争之地。

另介绍一下七河一带的关哨。乾隆《丽江府志略·山川略》中记载：

邱塘关，在城南二十五里，郡之门户，设有守兵，关前两山对峙，中通一道，崎岖难行……岗子哨，七河里内，府南四十五里，接壤鹤庆。

其各哨，七河里内，府南三十七里。副你于哨，七河里内，府南三十里。

迦散甸买哨，七河里内，府南二十二里。

明清时期七河界内的哨所有：岗子哨即今西哨，在新民下村；其各哨，即七河哨，在今天的七河村；迦散甸买哨，为西关村。从“丽江府与永北、鹤庆、大理各府并外域交界路程”来考证，据乾隆《丽江府志》：“陆路自府起十里至东员桥，十五里至丘塘关，六里至关脚村，四里至拦马塘村，六里至七河里，四里至岗子哨，交鹤庆界。”从丽江至岗子哨共有45里，20多公里。各哨之间的距离也是符合实际的。

结合《徐霞客游记》与以上史料，说明明末崇祯年间，丽江最南的哨所为岗子哨，即西哨，在今新民下村；往北行，至今七河村；再往北达勒马村，过勒马桥，至瓦窑村，那里建有木氏的税所。继而转西北至西关村，从西面上山，达邱塘关。

与元朝时相比，明代木氏土司控制的行政区域明显变小了。但由于历代木氏土司不断向外扩张，实际控制区域反而更大，木氏土司成为西南地区最强势的土司之一。木氏土司对外拓展始终遵守这样一条规则：不对明王朝直接控制区域用兵，如屯垦的澜沧卫军民指挥使司（今永胜境），南邻已“改土归流”的鹤庆府。这些都是流官直接管辖区，要用兵就是公然反叛朝廷，因此，木氏土司自始至终没有往南用兵。东北面是北胜土司、永宁土司、四川五所土官管辖区，北面是吐蕃控制区，西面是吐蕃和其他少数民族聚集区，这三个方位是木氏土司扩张势力的主战区。近200年中木氏土司对藏东、川南等地用兵，并没有遭到明王朝的封杀，反而受封，原因就在于木氏从不违背明王朝指令，始终臣服明王朝。那么，明王朝赋予木氏土司什么样的重任呢？《明史·云南土司传》载：“丽江自太祖令木氏世官，守石门以绝西域，守铁桥以断吐蕃，滇南籍为屏障。”可见明王朝视木氏土司为“屏藩”，以绝吐蕃南下。万历三十一年（1603年），巡按御史宋兴祖奏：“税使内监杨荣欲责丽江土官退地听采。窃丽江自太祖令木氏世官，守石门以绝西域，守铁桥以断吐蕃，滇南籍为屏障。今使退地听采，必失远蛮之心；即令听谕，已使国家岁岁有吐蕃之防。倘或不听，岂独有伤国体。”明神宗同意如此办理，杨荣想置办木氏土司只好就此罢了。元明两朝，木氏土司未曾对南面用兵，虽曾在丽江南部设置哨所、设关，但据历史文献和实际考察，并无向南用兵的痕迹。

第三章　治边方略

纳西族主要聚居在滇西北的丽江，明代木氏土司成为这一带影响最大的政治势力。木氏土司既能与明中央保持良好的臣属关系，又能在滇西北开疆拓土，采用多种措施治理边地，“富冠诸土郡”，对滇西北地区民族、宗教关系的形成产生过积极影响。

第一节　明代木氏土司对外关系

明初，朱元璋无力顾及西南边地，本想派使者劝说元遗臣投诚，不想数派使者均被杀。无奈之下，于洪武十四年（1381 年）派 30 万大军征讨了云南。明王朝对西南各民族的治理，基本承袭了元代的土官制。洪武十五年（1382 年），丽江土官阿甲阿得不远万里到南京觐见朱元璋，朱元璋高度评价说：“你丽江土官阿得，能率先带着臣民来归附，为少数民族做出了榜样，可以看出你是真诚的！而且我想起你已经派人来呈报了你的情况，智谋可嘉。现在我赏赐你木姓，叫总兵官傅友德拟任你一个官职，你有功劳，永远不能忘记；但你也要珍惜。”此后，木氏土司一直得到明王朝青睐，由丽江路宣抚司改设为丽江府，1397 年升格为丽江军民府。下设四州一县一巡检司，分别是通安州、宝山州、兰州、巨津州、临西县、石门关巡检司。

明初丽江府的行政区域明显小于元朝时期，但由于丽江的地理位置和历代木氏土司的经营，实际控制区域远远超出丽江。木氏土司对外拓展始终遵守这样一条规则：不对明王朝直接控制区域用兵，对其他土司、土官控制区域则大胆用兵。木氏土司的对外拓展从东、西、北三个方向进行，贯穿整个明朝时期。

元时木氏领有的北胜府、蒗蕖州、永宁州、顺州，明代不再列入木氏土司的行政版图。金沙江以东的大片区域受其他土司、土官控制，木氏土司是不甘心的。1383 年，北胜府降为北胜州，隶属于鹤庆军民府管辖，1396 年北胜州改属澜沧卫军民指挥使司，出现了土司、卫所共治的局面。明代中后期，木氏土司不断对高氏、子氏等土司恩威并用，原属于北胜府靠近金沙江一线的梓里、睦科、大湾、米厘、松坪、喇嘛、娄子海等地被据为己有。

成化年间，木氏土司主要向维西、中甸（今香格里拉）推进，《木氏宦谱》详细记载了土司木嵚、木泰对外用兵情况。至嘉靖年间木公、木高父子已将辖区推进到西藏昌都地区的左贡县一带。清代有个官员叫余庆远，他在《维西见闻纪》中记述了不少纳西族和丽江的历史情况："纳西士兵每攻打一个地方，吐蕃事先就建了数百座碉堡以防御，然而维西的六村、喇普、其宗都居于咽喉处，地势险要；木氏土司士兵们用巨木作碓，击打碉堡，数次后碉堡坍塌，各个要害都被攻下，当地居民被迁徙到纳西族控制区域内。从奔子栏以北的各少数民族都主动地来投降。于是从维西到中甸，以及四川的巴塘、理塘都成为木氏土司控制区域，木氏土司收取这地方的赋税，向上则以内附名义呈报上级。"嘉靖八年（1529 年）木氏土司还在今天小中甸修建了年各羊恼寨，即木氏土司的行宫。

在川西南地区，明太祖废除了元代行政建制，在木里设置建昌卫（今西昌）、宁番卫（冕宁）、盐井卫（盐源、盐边）、会川卫（会理、会东）、越嶲卫（越西）。洪武二十五年（1392 年）改盐井卫为柏兴千户所，属建昌卫。二十七年（1394 年）再改为盐井军民指挥使司，属四川行都司。景泰年间，木氏土司向北鼠罗用兵，以今天木里藏族自治县为中心，先后在雅砻江、无量河、木里河流域发动 20 余次战争。既因盐之利，也因金银之利，与周边土司交战频繁。《明史·四川土司传》称："（盐井卫）地与丽江、永宁二府邻近，丽江土官木氏侵削其地几半。"数股地方实力在此角逐，引发大规模的仇杀。嘉靖十四年（1535 年），云南分守金沧道参政、四川建昌兵备副使、左所土官、前所土官、丽江土官、永宁土官等，经过认真审查，公断是非，最后形成《两省会勘夷情录》，木氏土司东进受阻。

至明末，木氏土司势力范围最宽广：东北方向已达雅砻江流域的五所、盐井卫、宁远宣慰司等区域的一部分，四川省九龙县一带，乡城、稻城一带。正北方向已达巴塘、理塘至昌都（查木多）一线，向西达到今缅甸恩梅开江一带。木氏土司控制区域已是明王朝划定行政区的上百倍。

第二节 明代木氏土司治边经略

木氏土司不仅表现出较强的军事实力，在治理方面也有一些独到之处，所控制区域有了较长时期的相对安宁。他们主要采用以下四种策略。

其一，军事占领与移民实边相结合。

任乃强在《西康图经·民俗篇》中记载：“麽些①为康滇间最大民族，亦为最优秀之民族也。”“万历中，丽江木氏浸强，日率麽些兵攻吐蕃地，陷维西、其宗、喇普、康普、叶枝、奔子栏、阿敦子诸地，屠其民而徙麽些戍之。更出兵北伐，筑碉于九龙、木里等处，巴里等番皆迎降。”② 由于木氏不断向北用兵，这些区域的民族称木氏土司为“木天王”。他们的势力一度东达雅砻江，西抵怒江，北至打箭炉、巴塘、理塘附近。“开辟滇康间文化之三大动力，以丽江木氏图强，经略附近民族，为第一动力！”③ 这样看来，明代纳西族广布于怒江、澜沧江、金沙江、无量河、雅砻江等流域，虽然纳西族控制区域内还有很多民族，有些区域以吐蕃、番人为主体，但木氏土司的“徙麽些戍之”的策略，扩大了纳西族民族之分布区域。

俄亚是位于今天四川省木里县西南的一个纳西族乡。“俄亚”在纳西语中为“大岩包”之意。纳西族何时进入俄亚？民间有这样的传说：很久以前，俄亚是蛮荒之地，14 世纪末丽江木土司的一个叫瓦赫嘎加的管家，每年都要到俄亚苏打河边打猎，一去就是十多天。他在山崖上搭棚吃住，看到这里气候温润，土地肥沃，有一次他不慎把麦粒掉在河边，等他第二年秋天转来时，看到了沉甸甸的麦子。他回去后就把这事向木

---

① 麽些，指现在的纳西族。

② 任乃强著：《西康图经·民俗篇》，南京新亚细亚出版科 1933 年版，第 318 页。

③ 任乃强著：《西康图经·民俗篇》，南京新亚细亚出版科 1933 年版，第 325 页。

土司禀报，得到应允后，从丽江坝子东部迁来一些纳西族百姓居住，后来俄亚的纳西族逐渐繁衍起来。传说毕竟是传说。据史料记载：明万历三十二年（1604 年）木氏土司木懿率麽些兵沿冲天河逆流而上，先后占领了木里、稻城、理塘，同样派来了大批纳西族百姓“实其地”。至清顺治四年（1647 年）木里产生第一代活佛，取代了木氏土司的统治。这些来自丽江的纳西族百姓就留在木里，后来不断有吐蕃及别的少数民族来居住，纳西族在人数上不再占优势。

隆庆二年至崇祯十二年（1568—1639 年），丽江木氏土司攻占巴塘后，派大臣驻扎巴塘，建立了得荣麦那（得荣）、日雨中咱（中咱）、察哇打米（盐井）、宗岩中咱（宗岩）、刀许（波柯）等五个宗。也就在这期间，木氏土司“徙麽些戍之”。崇祯十二年青海蒙古和硕特部南下康区，并先后打败了白利土司和木氏土司，结束了木氏土司在巴塘 71 年的统治历史。迁徙到巴塘的大部分纳西族则未能回到丽江，成为纳西族与藏族交融的最西北点。盐井是最主要的纳西族据点，盐井即“茶卡洛”，“茶卡”纳西族语为盐井之意，“洛”为地方、峡谷之意。关于盐井为何人所开发，《盐井乡土志》曰：“今传盐井为磨些王所开，又谓宗崖之城为木天工（王）所建……盐井之开创于木氏无疑矣。”①

其二，以夷治夷与以夷制夷相结合。

明代木氏土司在滇西北地区崛起，成为其他少数民族的统领。《维西见闻录》载：“麽些，即《唐书》所载麽些兵是也。原籍丽江。明土知府木氏攻取吐蕃六村、康普、叶枝、其宗、喇普地，屠其民，徙麽些戍之，后渐蕃衍……建设时，地大户繁者为土千总、把总，为头人，次为乡约，次为火头，皆各子其民，子继弟及，世守莫易，称为‘木瓜’，犹华言‘官’也。对之称为‘那哈’，犹华言‘主’也。所属麽些，见皆跪拜。”如何控制域内百姓，木氏土司有着自己的一套办法。根据村落大小，设置土千总、把总、头人、乡约、火头等几个级别行政官职，要求“各子其民”，还可以“世守莫易”。② 这就是木氏土司的地方管理体制

---

① 段鹏瑞编：宣统《盐井乡土志·源流》，收入《中国地方志集成·西藏府县志辑》，江苏古籍出版社 1995 年版，第 409 页。

② 方国瑜主编：《云南史料丛刊》（卷十二），云南大学出版社 2001 年版，第 61 页。

图4－44 钦赐“辑宁边境”

图片来源：木府提供

——“木瓜”制度。到村一级设置“本孙”（村官），也可以世代承袭。治理其他民族，主要是靠扶持和在民族内部挑选代理人来实现。据《维西见闻录》载：

古宗，即吐蕃旧民也。近城及其宗、喇普，明木氏屠未尽者，散处于麽些之间，谓之麽些古宗。

那马，本民家，即僰人也。……受制于麽些头人土官。

巴苴，又名西番，亦无姓氏。……与麽些杂居，亦麽些头目治之。

栗粟……维西者杂处于各夷中，而受治于麽些长。

怒子，居怒江内，界连康普、叶枝、阿墩之间；迤南地名罗麦基，接连缅甸，素号野夷。……雍正八年，闻我圣朝建设维西，相率到康普界，贡黄蜡八十斤、麻布十五丈、山驴皮十、麂皮二十，求纳为民，永为岁例。

从以上几个民族的情况看，从澜沧江到怒江，都由麽些民族统治。与麽些杂居者直接受其统治，居于边外的则受头人或火头管制，也受制于麽些。

其三，对宗教与地方势力打拉结合。

明代是木氏土司与藏传佛教领袖关系不断改善的时期，其中木氏土司与噶举派关系最为密切。木氏土司以“屏藩”为名对金沙江以北的藏区频频用兵，同时对噶举派的活佛崇敬有加，木氏土司此举旨在借助藏族宗教领袖的影响力，来巩固自己在藏区的统治势力，取得藏区的民心。[①] 这是木氏土司对藏区两手并举之策。成化九年（1473 年）土司木嵚向黑帽系七世活佛曲扎嘉措敬献厚礼[②]，土司木泰、木定分别邀请七世活佛和黑帽系活佛到丽江。正德十一年（1516 年）八世活佛弥觉多杰婉拒明武宗之邀，而暗访丽江。这些在《历辈噶玛巴法王传记总路·如意宝树史》中有详细的记载。徐霞客在《法王缘起》一文中记载：“庚戌年，二法王曾至丽江。”[③]“庚戌年”即万历三十八年（1610 年），二宝法王（旺秋）曾到丽江并朝拜鸡足山。[④] 明万历四十六年（1618 年），十世“全藏法王”却英多吉在与格鲁巴（黄教）的斗争中败北，逃到丽江避难，受到土司木增的热情接待，敬为上宾，隐藏于寺院中，先后在丽江居住 31 年之久，与木氏土司结下了深厚的友谊。直至康熙十二年（1673 年）吴三

图 4－45 木增着僧服像

图片来源：木府提供

① 杨福泉：《明代丽江版〈大藏经〉述略》，《丽江日报》2005 年 12 月 17 日第 2 版。

② 郭大烈、和志武著：《纳西族史》，四川民族出版社 1999 年版，第 326 页。

③（明）徐弘祖撰，朱惠荣校注：《徐霞客游记校注》（下），云南人民出版社 1985 年版，第 1191 页。

④ 白郎：《丽江藏传佛教噶玛噶举派的历史考察》，参见《丽江第二届国际东巴艺术节学术研究会论文集》，云南民族出版社 2005 年版，第 367 页。

桂叛清时才回到拉萨。[①] 其弟子杰策活佛转世于丽江府所辖的中甸[②]。至木增时，木氏信佛程度弥足，木增取佛教法名为“噶玛米庞才旺索南饶登”，意思是噶玛教派无敌福寿永固者。

木氏土司除与噶举派关系密切外，还与格鲁派（黄教）保持了良好的关系。万历八年（1580 年），木氏土司木东和木旺父子邀请三世达赖索南嘉措到巴塘、理塘传教，并修建理塘寺，费用多由木氏土司提供。[③] 此举对木里、盐源、永宁地区人们信仰黄教有着直接的影响，木里派甲呷习洛则巴等代表向三世达赖索南嘉措请求改信黄教，此举得到三世达赖同意，并派其师弟昌多却吉松吉降初和严丁次称绒布活佛到木里传教，培养黄教喇嘛。1584 年木里建成了瓦尔寨大寺，1604 年建成康坞大寺，广招信徒，遍传黄教。[④] 木氏土司的这些举动在康区影响很大，被称为“姜洒塘结布”（姜指纳西族；洒塘与“三赕”近音，指丽江）。

在木氏土司与藏传佛教领袖和高僧交往中，藏传佛教影响和渗透到木氏土司的意识中，甚至在木氏家族中出现了几位活佛和高僧。因此，明代后期木氏土司对藏区的军事拓展与藏传佛教渗透到丽江，是一个双向并进的过程。

其四，国家战略与地方策略相结合。

整个明代，木氏土司受朝廷赏赐达 28 次之多，既有金银绸缎、田庄、金腰带，还有“辑宁边境”“西北藩篱”“为国干城”等匾联，甚至有人告发木氏土司，朝廷也从边防大计考虑，不予处置。明王朝对木氏土司如此器重，出于明王朝整个国家安全的考虑。丽江北面的吐蕃，为历代中原政权所顾虑，唐朝就有很深刻教训：南诏、大理国也是不可小觑的地方势力，曾联合吐蕃反叛唐朝，元朝时期大理总管也心怀鬼胎。要使西南边地得以安全，就必须借助少数民族力量来治边。至于选择哪一股力量则要看具体情况。“云南要害之处有三……西北吐蕃，以丽江、

① 郭大烈、和志武著：《纳西族史》，四川民族出版社 1999 年版，第 328－331 页。

② 房建昌：《〈新修中甸县志稿本〉考证两则》，《中甸县志通讯》1991 年第 2 期。

③ 《西藏佛教史略》及《三世达赖传》，转引自余海波、余嘉华著《木土司与丽江》，云南民族出版社 2002 年版，第 164 页。

④ 阿旺钦饶著，鲁绒格丁等译：《木里政教史》（汉译本），四川民族出版社 1993 年版，第 3 页。

图 4－46 钦赐“为国干城”

图片来源：木府提供

永宁、北胜为扼塞。”[1] 可见，从明王朝角度看，木氏土司的主要责任是扼制吐蕃南下。

木氏土司也心领神会到这一点，所以常年对藏区用兵，一度达到藏东地区，攻取盐井等重要资源地，占据了南下道路（茶马古道）。也由于木氏土司对藏区的有效控制和反击，使滇南地区得以安宁；即便在崇祯年间吐蕃南下，也没能跨过金沙江。明代木氏土司三面出兵，主要以占有丰硕资源为目的。对藏区主要以盐业为主，不仅长期保持了千年盐场——盐井，而且对兰坪等怒江流域盐业资源也加以占有；对川西南则以抢夺金银矿场为主，以木里为争夺中心，是因为木里无量河、木里河流域有着大量金矿，黄金是木氏土司对外用兵的经济支撑和讨好中央王朝的贡品。有明一代，木氏土司向朝廷先后捐金、银 10 万两之多，为土司中少见之举。木氏土司在争夺资源过程中一旦触及明王朝利益则及时退避，这也是木氏土司得以保全发展的因素之一。木氏土司很好地处理了国家利益和土司利益之间的矛盾，使它在整个明代都没有受到明王朝的责备。

① 顾祖禹：《读史方舆纪要》。

第三节 明代木氏土司治边影响

就纳西族与周边民族关系而言，与藏族的历史渊源深远。从整个历史时期来看，藏文化对纳西族地区的影响也是最突出的。由于文化具有相互渗透性，因而纳西族文化也对藏区产生了影响，这可以从民俗文化、农耕技术、语言等方面进行考察。

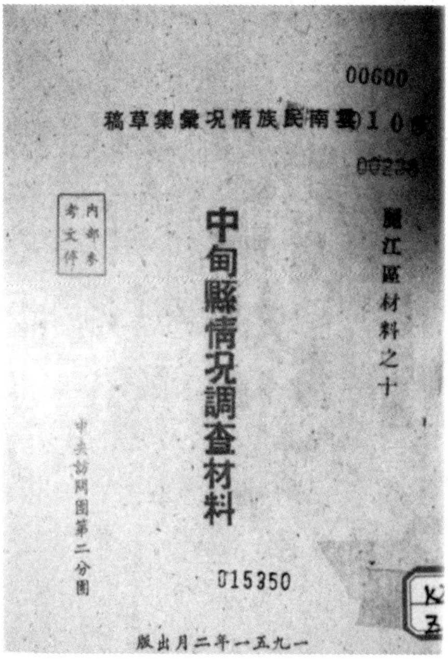
00600
雲南民族情況彙集草稿 10
麗江區材料之十
中甸縣情況調查材料
內部參考文件
中共訪問團第二分團
015350
一九五一年二月出版

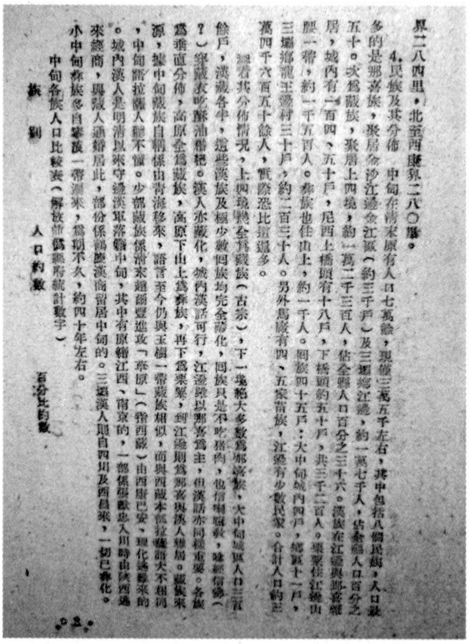
界二八四里，北至西康界二八〇華。
4.民族及其分佈 中甸在清末原有人口七萬餘，現僅三萬五千左右，其中包括八個民族，人口最多的是那喜族，聚居金沙江邊金江區（約三千戶）及三壩鄉江邊，約一萬七千人，佔全縣人口百分之五十。次為藏族，聚居上四境，約一萬二千三百人，佔全縣人口百分之三十六。漢族在江邊與那喜雜居，城內有一百四、五十戶，尼西上橋頭有十八戶，下橋頭約五十戶，共三千二百人。彝族住江邊山腰一帶，約一千五百人。彝族也住山上，約一千人。回族四十五戶：大中甸城內四戶，鄉區十一戶，三壩鄉瓦王邊村三十戶，約二百三十人。另外馬鹿有四、五家苗族，江邊有少數民家。合計人口約三萬四千六百五十餘人，實際恐比這還多。
細看其分佈情況，上四境幾全為藏族（古宗），下一境絕大多數為那喜族，大中甸城區人口三百餘戶，漢藏各半，這些漢族及極少數回族均完全藏化，回族只是不吃豬肉，也信喇嘛教，唸經信佛（?）穿藏衣吃酥油糌粑。漢人亦藏化，城內漢話可行，江邊路以那喜為主，但漢話亦同樣重要。各族為垂直分佈，高原全為藏族，高原下山上為彝族，再下為栗粟，到江邊則為那喜與漢人雜居。藏族來源，據中甸藏族自稱係由青海移來，語言至今仍與玉樹一帶藏族相似，而與西藏本部拉薩語大不相同，中甸略拉薩人聽不懂。少部藏族係清末趙爾豐進攻「乍原」（指西藏）由西康巴安、理化等縣來的。城內漢人是明清以來守邊漢軍落籍中甸，其中有原籍江西、南京的，一部係經商入川時由陝西過來經商，與藏人通婚居此，部份係滇西漢商留居中甸的。三壩漢人則自四川及西昌來，一切已彝化。小中甸彝族多自華坪一帶遷來，爲期不久，約四十年左右。
中甸各族人口比較表（解放前偽縣府統計數字）
族 別　人口約數　百分比約數
·2·

图 4－47 1951 年调查材料

图片来源：木府提供

首先看纳西族民俗文化对藏区的影响。明代，木氏土司向北拓展，一度控制了昌都以南的巴塘、理塘、稻城的藏区，“徙麼些成焉”，通过“移民实边”政策，“麼些文化输至吐蕃者亦有之（如食品、礼节多习麼些也）”①。民国十七年（1928 年）九月，民国政府决定建立西康省，把隶属于云南的中甸、维西、阿敦子（德钦）归西康省，认为此区域内古

① 方国瑜：《麼些民族考》，白庚胜、和自兴主编：《方国瑜纳西学论集》，民族出版社 2008 年版，第 49 页。

宗[1]民族很多，而且云南省未能很好地治理。其实这一区域的古宗民族只有 5700 户，而域内总户数超过了 15000 户，古宗不及总人口的 1/3，“故此区内居民以麽些为主，盖麽些多已汉化，其他民族之融合以麽些为中心也。”对融合于麽些的吐蕃，清代以来称之为“麽些古宗”，他们的服饰、礼仪、习俗多与纳西族相同。“1954 年开展民族识别时，有人提到纳西族曾经在甘孜藏族地区最少有五千户以上，这个估计丝毫不过分，尽管现在居住在这一地区的纳西族人数不多。”[2] 再从民国时期中甸县人口变化中，也可以看出纳西族对藏区的影响。民国二十一年（1932 年），麽些有 12884 人，古宗有 9777 人[3]；民国二十八年（1939 年），麽些有 8259 人，古宗有 8252 人[4]。可见，在民国时期的中甸人口中，麽些民族（今纳西族）人口数量超于古宗数量，而且分布于金沙江沿岸、大中甸、小中甸、三坝等地，称为“本地人”，民俗文化的影响可见一斑。任乃强认为：“麽些为康滇间最大民族，亦为最优秀之民族也。”[5]“此开辟康滇间文化之三大动力……以丽江木氏图强，经略附近民族，为第一动力!”[6] 元明以来，木氏土司及后来的管理者采用的纳西族军政合一制度——“木瓜”“本孙”制度在康区推行，也是纳西文化对藏区影响的表现。纳西族“木瓜”制度源于古代部落战争，形成于元代。“木”意为“兵”，“瓜”意为“管理”。清代木氏土司在康区衰败，“木瓜没有因为木氏土司的失败而从藏区消失”[7]。如《红坡噶丹羊八景如意宝瓶底簿序》载“噶玛教派木瓜僧迪吉和诺布二人新建本寺……”[8]；杜昌丁在《藏行纪程》中载：“碟巴之下有木瓜、神翁、头人等名色。”[9] 这些文献中都有

---

① “古宗”是滇西北各民族对藏族的一种称谓，纳西语称“古兹”$kv^{33}dz\eta^{21}$。

② 格勒编著:《甘孜藏族自治州史话》，四川民族出版社 1984 年版，第 114 页。

③ （民国）冯骏纂、和清远修，和泰华、段志诚标点校注：《中甸县志资料汇编》（四），中甸县志编纂委员会 1991 年印（内部资料），第 31 页。

④ （民国）段绥滋纂修，和泰华、段志诚标点校注：《中甸县志资料汇编》（三），中甸县志编纂委员会 1991 年印（内部资料），第 44 页。

⑤ 任乃强著:《西康图经·民俗篇》，南京新亚细亚出版科 1933 年版，第 318 页。

⑥ 任乃强著:《西康图经·民俗篇》，南京新亚细亚出版科 1933 年版，第 331 页。

⑦ 赵心愚著:《纳西族与藏族关系史》，四川人民出版社 2004 年版，第 285 页。

⑧ 《红坡噶丹羊八景如意宝瓶底簿序》，瑟格苏郎甲初、西洛嘉措辑录译注：《中甸县志资料汇编》（五），中甸县志编纂委员会 1991 年印（内部资料），第 3 页。

⑨ （清）杜昌丁撰:《藏行纪程》（一卷），世楷堂藏板，光绪二年重印本。

“木瓜”官职之记载。“本孙”，“本”意为村寨，“孙”意为管理者或掌控者，是木氏土司在控制区内推行管理村寨的头人制度，它与“木瓜”制度一样延续到1949年。

其次看纳西语在藏区的影响。康南地区以纳西语命名的地名不少。《乡城县地名录》中的“热公”（绛岗），意为纳西族居住之地；《稻城县地名录》中的“巨龙”（绛让），意为纳西族的水沟。中甸是受纳西语影响最深的藏区，在藏语方言中，纳西语借词占相当的比例。小中甸和东旺的藏语中夹杂有很多的纳西话，小中甸的藏民对核桃、蚕豆、玉米、衬衫以及撮箕等物的称呼都借用了纳西语。① 由于借纳西词不少，形成了康方言区的南路语群中的特殊土语。在中甸境内高寒山区至今还有很多纳西语地名，如大中甸的吾日、洛东、洛茸、吉利古、格都、布伦、阿极、川词、阿日克、古孜莱、白色词等，小中甸的日吕、木鲁古、瓦嘎、吉沙等②。纳西语对藏区的影响远不及藏语对纳西族地区的影响，但以上这些事例说明了纳西文化对藏区的影响，在民族杂居区域，民族文化的交融就是相互影响的过程，这也符合推进区域内民族团结和发展的需要。

再看纳西族农耕技术在藏区的传播。明代木氏土司向藏区大量移民，战时为兵，修筑碉楼（在今天白松乡的河谷、山顶都有碉楼遗址）；平时开垦造田，自给自足，等等。此方面的内容在前文已经有详细的介绍，这里不再啰唆。

---

① 杨福泉：《纳西族与藏族历史关系研究》，民族出版社2005年版，第365页。
② 潘发生：《明季清初姜岭大战史初探》，《中甸县志通讯》1994年第4期。

木府遗产篇

丽江木氏土司留下的遗产很多。从内容看，这些遗产可以分为政治遗产、经济遗产、文化遗产；若从存在形式分，可以分成物质文化遗产和非物质文化遗产。

第一章 木府政治遗产

第一节 特殊的继承制度

元明清三朝木氏土司能够延续470年的统治，历经22代土司接替，在西南诸土司中是很突出的。民间有谚说：“富不过三代”，木氏土司却经历了元明清三朝470年之久，他们到底用了什么手段呢？

木氏土司推行嫡长子继承制，即宗法制度。这种制度起源于我国商周时期。木氏土司也不是一来就顺顺利利地实行这一制度的，而是经历了一次次内部动乱，不断改进管理机制，最终才形成了嫡长子继承制。我们翻阅《木氏宦谱》的时候，不难发现争夺继承权之事的发生，而且有数次出现在家谱里，说明这个问题还是比较严重的。在《木氏宦谱》甲种本“世系表”上有13人名下的释文明显被后人用浓墨涂抹，为什么好好的一部家谱，却要涂鸦一下呢？这一现象首先在木嵚的儿子中出现。木嵚的七子木吉、八子木沙、九子木禄、十子木他、十一子木见、十二子木乐、十三子木的以及木定的三弟木榆等人名下的释文，都被抹黑了，经过多方考证和释读，有这样几个字：“以庶谋嫡，问拟极刑。”显然这准确地记录了当时木氏子弟为争夺土司之位而发生的内乱，最终以“极刑”处决了以上怀有“二心”的木家子弟。显然，木氏土司严格追随了中央王朝的王位继承制，凡是有人不怀好意，即便是自己的兄弟子女，都要处以极刑，以儆效尤。为什么木嵚土司要对自己的7个儿子下如此狠手呢？木嵚土司有13子，其中正妻阿室顺生4子，分别是：牙、的、住、宝；庶妻高氏生2子，分别是：東、俗；阿室娘生5子，分别是：吉、沙、禄、他、见，阿室桂生2子，分别是：乐、的。看来木嵚至少娶了4房，正妻阿室顺的4子和庶妻高氏2子共6人为一个团体，与阿室娘之5子、阿室桂之2子形成对抗，最终以嫡长子一派获胜，另一派7人均被处以“极刑”，可见争权夺位在当时来说也是很惨烈的。然而木泰的第三子木榆也效仿前辈之举夺嫡篡位，终被以“极刑”伺候。木懿之后木靖继位，木靖因无子嗣，其弟木櫾生有 10 子，大多心怀袭位之幻想，最终由长侄木垚继承土通判之职。木垚的 5 个弟弟参与夺嫡之争，木櫾的第四子木潢被评价为“诈伪无义”，奸诈、虚伪而且是没有道义的人；第五子木忠被定论为“多行阴谋”；第六子木成被定论为“好行奸诈”；第七子木蛟被定论为“萎靡不振”；第十子木满被定论为“阳奉阴违，性情矫诈”。这些人名下的定论，均被浓墨抹去。我们不难看出，被浓墨抹去的 13 条是木垚继位之后所为，抹去的原因主要也就是“不愿正视”罢了。

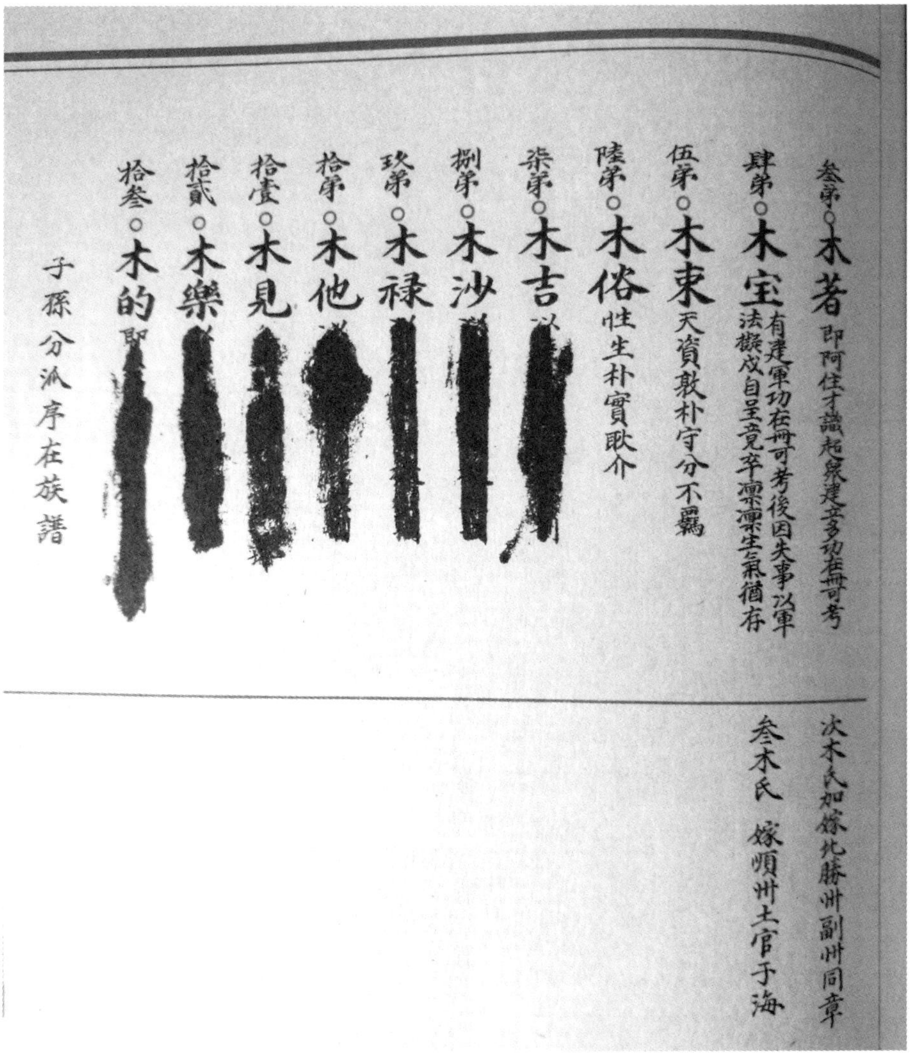
叁弟○木著 即阿住才識超衆建立多功在冊可考
肆弟○木宝 有建軍功在冊可考後因失事以軍法擬戍自呈竟卒凛凛生氣猶存
伍弟○木東 天資敦朴守分不羈
陸弟○木俗 性生朴實耿介
柒弟○木吉 [redacted]
捌弟○木沙 [redacted]
玖弟○木禄 [redacted]
拾弟○木他 [redacted]
拾壹○木見 [redacted]
拾貳○木樂 [redacted]
拾叁○木的 [redacted]
子孫分派序在族譜

次木氏 加嫁北勝州副州同章
叁木氏 嫁順州土官子海

图 4－48 《木氏宦谱》甲种本中夺嫡内容

图片来源：木府提供

既然木氏土司中有如此忤逆之辈，土司们对此都进行了深入思考。土司木泰亲历了自己七个兄弟被处以极刑，受到的影响很大，保山人张志淳在给木氏土司的作品作序时就提到这件事情。“既生大父泰敦尚雅道，不置妾媵，以遗家侧而倡事”，意思是说，木泰这位土司为人老实，而且很温文尔雅，没有纳小妾，以确保家族昌顺。显然，这是针对刚刚经历过的争夺土司位子而提出来的。木泰只娶正妻阿善贵，看来由他开始制定了不纳妾的家训。其后的木高土司时期，也是认真执行了这一条家训的。在《木高碑》中，也就是木高的墓碑上就有“以杜绝后患，不娶异姓，鳏守九年”。看来这时期夺位斗争的原因被归咎于异姓妻室。此后，各土司仍娶多门妻室，再也没有谈及此事。除了不娶小妾和异姓妻室外，木氏土司开创性地推行“三代姓阿，五代姓和”改姓制度，其后代第三代就要改为阿姓，五代以后就要改为和姓了。和姓就是当时平民的姓。以此来实现木氏嫡长子继承制度的独特性和延续性。我们不难发现，从今天丽江木氏的分布区域看，除了丽江古城一支为嫡长子之后外，其余均为各土司时期的非嫡长子，其后不断繁衍，形成今天木氏分布于丽江各区域的态势。

图 4－49 木高碑

图片来源：木府提供

这里又引发出另外一个问题，既然为了维护嫡长子继承制，又要防止其他子弟夺权闹事，非嫡长子该怎么安置？木氏土司的过人之处就在这里。木嵚之后，木氏土司开始推行非嫡长子驻守四乡的策略。开始是在古城附近的乡村派次子居住，如白华、木保、束河、金山等，随后不断推延到拉市、七河、龙蟠、石鼓，甚至到了宝山、奉科等边远之地。他们虽没有获得封地，但作为木氏后人，驻守要地险关，可收取租金，管理一方百姓，从中获得一定的权力体验。如木增的四个儿子，除长子木懿承袭父职外，二子木乔，住七河；三子木参，住白沙，四子木宿，住中岗。

第二节　一以贯之的“忠孝”土司

南宋末，忽必烈亲率大军南征过丽江，木氏先祖协助蒙古军队以“革囊渡江”，让几十万蒙古军队安全渡过金沙江天险，并派人给忽必烈带路，直到攻取拓东城。木氏土司先祖也从中获利，在纳西族中确立起统治者地位。《木氏宦谱》中说，元世祖忽必烈率领大军亲自征伐大理国，阿良（木氏土司先祖）在金沙江的剌巴江口迎接。忽必烈怎么也没有想到阿良会来迎接，于是就赐予他很厚重的礼物，给予很高的政治地位，授予茶罕章管民官的官职；再赐给高级官服两套、金镶玉顶官帽以及有辅弼前后的黄绒帽、靴子，全套服饰都包含在里面了。元朝到明朝再到清朝，木氏土司都未做过不忠之事，成为中国诸土司中未曾“造反”过的土司，因此深受历代王朝的信任，也获得了诸多奖励。

民国时期，木氏依然沿袭土通判的空衔，云南省政府每年下拨50两银元给木氏土通判，到了木琼时，也未放弃领取。丽江到省城昆明要走18天，来回路费（20世纪40年代）都要花去200两银元，但木氏为了维护这个政治头衔和贵族的虚名，即便倒贴钱也要到省城领取，这也是标榜自己的一种政治态度。

可见，忠孝之义在木氏家族中一以贯之，木氏土司被称为“忠义土司”，实至名归。这也是木氏土司乃至纳西族得以发展千百年的生存之道。

第三节 以文治边

在与藏传佛教界的交往中，木氏土司家族最辉煌的一页，是在木增时代邀请藏地的高僧大德，完成了刊印丽江版藏文《大藏经·甘珠尔》这一浩繁巨大的刊刻、印刷工程。丽江版《大藏经·甘珠尔》因为有木氏土司的努力而得以流传于世，至今拉萨的大昭寺里还保存有当年木增赠送的全套《大藏经·甘珠尔》朱印版。几百年来，大昭寺的喇嘛们都把这套《大藏经·甘珠尔》当成镇寺之宝，每卷经书都用绸缎包成一包，装在木箱里，外面再以金线缠绕，用银制的锁仔细锁好，存放在佛堂大殿里。遗憾的是，丽江版的《大藏经·甘珠尔》雕版刻本，竟没保存在丽江的木府，木增土司当年将它们存放在中甸。清康熙六年（1667 年），木氏土司家族在藏区的势力已经衰败，蒙古军队打进中甸，攻破木天王府的“年各羊恼寨”。《大藏经·甘珠尔》雕版在这期间被运送到了理塘大寺存放。因此，人们便改称它为“丽江一理塘版”。此外，木氏土司在藏区影响很大，被誉为“木天王”。在藏区，宗教领袖被称为“天王”和活佛，而统治阶层的首领被称为“人王”。木氏土司对藏区影响力很大，被藏人誉为“天王”，地位和声誉与大活佛齐名。

木府人一直想把《大藏经·甘珠尔》请回来。可这办不到，也不符合纳西人的做法，送给人家了，而且立了字据，怎么能要回来呢？我们一开始恢复木府的时候就有这种想法，但后来只能作罢。木府修成后，我们又着手做这件事。先是通过民间与西藏方面沟通，然后通过市、区、县文化部门联合行动，促成了高仿影印《大藏经·甘珠尔》的文化大工程。2012 年 6 月，拉萨市和丽江市人民政府签订了《关于复制拉萨大昭寺藏丽江版大藏经合作协议》，经过双方的共同努力，大昭寺藏丽江版《大藏经·甘珠尔》复制工作在一年后圆满完成。此次拉萨大昭寺藏丽江版《大藏经·甘珠尔》复制卷重回故土，作为拉萨和丽江两地文化交流的丰硕成果，分别收藏于古城博物院（木府）、丽江市图书馆、丽江市博物馆、玉龙县图书馆、丽江市佛教协会等单位，为专家学者深入研究、民众瞻仰、众僧学习提供方便。这是纳西族历史上最大的文化工程之一，不逊于当年木增护送《大藏经·甘珠尔》进藏区。这也是一件文化大事、文化喜事。2013 年，满载《大藏经·甘珠尔》的卡车缓缓进入丽江。

图 4-50 《大藏经·甘珠尔》回归

图片来源：木府提供

明代万历年间刻印的《大藏经·甘珠尔》要回归丽江、回归木府了，这是木府发展史上的一件大事。具体收藏在那间房子？在木府，我们把收藏室当作一个藏书室来看待，当然不是普通的藏书地方，而是木府三大文化藏书之地。《大藏经·甘珠尔》曾在这儿刊印，然后送到拉萨的大昭寺，最后木府这里既没有藏本也没有刻版。现在，又在拉萨重新翻印了回来，就珍藏在木府中的藏书楼了。《大藏经·甘珠尔》如何回归？我们是按照商量好的计划和程序来进行的。那一天的组织安排事先都做好了准备，所有的事情就由办公室来做。这对木府来说，是一件大事、盛事；对于丰富木府的内涵来说，我们就营造了一种神秘氛围：不是那个人，就不让他进藏书室。接着又是锁的问题，拉萨那边的箱子没有锁，是用竹签扣起的，我们干脆就用锁把它锁起。以后，周一、三、五打开，或周二、四、六打开。展示处，前面搞个警戒线。要打 54 把锁，还有六合门的 3 把锁。这种精心收藏宝贝的做法增添了这部《大藏经·甘珠尔》的神秘感，更加激起人们想看到它的心理。这也是对木府的一种宣传。

以后，你不用去拉萨的大昭寺了，在木府就可以看到《大藏经·甘珠尔》!

图4－51 珍藏的《大藏经·甘珠尔》

图片来源：木府提供

关于《大藏经·甘珠尔》，还想再说上几句。自明代中叶以来，随着纳西族木氏土司势力的向北扩张，丽江加强了和藏传佛教界的联系。木氏土司最初加强同藏传佛教主要教派领袖人物的关系，是在清楚地了解了明朝治藏国策的前提下进行的，旨在借助这些藏族宗教领袖的影响，巩固自己在藏区的影响，取得藏区的民心。木氏土司在与各方藏传佛教领袖人物和高僧的频繁接触中，逐渐地成为虔诚的藏传佛教信徒，进而其家族中也出了活佛和高僧。藏传佛教对历代木氏土司产生了很深的影响。

木增主持刻印了藏文《大藏经·甘珠尔》，成为滇藏政教关系史和纳西、藏族文化史上值得颂扬的重要人物。刊印《大藏经·甘珠尔》的工作始于明万历四年（1608年），完成于天启元年（1621年），从刻印到完成历时13年（一说15年）。这是在藏族聚居地区第一次正式雕版的《大藏经·甘珠尔》，共108卷，包括1000多篇藏传佛教经典文献。由于藏人称呼丽江地区为“姜”或“章·三赕”，所以又按元代的记载写法译作“章·三赕”，完全是按照藏语的音译。所以这一版就称为丽江（章·三赕）版《大藏经·甘珠尔》。

明代万历年间，五世达赖喇嘛和四世班禅大师请求和硕特部首领固始汗出兵帮助黄教排除异己。固始汗便率军于1639年至1642年经康区入藏，并于拉萨哲蚌寺建立黄教政府即甘丹颇章政权，统治了青海、康区和卫藏大部分地区。到了清康熙三十七年（1698年），和硕特部南下的军事首领达尔杰博硕克图汉（固始汉的裔孙）兵临云南，在丽江见到了这一套《大藏经·甘珠尔》经版，认为是奇货可居，应掌握在自己的势力范围内，于是下令用骡马驮运到四川理塘大寺存放。从此，这一部《大藏经·甘珠尔》就名之为理塘版了，或称为“丽江—理塘版”。

2016年2月，十七世法王噶玛巴在纪念十六世法王噶玛巴大会上做了很重要的发言。他说：“丽江大藏经（即《大藏经·甘珠尔》——编者注）是藏地第一部木刻版大藏经。这套藏经是在丽江土司木增，九世法王噶玛巴赐名为‘噶玛米庞索南饶登’的赞助下刊刻印刷的。这部《大藏经》，是第一部在藏地刊刻的《大藏经》，它具有重要的历史意义，同时是珍贵的文化遗产。这一套木刻版（原版）后来被迎请至理塘大寺，现在只剩下几块经版了。由于木刻版印制的《大藏经》，目前全世界只剩下一两套，为了恢复佛陀圣教，我们以现代的扫描技术重新制作印刷出版，有这样难得的积福机会，以我为主的所有参与人员都感到非常高兴，受到了极大的鼓舞。”

历代丽江木氏土司，都与法王噶玛巴有着深厚的法缘。第25代传人木嵚曾向七世噶玛巴确札嘉措献供以表敬仰。第27代传人木定，更曾迎请八世噶玛巴弥觉多杰到丽江府，广兴供养承侍，并遵照八世法王的指示，不对藏地兴生战事，且每年送出500名童子入藏为僧。木氏政权在第33代传人木增时达到巅峰，兵马强大，木增自己也擅长中国诗文，并且笃信佛法。当时北达巴塘，西达昌都，都属于丽江府的统辖范围。

丽江《大藏经·甘珠尔》依据的母本是什么呢？当时藏文大藏经只有手抄本，还没有木刻版，而手抄本中最殊胜的，就是依时间和施主而命名、驰名的《蔡巴甘珠尔大藏经》。这部大藏经，经过旬努竹庆释迦坚赞、历代噶玛巴和多位大师的校订，是雪域藏地中无与伦比的大藏经，丽江《大藏经·甘珠尔》就以《蔡巴甘珠尔大藏经》为母本而刊刻。大司徒确吉炯内在编辑德格大藏经的时候，依据的母本就是丽江《大藏经·甘珠尔》。纳西族、藏族之间通过藏传佛教，在历史上形成了融洽的民族关系。

第二章　木府经济遗产

第一节　造梯田　种红米

明代木氏土司向藏区大量移民，他们战时为兵，修筑碉楼，在今天白松乡的河谷、山顶都有碉楼遗址；平时开垦造田，自给自足。以村寨为单位的移民带来了丽江的生产生活模式：修沟造田，打墙建屋，种植红米。木氏土司统治中甸时期，派大批徭役开挖水沟、造梯田、教种稻谷、栽种核桃等。因不顾气候条件限制，结果以失败告终。至今在大、小中甸还保留着好几处稻田湾的地名。[①] 今天巴塘东南部的大片梯田就是纳西族移民所修造的。得荣县白松乡下的门扎村、白松村是该县唯一种植水稻的地方，种植旱稻红米。红米属于纳西人引进的品种，其种植技术和要求高于其他作物。当地至今保留有纳西人开挖的大水渠。纳西族的生产技术已在这些地方得到传播，“明季，当地藏族多使用硬质木做成的犁铧犁地，纳西族带来了丽江铁犁，使耕地的深度和速度都有了明显的改观，当地人将这种铁犁叫‘绛肯’（绛，藏语，对丽江纳西族的总称；肯，藏语，犁铧。即为纳西犁铧）”[②]。纳西族在藏区传播农耕技术，带来生产工具和农作物种子，推动了康南地区的农业发展。

第二节　挖金矿　拓交通

“鼠罗”就在今四川省凉山彝族自治州木里县的无量河畔，现名“水

① 瑟格·苏诺甲建：《明季木氏土司对中甸的经营浅识》，《中甸县志通讯》（内部资料）。

② 杨嘉绒、阿绒：《明季丽江木氏土司统治势力向藏区扩张始末及其纳西族遗民踪迹概溯》，《甘孜州文史资料》第18辑，第241页。

洛”。“鼠罗”为纳西话语音。这里以盛产黄金而闻名。我们可以在《木氏宦谱》中看到，木氏土司兵在这个地方用兵最多，总共达 20 多次，而木旺一代土司，就在鼠罗作战达 10 次之多。关于木氏土司家族对黄金的开掘方法，《滇略》中有记载说，万历年间，木氏有兄弟三人，长子叫木公，次子叫木幺，三子叫木厶，长子就是丽江土知府的土司。这三兄弟都很讲礼貌，名声在外。他们掌握了获取金子的办法，每次下过大雨后，就派人在荒地上犁地，他们就在一旁候着；等到再次下起大雨时，泥巴冲刷后就可以捡到金子了。雨过之后，农夫犁地，都可能犁出金子来，可见当地金子产出之多。当然，这些金子也不是谁找到就是谁的，要知道，这是木氏土司兵打下的地盘，将士们来征战的目的就是为了这些金子。木氏土司当然有一套严格甚至血腥的管理方法：凡是捡到金子都要交给官府，如果老百姓私藏铢两就要处死。木氏土司曾经有数十间金库，送人很是大方，动不动就以千两为单位送人，人们都称这些金子为木公金。“铢”是古代的计量单位，一“铢两”只相当于一两的 1/24。

据《滇略》载，木氏土司的黄金储备有“数十库”，这是一笔现在无法衡量的财富。我们只能从木氏土司馈赠朋友黄金慷慨大方，来推测其家藏黄金之多。什么人可以得到木氏土司慷慨赠予的“木公金”呢？当然第一是贡奉给朝廷。我们在《木氏宦谱》中可以多次看到，明代的木氏土司们，每当打了胜仗，大都会“自备马匹方物，晋京朝觐”。这“方物”中无疑就包括黄金。第二是供奉给寺庙、道观。木氏土司家族的宗教观非常独特，不仅信奉来自汉地的汉传佛教以及道教，更信奉藏传佛教，因此对各种教派供养甚厚。第三，送给朋友，“木公金”馈赠的朋友对象既有各地结盟的土司贵族，更有木氏土司作家群中结交的文友，他们为爱好弄文舞墨的木氏土司修改诗文，编撰家谱，土司们一定会用黄金赏一些“润笔费”的。著名的旅行家徐霞客到丽江时，木增也多次以金、银相赠。

第三节　控盐业　经营茶马道

明代木氏土司攻占盐井后，为管理澜沧江两岸的盐井，设“木瓜”（地方官员）经营盐业。关于纳西族与盐的关系，可以上溯到汉代川西南地区纳西族先民与其他民族先民争夺盐田。藏族史诗《格萨尔王传》中就写有争夺盐田的战争。纳西族因盐业而获得了商业经营的智慧，这方面前文多已提及。

丽江是茶马古道上的要地，费孝通先生说它是“茶马重镇”，是“活着的茶马古道重镇”。自唐代以来，川滇地区的茶叶源源不断地运送到藏区，尤其是滇南茶叶，每年有成千上万的马匹和人员要进藏区做生意。当时，茶马贸易不是那么开放，往来的商人都要有经营许可证——茶引，就是过路票据。丽江是通往藏区的最后一站，也是藏区的第一站。从西双版纳、普洱、临沧等地运来的茶叶，到丽江就要转交给其他运输马帮了。丽江成为最大的中转站，这是为什么呢？一方面是藏区气候一般人难以适应。丽江海拔 2400 米，往来的商贾都能适应这个海拔，然而再往上走，3000 多米的海拔，有些商贾就会产生高原反应了；另一方面是复杂的民族关系和艰难的交通。滇西北到藏东部地区，多民族聚居，民族关系复杂，社会环境复杂。只有经常行走的马帮和商人，才熟悉这条道路上的民族关系和交通。为此，丽江古城重要的商贸地位不断凸显。明代徐霞客到丽江走的就是一条官道，在邱塘关看到守兵，沿路看到收税的房所。木氏土司所控制的区域不断扩大，其茶马贸易范围也不断扩大，木氏土司不仅控制这条古道，还是这条古道的重要参与者和经营者。

第三章 木府文化遗产

木氏土司留下的文化遗产，从大的方面讲，包罗万象；从小的方面讲，包括文献资料、碑刻资料、土司府等。

第一节 汉文文献

现存木氏土司诗文集多达 18 种，是研究明清时期丽江社会生活的重要史料。木泰的《两关使节》开启了木氏土司汉学之门，木公一人就有《雪山始音》《隐园春兴》《庚子稿》《万松吟卷》《玉湖游录》《仙楼琼华》等六部诗文集和一部《雪山诗选》，收录有上千首诗。木青也有诗文传世，其子木增创作刊印的《芝山云薖集》《云薖淡墨》《山中逸趣》《竹林野韵》《啸月函空翠居录》等作品，不仅有诗，还有赋、词、散文、笔记等，把木氏土司的汉文水平推到最高点。明代进士云南布政使冯时可所撰《木氏六公传》中记述了木氏土司在汉学方面的成就。明代丽江“木氏作家群”的诗文造诣，颇受推崇，被称为“文墨比中州”“共中原之旗鼓”。在明代钱牧斋的《列朝诗集》，清代编撰的《四库全书》，民国编撰的《云南丛书》以及《滇诗丛录》《滇文丛录》《滇词丛

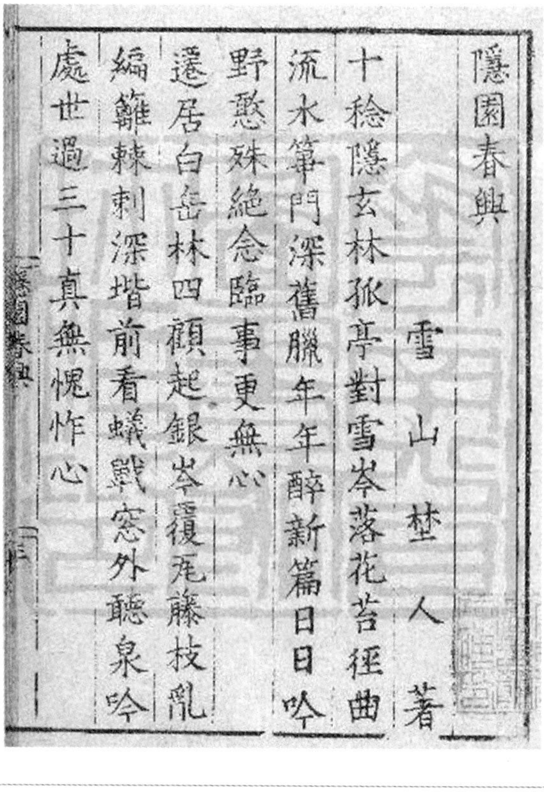
隱園春興

雪山埜人著

十稔隱玄林孤亭對雪岑落花苔徑曲

流水蓽門深舊釀年年醉新篇日日吟

野慾殊絕念臨事更無心

遷居白岳林四顧起銀岑覆兎藤枝亂

編籬棘刺深堦前看蟻戰窓外聽泉吟

處世過三十真無愧怍心

图 4－52 《隐园春兴》首页

图片来源：木府提供

录》等，都有木氏土司创作的诗、文、词。

木氏土司不仅写诗文，还善于收集汉文典籍，这一点在前面的论述中多有提及，万卷楼就是这方面最集中的体现。光绪《丽江府志稿》有这样的记载："万卷楼为木氏藏书所，楼中凡宋明各缮本以数万计，群书锓板大要俱备。今楼废，书亦散失，间有零帙遗于民间，上印万卷楼记，皆近日坊间所无。"本来，到木增这一代，万卷楼的藏书已有3万余册，可惜因战乱而毁，或者散落到民间了。1956年，我国著名学者黄裳在云南省图书馆看到了从丽江木家收集来的11种木氏著作雕版本，给予很高评价说："不只因为这是我在云南看到过的最旧的雕版书，还为它雕印之精美而惊叹。同时也感到这是中原与边疆兄弟民族之间文化往来、融合的实证，是重要的文献资料，远远超过了它本身的文学价值。"

《云薖淡墨》是明代丽江土司木增所辑录的一部类书。因《徐霞客游记·滇游日记》提及徐霞客作过序言与校雠，加之用江浙一带最先进版刻技术刻印，流传一时。《云薖淡墨》是云南明代刻本风格的集中代表，是木增读书时所摘录的笔记，在滇地和江浙多有流传。在版本风格、传统教育思想和民族团结方面颇有价值。

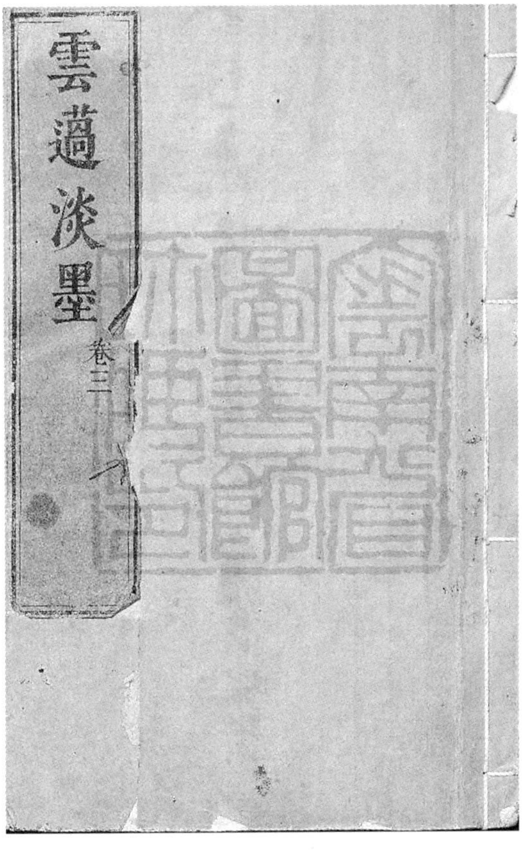

图4－53《云薖淡墨》封面

图片来源：木府提供

《皇明恩纶录》收集了自明朝开国皇帝朱元璋至朱由检（崇祯皇帝）等10多位明朝皇帝给木氏土司的圣旨、诰命和敕谕。按《木氏宦谱》的记载和刊印的圣旨共有56道，这56道圣旨、诰命和敕谕"精刻朱印为《皇明恩纶录》，每页均为龙纹镶边，庄严华贵，其刊印一律按诰命格式"。这些圣旨、诰命、敕谕相当于任命书 、委任状、嘉奖令，其中有任命的官职、名称、级别、封号和褒奖内容，以圣旨、诰命和敕谕原件“精刻朱印”的《皇明恩纶录》，现在的木氏子孙只能在书上、文章中知道书中所提诸事，无法目睹这些文物，手抄本由研究者收藏。木府展出的圣旨也只是仿制品。《皇明恩纶录》是木氏土司为国效力、开拓丽江、建设丽江、保境安民、维护国家统一的历史见证，是朝廷（国家）对木氏土司爱国爱民的肯定。

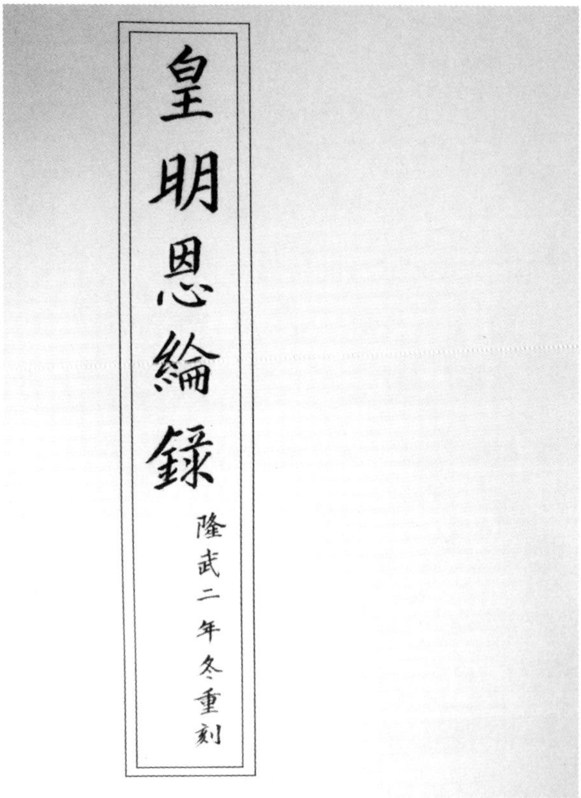

图4－54 《皇明恩纶录》封面

图片来源：木府提供

木氏土司的书画作品有壁画、摩崖和书法作品。壁画是木氏土司几代人组织纳西、汉、藏、白等各民族工匠历经数百年绘制的，只有白沙壁画保留较为完整，它原为省级、现为国家级文物保护单位。束河大觉宫也保留了一部分，为唐代风格画，这是木氏土司鼎盛时期的艺术作品，有兴趣者可前去一饱眼福。至于白沙寒潭寺、漾西万德宫、木府北侧皈依堂等处的壁画已荡然无存。被誉为神童的木氏先祖牟保阿琮，在白沙岩脚留下了梵文的摩崖字迹，不少研究者认为是藏文。前面已经多次提到，现存最早的木增书法作品“谈空客喜花含笑，说法僧闲鸟乱啼”，为国家级文物。此外，落款为“生白”的字画不断在民间出现，这些都是国家级的宝物。木氏土司中，除了木增的作品外，应该还有很多书画作品，只是难以收集齐全。

第二节　碑　刻

碑刻是最珍贵的文献资料之一，丽江相继发现了明代碑刻25通。具体为《北岳庙占卜碑》《木氏崇庙碑》《丽江木氏勋祠碑记》《万德宫碑记》《重修北岳庙记碑》《觉显复第塔记》《觉显复第寺记》《丽江府芝山福国禅林纪胜记》《妙明居碑记》《木公恕墓碑》《木高碑》《丽江知府木松鹤碑铭》《木氏告示碑》《丽江太平碣》《启明桥碑》等碑铭或拓片，还发现了5处摩崖碑，如白沙岩脚石刻木公、木高诗文，白地木高摩崖诗刻等。这些碑刻均是木氏土司时期重要的文献资料，研究价值很高。由于是当时的创作并刻成石碑文，具有很高可信度。民国时期的这些碑刻，原嵌在木家小院墙壁上，美籍奥地利人洛克常来木府做客，就看到过这些碑刻。后来被人为破坏，现在几乎找不到一块完整的碑刻了。现在，有学者从北京图书馆找到了拓片，并整理成文字。以后我们修复木府祭祀区域的时候，这些碑刻要恢复，重新竖起来。除汉文献中对木府有所记载外，这些也是最重要的文献资料。最近，又有人在永胜县的灵箐源发现了有关木氏的碑刻，说碑文内容反映了木公、木高的女儿嫁到永胜高氏土司家，人很智慧，协助夫君解决了很多困难，成为口碑甚好的土司夫人。这些也都是关乎木府的重要资料。

图4－55　木松鹤碑铭

图片来源：木府提供

图4－56　万德宫碑记

图片来源：木府提供

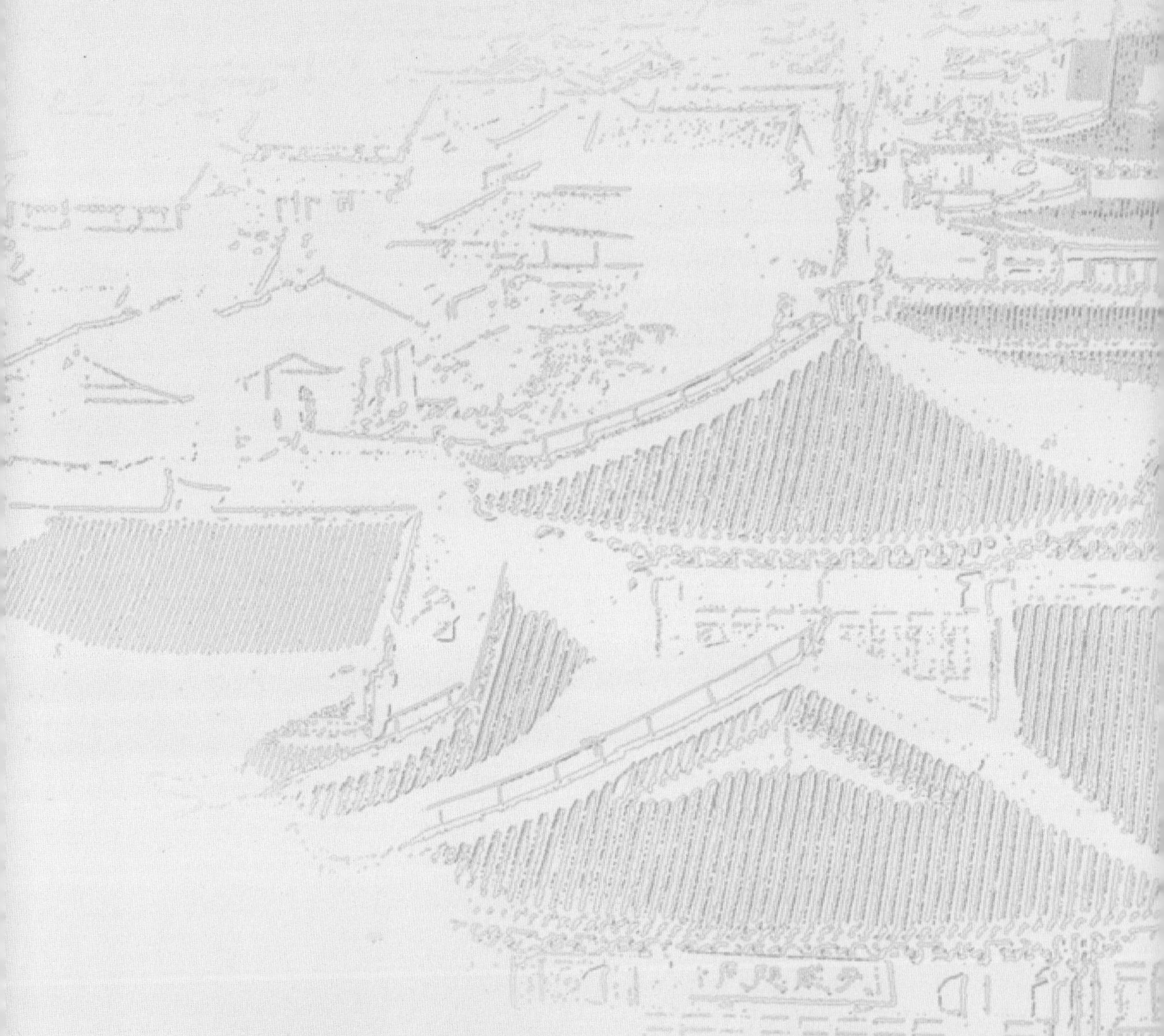

《木府通论》学术委员会

乐府通论

第三卷

黄乃镇 / 著

云南大学出版社
YUNNAN UNIVERSITY PRESS

图书在版编目（CIP）数据

木府通论：全5卷 / 黄乃镇著. -- 昆明：云南大学出版社，2019
ISBN 978-7-5482-3597-2

Ⅰ. ①木… Ⅱ.①黄… Ⅲ.①纳西族－民族历史－丽江②家族－史料－丽江 Ⅳ.①K285.7②K820.9

中国版本图书馆CIP数据核字（2019）第001729号

出　品　人：施海涛
特约策划编辑：柴　伟
责 任 编 辑：陈　曦
封 面 题 字：李继文
装 帧 设 计：刘　雨

木府通论

第三卷

黄乃镇 / 著

出版发行：云南大学出版社
印装：昆明理煜印务有限公司
开本：787mm × 1092mm　1/16
总印张：57.5
总字数：913千
版次：2019年10月第1版
印次：2019年10月第1次印刷
书号：ISBN 978-7-5482-3597-2
总定价：800.00元（全5卷）

社址：云南省昆明市一二一大街182号（云南大学东陆校区英华园内）
邮编：650091
电话：（0871）65033244　65031071　65031070
网址：http://www.ynup.com
E-mail：market@ynup.com

目　录

木府文化篇

木府是一个综合体，既有物质的形式，也有文化的内容。木府本身所具有的价值和社会影响力，已经成为一种文化标识，成为丽江古城文化的重要组成部分，也是纳西族历史文化的重要组成部分。

第一章　木府建筑风格与艺术

要谈木府的建筑风格与艺术，我们需要从历史长河中去讲木府。木府所经历的年代是比较久远的，因为它从元代开始，经过了明代、清代、民国，延续到20世纪60年代，这些都是客观事实。在恢复重建木府之前，这个地方已是面目全非，已经看不出它的本来面目了，面对一片废墟，我们要恢复重建什么时期的木府，便成为首先要解决的问题。要恢复重建哪个时期的木府，不能随意地说，要有历史依据。我想恢复重建这个时期的，或是那个时期的，是不能随意定的，要通过研究，找到恢复重建具体朝代木府的理论依据，然后告诉大家我们恢复重建的是哪个时代的木府，这样人家才会认同；不然，人家不会同意你的看法和做法。只有把这些关系跟人家说清楚了，才能站得住脚，恢复重建木府才有人支持。为了解决这个问题，我们必须了解丽江历史的各个方面，比如政治、经济、文化等，综合这些方面来确定木氏土司是什么时候发展达到了顶峰境界的。

第一节　恢复重建木府的四个原则

我们通过研究得出结论：木府最辉煌的时代应该是明代晚期。把人物与历史时间联系起来，也就是木增执政的那个年代。木增，我们在分析这个历史人物的时候，认为他是一个重要人物，但对后世的影响力还不够大。恢复重建木府的目标定位是要将其推向全中国、全世界，所以除了木增，还要有一个对全中国、全世界都有影响的人物。要是有一个能把丽江地区与中原地区联系起来的人物，拿这个人物与那个时代关联起来考虑，那就容易把事情搞得更好。这个关键点的人物我们找到了，就是大家熟悉的徐霞客。另外，我们重点重塑的纳西族历史人物是木增。我们要恢复重建的木府，其特定年代，就是木增执政的时期，那个时期距离木府恢复重建时约378年。这个定下来以后，我们就把消息发布出去了。当然，这个定位还要经得起周围人的“拷问”。通过分析丽江的历史，我们确定这一段时间的确是木府最辉煌的时期。此前，木府已经存在很长时间了，最迟在元代初就有木府的雏形了。

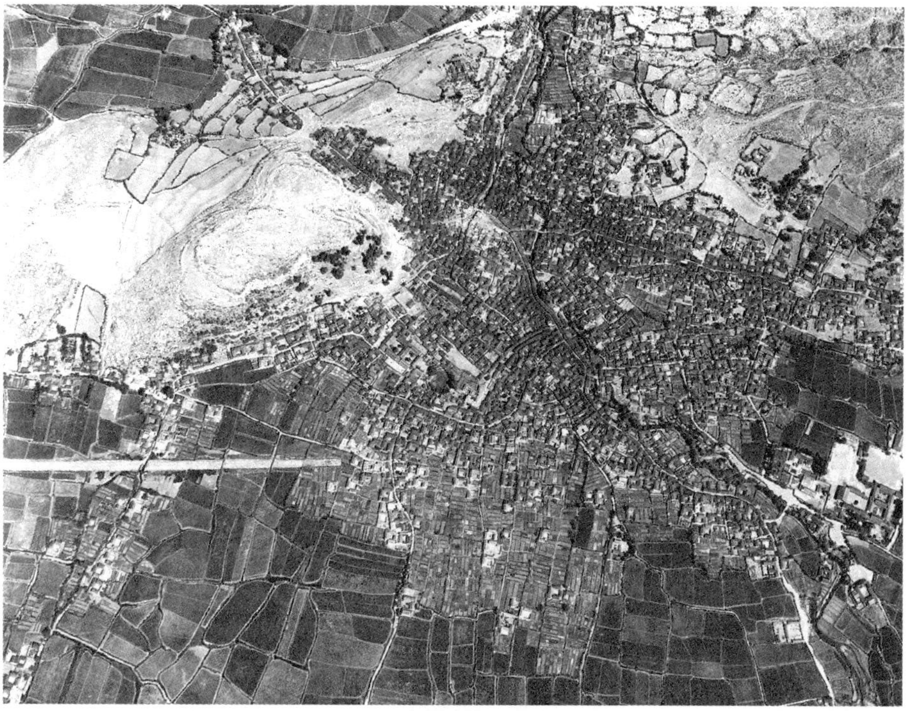

图 3－1 丽江古城航拍图（1944 年）

图片来源：木府提供

图 3－2 丽江古城航拍图（2000 年）

图片来源：木府提供

这就意味着在恢复重建木府的过程中，你做任何一件事，它的标准只有一个：就是严格按明代的布局来重建，严格按明代的工艺来重建，或者是严格按照明代或明代以前的规矩和做法来重建。我们在恢复重建木府的具体过程中，这一点是考虑得相当认真的，事实上整个木府就是遵循着这样一个原则来恢复重建的。在恢复重建木府过程中，一切都要按照明代的规矩、明代的做法，这是第一个需要把握的原则。（木家院例外，详情见第二节）

第二个需要把握的原则是，《徐霞客游记》中有这么一句话："宫室之丽，拟于王者。"木府恢复重建就是要拿徐霞客的这句话作为依据。没有把握好这一点的话，木府的建筑艺术特点就凸显不出来。恢复重建木府的时候，把握住这一点，也就突出了建筑艺术的特点。

第三个要把握的原则是，乾隆时的《丽江府志略》、光绪时的《丽江府志稿》里都有这样的记载：木府是"仿紫禁城而制"。不是造紫禁城，而是仿造，所以说我们在恢复重建中，要把握"仿紫禁城而制"的要义。无怪乎有人说，丽江有个"紫禁城"。

第四个要把握的原则是，从木府的建筑风格上来看，它是属于过渡阶段的建筑风格，这与丽江所处的地理环境是分不开的。因为丽江纳西族处于藏族和白族之间，所以丽江的建筑风格有点接近北方的建筑风格，但它又有自己的特点，还吸收了南方的一些比较突出的建筑风格。换句话说，它是以北方的风格为主，吸收了藏族、白族的一些建筑艺术，再加上纳西族原有的一些习惯和风格。它以北方比较粗犷的建筑风格为主要线条，加进了自己民族的一些特色，还兼容了白族、藏族的建筑特色，这样一个"南人北相"的综合建筑特色，就是第四个要把握的原则了。

第二节　细节决定整体风格

我们通过研究整理后，提出了恢复重建木府的四点原则，但如何从细节上体现出木府的建筑风格，到底有哪些细节需要一一把握好？这些既费思量，更费功夫。

根据建筑学，特别是古代建筑学的一些理论来看，明代和清代的建筑风格有相似之处，也有不同的地方。不同的方面在哪儿？明代的房子，屋脊在一个水平线上，两头有翘角。天安门的处理方法就是以鳌鱼为翘角的处理方法，除了屋角以外，屋脊是平的，到了两头，各安上一只鳌鱼，用两只鳌鱼一处理，就算是两个翘角。屋檐的翘角有点翘，但是翘得不厉害，只是有点弧度。也就是说，明代建筑风格一般不怎么用翘角，这是明代建筑的一个特点。到了清代以后，无论北方也好，南方也好，翘角都比明代的翘得厉害了。到了清代以后，屋梁、屋脊都有点翘，两头翘角更不用说，还有就是起厦落脉相当厉害，连前面的那个前檐也是起厦落脉相当突出。我们在恢复重建木府的时候，因为一开始就定位定在明代晚期，所以木府的房子屋脊是直的，在同一水平上，两头用鳌鱼处理，有翘角，翘得不怎么厉害。比起故宫和北方的建筑，要比它们稍稍翘一点，但又区别于江南的那种翘得相当厉害的圆翘味，木府的建筑就把握在这个尺度上了。可是，我们请来盖木府的那些师傅对这一套理论不知道、不清楚。他们传统的做法中认为翘角翘得越厉害，外观就越好看。更何况我们请的师傅多数为白族，所以白族师傅从他们的审美角度出发，在处理屋脊、翘角的时候，经常不听我们说的，直到最后我们把这个道理讲清楚了，他们才听进去了。那个过程是反复又反复，翘角和屋脊就是在这样不断反复中形成的。

图3-3　屋脊、翘角

图片来源：木府提供

常言道，他山之石，可以攻玉。我们在这次恢复重建木府之前，去江南考察，江南有些庙宇是国家级重点建筑保护单位。有一座庙宇是属于唐代的，唐代的建筑到现在已经很少了，唐代离明代已很远，离清代就更远了。它的翘角像水牛角那样，那就是南派味。南派就是这样翘，不翘得那么厉害也要翘高一点。大理离丽江很近，大理的有些房子，包括屋脊还是有点翘。恢复重建木府就要把握住，屋脊不能乱翘，要怎么样做才符合规矩，这里有很多学问。我们主要强调：一是突出明代特点；二是把握北派的建筑风格。丽江的建筑风格主要是以北派的建筑风格为主。一开始我们就认定木府的有些房子比起故宫来，翘角还是要有一点，但是不能翘得太厉害，比其他的稍稍翘一点即可。这句话的含义是什么呢？就是说，其中也加进了纳西族的一些风格，不翘之中有点翘，包括屋脊在内。北京天安门屋脊是直直的，但是我们的房子，在直之中又有点起厦落脉。起厦落脉就是不翘当中有点微微的翘，有这么一种感觉。当然我们这个翘与前面讲到的南派的翘，那是相去甚远的。

具体施工的时候，我们还从以下几点来把握木府的建筑风格：

首先是用料的标准。恢复重建的木府既然是中国古代建筑，那用料就非常讲究了。明代房子的用料跟清代的用料还是有不同的，其特点是：明代的用料不节省。用料不省是明代建筑的风格。我想可能是这个原因吧：在四五百年前的明代，生态没受到破坏，树茂林深，这个是一方面；还有一个方面是人类的发展一代比一代聪明，从明代到清代，清代到民国，民国到现在，越往前推，人就更为朴实些。也可能是由于当时审美观等各方面的原因。任何一个时期的历史都比较突出地留下了那个时期特定的历史的痕迹，我们拿这个最突出的东西来比较的话，明代和清代的用料标准就不一样，明代的用料特点是用料不节省。到了清代就不一样了，清代的用料是细细长长的，用料相当节省，可能是到了清代木料少了的原因，也可能与两个朝代的审美观不同有关系。所以，从两个朝代房子的用料情况来看，用几句话讲就是：明代就是梁要肥，柱子也要粗，即肥梁粗柱。到了清代以后就讲究肥梁瘦柱。肥梁瘦柱是清代的特征，从审美观的角度来讲就是清代以肥梁瘦柱为美。我们的木府，恢复的年代是明代晚期，我们在盖木府的过程中，就不能遵循肥梁瘦柱的规律，而只能遵循一条，以肥为美，梁也要肥，柱子也要粗，而且其他的用料也要四平八稳、五大三粗，线条要相当粗犷。恢复重建的木府真的做到了这一点。在恢复重建木府的过程中，光是寻找柱子这一项就费了九牛二虎之力。想想看，山里虽然大树多，但像木府用的这么粗的柱子，需要很大的树，还要两头均匀，一座山就只有那么两三棵。有些时候就是找到树了，但路不通，人力也无法运来，所以说，找这些柱子不知翻越了多少座山，把多少座山的木头堆积在一起，才获得今天木府的柱子，这个也算是木府的一个建设特点吧！

为了达到肥梁粗柱的要求，我们花了很多精力，费了很多心血。为了把握这个建筑风格，很多不合格的柱子被淘汰了。当时为了掌握好这个建筑风格，我们还发明了一个砍柱子的方法，我们称之为“丽江砍法”。有些木匠开始的时候不讲究“丽江砍法”，不讲究木府柱子的砍法，不坚持按照这样的方法来干，结果砍坏了我们的柱子，我那时简直有想揍人的冲动了。（这方面的具体情况，请看本书第一卷的相关部分。）

其次是建筑整体的细腻与粗犷。在这一点上我们选择了粗犷，因为从总的建筑特点来看，包括从线条来看，我们有一个大局上的把握，即要体现粗犷风格。这方面，北派、南派区别非常明显，从一些线条的走向情况来看，南派比较细腻，大理的建筑就更多地接近南派味，但又不全是南派味，它还有一些白族文化的味道，总的一个趋势是线条比较细腻。比如说，修饰墙壁，他们会把墙壁都画满，画法还是比较工整的，看起来也好看，栩栩如生，我们就称之为比较细腻的风格，但在细腻之中，又不乏比较零碎的感觉。木府在总的把握线条的过程中，要求取比较粗犷的线条，这种粗犷就如黄土高坡上的红高粱那样，比较朴实。按这种说法，线条要比较粗犷，又要追求比较流畅，木府的建筑也就取了这样一个特点。我们看木府的总体感觉，都有一种比较粗犷，大线条不怎么细腻的感觉。这就是所要掌握的木府建筑风格的一个方面。从这方面来讲，木府是粗犷的，线条是流畅的，不零碎，这些我们在建设过程中都坚守下来了，不然整个格调就显得不一致了。你看看，大量的白族工匠在这里干活，很容易用他们习惯的那种做法，就是细腻，画线条的时候，认为画曲一点就好看了，经常都是这样。对此我们就说：不行。

不行的道理在这里，做明代的建筑就要像明代的建筑。从某个方面来讲，在这样的建筑群里面，再加上明代的一些装饰，的确让人觉得仿佛又回到了明代晚期的氛围里。因为建筑风格就是明代的风格。所以说，木府的建筑是对恢复古代建筑的一种伟大的贡献，再现了明代晚期的建筑，同时为后人研究古代建筑群提供了样板和依据。我相信四五百年以后的木府又会是一个值得研究的地方。

第三点是木府建筑的整体协调性。木府东一幢房子，西一幢房子，区域上又分四个部分。光从这些房子来看，它们是相对独立的，但是它们又高度地统一在一起。高度统一体现在哪里呢？在瓦当上。凡是木府的房子，瓦当都是一致的。瓦当，是瓦屋檐突出的那一部分。当时我们在木府旧址考古的时候，就在生活区木家院这个地方挖出了大量的木府瓦，这些木府瓦都有一个特殊的造型，但这个造型是什么，到现在我们也说不清楚。有人说就是狮子的变形，暂时称为狮头瓦当；有人说是神灵，有人说是保护神，或者说是避邪的一种什么动物。总的说来已经变形了，我们就把它当作保护神。我们对用不用这种瓦当做了充分讨论，经过多方面的考虑后，最终决定用这个瓦当，以瓦当作为木府威严的象征。这个瓦当是有历史依据的。房子的造型千变万化，千变万化中又有一个不变，不变就在瓦当上，瓦当这个小圈圈把整个木府、错综复杂的木府高度地统一起来了。以不变应万变，以万变应不变，这就是瓦当的功能和价值，当然，瓦当也就成为木府建筑艺术的一个特色。过去的木府曾盖过很大的瓦，比民间所用的瓦大一至两倍。恢复重建时所用的瓦均为之前所见的琉璃瓦。现在所盖的瓦是木府的一大发明，也是经过多次试制而成的。

历史上木府的砖非常特别，尺寸、大小都与老百姓所用的砖不同，比百姓用的稍大一些，这从出土的砖中可以得到验证。出土的砖上还刻有制砖人的名字，我们以后还要研究这个名字。过去有秦砖汉瓦之说，所以我们所用的砖头叫作“木府砖”，这种砖有特殊性。房子基石多为青石，铺地则以丽江五花石为主，附加一些青石，而且五花石为上等的五花石，特别是广场里的五花石，质泽特好，雨后更有说不出的感觉，实际上广场上铺的五花石代表了整座木府的石文化。木府的总体建筑与丽江古城的建筑风貌在色调上是高度统一的，丽江古城的建筑风貌是什么样的呢？蓝天、白云、灰瓦、白墙，几株花、几棵树，这就是丽江古城的总的建筑风格，也可以说是建筑环境、建筑风貌。木府就是取这个风格。所以说我们的墙，也尽可能地涂成白墙，瓦就用灰瓦，这个与紫禁城有区别。

第四点是悬鱼、歇山、重檐、开间的特点。从建筑结构来看，木府的建筑涉及很专业的建筑术语：重檐、庐顶、歇山，还有重檐歇山等多种形式。如重檐歇山式，包括了一檐、两檐、重檐。歇山，从外面看是两层，实际上只是一层，这是古代建筑的特点。万卷楼是重檐，是三重檐，它的顶叫作庐顶。有一种建筑构造称为歇山式，木府基本都是用了歇山式。有一种建筑构造称为硬山式，硬山式就是用砖把山墙封满。丽江起房子大多数用的是歇山式，后面慢慢地才传入硬山式。大理的房子两边的山墙一般是硬山式，它们用砖封满、填满，一直到人字架那儿。丽江的房子是只填进去一小部分，采用的是歇山式，这种歇山式是丽江的一种传统。丽江后来起的房子也有很多用硬山式，那是受了大理建筑的影响。歇山式的人字架两头还会钉上一块木板，称为悬鱼。歇山式、硬山式全国到处都有，我记得北京天安门采用的是歇山式，金銮殿采用的也是歇山式，木府的前议事厅，包括很多大殿采用的都是歇山式。明代普遍采用歇山式，北派采用的也是歇山式。到了清代，北派有的采用硬山式，有的采用歇山式。

丽江的悬鱼形状的确是纳西族所独有的。北京天安门的悬鱼很短，你们可以去看看，人字架的那块板子很短。唯有丽江的悬鱼又宽又长，这个就是丽江建筑的特点。这种悬鱼是丽江建筑的一个风格，许多专家已经注意到丽江的这个风格，像顾奇伟先生就跟我开玩笑说过：“丽江的悬鱼确实又长又宽，表现出了丽江人雄赳赳、气昂昂的那种精神！”没有把木府建筑的悬鱼改长的时候，他说这些悬鱼像发育不良一样。

木府前议事厅有五个开间，加两个走廊的半间，有人说是六开间，有人说是五开间再加两个半开间，两种说法都对。开间代表了地位、身份，木氏土司做官只做到三品，所以五开间再加两个半间符合他的官品，即三品官的房子的规模。故宫金銮殿是九开间，天安门是十一开间，都取单数，只能取单数。前议事厅是关键，表现出木氏土司的官阶身份，不能随便起。古代的房子讲究开间，我们起五开间，虽然起九开间也很简单，但是不能，假如起了九开间，那么规模就跟故宫金銮殿一样了，那样的话就违规了。古代要是有人这样起房子的话，不需要审判，可直接杀头，还可能株连九族。现在不会被杀头，但是会贻笑大方，人家会说不懂规矩，乱干，所以我们不能这样做。木府的议事厅是五开间。护法殿体积小一点，但仍然是五开间，没有四开间的道理。

图3－4 议事厅开间

图片来源：木府提供

具体结合每一栋建筑，我们是这样考虑的：在把握前议事厅的建筑特点时，要尽可能地考虑它的用途，从这一点上来把握建筑风格。议事厅是土司用来商议大事的地方，所以我们在安排、布局议事厅的时候，就结合它的用途，尽可能体现出议事厅的威严感，房子要宏伟壮观，气势要出来，这样一来，它的地位才显得高，有一种威严感。前议事厅房子需要起得特别讲究，前面是石狮子，台阶高高在上，四周是栏杆，一排大柱子排在前边，其线条非常粗犷，威风凛凛，显出相当的权威，有气势。为了体现出前议事厅的威严感，所用的斗栱和后面建筑的斗栱都不一样。前议事厅用的斗栱是采用明代制作方法，是仿丽江大宝积宫和琉璃殿的斗栱。有人说琉璃殿的斗栱是唐代的，有些说是宋朝的，有些说是元朝的，反正都是明朝以前的建筑，我们套用大宝积宫和琉璃殿的斗栱，这就意味着我们的斗栱采用的是明代或者是明代以前的制作方法。琉璃殿称为殿堂，讲究的是一种威严感，所以木府前议事厅要突出威严感，我们就套用大宝积宫和琉璃殿的斗栱，安在木府的前议事厅。你们看木府的这些斗栱，有些房子的斗栱造得相当密，但小巧玲珑；有些房子的斗栱显得相当粗壮、威武，一看就觉得相当牢固，显出它的威严感，线条不仅流畅，而且粗犷。前议事厅的斗栱比其他房子的斗栱要大一些。

接着是万卷楼。万卷楼是重檐歇山庐顶式，外表看起来它是两层，实际上中间有个夹层，夹层是用来藏书的，底下一层，上面一层，中间一个夹层，所以看上去是两层。因为它的功能是藏书，我们在把握万卷楼的建筑风格时，提出了跟前议事厅不同的意见。从藏书楼的用途来看，有这样一种情况：底下这一层是家学，就是私塾，我们的布局就要按私塾来建。第二层的夹层是藏书处，可以矮一点，少些窗子，但要有通风窗。第三层用于阅览，藏书层的书可以带到这里来阅读，同时还有部分古玩。我想在这里搞一个珍宝馆，这个珍宝馆以后要展出很多国家一级、二级文物。我们有很多文物，可以拿出来展览，但问题是要解决如何保护，怎么保管的问题。另外，在把握藏书楼建筑风格的时候，因为与读书人有关，所以要与读书联系起来考虑，在风格上要特别注意突出读书人的清高、书生气，建筑风格一看上去就要有一种书生气，有读书人的味道。我们就追求这样一种建筑风格。为了适应其用途，符合其身份，所以在考虑建筑风格的时候，我们尽可能地考虑功能齐全，有可以读书的地方，可以藏书的地方，可以教书的地方。因为读书人讲秀气，所以这幢房子要尽可能的好看，但是不能奢侈。万卷楼所用的斗栱，我们就参照丽江黑龙潭龙神祠大殿的斗栱来制作。我们看了龙神祠的斗栱，不仅好看，而且还有一种书生气，不做作，感觉小巧、灵巧，我们就参照这种做法，尽可能地突出书生气，所以万卷楼的风格也就出来了。

护法殿又称后议事厅，木府的家事就在这里议，祖宗牌位供在这里，从政治地位来排序。除了前议事厅以外，它应该排第二位。对护法殿的要求跟前议事厅差不多，但是威严程度稍稍低于前议事厅，因为它毕竟只是老二，护法殿可以有一套议事程序，但是严肃、威严感要低于前议事厅。处理方法就是前议事厅的基座高一些，护法殿的基座矮一些，规格上要小一点，房子的高度要控制一点，间数的宽度缩小一点。这就是根据用途来把握建筑风格。

图3－5　护法殿

图片来源：木府提供

再讲光碧楼。光碧楼只是通往后花园的门楼，但是史书上却有这座光碧楼的记载："巍峨壮观，称甲滇西。"既然史书上有这样的记载，那我们也就追求巍峨、壮观和称甲滇西，我们就追求这样一种模式。光碧楼的斗栱用的是"米"字栱，"米"字栱是古代建筑的一种传统做法，很常见。这种"米"字栱，丽江的白沙壁画有，北岳庙也有。有些地方是观音合掌栱和"米"字栱混用，既有观音合掌栱，又有"米"字栱，就是底下用"米"字栱，上面用观音合掌栱。斗栱有很多种不同用法。现在我们从用途来制作，除了门楼之外，上面就用古代的制作方法。在光碧楼上，我们准备安排书法作品、画、屏，以及简单的造纸、织布或者类似的作坊式的工具，这些统统放在楼上。光碧楼还要体现饮食文化，让它成为作坊式的一个展厅。

玉音楼的用途，一是接圣旨，一是供土司嬉戏游乐，它的建筑风格与用途完全一致。五凤楼这个造型在古代较为多见，但因为五凤楼太多，所以它们各自的本质不同，作用也就不同。它的建筑特点是，你从哪个角度看都有五只凤凰，从四周的侧角往上看，都像是有五只凤凰翩翩欲飞，五凤楼的建筑造型就是这样。

图3-6 玉音楼

图片来源：木府提供

再说三清殿。三清殿是道教供奉三清祖师的殿堂，道教是中国本土宗教，是中国的传统宗教。这个教派的主要思想和境界是修炼成仙，超脱人生，人与自然和谐之处似乎都包含在里面。道士住的房子，叫道观，也称为精舍。道士过的是一种神仙般飘逸的生活，寻找的是潇洒飘逸的感觉。所以，我们把握三清殿的建筑特色，就是要把房子建在一个地势高一点的地方，而且建出来就尽可能突出潇洒的特点，要给人一种潇洒飘逸的感觉。从现在建好的三清殿的实际效果来看，是符合这一特点的。做到这一点就成功了。以上就是衙署区和玉花园区房子的建筑风格。

木家院的恢复重建有些特殊性，跟衙署区恢复重建不一样。木家院恢复重建的年代定位不是明代，而是清代，也就是雍正元年丽江改土归流之后的那个年代。从木府的历史来看，明代的木家院，因遭兵燹，早已荡然无存，所以木家院是木氏在清代恢复重建的。事实上，哪怕是不识货，只要货比货，把木府主体部分跟木家院比较、分析一下，木府主体建筑感觉是五大三粗的，而木家院有点小巧玲珑，包括那些木雕，都不受明代风格的限制。

第三节　木府建筑的雕刻艺术

木府前议事厅的窗子，从雕花来看，是一个马蹄莲的形式，马蹄莲代表纳西族是马背上的民族。故宫用的也有这种马蹄莲形式的雕花，比较威严的地方用的多是这种雕花，说明众多民族在发展的进程中，马都起了很大的作用，这一情况与这个雕花还是有一定的关系的。我们选雕花的时候，三清殿选的是“八仙过海”，有暗八仙、明八仙。用八仙的法器来代替八仙，为暗八仙，直接雕上人物的为明八仙。而万卷楼，为体现出读书人的清高，我们就选“岁寒三友”松、竹、梅，雕刻方面尽可能地把房子和它的用途结合在一起。到了木家院，雕刻风格既有明代的，也有清代风格的，最近想到的也有，因为它是清代的建筑，它的雕花允许有明代的，清代的也可以有嘛！而且清代与民国很接近，所以也很接近于近现代的特点。

木家院就是雕花的世界，任何时代风格的雕花都有，琳琅满目，十分好看。清代的建筑风格“瘦柱”在这里表现出来了，所以说不怕不识货，就怕货比货。你们比较一下，一个是明代，一个是清代，区别点就显得相当突出，木家院是雕花的世界，这一点在中国可以说是一流的，许多雕花工艺在这里表现得淋漓尽致，完全可以称为一个雕花博物馆。你光看木家院的雕花都是看不完的，而且雕花都有称谓。还有一些是寿字窗，框框格格感觉上像一个“寿”字。总之木府的雕花是从用途上来进行设计和雕刻的。现在认定的是，木家院里面最后面那幢房子的中间，是木增的客厅。作为建筑风格，木家院是清代的，小巧玲珑，肥梁瘦柱，翘角很翘，雕花丰富多彩，的确称得上是雕花的博物馆。

第四节　木府的彩绘风格

在恢复重建过程中，我们木府人发明创造了古建筑建造的“六段式”。这个“六段式”在云南省文化厅主持拍摄的VCD里提到，说它为“修复古代建筑增添了经验”。“六段式”中的彩绘是第六部分，我们单独挑出来重新研究、重新安排、重新策划、重新组织施工。在具体实施时，我们严格地把握以下关键问题：首先就是要根据房子的用途来设计彩绘，对这几大块的彩绘提出了不同程度的要求。比如衙署区，我们就强调用比较严肃的色调，给人肃然起敬的感觉。主体色调就定在这一点上，也提出了这方面的要求。作为整个衙署区架子的基调，一般就是四平八稳式，不要太飘浮；颜色要深沉一点，不能太花里胡哨。我们的基本意图是把彩绘处理成前面我讲的这种模式。其次，大的基调这些定下来以后，小的变化是允许有的。衙署区内部可以有一些微妙的变化，如强调万卷楼的颜色，还是要有点秀气感，这是一个特点。如何体现秀气感呢？我们当时就多用一点绿色，绿色是生命的颜色。从图案的变化来看，尽可能潇洒一点，稍稍活泼一点，但是又不能太活泼，要把握读书人的“自古文人傲王侯”那个风度，所以万卷楼取的颜色以绿色、天蓝色为主，尽可能不用或是少用红色，不然会影响它的秀气感。前议事厅和护法殿底色尽可能用红色，毕竟红色有一种震慑感。突出凝重的感觉之处尽可能用天蓝色，跟故宫的风格差不多，天蓝色是基础，这样就有一种凝重感、重量感。这就是衙署区彩绘要把握住的要点。

玉花园的色调呢，总的色调要把握活泼一点、自由一点，毕竟是到了玉花园了，你再严肃下去不是就太死板了吗，轻松一点嘛！那么如何做到自由、活泼呢？除了图案变化流畅之外，用料上用七色的，可以根据需要适当地把握使用。

至于木家院，要尽可能地靠近丽江民居的色调，根据这一指导思想来考虑色调。丽江民居的油漆以猪肝色为基础，雕花部分有所变化，拉一些线条。以基础线条为主，就显得相当朴实，更进一步接近民居。然后画一些图案，大的框框就这样定下来了。接着就围绕着这些思路来运转。但是，我提出一个要求：木家院建筑风格属清代的，而图案要有明代的图案风格，不能离开明代这个特点。清代的色调是大红大绿的，明代与清代比起来，用料方面比较简单，以青为主，加入绿色，然后点缀上红色，再点缀些金色，有些是线条式点缀，有些是圆圈式点缀。这种点缀方式在现存中国彩绘资料中很少提及。现在保留下来的大多数彩绘是清代的。因为大多数的庙宇油漆都容易脱落，明代彩绘就很少能保留下来；明代油漆彩绘保留下来的比较好的是镇江法海寺。

我们可以自豪地讲，木府的油漆都是仿明代的色彩。理由是什么？法海寺就是这样绘的。三角形的红色那一块，其实就给人热热闹闹的感觉。起房子上横梁时，人们在梁上裹一匹红绸子，与彩绘相联系，中间红色的那一块就相当于裹了一匹红绸子，是取了这么一个意义。还有最讲究的是斗栱的彩绘方法，横梁的彩绘是很讲究的。明代普通的做法较简单化，清代却相当复杂。明代横梁的做法是：里边是方框的话，外边就要做成圆形；里边是圆的话，外边就要呈方形。里圆外方，外圆里外。木府的油漆、彩绘基本上是明代风格，但在色彩的明暗上有所调整，有些显得更深沉一点，有些显得活泼一点，体现出本土化和民族特色。

总体上讲，清代和明代的彩绘差别是明显的，从清代的油漆和建筑风格来看，就是婉约派；而明代的线条要流畅些、粗犷些。

第五节　木府的园艺风格

园林也是木府建筑艺术的重要展示区。有人质疑，议事厅前为什么不种一些树？起初，我们在议事厅前左右分别安排了九棵青松，树都已经挖到木府里来了，后又取消了。原因是如果在广场上种上这些树，人家就会说你不懂规矩，因为金銮殿前边是没有一棵树的，主要用意就是体现威严感。有了树，威严就不突出了。还有就是防刺客藏身，这种说法虽然令人感到有点牵强附会，但种树对整体的威严感确实会造成负面影响。可以试想一下，栽了树以后，好看是好看了，但是威严感就不够了，所以我们就用盆景来作点缀。

整个木府的格局是：衙署区的南面有南园，北面有砚池，各种盆景点缀其中。按理说万卷楼的四个角也不能种树，但我们稍有变化地种了松、竹、梅及桂。桂是金桂，松、竹、梅是“岁寒三友”，体现读书人的优雅、高洁，与房子相当协调。种树也有讲究，如为什么要种桂花？种桂花就取了“贵”字的谐音；丹桂飘香，寓意吉祥、高贵。为什么要种梅花？万卷楼是读书的地方，所以就取一个读书人的傲气、秀气，取读书人追求的那种梅花的品格，是取其象征意义。又如在护法殿前面栽两棵银杏树，银杏是树中贵族，也是取其象征意义。前议事厅和万卷楼的两侧种了两棵夜合花。种夜合花是丽江的一个特色，它的树冠宽大，有点像华盖，就取一个“华盖”的象征之意。衙署区除了有盆景点缀，还有一棵古槐树，它是古树王，木府有不少于600年的历史，那棵槐树也至少有600年的树龄。

木府是丽江古城的博物院，第一件事就是要讲它的历史文化。古城有七八百年历史，大石桥有600年历史，木府的历史也不会少于600年。据说大石桥和木府是同时期建造的，从时间上来说，那是明代中期的事了。木府有一棵金爪玉兰是稀有品种，体现出富、贵、奇的特点，树龄已超过1000年。丽江传统上喜欢种十里香，这种树一般只能活100年，但木府的那一棵十里香差不多有1000年了，树干粗壮，树根也很粗大。十里香取的是仙女观花，飘香十里之意。木府的杜鹃园也要介绍一下。杜鹃园有39种杜鹃，其中两棵杜鹃的树龄接近1000年了。玉花园里的紫薇和夜合花至少有500年历史了。三清殿那边的那几棵唐柏，有1000多年的树龄了。正因为如此，苏州园林局的一位副局长到木府指导园林工作时，听了木府的园林介绍后说：“不敢指导了。”最后他就认定：“木府的园林是介乎于皇家园林和私家园林之间的一种园林模式，这种模式是一个新兴的模式，是木府的一个特点，会成为木府的新亮点，最珍贵的一点是既有私家园林的特点又有皇家园林的特点。”他说了这句话以后，丽江地区旅游局局长ZKJ也说了一句话：“木府是一座园林式的博物院。”园林式的博物院，这也是木府人需要把握好的一个原则。

木府的园林建设，我们也是遵循着分板块的思路来布局的。衙署区的花草树木不能太多，因为古制是不允许衙署区有太多树的，如果树种多了，又高又密，对安全也有影响。木府的衙署区一方面遵循这个原则；

另一个方面也有所变化。变化之一是把水引到衙署区，用水把衙署区主要的三幢建筑围绕起来，以前也是这样的，严肃之中又有园林风格。议事厅前面的那个广场摆放着几盆松柏，一边放9盆，一共是18盆。它们避免了因参天大树而引起的其他问题。万卷楼的四个角，分别种了松、竹、梅，突出雅致。“岁寒三友”可以当作藏书楼、图书馆的点缀，也洋溢着书生气的味道。衙署区的两侧是用走廊隔开的，走廊的南侧我们设计了一个南花园，称为南园。南园的安排是用小桥、流水、竹子、名贵花卉点缀其中。

衙署区的北侧设了一个水塘，称为砚池，砚，与大研镇的“研”字谐音。因为木府在古城，是古城的博物院，用这样一个砚池点缀在衙署区与家院之间，以隔开两边的建筑，起到让湖光山色陶冶情操的作用。而那个曲折的石板桥就建在砚池上边，池的两岸就是红花绿柳，取桃红柳绿这样的一个意境，真可谓是匠心独具。衙署区里边自然形成这样一个格局，南有南园，北有砚池，把衙署区搞成私家园林的模式。所以有人说，丽江古城博物院是园林式的博物院，是说在了点子上。园林式的丽江古城博物院，衙署区就有两个园子。玉花园的所有建筑都是依地势而建，钩心斗角成为其一个特点。从园林的角度来讲，名贵花草也是举不胜举，那棵紫薇花，还有梧桐、夜合花等，都有四五百年的历史，也是名贵树种。

三清殿旁边的那一棵圆柏和无字碑前的那两棵圆柏，堪称一绝。三清殿旁边那棵圆柏的奇绝处是它的树枝都要垂到地上了。从树形上看，它像一条腾飞的龙。而无字碑上面的那两棵圆柏阅尽了丽江古城的春秋，是丽江古城的活化石，见证了木府风云，阅尽人间春色。总之，你到了木府里边，所有丽江当地的名木异草品种都可以一览无遗。

再一个是盆景。木府盆景又是一绝，光数量就有上千盆，还有珍奇异木汇集于此。我们把丽江所有上档次的盆景统统都收购到木府里边来，还跑到大理、下关去收购。由于还不能满足木府花园建设的需要，接着又跑到腾冲去收购。在这个方面是花了一点钱，但是它在文化、生态等方面有特色，使木府的软件优势之一十分突出，这是需要明确的。盆景中树的品种、类型都是多样的，造型各异，像熊猫，像虎，像花瓶，像罗汉，像孔雀，像恐龙，像瀑布，应有尽有。说木府的盆景是一绝，不是徒有虚名的。

第六节　木府的选址与布局

说到木府所处的位置，丽江人都会这样说，它处在一个神秘莫测的位置上，是古城最好的位置，老百姓有口皆碑。因为古代建筑讲究风水，木府也不例外。木府背靠玄武山，玄武山指的是狮子山，左青龙、右白虎。木府的中轴线与一般的古建筑群不同，一般的古建筑群的中轴线都是南北走向，但木府却是东西走向。为什么要呈东西走向呢？据说，因为木老爷姓木。在《易经》的五行（金、木、水、火、土）排列中，木是在东方，所以向东而建。对于这些神神秘秘的东西，我们姑且不去深究它，不去理会它。但有一点，木府地理位置选择是最好的，风水也是比较好的。从丽江的地理环境来看，大研镇的西边就是狮子山，这座狮子山把冬天刮来的西北寒风挡住了；北边有一座金虹山，冬天寒冷的北风也被金虹山挡住了。两股寒风都被挡在外面，使木府所处的位置相当温暖，令人感觉相当好。事实上，里边既包含了古代建筑选址的科学性和合理性，也包含了一些深厚的文化内涵。

木府重建时把外面的水引入院内，在认识上也是有所突破的。中国北方的规矩是不把水引进院子，也不把水放出去的，因为人们认为让水流进流出会把这古宅子的运气带走。有些人解释院子里面没有水的原因是：无法把水引到院子里，所以里面就没有水。这是错的！北方的规矩是不能把水引进来，即水不能引进自家院子里面来。因为如果水引进来又流出去的话，代表着家里面的好运流出去了，所以不能引水进来。丽江在这个方面有所不同，这是纳西族的一个特点。纳西族不讲究那么多规矩，喜爱自由，水可以流进来，也可以流出去，我们认为这样才是活水长流嘛，体现了人与自然相处得十分和谐。纳西族对自然的态度是：道法自然、尊重自然、顺其自然。这个跟古城的格调——灵活、自由是一致的。

我们研究木府平面图时，有些专家问：外边是有这么一些规矩，纳西族有没有这种规矩？比如水引进来了能否流出去？我们就说："你可以去古城看看，这是纳西族的特色。"纳西族的东巴文化里面，都是希望流水满塘啊，都是希望水流动起来，认为只有这样，才能给自家带来好运。汉族的规矩是水进来可以，但不能流出去，进来了以后不流出去是不可能的啊，所以人家干脆就不引入，这就与纳西族的风俗不同了。

还有，木府爬山廊上面那个亭子，我们完全是按照丽江北岳庙的体积大小造出来的，包括斗栱在内，都是完全一样。北岳庙是唐朝的建筑物，是丽江最早的一个庙宇，我们就采用唐代风格造这个亭子，因此取名为怡然亭。如果说木府木牌坊的“天雨流芳”是使用了纳汉双关的修辞手法，那么我们这里的怡然亭也设计成谐音双关。“怡然”，寓意“心旷神怡”。有这么一个心情，有点飘飘欲仙的感觉。它建在三清殿旁边，也有道教的一种精神在其中。这样一分析就使人感觉到似乎就是这么一回事了。我说的双关是：“怡”就是“依古堆”（纳西语，指丽江）的“依”的谐音；“然”，纳西语就有笑的含义。怡然亭的含义就是“依古堆”笑了，或者理解成“依古堆”很高兴，说明纳西人也在笑了。

木府总的建筑风格是“仿紫禁城而制”，又集白族、藏族、纳西族建筑文化于一体，比如说屋脊，翘中又体现出木府的建筑风格，在中原文化中融入了纳西文化。木府也有白族的建筑特点，白族的建筑风格显得比较细腻，颜色比较丰富。丽江的蓝天、白墙、灰瓦、小桥、流水，这些在纳西族的建筑风格随处可见。就像纳西古乐一样，它本不是纳西族的本土音乐，它源于中原地区，后传入木府，后来才又传入民间，加入纳西族的调子和丽江慢悠悠的生活节奏，就变成了现在的纳西古乐。提倡丽江多元文化的是木府，从木府可以引出丽江深厚的文化底蕴、丽江博大精深的文化。

总之，木府的建筑风格，我们既考虑到了中国传统舆地学的因素，又考虑到了年代的定位以及坐向等诸多问题。从纳西族古代的政治、经济、文化、军事，联系到建筑的文化多元性。木府的建筑应属中国古代宫廷建筑，这就需要超越民间的建法，还得顾及历史发展因素导致的南、北派建筑特点。在恢复重建木府的过程中，我们很好地把握住了明代的建筑风格和特点，突出木府最鼎盛时期为明代晚期，即木增在位时期，也就是徐霞客生活的那个年代的特点。相信来访者进入木府，绝对会有穿越到明代的感觉。

第二章　木府建筑拾遗

历史上的木府不是一气呵成的，而是在几百年间不断拓展建成的。也就是说，木府的建设，没有一次严格意义上的规划，更谈不上有规划图纸一类的文献资料了。如何恢复重建木府，的确是一道难题，一道拷问我们智慧的大难题。今天看来，我们已经很好地回答了这个问题，不一定是最佳答案，但经过这么一段时间的实践，证明了木府的布局是接近历史真实的。

第一节　我们眼中的木府恢复重建

木府恢复重建基本完成后，我的心情是相当激动的，我觉得这种机会太难得了，所以有些东西要再次解释说明一下。

石牌坊的石头，就是从大具乡采集来的石头。我们曾做过一些调查，据说以前石牌坊的石头是从那边打制来的，我们既调查了大具乡的石头，也调查了附近的一些石头，发现附近也有类似于大具的石头，但贮藏量不怎么大。做了比较以后，我们下了很大的决心，即便多花一点钱，也要用大具乡的石头。以后贵宾和游客来了，我们可以告诉他们，石牌坊的石头原来在大具乡获取，现在我们用的石头同样也在大具乡寻找。恢复重建石牌坊时，原来留下来的有些破碎的石头，能用的也尽可能地用上去。这样做还有利于木府申报省级文物保护单位。

施工中我随时处于心惊胆战的状态，主要就是怕万卷楼出差错。在这里，需要解释和说明一下：原来的万卷楼不在现在的那个位置，的确不在那个位置，据调查，在靠北侧一些，规模也没有现在建的这么大。现在要检讨的是，在搞这个建设的时候，我们的想象力是不够的。木氏土司接受汉学后，还传扬开去，这才有今天丽江的汉文化。木氏土司首先推崇汉学，所以我们重建时只把万卷楼跟教育之类的事联系起来，这确实不够，需要提高认识。

纳西族的一大特点是接受汉学，汉学在丽江兴起以后，为了体现出重视程度，就要把万卷楼放在一个中心位置。万卷楼是客观存在的，是有历史依据的，只是位置的问题。重建时放在这个位置，可以从纳西族重视汉学的角度予以解释。我认为，万卷楼建在这个位置，也是领导的意图。这里创办过丽江高等小学堂，是 1906 年开办的。到民国时，这里又改成高等小学堂，仍然是教学场所，现在不过是又搞了一个古代学校而已。我们认为这个万卷楼建在这里能反映出历史的演变。世行贷款的官员来看的时候，我们介绍说，这个就是万卷楼，万卷楼就是图书馆，就是接受汉文化的地方。

木光先生说，从他祖辈传下来的说法中，万卷楼具体在哪个位置，他都不清楚。后人经过了解得知，木靖土司，就是因暴病而亡的木靖，也就是木增的孙子，从 10 岁开始就蹲在万卷楼上博览万卷图书。木光先生认为，现在的万卷楼真正要查清建在什么地方，这是个说不清楚的问题。从我们的经济实力来看，建在现在这个地方是比较合适的，木光先生的观点是只要有万卷楼就行了。但现在的问题是，我们盖万卷楼时只是从家学和汉学角度来考虑，漏掉了弘扬光大这一层意思，这一点太遗憾了。

我需要解释的还有这么几点：一点是关于七份设计图纸的舍取问题。我们不采用北京的那一份设计图，是因为那份图纸太故宫化了，纳西味出不来，所以我们不采用。民族建筑研究所设计的那一套图纸，两层楼相当明显，我们也没采用，因为不符合明代建筑的特点。

还有一点是木府建筑的规模。木光先生也提出，“宫室之丽，拟于王者”这句话从他儿时就有这个记忆了。徐霞客来到丽江，并没有进木府，而是在万子桥附近的通事家楼上抬头远眺了一下，发现木府熠熠生辉，就有了“宫室之丽，拟于王者”的远景印象。可见它不是高楼大厦，但还是比民房高一些；如果没有一点独特的建筑风格，那是很难进入见多识广的徐霞客的法眼的。徐霞客发出“宫室之丽，拟于王者”感叹后，当时的大把事说：“哎哟，因为有这个规矩，外地人就不能在木府里边接待，所以你就远远地看一下。”徐霞客没有进过木府，只是远远地看了一眼。看了一眼，他就写出了“拟于王者”这样的话，该怎么解释呢？我们认为木府可能盖了琉璃瓦，老百姓的房子不用琉璃瓦，琉璃瓦才会熠熠生辉。还有就是木府比周围的民房要高一点。重建时，我们充分考虑了房子要稍高一点，但仍然是大平房，除万卷楼之外。同时，我们考虑要与整个古城协调起来，于是用灰色的琉璃瓦，而不用黄色琉璃瓦。我的看法是，改土归流以前，木家确实有这样规定，即一般老百姓不能进出木府；还有个说法是“见木低头”。木府是土司衙门，它不一定全是平房，因为它像北京故宫，前边也有座玉带桥，也是像北京天安门前的那座桥。旁边的民居是平房，因为当时有个规定，老百姓的房子不能高于木府的房子。

通过对木府进行调查、研究，有了这样的一个认识之后，我们还得做更进一步调查研究。据府志记载，说是当时木府的官奴、院奴多达3344名[①]，那么这个记载是从哪儿来的呢？雍正元年，丽江改土归流，流官来了，流官对丽江的户口、土司财产等做了一个调查，得出这样的一个结论。在《徐霞客游记》里边也有这么一句话：“宫室之丽，拟于王者”，大家相当熟悉，意思是宫室相当壮丽，简直可与帝王宫殿相提并论了。《徐霞客游记》有着较高的科学价值，虽然不免有文学的夸张，但不会是空穴来风。所以我们就根据这些记载，从理性角度再次对木府，或者说从宏观角度再次对木府做了更进一步的认识。我们现在跟外面的人介绍，木府当时的占地面积至少在6万多平方米以上，相当恢宏气派，既符合徐霞客的记载，也符合雍正年间的记载。宏观方面的认识是这样的。在有了这个认识的基础上，就得把木府设计出来，画出来，老是空想也不行。没有具体的图纸摆在那儿，我们更进一步的研究也无法开展，如果说画出来一份了，觉得这一份不好，不符合历史实际，重新画一画也可以，所以我们做了一些具体的、务实的事情。考虑到木府的地位，影响以及后面的建设，我们相当慎重地请了一些专家给我们设计规划图。他们设计的依据是什么呢？是当地老百姓对木府的反映，再加上我们综合起来的那些研究结论，我们把这些成果提供给专家们，然后请他们到

① 《清实录有关云南史料汇编》，云南人民出版社1985年版，第276页。

这里来实地勘察，他们就开始设计规划图了。

我们前后请过这么几位专家，一位是北京林学院的真一老先生，相当有名气，曾担任过院长。真一先生设计了一份。帮助我们搞历史文化名城申报的云南工学院的蒋高宸教授，鹤庆人，我们认了老乡，他带了一些研究生到这里做了具体勘察后，给我们设计了两份木府的复原图，这样一来就有三份规划图了。我们觉得，请北京的有北派的风格；请昆明的，我们姑且说是南派吧，南派的风格也在里边了。我们是这样想的，无论北派，还是南派，都要有纳西特点，这个思想必须坚持。我们看了以后，总觉得纳西族的味道不足，觉得没有到达我们想要的感觉。于是，我们又邀请了民族建筑研究所的苏教授（丽江县一中的图纸是他设计的），也请他帮我们设计一份，当然也是要根据我刚才讲的这些来设计。这一回民族味也加进来了。后来云南省设计院觉得这么大一件事情，他们不贡献一点力量也不行，说是不要钱了，帮我们无偿地再设计一份。这样一来，总共有了六份规划图。在六份图的基础上，我们又汇报，又请专家点评，反反复复地修改了以后，觉得还是有点不满意，我们就自己动手制图并再次邀请了云南省规划院顾奇伟院长完成了第七份规划效果图。云南省规划院顾奇伟院长是很有名望的，可以说是云南省这方面的权威。结果呢，他愿意帮忙。这一回世行官员也发话了，说是我们听了你们的汇报，觉得你们掌握的素材相当详细了。

我们带着木府的规划图等，跑到江南去学习借鉴，那儿也有世行的几个工程项目，比如说中国非常出名的一个图书馆——天一阁，还有苏州园林的拙政园。世行官员理德要求我们去考察，我们一行五六个人带着这个话题，带着所有的图纸，去看了一些古建筑。看了以后，大家对木府的理解又进一步了。

木氏土司建石牌坊是靠功名。那是收到皇帝诏书后建造的，有这样的一个程序。为什么允许土司修建石牌坊呢？以记功名。因为历代木氏土司在保卫边疆的过程中屡立战功，为了刊刻战功，特立了牌坊。要立战功的话就得带兵打仗，带兵打仗就得点兵点将，根据木氏家庭历史档案的说法，木府应该有一个广场，也就是应该有点兵点将的场所，应该有点将台。那么，点将台应该设在哪点呢？这个还不够清楚，得进一步研究。还有一个是门口，没有一个宽阔的环境，石牌坊的巍峨也就不能凸显出来。

石牌坊的设计是根据历史照片进行的，照片还在，我们找了多张不同时期的照片。对照片进行了放大处理，并做了精确的计算，才基本上定下了尺寸。

恢复重建木府的意义，直到今天，我一边讲一边还在思考。我担心我们会不会被老前辈们骂，有心理负担。反正是“孔府门前卖《论语》”，搞这个项目，我们觉得它有保护历史文物或者是恢复重建的意义，所以就尽一切力量去把它重建出来。保护历史文物的意义，从哪些地方表现呢？木家院准备原样恢复重建，石牌坊尽可能地原样恢复重建，因为原来被砸毁掉的石头还在那里，我们专门去看，并挖了出来，认真地考察了一个星期。能够用的材料我们尽可能地用上去。石牌坊的狮子还在，天若有情天亦老，狮子有感情的话，它会笑还是会哭也说不清楚了。恢复重建时，我们把原先搬到黑龙潭的石狮子原尺寸复制放回石牌坊前。这些都是文物，意义重大。这里面还包含了一种民族精神，这个不做深入分析了。

恢复重建木府的现代意义，也就是旅游产业的意义吧！还有一个意义，是为活着的丽江古城着想。这点要说明一下。丽江古城申报世界文化遗产那段时间，我们去过一次北京，XY 书记、ZH 和我，我们三个去的。第一次去北京参加讨论丽江古城是否具备申遗资格的会议，我们在会上发了言，得到了专家的好评，后来丽江古城被列入了国内的申遗预选名单里边。那次会议上，我们聆听了中国著名专家、学者们的话。对于丽江古城的评价，尤其是对丽江古城凭什么通过申报，他们讲了这么几点：一是大家都知道的丽江水文化，一是大家都知道的丽江石文化，还有一个是丽江民居吧！他们一致认为，历史文化遗产的城堡，都是王公贵族的堡垒，现在都没有人在里边居住，只有死物摆在那点，这样的情况较多。而丽江古城很有特点，是活着的古城，直到现在还有许多人生活在其中，劳动在其中，他们的喜、怒、哀、乐都在古城里边。丽江古城的价值不仅在于那些房舍，还在于住在那些房舍里的人，还有走在那些街道上的人们演绎出来的纳西文化、丽江文化。要凭这几点挤进国际市场。对于那一次申报世界文化遗产会不会取得成功，当时我信心相当足，认为问题不大。原因是：丽江是中国少有的历史文化名城。

第二节 丽江人眼中的木府恢复重建

木府恢复重建基本完成后，丽江人都在议论木府。可以说，木府成了丽江人议论的第一新闻、第一焦点、第一热点。我们专门聆听了部分代表的心声和文化人的评论，列举记录如下：

A：古代丽江的建筑最多的是闷楼，或者是平房，或者是其他的构架形式，再加以雕刻，都是有可能的。因为它要体现主人的思想，体现汉化。木氏留存下来的诗词，比现在的人的作品还好嘛，有好些诗词已选入《云南志》里了，明代著名文学家杨慎还为土司木公诗集《仙楼琼华》《万松吟卷》《雪山诗选》作序，所以说纳西族汉文作品，最初是由木家创作出来的。不过当时木氏是统治者，怕老百姓被外人利用，为了让统治稳定一点，不让老百姓读书，也会有这种可能。木家还请了老师，那个时候就有私塾了。在私塾里学生着重学习汉文，请老师来私塾教书。万卷楼是藏书楼，也是教书的地点。我们应该注意的一个问题是房子的问题。房子的式样能不能盖成高楼大厦？木增时期，他曾经看过皇帝家的一些摆设、彩画、雕刻，这是有可能的。木增以后，也有可能掺进去一些新的雕刻，不过不会很普遍，虽然说他的建筑“拟于王者”，但不一定是完全像王者一样。它是在原有的基础上加以修饰，或者是部分学了汉文化，又补充了一部分。所以我们在搞雕刻的时候，也可以模仿宫殿雕刻。另外，石牌坊的石头在当时来说，运输很困难，从大具运到丽江城里是很困难的，不过以当时木家的实力来说，是能办得到的，木家当时统治了很多纳西民族所在的区域。大具的老百姓，到解放前都还在给木家上缴租子，大具出西瓜籽，有个老人家给我说：“我们以前上缴给木家的租子，是西瓜籽。大具出的西瓜籽，味道特别好，很饱满的。那种西瓜籽每年要上缴三斗三升三合。”这是老一辈人跟我说的。过去呀，木氏土司向老百姓下一道命令，叫他们到哪里去打仗，马上调几千几万兵都可以，统治达到了这种程度。

B：这样的建筑在大城市里没有，不过在边远的丽江有了。这是因为丽江是个儒家文化积淀的地方，上了年纪的老人们曾接受过儒家文化，他们还在发挥作用，所以还有文化的惯性。但是惯性一旦完了，再要恢复重建木府就很难了。因为现在还有文化的惯性，所以恢复重建木府肯定会有这样那样的说法，特别是在丽江这样一个盆地意识严重的地方，我说的意思是山围起的地方，很特别。这里开放起来是天不怕地不怕，保守起来简直是什么也搞不成。不客气地讲，丽江就是这样的一个地方。现在居然要恢复重建木府，是了不得的一件好事情。原因有两个方面：一个方面，旅游是丽江的重点产业，今后是一直要走下去的，发展旅游业是我们丽江最重要的目标，最重要的经济发展道路。这个旅游业啊，从1999年春节来看，可火爆了，当时到丽江旅游的3/4的人找不到玩处，找不到住处，也找不到吃处，这让我们清晰地意识到了旅游业的重要性。我们的这个古乐宫啊，当时只有1/10的人才进得去，其他的人都留下遗憾了，进不去！只有一小个古乐宫呀，不是多了，而是少了。要按照超前一点的思维去思考，不能停留在现在。类似于“木府搞起来干什么”“浪费钱财”等等说法不要理会。我认为，木府应该恢复。另外，对恢复原样的问题，要这样看，就连黄鹤楼都是恢复的，而且是发展的，黄鹤楼不是原来的那个黄鹤楼，是恢复重建出来的。那么，重建的时候就存在着一些问题了，比如一个时代跟一个时代的材料不同、工艺不同，人的思想和社会形态也不同，所以就要有所发展，现在每一个所谓古迹都是恢复出来的。比如黑龙潭的“得月楼”，现在的“得月楼”是不是原来的“得月楼”呢？不是。“得月楼”营造于清朝光绪年间，是由丽江大研镇人杨兆瑞先生从杭州西湖把模型带回来修建的，而“得月楼”三个字是郭沫若先生于1964年题词的。后来被烧过一次，现在只有“得月楼”这个名称是古迹了嘛！① 所以这件事情要这样看。能不能拿郭沫若的字来代替我们的历史呢？不行，但是请郭沫若来就增加了历史厚度，所以任何一个古迹的恢复，都是在发展。从前的条件达不到的事情，现在可以实现。有的人对古迹的恢复重建有看法，比如圆明园，很

① 丽江黑龙潭的得月楼，初建于清光绪二年（1876年）年，1961年冬，得月楼失火被毁，1963年恢复重建。

多人说是圆明园不要恢复，但是现在恢复了一部分，最好的柱子、断了的雕刻等还摆在那里作为古迹。但是恢复出来的东西还是很好的，现在已经恢复了很多。所以，我认为恢复重建木府并不是狭义的恢复，而是广义的恢复重建，是发展基础上的恢复重建。恢复重建木府是为丽江的发展需要而恢复重建，这件事情要大力地协助，大力地为它叫好。以后我们丽江如果想再建几个水泥厂，再建几个什么厂来发展我们的经济，都不是因地制宜的。我们甚至提议把附近的一些厂子迁到山外去，使丽江变成一个非常安静的地方；将所有的烧煤炭的炉子取消掉，用别的燃料。这样的时代，马上就要到来了，不是很遥远的事情。在对历史的考证上，我们斤斤计较于有没有记载、有没有历史依据，我认为不必要。因为说到我们丽江出现在历史里面的名字，是叫“依贡者”，“依贡者”是什么呢？依古者也。“者”就是堆，即“依古堆”。“大研里”中的“大研”这两个字在《元史·地理志》里面记载为“大叶场”，与“丽江”这个名称出现时间距离不远。为了这件事情，我在云南省的民族研究所里做过一个学术讲座，很多有名的史学家、教授、副教授都来了。那次讲座，我讲了三件事情：第一件事情是“和”字考；第二件事情就是说“哈吧”的“哈”字考；第三件事情就是“依贡者”考。因为我发现了这些史料，随便集中起来后，有了很多反响。有一次傅于尧先生回来的时候，他告诉我说，我这个“和”字考，特别受到认可。“和”字以前的读法是“哦”，现在保留在闽南语中，闽南语里面“和平”的“和”字读“哦”；还保留在日本话中，日本的大和民族的“和”读“哦”。在很早以前，这个“和”字，并不是“和平”的意思，而是人群居住的地方。还有比如束河，在《徐霞客游记》中记为“十和”，纳西语：沙哦，“哦”是人群居住的地方。七河，并不是七条河，九河并不是九条河，八河并不是八条河，“河”也是“哦”字，现在都改写成河流的河字。有说法是杜文秀开了九河，这更是误会了。又比方说，四川的丰都，本来不是鬼城，后来弄了个鬼故事，现在变成鬼文化，全都是关于鬼的纪念品，很多人都去旅游，他们都发了财。还有，孔夫子并没有在那里跟子路问路，但他偏说那个地方是问子路的地方，谁都得信；那个地方本来不是黄帝陵，那是关公出生的地方，后来考证出来又说不是；

屈原故里也很多，都为了搞旅游。而我们丽江呢？我们近来就发现了一件了不得的事情，我已经跟几位老先生讲过了，说的是指云寺后面有一块神奇的石头。我们为什么要恢复重建木府？就是因为有了这个东西，所以大可以放心地恢复重建木府。指云寺后面有块石头，有个烧石灰的人在石头上凿了一个眼子，“叭”的一敲，石头里面现出一卷经文，经文刻得好好的。这个人去卖石灰的时候翻车死了，后来老百姓就不敢动那个地方的石头。真是奇怪，那个石头不可思议嘛！石头里咋个会有经文？到底是怎么回事，我们不能为一些现象所迷惑。XY、HZX 等好多人都细细地观察过。哎呀，大家都大吃一惊，于是领导们就嘱咐当地人，看了以后的第二天，就用围墙把石头围起来，并锁起来，钥匙由 XK 来保管，让他去研究。咋个研究呢？要请一个会读藏文的人来帮忙。后来他请来一个会读藏文的人，那人说上面似乎写着“500 年以后有一个人，把我的石头打开，我就露出来了”“然后丽江就发达了，世界就太平了”之类的话语，是不是真实就不好说了，反正是有一些内容在里边。不管它写的是什么，要研究，研究就要大做文章，那个地方要设一个景点，并添加一些内容，把景点扩大，好多地方都是这样搞的。

言归正传，既然木府有这样的一段历史，我们还缩手缩脚干什么？我并不是说黄乃镇先生缩手缩脚，他已经在前进了，他前进的时候需要各位来帮助，需要各位来呐喊、助威，要把这些事情搞成功，不要停留在封闭僵化的状态中，认为劳民伤财。有人说丽江就是这样一个小小的地方，别把木天王家搞得像故宫一样，等等。别管这些，看准的事要大胆地干。丽江人是喜欢议论是非的，被议论不怕，做出来就好，再过 10 年，这地方肯定会变成非常热闹的景点。所以，丽江的同胞必须要有未来眼光，要提高自身，否则的话，你问一个老大娘是不是纳西族，她会答是的。但再问她：知道一点纳西族的来龙去脉吗？纳西族是一个什么样的民族？是从哪里来的？她会回答说“认不得”。现在问小朋友同样的问题，他们也答不知道。在申报世界文化遗产时法国有一个文化官员来搞调查，他有一个表格，都只需回答“yes or no”，答 yes 是画个“√”，答 no 是画个“×”。他问：“你是纳西族吗，小朋友？”连问了 6 个小同学，他们都说“是的”。他又问：“你会说纳西话吗？你会唱一首纳西歌吗?”他们都回答说“不会”。他又问:“你知不知道纳西族的历史?”回答是“我们没有教”,并且把“教”字说成延长音。嗯,这就危险了,一个不得了的民族差不多要消失了。所以现在并不是说我们的这些事情搞多了,浪费钱财、劳民伤财,相反,是搞少了。有必要请很多的老学者来讲学,到处讲,只要有学校,只要是有纳西族人群的地方都得讲。有关纳西族是什么民族的学问,我们有责任讲好。并不是说我们太骄傲了,而是因为纳西文化在消失,我们必须要正视这个趋势。

C:石牌坊是怎么造起来的呢?丽江大研镇老老少少都有这个疑问。1957 年石牌坊还在,我第一次从大具乡来大研镇考初中,就专门跑去看石牌坊。因为在大具乡有个传说,石牌坊除了神仙造的传说以外,还有个比较现实的传说,说石牌坊的石头是从大具采集来的。有两件东西可以作为这种说法的证据。其一,在牦牛坪,听说那里现在还丢着一截石柱子,我也没有到过那里,我没亲眼见过,但是那里的很多藏族同胞都亲眼见过那一截石柱子,而且那一截石柱子的石质与石牌坊的石质和大具乡的石质是相同的,同时大具乡金沙江边还留有很明显的当年打石柱子时留下的凿痕。那时我才 14 岁,我估计了石牌坊的石柱子的长度,然后在回家放羊的时候,曾经量过留有一行一行凿痕的石头,那个长度比石牌坊的柱子还长一点,这些可以作为一个证据。要是这个石头是一模一样的,现在还保留着的石牌坊的残余石质,与牦牛坪留着的石柱子的石质及大具乡残石的石质如果是一种的话,以后要恢复重建这个石牌坊,这个石头的材料就可以去那里寻找了。

D:木光先生是我的同学。在一次论证会上他如是说:听了木府指挥长的报告,我觉得很好。他原来是搞教育的,过去我们在县一中有过师生关系,确实是“青出于蓝,胜于蓝”。对木府的了解,我一点点地记录下来了,以后哪点不够,我再补充,我的看法也不多,总的一句话,我感觉到木府的恢复重建将近搞了 5 年多了,感觉到完全应该恢复重建,这是第一句。第二句,我认为现在恢复重建木府不是还早,而是很迟了,为什么这样说呢?因为我去过怒江的六库土司衙门,那个时候它们还存在,我们已经说过要保护,现在破坏得很厉害了才说要恢复重建。这就应了纳西语说的“若多思堵漫呢科”(汉意是:憨包反应过来就晚了!)。

等破坏完了再来恢复重建，难度更大了。还有一个例子是德宏的南甸土司府，那里的建筑保存得很完整。恢复重建木府是以事实为依据，不过是修复一新，在原有基础上有所发展，再加上现代内容。所以我觉得比起那些，木氏土司衙门更有必要恢复重建。

E：对恢复重建木府，社会上有一些说法，说是为我们列祖列宗树碑立传。从我个人的观点来说，绝不是那么一回事。因为从木府历史渊源来说，唐代没有文字记载，木府真正有文字记载是从元末明初开始，从麦琮开始，所以从我所掌握的家谱情况来看，木家从白沙迁移到大研里，是在阿胡阿烈的手上，逐步发展到木增手上。从木公到木增这个阶段是木府进行全面的修建时期，真正体现了徐霞客所说的“宫室之丽，拟于王者”的魅力。丽江恢复重建木府，我们当前的经济实力不可能恢复重建到6万多平方米以上的建筑，只可能取其中的精华部分来恢复。前面介绍了很多的图纸，特别是规划院设计的，我感觉比较务实，与我们整个古城恢复重建的经济实力相协调。从另一个角度讲，丽江正在申报世界文化遗产。申报世界文化遗产，一是靠丰富的水源；二是靠旖旎的自然风光，以玉龙山为代表的自然风光；三是靠古城，活着的明代甚至是元代的古城。类似的建筑世界上很少有。现在要重新找那么一些建筑，原本的建筑是无法找到了，所以国际上十分倾慕丽江。因此，在这个基础上恢复重建，再把木府的历史古建筑配套地恢复重建起来，那丽江的辉煌就得到重现了。所以从这层意义来讲，木府恢复重建代表了我们纳西族的历史文化，我认为不是单一为木府列祖列宗树碑立传，而是为我们纳西族，可弘扬我们纳西族的历史文化。

我同意D先生刚才所谈的。当前，我们需要丽江旅游事业的大发展，丽江在不久的将来会成为世界旅游的中心。木府恢复重建对丽江旅游文化档次的提高会有很大的促进，会使丽江旅游的质量与地位有很大的提升。从更深一层理解，恢复重建木府，更能显示我们民族的精神。因此，我觉得恢复重建木府的意义不是单一的，是当前的社会发展所必需的，所以整个规划我都赞同。从拯救、复旧的这个原则来看，完全符合历史的事实。所以我想在今天这个会议上，我们在座的专家、学者们对如何进一步地支持木府的建设，如何进一步宣传木府，可达成一些共识，在社会上做一些思想工作。这是我们老先生、老前辈、老专家、老学者需要承担的一项任务，而且这也是发扬我们纳西族的奉献精神的一项很具体的工作。

F：木府恢复重建的确让人非常兴奋，符合不符合原貌先不管，建起来就好，不要挑毛病、挑刺。首先要建起来，建起来就胜利了。我们纳西族很多人是爱挑毛病，原来的木府哪一个见过？我稍稍地讲一些历史，阿胡阿烈从罗波城、白沙两个地方搬迁过来以后，开了西河，中河是一条自然河流。开了西河以后，绕了一圈，直接绕到赵家的那一头，这一条就叫作护城河，东边是南北花园，中间是家院，这边是府院，大门是“刮当阁”，门口有两头石狮子，一头狮子被搬去武定了，另一头石狮子被人用香来熏，烧毁掉了，成了独脚牌坊。从云头石的独脚牌坊进去是官家住的，出去是吹号的、放鞭炮的那些人住的。黄先生说了道教的问题，我们纳西族东巴文化里面，也受到道教文化的影响，生死关就是按道教来改造的。蛇山原来建有白塔，关坡建有觉显复弟塔。木老爷家胜利了以后，把巨甸的龙山挖断了腰，石鼓罗波城的凤凰被打掉了，木老爷家是信道教的，信风水学。后来流官万咸燕来了，白塔被毁掉了，被毁了两次，这些成了历史。官家住的地方不是点将台，应该是“巴伍古”（今下八河），我们家就是拉市张刮，就是武官了。祭天的时候，我们就要在祭天场上呼喊，说叛逆的阿木支俩，要踩在脚板底下。木老爷进出坐的是八人抬的大轿，不是四人轿，他出去时要放筒炮，进来时也要放筒炮，还要敲锣呢！西河半途中还有一条河引进来，这一圈就是木府的范围了。流官来了以后，开了东河，木府家院是建在苹果园里面的，这些大家也可以去看看。咸同年间，杜文秀率回民起义，史称“乱世十八年”。木府在回民起义中被火烧了以后，张家为什么把房子建在这里？张润是木家的人嘛。他当了大官以后，就想搬到拉市坝建大房子，有人说你家是木家的根，他就去木老爷家要地基了。木老爷问他要多大的一块？他说只要一张牛皮大的一块。木老爷爽快地答应说：给你给你。他把一张牛皮撕成牛皮绳，接起来成了一大圈，要了一大块地基。牛家、杨家、张家这些都是木老爷家的女婿，木老爷都给了他们家地基，后来这些家都兴旺起来了。

G：从历史渊源来说，我们的知识都很浅薄，前边某些老先生提的很有道理。这次恢复重建木府的建设，我本人的观点是，宗旨就是促进我们丽江的旅游。如果完全按照历史，张三说一通，李四说一通，王麻子说一通，根本建不成，所以我们应该要拿出我们丽江纳西族自治县的主意，要盖这么一个旅游景点。这是一件大事情，也是一件好事情，也是一件难事，现在难就难在黄局长的头上了。我们在座的几位老前辈也好，各界人士也好，我们摇旗呐喊是为了把我们这个景点建好，因为建好这个景点，对我们的经济发展、旅游事业会有更大的促进作用。

H：木氏在纳西族历史上的历史功绩包括很多方面，社会经济的发展、军事、工商业，这些事实上都是比较全面的。其中，我觉得，比较突出的一项就是接受汉文化，传播汉文化，在一定程度上我们可以这么说，到今天我们还一直记得木氏，就是从这点说起。今天我们纳西族的文化发展在历史上跟木氏的功绩是分不开的，我们在恢复重建木府的过程中应该想到的是如何体现木氏在文化上的功绩。如何体现这一点，这个是值得考虑的问题。所以我想，刚才也提到了万卷楼，是不是以万卷楼为中心，应该再有些设施，这个也不是说完全没有依据的，当然具体在什么地方我们不知道。比如说木府有没有学堂？那个时候民间是没有设学堂的，但是木家是肯定有家学的。家学的老师现在是有一位，知名知姓的有一位，鹤庆人梁之翰。就是这一位在木增的诗集后面写了一篇文章，这个人在他的文章里边说，他两度任木府教书先生，对木增的那些情况比较了解。所以是不是在建筑里搞一些设施，比如说家学。除了家学之外呢，有些是有记载的，那个时候不但有藏书，而且也有印书的设施。当然我们说不出来哪里是他家的学校，不过可以考虑。再一个，刚才提到的万卷楼，历史上是有这么一个万卷楼，是有记载的。不过它起在什么地方是很难说的，万卷楼放在府衙部分，放在两个议事厅中间是不大恰当的，应该放在后花园，跟家学那些设置配合起来，恐怕这个会比较好。图书馆不拆，也可以保留图书馆，也可以在图书馆的位置建万卷楼，可包括在后花园里，前面的府衙部分建筑可以少一点，这是一个。再一个么，虽然没有什么根据了，是不是可以把木氏跟我们原来的东巴教联系起来？可以做些考虑，找一点资料，把这一方面突出一下。

至于其他的那些都是兼收并蓄的，佛教也好，道教也好，都是兼收并蓄的，而且这也是接受汉文化，也是一个特点了嘛！万卷楼可以用纳西话来理解，也有这样的传说，这也可能有，比如用纳西语说成“读书去吧”的谐音，也就是“天雨流芳”。但它到底在哪个位置、哪个地方没有人知道。我刚刚来县一中读书的时候，那个玉皇阁的、五凤楼的角落处堆放着好多的木板，而且都刻有字，结果我们晓不得，拿去烧火了。家学一定是有的，否则人怎么成才。

I：我们小的时候听老人家说，木府的建筑大部分是木氏土司上北京的时候暗中画下来的，然后仿照北京皇宫的形式建在这儿。比如说拆掉的五凤楼，是一个相当精美的五凤楼，小时候都见过。我们纳西族有个特点就是刚才说的，接受外来的文化，包括建筑文化，而且也能接受过来。我想是这样，在接受外来建筑文化的同时，木老爷一定没有忘记我们纳西族民居的建筑特点。所以在搞这些相应建筑的时候，这些东西是不是应该先研究一下。要把我们纳西族民居建筑的特点用进去，如果是纯粹的汉化了的建筑的话，那就没有多大的价值了。为什么呢？如果是全部汉化的话，我们去到北京，去到西安，看一下就完全一目了然，就跟它们相同了嘛！所以我的意思是说，要保留自己的特点，同时吸收外来建筑的精华，丽江建筑的特点要反映出来。这样人家一来，就感到比外面的建筑更有光彩，有不一样的感觉，如果失去了这一点的话就完了，所以要保留自己的特色。还有一点就是，那天 FYY 也跟我谈了，历史根据一定要有。如果以后哪家人来丽江旅游，到我们丽江来参观，说不定会问你这个有什么依据，如果我们说不出来的话，那就等于白建了。所以说一定要有历史根据，如果没有历史根据，我们以现代的观点乱增加一些的话，就失去了它存在的意义。

J：就木府的建筑、照壁上面的图画、图案，我建议还是多仿照过去的、古代的，或者是元、明、清这几个时期的。现在我有一个感觉不知道对不对，我在画画这方面也没有很好的研究，但是现在在墙壁上、照壁上、房屋上边画的那些东西，白族的味道太浓了。建议以后不管在哪儿画画，都采用一点以前纳西族的艺术家们的特点，要在这些方面多研究。现在我们的建筑上画的多半不是我们的艺术家画的，多半是白族人在画，就把白族的色彩画进去了，失去了纳西族的特点，所以刚才说的是正确的，还是应该要体现纳西族的特色、风格，比如彩画的，YLJ 是比较熟悉的，彩画方面有我们的杨绍书，杨老的彩画画得相当好，所以彩画一定要用杨绍书等纳西族彩画家的，尽量应用纳西族固有的文化。纳西族的房子是母房，母房的文化内涵一下也讲不完。那母房是平房，平房加一层楼就是闷楼，闷楼加一个厦子就变成了明楼，所以明楼多、闷楼多，比较古老了。骑着一节楼板的那个叫作骑厦楼，这是清代才出现的，古宗楼（藏式楼房）也是清代才出现的，这就是白族、藏族、纳西族的建筑艺术。木家院明楼比较多，没有古宗楼、骑厦楼，母房其实说的也是平房，分析一下就建出来了。

K：恢复木府应该有个时代性，明朝是木府最鼎盛的一个时期，这个在历史上已经得到承认了。当然木府在元末就有了一定规模，不过那个时候的规模还不大，到了明朝木府的势力已经发展到极点。在势力很大的时候，木土司还有一种进步思想，即汉化思想，所以木家最有名的大诗人，从明朝初期就开始出现了。木土司有汉化的倾向，明朝最盛的那个时候，木老爷亲自到北京，在木增时候有说法，说是去进贡。明王朝困难的时候，他去进贡，曾经送过很好的礼物，像黄金这一类的，所以丽江产黄金是从明朝就开始了。恢复重建明朝建筑的时候，建筑要恢宏壮观。刚才老木说的这个是真理，最初纳西族的房子是平房，平房再高一点就变成闷楼。

“世间自有公论在，不容青史尽成灰。”以上几位的发言代表了丽江文化界、民间的认识和看法，总体上给我们木府人以鼓励和鞭策，使我们感到恢复重建木府是一件了不起的事，不是为自己做的事情，而是为民族和地方做的一件有益的事。个人失去什么是小事，为社会和民族做点什么则会使我们感觉到人生存在的意义。在经历了这些风风雨雨后，我们木府人甚感宽慰，也更加坚定信念，铆足了干劲。

第三节　名副其实的古城博物院

木府以什么一种形式出现呢？丽江市古城区政府已经正式发文了，

是以丽江古城博物院的名义出现。既然以这个名义出现，那么里面的内容就要更加丰富，就要组织一些木府博物方面的内容展示给游客。我们套用故宫的组织形式，有些是固定馆，几十年来它们展示的内容都是这个样，比如前议事厅，是再现当时的历史；有的是临时馆，展示内容随着季度变化而变化，或者随着月份变化，或者随着年度变化；有些是珍宝馆，木府也要修出来，但是要说明一下，故宫的珍宝馆也不见得全是真品，有些还是用了仿制品。木府也准备套用这个思路。我先把几个馆的设想给大家说一下，前议事厅就是再现历史的固定展馆了，有点像金銮殿，那个就是几十年也不变的一种展览模式。当时议事时候的热热闹闹的场面要淋漓尽致地表现出来，执事牌、刀枪、剑戟、马炊、瓷器、虎皮，样样都要有，要丰富多彩，再现当时的辉煌，应该比较吸引来访者。

以后还可以弄一些大象模型来，因为历史上记载，木土司迎接大宝法王时是用大象迎接的，当时派了1万多个士兵，仪式相当隆重。万卷楼夹层用来藏书就是属于图书馆了。还有木增主持刊印的108卷《大藏经·甘珠尔》用的是活版印刷还是雕版，由我们认定就是，因为丽江古城博物院最有权威了。我们在万卷楼还准备搞个珍宝馆，让它价值连城。木增的那一幅“谈空客喜花含笑，说法僧闲鸟乱啼”草书书法作品已是国家二级文物，《丽江县志》上说，西南诸土司中，汉文化造诣这么深的土司不多，有文墨留下来的土司不多。明代木增的手书，对研究少数民族来说是非常重要的一件东西，就在木府里展示。还有木增对《逍遥游》作了批注，墨批部分也算是镇府之宝，因为没有几个人真正读得懂这篇文章的真实含义，更不要说是批注了。万卷楼底层是家学、私塾，要有梅花鹿和松树图，再现当时汉学的读书环境，鲁迅家乡的三味书屋讲的也就是这个内容。护法殿里摆出的模型，展出木家的家谱、神龛、牌位。牌位我们就用“天地君亲师”。君指的是皇帝，亲当然是木氏土司，师就是老师。传统的说法里，这个地方还有一左一右两个牌位，左边我们设为保护神三多，右边设一个木氏祖先的牌位。“天地君亲师”要摆放在正位上，三多神牌位在一边，木氏家族的祖先牌位在一边。按道理说，木土司家祖先牌位应该排在正中间，但要讲政治，因此“天地君亲师”就在中间了。中间是“天地君亲师”，代表政治；三多神，是杰出代表的意思。

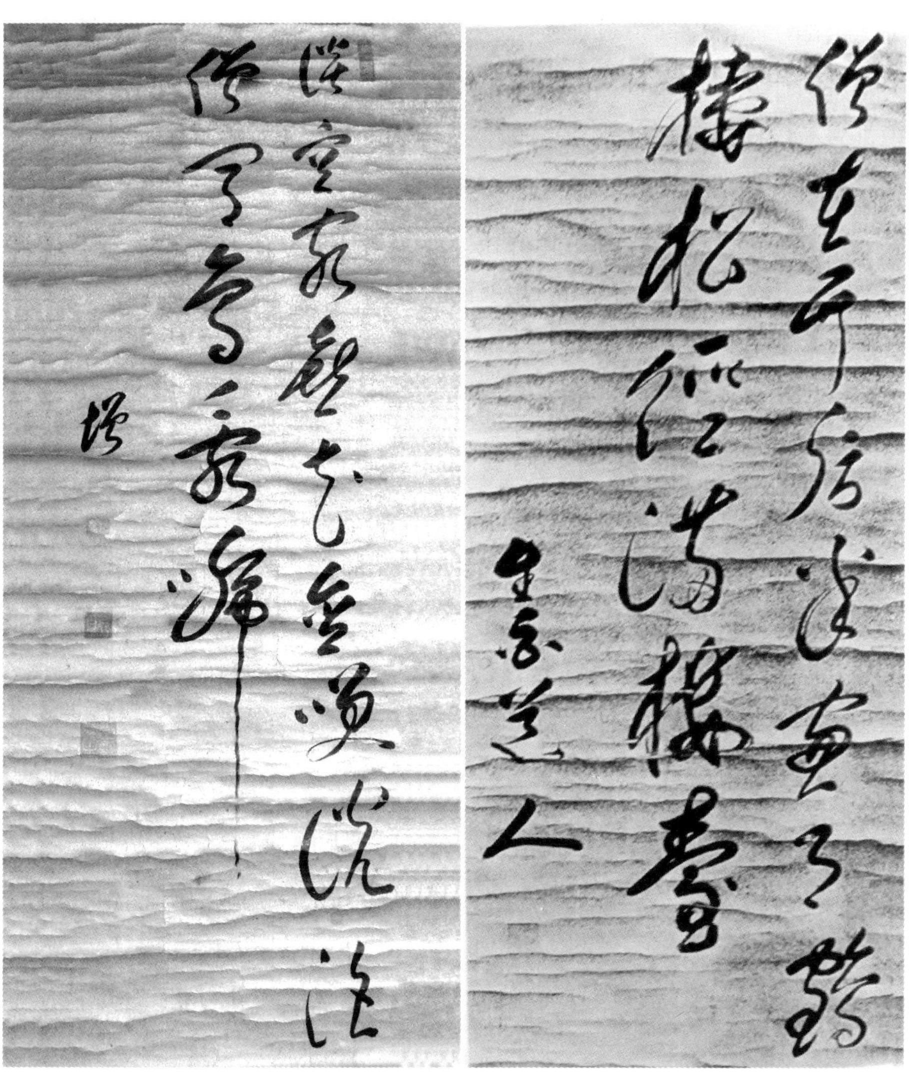

图3－7　木增手迹

图片来源：木府提供

光碧楼上面是作坊，作为展览馆。玉音楼是歌舞宴乐之所，所以可以体现洞经音乐等方面的内容，同时是活动馆，上面也有些简单的布置，比如接圣旨的设施。但是更多的时候，我们将它搞成活动馆，开始一段时间，我们先把白沙壁画的临摹图放在这里展出。三清殿底层供奉三清的铜塑，楼上准备搞一些宗教方面的展览，比如神路图之类的。关于神学方面的展示在楼上就行，那相当于是一所纳西族宗教的展示馆，我有如此的一个计划，过几年以后，丽江的宗教思想都能从中体现出来。

为了在藏族聚居地区形成很大的影响，木府可以在某个地方搞个佛堂。历史上大宝法王噶玛巴造访过木府，住在丽江，而且他们的两个大宝法王都在木府里面待过，木土司是派了1万多名士兵去迎接呢！这个内容是要补充呢！还有，可以把达赖跟木懿合作在四川建理塘寺的事考虑进去，这样的话，以后藏族群众都会来朝拜，这个可能性很大。在大宝法王住过的地方，设一个经坛，然后把那些故事穿插进去。

木府一条街被丽江人称为驿馆。但是专家们问真的有吗？好像不相信。最后我就讲了噶玛巴的故事，噶玛巴都来了，没有这么一个专门接待贵宾的驿馆怎么行？这么一讲他们就同意修，不然木府一条街项目差不多要被枪毙了，木府一条街就是托噶玛巴的福才保留下来。论证的时候，我就讲了噶玛巴嘛！木天王是一个藏族同胞十分崇拜的人，建成木府一条街后，藏族来的人会相当多，所以我们的工作人员当中也需要有藏族人员。

木府曾经是大宝法王“避难”的地方，大宝法王与木府的关系应该要大书一笔，但是需要论证。我们在论证万卷楼的时候讲到了噶玛巴，讲丽江版的《大藏经·甘珠尔》就出自万卷楼，所以万卷楼修得相当好。还有一个方面是大宝法王的避难所在木府，在驿馆里，是个三坊一照壁的院子。几个配殿，一般是属于名城馆，这个馆目前没有更多的东西，主要以展示照片为主，以后要不断丰富资料和实物，搞成体现生产生活、狩猎、畜牧等多方面内容的综合馆。

展览方面的事就这样先提一下，等到实物到位以后再仔细地搞，不一定就是由我搞。必要时，我会请有关的人跟你们讲，比如说这个杯子是在哪儿收购的，它的背景如何，在什么环境下收购了这个杯子，它大概是制于什么年代，是什么人收藏以后才到这里的，放到这里的意思是什么，这些问题都要系统地讲。木府要尽可能地做到博物丰富，我们主要的目的也是从宣传博物的角度出发。

随着木府收藏的东西不断增多，讲解的内容也会越来越复杂。如这件东西是出自哪儿，那件东西是怎么样的等，都要告诉大家。现在还有李霖灿先生的东西要拿到这里来展示，周嘉谟先生也要拿东西来这里展示，李群杰先生要把自己的藏书、字画等献给木府，由木府来保管展览，这是好事。不知道以后还会有一些什么人要这样做，所以东西只会越来越多，文物搜集方面一点问题都没有。

图 3-8 马炊

图片来源：木府提供

木府是古城博物院，要有一定数量的文物。先来说说木府所藏的文物。我们知道木府的恢复年代定位是在明代晚期，也就是木增的那个时代。前文提到的木增“谈空客喜花含笑，说法僧闲鸟乱啼”那幅字，经鉴定，被认定为国家二级文物，这个算是木府第一个类型的文物，是木府的镇店之宝。第二个类型的有些文物国家还没有认定，还没有评定等级。但毕竟是木府的遗物呀！其中有些是有关单位一直收藏的，有些流散于民间，现在又把它们收回来。比较典型的是一个化妆盒，当时木家有一个姑娘嫁到吕家，这个化妆盒是木老爷嫁女儿的时候作为嫁妆送到吕家的。现在我们又搜集过来了，它有出处、有记载，在当时的条件下是很上档次的。除了化妆盒，还有木家人平时的生活用具，桌、椅、板凳、床这一类的东西。刚才说到，有些文物由有关部门收藏，有些是现在搜集到木府的。这些比较多，这是第二个类型的文物。第三个类型的文物是我们在恢复重建木府过程中，做了大量的考古实地勘查，翻阅县志、州志等各方面的资料得到的。在做这个工作的过程中，我们搜集了一些材料，分析了一些资料，或者说是搜集和征集到一些东西吧！比如说，木氏嫡系家传的《木氏家谱》，类似的也算是镇府之宝了，这个也应该是文物了。当然专家最后还没有确定。《木氏家谱》《木氏宦谱》版本种类比较多，综合分析这些资料后，我们认为，现在说的《木氏宦谱》乙种本这一本，是博物院里边比较正统的一本。根据这一本书的记载，木氏土司延续到木光时，应该是34代。其中还没有认定的《云薖淡墨》这么一本书，里面有木增对《庄子·逍遥游》的批注，我觉得这是一件很有价值的宝贝。因为庄子的这本书，汉学家来批注都有点不容易的。庄子研究，汉学家来搞都有难处，如果汉学造诣不深，对古代的一些哲学没有一些研究的话，要搞《庄子》批注是相当难的，但是木增竟然对《庄子·逍遥游》进行批注，留下了墨批真迹，对有些看法提出了不同见解。这从另外一个侧面说明了明代晚期的丽江，木氏土司汉学的造诣已经达到了相当深的一个境地。我觉得这也应该是木府的镇府之宝。一个边疆少数民族地区的土司对汉学有这样的造诣，在全中国还是比较罕见的。我们在搞建设的过程中，也发掘出以前木府的一些遗物，比如在木家院的浮土层0.5米处，发现了大量的用汉白玉铺地的遗迹，多少年前的木府的遗址，这就是木府历史的见证。汉白玉的铺地材料发掘出来后就留下来了，也算是可展示给后人的一些实物。这些实物可告诉人们木府的过去。不仅如此，砖、瓦等建筑材料也能说明木府深厚的历史，恢复木府就是再现历史。

其次说说木府的陈列室。木府大概有16个陈列室，里边收藏有很多东西，内容丰富多彩。从类型上划分，有纳西族过去使用过的生产生活用品，包括兵器、狩猎的用具；收集了历代纳西族的服饰，完全可以展示纳西族服饰变化的过程；有历代的一些书画，包括白沙壁画的复制品；有展现民风民俗的有关用品；有举行祭祀活动的用品，比如神龛之类；藏有孤本善本；有木老爷的一把虎皮交椅；还有演奏纳西古乐时的一些垂挂。演奏纳西古乐时，都要在上面挂起那些演奏洞经音乐时的道具。这些文物一方面要展示；另一方面也要有收藏的地方，即仓库。另外，丽江跟中原一样，如果有一个铺子新开张了，或者是家里面有什么喜事，如过生日啦，或者是办事啦，亲戚朋友都会送一个画屏。画屏，有些人称挂屏。现在收藏在图书馆，这个东西完全可以调过来嘛，那天整理图书馆时候居然发现了这个东西，我们准备调过来。木府内收藏有上千幅画屏。从这些画屏的内容来看，无非就是这么两大类：一类是哪家有一个活动，如铺子开业，开业志禧；一类是哪家办个事，如乔迁之喜等，亲戚朋友都送一帧画屏。我看了一下这些画屏，是几年前翻出来的，其中有一个姓杨的开了一个盐巴铺，盐业开张，有人就给他送了一帧画屏，志禧新铺子开张，而且指明是做盐巴生意的。像这类画屏都收藏起来了。这些画屏从另一个角度反映了丽江的政治、商贸、经济状况，我那段时间开玩笑地说，你要查找祖宗三代以前搞过什么东西，我们把全部画屏展览出来就可以了。所以说，这也是木府的一大特色。我估计，画屏以清代、民国时期的居多。以前说破“四旧”，所以哪一家都不敢私藏，谁知道有一堆收藏到图书馆来了，现在成宝贝了。我们安排展览馆时，万卷楼底下这一层是家学，私塾嘛，里边挂有松、鹿图，除家学要用的课桌、老师的桌椅，还有惩罚学生的戒尺之类的道具之外，四周就准备挂那些画屏，这样气氛就能突出与烘托出来了。此外，还有大量的瓷器仿制品展示，分量还是相当重的。对这些瓷器的认识，应该从两个方面进行，一是明代瓷器就摆上正品，清代的也是正品；二是还有一部分是仿制的，仿明、仿清而制的瓷器。瓷器的收藏量在木府来讲是比较重的，其中，像九龙瓶是仿北京万历年间的九龙瓶而制，是绝对的仿制品。它旁边那一个是清代的仿制品，也是比较有名的，类似的仿制品还很多。展示的木增书法作品也是仿制的，真迹不能经常挂起，要珍藏、保护，故宫的展览模式也是这种。

木府中瓷器的件数有四五千件。我们还设计了一个名人馆，在名人馆搞不起来的情况下，准备搞一个瓷器馆，都要上档次。我们的复制品不是从街上随意买来的，而是派专人跑到江西景德镇与厂家签了合同，要求他们仿照真的来做，在成色等各方面都是比较好的，有些甚至可以做到“以假乱真”。当然其中也有一些是真的，真品需要特殊保护。我们的展厅展出的实物、内容有些是三五年不变的。还有灵活厅，展出的东西不断变化。博物方面我们还会增加内容，这里是丽江古城博物院，对古城的研究要不断深入，稍有一点成果就要在木府里展现出来。这样一来，就把木府的古城博物院的职能充分体现出来了。我们还有按 1∶300 的比例制作的一个古城模型图，这肯定是很有意思的，这是丽江唯一的古城模型图。

图3-9　官门口

图片来源：木府提供

第四节　官门口还是关门口

有人问，现在木府官门口上面做成这样的城墙，还有城垛，当时不知道具体是怎么样的？我说过，这个地方谁也说不清，但是官门口，是有“官口”之意，就只能这样建，综合的说法就是关口。原来讨论过这个问题。比如说李群杰先生的父亲就提出来，说官门口的“关”是官人的“官”，官僚的官，“官门”是官造的意思。元、明、清初，丽江最大的官就是木氏土司了，意思是进了这个门，里面就是官员居住区和工作区域了，是官员宅邸之地的意思。而“关门口”只有城门之意，体现不出木氏土司府和木氏招募来的江南人士的政治地位。

而且很多的记载里面，都是用“官门口”，所以仍然要采用“官门口”这个名称。这样一说，也就约定俗成啦！现在的关键问题是，官门口是什么意思？而且官门口两边有两头石狮子，那两头石狮子是用五花石雕的，这点我们有证据。听说以前无论哪家遇着什么不顺的事，都要扎一捆香去烧一下这儿的五花石狮子，说能消灾、顺利，这样烧来烧去，烧的人一多，官门口的狮子就被烧得炸开了。

有人建议，以后这个官门口可以采取两种说法：一种是历史上或者记载中说的官门口。还可以介绍另一种说法，就是根据纳西语原来的说法：“官当阁”或“关当阁”，“当”就是征集地，分给那些官员的地基就叫“当”，官当阁的一种说法就是官员住的地方。因为现在有些地名有两三种说法，还是比较独特的，多有几种说法更容易让人信服。但是现在的问题是，我们只有承认现实，假如是用了官员的官，那个官门口的样式就只能起成一个牌坊或者是大门的形式，那样才配得起来嘛，牌坊之一，牌坊之二。现在我们基本上把它建成关卡的形式了，所以就只能用“关门口”的名称，就算是错了，也得将错就错。以前这里的土地是木家的财产，对木家和丽江有贡献的人，木土司就在这个地方分给他一块地，包括道士，包括像以前的杨家，都分到这么一块地了。另一方面，关卡也可以解释为，战乱期间，也许官员设一个关卡，像城门一样把城里保护起来，到了晚上，他就把这些门关起来。

如果用了这个“官”字，我们就只能是起成牌坊，而现在是起成关卡形式了，这里面有很多的智慧。现在，五花石石狮放在官门口，看上去还是令人有点阴森森的感觉的。

第三章 木府文化理论

木府不是简单拼凑起来的一个建筑群，而是环环相扣、历史沉积下的文化建筑群。它从每条小道到亭台楼阁都有深厚的文化意味，都凝聚起来形成了木府的文化理论，所以说，木府是由有形的建筑群和无形的文化理论构成的。木府的核心是文化。每天，木府讲解员都要不厌其烦地讲述木府的文化、丽江的文化、纳西族的历史，这些内容博大精深，闪烁着智慧的光芒，吸引着成千上万的游客。那么，木府的文化理论是什么？理论依据又是什么？

第一节 什么是木府文化理论

20 年来，我们把木府的那一套理论都说成“木府理论”，这个话已经说习惯了。从科学的角度来说，还不能这样说，还是叫木府文化理论。它不仅包含我们前面说的木府文化理论，还包括不断丰富中的内容。在电视台做节目的时候，我也向全市人民做了保证，下一步我们要把木府的文化理论做好。总结发展木府文化理论，其实是我们多年来一直在做的工作，就是不断地发掘、整理和完善木府文化理论。这是重头戏。另外，恢复重建木府以后，我们也做了首次大型维修；在我们的工作中，不断地探索和完善工作制度，比如早上的点名制度，还有各个部门不断完善的工作规章制度。从意识方面来讲，强调大家思想上都要有这样一个理念，就是要保护好木府。“悠悠万事，唯此为大”，完完整整地保护好木府是首要的。从木府方面来看，《木府风云》这部电视连续剧也是木府文化理论的一个组成部分。

木府是一个新生的单位，这个单位的一切工作制度都是崭新的，一切都还处在探索、巩固和发展之中，要不断地使工作制度化、规范化和条理化。我们在做工作的时候，总是需要有一个尺度、有一个大道理摆在那里，而后才开展工作的。这个大道理就是，既然组织了这么一大班人在这个地方，这一班人就要生存、要发展。如何生存下去？如何发展下去呢？就是要想尽一切办法来做好工作，这就是我们要把握的大方向和大尺度。在处理一些具体问题的时候，假如是与这个大方向、大尺度有矛盾、有抵触，我们就坚决地予以否定；反过来，对它有利的，我们就予以支持。我们随时都拿着这把尺子在考量我们所做的任何一件事情。在责任心和事业心面前，再小的事都不再是小事，而要视为大事。如果标准、尺度不一样，就会出现管理方面的不同结果。对此有些人理解、有些人不理解。假如你是从这样的角度来考虑这些问题，那你也会理解木府的。木府人员的组成成分比较复杂，有公务员、有事业编制人员、有合同制人员、有临时工。因为成分复杂，所以我们要比较准确地把握这个尺度。大家来自五湖四海，但只要来到这里，就没有等级之分。如果说有，就只有对木府工作干得好或者干得不好的区分。在把握这个尺度的时候，我们也在考虑，甚至从更深的层次来想这个事情。这个尺子是无形的，有些时候更多的是属于心理活动的范畴，但是它又是从具体的一些细节方面表现出来的，所以这方面就不好把握。从整体来看，在管理上，可以说木府比丽江市任何一个单位都好。

前面讲到的所谓有形和无形，是从你心里是否装着木府这个角度来考虑的。是否把木府当作家，是我们考量职工是否真正是木府人的尺度。但是，要做到这一点不容易，我们培养教育了员工们20年，多少人又能达到这种境界呢？这是属于更高境界的问题。其实具体而言，假如木府出现什么危机，能诚心地对待木府，不计较自己的一些私利，能做到这一点，从这个角度去考虑，那就是最好的员工，也就是一个真正的木府人了。木府的管理层和全体员工一切都是朝着这个方向努力的。像前面提到的，凡是到了这里，我们都一视同仁，在木府就只有干得好与坏的标准。既然到了这里，就应把安排给自己的工作做好，自觉自愿地做好。但达到这个境界也不容易，所以我们长期以来翻来覆去地讲这个话题。这里有一个事物发展的规律性，这个事物发展的规律性就是一个从必然王国到自由王国飞跃的过程。所谓必然王国，就是说，你不想干的时候，我就逼你干；你不想听的时候，我就想方设法叫你听；你不想记的时候，我要你把它背下来、记下来。临时碰到一些问题，我先暂时不管这些问题，而要反过来先做思想工作，让你从这个问题看到其他的问题，然后再回过头来讲这个问题，这就是必然的阶段。老是停留在这个必然阶段也不行，必然阶段飞跃后才能进入自由阶段，从必然王国提升到自由王国。进入自由王国后，也就达到刚才讲到的我们工作当中最高的标准——个人与木府融为一体的境界了。

不管怎么说，开会也好，做什么事情也好，事实上我们都是在做这个工作，只不过说碰到具体的情况时，只联系具体的情况，不提升到理论高度是不行的；太具体的时候，大家会觉得这个是具体的，不怎么抽象，缺乏理论高度。

20 年来，木府的这套文化理论是绝啦！绝到一种什么程度呢？我们把丽江的一些不易具体阐述的历史事实非常生动形象地阐述出来了。木府的这一套文化理论是根据已知点来推未知点，然后把这些不断推出来的点连成线，让它们互相影响，再加上各方面的论证，形成片，一片又一片，一个板块又一个板块，这样就把丽江明代的那一段历史描述出来了。这种发掘、整理的工作不是谁都可以做得到的。假如谁都可以做得到，就不会等我们恢复重建木府以后，由我们这班人来做这个工作了。我们只不过是借用一下木氏土司的英名而已，目的是把那段历史文化用我们木府人的方式把它讲清楚。你说这套文化理论是不是科学的？我只敢承认也许只是“半”科学的，要变成“全”科学的也许还要经过几百年的论证。但是为什么说它是“半”科学的呢？我们这套文化理论的许多内容在历史上或隐或现地都有说法，我们的做法就是把“隐”变成“现”，让“现”更加“现”，用“现”把“隐”的部分推出来，然后正儿八经地说，它就是这么一回事！首先要有人敢说出这些话，我们的根据是历史上那些或隐或现的说法，还有一些根据是所做的田野调查。凡是纳西族的村庄，80% 以上的村落我们都已经去过了，实地做了考察。田野调查在科学上还是得到认可的，但是不是就完全科学了呢？也不是，它也是容易被别人推翻的，至少现在还有这方面的危险，也容易被人反驳。

我们一旦掌握了这一套理论，是不容易被人击败的。纳西族到现在才有32万人口（2010年数据），历史上，丽江的南边曾有富裕强盛的南诏政权（宋为大理国），西北边曾有强大的吐蕃政权，纳西族长期处于两股强大势力之间，在夹缝里求生存。要生存就只有紧紧地依靠中央王朝，这既是这个民族的特点，又是以这个特点引出这个民族的历史，再引出这个民族的生存之道的。这是其他民族不好说的一点，而纳西族可以这么说。我们就死死地抓住这一点，以这点作为以不变应万变的一套理论。许多要批驳我们或者是要重新讲一套理论的人，他们首先不注意这一点，而我们首先发现了这一点，抓住了要害，抓住了可以不变应万变的理论依据。所以，周围的人要驳倒我们就变得不容易了。我们的这一套文化理论符合当今国家发展的需要，我们的这一套文化理论也容易得到执政者们的欢迎和支持，所以，我们就立于不败之地。我们是这样考虑这些事情的，不是见子打子，我们完全是按照历史发展规律来思考、运作，于是就有了我们许许多多的工作和工作岗位，并且取得了一些成果。

在这样的文化理论指导下，我们和剧组合作，创作和拍摄了电视连续剧《木府风云》，取得了各方面的工作成绩。我们设免费讲解员的岗位，在全国是少有的。假如没有设这个岗位，木府就不需要40人的讲解员队伍，虽然不设这个岗位木府照样能存在下去，但是木府这一套文化理论就无法让人知道，就不能宣传出去，就不能奠定我们的理论基础。为了宣传，不是为了门票，我们需要这么一批讲解员。出于刚才我说的以不变应万变的特殊需要，木府才产生了一支讲解员队伍。我们就是这样设岗位，成天要求讲解员“要背、记木府的理论和说法，不准乱说，不准看外边的书籍”。长期以来一直这样强调。可是到现在有人还不明白为什么要死记，要培训什么，这是让我们担心、闹心的一个问题。这说明我们还没有进入“自由王国”阶段，还处在“必然王国”阶段。

为了以不变应万变，于是我们又设保卫科保护木府。保卫科方面，我们有十多个人，24小时值班值勤，要求他们随时巡查，值班时不能打瞌睡。你说现在木府值多少钱？几十个亿的财产掌握在你手里边，而且是越来越值钱了，你当然要好好保护它。

《木府风云》播出以后，木府名噪一时。我们对《木府风云》应该怎么看是一个重要的问题。首先，《木府风云》继承了我们木府的这一套文化理论，当然，并不是涵盖整套理论，而是突出了其中一部分，变成一部社会反响巨大的电视连续剧。《木府风云》的剧作家是谁呢？说到底剧作家是我们木府人，或者说第一笔是我们木府人写的。老实说，我们把所有的研究成果、资料提供给剧作家，当时是为了提高木府的知名度和木府的门票收入。好也好，歹也好，有一部电视连续剧的话，我们的门票可能好销售一点，以不变应万变嘛！我们尽可能地让他们做，然而剧本写了差不多五年，但越写越糟糕，后来他们说剧本基本上已经定下来了，但我们给他们写了一篇《〈木府风云〉修改建议书》，对这一稿剧本提出了不同的意见，并提出了修改建议，写了3000字左右，作为修改剧本的依据，这个建议书最后变成了《木府风云》的基本概况，人物塑造包括徐霞客，包括西和、阿勒邱，以及主题歌歌词。剧组非常忠实地体现了这个建议书，把这个建议书当作了整个剧情的梗概。而剧组也做了大量的工作，因为故事是需要大量的细节去充实的，他们把虚构的细节增加了以后，最后我们一分钱都不出，他们把电视剧拍出来了，效果也相当好。效果好到一种什么程度呢？旅行社的人说："看了《木府风云》以后来丽江的人多了。"但我们不是这样看的，我们是要宣传木府，宣传木府的文化理论。我们当初的木府文化理论，讲解员每天都在那里讲，接待中央首长的时候也得到了肯定，但是社会还没有彻底地承认。《木府风云》这个剧出来了以后，木府的名气就大了，大家又反过来全面研讨和注意木府的这套文化理论，木府借这个契机使这套文化理论引起全国人民的关注。电视连续剧《木府风云》播出以后，为木府做了大量宣传，让全国人民都在关注木府。《木府风云》的成功是对木府文化理论的支撑。拍片的过程中出现了一些情况，我们为此召开过紧急会议，最后我只讲了一句话：要好好地对待剧组。说明白了，他们所做的工作从某个角度看，是宣传和弘扬我们这套木府文化理论，所以要善待人家。

有一次，有一个人在门口说："大家看，门口这对联堪称中国第一媚联。"那天旁边还有几个讲解员，说话的人是某个单位的，真有其事。我讲这个故事，只不过是想向世人诠释一下纳西族是一个什么样的民族。历史上纳西族不"媚"，就活不下去了。这是我们这套木府文化理论的一个重要内容：夹缝里面求生存。我们木府文化理论开始出来的时候，

图 3－10　木府大门对联

图片来源：木府提供

GDL 他们还不大接受，后来就接受并认可了，还写了一篇《“中国第一媚联”乎?》的文章。有一天，他还邀请我与 LX 一起研究他的那篇文章，他说：“对联作者是黄乃镇。”我说不能这样讲。他又说，木泰只给我们留下了一首诗，木氏土司的诗词歌赋那么多，几千首、几万首，谁也没有找出来，四五百年来谁也没有找出来“凤诏每来红日近，鹤书不到白云闲”这副对联，是你黄乃镇找出来的。有人说诗句不能当成对联，我说就是要搞成对联。岳飞故居的对联就是诗里面的诗句。可以这样做。最后收尾的时候作者是谁，是木泰还是黄乃镇，就要靠历史去评说啦！这样写多好！直接写作者是黄乃镇就让人笑掉牙啦！现在这个对联已经“火”到一种什么程度了？变成了相互考试的一个考题了。有一次几个丽江人去上海，其中也有古城区一中校长 ML，因为 HXH 的哥哥调到上海当武警总队的队长，她哥哥请客，几个丽江人聚在一起吃饭，在相当大的一个大餐厅面里只有他们这一桌，聊的内容自然也就是木府啦，《木府风云》啦，那副对联啦！队长说：“你既然是区一中校长，你来讲一下木府门口的那一副对联。”他背不出来。“横联呢?”“HZQ 省长写的‘木府’。”后来我听说那次聊天的内容还有很多版本。关于中央首长对这副对联的评价，有至少 10 种版本，最权威的版本当然在我们这里，我们说出来就权威了。所以这些事情都已经变成了文化现象，这就是文化，这就是丽江的大文化。有一次我生病去住院，有位先生跟我住在一个病房，讲到诗词歌赋，然后又讲到木府的事情。那个人告诉我说，木府这个地方，风水相当神秘！那个人也是从在木府工作的他的一位老乡那里听来的。我说："你这个老乡怎么讲?"他说那个老乡讲木府的中轴线对着什么，还偏了几度，还左青龙，右白虎，木府这个风水是太好了。这是那个人讲给他听，而那个人又是听木府的一个人讲给他听的。你看这些文化人，几乎把我们的话当成"圣旨"了，真的。听他这样讲，我都笑了。我们的话变成文化以后就变得很神秘了，无形当中《木府风云》起到了催化剂的作用。所以还跟剧组争什么你第一我第二的？没有可争的，在这些东西上，我们要全力支持剧组。我打算跟 HLH 谈一下，像在昆明办庆功会一样在木府庆祝一下，对丽江荣誉公民于荣光先生也要宣传一下才行。

这种好笑的事情经常碰到，你们接触得少，我接触得多。很多人见到我都只认得我是木府的人了，我叫黄乃镇他们都搞忘了，那些风趣的科长、局长见到我都不喊黄院长，直接叫"木府风云"了。一天天喊我"木府风云"，那也是一种文化氛围了嘛！有一次我在雪山中路散步，那天下着小雨，风风雨雨的。ZXM，坐艺术界第一把交椅的，他一个人走过来。我喊 Z 老师，他吃了一惊，说："老黄，我们两个好久没见了。"我们相互寒暄起来。他说："有几次我带几个客人进木府，你们的讲解员太厉害了！""你们讲解员讲的那些东西我都不懂，我得向他们学习了。"他不说要向我学习，说要跟讲解员好好学习，所以说，木府的讲解这就是一种文化。

第二节　木府文化理论的依据

木府的文化理论是如何产生的呢？就是把丽江的许多历史文化融汇在木府，让丽江的许多历史通过木府这个载体表现出来。通过对木府文化理论的完整阐释，丽江的文化、历史很可能需要得到重新认识。木府是丽江文化的一个核心，可以这样说，丽江的政治、经济、文化与木府都有千丝万缕的关系。所以成天说要研究丽江，研究纳西族政治、历史、文化，其实只要把握住木府这个根，把木府研究好，就可以说基本上研究透了丽江，研究透了纳西族文化。木府也是一个研究和被研究的文化高地。

历代木氏土司对儒家文化的崇敬使他们在文化上同中原文化保持着难能可贵的一致——这种一致性使其在经济、政治、军事上都获益匪浅，更造就了木氏家族的土司作家群，这在中国各少数民族之林中是非常奇怪的现象。明代木氏 19 世土司木增，他一生中著有 1000 多首诗文，有 4 部诗集，连《四库全书》中都收集有他的文集存目。现存有一副木增的真迹对联，其联曰：

谈空客喜花含笑，说法僧闲鸟乱啼。

该联暗藏禅机，意韵空濛，如果不结合木增本人扑朔迷离的人生归路，后人是很难理会其深刻底蕴的。木增在 38 岁精力富有之年，突然将土司之位让于年幼的儿子，自己隐居起来，过起闲云野鹤般的神仙日子，最后连木增去往何处，至今都是一个谜，连坟墓在何地都无处可考。纳西民间有传说，说他们的木老爷“骑虎仙化”了，有的又说木增削发出家了，这些传闻真假难辨。但一个被明中央王朝诰封为中宪大夫、云南布政使司左布政、四川布政使司左布政、太仆寺正卿等高官显爵、拥有 1/6 云南疆域、势力广及川滇藏三省区的堂堂大土司提前隐退了，这是为什么呢？

根据明代末年全国农民运动兴起的局势，我们不难推断出，李自成的农民起义军已如江河之水，席卷华夏大地，明王朝已是穷途末路、摇摇欲坠。作为一个将自己的命运和民族的兴盛同中央王朝紧紧相连的土司，木增不能不对明朝前途命运深感担忧，况且他刚刚于崇祯十二年（1640 年）送走了自己的朋友徐霞客，明王朝渐渐破败的江山社稷木增一定从徐霞客那里打听了不少，国破家亡似乎是不可避免的了。木增除了一腔悲切失意、回天乏力的忧忿外，还能有什么作为呢？木增在临退前还给崇祯皇帝上书，倾诉自己的忧国忧民之情，还敬献他自己的钱，加上他母亲的钱一共一万多两白银，以济朝廷稳定朝局之用。但这无疑是杯水车薪。大明皇帝对木氏土司家族的惠泽，犹如再生父母般恩重如山，看看那些由紫禁城送出的皇帝亲赐给历代木氏土司的御笔，还有那些金牌、金腰带等赏赐，木增怎能不感世伤怀？怎能不哀叹世运不济、天不造我？作为西南少数民族地区的一代枭雄，他又怎能面对山河破碎，“覆巢之下，焉有完卵”的最后结局呢？

于是，木增选择了退位，选择了归隐。木增是有骨气之人，不事二君是他忠君效主的最后决策。在明亡之时，江南有《桃花扇》的李香君，丽江有木增。木增无疑是一个智者。木增退隐不到几年时间，即公元1644年，京城被李自成的农民起义军攻破，崇祯皇帝自缢于煤山。两年后，云南各民族矛盾激化，全省陷入战乱状态。清顺治四年（1647年），丽江古城及木府被“流寇”焚掠一空，黄钟毁弃，玉石俱烬；断壁残垣，可怜焦土！哪里还能找到土司的威严？如果对毁灭性的打击不能抗击、不可避免，那就自己先放弃。这不是服输，不是逃避，而是面临苦海深渊前的毅然解脱。非有大智慧者，不能出此“全身而退”之策！

当年谁能透过木府的豪华盛宴看到40年后的衰败呢？具有大智人德的木增看到了，而且是透过中央王朝日薄西山的衰亡之气看到的。木增的退隐虽然充满智慧，但绝对悲凉、凄迷。他留下一个在历史的烟尘中倏然消失的孑然背影，我们永远看不到他满脸的沧桑——或许因为他太聪明了，压根儿就不想让世人看到。所以在我的想象中，木增的背影能不幻化作万卷楼泪流满面的脸吗？

古代不同型制的房子代表着一定的政治地位，木府的房子更是如此，几品官的房子要起几个开间都有规定，整个木府最漂亮的就是万卷楼，不过它的政治地位又是最低的。因为有了木氏土司对朝廷的忠心及对汉文化的倾慕这么一层关系，万卷楼的政治地位又被抬高了。忠义石牌坊也是一座具有标志性的建筑物，立功以后，只有得到皇帝嘉赏并降旨，才能修建，相当于是现在的一面旌旗、一枚勋章一样。这是皇帝为了表彰木氏土司对朝廷的忠义之心给予的嘉奖。

万卷楼同时又是藏书楼，由藏书楼可以联想到中原文化，木氏土司的公文只用汉文来写，“东巴不进古城，不进木府”，由此可以看出木氏土司是将推崇汉文放在第一位的。因为中央王朝就是通过儒家思想来统治中国的，木氏土司当时推崇中原文化，推崇儒家思想，事实上就是推崇中央王朝。所以万卷楼在丽江不能只当作是藏书楼，要把它看成是孔庙，它联系着丽江的政治、军事、文化，从这个角度来看，万卷楼又成了木府中地位最高的建筑。

外人对木氏土司的评价是“开门是诸侯，关门是天子”。木府的玉花园，“玉”与“御”谐音，还有玉音楼、玉沟、玉带桥都用“玉”字，就有点“犹抱琵琶半遮面”的感觉。木氏土司从来不敢把朝廷的钦差、外姓外族人迎进木府。明末徐霞客来了，是木增专门邀请来的，但也不敢迎进木府。徐霞客只有望府兴叹：“宫室之丽，拟于王者！”建那么大的木府，土司的钱从哪儿来？四川木里那个地方盛产金矿，木里原来是木氏土司的领地。有这样的俗语说：“老母猪在泥塘里面打滚，身上都会挂上金片。”说的就是木里那个地方了。在一些史书上也有记载，说木氏土司是很有钱、很富有的。看来木氏土司的钱和木里的金矿是直接相关的。

三清殿是道教供奉最高尊神——三清祖师的殿堂。道教讲的是清静无为，哪里山好水好、树密林深，哪里就建有道观，道教建筑给人一种飘逸的感觉。为什么在木府里面建一座三清殿呢？民间有这么一种说法，丽江的玉龙十三峰，其中有一峰叫生白峰。1996 年丽江大地震后，人们惊奇地发现，生白峰塌陷了。生白就是木增的号，他是明代晚期的执政土司，官居三品，38 岁隐居，传说木增土司后来得道成仙，成了生白峰。民间传言说，金沙江断流，玉龙山塌陷的时候，木增又要回到人间，又要回来了。人成仙是道教的教义，成佛是佛教的思想，三清殿建在木府里面就是为了方便木土司修炼。丽江的宗教是多元宗教并存，藏传佛教也有，汉传佛教也有，道教也有，还有东巴教，各种宗教都可以在丽江和平共处，多教并存。纳西族无教不信，但偏重于道教，所以纳西族崇拜神仙过的日子，至今纳西族人的血液中还流着道教的思想，比如说是化赍、朋友家人聚会，都要到山好水好风景非常美的地方，过神仙一样的生活。木增沉迷于道教思想，归隐后成仙。为什么要归隐？木增在位时期，恰逢改朝换代，因木氏土司跟明王朝关系密切，也是明王朝扶持着的远在滇西北的土司。木增很看重明朝皇帝对木氏土司的各种恩赐，难道他能够接受明朝要灭亡的事实吗？木增无力挽回局面，只能选择归隐，不问政治，退居起来，无奈了！所以就有了“江南出了个李香君，丽江出了个木增”的说法。《桃花扇》反映的是李香君和侯公子的爱情故事，侯公子就是因为发誓不吃清朝的饭，不做清朝的官，才博得了李香君的爱情。后来他又做了清朝的官员，李香君血溅桃花扇与他决裂，演绎成了一段爱情悲剧。这也是明末的悲剧故事。而木增后期不得已隐居，也是富有悲剧色彩的。把木增作为代表性人物来研究，也是丽江古城博物院（木府）的研究成果。木增执政期间，是丽江木氏土司统治达到最鼎盛的时期，肯定了木增，也就肯定了明代晚期是木府的一个里程碑。

徐霞客是江苏江阴人，现在徐霞客故居的纪念馆里大部分内容介绍的是木增和福国寺，连徐霞客的后人也知道丽江有木生白。如果没有木生白，《徐霞客游记》也就不完整，当时徐霞客受木生白之托到鸡足山修志，由此也可以看出那时鸡足山是木氏土司的势力范围，而且木氏土司还捐出白银在鸡足山修建悉檀寺，还请徐霞客来写《鸡足山志》。徐霞客来到丽江并没有进到木府，他是由南往北走，到了现在的万子桥那儿，然后在通事家的楼上，差不多是从东南方向眺望木府，发出“宫室之丽，拟于王者”的感叹。说到远眺，木府的瓦应该是最引人注目的，色泽、光泽都应该相当好。白沙大宝积宫和琉璃殿的瓦盖的是琉璃瓦，一般皇宫、庙宇都是用黄色的琉璃瓦，像王府或者贵族的建筑就只能用青色、绿色的琉璃瓦。这些是有区别的，不可以乱盖。当年徐霞客有进入木府的想法，但没有得到答应，但木增土司用了最高待客礼仪——八十大肴来招待徐霞客。

第三节　木府文化理论的传播

木府的文化理论主要靠讲解员宣传出去。讲解也就是讲故事、讲历史，讲木府的46亩地。大家都会讲！但如果你讲一套，他讲一套，内容是有了，却都没有把自己的感情放进去，从讲解上来说，最怕的就是这种死板、毫无感情的讲解！所以说，要做好讲解就要掌握技巧，要动之以情，要用心呢！

首先要讲恢复重建的木府是明代晚期的木府，木府的建筑是木增时期的建筑。为什么是明代晚期？因为明代晚期是木府最辉煌、最鼎盛的时期。眼前的木府是在原址上修复的，拿什么证据来说明这个问题呢？要学会用一些历史、传说、人物来证明木府的客观存在，像徐霞客就是一个典型。据《丽江府志》中记载木府是“仿紫禁城而制”，《徐霞客游记》中说木府“宫室之丽，拟于王者”，这些都是历史上的的确确有的；还有就是民间传说，阿勒邱也很好，她参政、议政，帮助木增。还有那个“打勒阿萨命”也要讲，这种动人的传说不讲就太可惜了。一个木家的千金小姐，被木老爷远嫁他乡，木老爷叫她不要往后看，她不听往后一看，就被一阵大风吹到金沙江对岸红石崖子上，到现在那个崖子上都还可以隐隐约约地看到她骑马的样子。还有木增升天的传说，一个过得安安逸逸的土司，一下子丢下自己的一切隐退修道，后来骑着一只老虎升天而去，变成生白峰，融入玉龙山，还留下“生白峰崩塌，金沙江断流，我就会回来”的民间传说。的确我小时候也听到过，老人家老是说“木老爷一定会回来呢”，这个传说一直流传到现在。

还有，木府的建筑都有独特的意义。在开始规划的时候，我把木府分为四个部分来构建。第一个是衙署区，堂堂皇皇的一个土司府，就应该有他的行政区，又因为是仿紫禁城，让人首先想起故宫的太和殿，也就是皇帝上朝的地方。但木土司只是一个土司呀，他不能跟天子一样上朝！所以，第一个大殿就只能是个开会的大殿，就把它叫作“议事厅”，这就很恰当，总之不能叫“殿”。以前起房子都讲究一定的地位。然后还有万卷楼也就是藏书楼，“护法殿”为后议事厅。第二个就是“玉花园”，也就是后花园，什么“光碧楼”“玉音楼”“三清殿”都在中轴线上，建筑都气势磅礴，修得很吓人，这就叫“殿大欺人，殿小人欺”。

在封建社会，这些高大的房屋、殿宇都是权力、地位的象征，木府的房子也一样。房子修得那么大，哪个看了都有一种震撼感。但是由于历史上有“犯上”之罪，我们重建木府时社会上也有“一个小小的民族搞那么多、那么大的东西”的舆论。现在想起来，我也有一点后怕呢。我对讲解员们讲，你们不要以为只是修一片房子，木府到处都关涉政治，而且政治关系重大。我们就把土司的诗句、历史上的褒奖都挖掘出来，比如木府仪门上的对联、议事厅前悬挂的三块“诚心报国”匾，这些都表现了纳西族对中央的忠心。中央首长把木府大门口贴的木泰的那副对联都抄回去了，高高兴兴地在木府里面参观，又是表扬，又是题词，这些都体现了政治！

好！房子修起来了，中央也肯定了，我的心也算踏实了！

房子毕竟只是房子，要说房子哪儿都有，都只有建筑学上的意义，充其量也只是一个漂亮的建筑。但木府同时是古城博物院啊，博物院！如果只有一片空房子是不行的！历史上有那么多事件、故事发生在这里面，它不能仅仅只是一座座空房子，我们要给予它一定的生命，这种生命包括了政治、历史、文化、军事各个方面，也就是因为有了这些东西，来丽江的游客多是先游木府，再游其他景点，游客都是非常满意的。

历史上的纳西族，你看北边是吐蕃，南边是南诏、大理国，一个二三十万人的小民族，能够生存到今天，在军事史上就是一个奇迹，原因是紧紧依靠中央王朝，跟各民族团结相处。木府里边的对联、牌匾都能反映出，纳西族历来都对中央王朝绝无二心，而且与中央王朝保持高度一致，这就是纳西族土司的政治主张。还有就是纳西族很早就接纳了汉文化，丽江是一个多元文化并存的地方，土司主张积极学习先进的汉文化。所以我们把万卷楼放到议事厅后面，就像把一个图书馆建在政府大院里面，这种格局并不多见，但这种举动恰恰反映出当时纳西族的政治思想，这也是木府的一大特色。这些东西都解释了丽江文化底蕴厚实的原因，继而引申了丽江的文化，这些文化包括：纳西民风民俗、本土文化。本土文化不单单是东巴文化，像纳西古乐、琴棋书画原本是汉文化，不过在纳西族的吸收、融合下也变成了丽江的本土文化。

纳西族的宗教信仰，一般我们都讲是“宗教多元，见神就拜”，这一特点主要表现在白沙壁画上，我们木府里面也是如此。木家院里供的是观音，是佛教的；万卷楼供的是孔子，是儒教的；三清殿供三清祖师，是道教的，你们看，佛、儒、道都有，而我们的木老爷也是哪样都信，哪样都不信。三清殿体现了木府的一大特色，道教的庙宇一向都是占山居水，哪里风景好就往哪里修，而且都是很飘逸的。道教的三清殿在衙门里出现，很不多见。

我和讲解员们讲，这些都要融入讲解之中，不要干巴巴地讲。其实好多事件、事情都可以讲得很生动，比如木家院里面的观音柳，几百年的古树“枯木逢春”，都可以展开很丰富的联想嘛。由它可以联想到恢复重建的精神打动了它，使枯树发新芽，也可以引申为一句话“老树是土司，新枝是子孙”，这些各式各样的联想都可以让游客陶醉在你们的讲解里面，心服口服地跟着讲解员游木府。

还有，不断增加一些常识，也是很重要的。何谓“土司”“通判”？土司也就是各司其职，划一块地方、一块疆域给当地某人来管理，也就是地方行政官员；而“通判”也就是小于土司的官，只要有土司就有通判，一般是朝廷委派的，“土司”和“通判”之间有正、副职之分，一开始土司掌握实权，通判是二把手，是副职；雍正以后流官掌握了实权，土司被贬为通判，成了副职。

文化艺术方面还应提及丽江的壁画。丽江壁画大部分都绘于明代，我们用了几年的时间把这些壁画临摹下来，收到木府里来，它的价值何在，意义何在？就在于是“谁画的”。丽江壁画长久以来经过时间、自然的磨砺，可以说是“人与神结合”的杰作，但因为年代久远，真迹已经慢慢地脱落、消亡，所以我们组织临摹丽江壁画意义重大，是保护，是传承，是发展，让这个宝贝的生命得以延续，它的价值是不可估量的。

下面再回到讲解的话题来。讲解员应该学会做一些总结性的讲解，不要一味地讲这个讲那个，死搬硬套，要学会利用讲了的内容去总结一些所要表达的主题。要告诉游客，丽江是这样一个地方，不仅风景秀丽、山好水好，而且历史上土司开明、开放，兼收并蓄多元文化。历史上木氏土司积极吸收外来文化，同时又保留自己的本土文化，从而引申出丽江是一个多元文化兼收融合的地方。还有，可以借用一些历史传说来吸引游客，像观音柳“枯木逢春”，三清殿倒长柏“成仙树”，还有“阿勒邱”、木小姐“殉情”、“老母猪滚金沙”等等。这些还只是古代的事，现代的也有很多很多：中央首长 1999 年 5 月 2 号到木府考察，行程只安排了半个钟头，但他对木府非常感兴趣，特别是土司的历史，还夸土司“聪明、懂政治”；还有聂卫平“棋圣”的“世界大战”。对了，还有护法殿前面的那棵银杏树，不知道大家有没有注意，它死了又活，活了又死，三起三落，生命力很顽强；还有木府的养人之道，外面的人一来到木府就感觉精神特别好……这些事情都是可以借用和发挥的。但如果是

"就事论事"，见哪样讲哪样，这是不行的。总之还是那句老话，要动之以情，要用心！

人物是所有事件的线索，也是木府文化的创造者。对于更多人而言，木增是大家最熟悉的木氏土司了，纳西名叫阿宅阿寺。要知道木公和木增两人都被评为云南省"七十二位古今文化名人"中的人物。也就是说云南72位贤人之中有4个是丽江人，木氏土司占了2个席位。云南评选出来的"七十二位古今文化名人"，都是不同历史时期的文化名人，时间跨度从春秋战国到现在，这个是要重点介绍的。马子云是后来的，然后就是方国瑜，这些人物要把握。然后还得熟悉一下徐霞客的事情，还要知道一个杨升庵。杨升庵就是杨状元，是很有名气的，有一次全国政协副主席来木府，他就知道杨升庵的事。可以想见，杨升庵声名远播。杨升庵跟木氏土司的交往很深。除了这几个名人以外，人物篇还要不断补充才行，如如大宝法王噶玛巴的事情，纳西族史里边有这段故事。噶玛巴活佛是藏传佛教领袖，曾经住在木府。要讲纳西族的事，木增的辉煌事迹要讲，阿一旦的故事也要讲；土司要讲，老百姓的也要讲。

图3-11　青年黄乃镇

图片来源：木府提供

讲阿一旦的故事，实际上是在揭示一种哲理，阿一旦就相当于阿凡提之类的人物。虽然贫困卑贱，但属于智者，是最聪明的人。还有一个是阿勒邱，这个人物要重点认识。丽江民间曾有这样一个传说，解释"阿勒邱"一词的来源，说是历史上是有阿勒邱这样一个人物，传说中的阿勒邱这个人相当聪明、能干、勤劳、节俭，是纳西族妇女的杰出代表，由于民间传说出现过这样一个人物，所以后来纳西族语言中就有"阿勒邱"这样一个词了，并成了纳西族妇女聪明能干、勤俭节约的代名词（也有形容词一说）。我在这里举一个例子，我当知青时，有一个知青熟悉的词汇叫作"毛几抗"。"毛几抗"是纳西语，汉语的意思是弹油脂。是什么意思呢？当时条件也差一点，马帮就从食品公司运一些腊肉到鸣音，然后又从鸣音再拉些东西出来。俗话说“赶马三年，贼气三分”，可能是赶马的那个人拉了供销社的腊肉，到了鸣音之前，路途中间他就偷了一点腊肉藏起，货交了之后，他就烧上火，准备烧腊肉吃。供销社的售货员也特别注意他的行动，那一天就暗暗地跟在他身后，当那个马车夫在那边撸起袖子正在刮油，双手沾满了油水的时候，供销社的售货员跑过来就一把拿起腊肉说：“走，跟我走，你这一回被我抓到了。”售货员在前面走，马车夫在后面跟着，走的时候双手都是油，一边走一边在弹那个油脂，纳西语就叫“毛几抗”。“毛几抗”这个词，就是通过故事来形容自己处在百般无奈环境中的一种说法，我们知青群中，普遍知晓这个故事，也普遍运用这个词，用来形容自己处于狼狈不堪的境地。约定俗成的词汇就这样丰富起来了。所以说，民间传说中阿勒邱有可能本来是一个人的名字，到了后来就变成了纳西语中的一个代名词（或形容词）了。比如说，这个纳西姑娘很能干，就说“阿勒邱啊飘依”（纳西语，汉意为：像阿勒邱一样的）。一件事情干得干净利落，相当能干，就是阿勒邱，慢慢地就变成了一个纳西词语。所以说，阿勒邱这个人物一定要讲。

大家最热衷讲的是宗教，而宗教又是一种什么样的情况呢？宗教在丽江这个地方，它的特点就是多教并存。在丽江古城多教并存表现得尤为突出，这里有藏传佛教的喇嘛庙，有汉传佛教的寺庙，有伊斯兰教的清真寺，还有道教的道观，在丽江这样一个小小的地方多种宗教都能存在，这里简直是宗教的博览园。话虽然说得那么轻巧，但是大家深入地分析一下，这是一个了不得的文化现象、一个宗教现象。

我想，在拉萨的大昭寺，如果去建一座道观，那是绝对不允许的。宗教纷争会相当厉害，特别是进入某些宗教区域，规制那是相当森严的。但在丽江这个地方，可以有各种宗教，它们还可以开花结果。这一切都归功于木氏土司早期的英明策略，就是推行开放政策，什么样的宗教都可以到这里来。上面说的是一些大概的情况，我就以木氏土司为例，毕竟土司是丽江人的代表嘛！我们开始恢复重建木府的时候，凡是来人我都要跟他们讲上这么一句话，目的是吸引人，把他们的注意力集中起来，不然工地一片狼藉，有什么可参观的？我记得当时的文化部部长是与

XZY 局长一起来的，来了要视察木府工地，要看望泥水匠、老木匠等，我说："不行!"就领他们到指挥部介绍，我就讲多教并存的事，木府要表现出这样的一种文化，在木府里要允许存在各种宗教传说和宗教思想，我就说木府里有三清殿，信道教；木府曾刊印了《大藏经·甘珠尔》，朱印版今天还供奉在大昭寺。还有，古城东面有教堂，还有玄天阁、文庙、武庙，还有五大寺都是藏传佛教的，既有密宗的，又有禅宗的，在藏族聚居地区，分成了白教和黄教。而木府对待宗教的态度如何呢？白教的噶玛巴来了，大家热烈欢迎；黄教活佛来了还是这样欢迎。那么，木氏土司信不信佛教呢？木氏土司不信。他们信所有的宗教，但实际上他们都不笃信。我想，假如那个教堂要是建设得早一点，假如传教士明代就来丽江的话，木氏土司也还是会去做礼拜的。我这样说的意思是，要理解丽江人，就要从这一点出发来理解。

现在云南大学民族文化调查站就设在南溪，那个地方是纯纳西族人的聚居区，那么大家知道它的过去了吗？关键在这儿，那个地方开始时丽江坝子里的人都叫它南山，是烧炭的地方。一提到南山，你们就应该想起《卖炭翁》了，有个烧炭的卖炭翁，天气非常冷，而自己的衣服穿得非常的单薄，但是他还希望天气再冷一点，这样他的炭好卖，真是"可怜身上衣正单，心忧炭贱愿天寒"。这个就是当时南山人的写照。那时的南山人，辛辛苦苦地烧了一窑炭，然后用篮子背下来，用马驮下来到城里卖。就因为天气太冷，我们对南溪用"小中甸"称之，我们不用去中甸了，不用去香格里拉了，到了南溪就可以领略到中甸是怎么一种情况。由于气候、地理条件等原因，那里的人民群众生活是非常苦的，种洋芋、烧炭、砍一背柴背下来卖一卖。他们是怎么背的呢？本来衣服该是正穿的，他们背炭的时候，把衣服脱下来反穿，衣服在前面，裸着脊背，在路上，砍一些树枝垫在脊背上，就这样一步一步地背到丽江四方街，或放在大石桥边，就等着大家来买，跟卖炭翁相差不大啊！他是怕衣服被磨烂了。我想象当时的南山人，当时因为存在社会歧视，多少人都有点看不起南山人的味道，比如用"你不听话，把你嫁到南山去"这样的话吓唬女孩子，真的是这么一个情况。有点像电视镜头、电影镜头，只有一幅一幅地换过来看后，才能够弄清楚今天的南山。南山人有

图 3－12　古城口卖柴

图片来源：木府提供

的还背来洋芋，在城里换上几斤苞谷面，或者换上几斤大米之类的。这是当时能看到的人民群众的生活场景。

由于社会变迁相当快，许多东西都已被割断了，所以要深入地研究一些问题是比较困难的。现在的南溪发展突飞猛进，当时我们建议把这个点设在南溪，之前我们跑了好几次，发觉周围变化都很大。南溪还与木氏土司有关系，可能说不定就是当时木氏土司的牧场。过去我们看不起南山人，现在是南山人“欺负”我们了，反正社会就这样起了翻天覆地的变化，怎么个“欺负”法呢？我举个实例，这个是我自己碰到的。有一天，因为天快要下雨了，我就举手打一辆出租车，车停下来了，司机问我：“去哪儿?”我说：“去东界河。”他说：“不去。”我说：“师傅，天快要下雨了，你看我还领着小孙孙。”师傅很蔑视地看了我一下，说：“行、行、行，但是我要收你 15 块钱。”我说：“收 20 块钱也可以。”最后上车一聊，知道他是南溪人。所以说社会在变化，现在的洋芋比白面都还要贵。

木府，现在是丽江的木府，云南的木府，中国的木府，世界的木府，《木府风云》的热播，使木府已经变成全世界的木府了。为什么木府设计成这个样子，你的依据何在？你为什么要在这里起这么一所房子？假如你没有充分的根据，专家们是不会同意你这样恢复重建木府的，在世界文化遗产丽江古城恢复重建这么庞大的建筑，当初真是如履薄冰。反过来说，木府的整个规划要有根据，要有历史的依据。但是历史留给我们的依据非常少，写在书本上的几乎为零。这个倒也不怪我们的先人，为什么这么说呢？雍正元年的“改土归流”，木氏土司被降为土通判了，还来不及把历史记录下来的时候，木氏土司就已经不存在了，所以有关史料非常少。在这种情况下，我们只好做大量的调查，依据是不会从天上掉下来的。恢复重建木府之前，我们做了大量的调查。从丽江古城出发，一路考察、调查到西藏的拉萨；我们也去了川西南地区，去稻城、乡城走走。有些东西不可能在丽江见到，而是在深山密林里发现的，发现什么？发现木府的一些痕迹，比如说稻城，稻城寺庙里专门塑了个木增的塑像，当地人已经把它当作佛来供奉。我们先后到了木里藏族自治县俄亚纳西族乡、德钦佛山纳西族乡，在深入地做了调查后，收获是相当多的。在西藏芒康县调查时，县委宣传部部长就偷偷地送了一个资料给我，还不是很公开，现在这个资料留在我们的档案柜里。他说：“你们的木氏土司当年带着丽江人、丽江的军队到芒康争夺地盘，那个时候，的确是血腥的，可是没有办法。”那个芒康县委宣传部部长给我的资料就有这样的记载。总之，现实的资料很少，我们就跑这些地方，从这些边远的地方获取木府的历史信息，再来恢复重建当时的木府。

木府恢复重建里面有很多的实地调查成果。很多游客参观了木府，听了讲解员讲解后提出：“你们讲解员讲的，当时纳西族就只有 30 万人口，而且只有这么一个地盘，现在也只有 1 区 4 县，难道当时木氏土司就有那么多钱来修这样的宫殿？你们是不是骗人的？”有经济头脑的游客，就会提出问题：“完全是骗人的吧！他会有这么大的经济实力吗？”游客是这么说的。好在我们有大量的调查资料摆在那儿。对“怎么回事？你们是不是骗人的？”我是这么回答的：我们在实地调查的时候，曾经到了木里的俄亚。那是一个纳西族的民族乡，那个地方简直是地球上最褶皱的、最封闭的一个山旮旯，很难说清楚那个地方的情况。我就告诉游客，有这么一个地方，而且这个地方直到现在还没有通公路。丽江有这么一句话：“俄亚产俊男，塔城产靓女！”说的是什么呢？大家对木里的俄亚并不陌生，刚才说的意思是俄亚盛产大帅哥；还有，美女就产在塔城。虽然那些地方交通非常封闭，很难到达，但丽江人并不陌生，甚至说俄亚的纳西族、俄亚的丽江人，就是历史上从古城出发到那个地方去的。去做什么？去淘金。那个地方盛产金矿，木府里现在还存了一大坨狗头金。狗头金就是原生的金矿，俄亚盛产金矿，是俄亚人送给木府的。“木里的烂泥塘里，老母猪在烂泥塘里打几下滚，它的猪毛上都裹满了金片片。”民间有这样的说法。木里是木氏土司的管辖范围，你说木氏土司有没有钱来起这么大的宫殿？最后大家都说：“啊！原来如此。”所以这些都是通过调查得到的结论，因为书本记载得非常少，有些是口传的。我们把木府建设得富丽堂皇，也是有非常多的现实的、客观的依据的，通过全面的、大规模的调查以后知道，木老爷是很有钱的，既然有钱，宫殿自然会宏伟壮观一点，那是很自然的事了。

木府的恢复重建，事实上与实地调查有着不可分割的联系，当时我们的调查涉及财富、养马场、丽江马，包括这里和南溪都有木土司的养马场。只要有一块好的牧场，就被当作木氏土司的养马场。这些信息支撑着我们把木府恢复重建出来了，所以说，没有调查就没有木府。

从实地调查到恢复重建木府，让我们认识到，真正的实地调查是一个系统工程，而不是学院派专家那样，我要搞东巴经研究就去问一下东巴，我要搞经济研究就去问一个搞经济方面的人。它完全是一个系统的工程，一个非常整体性的东西。比方说重建木府之前我们做了什么呢？为了解木氏土司的政治、军事、经济情况，我们甚至走到偏远的地方，感受当年木氏土司到那个地方时的那种情怀，去真切地体验和感受。然后再慢慢地折回来，进一步地构建当时的历史。没有这种构建，如果你想完完全全地再现当时的情景，那是不可能的。但是这样的建构建立在什么样的基础上，要求每一个人从各自的视角去体会和实践。有一次，云南大学的学生给我提出这样的一个问题：黄院长，能不能给我们解答一下，整个纳西族信仰什么？如果能够把藏传佛教、汉传佛教、道教、伊斯兰教都弄过来，我们看到的可能是一种表面现象，木氏土司可以接受任何文化，但他内心深层信的是什么？是不是体现出政治艺术，或体现出一种为我所用的理性？所有东西我都可以拿来用，然后大家都处理得很好。从这个角度来说，纳西族的信仰或深层次的心理是什么？

我当然要回应。我讲的那些问题，是这个民族的一种存在形式，不这样的话，这个民族就不一定能够存在到现在，历史上小民族被大民族吃掉的很多。纳西族人口虽少，但到现在还能够屹立于世界民族之林，那是很不容易的一件事情。这个民族是客客观观地存在于这个地方，比如说他们的语言、服饰、思维形式，他们的一些行为，他们的一些政治主张，都客观地存在这个地方。我讲的纳西古乐原来是汉族的，后来就变成纳西族的，已经融入纳西族的生活里。古城里有这么一个情况，一开始古城里的人都要讲纳西话，不然就很难生存，这些点点滴滴组成了这个民族，这是一个方面。我可以从另一个方面去解释这个问题，这样的一个民族，他们是客观地存在在那里，他们所表现出的所有的语言、服饰、节庆，这些统统都是这个民族的属性，是他们的特点。但是关键的是他们所处的环境，的确，他们所处的环境非常特殊，所以他们不得不搞好与周边民族的团结关系。从这个民族的军事、政治路线分析，他们紧紧依靠中央王朝，这些都是这个民族的属性。

总之，讲木府的文化理论要分作两个步骤：一是“是什么讲什么”，这是按总分来讲。“总”指一开始，站在广场上做总体的介绍；“分”就是指仔细地讲解、说明每一件事。二是“有什么讲什么”，指看着哪样讲哪样，包括历史、事件、人物、房屋、摆设。讲解员还要把刚才讲的那些动人的传说呀、真实的事件呀，把它们有机地加以穿插。只要做到这几方面，讲解起来就可以得心应手了。当然，这些还只是最基本一些技巧，要做一个好的讲解员，还要有一定的悟性，自己也要用心重视知识的积累。

第四章　木府灵魂

我们用了3年时间，把木府恢复重建起来了，是在原址上的恢复重建。今天，木府占地46亩，建筑群按照两条中轴线排开，错落有致，钩心斗角，成为花园式的博物院。然而，我们恢复的是有形的木府，无形的木府仍然有待重塑，重新凝聚木府力量和权威。这就需要形成木府的“灵魂”，让木府形神合一，聚合灵魂。

关于木府的灵魂，我们一直在讨论，在寻找，在浓缩，在提炼。以下是我在“木府灵魂”专题培训大会上的讲话，整理如下。

第一节　木府灵魂之形成

首先，我要讲的是，一个单位也好，一个家庭也好，要形成一个灵魂，一个守得住的灵魂。这个灵魂实际上就是一个单位的凝聚力、一个家庭的凝聚力，而且它是一个单位、一个家庭必须具有的精神。这个灵魂不是一蹴而就，而是经过长期的努力形成的，它像一块磁铁把一个单位、一个家庭牢牢地凝聚在一起。大家都看过电视剧《亮剑》，这个军、那个师，有没有一种敢拼的精神，在于第一首长在这个军里或这个师里是否提倡这种精神，提倡这种灵魂，然后一代一代把这种精神、这种灵魂传下去。在《亮剑》里，他们的首长就提倡一种敢拼的精神，一种狭路相逢勇者胜的精神，这种精神无形中就成为凝聚这个军的灵魂。从而这个军打到哪里，就拼到哪里，最终胜利也就跟到哪里。这就是它的灵魂之所在。一支军队、一个单位有没有这种灵魂，其面貌是不一样的。有些部队、有些单位有这种“亮剑”精神，有些单位有自己的风格，与“亮剑”精神相类似。所以我现在讲的第一个问题就是灵魂问题。

我曾经担任过大研中学的校长，也就是首任校长，对老师和学生就提倡一种严谨治学、拼命三郎的精神，这就是大研中学的灵魂。同时，我对这种灵魂的解释是非常多的，包括师生之间要怎么样，学生之间要怎么样，老师之间要怎样相处，当你遇到困难的时候要怎么样，所有都包含在“灵魂”里面。我在大研中学时提倡决不能搞小团体，决不允许小团体以及类似问题存在，我提倡要在单位里形成一种团结、奋进、和谐、努力的局面，要以大研中学的荣辱作为个人的荣辱。这样一来，单位的气氛就与其他单位的气氛不一样了。结果，有的老师都不愿意调到其他单位去，觉得大研中学气氛好，虽然苦一点也无所谓，只要精神上愉快就可以了，这也是一个学校的灵魂。有一次，我在街上遇见大研中学的一个老师，我问他：“听说他们要把你调到另外一个条件比大研中学还要好的单位，你去了没有？可以考虑一下嘛！”当时，那位老师就是这样回答我的，他说：“你作为首任校长时定下来的规矩是一代一代传下来的，我觉得非常好，有一种荣誉感，现在大家都有一种为大研中学拼命的精神。不去了，我就在大研中学了。”我们大研中学建校之初的口号就是“国家要有一个国家的骨气，一个人要有一个人的志气，一个单位要有一个单位的灵魂”。灵魂背后包含的东西是相当广泛的。那天，那位老师的话对我启发很大，我看了几遍《亮剑》，里面说的“敢于拼”的精神，就是军队的灵魂，我用“灵魂”这个词来概括、解释这种精神。所以，虽然我所讲的只是一些鸡毛蒜皮的事情，但有着很高的境界，其中蕴含着最宝贵的东西。

为什么要专题讲一讲灵魂问题？这是有原因的。联系我自己的经历、联系木府、联系丽江古城博物院，我深有体会。我原来在丽江县教委当教委副主任，还兼任招办主任，后来调到文化局。无论做什么工作，无论任什么职务，我认为人就是要有这么一股子劲，要有一种追求，要有一种志气，别老跟在人家后头。从教育战线转到文化战线，我没多少老本，也没什么经验，有的就是一种志气，一种想干事的劲头。我也要拼出自己的一条路，所以组建了东巴文化旅行社，先找点钱；宣科老师古乐队的模式也是我提倡的，后另起炉灶，我又组建了一支古乐队。然后，左冲右突，我认为人就要有点志气。恰好，那时中央首长来丽江视察，宣科老师的古乐队刚好在国外，假如我没有组建手下的这支古乐队，首长那次就无法听到纳西古乐了。后来，丽江古城申报世界文化遗产，ZH

和我跟着书记上北京申报，恰恰那时候，由武警使用着的图书馆要交还给文化局管理，既然拿回来了，我就想着可以在这里成立一个文化公园。之后就发生了地震，世行官员来了，他们对恢复重建木府先是否定，后又是肯定。在恢复重建的时候遇到了棘手问题，我们用“六段式”解决了古建筑中的难题，折腾来折腾去，木府就建出来了。只有了解这个过程，才会倍加珍惜现在的木府。

木府建成以后，应以一种什么样的模式存在下去呢？我是长期从政治角度来观察、分析和看待这个问题的。木府要长久地存在下去，我的想法是干脆成立丽江古城博物院，恰好丽江古城又没有一个博物院，这样一来就挂起钩了，如果把木府完全企业化，那是非常不利于木府的发展的。记得木府刚刚建成之初，当时的县委书记 HZX 就找到我，说：“老黄，房子起来了，该怎么办？”几次交谈以后，我说干脆以丽江古城博物院的形式来运行，所以在 1999 年“2·3”大地震三周年纪念大会上，他们宣布“请丽江古城博物院院长黄乃镇讲话”，就算是给木府的建筑群起了一个名称，可以说是在万人大会上宣布了这样一个消息。木府是这样走过来的，走到今天这一步，其间又经历了很多坎坷。虽然许多人当时都不了解我的做法，但最终还是确定下来了。所以，经过多方折腾、努力，才有了这样一个单位。到现在为止，许多人都不明白我们单位到底是什么样的一个单位，丽江古城博物院是一个事业单位，企业化运作，以这种形式存在，在现阶段是一种最好的形式，政府也认可了，红头文件也发了。今天的木府是一个正科级的事业单位，是以企业化模式运作的一个单位，假如没有企业化运作，那么这个门票就无法操控，特别现在博物院（馆）都实行免票，而我们却永远不免票，钱攥在自己手中，总是好一点，但身份又是事业的，定位也不低嘛！接下来，丽江古城博物院下属的机构逐步得到完善，比如对外宣传部，更名了很多次，最后才确定下来。一个对外宣传部的说法，就大大区别于旅行社。另外，木府讲解员不是导游，是世界文化遗产丽江古城博物院的讲解员，这么一个称谓，就区别于旅行社的一般导游了。这样来定位的目的就是要让我们的工作人员与其他单位的有所区别。虽然只是这样的一种操作，但事实上我是在为形成木府的灵魂服务，是为这个单位产生一种凝聚力服务，为单位的身价和氛围服务。如我们组织的木府的园林所，要区别于一般的园林所，这是丽江古城博物院的园林所，里面还有一个研究的任务，要有一定的学术含量，有一种文化因素在里边。园林所成员可以申报园艺师，因为是研究单位嘛！事实上，这种说法也是从各个角度为木府形成凝聚力服务。此外，像木府，就是派一个团的兵力来驻守也不为过，这样说是因为纳西族只剩下这么一点点东西了，我们把它恢复重建得如皇宫一般，派一个团整日整夜守着木府也不为过。从这个意义上说，我们设置了木府保卫科，我觉得这个名称才能与丽江古城博物院相匹配。还有很多很多，我在这里就不一一列举了。其实这样做的目的也是为木府的凝聚力服务，如果你连这种基本的保障都没有的话，那么你要让全院员工形成一个共同的灵魂，那是不可能的。有的员工的确也是善解人意。其中有一次，讲解员到外面参加讲解比赛，讲解员 WWQ 一上三尺讲台，大手一挥，第一句话就说："我们黄院长说过，我们不是导游，是讲解员。"这就是一种暗暗为木府的灵魂服务的精神。所以，从丽江古城博物院成立到现在，我们的工作都是在为树立木府灵魂服务。那么这里面就存在一个问题，我是第一任首长，理应像《亮剑》一剧中的李云龙那样，在部队铸起"亮剑精神"来。首任首长提出来的思想、观念以及理论，凡是科学合理的，经过风雨洗礼后，形成一个框架或者说是体系永远存在下去，这样这个单位的灵魂就形成了；只要这个灵魂存在，这个单位就能健康地发展，就能比别的单位发展得更好。

为了形成木府的灵魂，我们制定了一些相当好的规矩，可以引以为豪的一些规矩。因为木府面积大，人员分散在这样大的院子里，况且人也有不自觉的时候，所以提倡学习中国女排的那种干劲、那种骨气，我们大讲女排精神。在这个单位工作，单位就是你的家，要把这个单位搞上去，就不讲对单位有害的话，不做损害单位的事，只要整个单位好了，那就什么都好了。我们这个单位，既有一点学术研究的味道，又有一点旅游业的味道，你的一言一行、你的服装、形象要非常漂亮，一站出来都是有模有样的，你要这样做，用心来做。鉴于此，我们大家集中在一起时，实行点名制，现在由于认识不到位，它的作用并没有体现出来；如果认识到位了，作用是不得了的。比如说中国女排，处于几个关键球的时候，大家围成一个圈，头碰头，大喊一声，就起到了一种鼓气的作用。我们的点名制作用也是一样的，一是大家碰碰头，问声好；二是鼓鼓气。就像大研中学，放假之前，各个班都要集中在操场上，然后一起合唱一首歌，再放学。有了这种精神，我们就战无不胜，这里面就是灵魂在发挥作用。当时我们的规矩，是点名之后，开始打扫卫生，打扫全院卫生是由我们单位的特殊性质所决定的，同时那也是一种培养灵魂的手段。我让员工认真学习报纸上《丽江木府与黄乃镇其人》这篇文章，不是让大家学习我，而是让员工借此来充实自己，充实之后就会有“这个木府建出来是不容易的”这种感受。一旦有了这种感受，他就会在内心深处有一种澎湃的激情，一种工作的热情，甚至一种“我是工作者，我是贡献者，我是功勋”的感觉，因为他从事这个事业，所以他也为建立这个灵魂贡献了自己的力量；他也是受益者。只有认识到了这一点，觉悟才能更加提高。在一个单位里，只要人人觉悟提高了，单位的灵魂也就自然而然形成了。

当然，我们要形成一种灵魂，且一代一代地传下去，大家还得更进一步地了解木府，了解一个民族的文化；一旦了解了木府，了解了民族文化，就会有一种民族自豪感。木府的工作与其他单位不一样，需要员工们具有一种民族自豪感，我们所做的每一件事、说出来的每一句话，都要自觉地捍卫这个民族的尊严，所以在木府工作与别的单位的不同之处还有这么一点，坚信了这一点就好办。还有更深层次的是，木府与其他单位不同，其他单位没有其余更多的学习任务。木府呢？我们要形成木府的灵魂，就要把木府的文化理论掌握得清清楚楚。有人会说，那套理论外宣部知道就可以了，园林所不用了解。但试想一下，假如你连皮毛都不知道的话，我们的灵魂也就形成不了，也不会有自觉地捍卫木府的感情。所以说，木府首任领导的管理理念、制度一经定下来并被实践证明是正确的后要坚持下去，要把它当作木府的核心和精神，这是木府的凝聚力之所在。有一次古城区开党代会，我们派出去的木府讲解员作为大会的服务人员，以礼仪小姐的形象出现，她们在那里一站，举止文雅，谈吐大方，精神状态饱满，是素质最好的一批礼仪小姐，这也是木府灵魂的一个体现。其实，不仅是因为她们身材好，长得漂亮，也是因为有些知识修养是从她们的举止和精神面貌流露出来的。漂亮的人很多，但长期学习所修炼出来的修养是一时突击不出来的，若你长期学习，油然而生的一种仪态就会展现在人们面前，那也是一个单位的灵魂之体现。所以说，对木府的理解要更进一步，这样我们的灵魂才能树立起来，才会升华，因而，把木府文化理论系统地、更进一步地学习好，是非常重要的。以前我跟员工说过，要先学我们木府的这套文化理论，这套文化理论是我创立出来的，哪一本书里都没有。HH，原来是东巴文化博物馆的讲解员，后来又是木府讲解员，通过对博物馆和木府的讲解，她就发现了这么一点，木府的讲解与博物馆的讲解不一样，同是讲丽江文化，但比较的结果，照她的话说，是木府的这套文化理论更令人信服。我们研究出来的文化成果的精髓在哪里呢？我在一次员工培训会上归纳总结说："一个就是夹缝之中求生存，这套说法讲出了民族团结，在各个方面都比较适合。因为木府是根据建筑去研究、寻找那段被人们遗忘的历史，也是有科学发展观的，我们找回了这段历史，所以与以前的讲法相比，肯定会有所不同，而我们的讲解，既丰富又有科学发展观，一套是一套。以前，我培训木府讲解员，一讲就是12个小时，一边啃面包一边讲木府理论，后来招聘的讲解员都还没有经历过，后面来的讲解员感到有些遗憾，没有经历过那种情况，精髓还没有接触到，都是师傅传授给他们，但师傅们的知识也是少得可怜。所以大家要更进一步认真学习，用心地学习木府的文化理论，一代一代往下传，这样木府的灵魂才能树立起来，传得下去。"

第二节 木府灵魂之表现

木府文化理论是一套需要巩固的理论，把其他人的理论拿来解释木府文化是解释不了的，我说的就是这样一个意思，虽然看起来是有点霸道，其实是为讲解员着想，木府的灵魂与木府的文化理论是密切相关的。我在修纂《丽江历史文化》的过程中，有不少的闪亮点，有的方面史书上连只言片语都没有，我只能以已知的这一点来推未知的那一点，完善我们的这一套文化理论，用心良苦啊！你一旦了解到这种情况，就会感觉到“相当不容易”，所以，要认真地对待它。讲的就是这个问题。作为木府人，如果不学习木府的文化理论，我们的灵魂就根本形成不了。综合地来讲，木府灵魂的形成取决于多方面因素，具体体现在加强组织纪律性、坚持点名制，强调自觉性等方面，我讲这些，语重心长，足够你深入地思考下去。好的规矩一旦制定下来了，就要一代一代往下传。

人员增多以后，我们总得有一些规矩。规矩定下来了，但如果没有树立起灵魂，规矩也没有多大意思。木府的规矩已定得比较多，文件也发了不少，但大家都重视不够，以后，这些规矩大家都要重视起来，也一定要遵守。最近一段时间，我发现我们的规章制度不够完善，需要加强。例如，职工迟到、早退的问题，对此要制定出严格的规章制度，没有规矩就不成方圆，这些方面没有做好，木府灵魂就无法真正地形成。因此，木府的每个员工都要知道自己所承担的角色，知道如何搞好工作，还要知道周围各方面的情况，严格遵守规章制度，人人都“从我做起”，这样才能树立起木府的灵魂。

可以说，木府是中国乃至世界上最优秀的景点之一，从接待游客以来，就表现出了这一点。木府呢，靠的是以独一无二的景点来取胜，靠的是以讲解水平来取胜，靠的是以木府的管理来取胜。木府是一个古建筑群，周围也是古建筑群，这样的大环境在世界上已经没有了，包括在北京，这样的周边环境也不复存在了，而木府还存在于这样的一个环境之中，我们的那套说法、理论也很得人心，成片的古建筑群能够保护下来，也只有木府。进了木府以后，99% 的游客都感到不后悔；也只有木府，即便门票涨到 60 元，只要进了木府，人家也觉得不亏，觉得很值得。所以，我们不靠旅行社赚钱，能够做到这一点，是目前很多的景点无法做到的，我们为此感到骄傲，感到兴奋。此外，在他人不干预的情况下，我们就这样走自己的路，还起到了一个保护民族文化的作用。总之，不利与有利是相辅相成的。尽管经济效益的事大家都无法控制，那是由于政策调整的原因，但要相信木府始终都能很好地发展下去。要清楚地看到这一点，所以我们也是不得了的一群人呢！我们一定要树立木府的灵魂，每个人都要做好该做的事，该搞研究的就搞研究，对外宣传部讲解员要苦练基本功，保卫科人员要好好地保护着木府，园林所的员工一上班就统一穿迷彩服，并在园林艺术方面多做研究，你们中间也可以产生园艺师嘛！这样说事实上是提高大家的自信心嘛！总之，各人要做好自己的本职工作，这就是木府灵魂之所在。同时，要明白做工作不是做给别人看，工作不多的时候，对外宣传部讲解员要拼命地看书、背诵讲解资料；园林所职工则要四处多看看花草树木，这就是在工作、在研究。此外，我要讲一下认为“干累了”的问题，这种想法不仅园林所的人存在，其他部门的人也存在着这种想法。每天工作时间连 6 个小时都不足，就累了？木府采用的是企业化管理模式，我认为员工的工作量应该达到国家规定的每天 8 个小时，他们自己的上班时间，可以自己去敲一下算盘算一算有多长的时间，不足 6 个小时。看来，部门领导也要过问这个事情。倡导不怕苦不怕累的精神，这也是木府灵魂的体现。

多年来，我经常讲的一句话就是，木府各个部门都是干得不错的，木府人的精神和灵魂还是有一点的，一旦有什么事情，一个电话大家就百米跑步般过来了，一齐上阵，把事情办妥了，体现出能打硬战、团结一致的精神。还有，后勤工作做得不错。但工会要注意首先关注员工，但不能涉及面太广，不要把工会变成吃喝工会，要避免这种现象发生。对于员工的要求，只要是在合理的范围内的，工会作为员工的代表可以向我提出来，向陈院长提出来。同时，我对木府所有的员工表示感谢！也代表所有的行政领导向员工表示感谢！多年来，几乎百分之百的同仁们都支持我们的工作，虽然仍然存在着刚才我讲的一些问题，但这些现象在任何一个单位都有，凡是有人群的地方都存在这些现象，完全没有那是永远办不到的。从总体的发展、总体的情况和总体的要求来看，我们单位的成绩是可以打 80 分以上的，取得 80 分以上的成绩是相当不容易的。我反复强调的目的，是要更进一步地让全院员工取得清晰的共识，只有取得清晰的共识，才能够为木府灵魂的形成努力奋斗。第一任领导定下来的好规矩，应当成为一种传统，一代一代传下去。希望大家能够更进一步地增强信心，把心思都放在木府的发展上。

我们一直都提倡这种精神，一个人做点好事并不难，难的是一辈子做好事，不做坏事。“你要理解木府，认识木府，保护木府，一切都以木府为重”，我们在这里提倡的是要一贯地有这种精神，希望这些能够永远地存在于我们中间，这不仅对木府好，对这个民族好，对你自己也有好处。在此我特别表扬两个人：我们的两位炊事员，多年来没有发生过一次食堂风波，不容易啊！你们后勤这样一保障，我的战士杀敌就有精神了。当然讲解员讲得好我也要大力表扬。总之，我们就是要有一股子精气神，我们是一群对工作负责到家的人。

现在我正式提到的重塑木府灵魂这个问题，希望全体员工多思考、多努力。木府重塑起灵魂，我们的管理会更好，木府的明天也将会更美好。

木府古城篇

木府兴则古城兴，古城兴则民族兴。古城是木府存在的空间，木府是古城发展的缩影。从地域上来讲，古城与木府不可分割；从文化层面来讲，更是不可剥离。没有古城的木府就如同失去了拱卫的城堡，没有了木府的古城也如同失去中心的城堡。本篇主要从文化层面阐述木府与古城的关系。

第一章 古城记忆

丽江古城是中国历史文化名城，更是世界文化遗产，它在中国乃至世界都有一席之地。别看古城的风景这样美，古城人却有另外一番感悟。丽江古城只有3.8平方公里，面积不大，但它的形成既是多层年轮痕迹的叠加，同时它又会出现像地层一样的文化断层。复原文化断层的最好办法是寻找不同时代古城人的记忆，通过整合零星的记忆，较客观地追溯古城的原貌和雏形。也只有通过这种方法，才能更加清晰地认识到木府和古城的内在联系。

第一节 木府兴则古城兴

丽江古城在什么时候形成？我们基本上认定是宋末元初，至今有七八百年历史。应该说，把公元1285年丽江治所从石鼓迁到丽江坝视为古城建设的开始，是合理的。在木氏土司先祖统一金沙江流域的纳西族各部族之前是没有丽江古城的。从历史和宏观的角度来分析丽江古城，我们认为，古城可以分为两大片区：一个是东北片区，另一个是西南片区。为何要通过分成这样的两个片区来分析古城的大结构呢？有句俗话说："不怕不识货，就怕货比货。"通过这两个片区，我们把古城的演绎、古城的大结构、古城的文化做一些比较，来分析古城，解读古城，这样一来，古城的发展脉络就更清晰了。

古城的西南片区比之于东北片区要更古老一点。古城的西南片区，它的容量比东北片区显得大一点，它是古城的重要组成部分，是古城的基础。我们平时所讲的丽江文化，大都出自西南片区。古城是一种自由式的结构，它的坐向非常自由，它比东北片区显得要活泼一点，古老一点，它的整个建筑的结构完全是一种自由式，在这个片区，看不到一条十字路，更多的本土文化根植于这个片区。丽江古城的许多重要特征都出自于古城的西南片区。西南片区包括表现民俗一面的四方街，古城三条河流的分布更多的也是在西南片区这一边，当年徐霞客看到的“瓦屋栉比”的情景指的也是西南片区。从区位来看，西南片区优于古城的东北片区，西南片区背后就是狮子山（玄武山），它依着狮子山的地势而建，瓦屋鳞次栉比，层次感相当突出，有环山古柏的陪衬，有木府，还有大石桥、小石桥，万子桥旁边有普贤寺。西南片区与东北片区一样有个中心，它的中心在哪里呢？就在丽江木氏土司府。它的存在比流官府早得多，它的气势超过流官府。因为木府与当时的政治、经济、文化紧密地联系在一起，所以从各方面看，木府给人一种优于流官府的感觉。这是由于历史原因形成的，流官府是雍正元年改土归流以后才慢慢建成的。称为丽江府时，所管辖的范围已比较小了。加之清政府的府官制制度下的官府衙门能建到一个什么程度都是有规定的，所以流官府的建筑规模要比木氏土司府逊色得多。而从木府当时开拓的疆域来看，往北到了芒康，往东北到了四川的巴塘、理塘，正东到了木里，整个怒江州都是木氏开拓的疆域，整个大环境都有利于木氏土司开拓疆域，作为这么一个大疆域的控制者的衙门，也应该相应地配套起来。在这种情况下，木氏土司就有“土皇帝”之嫌，木氏土司的府地、根据地、中心不建造得大一点也说不过去。木府就是在这样的背景下形成的。这就是古城的西南片区。木府从元初开始修建，附近的居民不断增多，加之木土司遍邀全国能工巧匠来丽江为之服务，这些人往往安置在西南片区的木府附近，官门口以及“刮当阁”之类地名也记录了古城西南片区发展的脉络。而中河以东片区，不过是零散地居住着几户人家。即便是谈到通安州旧址，也在今天南门桥一带，属于西南片区。徐霞客到丽江的时候，也重点介绍了西南片区，对东北片区只字未提，这更加说明东北片区明代时几乎没有什么建筑。

古城的东北片区形成于清代，是属于流官文化，因为以流官文化为主，所以这个片区还有书院、文庙、武庙之类的建筑，书院是用于教化百姓的，文庙、武庙是用于对老百姓实行思想统治的。各种各样的设施齐备，体现着一套封建礼制的文化内涵。这就是古城的东北片区。尽管这些文化后来又变成了本土文化，然而开始的时候它是以中原文化、流

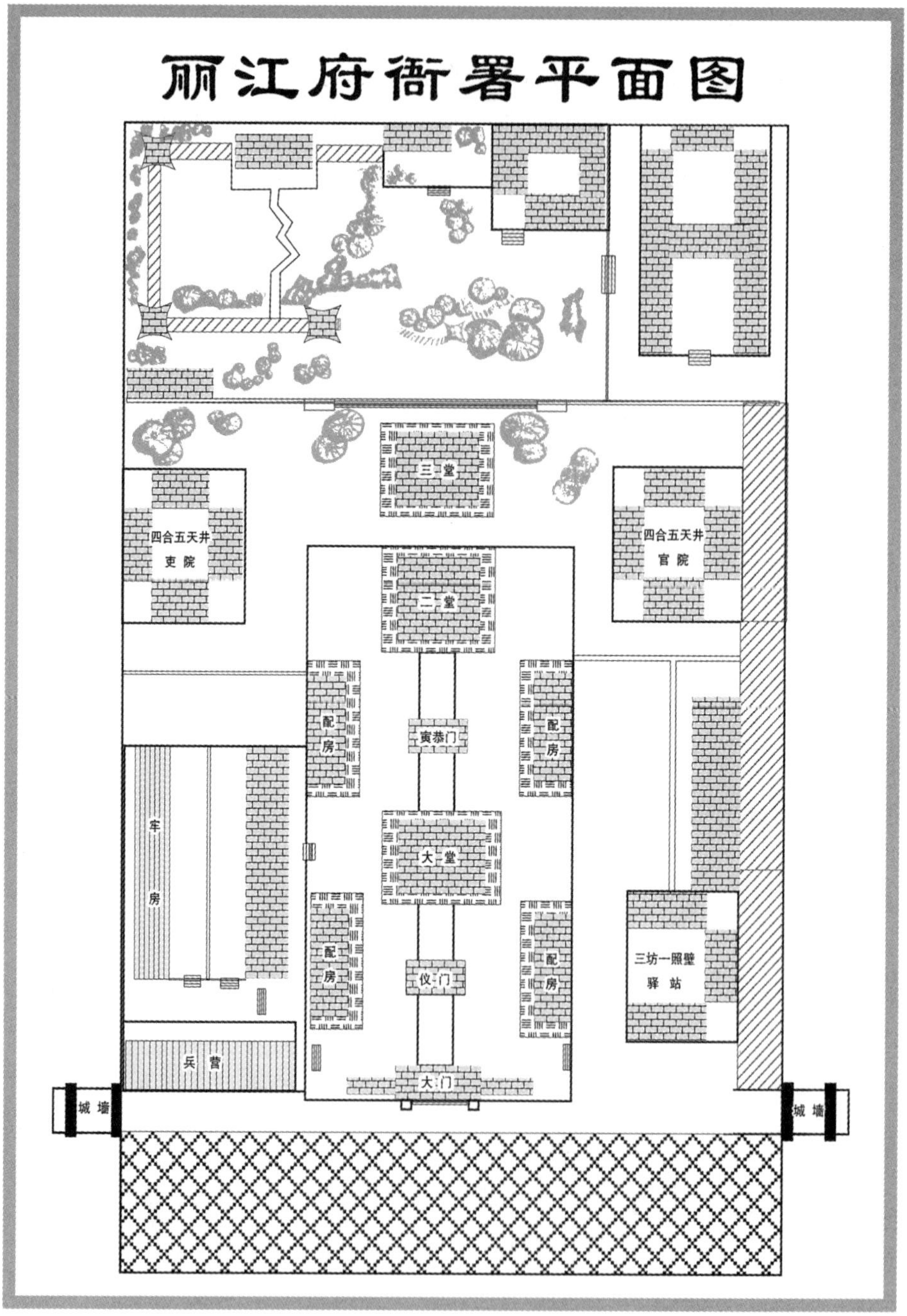

图3－13 流官府示意图

图片来源：木府提供

官带来的文化而著称的。从古城东北片区的建筑文化来看，有它自己的特点：就街道建制而论，到处可以见到“十”字路，而十字路是古城东北片区最典型的代表，比如通往西北片区的五一街，从大石桥一直延伸到文明村，一路上都有一个接一个的十字路口，还有王家庄附近的这些石板路，都有很明显的十字路的痕迹。这一片区里，有文庙，也有武庙，有后来才进入古城的教堂，还有城隍庙；有古城墙，东北片区给人一种中原古代城市的感觉。史书上记载，这里不仅有城墙，还有城门。西门的位置，在从五一街往西快要到大石桥的地方，称为服远门；再过去到接近文明村的地方是东门，称为朝阳门；南门桥附近就是南门，又称作承恩门；还有北门。流官到来后，以“移风易俗”为已任，一段时间后，形成了具有汉文化的丽江府城。这个府城，处处表现出流官文化，即中原文化，处处都表现出非常森严的等级制度。甚至有一段时间，有人在丽江古城里戏说，住在城墙以内丽江府城的是城里人。那么城里人的生活又该怎么办呢？这些人买几棵小白菜也得出城来买，是困在这个圈里的城里人。甚至有人说，丽江古城里有一种非常奇特的现象，这种现象从逻辑上看似乎有矛盾，但它确实存在。即丽江府城里的人，做生意都不是在府城内做，而是跑到四方街去做，到古城其他地方做，形成了出城做生意的现象。这种奇怪的现象也是丽江古城的一大特色。虽然这里边包含许多戏说的成分，但形象地体现出了丽江古城多方面的文化魅力。古城的东北片区，流官文化尤为突出，东北片区的中心是丽江府府署衙门，也就是流官府，这个流官府气势还是很大的。我们知道，一个县有县府，一个州有州府，而丽江府的府署衙门，不管从哪个角度讲，都要比县府、州府规模大。位于丽江古城东北片区中心的流官府衙门气势宏伟壮观，而且是正儿八经的，架势很吓人。它的府署衙门的建造与中原的衙门建造模式完全一样，占地四五十亩，它的建筑结构也表现出中原的文化气息及封建社会的等级制度。整个建筑坐北朝南，中轴线上依次为：照壁—小广场—仪门—大堂（府衙审问犯人的地方）—中堂（二堂）。大堂和中堂中间还有一道门，称为寅恭门，由三道小门组成，由中门外加两个侧门组成，中门一般不能开，走动时从两个侧门进出。进入二堂要绕道也可以，但是从文化的角度、官史的角度讲，绕道就显得没有文化，就没有等级，就显得不懂礼制，也可能有仆人是绕道行走的。中门一般是不开的，但也有例外，一旦有上司来巡查、钦差大臣来送圣旨之时，便会将中门打开，以示恭敬和上级的威严。议事的地方——三堂。古往今来，中原的衙门的建造模式完全一样，三堂也许是处理一些内务的地方。出了三堂便进入了后花园，两侧的配房是左文、右武的布局，到了中堂和三堂所对的位置，又分别设有官院和吏院。这样就形成了古城东北片区的中心——丽江府衙署。它既是东北片区的文化中心，又是经济中心和统治中心。所以从东北片区来看，朝廷的官吏文化、中原文化及儒家文化这些东西尤为突出。

中国人通常认为，凡是要成大事者，就得开辟一个根据地；丽江人成大事，是以古城作为基础，是以古城的心脏部位，即木氏土司府作为基础的，无论从哪个角度讲，没有木氏土司府就没有古城。因为许多城镇的形成，都是随那个地方的统治阶级的政治、经济、文化中心在哪儿而定的。假如木府建在白沙的话，那现在的白沙也就是丽江古城所在地；如果木府建在石鼓，那今天的丽江古城也许就在石鼓。这就是木府与古城的关系。木府是木氏土司办大事的根据地，因而也就有了围绕木府而建的古城。如今的丽江古城驰名中外，名声很大，但它的形成却是经过了几个历史时期，经过了很多历史人物的手才形成的。要建那么大的一个古城，应该有一定的基础，那么古城的基础、木府的基础是什么呢？是以往东北一直到巴塘、理塘，往北一直到芒康，往西一直到怒江，往东到木里这样一个广阔的区域作为基础的，而且在这个区域里有珍珠一般的地方，比如俄亚盛产金矿、铁矿，盐井盛产食盐。木府是以这些作为基础的，它们是相互依存的。大家都说古城是茶马古道上的一个大码头，那么这个码头不能设在其他地方吗？其中是有深刻的道理的。为何马帮第一站先到古城呢？原因是，马帮是带东西来的，是招人去做生意的，把别的地方的东西带过来，再把这个地方的东西带过去或者是把东西变成钱，这就是马帮的行为。但是东西是要卖给人家的，东西驮来后不经过古城，要进入这些早已被木氏土司占领的地盘是无法进去的，所以你要到这一片辽阔的贸易市场做生意的话，就得先到丽江古城，由古城的人再将这些货带进去，不然是进不去的。木氏土司占领着当时的贸易市场，所以丽江古城就成了茶马古道上的一个重要的集镇，变成了码头。要是没有占领那块地盘的话，马帮、生意人就不会到古城来，所以古城是建立在怒江的上游、澜沧江的上游、金沙江的上游，也就是现在所说的“三江并流区域”的广袤的土地之上的。所谓古城的辉煌，是建立在俄亚的金矿、铁矿上的，是建立在有待更进一步开发的这样一个区域上的，并非是从天而降的。由于古城的辉煌、古城的发展反过来使木氏土司、丽江人的腰包鼓了起来。有了钱之后，为进一步开拓那个区域打下了军事和经济方面的基础，这都是互补的。总而言之，决胜于千里之外的木府，当时的木氏土司、当时的丽江人有思想、有作为、有战略眼光、有战术能力、有发展农业的思想、有开发工业的准备，所以才会决胜于千里之外。这一系列的决策，木氏土司都是在木府里做出并发号施令的，木氏土司以木府为根据地，最后形成了霸业。木府在这个民族中间，在这个古城里面，在这个辽阔的地域上起到了十分重要的作用。试想一下，若没有木府，这个民族会怎么样？若没有木府，丽江古城会怎么样？没有木府与缅甸等国相连的、喜马拉雅山脚下的这一个疆域，其结果会是怎么样？木府，它在历史的长河中经历风雨，的确在历史上对纳西族、对这个区域的发展立下了不朽的功勋。随着时间的流逝，随着社会形态的更替，木府渐渐在这个古城里破落了、衰败了、消失了。还是引用郑孝燮教授的话来说："丽江古城是少数民族的古城，当然它不会有朝廷的衙门之类的东西，它是土司统治，但它的土司府究竟何在？它的这顶桂冠在哪里？它的灵魂在哪里？没有木府的话，古城就没有重量，更主要的是古城就没有中心。那么，它究竟在哪里？"

所以，我们不妨总结一下，古城发展先从西南片区开始，原因是木氏土司先祖把治理一方的治所选择在狮子山下，接着就有很多百姓在附近居住，木府范围不断扩大，街道和贸易区域不断完善。到徐霞客来丽江的明代后期，古城的西南片区正式成形。清代，丽江被改土归流后，流官在东北角修建流官府衙，按照全国府衙规制来建设，历经200多年，东北片区也成形了。加之贯穿元明清时期的茶马贸易，民国时期统一管理，使西南片区和东北片区完全融为一体。延至现在，丽江古城已几乎看不出西南和东北两个片区的差别了。但无论是西南片区，还是东北片区，它们都共同组成、创造了丽江古城的文化。所以，我们提出"木府兴则古城兴"的论断是有根有据的。

第二节 古城文化拾遗

从文化角度而言，丽江古城是一个融多元文化为一体的古城，是多教并存的古城。所谓多元，既有各个民族之间的多元，又有市井文化与贵族文化并存的多元；既有国内的文化特色，又有国外的文化特色。多元文化的表现形式如何呢？我们从贵族跟平民百姓之间的关系来看，这个古城既有民俗文化元素的一面，又有贵族文化元素的一面，比如四方街反映出的是民俗文化元素的一面，老百姓的一面，这是非常自由活泼，又非常具有人性化的一面。人们可以在四方街随意走动或做生意，而且根植于老百姓之间的许多文化活动，都可以在四方街得到淋漓尽致的展现，没有人来干涉，这种民俗活动，代表的是多元文化中的一种文化；表现的是平民百姓方面的文化元素。这种民俗文化在古城里随处可见。比如说老百姓在古城的河里哪怕是洗一棵白菜、洗一件衣服，或是有人在古城的河道里钓鱼等，都表现出了平民的一种生活；从饮食文化看，丽江古城里还有以“粑粑司令”等著称的人物，说明类似的饮食文化在古城流传了很多年。还有酒馆，这些酒都是自己酿制的，酒装在一个大罐子里。丽江古城里这样的酒馆随处可见，那些进城来做小买卖的人，哪怕只是来卖几根椽子或几棵白菜，或从自己家里抱来一只鸡，或卖几个鸡蛋的人，将这些东西出售后，随意来到这些酒馆，站在柜台外，打上一盅酒，喝下去后，心满意足地离开了古城。这些东西表面看起来是很生活化的，也是微不足道的，但假如我们更进一步地去分析古城里面的文化元素的时候，这也是不能忽略的一面。不只是丽江粑粑，不只是自己酿造酒，还有些开面铺的人家。在当时，还有为做小生意的人而服务的价廉物美的铺面，如曹家的铺面在古城里是非常出名的，因为多年来都有生意，于是一代一代地传承了下来，所以在这个古城里就显得很有名气，并长期存在着。有了名气的小食馆，最后就形成了古城的一种饮食文化。

除此之外，民俗方面的文化还是比较丰富的。比如说，马帮到了古城，很多妇女就会背着一篮篮的草饲料，随意在古城的各巷道走动，她们是急于将割来的草卖给不远千里来古城歇息的马帮们。每到黄昏，古城里总是充满一片讨价还价声，中间还会夹杂着赶马人的一些粗话，远途而来的赶马人到了古城后，总是要发泄一番的。我们不难想象，那简直就是一幅非常动人的生活画卷。

图 3－14　古城马帮

图片来源：顾彼得　摄

天快黑时，还有一些放鹰归来的猎人，捕到猎物时喜悦的心情写在脸上，他们脚步匆匆地往家赶，并盘算着当晚的伙食如何安排。丽江古城有无处不飞花的说法，古城里到处都是养花种树的人家。琅琅书声是古城一绝，古城的老百姓都有一种喜欢学习的习惯，希望耕读有人的家风得以传承。为了实现这个理想，有些人在忙生意，有些人在忙耕田，但更有些人，十年寒窗苦读圣贤书，希望能够一举成名。在古城的四合院内、三坊一照壁的院内，有年事已高的爷爷、奶奶或父母亲，他们高坐堂屋，孙儿孙女们在天井里嬉戏，儿子儿媳们在盘算生意的情况和明天的打算，这也是一幅又一幅的生活画面。这些画面，无不向我们说明这个古城里有着极其丰富的民俗文化。如过年了就杀头猪，当时的古城许多人家都是自己养猪。要是碰上什么节日，大家你请我、我请你，人们都忙于去做这个客、那个客。古城的人互相见面，打个招呼，这种乡土乡音显得格外亲切，这些都是民俗文化的元素，也有市井文化的元素。那么贵族的元素又体现在哪里呢？

我们可以试想一下，旅途劳累的徐霞客来到了古城，溜达在古城的石板路上，他在想什么？他在做什么？徐霞客不是一般的人啊，虽然他到了丽江以后满脸都显出一副疲惫的样子，但是他满腹经纶，说是个知识分子也应该算是高级知识分子了。在古城中，他感叹这个古城，在他的游记里就记录了当时的丽江古城。“瓦屋栉比”是他所看到的，难道他看到的只是瓦屋栉比的建筑结构吗？古城的炊烟去哪里了？古城的小桥流水去哪里了？更有达官贵人在这里喝酒吟诗，也有作乐的。在石牌坊的顶上，就有个望归犼；怕土司头人在外撒野太多，家人便在高高的石牌坊的顶上安放了两只望归犼，希望公子哥和木氏土司不要在外逗留太晚，早点回来视事。而木氏土司或许骑马去打猎了，或许是在古城的哪条巷子里喝酒喝多后醉在榻上了。丽江古城历来出了很多文人，他们穿梭其间，也留下了许多脍炙人口的诗句，除了这些之外，还有从香格里拉过来的马锅头等，这在当时来说算是有钱的人了，没有一定的经济实力，还成不了南来北往的马锅头，这又是古城的一景。总之整个古城，它是一个充斥着多元文化的古城，而我们以上提及的只是两个方面的文化，既叙述了民俗文化的元素，同时又简单叙述了贵族文化元素。

作为民族元素来分析的话，古城里到处都能看到中原文化的一面，许多中原的东西被带到古城里来了，为古城的繁荣发展立下了汗马功劳。比如，就古城人的姓氏来说，外边有多少姓氏，古城居民的姓氏也有那么多，习惯的说法是百家姓，而古城也有百家姓。不知道是什么时候这些人都变成纳西族了，但是他们的始祖不会是纳西族吧？纳西族的习惯说法是：姓和、姓木的算是本土的姓、本民族的姓，但是那么多的姓氏又是从何而来呢？是从外边进来的，张三、李四都是从外边进来的，最后他们都称自己是纳西族。他们的始祖不可能是纳西族，但是他们一定带来了众多的文化，特别是中原的文化，这些文化到丽江古城后便与本土的文化融合在一起了。这方面有一些数据可以说明，明清至民国时期，丽江有138个姓氏。如明代就到丽江的姓氏有前文提到的行医的杨辉；

古城打铜街的师祖杨应桢，原本是四川巴州瑶池巷人，铜匠出身；江苏江宁吴县人杨节，万历年间任木氏土司把事，从事道教和建筑彩绘等；以冶银为业的古城李氏，居住地被称为“银匠街”（今兴文巷）；周、吕、熊、郭等丽江姓氏，均在明代就到丽江居住，后都演变成丽江古城重要的纳西族姓氏。中华人民共和国成立后，至 1994 年，丽江姓氏增加到了 227 个①，而且这些来自全国的各民族到丽江后不久，都会说纳西话，在表格上把自己的民族填为纳西族。他们带来的文化融入了纳西族文化中，体现了民族大融合的特点。

过去少数民族地区人们看病是要请巫师的，这是少数民族地区最大的一个特色。纳西族古老的东巴经书中就有中草药治病的记载。但是在丽江古城请巫师看病就不是主流，丽江人有病就要请中医，丽江古城里的杨氏家族，就是世代行医的。有人说这些医生是木氏土司请来的，还有人说这些医生是流落到这里的，我们暂且不论是怎么一回事。看病请医生，事实上是一种文化，追根溯源当然也就与汉文化有关。丽江古城的结构，它有它的合理性，它有它的规矩，而这些东西，无论在建筑的宏观部分还是微观部件上，我们不难发现里边浸透着许许多多的汉文化。像木府的建筑，我们且不说恢复重建后的木府，就是从前木府的建筑，大家都有一种说法：木府的规模是“仿紫禁城而制”的。这在府志、县志里都有记载，也是老百姓一直都认定的一种说法，这就是汉文化。又如纳西古乐，研究结果表明，它最初是洞经音乐，洞经音乐并非是纳西族的音乐，所谓洞经音乐，就是道教的音乐，而丽江这个地方不是道教的发源地，但这种音乐传到丽江后就演变成纳西古乐了。所以说丽江古城里，浸透着那么多的民族文化，而汉文化更为突出。

我们只要仔细去研究、推敲就不难发现，许多中原文化到了丽江后，丽江人就把它们继承下来了。我们回头去看中原文化，中原当时的许多文化现象，由于社会发展或战乱或改朝换代的原因，已经消失了，但在丽江却仍然存在。所以在一些场合，我曾向来丽江的学者介绍说：“我们丽江是中原文化的仓库，许多文化现象在中原已经不存在了，但在丽江

① 唐有为著：《丽江姓氏考》，高等教育出版社 2007 年版，第 2 页。

还可以找得到、看得见。”这种文化现象就是“礼失求诸野”。

我们不难发现，丽江古城所处的位置，四周都是少数民族，这些民族之间有着相互来往的传统，除了特别的规定外，许多民族是相互通婚的。在通婚的过程中，一个民族把他们地方的礼节带过来了，这些礼节又与当地的民族礼节结合。有时以那个地方的礼节为主，有时又以这个地方的礼节为主，所以在这个古城里，我们不难看到这个民族或那个民族的礼节。

在多元文化聚集的丽江古城里，从生活习俗来说，受藏族的影响比较大，纳西族的生活习惯里边，有许多渗透着藏族的生活习惯。比如中华人民共和国成立初期，古城一日三餐是这样的：早饭的吃法是喝酥油茶，吃水焖粑粑，外加一点菜，大约是在早上10点钟左右才吃；午饭大约是下午两点钟左右吃，也是吃得比较简单的，或是一碗凉粉，或是一个干粑粑外加一盅茶水。这种生活习俗也许是延续了好几百年了。到了晚上，习惯于天黑后才吃晚饭，一般是蒸饭。经济条件稍差一点的人家，会在米饭中加一点苞谷面，然后菜是菜、汤是汤地吃上一顿。具体分析这一日三餐，尤其是早饭，跟藏族人的吃法没有什么区别。所以说哪怕是在饮食里面，哪怕是在节庆里，哪怕是在一些生活细节里面，或者是在建筑物里面，都可以看到各个民族的文化现象，丽江古城就是如此这般的神奇。

丽江古城的文化，从宗教思想方面来看，它是多教并存的。作为宗教来说，往往是以道场作为标志的。所谓道场，就是布道的地方。平时我们说，文殊菩萨的道场在五台山，是智慧的化身；普贤菩萨的道场在峨眉山，普贤菩萨是注重实践的，是真理的化身。那么古城里类似的场所又怎么样呢？为了说明古城里的宗教文化是多教并存的这一说法，我不妨举一下这方面的例子。以场所为标志，古城里有观音堂，供奉着观音菩萨，这属汉传佛教的范畴；在这个小小的古城里，有上观音堂和下观音堂。上观音堂位于嵌雪楼的位置，下观音堂位于现文小学所在的位置。在古城里不但有汉传佛教、藏传佛教，而且还有伊斯兰教、基督教、天主教。古城里面佛教还是很盛行的，中国传统的宗教也传入了古城。古城里还有大佛寺，位于如今的方国瑜小学，有文庙、武庙及玄天阁，有城隍庙（在今天的王家庄），还有基督教的教堂（在原丽江地区医院西门旁）。所以说这个古城里，多教并存的现象是表现得淋漓尽致的，各种宗教、各种教派、各种力量在古城都有一席之地。这种现象在其他地方的古城里是很少见的。这种现象说明，丽江古城对于文化的兼收并蓄、对于各种宗教的兼收并蓄，是相当难能可贵的。人们都说丽江古城是一个谜，谜在哪里呢？谜就在其中。

丽江古城文化是多元的，宗教是多教并存的，那么丽江古城的本土文化，以纳西族为主的民族文化又在哪里呢？其实它的本土文化无处不在。纳西族是一个注重文化的民族，是一个善于学习的民族，是一个对于建筑很讲究的民族，是一个好客的民族，是一个淳朴的民族，这些在古城里都可以看得到。还有纳西族的许多生活习惯、习俗以及节庆，在古城里都能够看得到，在各种场合同样都能够表现出来。在看到这些本土文化现象的同时我们还发现一个现象，这个现象是什么呢？我们在前面说到了，丽江古城文化是多元的，是多教并存的。丽江古城又存在着移民现象，有着移民文化。按常规讲，本土文化早就应该被其他民族，如汉族、藏族、白族同化了，但是我们的本土文化并没有被外来文化同化，而是在与外来文化并存的同时，又把外来文化同化了。这就是30万人的一个民族至今仍屹立于世界民族之林的根本所在，我们要引以为豪才是。比如，纳西古乐来自中原，是汉族的，属于洞经音乐，但是传到丽江之后，由于长期演奏的人是纳西族，结果他们在长期演奏的过程中加进去了他们的生活节奏，也加进去了他们的爱和恨，结果洞经音乐最后就变成了纳西古乐，将外来文化变成了本民族的文化。又如，古城里面的许多房屋建筑，包括附于房屋建筑物上的文化，开始也许是中原的味道很浓厚，但变来变去之后，纳西族对这些文化总有自己本民族的一些说法，于是就变成了自己本民族的，也就变成了纳西文化了。

我们曾提到古城是百家姓，这些姓氏的人如何迁徙到这个地方？这是一个谜，直到现在也没有什么结论。而关于这个问题的猜想倒是有很多种，有人说明太祖朱元璋打进南京城后，不想在南京建都，想回到老家安徽去建都，因为担心南京城里的臣民都是上个朝代的遗民，对他的统治不利。正在此时有人就建议：何不将原有的臣民全部迁出去，安排自己的亲信入住，仍将南京作为都城呢？朱元璋听后认为这是一条妙计，于是逼迫大量的南京土著居民迁移出去，这一举动，使一部分人迁到了丽江古城，这一群人也许就包括在古城的百家姓当中了。另外一种说法是从四川迁过来的。还有许多种说法，我们不一一列举了。但这些迁进丽江古城的百家姓氏，这些移民们都操着各自的语言，来到古城后也许会有一个文化和宗教的碰撞时期吧！比如语言的障碍，南腔北调的人们相处在一起，你听不懂我的话，他听不懂你的话，就会产生一种文化的碰撞。碰撞之后便融合了，融合之后，按理说古城里的语言应该是南腔北调了，我们可以想象，当时的古城会是一种什么样的情调。但是过了四百年之后，这些现象都消失了，古城里听到的是一片纳西语。中华人民共和国成立初期的丽江古城民族文化的氛围就特别深厚。

在丽江古城，最大的文化特色就是语言，就是丽江人都讲纳西话，以前外边的人进入古城，似乎来到了国外。所有的人只讲纳西话，当时的古城听到的是一样的纳西语调，很少有外来的口音卷进来。也许这就是民族的自尊或者是民族的凝聚力的一种体现吧！还有这么一个现象存在，那就是，如果你不会讲纳西话，到四方街上去买菜价格就会比别人贵一点，你排队买东西如果会讲纳西话，就可以优先买到。当然这也许有点排外的现象，但它是一种民族的文化在那里闪现。由此可以看出，由多元文化、多教并存构成的丽江古城，并没有失去本土的文化，本土文化的生命力相当顽强，没有人号召，仍然一直存活着，甚至将外来的文化转变成了本民族的文化。难怪有人称：丽江古城是中国单一少数民族聚居的古城，这种古城的存在，在中国来说是少有的。要是没有这个古城，我们不难想象纳西族的存在形式会是怎样的。

在这个古城里，曾上演过许多可歌可泣的故事，也曾上演过许多威武雄壮的故事。历史上木氏土司曾经接待过藏传佛教的领袖噶玛巴活佛，几乎倾城出动接待这位活佛，这个过程中还出动大象，我们不难想象这是一个多么大的举动啊！这种大举动也许还会经常上演。人们都说古城的富裕，使周围的一些不安分子垂涎三尺，他们总是梦想着要把这个古城打劫一番，而丽江古城又没有城墙，按理来说是很容易被打劫的。丽江古城有没有曾经遭受过打劫呢？没有。为什么？古城的人把那些人拒之门外了。老人们经常会讲这样的故事：有人要来劫城了，怎么办呢？纳西族历来的习惯是亦兵亦农、亦民亦兵，平时是民，战时为兵，保卫古城的大旗一举，多少居民哗啦啦站成一排，奔赴各个路口，男人们拿着刀枪迎战，妇女们连夜做粑粑，装进五眼篮里，一篮篮背送到前线，送给参战的男人们。

从元末明初至今，丽江古城经历了形成、发展、完善这么一个过程。现在看来，与最初的古城区别不是很大，变化也不怎么大。摆在我们眼前的丽江古城，它的建筑文化、它的整个城池的结构特色是很有意思的。原因在于它有唐宋的遗风、有明清的韵味。流了半里许的玉河水，到玉龙桥后，便分成三条河。往东城方向流去的，人们便称它为东河；正中穿城而过的叫中河；往西南侧流去的叫西河，而整个古城就坐落在这三条河之间，河水走街串巷，有些人家还会将水引进家中，于是河水又分成无数条细流，使得古城人家用水很方便，如用水冲洗庭院、浇花种树。姑娘们在河边洗菜，小伙们过来嬉戏一下，远途跋涉的赶马人来河里饮马，落日的余晖下，构成了一幅又一幅古城美丽迷人的画面，一切都叠映在古城的房子里边。因为有水，使古城非常干净、卫生。水流声给古城的人们日夜演奏着美丽的乐章，余晖散落在河边。古城内无处不流淌着水，自然流淌的河水穿梭于整个古城，让人们浮想联翩，这种景致在世界上来说也是很少有的。丽江古城的水使人养成了各种各样的爱好，如打扫庭院、栽花、种树。以上所述算是古城的水文化吧！

接着我们再来讲讲古城的石文化。整个古城的大街小巷，都由五花石铺就而成，这些五花石的质地，经得起马帮的踩踏。尽管有些石板路由于马蹄不断的踩踏留下了深深的足印，但它并没有断裂，表现出它极强的生命力，为马帮的踩踏、为古城人的行走，提供了很大的方便。五花石板的确是古城的一条风景线。你若用水冲刷土路，不仅不干净，反而会更加泥滑路烂，而古城的石板路经得起古城河水的清洗和浸泡，越清洗越锃亮，越清洗越显露出它的纹络，越清洗越有它的风采，就是那么可爱。许多进了古城的外地游客，对古城的石板路留下了很多的深情，他们最记得古城的石板路，记得石板路上曾踏过的马蹄印，记得石板路的缝隙里长出的野草野花……

图 3－15 古城石板路

图片来源：木府提供

行走在石板路上的人，也有过一些闹剧，雨后的石板路很滑，间或会有几个人滑倒，继而引来周围人们的哄堂大笑，那也算是石板路的一景，也算是石板路的一种文化吧！这些石板路，就像整个古城的骨骼一样，它延伸到古城的千家万户，延伸到古城的各个角落，让人们产生许多美好的联想。

整个丽江古城，因为它所有的建筑采用了一种自由活泼又非常人性化的构思，而这种构思也并非是哪位大师来设计的，整个古城的结构，好像是自由、浪漫之中又有章可循的一种综合的结构样式，而它主要靠的是因山就势的思路，为此有些人家的大门就不好找了，有些路的进口和出口也就有点不好辨认的味道。有人发现，古城的石板路就是路标，若石板路以直条铺设的话，说明这条路就是畅通无阻的，若是以横条铺成的，就说明这有可能是一条死胡同。

从建筑文化而言，我们还发现，在丽江古城里没有占地颇多、建筑极其富丽堂皇的建筑群。我们发现，除木府外，古城里没有什么占地极其广大的建筑群。当然，我们不否认有些茶马古道上的大户，有一进几院的建筑。由几个闪光点构成的城市固然很美，然而没有成片建筑群的丽江古城更美。这个古城，可能是作为茶马古道上的一个码头的原因吧，许多人来也匆匆，去也匆匆，在古城找到一点钱，可能就回老家起房盖屋去了，不在古城建房。甚至有些老古城人，在古城里经过苦心经营赚了大钱后，也不在古城大规模地起房盖屋，而是回老家或到古城外建造自己的庄园去了。他们始终把古城当作是做生意的地方。而留在古城里面的人，也许只是那一部分做小本生意、不得不硬撑在那里的人，所以说古城里的房子建筑规模都不大，作为街道两旁的房子，由很小的小平房连成一线，四方街周围也建起一些体量不大的房子。沿着古城的石板路，一个个面积不大的铺面连成一条线，不断延伸出去，一家紧挨着一家，甚至双方共用一根柱子，有些建在河对岸的铺面，人们砍上一棵大树，劈成几块木板，铺在河上，就可以过桥做生意了。石板路的两边是铺面，铺面的背后若还有空地，人们为了进出方便就会在空地上建上一个四合院或三坊一照壁，前面做生意，后院作居家，由这许多一小间、一小院的普通的平民房子组成了丽江古城，它由里而外表现出的是平民文化的方面。在这个古城里，显赫一时的大户，从未有过建一个大公馆的事情。它完全是一个平民化的古城。那么，这个平民化的古城美在何处呢？它美在依山而建，依地势而建，就着河流而建，因地势不怎么平坦，所以就势而建的房屋也就显得错落有致。再加上人们有那种只不过是在古城里做做生意而已的思想，所以心思也没用在建造多宏伟壮观的房子上。

从封建礼制的角度看，商人的社会地位是不怎么高的，可能会受这种思想的影响。一方面地形不允许，另一方面受封建思想影响，还有平民身份的原因，致使在古城赚了钱的人们，将豪宅建在古城外，弄得现在要在古城内找一幢标志性的建筑都很难。加之受轻商的思想影响，就形成了古城无大户的现象。但尽管如此，古城依然很美，美在哪里呢？虽然它没有标志性的建筑，没有一院一间豪宅，但它美在：由于地势高低错落，由一小间一小间的房屋组成；由于地势原因，到处都有水，就河建屋，就势建屋，使古城里的建筑有一种组合美。你若具体地去看某一幢房子，不怎么好看，若连成一片、连成一个群体，从组合的角度去看古城，那是相当美的。这种组合美、结构美在古往今来的城市建筑里是很少看得到的，这种美只有在丽江古城才存在，这种美在其他的城市中是无法形成的。为什么这么说呢？因为丽江古城处在山高路远、皇帝鞭长莫及的地方，再加上当时交通闭塞的原因，所以受到的外来影响也相应少一点。我们知道，在古代中原无论干什么都要受到礼制的影响，以及许多规矩的限制，不仅是行为动作，房产土地、家庭的组织、婚礼等都要受到当时朝廷颁布的规矩的限制，都要受到礼教的规范。尽管经历了改朝换代，但最根本的礼教却从未有过改变，这种影响是相当大的。我们设想，假如丽江古城当时受到这种礼教的影响的话，就不会是今天的这般模样了，它可能就与中国的其他城镇是同样的模式、同样的脸孔了，也会像其他古城古镇一样，随处可见“十”字路，还有衙门之类的东西。但丽江古城由于前面提及的交通闭塞等方面的原因，没有受到礼教的影响，外来的思想观念很少渗透进来。结果让当时的木氏土司、当时的丽江平民有了一个自由的空间，在这种自由的空间里面，创造出来了这种活泼的、生动的，而不是一个面孔的，有些时候是泼辣的，有时是平和的，有时又是小家子气的平民化的丽江古城。

我们接着从人文的角度来了解一下古城。一个城市有它的人文，我们在讲古城文化的时候，涉及许多人，既有本地人又有外地人，像“粑粑司令”，开面馆的、开酒吧的；像卖草的纳西妇女；像古城里面钓鱼的、放鹰的；像杨医生、李木匠；做生意的人当中有藏族、白族、纳西族，还有各民族的马锅头，要是没有这些人存在于丽江古城，那么这座古城就是一座死城。我们强调得多一点的是平民人物、市井人物，因为古城原本就是为平民服务的，为木氏土司的政治、经济服务的。古城还有一个东营盘、西营盘，营盘就是军队驻扎的地方。原先是军旅，后来变成居民户，原来的营盘也就形成古城的一些街道了，这就是历史的一些演变。这个古城里有些人住进来了，有些人又搬出去了，出去了的，大多是赚了钱的人；进来的人大多是来找钱的，平民化的人也很多，没有这些人穿流于古城的话，古城就是一座死城。正因为有了这些人的存在，古城才活起来。我们从人文的角度去解读古城的话，还有另外的一些人物，我们若将古城与这些人联系在一起的话，古城的情结也就出来了。比如纳西族先民在汉朝的时候就写出了《白狼王歌》献给汉朝的皇帝。《白狼王歌》里抒发着自己热爱中原文化之情，愿意归顺之情，愿意在这个地方发展之情。你看古城，不能只看到来也匆匆、去也匆匆的掮客；也不能只看到人喊马叫、说话大声大气、到了古城就发泄一番的马锅头。你的眼里还应该有更多的人，还应该有百家姓，以及这些人带来的移民文化，这样一来，这个古城才更具趣味。我们还应该想到，忽必烈在讨伐大理国的时候路经丽江，是木氏土司先祖迎接了他，协助了他，使得他拥有了更大的江山，使滇西南的大部分领土不断成为中华民族的一部分。木氏土司借蒙古军的力量，统一了丽江的地盘。除以上所述外，还有木泰土司写了纳西族的第一首汉文诗《两关使节》，这首诗引出了朝廷使节以及明朝的开国皇帝朱元璋。阿得进京纳贡，深得朱元璋的赏识，才得以赐姓木，才由处于原始部落的状态逐渐发展到与中原更加接近。自从有了汉人的姓氏后，丽江开始了更理智、更文明的发展，相应的人物也就穿梭于古城之间了。自称为“长江主人”的木高土司，他在军事方面颇有建树，不也是在这里驻足和展开行动吗？使木氏得以辉煌，使丽江木氏大业推向最高峰的木增土司，不也是在古城活动过吗？当年的徐霞客曾在丽江的古石板路上溜达，那是古城的一段故事啊！这么大的一个文化名人，在明朝丽江古城的石板路上走过……这一切的一切都形成了古城的文化。顺着历史的长河，我们继续往下讲。那么改土归流后，到古城的丽江首任流官知府杨馝他又有何想法呢？还有丽江府学教授万咸燕，他在古城研究方面也有自己的贡献，丽江府城就是在这两位的手里建造起来的。把诸如此类的人物与古城联系起来看的话，古城就显得更加有意义了。这就是丽江古城的人文：活着的人物，流动着的文化。

丽江古城有着唐宋的遗风、明清的韵味。20 世纪 30 年代曾到过丽江古城的中国古建筑专家刘敦桢教授，还有后来的罗哲文、郑孝燮、阮仪三等中国建筑学界泰斗对丽江古城都是如此评价。这些就是古城的人文，我们不能只看到房子、流水，看不到这些人文的东西。即便是那些戴着老花镜，坐在街头绣着“七星”披肩的老奶奶，也是古城人；牵着一条狗，手臂上架着一只鹰的人，也是古城人；三教九流都是古城人；还包括关心爱护古城的所有人。这些人构成了古城的人文文化。

图 3－16 玩鹰的男子

图片来源：吴积仁著《写照丽江》，第 58 页

第二章　水孕古城

丽江古城的形成与水有着千丝万缕的联系，丽江古城成功申报世界文化遗产，还是水帮了大忙。水是古城的灵魂，水是古城的生命线，水牵动着丽江古城的每一个人，水也影响着整个世界。

第一节　古城选址

凡是到过丽江古城的人，都因古城的选址选得好而赞叹不已。古城的西边是狮子山，北面是象山与金虹山，这样一来，把寒冷的西北风和北风挡在了城外。古城的东南方向是一块东北高、西南低的呈扇形的缓冲地，使丽江古城首先迎来了温暖的东南风。丽江的海拔 2400 米，气候较为寒冷，空气比较干燥，但是古城借助西边的狮子山，借助北边的象山、金虹山把寒冷干燥的西北风和北风挡在城外，又借助无遮挡的东南方向的平地，吸收了温暖湿润的东南风，因而把古城置于一个高原雪域里少见的适合人类居住的小环境中。古城的选址是纳西族先民尊重自然、利用自然、与自然和睦相处的结晶。四季如春的古城里参天大树随处可见，人们养花种竹，到处是鸟语花香。古城里的人们祖祖辈辈非常满足地生活着。这种环境又影响了古城人的情操。在这里，大家提倡修身养性，愿家里耕读有人，因而形成了一种非常朴实又非常理性的民风。学知识、讲道理，以勤俭持家作为生活的准则。他们知道，大自然赐予了他们很多很多的东西，但是不能浪费。一件衣服，老大穿了老二接着穿；一代代的老人教导一代代的后人要节约每一粒粮食，孩子吃剩下的饭，父母亲又将它吃掉，以自己的行动教育子女不能浪费一粒粮食；烧饭的柴火一旦烧完饭，哪怕只剩下半截木柴，都用水把它浇灭，晒干后下次再用。他们的这种节约实际上是在为环保做贡献，事实上，他们的这种行为和道德用现代的话来讲体现着保护环境的理念。

图 3－17 丽江古城
图片来源：木府提供

丽江古城处在扇形平坝的扇柄三角地带上，古城一头朝东一头朝南，东纳红日，西收祥云。从中国古代哲学思想的意义上说，它是一块吉祥之地、风水之地。这么好的地方，商旅要在这里停留，古城人早晚自己磨豆腐、做鸡豆凉粉来款待来客，间或做一些小手工艺、小商小贩，以维持自己的生计，过着虽然简朴却又非常满足的生活，他们用非常朴素的生活方式来回报大自然赐予他们的恩惠。

第二节　古城水系

玉河是古城最早的自然河流，从象山脚下涌出的泉水南流而来。起初，河两侧没有什么村舍，多为田地。明代时期，人们先后在河上架设了大石桥、万子桥，到清代已出现了七座桥，又称为七星桥。河上建桥的密度与古城发展密切相关。明代，木氏土司为解决用水问题，开了西河；清代，为解决流官府饮用水和东坝子用水问题，开了东河。这样一来，古城原址上水渠纵横，灌溉方便，于是越来越多的人进入了这块土地，并在三条河畔建立了自己的村庄。村庄与村庄连成一片，便形成了最初的丽江古城。后来又发展变化成今天这样的格局。顺着西河的水有一条街道，叫新华街，两边铺面林立，一直延伸到四方街，因为这些铺面临街、临水，条件非常好，现已变成一条国际著名的酒吧街。西河水流经四方街的西端，快要到木府时来了一个90°的转弯，由原来的流向往南折向东边，又经过几家大宅大院，分成两条小河，一条流往木府大门前，一条流向激沙沙，又孕育了古城激沙沙片区的文明和繁荣。中河沿线分布着两条街道，上段称为新义街，下段称为八一街，是丽江古城由北往南最长的一条街道。这条街道时而在水之左，时而在水之右，你要走通这条古城最长的路，不知道要越过多少座桥。丽江有名的大石桥、百岁桥、万子桥都横卧其上。东河沿着北门坡，缓缓向东流去，所经之处就形成了五一街，东河下游北侧，过去是清代的官府衙门。

图3-18 古城水系

图片来源：张桐胜 摄

三条河在成就丽江古城的同时，也成就了古城的文化。丽江古城素有高原姑苏之称，那是因为三条河所有的水文化可以与“上有天堂、下有苏杭”之称的姑苏相媲美。丽江古城过去是一个马帮搞运输的码头，马队到了古城，在古城的三条河边放马饮水，在路上沉默已久的赶马人也与周边的人自然地攀谈起来。什么汉族的、藏族的或是白族的故事，首先是在河边传播，之后又四散开来，丽江古城多元文化的根基，其实是在三条河边上。到了晚上，一盏盏河灯漂浮在水面，红红的、星星点点的，照耀着它所能顾及的水面。

由于丽江古城有三条河的原因，所以居民无论是从东往西，还是由西往东，都要有桥，于是古城有了很多很多的桥。有的是木桥，有的是石桥，其中最著名的桥建在中河上，是方便东西往来的双孔大石桥。不要去哪里找小桥流水人家啦，整个古城都是小桥流水人家。小时候我问过我的父亲，古城里有多少座桥，他说天上有多少颗星星，古城里就有多少座桥。当时的三条河里有许多鱼，光着屁股的小孩在河里摸鱼捞虾、踩水嬉戏。那是白天，晚上他们却不敢靠近河边，因为有人说，河里有水鬼。有时大人们叫尿急的小孩把尿撒向水里，他们一万个不敢，因为害怕被水鬼捉去，那是一件多么令人恐惧的事情。三条河静静地流淌，流上一段，河边会有几块空地，人们会种上一些蔬菜，甚至是苞谷之类的农作物。遇上落差，就建一座小磨房，哪怕是在城中心，这些情景也随处可见。丽江古城是城市，同时又是农村。东、中、西三条河的河床，东西高、中间低，有时人们利用落差，把东、西河的水引来冲洗街道，冲洗过街面的水又自然流淌到河床下的中河里，但水流三尺清，滔滔的河水有时混入了一些污泥浊水，但它经过一段时间的流淌之后，又变成清清的泉水了。古城里的河水经过古城，人们用过它们之后，它们又流向东南方向的田园里，被引入这块田地或那片土地，用来灌溉，一切都显得那么自然、那么和谐。河里的水舀上来就可以直接喝下去，还那么香甜，因为它离出水口最近，过去根本不需要去考虑三条河流的污染问题，因为没有污染。这种情况在古城里持续了几百年，并一直延续到20世纪的五六十年代。

在丽江古城的形成发展过程中，它一步也没有离开过水，在人们的潜意识中，把水视为自己的生命，而水资源的枯竭与丰富影响着整个古城的兴衰，要保护好水资源以及环境，这种意识渗透在古城人的工作和生活的各个角落里。

第三节　纳西人的生态观

东巴经里说，人与自然是兄弟，丽江古城与自然的这种和谐，不是兄弟，胜似兄弟。古城既然这样离不开水，那么古城之水从哪里来呢？玉龙雪山不是古城水系唯一的水源地。很多人认为，黑龙潭的水是由玉龙雪山的冰雪融化渗透而来的，其实这是一个误解。当然玉龙雪山影响着整个丽江坝，但黑龙潭的水源更多的是从象山背后的崇山峻岭里渗透而来的。象山背后的崇山峻岭属九子海地区，那个地方树木葱茏、雨水丰富，整个地势呈锅底形，最大的地下出口只有黑龙潭一处。据调查，九子海旱，则黑龙潭枯；九子海盈，则黑龙潭满。种种迹象表明，玉龙雪山不是古城水系唯一的水源地，而九子海地区应该是古城水系的主要源头。

图 3-19　三眼井

图片来源：木府提供

古城的选址与水系是纳西族先民敬重自然、利用自然、与自然和睦相处的智慧结晶。丽江古城海拔在2400米以上，应属偏冷的城市。但是它的西北面都是山岗，把寒冷的西北风拒之城外；东南都是平地，把温暖的东南风尽收城中。不仅如此，横亘在古城里的东河、中河、西河还给古城的空气带来了新鲜和湿润的水汽。因此，古城才有了今天四季如春的气候。按理讲这种理想的气候只能是依靠人为的力量调控，但丽江古城的气候却是自然形成的。由于水利条件方便，古城人更是喜欢栽花种柳，河边空地上无意中插上了一条柳枝，来年准是绿树成荫。绿荫间到处是小桥流水人家，这情这景，让人心旷神怡，不想融进里边去的人，才是天底下最大的笨蛋。古城里三条河的水是清的，长长的水草在河里漂荡；小鱼儿在水里嬉戏；不懂事的小孩高高地挽着裤脚来来回回地踩水；树上的小鸟有时飞往水面，够够的喝上一口古城里的泉水，又非常满足地飞上蓝天。

无论古城的选址如何科学，也无论古城的建筑如何古朴、美观，但它与古城的水相比，怎么说也赶不上古城的水对于古城的影响。三条河的水冬暖夏凉，四处飘溢的水汽和古城的科学选址一起调节和滋润这座古城的小气候，要是古城没有了这三条河流，古城还会有这种宜人的小气候吗？要是三条河干涸了，古城里数不尽的小桥还有什么意义？小桥流水人家的美景还会存在下来吗？在人与自然的相处中，我觉得丽江人有一种忧患意识。古老的东巴经书里有阐述，人与动物、人与自然是平等的，但是人在生存的过程中，不得不砍树、喝水，还宰杀了动物，认为这是人对自然所犯下的罪恶，所以人随时都有一种负罪感。那怎么办呢？人们在砍树之前磕个头，在宰杀动物之前举行仪式，用这样的办法来挽救自己的灵魂。东巴经书里的这种忧患意识，其实是一种害怕，害怕大自然会报复人类。朴素的民风、民俗里的忧患意识是显而易见的。小孩不敢把尿撒到河里，害怕晚上水鬼来捉他，其实这是大人对小孩教育的一种方式。大人知道哪些该做，哪些不该做，小孩就不知道了，所以要编一个故事哄他。人活一辈子，要向大自然索取很多很多的东西，大自然会有那么多的东西吗？所以应视勤俭持家为美德。特别是逢年过节，老百姓在自己家门口贴出门联和年画，都祈愿来年风调雨顺，他们在表达了美好愿望的同时，也表达了一种对来年会不会风调雨顺的忧患意识。

有这个忧患意识比没有这个忧患意识好多了。丽江人因为有这个忧患意识，所以自古以来他们能够正确地处理好人与自然之间的关系，也因为这样，丽江古城里的三条河虽经七八百年的风风雨雨，但容颜不变，流淌至今。

丽江人的忧患意识不是没有道理的。我姑且不去谈全球气候怎么样，只说丽江这个小环境，只看古城这个小地方，它也在发生着变化。现在丽江的降雨量时多时少，古城的水流量也时好时差，人们所担心的问题，似乎正悄悄地向古城袭来。

丽江人的这种忧患意识自古有之。环境越恶劣，忧患意识越强烈。到现在保护环境已成为国际性的潮流，在这种潮流的影响下，丽江人在自己的土地上理直气壮地进行封山育林，目的是改善生态。在大环境的影响下，我想古城三条河的水流量也会因此有所改善吧！在这里值得一提的是，为了防止不测，丽江提前做了一个西水东调的引水工程。丽江坝的西边有一块高出丽江坝的坝子，叫拉市坝。现在人们把隔在两坝之间的大山凿穿，水渠已经筑就，随时都可以把拉市海的水引入古城的三条河中。这种防患意识是可敬可佩的，但是拉市海的水一旦进入了古城，那么这种情况算不算是回归自然呢？是该喜，还是该忧？

第四节　古城展望

丽江古城的水量是受诸多因素影响的，它们既受本地降雨量的影响，也受水源点的环境变化影响。很多人认为，黑龙潭的水是由玉龙雪山的冰雪融化后通过地下渗透而来的，它影响着整个丽江坝，但实际上黑龙潭的水源更多的则是从象山背后的崇山峻岭里渗透而来的。历史上，黑龙潭也曾发生过几次断流，那是由于九子海地区发生罕见的旱情，以及那个地区的植被破坏造成的。一般的小旱还不至于使黑龙潭发生断流。

通过以上分析，我们考虑古城的水，应该跳出古城去考虑，从它最根本的水源地区考虑。丽江古城的主要水源地九子海，锅底形的地貌是改变不了的，关键是那个地方的植被历来都保护得相当好，这可能与纳西族身上固有的、潜在的崇尚自然的思想意识有着很大的关系吧！但我们不能很乐观，因为当地的居民经济较为落后，他们大量砍伐树木烧炭，使原始森林遭到破坏，有时还会引发山火，山火掠过的土地瞬间变成焦土，在那些地方重新长出小树，又要得花很长的时间。好在现在人们保护生态环境的思想意识越来越浓厚了，我们深信，这片水源地会保护得比以前更好。

由于目前古城上游的用水量，如自来水等比以前多了，区域性的降水量也比以往明显减少，所以古城的水流量仍然有不足之感，丽江人已考虑到这个问题，所以几年前，就实施了一个西水东调的引水工程。人们穿山引洞，把西边的水引入东边的黑龙潭里，一旦黑龙潭的水量不足，人们就把拉市海的水经过黑龙潭引入古城的河道里。如果黑龙潭的水源断绝，那么拉市海的水就可以填补进去，以保证古城水源万世流淌。展望未来，我们信心百倍。

第三章　古城寻缘

2016 年 8 月 11 日，东京理科大学乡田研究室乡田桃代教授一行 6 人[①]（含翻译）到丽江来调查。其间，他们就丽江古城的街道、建筑、防灾等方面内容专门采访了我。这次采访的内容我们保留了完整的录音资料，现稍加整理，让其基本保留原貌呈现出来。它们反映了长期以来我对古城建筑文化与历史渊源的追踪和思考。

问：首先，感谢您接受我们东京理科大学的集体采访。我们研究建筑学科，对丽江世界文化遗产的建筑、街道的防灾情况想做一下研究，想采访您一下。这次大家也是第一次来，觉得丽江特别漂亮，作为世界文化遗产来讲，也有很大的保护价值，所以在这一方面想请教一下。特别是丽江 1996 年地震之后的重建情况，主要是想在这一方面进行采访。首先请您介绍一下这三个相关方面的情况。地震之前，木府是一个什么样的状态？

答：非常欢迎诸位，特别是各位教授和女士们到丽江、到木府访问，我们挺高兴、挺欢迎的。我在三四年前，曾经去日本做过访问学者，去东京大学和名古屋大学做过访问交流，在那里发表了一些看法。那一次，我们还是沟通、交流得相当好的。特别是名古屋，它也是世界文化遗产，那里的古建筑也是非常漂亮的。之后，也有这么一次吧，就是美国加州大学建筑系来丽江访问，也到了木府。那一次的访问团有博士、硕士，我也给他们讲过课，也是讲丽江古建筑之类的事情，受到了好评。这就

① 采访人员：
乡田桃代，东京理科大学工学部建筑学科教授，东京大学生产技术研究所，研究员。
大河内学，明治大学理工学部建筑学科教授，东京大学生产技术研究所研究员。
中村美香，东京理科大学在读研究生。
诸田政彦，东京理科大学在读研究生。
大薗宪龙，东京理科大学在读研究生。
于钊（翻译），东京理科大学本科在读留学生。

是我讲授丽江古建筑的几次经历吧!

图 3－20 出席东京大学研讨会

这次大家来了，我就按照大家提出来的这三个需求逐一地给大家说明一下。但是，由于时间短，更深的东西也没有时间讲那么多，所以，大家要离开的时候，我再送一些资料给各位。之后，你们把我的介绍与资料一对照，就会非常清楚和明白。

于钊（翻译）：好的。非常感谢!

答：我自己觉得我对丽江古城的建筑最有发言权了，因为我本来就是生在古城，长在古城，一辈子也不愿意离开古城。甚至是大地震的时候，我也是在我家的一个四合院里，那是老屋子啦，已经非常古老啦，但是我幸存下来啦！我家的老屋子没有倒，算是劫后余生啦！大家可能对这方面并不陌生，丽江的房屋建筑是框架结构的。框架结构，就是像这间房子一样，有梁有骨架，墙体是用土墼夯起来的。丽江古城的建筑基本上就是这样一个格式，这个概念就这样说清楚啦！丽江地震的级别是里氏七级，相当强烈，人已经站不稳了，摇摇晃晃的，古城的房子也是这么一个情况，晃动得非常厉害。然后，在震晃的过程中，有些房子的土墼就倒了，但由于是框架结构，摇过来晃过去，框架结构犹如一个盒子，站得很稳；土墼不是往里倒，而是往外倒，人在房子里面，土墼往外倒，屋内人的命是保住了，但是土墼往外一倒，街道上的行人死了不少。行人被垮下来的墙体压到了，有的是被压伤了，甚至有的被整个掩埋了。那个时候，整个古城的街道交通几乎中断，所有的道路都堵塞了，这是我亲眼所见。还有一些土墼没有垮，可能是框架结构中的穿斗结构造成的，一根柱子，上面有一个斗，中间用横梁穿起来，因为是这样的结构，木头有它的韧性，而且又是穿斗结构，所以在晃动的过程中，它还是有很强的稳定性的，还有点韧性。在这次强烈的地震冲击下，有些土墼垮掉了，有些土墼原封不动，仍然屹立在那儿，可能与里面的这些作用力、支撑力、穿斗等有着密切的关系。

问：咱这个墙都是木头的吗？

答：墙不是木头的，是砖和土墼的。

问：从一楼到二楼，整个都是砖吗？

图 3－21　东京理科大学学者来访

图片来源：木府提供

答：现在改成砖的多起来了，但当时以土墼、土坯为主。然后，瓦屋面，它架在那个椽子上面，由于震动，所以松动了，有些瓦片就这样滑下来了，这些瓦砾是相当多的。

于钊（翻译）：日本也是一样。

答：丽江古建筑的结构也有像日本那种结构的。这一次的地震是让人难忘的，是非常强烈的，但由于丽江建筑有韧性、防震能力强的特点，没有遭到灭顶之灾。按常理说，如此强烈的地震，对丽江可能是毁灭性的，但是丽江古城的建筑具有的防震性能，使古城没遭到灭顶之灾。古时候大家是不是有防震的考虑，我也不知道，但事实上丽江的房屋结构起到了防震作用。由于这样的原因，整个古城并没有垮倒，当然损失也是不小的。像我刚才讲到的，在我家附近的五一街，我家门口的街道，由于土墼往外垮，压到了两个人。丽江古城房屋的土墼是一个一个垒上去的，垮了以后，一些就碎了，一些没有损坏，可以重复使用。丽江古城各户通过重新垒上土坯，让它们变成了墙，是这样恢复的。

丽江抗震救灾的第一步就是把垮下来的建筑垃圾、掉下来的瓦片清除出去，拿车载，靠人背，把路打通了。当时，我是丽江抗震救灾宣传组的组长，我就陪着新闻记者，还有当时的县长 HZX 进古城看了一下。那是地震后的两三天吧，全面地看了一下，调查了一下，我们惊喜地感觉到，丽江古城的建筑格局并没有毁掉，它的骨架还在；还有丽江古城的水系和水文化也没有改变；丽江古城的街道是用五花石铺的，我们把它说成是石文化，这个说法没有变。当时，跟着来的还有新闻记者、电视台的记者，他们也感觉到没有变。恰恰这时，丽江古城正在申报世界文化遗产，但还没有批下来，处在积极报批过程中。这次申报世界文化遗产，我是其中的一个主角。当时，我任丽江县文化局局长。申报世界文化遗产的主要承担者是县文化局和城建局，还有丽江县委、县政府参与，出谋划策，我是主角，所以我就非常担心，世界教科文组织会不会把我们这个名额取消。地震后三天，我与县长一起去古城察看，也是为这个事。然而，我们惊奇地发现古城的三个基本文化没有变，我就跟县长说："哎呀，我们继续申报吧！估计联合国也会承认这个事实的。"然后，我们就对外宣布："丽江古城的基本格局没有变，所以继续申报世界文化遗产!”接着专家们来了，国际友人也来了，大家都为恢复重建丽江古城提建议、提意见，共同的一个看法是古城要趁机恢复原貌。恢复时，县委、县政府要求把钢筋混凝土的房子拆除，恢复古城原貌，要“修旧如旧”。什么叫修旧如旧呢？就是说以前起这个房子用什么材料，现在有损坏了，我们更换的时候，只能用那种材料，原来是土墼的用土墼，是砖的用砖，是瓦片的用瓦片，是石灰的用石灰。如果大家趁这个机会建钢筋混凝土的房子，那是决不容许的。反过来，在古城里面，不协调的钢筋混凝土的房子趁这个机会都要拆除，要恢复原来的面貌。

问：咱这附近一般没有什么地震吧？地震多吗？

答：地震多。

问：在丽江大地震之前，来这里的观光客多吗？

答：有一些，但不多。

问：1996 年丽江大地震之后，这里还发生过地震之类的灾害吗？

答：有，但震级不高。

问：大约有过几次？

答：每年都有一两次低级别的地震。丽江，大家都说风景优美，是旅游胜地，但凡风景优美、旅游胜地、风景非常好的地方地震都非常多。这是一个研究成果啊！为什么呢？地震是由于地壳各方面的运动引起的，地震发生后，有些地面上去了，有些沉下去了，这样就形成了各式各样的、奇形怪状的地貌形式，那个就是风景。世界上任何一个地方都是这样一个情况。所以，我们在恢复重建丽江古城的时候，还考虑了这么一个因素，就是防震。所以大家用了各种各样的办法在恢复重建的过程中加强防震，这一点是有的。

问：地震的时候有没有引起火灾？

答：有几个地方还是出现了火灾，但是范围不大，很快就扑灭了。丽江古城的防火意识还是非常强的，一旦哪个地方发现了火情，不用动员，全民都会上去，大家扑救，包括周围邻居。如果我的邻居的房子着火了，我不赶紧帮助把这个火扑灭，我的房子也很快会被烧到，所以，救别人事实上也是救自己，这个意识在这里已经根深蒂固了。地震方面的事情就这样了。

问：可以谈谈古城的建筑风格吗？

答：可以。我接着跟大家用比较的方法说一下建筑风格吧！丽江古城的建筑的确是保留了明代的风格。与国外的时代来比较，那个时候应该说是文艺复兴时期。中国明代时期的建筑非常多，丽江古城的建筑也是明代的。明代以后，就是清代，接着到了民国，然后到现在，从中国历史来看是这样的。明代丽江古城的雏形基本形成了以后，清代也没有什么大的变化，民国也没有大的变化，到中华人民共和国成立前我就出生了，我是1948年出生的。所以说，我刚懂事的时候，是1955年前后了。我出生在四方街，四方街上还有我家的一个铺子，我眼中所看到的丽江古城的建筑风格、建筑特色，我认为，毫不怀疑地认为是明代的建筑，我眼前所看到的丽江古城的建筑事实上是明代的建筑。因为清代没有什么改变，民国也没有什么改变。后来，要被破坏的时候，大家都知道要保护它，最难能可贵的就是这一点。当然，恢复重建的过程中，有些房子的体量有些变大了，但是那是极个别的，基本上还是保持了过去的这种格局和体量。我们所看到的丽江古城的建筑的确有明代建筑的风格。

我看日本的很多建筑就是唐代和明代样式的建筑，我去过的名古屋等地的好几个宫殿，都是出自那几个时代。作为欧洲来讲，那个时候就是文艺复兴时期，丽江古城是那个时候的建筑，所以，明代是非常神奇的一个时代。对中国来说是明代，对欧洲来说是文艺复兴时期。

问：明代建筑，您觉得哪个地方最有特点？

答：木府最有特点，还有一个是整个丽江古城的老房子，也很有特点。这个事情我们就说清了，接着讲第二个问题：木府的重建过程。木府恢复重建之前是怎么一回事？我就从这个话题开始说起。根据史料记载，木府最辉煌的时候也是明代，当时执政的土司叫木增，《木府风云》里面的那个木增。大家看过那个电视剧没有？

于钊（翻译）：没有看过。叫什么名字？我回去看。

答：没有看？中央电视台播放，收视率是全国第一啊！叫《木府风云》，等一会我们把《木府风云》光盘送给你们，但不是日语的，可能也有日语的。木府最强盛的时候是在明代，那时中央王朝实行土司制度，派本地人管理自己的地方，当时明王朝有这样的一种政治制度。木氏土司所建的那个宫室相当壮丽，当年徐霞客也到了丽江。徐霞客跟当时的土司提出要求说要进木府看一看，但是当时的土司不让徐霞客进来，因为木府僭越了，规模太大了，在当时的中国封建礼制下，僭越是要被杀头的，所以并没有让他进来。徐霞客就在外面看了一下当时木府的规模，他震惊了，他就说："宫室之丽，拟于王者。"史书记载也说当时的木府是"仿紫禁城而建"，有这样的记载。

问：比现在的规模要大，是吧？

答：是啊！当时在古城的心脏里，它占地达 100 多亩，现在恢复的连 50 亩都不到，是这样一个情况。后来因为战争，还有时间的流逝、自然的侵蚀，以及一些人为的破坏，那是非常错综复杂的时期，大家都来破坏这个东西，结果把这么辉煌的宫殿破坏到几乎荡然无存！地震以后，世界银行的官员来丽江古城，看能不能给地震以后的丽江建设项目。当时，我就提出来要恢复重建这个木府。那个地方，我们要恢复重建之前，已经被老百姓"蚕食"。后面又进驻了一些政府机关，然后还有看守所，还有别的单位，乱七八糟的，是这样的一个地方。世界银行官员来了以后，我就把他们领到那个院子里面，因为地震后，这个院子还在，就是木府家院，生活区域嘛！领他们到这个地方后，看到的是破破烂烂、东倒西歪的建筑，我就向他们提出要恢复重建木府。他们很支持我的想法，很快就同意给我贷款 3360 万元，同意做这个项目。

接着，我就挖掘和整理木府的历史档案，从各个方面努力，尽可能地弄出一张"当时木府应该是这样"的设计图。图弄出来了，世界银行贷款之前，我们就把古城内的钢筋混凝土房子全部拆除。我们以历史资料，还有挖地三尺发掘出来的当时的一些文物作为依据。在发掘、整理的过程中，我们尽可能地发现当时的文物、文化。我们依据这些出土文物，再找出当时所用的建筑材料，恢复重建的时候，主要依据发掘出来的材料。比如说瓦片，它用了一种什么形式的瓦片，挖出来了，我们后面就组织生产这种瓦片，采用这种瓦片；恢复的木府全部用的是木材；我们还用了砖、石头、石灰等。总之，完全按照"当时用了什么材料"这样的一个标准来"修旧如旧"，用这样的一个标准来恢复重建木府。

木府就这样恢复重建出来了。本来要恢复重建的木府是由四个部分组成的，第一部分是办公区域，议事厅之类的；第二个部分是半山腰上的后花园区域，有点仿紫禁城而建，有点像皇宫的味道；还有我们现在所在的这个区域叫作生活区域，起居场所；第四个区域是祭祀区，中国传统的做法是要拜神、供奉、祭祀，就是供菩萨。木府由这四个部分组成，而且它的排列是这样的：按中轴线布局，先是办公区域、后花园区域，然后是生活区域、祭祀区域，我们这一次的恢复重建就恢复了办公区域、后花园区域、生活区域，祭祀区域没有恢复。所以，当时占地100多亩，现在只有46亩，是这样的一个情况。

问：当时恢复重建木府的时候，是怎么查资料的？是哪些方面的资料？

答：一个是勘探、发掘被掩埋的地下文化层；还有一个是查家谱，木氏土司的历史档案。每家都有个家谱嘛，是不是？还有就是查史志、府志、县志上的一些记载。比如说，刚刚进这个院子的那个地方就是从地下挖出来的，等一会我们去看一下。此外，还有历史上的一些遗物。

问：当时有留下的建筑图纸之类的东西吗？

答：有。遗憾的是，由于间隔的时代比较远了，所以历史上的图纸之类东西没有找到。但是，我们绘制恢复重建的规划图做出来了以后，我们又拿新发现的材料以及新的研究成果与它对照，对它进行必要的修改。这样，恢复重建的木府，大家都觉得还是比较尊重了当时的历史，还是有点像。像，只能说像了。特别是木氏土司的后裔看了以后，他们曾经说过这样一句话："恢复重建的木府，我看了以后，就觉得好像回到了当年的木府里啦！我这个感觉是从何而来呢？是家传的，祖祖辈辈一直说它像什么，它像什么，与这个有点相似。"他们是凭家谱说这个话的。这个是最权威的，不然我怎么敢来修木府？假如木老爷后人不满意，那就难办了。

在座的都是搞建筑学的，还是回到老本行吧！这个木府，那一边是属于办公区域，等会大家参观一下，然后是后花园区域。那一路呢，就是石牌坊等建筑，顺着中轴线一路地排列下来，是属于明代建筑。为什么绝对地说是明代建筑呢？明代建筑与清代建筑不一样，从中国的建筑史来看，明代建筑用料不省，就是说用的木材不节省，用料不省，牛高马大的，非常粗犷，柱子非常粗，梁非常肥厚。后来的清代建筑，变为肥梁瘦柱了。我认为明代时可能那个时候木材也比较多，而且明代的人可能比清代的人要老实得多了，所以，明代那时的建筑就是柱子非常粗，梁非常肥，椽子非常粗壮，反正总的一个特点就是非常粗犷。瓦屋脊也不是很翘，有点平缓，是慢慢翘上去的。这就是专家认定的明代建筑的特点。

问：屋脊就是最上面的那条线吗？

答：是的。你看北京天安门的屋脊，它是明代建筑，所以屋脊是平的，然后两边稍稍有点翘，是不是？那个是明代的特点。我自己觉得，你要研究明代的建筑特点，木府都集中啦！你看木府的那一条线的建筑物，就大致应该认识到明代建筑的特点，绝对的，不是说大话。然后，看这一边，生活区域，还有祭祀区域，祭祀区域没有恢复，但是生活区域已经有了，摆在这里啦！这边的属清代建筑。那边的与这边的就不一样，这一边就有点小巧玲珑的感觉。肥梁瘦柱，清代的建筑还有这个感觉。另外，翘角还要比那一边翘得多一点，有点像江南的那种风格。我觉得到了清代以后，可能砍来砍去，木料也不怎么多了，是不是？于是大家就从细腻的角度去研究，搞得小巧玲珑，镂空等雕刻技术也用上了，一层两层啊，还有那个翘角翘得特别厉害，显得好看一点，从审美等角度弥补木材的不足。这是我的感觉。清代建筑的风格有这么一点，包括江南，包括北京，包括丽江，到处都一样，到了清代，已经从精细这个角度来审美，而整个建筑风貌就没有明代那么粗犷了，这是一个普遍的规律。

大家再看看古建筑的斗栱，在屋檐下面一架一架的，一层一层的斗栱。这个不讲不行，讲古建筑，斗栱不讲是不行的。日本的房子也是这样啊！古建筑玩的就是斗栱。LRH，你知道吗？曾担任过全国政协主席，底下的人就说他是“小木匠”，因为他做过木匠。那一次，全国政协主席来木府，我们两个有张照片，你去看一下。讲什么？斗栱挑梁。斗栱挑梁，肥梁粗柱。斗栱是由斗碗、斗架、斗头组成的，安装斗栱时，先让斗碗卡在房屋的大梁上，再把斗架置于斗碗之上，有一定造型的斗头就露在两头。斗栱一架连一架顺着大梁安放，形成第一层平面，并以第一层面为中轴，由下而上叠放。第二层斗栱由三架连成，只留两侧斗头，横骑于第一层平面，一架接一架，直到填满大梁长度为止。第三层斗栱由五架斗栱组成，顺着第二层平面安放，就这样放到我们所需要的高度为止。层次越多，往外延伸的距离越远。架完后，大梁上方两侧出现由造型各异的斗头组成的倒写的三角形坡面。斗架上方的向外延伸处，置小梁于上，钉上椽子，盖上瓦，就形成了古建筑远离大梁往外凌空延伸的屋檐。我觉得木府的斗栱形状各异，非常漂亮，像观音合掌斗栱，形态各异，非常漂亮。古建筑的美就美在斗栱上，一般照古建筑的照片，就是照斗栱的非常多，斗栱一架一架往上摞的那种情况，太漂亮了。有句老话叫作“有栱无花”，意思是说，有了斗栱，就不用太多的颜色啦，它自然就是一种美丽的东西，附着在古建筑上。刚才教授们提到这样一个问题：为什么说是明代建筑？依据是什么？木府那边所有斗栱的造型完全是按照明代或明代以前就已经有了的古建筑的斗栱做的，我们是按1:1的比例，把那些斗栱照搬仿造过来了，所以说，这个斗栱的造型绝对是明代的，甚至是明代以前的。

由于时间的关系，更多的内容就不讲了，但可以这么说，我们把许多富有明代特点的东西都统统集中在木府了，所以说，搞建筑的、搞古代建筑的，不到木府看看，就是一件很遗憾的事了。

问：重建大约花了多久的时间？

答：三年的时间吧！一年做规划两年搞建筑。这三年的时间里，我们非常辛苦、非常困难，历尽了千辛万苦啦！告诉各位吧，这个规划图是我们自己设计出来的，后来得到了专家的认可。

问：听了您很多的介绍，我们觉得非常好，谢谢！因为日本地震也非常多，他们也有古城需要修复之类的，听了您的话，他们觉得对他们以后的修复也很有帮助。您还有什么观点可以和我们分享吗？

答：我去佛罗伦萨参加了世界遗产组织的会议，会上我也这么讲了。还有一次是去恭王府，和坤的那个恭王府博物馆，恭王府的馆长邀请我去做国际性的学术交流，我在会上说：“中国，其实跟日本也有一点相似，中国的建筑特点，还有所用的建筑材料，日本所用建筑材料，都有这么一点相似，以砖木结构为本，所以说，既然是砖木结构的话，即使没有人为的破坏，也会被风雨侵蚀，木头会腐朽。所以说，古建筑如果不维修的话，是很难保留下来的。因此，我们中国很少有历史久远的建筑，留下来的都是非常宝贵的。欧洲就不一样，欧洲的许多建筑都是用花岗石砌的，不怕风吹雨打。欧洲与亚洲还是有所区别的。”古代亚洲的房子很难留到现在，欧洲的却很容易留下来，所以你说对古建筑的维修应该持一个什么态度，那是属于一个国际性的问题，不然的话，亚洲就没有什么古建筑啦！亚洲的建筑要维修、修缮，不修缮，那怎么办？只有钢筋混凝土的房子不会腐朽。这一点我在国际上也做了呼吁的。

问：再就是，如果您有什么比如说木质结构的修复之类的新资料，能够给我们分享一下吗？

答：好的。

问：老师与前辈是看了您在名古屋的会议的那些材料，所以知道了您，今天慕名而来，拜访您一下。

答：挺好的，今天的采访也是挺好的。我准备了一整套资料，包括《木府风云》的碟子。小伙子（指翻译于钊），你不看不行啊！《木府风云》风靡全世界，现在泰国、缅甸天天放这个碟子，在中国中央电视台播放时，收视率全国第一。所以，我给你们每人准备了一套碟子，还有《恢复重建木府》也是非常珍贵的历史资料，也给你们准备好了。

第四章　古城复兴的思考

丽江古城既是中国历史文化名城，又是世界文化遗产，在滇西北高原上熠熠生辉。然而，丽江人长期生活在这样一个物质不富裕、交通不方便，但精神世界却异常丰富的小坝子中，世代都在讲述纳西族的来源和木氏土司的辉煌。古城是丽江最时髦的地方，外面的新鲜事都是先在古城传播开的。明代木氏土司时期，丽江曾经是滇西北的中心之一；抗日战争时期，丽江一时汇聚了从四面八方运来的新奇东西，成就了茶马古道重镇的辉煌。延至21世纪，我们积极地思考着古城将以何种姿态再次勃发。在古城长大的我，不仅仅有一种乡愁，更有一种从小养成的思考习惯，总是希望古城重新焕发生机，走到全国乃至世界的前列。

第一节　古城文化资源的保护与利用

丽江承载了诸多的文化，而诸多的文化也成就了今天丽江的繁荣，正可谓“丽江承载文化，文化成就丽江”。作为坐拥丽江古城的古城区，没有理由不首先垂范做出若干文化项目，也没有理由做不好这些项目。有梦就有理想，有理想就要付诸行动！2008年，我在古城区一次会议上做了《让世界文化遗产更加璀璨——谈古城区文化资源保护与利用》的发言，这是我多少年来思考的结晶，也是对古城发展矢志不渝的情怀。现将主要观点摘录如下。

一、提出八大文化项目

1. 土官府

土官府其实就是木府，属于明代，位于丽江古城的西南隅，虽然它已恢复重建，但为了便于叙述，也把它当作一个项目。

2．流官府

流官府位于古城的东北隅，属于清代，在丽江历史文化的传承中，占有比较重要的一席之地。

3．木府文化圈

木府文化圈含王府街、木府别院（原地震纪念馆）、过街楼下的空地、穿梭于此的若干条巷道及小广场。利用此场地，拟建成一块再现昔日古城街景的场所。

4．流官府城

流官府城是以流官府为中心的一座城中城，反映丽江古城在流官统治之后的政治、经济、文化等方面的内容。

5．巷道博物馆

古城里的巷道，古往今来都是贸易和居民生活的场所，但是今天的贸易与昔日的贸易相去甚远了，难怪有人惊呼商业味太重。我们设立巷道博物馆，是为了再现古城昔日街巷的商贸和古城居民的生活，是木府文化圈内容的延伸，只能投入市场，但要有硬性的准入机制。

6．庭院博物馆

庭院博物馆是主题博物馆，选择一批有代表性的庭院，不惜出重金租赁或划拨作为主题博物馆。

7．北岳庙

北岳庙是国家级文物保护单位，位于玉龙雪山脚下，是纳西族地区现存最早的一座庙宇。

8．古城人文学院

成立古城人文学院，是国内外很多有识之士一个共同的夙愿。

二、丽江古城是文化的古城

我们知道，在世界文化遗产丽江古城里做文化项目如履薄冰，忌讳很多。同时我们也知道它有个不成文的规定，只要项目是传承和弘扬古城的民族文化，都可以有些作为。

像木府的建筑，我们且不说恢复重建后的木府，就是对从前木府的建筑，大家都有一种说法：木府的建造是“仿紫禁城而制”，这种说法在府志、县志里也有记载，丽江的老百姓也认可这种说法。又如纳西古乐，研究结果表明，它最初是洞经音乐。洞经音乐原来并非纳西族的音乐，所谓洞经音乐，就是道教的音乐。而丽江这个地方不是道教的发源地，但这种音乐传到丽江后就与本土音乐融合，变成了纳西古乐。所以说，丽江古城里浸透着众多民族的文化，而汉文化更为突出。

只要我们仔细去研究、去推敲的话就会发现，许多中原的文化到了丽江以后，丽江人就把它继承下来了。我们回头去看中原，中原当时的许多文化现象，由于社会发展或战乱，或改朝换代的原因，在中原却消失了；或者是由于后一代否定前一代，甚至后一代不传承前一代的优秀文化，使得中原的许多文化现象现在已经找不到踪迹了，但是它们在丽江却仍然存在。所以，在一些场合，我们曾向来丽江的学者介绍说："我们丽江是中原文化的'仓库'，许多文化现象在中原已经不存在了，但在丽江还可以找得到、看得见。"在多元文化聚集的丽江古城里，从生活习俗，如饮食文化、节庆文化方面，或者是建筑物文化等方面，都可以看到各民族相融共处，从而造就了神奇美丽的古城。丽江古城的宗教文化是多教并存的。丽江古城文化是多元的，尤其是以纳西族为主的本土文化无处不在。纳西族是一个注重文化的民族，是一个善于学习的民族，是一个好客的民族，是一个淳朴的民族。这个民族，有自己的民族传统和生活习惯，有自己的民族语言和民族服饰，有自己的舞蹈艺术和节庆文化，而这些耀眼的民族文化符号存在于古城的各个角落，与古城共存。

一方面，文化特色表现在服饰上。昔日古城里的居民都只穿纳西服装，女子都披清一色的"披星戴月"。特别是纳西女性，其服装除颜色上会有所区别外，全部都身着纳西服，人们一到古城，不经意间就会产生这里居住的是纳西族的感觉，这是古城最大的一个文化特色。另一方面的文化特色体现在语言现象上，就是大家都讲纳西话。外边的人进入古城，好像来到了国外，所有的人只讲纳西话，当时古城听到的都是一样的纳西语调，很少有外来的口音，很难听到南腔北调的汉话。也许是由于民族自觉性的原因吧，由多元文化、多教并存构成的丽江古城并没有失去本土的文化，不仅没有失去本土文化，甚至将外来的文化转变成本民族的文化。难怪有人称：丽江古城是唯一的一座中国少数民族的古城，这种存在方式在中国是少有的。

从房屋大小、建筑体量而言，我们认为昔日古城里的确没有大户人家，除木府之外。作为纵横交错的街道两旁的铺面，是由体量较小的一层或两层楼房组成，一家挨着一家，甚至双方共用一根柱子，不断延伸出去，这就是古城的街道，做生意的地方。铺面的背后若有空地，就起上一所小院子，作为后院，前面做生意，后院作居家。就这样，许多一小间、一小屋、一小院的普通的、平民的房子组成了丽江古城，它完全是一个平民化的古城。

虽然它没有标志性的建筑，没有豪宅，但由于古城地势高低错落，许多房子就河而建，就势而建，结果古城里的建筑有一种随性的自然之美。你若具体地去看某一幢房子是不怎么好看的，但若连成一片，组成一个群体，从组合的角度去欣赏古城，便有一种自由之美。这种组合美、结构美在古往今来的城市建筑里是很少看得到的。在古代中原无论干什么都要受到礼制的影响以及许多规矩的限制，这种影响是相当突出的。假如丽江古城当时受到这种礼教影响的话，就不会是今天的这般模样了，就可能与中国的其他城镇是同样的模式、同样的面孔了，丽江古城由于“山高皇帝远”及交通闭塞等方面的原因，加之受到封建礼教的影响较少，结果让当时的木氏土司、当时的丽江平民有了一个自由发展的空间。在这种自由发展的空间里面，创造出自由组合的丽江古城。

通过以上对昔日古城的描述，古城原貌的大体轮廓就展现在我们面前了。无论是从宏观的角度去评论，还是从微观的角度去探索，我们所立的八大文化项目都可以从上述的昔日古城特征之中有根有据地找到各自的影子。平时我们说要传承和弘扬古城文化，但是如果对古城的历史都没有个全面的理解和认识，那怎么传承和弘扬？所以说对古城历史的理解和认识是传承和弘扬它的一个基础。比如说过去的古城河道边种的都是杨柳，才形成“家家流水，户户垂杨”的古城之景。但是现在有些杨柳树随着时间的流逝枯死了，面对此情，我们不能视而不见，而是应当拿新的杨柳树补种上去，这种做法于情于理都是说得过去的。这种做法敞开了讲，其实就是在阐述一种道理，阐述一个如何保护古城、如何管理古城的道理。我们姑且把它当作一种理论，叫作“杨柳理论”，这个理论同其他有关规定一样，将会对古城长期的保护和管理，对我们这一次项目的实施，起到一定的作用。

三、文化项目实施的可行性论证

以上论述，实际上就是把若干文化项目拿到昔日的丽江古城里去拿捏、去推敲。通过对比，我们不难看出所列举的八大文化项目既有历史性，又有现实性，这就说明了这些文化项目在古城里有可行性。有了这个推理和认识，我们带着对这些文化项目的可操作的、具有前瞻性的理念，分别对它们做更加详细的说明。

1. 土官府

土官府，也就是现在的木府。它是丽江土司统治时期的土司衙门，是整个元、明、清初时期丽江的政治、经济、文化的中心。从昔日的丽江古城看，它位于古城的西南隅，占地面积近百亩。据史书记载，它是仿北京紫禁城而制，后来被流逝的岁月和兵燹所毁。木府被毁后的100多年间，人们在该不该恢复木府的问题上一直存在争议。1996年后，丽江的决策者们科学地看待这一问题，把恢复木府看成是一项挖掘、整理、弘扬民族文化的工程，一举恢复重建了木府。建成后的木府，弘扬了纳西族文化，丰富了丽江古城的文化内涵。木府作为丽江的一个人文景点，吸引了来自四面八方的游客，使纳西族民族文化得到了广泛的传播，同时也获得了经济回报。通过以木府文化为素材而创作出来的电视连续剧《木府风云》在央视的热播，使木府的社会效益与经济效益越来越突出，现在木府每年获利上千万元，与恢复重建总投资的5000多万元相比，也只不过是占了木府几年的收入而已。

2. 木府文化圈

木府文化圈指的是木府附近我们可控的一些场所。所谓可控的场所，指王府街、木府别院（原地震纪念馆）、过街楼下空地、穿梭于其间的若干条巷道及小广场等。木府文化圈项目的关键是组织，怎么组织呢？大致可以划分为这么几个方面：①小手工业。圈内应有加工金饰、银器、铜器和铁器的铺子，甚至是雕琢玉器的铺子。②饮食文化。凉粉、豆腐，甚至一碗面都要有它的摊位，甚至是加工作坊，还有酒肆。③民族贸易。

既要有内地来的小百货，也要有藏族聚居地区来的山货药材。④木府门口、天雨流芳广场，可考虑辟成一个笔墨纸张、琴棋书画的专门市场。⑤文化艺术。民间大众的、民族传统的、南腔北调的文化活动，可以杂居其间。⑥我们说，古城是马背驮出来的古城，你要拉一匹马，然后架上马鞍，再驮上物资，在这个区域老是走来走去地展示给人们看也不行嘛！但是，根据这个生活情景的原型，我们可以打造出一副微型的马鞍，两边还驮上酥油和茶叶，变成一种旅游产品也是允许的，这又是一种源于生活又高于生活的表现形式。这种旅游产品做出来了，跟游客一展示，说明马鞍取平安的谐音，说明古城是马背上驮出来的，说明见到马鞍就能联想到茶马古道上的码头，由码头联想到丽江古城，可以有很多的联想，这么一讲，游客不买才怪，包括我们也会买。在木府文化圈内，我们还可以打造出类似的一些民族的、本土的旅游产品。

总之，古城里边的人也要吃饭，在过去古城里是不做这些活路的，那又该去做什么事呢？如上面所说的这些铺子，这些小贸易过去随处可见，甚至在全国的小城镇也都是这样。但随着社会的进步，这些情景都不见了，其他地方大可不必还原它，但作为世界文化遗产的丽江古城，还原它就是在抢救自己的生命和文化根脉。木府文化圈组织成功之后，必然要融入市场，不然就没有生命力。面对今天千篇一律的旅游产品市场，木府文化圈独树一帜的商业运作模式里肯定有着无限的商机。

3．流官府

流官府，位于古城的东北隅，流官府城的中央。它是整个清代丽江的政治、经济、文化的中心。流官府占地有四五十亩，中轴线上分别排列有照壁、大门、仪门、大堂、寅恭门、二堂、三堂。左边有差房、牢房、吏院。右边有驿馆、官院。整个流官府的后面为小花园。过去建造官府衙门，朝廷是有硬性规定的，什么级别的衙署，只能建造相应规模的衙署。流官府是不能乱建的，只能是中规中矩，按照朝廷规定的全国标准来建造，而且建筑群的走向也应该只能是坐北朝南，而不能像木府那样坐西朝东。木府体量很大，又是坐西朝东，木府的建造可能是年代靠前，由于丽江是边疆少数民族地区，又是土司统治，所以朝廷可能是放了它一马，不然的话，还会招来杀身之祸。我们把丽江古城当作一个很大的文物体，这个文物体有些地方遭到了毁坏，后人又把它修补起来，只要向公众说明有些文物是后来修补的，是符合为文物的保护而制定的《威尼斯宪章》精神的就可以了。

流官府具体表现的是清代丽江古城的政治、经济、文化状况。木府旗帜鲜明地展现了明代丽江古城的政治、经济、文化状况。二者一对比，会给人留下很强烈的时代感，尤其是在朝代更替、政体沿革方面，简直可以成为国内最重要的博物馆之一。

4．流官府城

流官府城位于古城东北隅，它的范围为今天的半个五一街和义尚办事处，现在还有流官府遗址。流官府城所占面积较窄小，但它的地位却是州府级别。过去丽江古城从来没有称过城，而流官府城却曾地地道道地称过城。流官府城完全按照中原城池的营造法来营造，四周有城墙，四面有城门，从五一街往东快要到营盘巷的地方的门是西门，称为服远门；再过去到文明村的门叫东门，称为朝阳门；南门桥附近的门叫南门，称承恩门；还有北门。这座府城，处处表现出流官制度的文化，中原带来的文化，等级制度非常森严。城中是知州府，道路是十字路，还有文庙、武庙、玄天阁、大佛寺、书院、教堂等等。如此结构的一座古城，在世界其他地方没有或很少有吧？正因为很少有，所以在丽江古城曾出现了一个非常奇特的文化现象，叫作出城做生意。住在府城里的人是城里人，住在府城外的人是城外人。

更多的流官府城内容在本书前文已有叙述，这里就不再展开了，它的打造也可以在前面的叙述里找到许多依据。但是，我们需要明确的是，流官府城项目其实也只是在现今古城比较冷落的地方圈出一块区域，再现流官文化。它的再现也是为了更进一步地发掘、整理、弘扬古城的民族文化。

5．巷道博物馆

丽江古城的巷道密如蛛网，纵横交错，随着旅游大潮的到来，各地商家无孔不入，按着他们的意愿行事，本该古色古香的小镇，一改过去随处可见的常态。巷道博物馆的理念，就是要我们划出几条巷道，再现古色古香的小镇情景。巷道博物馆的打造主要是要靠决心和组织，组织方式可参照木府文化圈的方式来运行。甚至可看作木府文化圈项目的延伸，还可以考虑是否列为保税区。只要组织得法，无论是老古城人，还是新古城人，群众中蕴藏着很多聪明才智和积极性，干部敢过河，群众就敢过江，巷道博物馆项目还是可行可为的。

面对今日古城的存在状况，我们要一下子拉回到昔日的古城是很难的。就现实而言，巷道博物馆可以起到可见一斑的展示作用，就将来而言，可以以榜样的作用影响丽江古城。

6. 庭院博物馆

古城里大的庭院星罗棋布，我们可以有目的地划出几所庭院，作为文化宣传阵地，成立庭院博物馆。要想在一个场所，或者说是在木府里要把我们想说的话、想展示的所有的东西，包括“三遗产”① 在内都说出来、都展示出来是不可能的。这种理想，只有通过在古城多个地方设立博物馆，让它们相辅相成，才能做到。庭院博物馆以主题博物馆为主，可选择如下的主题，或更多其他主题：①“三遗产”主题；②茶马古道主题；③古城人家主题；④民族人物主题；⑤今小古大的丽江版图主题；⑥今昔对比与沿革主题；⑦各种作坊主题；等等。

庭院博物馆是以社会效益为主的博物馆，它不是可办可不办的场所，而应把它当作世界文化遗产必不可少的场所，它是阵地，是抑制古城更加现代化、商品化的一种手段。

7. 北岳庙

北岳庙是造神运动时期的产物。在那个时期，纳西族本着对英雄的崇拜，塑造了三多神，并建立庙宇，把三多神的塑像供于其中顶礼膜拜。北岳庙是国家文物保护单位，这与它是纳西族本民族唯一的一座庙宇有着千丝万缕的联系。北岳庙，现属玉龙纳西族自治县白沙镇，主体建筑保存较好，只需要维修，但周边及原附属建筑损毁严重，亟须保护。工程项目分为：①现存的北岳庙主体建筑作“修旧如旧”的维修，加强现存整座庙宇的基座；②以保护范围为标准，构筑围墙；③修复现存门前广场及其北岳庙里的塑像群；④修复广场两边的厢房；⑤恢复广场南边

① 世界文化遗产丽江古城，包括大研古城、束河古镇、白沙古镇建筑群；三江并流世界自然遗产；东巴古籍世界记忆遗产。简称“三遗产”。

的门楼；⑥还可以打造门前的一条香火街。

北岳庙是纳西族极其珍贵的文化精神遗产，可考虑玉龙纳西族自治县与古城区两县区共同协商，做好此项目。

8．古城人文学院

丽江古城是世界文化遗产，成立古城人文学院是国内外很多有识之士的共同夙愿。①丽江古城是中国少数民族世界文化遗产，它的研究价值不言而喻。有些单位如丽江古城博物院、现今的雪山书院和一些个人的确在从不同角度研究它，但还很不够。丽江古城人文学院是系统、深入地研究古城及其民族文化的基地。②古城人文学院是开放性的学院，无论是本地人，还是外地人、游客，都有到院里听一两节课的自由。③学院还应担负起发掘、整理民族民间文化素材，就像创作《木府风云》一样的责任，为将来创作出更多的文学艺术作品服务。④教学宗旨和教学大纲可在以后详细地制订。总之，它应该建设成为古城的窗口、民族文化的阵地。如果现在的教师进修学校和图书馆有搬迁计划的话，古城人文学院院址可以选择在进修学校和图书馆的原址。

对以上文化项目策划，我们也可把它看作是一次发掘、整理古城文化的过程。有没有这个规划是大不同的。有了这个规划，对古城文化的理解是理性的；没有这个或那个规划，对古城文化的理解多多少少会有一些盲目性。至于这些规划的实施，绝不会是一件轻松容易的事情。可以从实际出发，从宏观和微观上把握。我们认为，投资的问题不会很大，关键是政府要组织。可以先易后难，不妨先从“木府文化圈”做起，古城复兴之梦从这里起飞。

第二节　古城文化资源的特色与价值

丽江古城人文资源十分丰富，有古老的象形文字及东巴经传世。文物古迹甚多，有两个省级文物保护单位和21个县级文物保护单位，尤其是有被列为世界文化遗产的丽江古城，还有《纳西东巴古籍译注全集》100卷出版。纳西古乐一次次进京和出国演出。还有大东东巴文化生态保护乡、金山三元村的东巴文化传习班、下束河的东巴舞蹈学习班等等，这些都无不体现出纳西族灿烂的文化。在撤地设市、改建古城区后，就如何让丽江“文化之邦”美誉之上的明珠——古城区的文化更加璀璨夺目，如何保护与开发利用文化资源等问题，我有如下的几点认识。

首先，古城区民族文化特点鲜明，支撑基础好，有悠久历史的民族文化传承地——大研古城；民族民间文化积淀非常丰厚，对外文化交流十分频繁，有着良好的民族文化发展的外部条件，有一批民族民间文化传承村寨和传承人，民族文化的发展有了初步的法律法规保障。这一切构成了古城区民族文化保护与发展的最强有力的条件。

具体来看，古城区民族文化有五个闪光点：一是多样性。古城区内民族众多，各民族语言、服饰、建筑、习俗、文学艺术、心理特征都有差异，从而构成古城区民族文化的多样性。二是丽江民族文化的活态性。许多文化现象如东巴文化至今还存活于人民群众的生产生活中。三是亲和性。丽江各民族的文化从来互不排斥、冲突，而是相互交融。四是开放性。各种文化在丽江交汇、交融，具有明显的开放互补的特征。五是和谐文化生态观。各个民族遵从“天人合一”，人与自然和谐相处的理念，遵从传统道德，具有较强的文化发展动力。

其次，丽江古城集丽江民族文化之大成，是丽江民族文化的精髓。元代以来，丽江纳西族被木氏土司持续经营了470年之久，形成了开放而独具特色、纳西同胞聚集的活生生的古城。纳西学历经百年的发展，形成了国内外大批学者参与的科研队伍，出版了一大批有学科代表性的作品，经过不断开拓、提炼、归纳，形成了具有特色的纳西文化体系。古城有积淀丰厚的东巴文化、纳西古乐、民居建筑、民族服饰、传统工艺等民族民俗文化。自元代以来，丽江文化与内地文化交往十分频繁，木氏土司带头学习汉文化。内地文人学士、能工巧匠不断落籍丽江，并融合于纳西族中，推动了丽江文化长足发展。特别是近几年，纳西古乐及“勒巴舞”、“热美蹉”等民间文艺活动活跃起来，纷纷到外地演出，频繁的文化交流，使丽江不再是“被遗忘的王国”。

另外，关于古城区文化产业发展问题。目前古城区文化部门正在填报一份文化部文化产业发展典型案例的推荐性文本。古城木府在文化产业发展方面积累了一些成功经验，有信心入选到《全国文化产业发展典型案例选编》一书中。

20年来，丽江古城博物院（木府）充分发挥自身优势，突出丽江文化特色，以精品意识积极开展文化工程建设。木府所做的具体工作是：贷款投资5000多万元恢复重建了木府，再现了“宫室之丽，拟于王者”的土司府风采；抢救、收集、整理民族、民俗文化，完成了丽江壁画的整体临摹工程和丽江古城百米长卷绘画项目；积极为地方民族民间文化事业的发展献计出力；大力发展文化产业。推进丽江旅游业的提质增效，积极发挥“名府”优势，开发影视产业，在木府完成了《钱王》、40集电视连续剧《木府风云》等多部影视片的拍摄。还计划开发古城“流官府”和白沙木家院等，以进一步充实丽江古城的文化内涵。

追溯丽江文化的发展过程，可以看出它是丽江多元文化的发展过程，保护、开发、利用好这份宝贵的文化遗产，就能使纳西族文化，尤其是古城文化创造出更多的社会效益和经济效益。

第三节　古城文化资源的开发与充实

“旅游在文化中找到了出路，文化在旅游中找到了钱”，说的是丽江旅游在文化的基础上求得了发展，丽江民族文化在旅游业中的地位和作用随着旅游经济的发展而更加明显。然而，有人担心撤地设市、丽江区县分设后，古城区的文化会不会被削弱。我对今后丽江文化的发展成竹在胸，细细盘点一下古城区文化，简直可拍案叫绝！古城区的文化工作将乘撤地设市的东风，尤其是随着丽江文化产业的发展而得到进一步加强。

我对古城区文化的概括是：文化内涵极其丰富，堪称一绝，有条件成为全国先进文化县（区）；古城区背后有着相当强大的民族文化支持力量，是一个由多元文化支撑起的一片文化沃土；丽江古城因为人文景观、自然景观丰富多彩，成为世界著名的一个旅游胜地。

我们通过对古城文化的盘点，就可说明以上几点。就世界文化遗产丽江古城而言，本身就叫人拍案叫绝。一个少数民族聚居或保存下来的古城，保存了历史文化的真实性，已被列入世界文化遗产名录，难怪很多人在呼吁要保护好古城，难怪许多人担心原住纳西人搬出古城。古城的建筑容易保护，而无形的文化保护很难。古城里的街道、庭院、小桥、流水等组成一艘船，然而这艘船是载体，承载什么呢？承载了整个纳西族几百年来的民族文化，而且都是精品，所以担心原住居民搬出古城将会不利于无形的民族文化的保护。

举例来说，纳西族居住区的精华都集中在古城里边。比如古城里的节庆，“七月十五”的放河灯就很有特色。而民居建筑，就其建筑艺术而言，既有中原建筑文化的痕迹，又保留了纳西族的风格。纳西语言也是民族文化的重要构成要素。曾几何时，古城中的通用语言是纳西语，开店的人都讲纳西话。古城的饮食文化也极其丰富，如驰名中外的丽江粑粑、丽江凉粉；木氏土司接待徐霞客的八十大肴，令徐霞客赞叹不已。至今，人们还弄不清这八十大肴是些什么。又如纳西古乐，从古城开始，后传遍周边农村，农村中较成熟的部分又集中到古城来。而且，它原是中原传来的洞经音乐，后在纳西民间长期演奏，演奏者把纳西人的生活节奏、情趣、思维方式融入古乐中，演奏的味道就变成了纳西族的东西，最后变成纳西古乐，并成为享誉中外的精品。再如丽江出现一大批名人学者，史学界泰斗方国瑜，国画家周霖，还有宣科、王丕震、兰伟等都是古城的名流和学者，他们对古城文化的影响非同小可。

据我分析，以纳西族的文化来不断地丰富古城，这与纳西人广纳博采有很大关系。土著文化与外来文化嫁接，就有生命力，就得到保留，求得发展。茶马古道带来的文化繁荣在古城里显而易见，“马蹄”踏出了丽江古城的辉煌，古城里的马帮文化比比皆是。我小时候听到的是马锅头从天南地北带来的故事，看到有人穿着藏靴滑倒的情景，看到农民进城卖青草，听说过卖草姑娘跟着赶马哥跑婚远走他乡……

纳西人广纳博采，同时又有古城茶马古道商贸集镇这一文化载体，南来北往的人们带来了四面八方的文化，吐蕃文化、中原文化、白族文化等都在古城融会贯通。由于古城是集镇的原因，形成了以纳西本土文化为主，兼有各民族文化共存共荣的多元文化，这又是古城的一个重要特点。

我屈指数了一下古城区文化场所后认为，古城区在丽江全市中是文化最富集的地方：世界文化遗产大研古城、省级文物保护单位普济寺铜瓦殿、黑龙潭明清建筑群，古城中的普贤寺、文庙、武庙、清真寺、文昌宫、金山的开南研习所等。有人认为，木府的三清殿是中国最为严肃的道教道场之一，这些都是宝贵的文化资源，值得好好保护、开发。还有，古城区的众多文化单位保存着许多珍贵的文物及文史资料，要搜集、整理、保护好文物及文史资料，目前需建立一个古城区博物馆。此外，木府从文物的角度或是从建筑艺术或是从历史文化的层面看，该如何评价，成为我们一个新的研究课题。

社区文化也是古城区最活跃的一个文化要素。有 30 多个古乐会遍布古城各街道，各社区的老年协会都组织了民族歌舞队，节假日开展各种文化系列活动。最典型的是寨后村的群众文化活动、大东乡的“哦忍忍”，金山白族的民歌也很有特点。还有东巴文化，虽然比玉龙县逊色一些，但还是比较深厚的。

我斗胆断言，丽江古城因为是旅游胜地，在古城发展文化产业相当有前途。古城区文化产业屈指可数的“大研古乐会”“丽水金沙”“木府”“东巴宫”等几个龙头产业，年收入均数以千万计，从事文化产业的人形成了数以万计的庞大队伍，在古城与民族文化基础上产生、发展、兴起了一大批新兴的文化产业。总之，摆在文化部门面前的重要任务就是不断保护、挖掘、传承和弘扬民族文化。

第四节　改革开放视野下的木府恢复重建

1978 年，党的十一届三中全会做出了在全国实行改革开放的重要决定，迄今已有 40 年的历史。40 年来，中国走改革开放之路，国家越来越强大，人民生活越来越富裕，这一点是连身居祖国西南边陲的我们都深有体会的。改革开放长河中的丽江文化旅游也时逢盛世，得到了大发展，这期间，丽江成功地申报了 3 个世界遗产，每年的游客量近 500 万人次，改革开放中的丽江文化旅游举世瞩目。木府是丽江改革开放大背景下的一个文化旅游工程，我就木府问题，谈几点看法。

一、木府工程的关键是解放思想的问题

木府是丽江土司统治时期的土司衙门，是整个明代丽江政治、经济、文化的中心，它坐落于丽江古城腹地，建筑也很有特点，徐霞客称其“宫室之丽，拟于王者”，后来因兵燹与流逝的岁月使其逐渐被毁掉了。木府被毁的百余年间，人们在该不该恢复重建木府的问题上一直争论不休。从民族文化的角度看，有人认为有恢复重建的价值，有人则认为毫无价值。从政治的角度看，有人认为恢复重建木府是丧失了阶级立场；又有人认为，恢复重建木府纯属文化范畴。这种议论直到改革开放多年后在丽江仍然存在。这一状况要不是处在改革开放更加深入的年代，谁还敢站出来承担这种风险呢？好在当时丽江的决策者们能解放思想，把恢复重建木府科学地看成是一种挖掘、整理、弘扬民族文化的工程，并敢担风险，做出了同意恢复重建木府的决定。木府工程的关键是敢不敢解放思想的问题。不敢解放思想，谁还敢做出恢复重建的决定？而没有这个决定，哪来的木府呢？

二、一个小县的文化大工程

原丽江纳西族自治县是一个地处祖国西南边陲的民族小县，它和全国其他民族小县一样，在过去的年代里，用于文化工程项目的投资资金非常紧缺，几年里遇上一个可以使用十来万元的文化工程项目，那已经就是头等喜事了。可是，我们根据要恢复重建的木府工程的难易程度以及工程量，估计它需要的资金约为 6000 万元。面对着恢复重建木府所需的资金，已解放了思想，想抓住机遇的丽江决策者们，眉头都不皱一下就说，叫文化局贷款来干。于是我们向世界银行贷款 3360 万元，向国内银行又贷款 2000 万元，共筹集 5360 万元，硬是把木府恢复重建出来了。木府恢复重建出来了以后，世界银行官员说，木府是用世界银行的资金用得最好的一家，是大家的榜样。开初国内的一些领导和专家都说，木府这个庞大的古代建筑群不花个两三亿元是做不出来的，而我们用了 5000 多万元就完成了这个大工程。木府工程是一个小县做出来的一个文化大工程，这个喜人的大工程，如果不是有党和国家的改革开放政策，

谁敢去想它，谁敢去干它呢？

三、木府建成后的社会效益与经济效益

建成后的木府，弘扬了丽江的民族文化，丰富了丽江古城的文化内涵，同时作为丽江的一个重要的文化旅游景点，吸引了来自国内外四面八方的游客，使丽江的民族文化得到了广泛的传播，也获得了经济回报。我想从下面的三点来说明木府所获得的社会效益与经济效益。

第一点，《木府风云》播出后，木府每年平均有近 60 万人次的游客，平均每天为 1600 人次左右，实际上木府也只有这个接待水平了。第二点，成功地接待了一批又一批党和国家领导人及外国政要，还有世行行长以及国际奥委会主席等。第三点，从 1999 年 5 月 1 日开业至《木府风云》播出前的时间里，木府门票总收入已超过 5000 万元。随着木府知名度不断提高，文化内涵不断丰富，以及管理体制逐步完善，木府的社会效益和经济效益呈逐年上升的态势。

四、丽江历史上的三个繁荣时期

丽江人认为，丽江历史上有三个繁荣时期。第一个繁荣时期是明代晚期，是土司木增执政的时期。那个时期，丽江的经济、文化都较为繁荣，刊印《大藏经・甘珠尔》送往拉萨大昭寺、接待徐霞客都是发生在那段时间里的大事。第二个繁荣时期为抗战时期，由于丽江地处大后方，远离战火，许多转移到后方的名人，还有许多生意人都集中在丽江，使当时的丽江出现了繁荣景象。第三个繁荣时期为国家改革开放后的这一段时间。这一段时间里，丽江政通人和，各项事业都有了长足的发展，旅游业更是举世瞩目。这一段时间里，丽江虽然遇到了大地震，但丽江人把大地震当作大机遇，敢为天下先，使丽江的各项事业都发展了起来，一举把丽江推向了最辉煌的一个时期。假如把丽江的三个繁荣时期做个比较，那么前两个时期的繁荣是无法与第三个时期的繁荣相比的。但是同时我们也要承认，改革开放 40 年中，丽江人的前 15 年，还是比较保守的，这可能与地域与民族都有关系。后来丽江人的确是解放了思想，抓住了机遇，创造出了丽江的辉煌。

第五节　谈文化传承

文化传承是个大概念，涉及的方面很多。我这里仅谈图书出版一个方面，是围绕如何完成上级交给的具体任务来谈的。

丽江市委、市政府要求组织出版《丽江文化旅游名市丛书》，市政府和政协联合转发了省政协下发的85号文件，主要内容是关于在云南省建立文明旅游城市的文件。现在丽江面临这样一种情况，外面的人对丽江有很强烈的向往，很多人都慕名而来，但由于时间有限，有些游客只能走马观花，没有对丽江进行全面的了解。所以，为了全面发展丽江，构建和谐丽江，也是建立云南省文明旅游城市的需要，我们要进一步做好宣传丽江的工作。现在丽江也有一些人才，他们能够很好、很全面地介绍丽江，但这些方面做得比较分散，对有些只停留两三天的游客来说，他们仍不能清楚地了解丽江。市里现在对文化旅游这一块非常重视，要求古城区政协组织编撰《丽江文化旅游名市丛书》（8卷本）。这8本书要比较简洁、比较全面地介绍丽江，出版后可以作为接待礼品，也可以出售。为了达到这个目的，市委还召集领导小组的成员成立了编撰委员会，确定了总顾问、主编、副主编、编委等。编委会确定了一个出版计划，要出系列丛书，包括《丽江名人》《丽江名店》《丽江名联》《名人与丽江》等，我们在这里就不详细介绍了。我们主要研究《丽江名人》和《名人与丽江》，也就是丽江人物篇。《丽江名人》可以分为上、下篇来写。另外一本是《名人与丽江》，就是介绍名人与丽江的关系，但这个概念现在还不是很清楚，关键是哪些人可以选上，因为从时间上来看，跨度太大了。简单举个例，古代有徐霞客、杨慎；中华人民共和国成立前，有洛克、顾彼得等；“2·3”地震后也出了不少人才，需要专门研究，类似的这些问题，古城区文史委还要更进一步研究。

丛书撰写首先由具体负责哪本书的单位或个人先拿出大纲，再在全体会议上研究，通过后再进一步编写。写大纲说简单也简单，说不简单也不简单，它规定着一本书的走向，决定后面的编写内容。为丛书撰写而召开的大规模的、经常性的会议一般都在出大纲之前。编写大纲时我们邀请了一些专家来参加，其中有两位专家专门研究丽江文化 20 多年了，所以这套书质量是可以保证的。当然，编书的过程中会有些需要折中的事，会有些需要出面去交涉的事，就由我去做工作。

《丽江名人》那本书原来不是派给我们的，我说了，《丽江名人》只能交给我们，由我们博物院来做，编《丽江名人》这本书首先要务实，

图 3－22 《丽江名人》出版发行

图片来源：木府提供

志就是志，史就是史，但是里面也要有旅游文化资料。所以当时在会上我就说，我们写的时候，可以不带自己的主观看法。还有，我们要讲的是丽江市名人，要涉及永胜、华坪、宁蒗，如果只有古城区、玉龙县的名人，就不全面了。所以当时要求各个县的政协都参与进来，给我们提供资料，然后我们再来选择和定夺。我们既有权利，也有责任。这是第一点。

至于另外一本书《名人与丽江》，只要涉及我们木府，我们就会提供资料，但是具体情况也比较复杂，关系到人物谁上谁下的问题，有些小人物可能要上，因为他与丽江的关系太大了，但名气可能不够大，这是第二点。

第三点，《名人与丽江》《丽江名人》两本书总的任务由古城区政协文史资料委牵头，搜集资料、完成编写，丽江古城博物院（木府）要做好配合的工作，“丽江文化名人”这类书已经有过，但“名人与丽江”还不太好写。

NGQ 提出，这件事的确有一定难度，因为不只写原丽江县的，还要写宁蒗、华坪等地的，对丽江的我倒是熟悉一点，但也不敢说很了解，要写还是敢写的。但是从大处着眼来说，还是比较难的，所以需要多方面的支持、帮助才能写出来，而且是写两本。

LSM 也提出，这一套书出发点很好，意义重大，但困难也大。这件事源头是怎样的？就是 HZX 书记在丽江市委一届五次全会上，提出要打造文化旅游名市，构建和谐丽江，所以每种书都是从“名”出发。这是一件好事，历史性地落在了区政协身上。现在有了领导机构，还要有工作机构，区文史委也有任务。我初步地提了一些意见，《丽江名人》是写本土文化人，主要是历史上已经盖棺定论的人，涉及历史、文化这两方面。当初我们的设想是类似木增这样的人，有就写，没有就不写，哪个县没有就不写了。但《丽江名人》一定要把握这三个方面：历史、文化、本土。另一本《名人与丽江》，偏重中外各界文化、经济、政治名人，要薄古厚今，也就是以今为主，比如国外总统、元首，国内的中央领导，这样效果会更好一点，目的是提高丽江的旅游知名度。古城区是世界文化遗产所在地，虽然说遗产是全市的，但历史文化积淀还是在这里。所以要写出名人与古城区的关系，这两本书要先定一个目录，审定了以后按目录来写，如果牵涉其他区、县，由区政协负责协调，我们专门抽调了区政府几位同志，负责联系这件事，比如需要哪里的资料，就派人去负责联系。另外，篇幅上要从做精品角度考虑，控制在 10 万字以内，图文并茂，文字上要写得轻松一点，不要太古板，出版要由国内正规出版社来出。除了领导，谁撰写就写谁的名字，稿费也按正常来算。困难虽大，但好在条件好，书记、市长都重视，下面也有工作班子，共同齐心协力来做。

《丽江名人》这一方面，其实就是丽江历史文化名人。《名人与丽江》一书如果笼统一点可能好写一点，就不只是文化方面的名人了，政治、经济、文化等方面的名人都可以。厚今薄古这个今呢，的确不好写，因为人还在，所以难写。但意思很明确了，这一本要写出辉煌。

LSZ 认为，写历史、人物最大问题在干评价方面要有分寸。我想大家公认的这些东西，没有争议的可以写一些，但主要着重写他与丽江的关系，就是他与丽江的情缘了。比如杨慎，他写了好几本诗集，还给木公的诗写序，在历史上也很有名。比如写世界银行行长，一方面要写丽江吸引了他；另一方面要写他对丽江的贡献。

LW 认为，我们丽江知名度那么高，以后还要提质增效，文化的分量还要更重，丽江的旅游业要发展，文化是个着眼点，要带动丽江的经济发展。我虽然生在丽江，长在丽江，但对丽江的文化了解得仍然不够深，还需要不断学习，在编书的工作中，我也愿意尽我的能力，做好助手，出好这本书。

第六节　玉泉诗社论文化

自从丽江古城博物院与玉泉诗社成立笔会以来，致力于收录丽江明清时期以及当代著名纳西族诗人所撰写的部分诗文，还有一些当代诗人及各位朋友写木府的诗文，现已出版了 4 本诗文集。这些诗文集的收集、整理、出版，花了很长的时间和不少的精力，其过程一言难尽。丽江的民族文化非常丰富，这 4 本诗文集的出版起到了弘扬和宣传民族文化的作用，而且是以抢救为目的，不让纳西族的这些文化精髓流失。现在的老同志非常熟悉古籍，以后慢慢就少了，所以目前我们所做的工作是保护和抢救。如《木氏六公诗集》支离破碎，拟协调云南省图书馆、云南省博物馆等相关单位，以线装书的形式出版。通过对这些诗文集的整理，可以看出纳西族文化底蕴是非常深厚的。

XK 提出，丽江古城是世界文化遗产和历史文化名城，但是有许多文化还未展示出来，如木氏六公及来过丽江的徐霞客等，凡是与丽江有密切关系的都要展示出来，一直到民国时期。这样一来，再结合《木府清音》的主题来做，是完全可行的。丽江市古城区委区政府、古城管委会要给予大力支持。

LSZ 认为，在历史资料里面，我们选择了几个历史人物的诗文，这样做是基于这样的认识：诗歌属于文学作品，具有艺术价值，能让人们从中受到鼓舞，获得美感，能提高人们的精神境界。同时，能从多方面、不同角度表现时代风貌，所以还具有史料和历史认识价值。恩格斯在致英国女作家玛·哈克奈斯的信中指出，巴尔扎克在《人间喜剧》中，“他汇集了法国社会的全部历史，我从这里，甚至在经济细节方面……所学到的东西，也要比从当时所有职业的历史学家、经济学家和统计学家那里学到的全部东西还要多”。最近几年，作家出版社出版了《当代诗歌选——与史同在》一书，这说明诗歌也同样具有历史认识价值，能“以诗证史”。所以在《地方史料丛刊》中，我们选编了丽江名人诗文，如桑映斗、妙明等人的诗文，他们都是改土归流后从民间走出来的一代名人。现在，木府要出一套诗文集，在我有生之年，要出一点微薄之力。

HRY 提出，出版需要很多的经费。以前由于经济原因，拿不出一套书。随着旅游业的发展，在木府、区政协、区政府的关心和支持下，才能尽快拿出这套诗文集。由于李世宗老师一家三代人默默无闻地把文化当作生命，甚至李老师的母亲筒汝勤在 70 岁时仍然在昆明图书馆抄阅资料，再加上李老师勤学研究，所以厚积薄发，完成了《妙明诗存》《雪楼诗抄》的收集整理。此外，还有许多无名英雄，也做了很多贡献。纳西族对各种文化兼收并蓄，这给我的影响很深。丽江古城是多元文化融合的典范，这套诗文集体现了纳西族文化的多元性、包容性。

YFQ 也提出，世界文化遗产的灵魂是文化，文化需要一代一代的人完成和延续。丽江是文化名邦，木府连续做了几件好事，会让许多人认识到丽江文化的特色及多元文化，这将提高丽江文化的知名度。现在，有关丽江诗文的书籍还是很少，所以我有以下几点建议：

1. 要加强对木增的诗文以及木氏旁门左系的观点、资料的搜集和整理。

2. 大量有关木土司的历史来自藏文，汉文记载得很少。如木增与噶玛巴活佛、《大藏经·甘珠尔》的故事可在木府里专门开辟展馆介绍。这样，要与藏族人士多联系，并搜集木氏土司对藏传佛教的促进作用等方面的资料。

3. 对洛克等外国人的著作翻译较少，木府以后可以多给予关注。

4. 不要忽略口述历史，如民间工艺师的历史和传承情况，从中可以看出历史、文化。特别要关注老人。一个老人走了，等于一座博物馆就走了。

HJX 认为，现在，古城区委区政府、丽江古城博物院、玉泉诗社做了文化兴区的事，是实实在在的事情。人类社会已经进入 21 世纪，对纳西族民族文化资源的开发要跟上社会发展的步伐，好好打造丽江文化出版工程，首先是促进东巴古籍的出版，其他的也要分别做一些。现在，要在打造丽江文化上多投入资金，建议古城区多开几次会议，拿出一套文化出版的好方案，如“十年古城区文化出版工程”。木府也要打造出一个品牌来 。

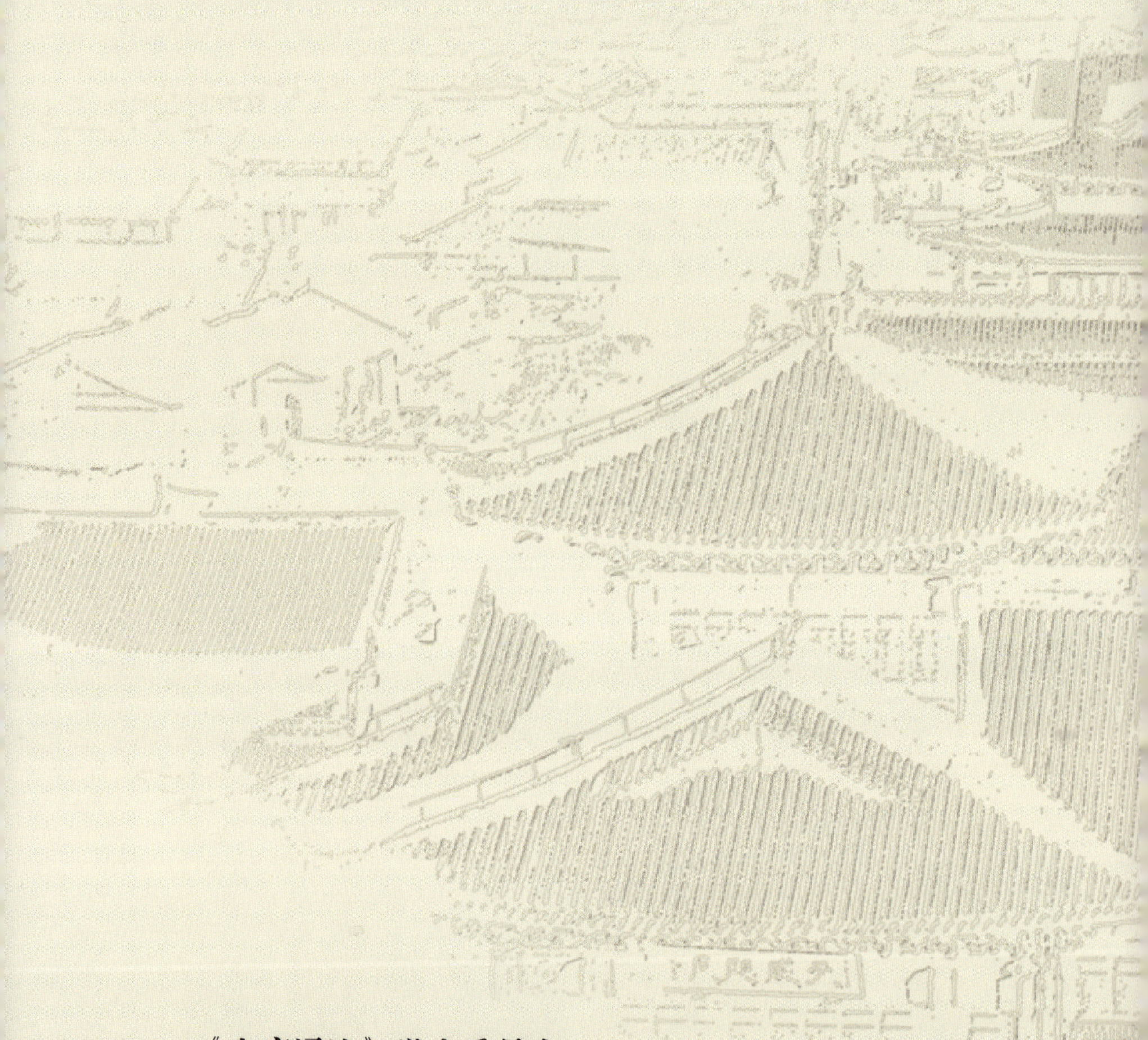

《木府通论》学术委员会

东府通论

第二卷

黄乃镇 / 著

云南大学出版社
YUNNAN UNIVERSITY PRESS

图书在版编目（CIP）数据

木府通论：全5卷 / 黄乃镇著. -- 昆明：云南大学出版社，2019
ISBN 978-7-5482-3597-2

Ⅰ. ①木… Ⅱ.①黄… Ⅲ.①纳西族—民族历史—丽江②家族—史料—丽江 Ⅳ.①K285.7②K820.9

中国版本图书馆CIP数据核字（2019）第001729号

出 品 人：施海涛
特约策划编辑：柴 伟
责 任 编 辑：陈 曦
封 面 题 字：李继文
装 帧 设 计：刘 雨

木府通论

第二卷

黄乃镇 / 著

出版发行：云南大学出版社
印装：昆明理煋印务有限公司
开本：787mm×1092mm 1/16
总印张：57.5
总字数：913千
版次：2019年10月第1版
印次：2019年10月第1次印刷
书号：ISBN 978-7-5482-3597-2
总定价：800.00元（全5卷）

社址：云南省昆明市一二一大街182号（云南大学东陆校区英华园内）
邮编：650091
电话：（0871）65033244 65031071 65031070
网址：http://www.ynup.com
E-mail：market@ynup.com

若发现本书有印装质量问题，请与印厂联系调换，联系电话：0871-64167045。

目　录

木府管理篇

恢复重建一个木府不易，几乎耗尽一代木府人的精力和心血；而守住木府，管好木府，推陈出新，顺应时代潮流，使木府始终保持良好的发展势头，则是一个历史与现代对话的话题。木府不仅代表了丽江古城的历史文化，而且是纳西族历史文化的典型代表。如何让丽江古城博物院（木府）为民族历史文化的呈现做出更杰出的贡献，这既是一个时代的命题，也是木府发展中不可避免会遇到的难题。

第一章　木府人事管理

谈木府人事管理，首先应该谈木府采用什么样的一种发展模式，因为这是方向性问题，它决定了木府的前途和命运，是我们从一开始着手木府恢复重建时就在思考的问题。

第一节　木府发展模式探索

有关木府恢复重建的事大家听了很多，在电视、新闻上也看到了很多。木府恢复以后，到底走什么样的道路，采取什么样的发展模式，我们颇费思量。当时我们有这么一个想法，一开始就交给别的单位来做。这是第一个念头，但由于木府是个新生事物，面对这个庞大的建筑群，他们有些不知所措。后来有了第二个想法，就是从各个单位抽出一些人，如还不够就再向社会招一些人来管理这个单位。包括行政管理人员在内，最多不超过40人，因为大家都认为人多就会显得机构太臃肿了。而当时丽江县文化馆只有十二三人，就可以把整个黑龙潭公园管理起来了。存在决定意识，所以当时我们头脑里也就有了这个念头，假如不是更进一步考虑木府发展的话，可能就采用第二种模式了。具体讲，有一个院长，几个副院长，十多个保安，七八个人搞园林，四五个人售票，这样就可以把木府管理起来了。假如采用这样的模式管理，收入不一定会很多，从2007到2008年来看，木府的年收入将近1000万元。假如用这种模式管理，每年不一定有1000万元，但也不会低于800万元。整个木府只有三四十个人，总收入虽然不高，但支出相应也会较低。这个模式是传统的模式，多数文化单位的管理就是采用这样一个模式。当时我们想采用第二种模式，所以跟人事局要编制时，只要了45名编制（15个事业编和30个合同工）。

但面对木府这个庞然大物，后来我逐渐想到是不是可以有更多、更适合的管理模式，于是更多的想法就出来了。最后确定了新的模式，即把木府当作文化单位，投入市场，这是第三种模式，也就是我们现在走的这条路。此外，还可以有第四种管理模式：委托人家管理。甚至可以有第五种、第六种管理模式。但当初我们的想法就集中在第三种模式上。对于木府很多人来说，因为采用了第三种模式，才有了在这里工作的机会。假如我们采取了第一、第二种模式，那就不是现在这样的情况了。所以我们经常教育员工们要考虑清楚，应该如何看待木府，在单位里应该如何工作，要他们通过比较，通过对历史的了解来激发对工作单位的热爱和对工作的激情。第三种管理模式不只是涉及这一部分或那一部分人，而是涉及在木府工作的每一位员工。本来有多种管理模式，但我们选取了第三种模式，放弃了其他模式，这还有点改革的姿态。

我们决定在木府设立一种丽江从未有过的讲解员制。因为我们采用这样的改革措施，才使木府发展到现在的规模。在木府推行讲解员制，这是第三种管理模式最突出的特征，也是它的中心点、它的关键词。假如不推行讲解员制，那么木府马上就能减少30人；少了30人以后，那么管理人员、后勤人员也就随之可削减，加起来就削减了40多人，这样人数就少下去了。现在木府员工近百人，如果减了40多人，就只有五六十人。如果只是五六十人，别的部门也不一定需要那么多人了，这样又可以减少10多个人，最后就只剩40多人，就回到前面说的第二种管理模式了。所以正是因为选择了第三种管理模式，有了讲解员制，才有了我们现在这么多的人员。假如没有讲解员制，那么只需采用第二种模式，就可以坐享其成了。我不断告诫员工，假如大家不好好干，我们就回到第二种管理模式。这种模式在别的单位很常见，以前文化馆有13个人，既要管文化，管全县24个文化站，还要管黑龙潭公园，照样运行，所以木府有30多个人也就可以了。人少的单位，如果你来早点，我来晚点，那是和尚头上的虱子，明摆着的事，想迟到也不行，想早退也不行，别人都看得见；但是人多了，有些就不一定看得见了，管理难度也会有所增大。但我们现在招这么多人，这样做对大家而言却是有利的。通过这样比较，大家心里就明白了，工作积极性都提高了。对现行的木府的管理制度，必须让大家用科学的观点来理解，因为懂这一点和不懂这一点是不一样的，心态不一样，工作态度也就不一样。

我想进一步阐述我们采用的第三种管理模式。第一是设置讲解员制，后来的一切都是围绕着设置讲解员制而产生的。这是第三种管理模式的一个主要的特点。我们的想法是，先把这一模式与古城博物院（木府）的员工们说清楚，我们要管理的木府是想这样管理的，想变成这样的单位。一般意义上的讲解员就是导游，但木府的讲解员不是导游，而是讲解员。木府的讲解员是纳西族文化的传播者，是纳西族文化的研究者，不能与导游混为一谈。我们希望木府的讲解员在社会上有一定的地位，这是我们的初衷。我们从政治上、生活上、经济上关心他们。我举个例子，一般的导游，大家知道需吃青春饭，干了几年的导游，时间一过，年龄一到，就无法端这个饭碗了。这些现象通过丽江多年的旅游发展，已经清楚地呈现在大家面前。我们一再强调木府的讲解员与导游不同，那是为他们负责，为他们的福祉负责，为他们的前途负责。为什么呢？因为是讲解员的话，就不受年龄限制。可能他们都还蒙在鼓里，还不清楚这里面的关系，但这些事，我们想得相当清楚。十多年前，招到木府来的讲解员青春年少，几年之后，没有结婚的可能少了，女大当嫁男大当婚是必然的。但假如是女导游，结了婚以后，还能当多久的导游呢？最多还能当二三年罢了。这些事情在招聘他们的时候，我们就考虑到了，所以在各种场合里我多次说了：木府的这一批人不是导游，是讲解员，是文化战线上的一名战士，是民族文化的小研究员，是民族文化的传播者。这些话有些人在年轻的时候还不能领会，但现在应该能理解了。我当时还说，外国的讲解员年龄可以达到五六十岁，而且人家也相信这些人的讲解，相信他们的水平和能力，我们的讲解员也可以这样嘛。年轻的时候可以靠外貌打动游客，年纪大了要靠你掌握的知识去打动游客，那种打动才更有魅力。所以我觉得，木府的讲解员只有掌握了丰富的知识，了解了游客的心理，再掌握一些技巧，他们的讲解才是最有魅力的。在第三种管理模式里，人员的稳定就要靠这样的方式才能稳定下来。而且讲解员假如能讲得更好，不仅对吸引游客有利，对他个人的事业也有利。这是第三种管理模式的特点。我们采用第三种管理模式的目的就是要把木府做大、做强。

接着我们成立了园林所，成立了图书馆，成立了保卫科，还有后勤部，等等。这些部门各司其职，像一部机器一样运转，互相配合，协同做事，把木府正常运转起来。在实践中，我们不断完善第三种管理模式，使之更加系统，管理更加科学。当时我们就认识到，每一位员工都会把木府当作自己的家，什么工作都会主动承担，不会出现熟视无睹的情况，因为人心都是肉长的。同时我们还想，一定要把讲解员培养得比普通员工更文雅一些，待遇上也比普通员工略高一些。尽管由于体制原因，员工的身份是有些区别，但是同在这一个单位工作，我们就要考虑尽可能地一碗水端平，哪怕对只工作几天的人也是这样。这样一来，员工们都非常勤奋，非常努力，都会像保护自己的眼睛一样保护木府。后面我们又招了一些员工，与前面招员工相比要手续麻烦一些，需要通过劳动局这一关。我们依然考虑到他们的待遇问题，与他们签订正式的合同，购买养老保险。我们绞尽脑汁，对来木府工作的每一位员工负责。

从一开始恢复重建木府我们就有这样的初衷、这样的设想，木府也如我们所愿，逐步进入良性发展阶段。现在通过努力，该由我们完成的方方面面的事情，甚至有些人认为做不到的事情，我们都已经做到了。既然木府是博物院，就要搞研究，这个我们也初步做到了：我们参加了全国性的研讨会，成立了徐霞客学会，成立了玉泉诗社，开展了非常学术化的研究活动。员工方面又怎么样呢？我们的讲解员从社会反馈来看是一流的，应该说大多数讲解员都相当好。但他们也知道，他们在这里通过培训，掌握了以前没有了解过的道理，才讲出了别人没有讲过的东西，而且这些东西在木府里头讲才是鲜活的。外面的导游没有接受过

图 2－1　古城博物院门牌

图片来源：木府提供

他们这样的培训，没有掌握这些文化理论，而且没有木府这样的环境和条件，所以讲得没有木府讲解员好，口碑也没有他（她）们的好。

第二节 木府人事管理探索

我是1995年到文化局工作的，第二年就发生了“2·3”大地震，地震后一个月我们就开始酝酿恢复重建木府一事，并很快立了项目，做了一系列的前期工作。最初在这里工作的只有几个人，1999年木府要开业了，那时人手就大量增加了，从人气和其他方面来看，已经有点像个单位的架势了，木府就是这样一步一个脚印走过来的。1999年开业之前，我们做了一个“冲刺”，邀请当时的丽江县委书记和我们一起到外地考察。在考察过程中，我们提出，木府的土木建设部分完成以后，要很快开门迎接游客。在开业之前，县政府应该给木府一个说法，即单位的性质是什么。那时HZX也有考虑，回来后就与我们多次磋商，又在县委常委会上提出，让我们写报告，把木府认定为一个事业单位，单位名称叫丽江古城博物院，后面打上括号，写上木府。当时文件里就规定了，这个单位属于科研单位，是博物院，所以要搞社会科学研究。但同时它又是一个服务单位，也就是要进行卖门票这类经营活动。所以丽江古城博物院（木府）一成立，性质就非常明确了：事业单位，企业化管理。当时我们同意组织这样的一个单位，是因为社会在前进，到处都在改革，我们认为成立这样一个单位是顺应潮流的，而且这种组织形式既有鲜活的力量，又有激励机制，是很有意思的单位，它可以永葆青春。我认为如果恢复重建是第一步的话，组织单位就算是第二步，第二步还是走得不错的。

但是后面出现了一些新情况。当木府还在搬第一块砖、种第一棵树的时候，我就已经想到这个木府以后会有很大的影响力，会引起社会的广泛关注。但有些人的出发点与我们是不一样的，我们的目的是把木府搞得更好、更成熟、更完善，所以当时就要求我们的队伍要抵住各种风潮。果然在以后的日子里，各种情况接二连三地发生，如在全国推行文化体制改革的大潮下，丽江也被列入文化改革试点地区。当时有好几家文化单位被推向了市场，我们木府也身处其中。一会儿要求成立一个独立的公司；一会儿又说归属于其他公司的名下；一会儿又是其他公司名下的古城博物院，是事业单位企业化管理；一会儿又说博物院是博物院，木府是木府。面对这样的变化，我的心很不安定。知道内幕的员工，也觉得变动太多了，担心木府的前途命运。在这个变动期间，人心就开始出现波动，有门路的人就走了。面对这样的情况，我始终觉得木府是经不起折腾的，因为它还是一个新单位。我坚持原来的观点，该怎么办就怎么办，反正木府是经不起折腾的。如果有人不顾那么多，硬要折腾，那我是会坚持原则的，毕竟它倾注了我们太多的心血。木府在这个左折腾右折腾的过程中，2003 年遇到了区县分设的情况。对木府这个特殊的单位，人们看了一段时间后，又觉得我的话还是有道理的，我要走的路也是对的。举一个最简单的例子，我们木府是个文化单位，文化是它的根基，但是如果直截了当地把它说成是个公司，那么谁会来参观这个公司呢？如果木府仍然是博物院，仍然是文化单位，游客才会来这里感受丽江的文化。所以如果直接把它说成公司，我们的生意就不好做；如果不说成公司，我们就可以像以前一样地做生意，而且这个生意还好做。木府就是这样一个特殊的单位。所以回过头来，大家觉得木府还是走文化这条路比较好，看法也就统一了。古城区区委、区政府对木府的性质认定是掷地有声的，木府的性质也就有了最后的定论。它是一个什么性质的单位呢？丽江古城博物院（木府），是事业单位企业化管理的一个单位，是当前社会上较理想的一种文化单位组织模式。于是区委、区政府正式任命木府的几位同志为行政干部。这些任命表面上看来是几个人的人事任命，事实上从某一个侧面讲，是对我们木府这个单位存在形式的一种法律肯定。为此无论从个人的角度看还是从单位的角度看，都是值得庆贺、值得高兴的事情，因为木府不再让人觉得是个风雨飘摇的单位了。我们很感谢丽江市古城区区委、区人大、区政府、区政协对我们丽江古城博物院的支持。这不是几个人的任命，是一个单位的命脉之所在；院长、副院长谁都可以当，但是第一步是很难迈出去的，我们终于迈出去了。再过三五十年想起这一刻，我都会觉得这个任命是木府发展中关键的一步。

木府人事管理遵守“因事设岗”原则，坚持用工作岗位和职责来确定人员管理，做到明确工作职责，内部协调一致。比如，我主管全院的工作，主要负责木府理论深化和研讨、纳西族文化发掘工作，即在主管全院工作的同时，分管这一部分的工作，以及管一些战略性和全局性工作。木府首先是一个文化单位，属于二级文化单位。假如要再争取、再努力的话，木府的级别还可以更上一个档次。我当院长时，要争取副处级也简单，因为我本来就是副处级干部。但是我们考虑了以后，一致认为争取这个副处级没有多大意思，因为如果定为副处级，来争取这个职务的人就会相当多。如果是为木府的发展来争取职务还可以，但如果是图名图利来争取，木府就要遭殃。我们就是从不考虑个人得失这样一个角度来为木府的发展着想的。我和木府的员工说，在古城区里，木府的地位已经不低了，大家以后要更加兢兢业业才行，这样才对得起古城区区委、人大、政府、政协四套班子，才对得起丽江人民。现在大家可以放心了，飘浮不定的时期已经过去了，我在位期间倒是抵住了，如果以后又遇到这样的波动，继任者也要沉得住气，不要随波逐流，看准的事情一定要做好。当然，我在做这些事情的时候也得到了周围各位同仁的支持，尤其是副院长们，她们表面看起来很内敛，很秀气，强硬起来我都怕她们三分。她们给了我很大的支持，这是我发自内心的一句真心话。

木府的外宣部是直接对外接触的部门，是木府的窗口和门面，所以在人事管理方面，对外宣部的工作要抓得更细、更好。我觉得用严格的眼光来看，现在过关的讲解员最多有十来个，不少人仍是不及格的。我对他们说，我可以等他们成长。要提高业务水平，要不断学习，不断提高讲解质量，要与游客互动，要从细节去认真提高。在木府，老实人不会吃亏，不要投机取巧。当然，木府的对外宣传工作从总体看是一流的，的确他们做了很多工作，木府的良性循环、木府的正常发展与外宣部的功劳有直接的关系。他们工作干得不错，人也不错，关键的问题是如果干了四五年，仍停留在这个水平，就不是我要淘汰你，而是木府会淘汰你了。当然你可以要求换岗位，但是换岗位往往就意味着失业。

现在的确有不少人想来木府工作，木府的编制是有一部分事业编人员，一部分合同制人员，一部分临时工，这是比较科学的。从现在各方面的情况来看，各个岗位人员都满了，不能再增加了，特别是行政事业和合同制那部分。考虑到有些人已经调走，空出的岗位可以补充一些人，但总的来说，这部分不能增加得太多。而临时工那一部分其实也满了，但也还有好几个人想进来，这几个人作为临时工可以进来，但要先交代清楚，不可能转成合同工，让他们自己决定愿不愿干。原因是这样，有些时候旅游业就是泡沫经济，今年来的游客多，但不可能年年如此，万一游客减少，旅游单位就只有裁员，不是我们想这样，而是市场太残酷了。到那个时候人太多了，发不出工资来，不就是害着人家了吗？所以要提前把道理讲清楚。明天的市场是什么样，我们不清楚，如果出现了丽江旅游不景气的情况，我们首先要保合同制员工，裁减临时工，不是我们有意要这样干，而是市场在调节，没有办法。所以在临时工进来之前，我要求副院长们要非常严肃、清楚地讲清规则和道理，以避免“后遗症”。这是木府以后进出人员时要遵守的一个规则，也是木府人事管理中需要动态把握的一个原则。

此外，员工之间各方面的待遇不能相差太悬殊，比如说福利这些不能亏待临时工，其他就按原计划不变。但是不变之中也要有变，合同制员工可以根据工作设岗和有比例的原则，一年适当增加一些工资，就是以给名额的形式，做成档案工资，报给劳动人事局审批。临时工要根据岗位不同来定工资，但总的来说，临时工的工资都要提高，如果以现金的方式给他们增加工资，花完就花完了，所以我们是以给他们买保险的形式来做。大的方案就按这个思路走，不能变动，这是安心工程，人要图未来，不能只图现在，因为人要防老。所以要从根本来考虑这个问题，哪怕当事人暂时不理解也要这样执行。

第三节　木府讲解员制度

木府的性质决定了木府的定位和走向。木府是文化单位，是丽江古城的博物院，更是丽江文化之核心。木府虽是景点，但又不能完全以景点模式运营。如何把木府宣传出去？如何让来访者满意而归？思去想来，我们决定招募一大批人来做讲解员，而且是免费给游客讲解。讲什么呢？

就是讲木府的历史文化、纳西族的历史文化，还要讲丽江的历史文化。

一、第一批讲解员的诞生

在木府的管理中，免费提供讲解是最具特色的。第一批讲解员也不是一来就是讲解员，而是参与了木府恢复重建全过程的一些人。木府主体工程完成后，面临着接待的问题，最初和不断参与进来的员工都成了老员工。可以这么说，他们当中有些人没有参加到第一战役（木府设计和施工阶段），但赶上了第二战役（木府试运行阶段）。木府建设基本完成，接着对外开放了，我们面临的任务就重了，需要快速培养一批讲解员。第一批讲解员是这样诞生的：先从全院工作人员中挑选出合适人选，马上通知他们放下手中活计，开始为期两个星期的集中军训。军训有很多套方案，我们就选培养当将军的那套方案，也就是严格一点的那套方案。整个过程就练坐姿、站姿、走姿，意思是要坐有坐相，站有站相，走有走态，因为搞这一项工作的同志，这些形体方面的训练是比较重要的。不然我们老是要提醒，你的腰杆挺直一点，站久一点，坐直一点。我们的讲解员在讲解的过程中，走的姿势要好看一点，或者说仪表要好看一点，事实上是对客人的一种尊重，所以做讲解员必须军训两周，再加上形体训练两周。军训是为了培养人的毅力，形体训练是为了提高我们的行业服务素养，二者之间就有这么一个关系。

军训、形体训练搞得差不多了，但只是搭了个花架子，里边没有东西也不行。我们需要加强知识方面的积累，特别是对丽江历史文化方面的知识积累。接着抽半个月的时间来给讲解员恶补木府的历史文化课、旅游常识课。木府的文化尤为重要，事实上木府文化就是丽江文化的缩影，互相之间就有这么一个关系。为什么要加强文化课的培训，而且把它放在后面呢？是因为我们考虑到在培养讲解员的过程中，一方面给他们讲理论的东西；另一方面我们准备拿出更多的实物给他们看，还得培养他们的兴趣，包括诸多有关丽江文化、音乐、舞蹈方面的兴趣。这个不能停留在嘴巴上，假如不深入进去，那就是骗人了，成了叶公好龙了。我可以这样举例说明，我从木府里拿出一件国家一级文物来，不说它值多少钱，比如一幅字画，不给游客介绍，成天挂在这里，会有多少游客看这幅字画？80%的人肯定不会注意这幅字画。但是懂行的、有文化修养的、有内涵的人来了，对这方面有点研究的人一见到这幅字画，他就会流连忘返，爱不释手。所以军训、形体训练完了，我们就着重于文化方面的培训。当然，花半个月时间就想培养出一个这方面的专家、文化人，是不可能的，但是反正要有第一步。第一步我们先做这些安排，接着抓机会举办各种类型的学习班。我认为在我们的整个培训计划实现了以后，受培训的人都会变成另外一个人了，他的情操、他的修养、他各方面的东西都会有所改变，甚至对他的人生观、世界观、价值观都会有一定的影响。

学习方法上还要点拨。我觉得如果木府讲解员没有一种板块式的思维，优秀讲解员是培养不出来的；他们只能是背书一样地背解说词，而没有一点点激情。如果有了板块式的思维方式，这里一个板块，那里一个板块，这个板块主要记一点，那个板块又主要记一些，中间用几个线条把板块串联起来，再加上自己的一些语言发挥，他们当讲解员肯定会成功的。

军训回来后，又恶补了文化课程，接着要现场指导接待客人的要领：站就站，不要坐下去；没有客人时，实在站不住了，可以稍坐一会儿。我们会安排一张比较高雅的办公桌摆在大殿的某个角落里，外围安置一块屏风，可以视为临时办公室，去坐一下。但有客人进来了，都得站起来，彬彬有礼，该怎么样做，该说什么，不该说什么，都要把握恰当。假如没有经过这样的培训，到时候他就容易怨这个、怨那个，反正考虑的是我是否能够舒服一点，不会考虑其他问题。反之，到时各方面的能力都培养出来了，各方面的修养素质都提高了，他就会觉得木府讲解员的确应该是这样的。即使钱少一点，也会觉得这个工作很有意思。到时候他会感觉到我们的要求也是正确的，会从感情上、思想上与我们产生共鸣。

有些人对有些东西、有些道理一辈子都不悟，不悟就是不悟；但如果到后面悟了，就会一悟百悟。有句话叫作一通百通，说的就是这个道理。当然，一辈子都不悟的人肯定还是有的。我就是要加强这方面的知识培训，我相信受培训者最终是会进入顿悟境界的。

二、讲解员标准

木府工作无小事，木府管理工作不可断断续续。就目前木府的发展趋势来看，社会上各界人士对木府讲解员评价很高，要求也很高。对讲解员制度，我们一直有清楚的认识并决心保持下去。我认为在全国乃至世界范围内，没有哪一家博物馆像我们一样注重讲解员队伍的建设，我们建立了一支比较过硬的讲解员队伍，独树一帜。此外，我们为什么迟迟没有公开出版《木府通论》？原因之一就是想把木府讲解员的名声先树立起来，之后才出书。总之，许多事情是相辅相成的，木府不设置讲解员制也可以，但既然设置了，就要好好发展下去，只有明白了这一点，我们的讲解员才会珍惜现在的这个工作，同时认识到只要进入了讲解员队伍，就要兢兢业业地做好讲解工作，因为这是一个集体的事业，“一花独放不是春”，人人努力，木府的事业才能更上一层楼。

基于此，经过再三考虑，为充实讲解员队伍，我们决定在丽江面向社会公开招聘 10 名讲解员，作为木府第二批讲解员。经与劳动局协商，他们同意由我们自己完成招聘工作。招聘标准为：

其一，不局限于大学生或研究生，只要是有潜质的，以后能成为一名优秀讲解员的都可以招聘进来。

其二，由于讲解员代表丽江旅游的形象，故招聘时以临场发挥为主，以口齿伶俐，外在形象好，热爱讲解工作为主要考核条件。

其三，所招聘讲解员的男女比例为 4∶6。

其四，所招聘讲解员的年龄界限为 18～24 岁。

其五，同等条件下，纳西族优先、本地户口优先。

招聘结束后，对新聘用的讲解员进行军训等一系列的岗前培训，合格后方可进入讲解员队伍。

三、讲解员素质要求

接下来的问题是提高讲解员的业务水平，该怎么提高，自己也要考虑，单位也要组织培训。提高业务水平的培训，在外宣部培训时间至少要两到三个月。我们准备了一份应急材料，凡是进到木府的员工，不管会不会讲解，都要到外宣部参加培训，再分到其他部门。这样做有利于游客多的时候也可以抽别的岗位的人出来讲解，哪怕只是完成一个引路的作用。游客多的时候，外宣部培训采用的办法还是可行的，能拼团就拼，游客拼团了好像也没有什么意见，不拼反而路都不好走，有时人太多，简直没有办法，应具体情况具体分析。这也是我们在具体工作过程中总结出来的一个好经验。

做一名高水平的讲解员是难的。关键问题是需要入门，但大多数讲解员的讲解在我听起来仅仅是懂一些，真正入门的讲解员较稀罕。入门以后是要一通百通的。除了介绍培训的东西以外，你还可以跟游客介绍木府的石文化、木头文化。像木府的过街楼，说起来可以说得相当风趣，这点实话说我们设计的时候也不知道是啥原因，过街楼的第二层是稍稍的有点矮，但是现在我们只能面对现实了。走到过街楼时，我就最喜欢讲这句："各位注意了，这个房子太矮了，小心会碰着头，虽然是不会碰着头，但房子有压抑感，请稍稍地弯着腰走。"同时再告诉游客，因为我们丽江有一个"见木低头"（因土司姓木）的习惯，实际上碰是碰不着头的，但是因为房子有点矮，行人怕碰着头，所以每个人都是低着头过，体现了"见木低头"的文化。这么一个巧妙的讲解设计，丽江木府的一个特色就自然出来了。以后逢年过节，木府的各种礼仪都要讲解一下，传统的一些活动，如祭祖、祭天、"套比"（一种祭祖活动）等习俗都要讲解一下。在木氏土司家，祭天仪式很重要，那时举行仪式之处在狮子山——一个木土司家专门祭天的地方。以前长辈说过了，遇到阴雨连绵下了几天，一直不停，大家都希望雨过天晴，老一辈人就会说，木老爷他家"套比"要完了，天也该放晴了吧！另外，在纳西族习俗中，一年12个月几乎天天都有一种习俗活动，纳西族节气文化、水文化、石文化、园林文化、礼仪文化等太多太多，这些都与木府有关，都可以讲解。

木府以后会不断招进新的讲解员，对他们的培训不能是见子打子，而要采取一种比较高效的办法，也就是推行师傅带班制。具体的做法是：凡是新进来的讲解员，先要指定一位老讲解员作为师傅，负责带他们适应木府的环境和具体工作流程。新来的讲解员除了参加全院统一安排的培训外，师傅要监督他们的工作，尤其要手把手地教会讲解内容和方法，

图2-2 讲解员培训现场

图片来源：木府提供

让他们尽快适应工作。这样一来，“一对一”的传帮带起到了事半功倍的作用，而且推进了木府讲解员制的日益完善。另外，集中培训讲解员的时候，值班人员就会减少，新人去参加培训，其他值班的人都要辛苦一点，顶替参加培训的人。但这都是相互的。过去在培训他们的时候，也是别人在顶替他们值班的，现在新手来了就应轮到他们顶班了，并且我们把培训时间选在淡季，培训时值班的人少，苦是苦一点，但统筹安排一下谁也不会叫苦，因为再叫苦也没什么意思。

就培训的方法而言，我们把所要讲的内容分解成几个板块，按照板块来进行培训。培训时间是一个星期，早上四个小时、下午四个小时，需要背的内容也要求在这段时间内加紧背。还要加强新讲解员的实践锻炼，外宣部工作重点就在培训上，日常就是把所有资料都准备好。办公室的人也要参与讲解员培训的后期工作，要求他们把该听的所有资料都翻一遍。必须给他们听一听、说一说，这是重点，要不然到了旅游旺季就顾不过来了。总之，我们要求凡是没有参加过培训的员工都要积极参加培训，并对他们强调：这种机会是不多的。

我要求外宣部要善待每一位游客。讲解要耐心，要提高我们的理论水平，端正服务态度。我看一些讲解水平有限的讲解员态度是端正了，我在旁边观察，他们的态度还是可以的。我们总结出几条经验，其中一条是带团的时候要有精神，带完了睡一会儿都可以，带团的时候声音要相当洪亮。我说，你们不知道有这样一个历史故事吧？姓洪的和姓李的打擂台讲话，竞争当最高统帅，本来最高统帅应该是李来做，但是两个人在打擂台比赛的过程中，当时又没有高音喇叭，讲的结果是洪的声音洪亮，李的声音弱小，洪的声音一下震住了对方，最后最高统帅就落到洪的头上。所以你讲得再好，如果像蚂蚁爬走一样，听也听不见，就会一点效果也没有；哪怕讲得不大好，你精神一上来，在很远的地方也听得到你的讲解，就能把所有的游客都吸引过来。所以，我就要求讲解员声音往洪亮这个方向发展。

在培训中，我们主要讲木府的文化理论。我们这套理论是对有形木府的一种说法，它伴随着木府的恢复重建而形成，并会随着它的发展而发展，对于木府来讲，是很有价值、很宝贵的。我们还要求听从总体的培训安排，我们的讲解员不能接触外面的各种说法，只能先认可我们为木府发展提出的这一套文化理论。我觉得尽管是多年了，由于来了新同事，他们对这套理论认识不足，仍然有必要以这套文化理论为主，按照原来的那一套思路来给他们进行培训。有一天我听到一个游客说："还是跟着讲解员走，如果不跟他们走的话，有些地方我们自己还摸不到、弄不清楚呢！"所以说，木府免费讲解是一个独到的亮点，人家还是非常欣赏我们这一套文化理论的。许多人很喜欢我们的这套说法，有些人说："逛木府，就是要听讲解员讲解。"当然有些人不是专门来听讲解，而是来看整个木府的。总之是人上一百，形形色色。但是即便如此，我们也只能是以不变应万变来面对每一个游客。我要求员工心里要想着游客是我们的衣食父母，我们有今天的这种工资收入，是一个又一个这样的游客给予我们的。总之，我们要加强木府的概念，建立木府的文化理论，从各个角度建立木府的文化理论体系，要把木府的所有事情都抓好，包括接待工作、一草一木种植都要做好。

为了便于管理，我们在木府内外都安装了监控，主要监控的是突发事件，同时我们也从监控器里监控每一个团队是怎么带的，我们录下来，如果哪天讲解员带团吊儿郎当的，游客都还在玉音楼她就已经走到三清殿了，千姿百态都会从监控中反映出来。所以每个讲解员都要端正工作态度，提高服务质量。这些措施，对提升木府讲解质量有积极的作用。

外宣部是集体，不是个体。如果个个都讲解得相当好，整个集体的素质和水平也就提高了；但是如果个别讲解员素质上不去，就会影响到整体形象。所以我们就抓整体，要求个个都要讲解得相当好。木府讲解员很容易成为讲解得最好的人员，这是由木府特有的文化理论促成的。讲解木府的文化比较好讲，讲的是那套木府挖掘、整理、归纳的文化理论，别人事先又不知道，你在哪本书里面翻得到？所以人家就会觉得神奇。而且木府有50%的游客来听讲解就不错了！其实另外50%只是走走看看、走马观花而已。假如我是一个游客，我各方面的修养、素质也不错，我也不会是一个好好听你讲解的游客，我也会只是来大概地看看，摆摆架势，大体地了解一下，领略这个建筑群的环境，或者看下这个风景，只会这样看。

多年来，我们对工作安排都是有计划的，这个计划表现在我们对各方面工作提前都有个宏观的安排，这点要一直发扬下去。具体地说：一旦到了旺季，我们就会把分散在各个部门能够兼任讲解员的人员抽调到外宣部，负责讲解和带团，这一点做得好！所以我们每个到木府来的员工第一步都要先到外宣部锻炼一下，把最基本的内容弄清楚，等到游客多的时候，即使在其他部门的员工，也可能要抽到讲解员的队伍中。旺季一般出现在夏天、秋天，那段时间由于雨水多的原因，浇水工作少一点，园林部门的人可以撤到营销部门那边支持一下他们的工作。这就是从宏观角度调动人员、宏观地把握整个木府的运营形式的一种做法。这种做法有战略思想、战术部署，所以这个做法要好好地总结、完善，而且要制度化。一旦形成常规制度，木府每天再有六七千游客来也不在话下，因为这些事情我们在多年前就已经有所准备了！所谓准备，就是员工来到木府之后先说明交代清楚，实在不合适做专职讲解员了再分到其他部门，但是人员实在不够时其他部门接受过培训的人也可以胜任讲解工作。所以说在风云瞬息万变，生意八只脚，神仙摸不着的情况下，我们能以不变应万变。

木府是古城的窗口，是丽江古城的博物院。这里相当于是一个学校，相当于是一部历史长卷，在里面工作的时间长了，能学到越来越多的知识。

并且因为木府是纳西族土司的宫殿，又牵涉到汉族文化、白族文化、藏族文化，工作时间长的讲解员只要肯下功夫，都能成为某个方面的小专家。

第四节 木府待遇

木府刚刚成立的时候，我们就提出这样一个口号：在木府工作的人员，待遇会比其他事业单位的人高出一点。这看起来是在开玩笑，但我认为，木府是丽江的“皇宫”，如果待遇和各个方面都不比周围的人高出一点，就表现不出我们这个地方的霸气！我们的员工待遇似乎开始稍比周围单位的人低一些，但加上各种福利待遇就高多了。现在周围单位员工的工资越加越多，木府员工工资倒有了停滞不前的感觉。总给人这样的一个感觉，好像背离了当初提出的目标。经后来不断地调研、不断地调查，才发现真的是处于这样一个情况。在这一点上，有的员工说收入就摆在这点，你说高，高在哪里？我这个人的脾气是收入多、收入少管它的，目标既然提出来了就一定要实现。有一个主张摆在那点，就一定要实现这个主张！没有钱我借钱也干、贷款也干！我不相信木府连这个贷款也还不起，哪怕是收入低的时候。提高木府工作人员工资待遇虽然只是一个简单的问题，就像建木府时的很多秘密一样，“一破不值半文钱”！但在木府恢复重建规划图拿不出的时候那是要命的！左想也想不出来，右想也想不出来，可是一旦想出来，一通百通就很清爽了。想不出来的时候，这种困局是很难被外人理解的，一旦想开了不过是这么一回事！像木府的工资该怎么办，木府的路怎么走，还不是我们摸着石头过河，收支两条线走，还是需要自己去解决。于党、于国、于自己、于外面的政治待遇（我说的是政治待遇）来说，以收支两条线的形式走比较好！木府的性质是事业单位、行政事业单位定了，尽管后来领导换了一个又一个，相关的政策又是变过来变过去，在这种情况下，后面我们总算是在一个简单的座谈会上悟出来了解决工资问题的办法。是什么？我们的工资表完全可以按照文化系统事业单位的标准执行，我们所有的员工都要执行事业单位的工资标准，只不过有些由财政发，有些由木府自己拿，区别就是这样。木府坚持发年终奖，那个时候有什么钱嘛，都是借过来借过去地发这个奖金，当时“木府有钱”是被人炒作出来的。木府门票收入先是交给财政部门，然后按规定申请所需资金。

我们现在实施行政事业单位企业化管理的模式，待遇也是按事业单位的标准来执行的。这里面出现一些问题：有的人拿着木府这么好的待遇却不跟木府同心同德，比如搞小团体；老是跟我捉迷藏，有时还搞一个小伎俩跟我较劲。有时候每天来木府的游客超过 6000 人，他的心态是“烦死了”“少来几个多好”。难道这是跟我们同心同德？“少来几个多好”，这是什么一种心态？有时哪怕那边是人山人海的排起队，下午 5 点半他就赶紧关门。关键的时候外宣部个别员工就胃痛了、脚痛了、病了，说我们休假补假又怎么了。这些人的做法是对不起木府的。

第二章　木府运营管理

木府恢复重建工程建设接近尾声后，我们就马不停蹄地转到木府运营工作中来。这个过程包括了这样一些内容：增加一些员工，然后在春节期间试营业；加强宣传力度，与多方面记者、报社接触。在这个过程中，我们把握了几条原则：第一，不打商业广告。但我们尽可能地把木府宣传一下，告诉世人有一个木府。我们的态度相当谨慎。当时大家的心情是相当紧张的，就像担心孩子是生下来了，他是否受人家欢迎一样，那时候大家还是捏着一把汗的。那段时间里，门口只要增加了一个游客，大家的心都会踏实一点。那段时间虽然比较短，但我们的心情是比较紧张的，现在总算是走过来了。在那个阶段，人员刚刚组织起来，我们收集的盆景先摆起，各种名花异草刚种上，卫生是打扫了又打扫，简单一些的展览品及摆设先放在那里。大家都在想：木府该怎么接待客人？木府应该要有什么样的一个形象？我个人与木府之间的关系是什么？我在这里工作，但是这个工作该怎么做才做得好？老实说，那段时间木府绝大多数人尤其是领导班子都在探索，都在摸索，大家都在寻找一条在木府如何开展工作的路子。特别是对木府以后如何管理运行的问题，我们领导班子考虑得最多。

第一节　木府运营管理思路

木府刚开始运营时，我们心情非常激动，艰苦卓绝地把木府恢复重建起来了，摆在各位面前，大家会怎么说、怎么看呢？那段时间里，吵吵嚷嚷的，有着诸多的无奈，但也孕育着我们的许多希望和理想。我们是在看，是在观察。虽发现了一些要解决的问题，但觉得应等待适当的机会再解决。在这繁杂的过程中，我们也发现了一些有规律性的东西，看来矛盾与统一是客观存在的。假如没有这个阶段，我简直不知道下一步棋该怎么走。当然，木府开始运转以后，按照一定的正常程序来运营，后面是否还会产生新的矛盾呢？那个是肯定的，新的矛盾和问题肯定还是会源源不断地产生。但是，从木府恢复重建一开始，我们面前什么样的困难没碰上过？比如图纸设计不出来，施工图纸画不出来，招标、投标就无法进行，这些我们都闯过来了；那么大的木料很难找到，最后还是找到了，砍下来了；民居搬迁，要说服老百姓等诸多困难，这些我们还是解决了。就说木府剪彩的事吧，其实木府工程剪彩剪迟两个月什么都可以完完整整的，剪了彩、开了门以后就可以运转了。但出于宣传的需要，政府部门要求提前剪彩，我们也还是满足了这个需要。这些事足以说明以后再有矛盾、再有困难，我相信我们还是都能克服的。

第二节　把脉木府运营状态

在工作中，有的人能把事情做得很好，那是处于上游状态；有的人做得不够好，那是处于下游状态，但毕竟是少数；而处于中间状态的人相当多。所以说，凡是有人群的地方，上、中、下三种状态都是客观存在的。那么，既然是要总结，我们不仅要总结不足之处，也要总结做得好的经验，以便能继续发扬优点。毛泽东说：“我是靠总结经验吃饭的。”他老人家还说：“以前我们人民解放军打仗，在每个战役后，总来一次总结经验，发扬优点，克服缺点，然后轻装上阵，乘胜前进，从胜利走向胜利，终于建立了中华人民共和国。”所以，我们不能丢了这一法宝。

我们有些方面是做得好的。譬如，对外宣传部的那群老职工就是令人比较满意的。在这个战线上，他们一干就是多年，任劳任怨。我也曾经问过有关的同志，大家都有这个看法。那一群老员工真的是经历了风雨、见了世面，经历了坎坎坷坷。但无论如何的坎坎坷坷，他们就像一颗钉子一样钉在木府这个阵地上，就这一点而言是值得表扬的。在木府发展过程中，有些同志走了，有些同志留下来了，而留下来的都是精华。外宣部的那批老员工是很不错的，虽然其中有些老同志倚老卖老，也出现了一些状况，但总体来看，还是不错的，所以我希望老同志们继续发扬钉子精神，希望他们努力做好丽江文化的传承工作。从宏观来看，从俯视木府的角度来分析他们的状况，我自己倒是觉得他们走的这条路是走对了，无须后悔。在他们的工作、生活，甚至是家庭和人生道路上，他们选择的这条道路，不需要有什么遗憾，因为以后的生活只会更好。当然，也希望他们戒骄戒躁，继续努力，起到中流砥柱的作用，他们是木府的中坚力量。这个观点不用隐瞒：木府倚重于他们。

我们的职工食堂也做得不错，他们想尽一切办法尽可能地做出可口的饭菜，保证了后勤。虽然只是做一顿饭，但事实上是为木府凝聚了力量。后勤有保障，大家工作起来心情也舒畅，这些都是相关联的。

此外，更要说道说道保卫科。保卫科的同志们夜以继日，有些同志甚至半年了，我都未见到他一面，因为他长期值夜班，黑白都颠倒了。老是值夜班，也是伤人的，但是多少年来，跑到我这里来反映说“我值不起夜班了，给我换一下白班”的员工一个都没有。而且一旦木府附近有事，那是不用打招呼，也不用打电话，他们就会跑到木府里做自己该做的事情；万一有事，他们就顶起干；如果木府附近有事情，考虑到会祸及木府，他们就主动出击。当然，他们也有做得不够好的方面，但总体来看是好的，所以要表扬。

木府的监控系统相当全面，我只要一打开监控系统，对木府的情况也就一目了然，谁抽支烟、点个火，都看得清清楚楚。有几次我看监控，就是看不到保卫科的人在木府里巡夜。而之前，院里对保卫科的要求是夜间要进行多次巡查的。这的确是令人担心、害怕的。说过这事后，夜间巡查就加强了。

还有一次，监控画面显示，存在着保卫科人员在值班室里玩扑克的情况。当时监控画面显示出值班室沙发的一角，一头只显示出沙发的靠背，有人坐着，但另外一头显示出还放了几张钱。几个人在那里你斗过来我斗过去的场景，虽然没有在监控里显示出来，但我看见了半张沙发，有个人坐在那里，又是摸牌，又是翻牌。脸面是看不清楚，但是旁边还放了几张钱，一会儿拿，一会儿不拿。从那个角度只能看见他的手掌，但那两张钱是能看得非常清楚的。我在会上轻语地批评了这种行为，要求保卫科值班人员不要做这种事情，否则就是知法犯法。后来就没有人在值班时做这种事了。同时，一些不良现象在各个单位、各个部门都存在，我常以举例子的形式警示员工：木府里不要有这些现象，如打麻将啦、打扑克啦，再加一个是不要酗酒，这是我最忌讳的几点。不然，木府人那么多，旮旮角角又那么多，你要躲起来干些不好的事情，就算别人想要去找你，也不容易发现。总之，杜绝这些不良现象还是要靠员工们的自觉。

第三节 运营管理的工作要求

有许多单位都是历史沿袭下来的，如某某局，民国的时候有这个局，中华人民共和国成立以后还有这个局，包括工厂也如此。唯有木府博物院这个单位是新生的一个单位。像历史上沿袭下来的、一直存在着的单位，或是中华人民共和国成立后才有的单位，一晃就是五六十年、七十年了，这些单位有根基，它们的工作有据可依，有章可循，时间越长底蕴越深厚。就这一点而言，木府的工作套路、管理模式，无前人的经验可言，一切都要探索着、摸索着走。木府恢复重建后怎么办？当时的丽江县委书记、县长和我三个人一商量，就说干脆成立正科级待遇的博物院。丽江古城博物院就这样成立起来了。现在看来，木府存在形式比正科级还要大一点呢！不管怎么说，我们业务上是受文化主管部门的领导，那是全国一盘棋，但是真正做起事来，我们又是这样一个毫无经验可言的新单位。

毛泽东有句名言，一张白纸，没有负担，好写最新最美的文字，好画最新最美的画图。木府也像一张白纸，好写字，但是修改别人的东西，吃别人嚼过的馒头，就没有味道。从时间上来说，自木府恢复重建到现在，已经有20年的历史了。在这段时间里，我们不断地总结管理经验。到目前为止，管理层的工作方法和思路更原则化、更理论化了，具体执行工作的员工也有着许多的发明创造。根据工作的需要，我们开始在博物院内设立多个部门，各司其职。如根据工作需要，成立了外宣部、园林所、办公室、后勤部、民研所、保卫科等大大小小的若干个部门。管理层各司其职，一块一块地管理，一块一块地分头做工作，不断地总结经验，员工们也发挥着自己的聪明才智和创造力。经过一段时间，以前丈二和尚摸不着头脑的思路，现在变得越来越清晰，大家越来越明白自己该如何做工作，各部门工作都有进展。我们的管理体制正向着一条有自己特色之路发展，这个特色就是各部门小领导有责任心，有担当的精神，甚至在工作中也有了发明创造。对于这种工作方式，我们是肯定、支持、赞许的。

在这个过程中，有些部门的领导有领导能力，又注意方式方法，发挥得更好；有些部门的领导就相应地弱一点。如外宣部的领导，就很优秀。外宣部，不好管啊！他们的人通过长期的训练，嘴巴又厉害。最初的那批讲解员，社会上的人都说是丽江古城里的人尖子，知道什么该做什么不该做，什么是触犯了底线，什么是不触犯底线，他们都是很“狡猾”的。这样一来，也便于管理了！正如有句老话：与聪明人相处是好处一点的。老实倒是好，但跟老实人相处，不好处呢。现在这个部门新人多了，有好管理的一面，但也有不好管理的事，比如他们有时会变着法儿与你斗，口才又好，又不知天高地厚地要与你吵一吵，有时还要点小聪明。所以，部门领导往往也要根据各方面的情况，与他们“斗”。在这个过程之中，要表扬一些部门领导敢于“斗争”、敢于争吵，坚持该扣钱就扣钱的原则，再吵也如此，今天你没有来上班就是没有来上班，叫你做这项工作，你不做，那就不行，我会把这笔账记下来，没有退让。在这个时候，作为部门领导，假如有放他一马，稍有“何必得罪人呢?”这种思想，那么整个部门就会瘫痪。

此外，在工作之中，一些部门还有一些小发明、小创造。但是其中有些话就说过头了。譬如，外宣部曾向我们提出一星期休息三天。按照国家法律规定，一个星期休息两天。而且有些单位根据工作需要，一个星期只有一天的休息时间。但我们是毅然决然地执行了一个星期两天休息制的。所以提出一个星期休息三天，那是触犯法律的，是不成熟的提议。当然，有时候可以灵活机动地处理。譬如，春节期间游客数量激增，员工实行加班，之后我们实行补假制，这就是灵活机动地处理问题嘛！遇到天灾人祸的时候，各分管领导、部门领导灵活机动地处理工作问题，对此，我是很支持、很赞赏的。假如某一天参观游客数量相对有点少，在这种情况下，估计一下是否能够应付后，可以留下几个讲解员带团讲解，其余讲解员则在下午按时下班，这也是允许的。这都是下属部门的发明创造，五花八门，对此我们用一分为二的观点来看待这些发明创造就好了。

我记得，有一年游客多的时候，外宣部还是有人吼吼叫叫的，但是也有“累是有点累，但坚持得住；累一点也是应该的”这样的一些话。我希望大家以后不要再有“累了，我可以借这个机会发言，向领导提出我的一些要求和条件”这样一种心态和架势了，那么我们的工作就可以做得更好。当然，平时在工作松一点的时候，员工有事时请假是可以批准的。这是外宣部的例子。

我之前举例的保卫科的领导则较有权威性，一呼百应，有什么事大家一起上，大有军事化管理的风范，让我们很放心。当然，他们对家中有事，父母亲生病需要照顾，需要换白班晚班的员工的情况，可以灵活处理。若警力不够，可以随时向我们提出。总之，群众有很强的创新能力，再加上上级的支持，我看木府的管理会越来越灵活，越来越制度化，越来越有据可查。

办公室是综合的核心部门，平时应该到各部门去看一看、说一说。办公室值班时，中午时分应在有人的前提下提前吃完饭或者把中午饭打过来吃，不能关闭办公室的大门，否则就会导致整体运营不顺畅。办公室要形成一套规章制度，特别是关键时刻要抵得住，不能以个人利益为大。比如，这个星期轮到你值班，而你恰恰有事，却偏偏换不了班，也请不了人值班，那么你就得牺牲个人利益，顶起就顶起得了！

从长远发展来看，作为丽江古城博物院，木府应该设有民研所这样的部门。说实话，木府门票收入是取之于文化，又用之于文化，反哺于文化的。这些年来，我们用于文化事业的资金每年都有上百万元，那是用于反哺文化；我们就是靠着文化赚钱，所以应反哺于文化。比如有些文化名人要出书，经济困难，木府给予一些资助，这也属于木府反哺文化。不仅如此，包括为员工买民族服饰等，我们也认为是属于反哺文化。在反哺文化方面我们舍得花钱。我曾跟园林所所长说过：“若有有名的盆景，我肯定会买，把名木古树都请到木府里来，是为了体现木府的文化内涵。”我觉得这也属于反哺文化。但他却说“没有找着”。我说：“那是你不会花钱。我这里有预算，但你却无法把钱花出去。”像民研所想搞个什么文化项目，或者想出去一趟做些文化考察，都可以提出来。哪怕只有民研所所长一个人去做文化考察也可以。更何况木府还有那么多人，“这一次想带几个人去考察”的要求随时可以向我们提出来。表面看民研所只有一个光杆司令，但其实木府100多个人都是民研所的兵呀！

记得有次在昆明，于荣光、蒋晓荣请我吃了一顿饭。席间，他们就提出这样一个问题：“以前，大理的一部《五朵金花》就可以吃半个世纪，但是在现在信息相当发达的情况下，一部《木府风云》也要吃半个世纪是不可能的，很快又会被新的电视剧取代。”简而言之，他们的意思是要有忧患意识。我觉得，这个问题提得相当好。所以，我设想在《木府风云》在社会上已经渐渐有点冷下来的情况下，在木府发起新的一次冲锋。冲锋，去做什么呢？去做以我们为首的大量的宣传《木府风云》的工作。这些工作是多方面的，有些是靠宣传部门、电视台的宣传，还有一个是要靠我们木府展厅的展出。在我们的展厅里，要高档次地组织宣传《木府风云》，包括介绍拍摄始末、展出演员照片，等等，再掀起一次宣传《木府风云》的高潮，掀起大浪。

有比较才有鉴别，我一直强调要向优秀的人才看齐。木府有好几个讲解员的讲解水平是一流的，你到全国很多名胜景点看看，就显出木府这些讲解员的水平了。我要求员工要向她们学习。还有一些讲解员的讲解水平比较差，还需要不断努力学习。在这个方面，我有个想法：以前老的那批讲解员经过我的多次培训，讲解水平已经很高，后来由于我精力有限，很少亲自出面培训，都是靠她们自己去提高。当然，这也不失为一种办法。若要长期运作下去，也只能采取自我提高这种方法。但是，我觉得再亲自出面培训几次也还是需要的。总之，和讲解员们自己提高相比，与我出面培训还是有差距的，而且差距还不小。其实，平时在工作中，我号召讲解员要背诵《〈木府风云〉剧本修改建议书》《木府春秋，此消彼长的民族大砥砺》等文章，就是想给他们打基础。我认为基础打好了，接着我再做培训，就更加容易产生互动，更加容易融会贯通。

木府早上的点名制相当好，这个规矩要持之以恒；全院早上卫生大扫除工作也要坚持，不要流于形式，要真真实实地去干。这些好习惯在治家格言里也有，我们完全是按照一个院落的治理方式来做的，这些东西永远都不能丢，我们要把这些看作是木府最宝贵的传统。

第四节 疏通关节 展望未来

木府的销售是由这么几块组成的：一是文化景点销售，以出售门票的形式来完成；还有一个是在里面做商品展示与销售，这是第二种；第三种是以租赁的形式，木府与乙方建立一种合同关系。目前，木府最主要的销售是采用这三种方式。文化景点销售我们抓得比较紧，它是关键的一块。门票销售这一块的组织形式是这样的，当时我们定下了规矩，愿来者就来，不愿来也不勉强。其实这也是一种销售方式，“酒香不怕巷子深”。这种销售方式有些什么技巧在里面呢？比如门口来了100多个人，想进不想进的，我们从内心来讲是想让他们进来，但是如果去拉、去拖，他们不一定愿进来；但在他们犹豫的时候，我们做出你愿来就来，不愿来也不勉强的样子，说不定反而会打动那100多个人的心，他们可能还会进来。总之，我们有清醒的认识：木府是文化部门，又是丽江古城博物院，不能只盯着游客数量。

我当时有这样的一个感觉，很多旅行社没有一个长远规划，都只看重眼前的利益，能把游客带进来就带，带不进来就算了，能挣多少是多少。我说的长远规划，比如5年后木府怎么样，10年后又会怎么样，工作人员需要多少，老中青所占的比例是多少，他们的工资、福利是多少，今年的收入计划是什么，明年的收入计划是什么，以后要达到怎样一个目标，讲解员要培训到怎么一种程度，等等，这些都属于长远规划。按正常的做法，旅行社也应该多做考虑，比如有10个景点，最值得去的是哪几个，可参考的是哪几个；今年的收入是什么情况，明年要如何发展。那就是长远计划。但目前旅行社和导游很少做这些考虑，因为他们很多人的工作都是临时性的。我们面对着这样一个充满着不确定性因素的旅游市场，只能分析清楚以后去适应。通过我的经历，我概括出旅行社的一个特点：很多情况下，他们只是做一笔生意而已，而且这一笔生意也不是全心全意地去做，他们没有一个远期规划。所以对我们木府这样的单位来说，如果也像他们这样做，就有点麻烦了。我们应该好好考虑怎么办，有些导游不进木府，并不是不想赚钱，但是游客不进，他也就不推了，赚得到就赚，赚不到就算，就是抱有这种想法。针对这种情况，我认为我们第一要与他们搞好关系，让他们带游客进木府。所以我专门派一位副院长与他们广交朋友，搞好外联。另外，就是我们的讲解员仍然要坚持宣传“不到木府等于不到丽江”的理念，不一定要赤裸裸地讲，可以换一种方式，但必须要讲。

木府内部的生意必须遵守一定的规则，一旦违背，则坚决取缔。三清殿、茶室的房租都不高，我们就是怕高租金会转嫁到游客身上，最终目的也是为了保护木府的形象。否则，有人愿出高租金，但我们都不同意租给他。我们还要教育各经营户的员工，该整改的必须整改，而讲解员更不能“助纣为虐”，否则这种隐性的行为比拿起斧头砍木府的柱子还有害得多呢！必须杜绝。

木府当年投资不过5000多万元，现在几年的收入就可以再造一个木府了。再这样过一两年，木府门票历年的总收入差不多就会达到两个亿人民币。当然现在每年有几千万元的收入，老实说开销也大，也是所剩无几。“蛇有多粗，洞就有多大”。木府门票收入是丽江人民群众的收入，作为木府人，不该拿的就不要去考虑，没有意思，“人心不足蛇吞象”啊，拿了钱还会出问题呢！全心全意为大家，为纳西族历史文化服务是我们的一项任务。那么这个任务怎么落实呢？一个是园林、保安等所有部门要好好做工作，但是最直接的就是外宣部的工作要做得更好。游客多的时候，要灵活一点。比如说，马上要关门了，但来了几个旅游团队，可以等一等再关门嘛，多有一个人进木府就多了一个宣传丽江文化的机会。不仅外宣部、售票室要有这种理念，各个部门都要有这种理念。

木府100多个员工都属于一类事业单位的人员。北京故宫博物院属于一类事业单位，木府也是属于一类事业单位，但是，报纸上也有报道，说是因为木府没有进行文化体制改革，所以工作上比较被动。那么木府应怎么改革呢？改成股份制吗？这个我们坚决不干。我觉得我们给丽江人民就留下这么一点东西了，所以，我们坚决不能听社会上的这种舆论，自己走自己的路嘛！

总之，木府员工是一群掌握着丽江文化最精华部分的人，以前不被承认，现在越来越被人们认可。我们木府不只是在本地有影响力，现在凡是有纳西族存在的地方，都认同木府，认可木府。这就说明木府所取得的成就是非常辉煌的。木府所做出的贡献是对一个民族的贡献，而且这个贡献同样被周围很多人认同，人们都说木府是丽江的窗口，功劳很大。所以我对员工说，我们要同舟共济，一起努力，一个人都不要落下，去创造更大的辉煌。

第三章　木府效益管理

丽江古城博物院（木府）的性质、工作任务在前两章中表述得很清楚了。其实，任何一个单位至少都要追求一种效益。木府的单位性质决定其既要追求经济效益，又要追求社会效益。那么，木府该如何来实现双重效益呢？这又是木府管理工作中的核心问题之一。

第一节　大环境决定小环境

木府的淡季和旺季是相对而言的。说是淡季也不是绝对的，但比起7、8、9月份旺季的话还算是淡下来一点了，但现在就是淡季平均每天还是有上千的游客进入木府。

最近，按照观察员和记者的说法，丽江旅游市场有寒流入侵的意味。新的《旅游法》（2016年10月11日）出来以后，好多旅游单位可能要重新洗牌了，这类舆论相当多，说法也相当多。有些演艺公司开始调整票价了。观众少的时候就由演三场变成演两场，或者就变成演一场，甚至有些时候只演一场观众还是不足，就送票，图个热闹。有些演艺公司干脆就停演，停演了几天后他们就担心了，说是再这样下去演员们都要改行了。然而，我想木府有一天哪怕是没有游客进来了，我们也要坚持下去。决心已下，不容心猿意马了。丽江旅游业正面临一次严峻的考验，在这种情况下，我们的心也是七上八下的。当初也有不少人这样说，有些游客来丽江，无非就是来看一场演出，不是来看什么，话都说到这个程度上了，我们不免忧心忡忡。国家颁布新《旅游法》后，有些操作要求必须是规范的，我们不免担心，感到我们过去有些操作是不够规范的。总之新《旅游法》出来之后，很多旅游公司就有点招架不住了。

木府开业后，开始几年收入最多时候年收入就有800多万元，少的时候就只有三四百万元。刚开业的时候，年收入三四百万是情有可原的。

之后每一年木府的收入呈现出稳步增长的态势，经济压力也有所缓解。然而，丽江旅游局推行“大玉龙”① 后，此后几年木府收入再度下滑，到最后是连400万元都达不到了。那时，我们就坐在那里，表现得非常淡定，克服困难嘛。我们议论最多的话题是，木府反正就是不搞商业性宣传，商业性宣传没有什么意思，也不急于像“大玉龙”一样推销自己。我们不急，我们就认一条死理，那就是“酒香不怕巷子深”。但是这个酒要香，关键的问题是我们要把自己的工作做好。工作做好了，就算目前虽然冷清一点，但以后总会有热起来的那一天。面对着一年只有三四百万元的收入，包括房租费等等都包括在我们的那些支出里面的时候，我们坚信自己选择的路，相信自己能笑到最后。可以说在那一段时间里我心里真是酸、甜、苦、辣都有，但不变的就是对木府的一片赤诚。说实话跑遍全国后，我感觉到像木府这样的景点简直是找不到了，木府的模式是全国旅游业态的一个亮点，这样好的一个地方总有一天会被大家认识的。

当时从全区域旅游的角度来看，我们应该是担心的；但是从局部、从木府的角度来看，是不必要有这方面的担心的。所谓“大玉龙”的组织形式，就是把所有的景点拴起来，把木府排除在外。有些游客提出要进木府，有的导游就说木府是新修的房子，没有必要进去，房子哪里没有见过？甚至说出这种不友好的话。正因为如此，许多游客就没有机会进木府参观。对此WJZ曾指示，说是旅游局要组织人去木府参观，木府是很值得去的一个景点。在最困难的时候，我仍然很看重木府，甚至放下话：只要木府存在，100年以后照样收门票。记得有一次，旅游局某位领导安排了几个人来找我，莫名其妙地疯起来说是要承包木府，一年给五六百万元。当时我真是恨不得把他们轰出去，那种话都说得出来！简直是无法用语言来表达我的气愤了。木府的资产是公家的，木府是在旧址上用公款建起来的，也早已被认定为事业单位，怎么能成为私有财产

---

① 丽江市政府把玉龙雪山附近的著名旅游景点整合后成为大玉龙旅游景区。大玉龙景区包含玉龙雪山5A级旅游景区、玉水寨4A级景区、东巴谷生态文化园3A级景区，以及东巴万神园、东巴王国、玉峰寺、白沙壁画这四个景区。大玉龙旅游景区联票价格为230元/人，票价包含玉龙雪山、玉水寨、东巴谷、玉峰寺、玉柱擎天、白沙壁画、东巴王国、东巴万神园8个景点的景点门票，不包含索道、环保车、丽江古城维护费等项目。

呢？怎么就变成私人拿来赚钱的工具了！这是打着“改制”“承包”的幌子，想把公有资产变卖为私有资产、损公肥私的阴谋，如果它能得逞，木府就不成其为木府了。

就说木府吧，要是没有这个“大玉龙”，早就红火了嘛！一想起这些坎坎坷坷，我的心里就五味杂陈。但现在我们却站起来了，我对木府的变化和发展感到十分高兴，而且木府的变化是很符合法律法规的要求的。木府为什么可以发展到这种程度？原因就是，我们对木府的管理、对木府的设想始终是本着既定的原则来做的，那就是一心要把木府建设得更好。

当然，木府的变化发展与《木府风云》电视剧热播有着千丝万缕的联系。但是我相信即便是没有《木府风云》，新《旅游法》出来了，木府仍然可以健康、持续地发展。在其他景点、演艺公司营运不佳，效益全面下滑的情况下，木府异军突起，收入不仅没有下滑，而且比过去增长了。木府现在就是处于这样的一个情况。为此，我们也悟出了许多道理。所谓道理就是，我们是文化人，不能只讲经济，文化的事情来不得半点的虚假，而且也不能急功近利，文化这个东西是要实事求是地看。当我们遇到困难的时候，要看到光明、要看到希望，同时，总目标不要放弃。尤其是在最困难的时候，要透过现象看本质，相信是金子总会发光的。一路走下来坎坎坷坷，从中可以悟出的道理相当多，就像是在办一件事一样，办了以后有些东西值得总结，总结的目的是要激励全体员工，把木府的事情尽力做得更好。我对员工说，航行在大海里的帆船，总不会是一帆风顺的，难免会遇到小风小浪或者大风大浪。要历史地看待木府，对木府要有一种信仰高度。木府人只要这样坚持下去，哪怕以后再遇到比前一段时间还要大的困难，我们都不怕。木府已经摆在这里了，木府的航船就会一直勇往直前，有些时候难免会遇到风浪，不是说以后就一帆风顺了，世事难料，但要有既定的方向，不要左右摇摆。有信仰和没有信仰是不一样的，有这样一个信仰，木府才会走得更远、走得更长久。

比如木府搞工资改革。人家导游队伍已经辞退了多少人，景区又辞退了多少人，都是因为发不起工资，现在正处于这样的情况。丽江主要是吃旅游这碗饭的，丽江面临着很大的困难。而在这种情况下木府还在进行工资改革，改革力度还相当的大，工龄工资加进去再加上事业编制的那一笔，是不是超过公务员的工资啦？我们不是跟事业单位比、跟公务员比，但木府员工工资确实是跟他们差不多或是略高过他们一点了。所以木府人要珍惜自己的机遇，把工作搞得更好。

面对着丽江旅游面临考验这样的大环境，我们不断地思考着木府的潜在风险。世界上什么万一都可能会发生。但是我们也相信，只要我们以木府为始点，更加全面、更加深入地发掘、整理出纳西族的历史文化，并通过讲解员的讲解宣传出去。文化的魅力是无穷的，木府的魅力当然也是无穷的。我们想，这就是丽江古城博物院（木府）的价值所在。

第二节　双重并举的效益管理

自从电视连续剧《木府风云》在央视八台、一台热播以来，木府被全国人民认识并认可。如今，《木府风云》不仅在国内形成巨大的影响，就是在国际上的声誉也与日俱增，已被翻译成多种语言在近 70 多个国家播放，其影响之大不可言喻。在这种大环境下，木府的形势和前景一片光明，2012 年仅仅开馆 9 个月，门票总收入就达上千万元，与 2011 年收入相比，翻了好几番呢！不仅如此，木府的政治地位、社会地位、文化地位也随之蒸蒸日上。总之，木府总的就是这样一个情况，即《木府风云》播出前，年收入只有四五百万元，播出以后就进入千万元的新阶段。

随着游客越来越多，木府的矛盾就涉及工作量的问题，突出表现在外宣部。外宣部每天面对大量的游客，从以前接待数百人到现在将近几千人的游客量，这对我们而言是一个很大的挑战。对于这个挑战，我们之前就预见性地考虑过是增加职工数量还是另谋策略等这些问题。后来，经不断探索与实践，面临着的问题都已经得到解决，工作已步入正轨。

就是在这样艰辛的发展历程中，我们成功地恢复重建了木府，并且建立了一套完整的木府文化理论体系，让自己的讲解员宣传木府，然后有一本书准备出版，还拍了一部电视连续剧。的确，看到木府这个情况，想拍以木府为题材的电视剧的人很多，但为什么于荣光、蒋晓荣他们就能成功呢？那是因为他们很有耐心，也很有信心。那时，他们也拍其他片子来维持生计，但就是始终放不下《木府风云》这部电视剧，写了第一稿不行就改，第二稿不行再改，几易剧本。我曾经与剧作家三天三夜促膝谈心啊！最后，《木府风云》剧本就是根据我跟剧作家讲的故事而组织创作出来的一个剧本。我觉得那一版本写得相当成功，史诗般啊！但估计拍摄经费至少要二三亿元之巨。而当时我们连100万元都拿不出来，怎么去拍二三个亿元的电视剧呢？剧组也没有这笔资金，但他们就是舍不得《木府风云》，为此继续改，可结果是越改越糟糕。当时连丽江市委、市政府都提出换人，让另外的人来拍了，但我们认为大家已精诚合作十来年了，非常有感情了，觉得不能换另一拨人来拍了。记得最后一次的《木府风云》修改研讨会是在金沙滩酒店里召开的，会上提出，实在不行、实在拍不下去的话就要另起炉灶了。其实上述这个版本是可以了，但苦于没有资金又不敢贷款来拍。最后没有办法，我们自己只好赤膊上阵，根据前面修改的剧本重新写了一个详细的剧本修改建议书，让剧组按此修改剧本，进行拍摄。所以，《木府风云》定稿的主要依据就是我们的剧本修改建议书，即《〈木府风云〉剧本修改建议书》，这部电视剧就是根据这份修改建议书拍摄出来的（所以我们把《〈木府风云〉剧本修改建议书》称为最原始的剧本）。记得当时于荣光还说，你们塑造了很多人物啊！包括剧中的西和，西和原本叫和西，也是我们在修改建议书中放进去的，若没有西和这个人物，则整个剧本就只剩下木青与木隆的兄弟内斗。自古以来纳西族就没有兄弟相斗的规矩，为了避免窝里斗的结局，安排了西和这样一个反面人物，让剧情产生新的矛盾与情节，将剧情推向高潮。阿勒邱，可以说更是我创作出来的一个人物。在纳西族语言里有阿勒邱这个词，但不是指一个具体的人物（当然民间也还有一些不大相同的说法），而目前99%以上的丽江人都已经忘记了阿勒邱只是一个词这一说法了。现在，阿勒邱成了纳西族的一个活生生的人物。不仅如此，剧中还原于生活又高于生活地塑造了徐霞客这一人物形象，我们不方便说的话可以叫他来说嘛！再如服装，我们认为世界上任何一个角落里最好看的服饰都可借用、吸纳到《木府风云》中，然后形成木

图2－3 西和剧照
图片来源：木府提供

府的一部分文化因子。记得在《木府风云》拍摄之前的座谈会上，服装师、设计师、导演均提出，根据剧本，要开始准备拍摄《木府风云》了，但翻阅了大量的历史资料与档案，都没有找到有关明代丽江服饰的历史档案，那么《木府风云》中的服装要按此设计来拍，行不行？我说行，因为大家都没有见过明代的丽江宫廷服装嘛。结果，在《木府风云》开播之前，又发生了一个插曲。有人说要像别的电视剧一样在片头打上“本故事纯属虚构”的字眼，对此我很生气。我说，这个剧本融会了我们几十年的研究成果，里面写的东西是建立在信史基础上的，是还原了历史真实的，难道能说都是虚构的吗？《木府风云》情节和细节可以有艺术的虚构，这是艺术法则，但若说成“本故事纯属虚构”，尤其是“纯属”二字，那就说明《木府风云》全为虚构，成了单纯的商业片了。而《木府风云》若仅仅只是商业片的话，那也只落得多卖几张门票而已，对本地区的历史文化发展不可能有多少积极的影响。若对本地区历史文化发展没有多少积极影响的话，那么故事情节也只是逗人一笑而已，就会成为昙花一现的东西。所以，尽管《木府风云》的剧情和细节可以艺术化加工，却不应说成是“纯属虚构”的。后来就没有在片头打上这些字眼了。

此外，《木府风云》的原始剧本一直被我们收藏在档案柜中，不曾公开，我看在内部可以拿出来了，但切记：其一，剧本的公开与剧组没有半点关系，只想表明写作过程是以我们为主，而剧组是按照我们的意图来创作的；其二是要鼓励大家，在木府提升一种精神，修炼一种品质，树立一种信仰。同时，我们要感谢于荣光和剧组。我们借于荣光之手拍出了《木府风云》，从而使木府得到了全国乃至世界上很多国家人民的认可。在《木府风云》拍摄过程中，我们教育员工说，我们是主人家，剧组是我们请来的，要好好对待他们。另外，我还与于荣光讲，你们拍了那么多的电视剧，只有《木府风云》出名了，因为《木府风云》成功了，你也出名了，你们的电视剧《劝和小组》才能登上央视一套。对此说法，剧组也深深地认可。

回忆往昔，恢复重建木府，形成木府文化理论，拍摄电视剧《木府风云》，历经 12 年的努力，终于修成正果。记得 2011 年上半年单位发工资时，我们困难到写借条来发了！其实，你说谁不想多找点钱，但任何事情都有高潮有低潮，有高峰也有低谷嘛！在此期间，我们不断努力，稍有起色，结果“大玉龙”一来，又落入了低谷，那段时间，我们心急如焚，心里很难受啊！后来我们借助《木府风云》的热播，门票收入终于又提高了。所以，走这条文化之路不容易啊，中间布满了多少荆棘，走过了多少坎坎坷坷，但我们始终相信木府有朝一日会崛起。

按理讲，在丽江的景点中木府应该是不错的，《木府风云》热播前，上网一查便可知木府在丽江景点中排名第七。在木府发不起工资，遇到困难的时候，我们还是尽心尽力地积极宣传木府，扩大木府的影响力。我们不仅借江阴徐霞客之口宣传木府，有一次我还借与 WJZ 书记去湖南出差之机会积极宣传木府。那次回来后，丽江市政府发了文，文件中指出木府很有价值，要求旅行社把游客带进木府参观，把木府当作到丽江必游的景点。

木府旅游人数不断攀升，带来了经济收入的增加。我经常在木府里头走走、看看，原来的木府，再加上自然力的作用之后，我都感叹连我本人都已经记不清楚它本来的面目了，一切都在往好的方面发展。走遍全中国，类似木府这样的景区、木府这样的古建筑群很少有了。所有著名的景区我都去看了一下，这是一边看一边与木府作比较得出来的结论。

最初还没有把木府如何持续发展这个问题提出来的时候，我们心里面就这样想，木府本身的景点质量是可以的，木府本身的基业是这么来的。我们不急，只要埋起头干，相信总有一天，参观的人会多起来。创作一部《木府风云》，我们就整整搞了 12 年。创作《木府风云》事实上也就是想借用拍摄这部剧的一种形式，把木府宣传出去，现在我们得到了想要的效果。在最困难的时候，在不知道该哭还是该笑的时候，我们的心态是这样的，我们也是这样宣传的，我就这么说：当年，木氏土司连徐霞客都不让他进木府，你现在花一点小钱就能进木府了。现在我们是困难一点，以后呢，不是那个人，我们还不准他进木府呢。我讲这个话时，是流着眼泪讲的，因为当时丽江旅游业推行“大玉龙”，木府自身的压力、旅行社的关卡，所有对木府不利的一系列措施，让木府很快又卷入困难的旋涡里。但是越在那个时候，最要紧的是越要有信心、有决心，所以那个时候我们就讲了，以后总有一天，木府会发展到要限制游客量的程度。至于什么时候才能达到这种程度呢，我也说不清楚，但是为了稳定人心，我就这样讲、这样说。在困难的时候，我们就埋头先把自己的事情做好。我们就这样一路走下来了，走到今天，我觉得是到了一定的境界了。走到这个境界是不容易的，回首往事时我想得相当多，越是在形势大好的时候，我觉得越不能够忘记历史，忘记了历史就意味着背叛。就因为这样走下来是不容易的，所以应该更加珍惜今天，然后一定要坚信能把木府的事业做好。来木府参观的游客数量到了高峰的时候，我不断地告诫大家要努力，不放弃任何一个细节，该做的事情一定要做好。总而言之要戒骄戒躁，关键时候各个部门要协同作战，越是在关键时候越是要形成合力。木府以后的路怎么走，我们有我们自己的决定，就是坚决不能受外界的干扰，坚定地把我们的路非常完美地走下去。

像事业单位认定的问题，我认为可以参考北京故宫的模式。北京故宫走一条什么样的路，我们木府也就走什么样的路。不是非得要与故宫比什么，不是这个意思。但是从一个人口数量相对较少的民族的角度来看，可以做这样的比喻，这样走下去，我估计上面不会走错，我们就自然也不会走错。这就把握了正确的政治方向。恢复重建木府本身包含了许多的政治艺术，有些时候，我说木府是搞政治文化，因为虽然是搞民族文化，但是一开始木府的地位就是与王府联系在一起来定位的，所以说你能离开政治、回避政治吗？不可能。假如当时木府不讲政治的话，木府能否走下去就有点难说了。我们在木府的大门挂“凤诏每来红日近，鹤书不到白云闲”“诚心报国”等匾联，就是在把握这个东西。有一次，中央督导组到木府来，我们就拿出《木府风云》给他们看，马上就把中央督导组的领导们都说服了。他们能讲什么呢？还能批评我们什么呢？那一次我的感触很深。那么多的大首长到过木府，他们都觉得木府是很能把握政治分寸的。所以说，在这些问题上我们都处理得相当好，不是我自夸，我们讲的是总体把握。

再比如，一开始，我们就满怀希望，看到前途，包括当前执行的木府员工福利政策、工资政策，我现在回想起来，觉得这步棋我们还是走对了。因为当年我就说，木府的员工待遇要比丽江其他文化单位员工要高出一些，不然就不是木府人了，不然就与木府的地位不匹配。现在，这个问题已经解决，员工们得到了福利，同时我们也树立了木府的威望。

木府假如谁想卖出去的话，首先来找我得了，但是这个目的是永远都不可能达到的。卖了木府，木府将会何去何从？将与我们建木府，以丰富、发展纳西族文化的初衷背道而驰！木府是我们一辈子努力的结果，我相信木府的领导层也有这样一个心态吧！木府只要存在一天，没有被卖掉的话，100 年以后都可以照样收门票。有些时候，我也在想，假如我们再努力一把，再调整一下，再壮大一点，估计一年收入 5000 万元都没有问题，两年就一个亿，这么巨额的收入，去哪点拿？但后来还是决定采取稳妥一些的做法。我相信我们一路经历的事情，的确是经得住历史考验的。

再谈谈另一些话题。一个单位，有积极的员工，有不积极的员工，还有消极的员工，都会存在于这个单位里，所有的员工都相当积极是不可能的。而且只要有人群的地方，一旦出现一些事情，总会有左中右的看法，完全要“一刀切”那是不可能的。这个要承认，不承认的话，你反而会活得很累，也会自相矛盾起来。只要有人的地方，都会有这么一个情况。然而消极可以变积极，原来积极的也可能变成消极，原来的

“左”可能会变成“中”，原来“左”的也可能会变“右”，原来“右”的也可能变成“左”的，事物都处在变化之中。这就是矛盾变化规律。没有矛盾就没有进步，也就没有前途，也就没有大家团结起来的那一天。我认识到，以斗争求团结就能够实现团结，以迁就求团结就会导致四分五裂，达不到团结的目的。

毛主席经常教导我们，政策和策略是党的生命。在人事安排上我就很讲究策略。如在安排某个人到某个岗位的时候我心里都有数，这样安排他是否最合适，那个是我必须考虑好的。有些时候，有些人是一定要养起来的，这也是出于策略的考虑。有些时候，他不想干，我都要给他设“圈套”，给他进这个“圈套”里边去。这里不是具体地指某个人、某件事，我是从理论上来讲的。我认为这样做反而会有利于木府的长远发展。另外，我强调中层干部不能脱产，更不能脱离第一线。

我对员工，尤其是外宣部的员工，明确地提出几条高压线，绝对的高压线。一个是拿回扣的问题，谁拿了回扣谁就永远都被钉在木府的耻辱柱上。千里之堤溃于蚁穴，我们基于这条高压线的考虑，把一些人调到卫生组，有的人还想不通，以为是凭自己的本事拿钱的。我认为，木府的讲解员，你以为离开了木府，你还会是优秀的讲解员吗？你会比其他的导游好到哪点去？你的讲解只是一种特定环境下的操作行为而已，离开了木府你能起多大的作用？

我把木府摆在这里了，历经12年还创作了一部《木府风云》电视连续剧，我不断地鞭策自己，不断地要求员工们把木府不断地完善，大家一起努力。现在的木府是整个木府人一起努力的结果。当然领头羊有几个，你无法抹杀他们的功勋。

外宣部因为职责所在，我要求他们把《〈木府风云〉的修改建议书》背出来，其他部门的职工，特别是部门领导都要求背下来。为什么要求背这个？因为丽江大概的情况都浓缩在《〈木府风云〉的修改建议书》中，脉络和主线条都写得很清楚。通过背下来，丽江的文化就一目了然了。再把纳西古乐啦，东巴文化啦，一把一把抓进去就全面了。以后讲丽江文化，你可以闭着眼睛就讲了。而不背诵这篇文章的人，说不定讲解的时候会忘记内容，很多重要的信息就讲不出来了。

还有一个是，外宣部的学习不能停止，到一定时间就要继续培训一下。举个例来说，当时木增是几品官这个问题也需要在继续培训中讲一讲。有一天，有个讲解员提到木增是五品官，我听了都不好意思了。一位中央领导就这个问题曾与我争论过，木增究竟是二品官还是三品官。领导觉得应该是二品官，我觉得是三品官。还有一个讲解员，有些游客问木府的厨房在哪里，他说“不知道”。木府那么大的一个府衙，里边有那么多人，肯定有一个厨房的，厨房在哪点都不知道。以前我跟讲解员说过，厨房的展厅要早点搞起来，“民以食为天”，连厨房在哪点都不知道，还讲解什么木府文化。这些也需要在继续培训中讲一讲。

讲解员的形象也得要注意，首先得穿整齐、严肃起来。外宣部的女装，她们天天要穿，需要换就换，这是形象问题。男装全部换成全皮的，量体裁衣，合多少钱也不管了。所有的男士每人发一件，不只是外宣部的，全院男士每人一件，把全院男士服装统一起来，质量要好一点的，皮制的，夏天穿一件短袖衣，皮制的衣服披在外面，国际奥委会主席罗格曾与我穿着木府男士服装合影过，我们两个穿起来是多潇洒的呢。冬天把保暖内衣穿在里面，显得既整齐又精神。大家都很爱惜院里发的服装，上班的时候才穿。

第三节　丰富内涵建设

每年 6 月以后，中国很多地方天气太热，处于烧烤模式，而丽江气候温和，山清水秀，是避暑的最佳之地，所以来丽江旅游的游客也多。游客多，一方面是受木府的吸引；另一方面是气候的因素，这个是大家有目共睹的。每年的 7、8、9 三个月，木府的收入都比其他月份高。木府需要有一个良好的整体形象展示给世人，木府的成果是一个总体宣传带来的，是木府的恢复重建成果带来的，是木府的那一套文化理论带来的。

我曾和大研中学的校长、老师们讲，我觉得我这一辈子最得意、最幸福、最好过的不是木府的十多年，虽然表面上看是已经辉煌到家了，但是我觉得就是在大研中学当了两年校长的感觉比在木府的十几年还要好。我也在考虑这个问题：为什么老是会有这样的一种感觉呢？最近我想通了，就是说，大研中学是新办学校，招的老师学历不是本科就是专科毕业的，那个时候考大学相当难，考上都是人才。三四十个老师坐在我面前，我这个一讲，那个一讲，大家都能做到心领神会，很容易沟通，可能我的幸福感就来自这一点上！我们的讲解员和免费讲解员制度可以说在全国都称得上是一个亮点，游客走遍全国景点后，无不称赞我们的讲解员是行家。但一开始，他们有的是初中生，很少一部分是高中生，有些甚至是小学生，一开始我和他们沟通不可能达到心领神会的境界。通过在木府的培训，与游客不断交流，讲过来讲过去的过程他们其实就等于是读了一次大学了！现在我和讲解员们的沟通十分融洽。这种沟通都是相当理性的。我自己很清楚，木府钱赚得再多，也不是靠你个人的本事赚出来的。长期以来你也就是起到了你应起的作用！上下良好的沟通能调动起大家的积极性。这些都是木府背后的故事。

图2－4　黄乃镇在大研中学

图片来源：木府提供

木府没有导游，只有讲解员，对外我说木府的讲解员是丽江的文化人，对外把他们的形象搞得好好的！但我经常“敲打”他们，我对他们说，无论哪个人，你去讲其他的一个文化嘛，你去讲黑龙潭、玉龙雪山、四方街的文化嘛，你还不懂呢。你就是再努力10年，你再去讲，依然干不赢人家。而且游客或者是已经司空见惯，或者是早就听说过了，你还能吸引人？木府的讲解员之所以出名，你们占便宜了，因为木府的这套文化理论是我们自己创立、自己组织起来的，哪本书都没有这方面的记载，外面的人想提前了解这方面的情况，去翻几本书或是通过网络去看看，都找不到，只好跑到木府来听你们半通不通的讲解了。有些讲解员讲得可以，有些讲得算什么了？听来听去，有的游客还觉得你半通不通的讲解还可以，为什么？这是因为我们木府才有的这套文化理论内容新颖，感动了听众。当然现在大多数讲解员讲得还是可以了，有几个的讲解水平还是相当突出的。他们还要加把劲，木府的对外宣传、木府的讲解只有整个团体的形象都出来的时候，才能发挥出最大的威力。

第四节　谨慎调整木府门票

当前，丽江旅游面临新的形势，尤其是推行“大玉龙”以后所带来的影响，使危机正一步步逼来。但是，我们不担心，而是自信地认识到，木府填补了纳西族历史、丽江文化的空白，成为民族和区域的文化中心，是宣传丽江民族文化最重要的阵地。

木府首先是古城博物院，是丽江和纳西族的文化中心。但是，木府并不靠政府拨款，而是自力更生、艰苦创业的文化部门。所以，木府收取多少门票既是木府正常运营和传扬丽江、纳西族文化的前提，也是涉及木府生存和发展的大事。最初，虽物价局说定45元一张，但木府根据游客等方面的情况实际收取的门票是35元一张，随着社会经济发展和物价提高，木府门票也需要调整。丽江市发展和改革委员会与古城区发展和改革局经过讨论后，提出丽江古城博物院（木府）门票调整的具体安排。

2009年，丽江全市29家景点普遍反映要求调整价格，根据相关文件精神，鉴于木府、老君山、泸沽湖作为国家资源，可以调整价格。丽江市发展和改革委员会下发了《丽江市发展和改革委员会关于确定丽江市游览参观点门票价格的通知》（丽发改收费〔2009〕440号）文件，把木府门票价格调整到45元，并规定从2009年11月1日起执行。主管单位

图2－5 木府门票之变迁

图片来源：木府提供

提出要求，木府按程序做好调整价格的相关工作，包括把准备调价的理由、目的以及成本核算等相关资料准备好，召开价格听证会，并进一步制定好价格和收费公示制度。总之，木府门票价格的调整，不是随意可以做的，有一套严密的规则要遵守，并按程序进行。发展到现在，木府的门票已调整到每张60元。门票价格的调整，也从一个侧面反映了木府的社会影响力在提升。木府自开业以来，许多方面都做得很好，但就是与物价部门衔接沟通不够，忽视了这方面的工作。

目前，束河、白沙壁画的临摹品以及不少珍贵的文物已经收藏在木府里，对于这些日渐模糊的珍贵壁画，我们这个举动是不得了的。而且木府有固定的纳西古乐演奏，还有大片风格独特的古建筑群。不仅如此，木府的讲解、园林、展馆等方面的工作均取得了很大的成绩。特别是讲解方面，现在我们拥有了一支业务精良、知识丰富的讲解员队伍，已有讲解资料近80万字，理论上更加成熟，完善了丽江古城的历史，包括民俗文化。木府可以说是丽江文化的大观园。很多参观过木府的游客都赞叹说“北有故宫，南有木府”。而更胜一筹的是木府周围还有许多民居，这是其他景点无法与之相媲美的。可以说，木府蕴涵着丽江文化的方方面面，所以许多人都说，不来木府，就无法理解丽江文化。作为木府最老的、最有讲解经验的讲解员们一致认为，木府代表整个纳西族的文化，来自全国各地的游客在参观完木府后都深深叹服于纳西族辉煌的历史，心情从浮躁趋向宁静。

现在木府的知名度有了很大的提高。我曾到北京参加过一个会议，那是恭王府出面召集的一个会议，国内参加会议的除了木府，还有故宫、恭王府，国外的有来自欧洲的数十个单位，我觉得木府能跻身于这个行列里，人生没有遗憾了！哪怕是我体力不支，也要去开这个会，那个会的价值有多少我们都不管它。这是木府的一件喜事！不仅是我的喜事、木府领导层的喜事，不能看成是一部分人的喜事，事实上，这也是丽江和纳西族的喜事！

第四章 木府制度建设

“新故相推，日生不滞”，木府管理工作需要层层推进。这些年来，木府在艰难中奋勇前行，在前行中，我们认真对待遇到的问题，积极思考，寻求出路。尤其是在木府制度建设方面不断反思和总结。

第一节 以人为本 规范管理

鉴于木府工作性质的特殊性，我们对全体员工有一些特殊要求，在管理工作中，以制度为准则来严格执行。

第一，规定员工的工作年限，超过年限的则要安排退休。对合同工则参照国家相关规定，规定女员工的工作年限到50岁，男员工的工作年限到55岁；事业编制的员工按国家政策执行。木府恢复重建完成后，我们抓紧整理员工档案，对于员工退休的遗留问题进行妥善解决。比较典型的是解决HRL的退休问题，当时在所有单位都只能这样解决，我们本着关心爱护每一个在木府工作的员工，即便在职时间较短也要负责到底的原则，责成工作人员与相关单位沟通联系，同时征求本人意见，做好了她的退休工作。这也是关怀员工的一个具体表现。此外，我们对年事已高的临时工也做出妥善安排。招收一些临时工是基于木府刚刚成立时所出现的一些情况，当时把一些退休人员招进来做临时工，目的是弥补新单位新人员工作经验的不足。但时间一长，由于这批员工存在年龄偏高、身体不适的情况，所以要适时做好这些人员的辞退工作。同时，对在单位困难时期给我们当临时工的人，对木府有一定功劳的人，我们要特别表示感谢!

第二，讲解员补充的问题，要分两步走：①根据我们的要求，从形象、语言表达能力、年龄等方面着手，与实际考察相结合，海选一些讲解员，使讲解员队伍显得更亮丽一点。②对优待进入的人员，将视各人实际情况决定其去留，形象好、讲解能力到位者留在外宣部，各方面条件较弱者，视情况调到其他相应部门。二者相结合，做好此项工作。

第三，木府人员结构比较复杂，有行政人员、事业编人员、劳动局招收的、院内招收的及年龄偏大但仍在木府工作的五种人员。这种结构的复杂性还将长期存在下去。鉴于此种情况，在管理过程中，我们对所有人员一视同仁，平等对待，福利待遇也一样，谁也没有特殊性，只存在看个人是否服从工作安排，工作表现如何，出勤情况如何，在完成任务的过程中干得好与坏的问题。这也是木府的一大特色。而且在管理过程中，木府的领导层对全体员工做到了关怀备至，急员工之所急，想员工之所想。比如我们对员工的培训，我们为员工排忧解难，工作做得是一流的。这也是值得继续发扬光大的一个优点。

这么多年来，我们对得起员工，但有的员工对单位的理解和认识还不足，有个别员工尤为突出，以自己为中心来考虑问题。我们理想中要做到“把员工凝聚在一起，培养成一个家一样，让员工们急单位之所急，想单位之所想，做工作主动积极、高度统一，有领导与没领导在场都一个样，就像做自己的事情一样”这样一种状态，但有的员工未做到，与我们所想的简直大相径庭。这说明在以后很长的一段时间里，教育员工依旧是摆在我们领导班子面前的一个重要问题。

记得由于丽江旅游业受到相关政策的影响，木府的经济效益也受到过比较严重的影响。对此情况员工们不知道，但我们是非常清楚的。那段时间，虽然发放员工工资不成问题，可是缴纳“五险一金”存在着很大的问题，包括其他福利待遇也是一样的。我们尽量解决这些问题，一切以员工的福利待遇为首。我们就是这样满腔热情、关怀备至地爱护着自己的员工。

另外，我们的制度建设是有轻重缓急之分的，我们首先抓住关系到单位存在和发展的根本性问题，即“安居乐业”的问题，我们认为如果员工都不能安居、安心，哪来的乐业？所以必须以人为本，全面考虑到并努力免除员工的后顾之忧。关于安居问题，此处不展开来谈了。

第二节 有为才有“位”

一、员工的工作态度

目前木府员工人数已超过百人，大体分在管理、对外宣传、园林、保卫、后勤、民族文化研究六大部门。长期以来，从总体而言，员工们的表现都是不错的，值得肯定，但是还有不足之处。目前，存在一些亟须改进的问题。比如不仅是管理层个别人，而且包括不少的员工，上班时间都得不到保证，表现为早上点名后，有人下午就不来上班；随意请假、旷工、迟到、早退，诸如此类的现象比较普遍。抱这样一种工作态度，能算一个真正的木府人吗？能担当起宣传、弘扬民族文化的重任吗？此为其一。

其二是一些员工不好好学习，对自己该做什么都不清楚，处于蒙混状态。要明白，本来弘扬与坚守民族文化这项工作就相当艰巨，若再不努力学习，将会被历史淘汰掉。这也是一个亟须解决的问题。

其三是少部分职工在工作中要小聪明。这种现象主要存在于木府年青一代个别人身上，个别人表里不一，表面一套，背后一套。这不是无稽之谈，是通过调查后发现的问题。例如，2012 年 7 月 18 日那天，购票进入木府参观的海内外游客达到 2500 人次，再加上学生、军人、残疾人、本地人等几类免票的人，估计游览总人数达 3000 人次。为此，外宣部管理层认为，外宣部讲解员的工作量太大，需要调整。当时，我们已做了调整工作，但深入实际一调查，却发现外宣部中有一半讲解员带了 3 个团，一半讲解员仅带了 2 个团，就这样有人还说“我们人手太紧张了，人不够”。若要这样说，你就不要一天只带两三个团嘛！对此，我们要告诫全院员工，尤其是告诫工作中要小聪明的员工，必须端正工作态度。

其实早在多年前，木府的岗位定位就以每天有 2000 位游客数量来设置，由此可见我们管理层是多么具有前瞻性。所以不存在一旦游客数量增加，员工人数也要相应增加的问题。虽然很长时间以来都没有达到这个游客数量，但现在达到了，所以表面看似人手紧张，其实不然。很多人都上过讲解员培训课，不是经常说“养兵千日，用兵一时”吗？何况以最初木府的岗位设置来应对每天2000多游客是绰绰有余的。

二、重塑领导班子的权威性

木府恢复重建后，我担任丽江县文化局局长，又兼任丽江古城博物院（木府）院长。那时，关于丽江古城博物院（木府）该怎么管理，该如何进行行政划分，是否应该是一个独立单位，或应该以什么形式存在，都是比较棘手的问题，可以说当时谁也不知道该怎么办。记得当时的丽江县委、县政府向我提出这个问题，HZX书记也多次与我商讨，最后我建议：“木府恢复重建之后，可在此基础上组建一个单位，即丽江古城博物院（木府）。”书记同意了我的建议，县委常委会里一致通过了这一建议。

随后，就组织丽江古城博物院（木府）的领导班子。当时，我力排众议，把参与恢复重建木府的几个年轻人组织起来，作为丽江古城博物院（木府）的领导班子成员。因为依据当时各人在恢复重建木府过程中的表现，能充当什么角色我是比较清楚的，尽管有些人思想认识已经到位，有些还不到位，但大家一直都勤勤恳恳地做着工作。当时，我认为大家年轻，会逐渐成熟起来的。但时隔多年，发现有的人还是处于半成熟的阶段，对此我感到十分遗憾。随着时光的流逝，到目前为止，我对此问题是越来越担忧了。

我觉得在木府里无论做什么事情，领导都要有权威性，哪怕是中层领导都要有领导的样子。但就目前的情况来看，一些中层领导身体力行意识不强，对木府的整体把握还不够，这也成了长期以来我的一块心病了。我任用一个人呢，不会朝令夕改，就算是用错了也认了，总是寄希望于在以后的日子里他能有所改观；但若总是这样长期发展下去，我是有点心灰意冷的。在这种情况下，我是否会采取其他的一些举动呢？其实也不会，还是会维持现状，但真心希望他们有所改变。

鉴于以上种种情况，改变工作格局是势在必行的。在以后的工作中，丽江古城博物院（木府）的领导班子一定要尽到职责，做好自身工作，树立起自己的权威，这样一来，工作也就好办了。否则，领导权威树立不起来，这个单位最终只会是一盘散沙。而之前我提及的种种管理举措，其实也是为树立领导班子的权威所做的一种努力。另外，领导班子继续让他们几个来干，还是选择其他人来干？我认为还是由他们来干比较好。但对于他们我真有恨铁不成钢的感叹啊！要做好领导，话是好说的，但真正做起来是非常难的。所以，从目前的情况来看，树立领导班子权威性的工作还做得不够，还要继续努力才行。

作为领导班子成员，各人有各人的特长，各人有各人的责任，在不同的领域里也起着不同的作用，但有几点必须要高度统一：

一是对木府的正确认识要高度统一，绝不能动摇。丽江古城博物院（木府）与其他博物院完全不同，其他博物院都有现成的资料和展品，同时不断地做一些研究工作。而木府呢？是我们把握机遇，以我们掌握的极其稀少的明代丽江历史资料和档案作为线索恢复重建出来的，我们还要加强理论研究，这样才能形成既有实物又有理论、有形文化与无形文化相结合的木府。目前，木府已逐渐被世人认可，甚至包括木府文化理论也逐渐为人们所认同。作为丽江古城博物院（木府）的领导班子成员，对木府的认识要高度统一，并要有忧患意识，做到万变不离其宗。其实，认识到位与否也就只在于这么一点。

二是电视连续剧《木府风云》在央视八套、一套播出后，广为流传，影响很大。对于《木府风云》，我们要持有一种观点。这个观点好在由于荣光先生说出来了："电视剧《木府风云》在拍摄期间得到了云南省政府、丽江市政府的大力支持。"这几句话是流行语，分量不重。但于先生后面讲的那几句话则说出了一个事实，即"文化上的'参谋长'则非丽江文化研究第一人黄乃镇莫属，他在主题、人物、文化内涵上对《木府风云》进行了宏观把控"。其中"他在主题、人物、文化内涵上对《木府风云》进行了宏观把控"一句，就是理由依据，就是事实。根据木府多年来的情况分析，我们应该深刻地理解并记住这句话。

电视剧《木府风云》播出后，首先产生的是政治的、文化的效应（经济效应另当别论），这个观点甚至影响到了原丽江市委 WJZ 书记。当时，我在木府大门口与 WJZ 书记交谈，书记就说道："不要只关注木府一年能收入多少钱，木府的存在及其所产生的影响，要以它的政治性、文化性来论。”不得了啊！可见我们所做的事业多么有研究性，多么有学术价值。因而，你们既然是木府的领导班子成员，对此更要有认同感。但毕竟木府采用的是文化产业形式的管理模式，所以我们也希望能创造出更多的经济效益。可以说，多年前我们就已经开始为之努力，诸如希望以讲解的形式来达到预期的目标；给相关政府部门打报告；以自己的研究成果吸引更多的海内外游客，历经 12 年的呕心沥血，打造一部电视剧，成功地拍了《木府风云》这部电视剧。目前，到木府参观游览的游客日益增多，但大家要清楚，有些事情有可能只是昙花一现，以后的事情不好估量，因而我们还要做点别的事情才能让木府得到持续发展。《木府风云》的影响相当大，但是只说《木府风云》的影响使游客蜂拥而至，这无形中好像把《木府风云》与我们多年来所做的努力分割开了，实质呢？表面形式上我们是拍了一部电视剧，实际上这说明我们的工作已经做到了实处，《木府风云》的拍摄与我们十多年的努力是密切关联的。对此，员工不明白是可以理解的，但我们领导班子成员要实事求是地思考这些复杂的问题，要有个更清晰的认识。

对《木府风云》的制作团队，我是感谢他们的，但对这个问题的看法也要有原则。因为凡事都有个源头。对木府来讲，要感谢他们；对他们来讲，则要感谢木府。许多丽江人评论说：“黄乃镇出钱给剧组、给电视台了，出了 2000 万—3000 万元。”其实我们根本就没有出一分钱，记者采访回去后告诉主编这件事，连主编都不相信。现在呢？连我的助手们都不讲这些话，就我一个人讲。但反过来想想，我们没有投资一分钱，剧组为什么要拍这部戏呢？原因就在于《木府风云》这部电视剧的题材太好了，以题材取胜。记得当时于荣光先生说要把我写成主创，我说“不用了”。我在《云南信息报》里也说了，“拍摄《木府风云》，我一分钱未出。这么好的题材，于荣光、蒋晓荣不拍，其他人也会拍，但或许不会那么成功。但是我的题材价值多少，我挖掘、丰富出来的阿勒邱价值多少？基于此，所以我未出一分钱。”其实，这样说也是一种印证，目的就是说明十多年来木府一直致力于民族文化的研究，并做出了贡献，《木府风云》就是一个成果。关于这些情况，员工不知道可以理解，但管理层要清楚，要告诉别人，《木府风云》不是人家的，是我们自己做出来的。

《木府风云》播出以后，许多游客是看了《木府风云》才进木府游览的，所以木府收获了七成，剧组则收获三成。当然，有些说法是没有木府就没有《木府风云》。话说回来，这也是培养权威的一种做法。领导要树立权威，其实涉及方方面面，其中成绩是第一位。树立权威，首先是个人形象和能力的树立，有为就有“位”，无为则无“位”。另外，领导要经常出现在员工面前，那也是在树立权威。这方面部门领导做得还不够，所以，在以后的工作中，要树立权威，就要身先士卒，从自身做起，这样才能树立起权威，才能使单位在遇到大风浪时纹丝不动。而有了稳固性，事情也就好办多了。

三是关于木府中层干部的身份问题。由于受到一些因素的影响，致使明确他们的身份问题显得较为棘手。我们要以单位的名义写报告给有关部门，内容涉及木府恢复重建的基本情况。成立丽江古城博物馆（木府）这个新单位时，当时丽江县委、县政府认定为副科级，到区县分设时，古城区区委、区政府认定为正科级，现在木府已为丽江民族文化传播做了那么大的贡献，木府中层干部身份却不明确，这说不过去。此外，由于考虑到避免国有资产流失，我们才会这样坚守着丽江古城博物院（木府）。

第三节　木府可持续发展的思考

由于我们付出 12 年孜孜不倦的努力，使电视剧《木府风云》最终成功拍摄及播出，再加上木府自身具有的优越条件，这些年来游客剧增，社会效益和经济权益大大提高。其实，这种局面我们早就估计到了，否则为什么从木府开业时起我们就这样设置岗位呢？记得往昔，一天最多时进了四千多位游客，刚有希望，后来又被人为地破坏掉了。后来慢慢地游客数量又上升了，结果“大玉龙”一介入，希望又破灭了。尽管后来我们又继续努力，甚至经过市长签字推促，但是仍不起作用。我们左冲右突，终于借电视剧《木府风云》的东风冲出去了，出现了社会效益、经济效益的高效期，游客参观人数已趋饱和。若能持续发展，就非常理想了。

在此需要我们冷静思考的问题有：其一，在目前这种情况下，要尽量避免出现昙花一现的现象。木府员工要共同努力，善待每一位游客，外宣部要进一步强化“游客就是上帝”的理念，不断提升讲解服务质量，并提前做好一切工作，否则一旦一切重新来过将是困难重重的。越是在这个时期，从领导到员工，越要做好本职工作。其二，我们年终奖发放的钱是已经够了，最困难的时候我们也坚持发了。但经费不该动的就不动，该上缴的就上缴。这个时期，看着我们的人越来越多，所以我们越要冷静，越要保护好自己。其三，电视剧《木府风云》播出后，其舆论影响之大，是从未有过的。有几次，《木府风云》制片人 JXR 女士打来电话，说云南电视台正在热播《木府风云》，但其间插播了很多广告，简直太过分了，糟蹋了木府，要向云南省委宣传部反映一下才行。我告诉她说，《木府风云》之所以能成功，完全在于领导的态度。领导从来不插手，任凭木府去做。WJZ 书记也曾说过：“如果左一个意见右一个意见，《木府风云》怎么做得出来。”可见领导清楚，若插手的人太多，是很难做好一件事的，所以要感谢领导，不要老去批评领导。目前，《木府风云》已播出，对此，WJZ 书记还提议道：“现在，《木府风云》已播出，要搞一个活动，竖一块碑，写下有关的碑文，这样做才会具有深远的影响。”尽管当时我们前进的道路是孤独的，没有鲜花和掌声，但我们依然成功地把《木府风云》呈现给了世人。

木府内涵篇

木府万卷楼门口挂着这样一副对联：“一座土司府，半部民族史。”经过三年多的努力，我们把一座完整的木府重塑在丽江古城的西南边。这座土司府，不仅是纳西族建筑艺术的集大成，更是承载了纳西族太多的历史和文化。其实，木府恢复重建之前，历史上积累起来的文物、文化、习俗几乎烟消云散，所剩无几了。现在，宏伟的建筑群已经竖起来了，而其文化内涵呢？需要不断挖掘，需要重新集结。

第一章　千年基业树碑传

木府恢复重建工程结束了，这是一件可以载入史册的大事。因为木府是古建筑恢复，我们是按照古建筑的营造法来做的。因此，我们认为，有必要把木府恢复重建的点点滴滴刻成碑文，以告知后世。那么，《重修木府记》这篇文章由谁来写呢？大家都认为要请一位对丽江历史文化很熟悉，有一定的地位和身份，并且德高望重的人来写，上级领导也有这个意思。我们考虑了很多，决定请郭大烈老师来写。

木府的事业很辉煌，要把这一盛况、这个丽江文化活动的重大事件记入史册，一是要靠木府恢复重建的建筑物；二是要靠文字记载。对于写好这篇文章，我们看得很重，认为它是一个文化工程。

第一节　构思《重修木府记》

为了协助郭老师写好这篇文章，我就客观地把整个工程的始末介绍一下。我认为写《重修木府记》主要从两个部分来写：第一部分是写过去木氏土司的辉煌，事实上也是纳西族的辉煌。这一点可以从纳西族的文化底蕴很深的事实上进行追忆、追叙，拿现在时髦的话讲，就是昔日的辉煌。其中，对这个问题的叙述又可以分两个方面写：一是我们恢复木府是有历史根据的，这方面在施工和考古过程中有很多发现。比如我们在木家院天井往下挖 0.5 米左右就挖到了木府当时的遗址，是用汉白玉铺地的，到处都铺着汉白玉，我们现在恢复木府想拿汉白玉铺地根本做不到这一点，所以说昔日的辉煌是在考古的过程中发现的。二是在追叙的过程中，我们不仅讲木氏土司的丰功伟绩，而且在文化上也要浓浓地带上一笔，事实上木府就是丽江文化的缩影，就是纳西族整个民族历史的集中表现。这么一来，丽江文化的底蕴也就可以写出来了。第二部分就是写木府的恢复，也就是重修木府。这是由第一部分延伸来的，第一部分为第二部分做了大量的资料收集准备，所以两个部分有紧密的联系。我觉得浓墨重彩应该是在第二部分。

图2－6 讨论《重修木府记》

图片来源：木府提供

第二部分总的来说，是写木府的恢复重建。因我们的标题就是《重修木府记》，有点像《岳阳楼记》，通过这两个部分的描述，我们是否能发现一些哲理性的问题？像《岳阳楼记》最后就总结出一个“先天下之忧而忧，后天下之乐而乐”。假如我们不能总结出一些哲理性的东西，《重修木府记》也就失去了光彩。要悟出一些哲理性的东西也是很好悟的，我们站在历史的角度、现在的角度，回忆过去，再看看今昔，就会有许多感叹，也会有许多哲理性的东西可以悟出来。

在具体写作的过程中，我认为木老爷作为人物来讲是必不可少的，但还值得一提的应有这么三位：XY、HZX、YTR，即丽江的专员、书记、县长，这三位都与木府恢复重建工程有着千丝万缕的联系。当然指挥长是我，项目负责人也是我，不涉及就不是历史。作为人物之间的关系是这样的：XY、HZX 商量，把恢复重建木府的任务交给我，交给丽江县文化局。XY 离任后，YTR 上任，对这个工程也很挂心，并一脉相承，拿他们的话说就是：我们不干扰，不插手。实际上这叫疑人不用，用人不疑。

当然对我而言有这么一点悲壮的意味，也就是“成也萧何，败也萧何；成也是黄乃镇，败也是黄乃镇!”我觉得这是他们的一种领导艺术，事实上木府到目前为止可以说是成功的，而且成绩是很辉煌的。但我觉得他们几位领导那种“交给你了”的决策是木府取得成功的基本保证。老子《道德经》讲“无为而治”，他们不插手，不干预，由我们自己放手去干，放开想象去干，照自己的意愿去干，表面上是一种无为而治，但我却时时感觉有人在后边管着，事实上他们还是“有为而治”。没有他们棋高一着的决定和这种领导艺术，我很难想象木府重建是怎么一种情况。像 HDQ、HJP 也说，木府要实施封闭式施工和管理。有句老话说，“木匠多了房子歪”，他们做到了放手让我照自己的意愿去干。我来讲这句话，容易给人一种狂妄的感觉，但是我还是要说他们的确是伯乐，你说是千里马厉害还是伯乐厉害？当然是伯乐厉害。人物之间的关系也就是这么一个关系。至于说指挥部的人应该在什么时候插进去写，是要在适当的时候插进去写，但绝不能多写，要不然整篇文章也就会砸锅了，写作的过程也应当围绕我们的思路来。还有，在具体两个方面的表达上，主题思想要突出丽江的文化底蕴相当厚实。几百年也就是这样一个情况。但还需注意一点，写木氏土司、徐霞客等人物时，历代土司主要写一个木增就行了，不需涉及太多，除非是非涉及不可的。当然，我们恢复的是明代木增时期的木府。但我认为，不要拘泥于府邸，要把木增的时代写出来，主要是把丽江的文化写出来，尽可能向丽江民族文化靠拢，事实上木府也就是集民族建筑、民族文化、民族工艺、民族自豪感于一身的纳西族文化的载体。

现在说一下木府建筑群中轴线的问题。在争取项目、搬迁等准备工作都做好以后，首先是要测量出中轴线。这条中轴线是从东向西延伸的。我们用经纬仪确定以后，顺着中轴线插上一些红旗，表示这一线就是中轴线。DGL 副省长来视察木府的时候，左看右看，然后问我，丽江的东是在哪个方向，西是在哪个方向，我就指给他看，然后他说：“哎，不对嘛，中轴线不是南北方向嘛，而是东西方向的。”当时我对木府中轴线的问题研究得不够深，就向他解释说：“中轴线是东西向的原因，可能与丽江的建筑方式是取向自由有关，而且纳西族建房子只要找到一座山就可以建了，意思是靠山而居，表明地位稳固，靠背大等。”而当时 DGL 说这个说法不准确，要我这个文化局局长也去学一学建筑学、风水学等等。后来省委领导又来了一位，这次我就有了一个较全面的说法。他们对此也感兴趣。我就讲，木府中轴线是特别神秘的，我给 DGL 讲的是一个方面，另一个方面是红太阳可以喻义为皇帝和朝廷，对此可以看出木氏对朝廷的忠诚和对皇帝的效忠，也可以看出丽江纳西族的朴实、厚道，是个对朝廷忠贞不渝的民族，不愧是钦赐“忠义”敕建石牌坊的民族。这是从历史方面的概括。从风水的角度来讲，五行金木水火土的木是排在东边，而且丽江古城东偏南的一处有一个水位，木因得水而茂盛，所以它是朝东面的。再有一个说法是“左青龙，右白虎，背靠玄武山”，左边的青龙是指玉龙山，右白虎可能指的是“老冲坞村”，而狮子山又叫玄武山，从狮子山看木府，远处东南角有两座小山，一为龟山，二为蛇山，形成了龟蛇对峙。所以木府是有这么一个大气势：前方是龟蛇对峙，后边是左青龙右白虎，背靠着玄武山。我这么一解释，他们也就很满意了。

还有一件事情值得一提，就是我们现在请来的土专家，木料方面的质量监督员 HJG 老师傅可以说是我们半路上“拾”回来的。准备重建木府时原来我们也打算请他“出山”当我们的顾问、专家，但打听下来有人说他已经去世了，有人说还在，我们都被搞糊涂了。后来要建木府了，我们就去北岳庙烧香，路上看见有一户人家的大门起得很好看，就打听是谁做的，得到的回答就是我们要找的 H 师傅做的，于是循着这个线索我们就去了 H 师傅家，当时他的几个儿子在外面干活，H 师傅则在家里领小孩，我们就说明来意，请他出山指导我们的工作。

而作为木府的恢复重建指挥部，整体来说工作也干得很不错。办公室主任我选了一个女同志来当，我的想法是这样，如果是一个男的，胆子难免会相当大，在许多时候，事情会很复杂，而女的则心细一点，便于应付繁杂事务。但在有些事情需要办公室来干，但办公室又不能控制得住的情况下，则需要由我来处理。我要求女的做办公室主任心肠不能太软，否则该办的事也办不成；还有，办公室所有工作人员都应跟着领导一起运转，并且要绝对服从命令，所以指挥部的人员都是相当有干劲的，年轻人在工作中表现很突出。我有意识地在这里培养一批年轻人，

图2-7《重修木府记》碑亭
图片来源：木府提供

把他们放在木府恢复重建这样的大工程中进行磨炼。

这么大的一个工程，干好了是好的，但前面也说过，“成也萧何，败也萧何”，在这个世界历史文化遗产的古城里干这么大的一个工程，我们也是有思想包袱的，万一搞不好了怎么办？所以我们也是处处小心。原来在木府里值得保留的、有价值的有两幢房子，一幢是建在现在护法殿位置的一栋建筑，是民国时建的；还有一幢现在还在。除了这两幢房子，其他建筑都是近几年起的混凝土房，或是民房。为了便于查清历史资料，我们对此进行了摄影摄像。有人会问起有价值的房子你拆到哪里去了，我说是已保护好了，你随时都可以来看，石牌坊的狮子都送到黑龙潭异地保护起来了，有价值的东西，我们也搬到黑龙潭的解脱林上面保存下来了。这些都让别人去评说吧！

作为木府的建筑者，我们很自觉地进入了角色。围绕着恢复重建木府这个工程，完善过去的理论也是一项艰苦的工作，甚至后面的这项工作比前面的工程更难做。我们恢复重建木府，若是干得不好，单是社会舆论我们就受不了。所以，我们一开始就实行封闭式管理，以高标准严要求对待恢复重建木府的每个环节。当初我们准备还要请社会各界人士为木府做宣传。一是请昆明一家电视台拍一部专题片，还请专家学者们写报告文学；二是请郭大烈先生写《重修木府记》，主要是起宣传木府的作用，通过写人写事、写人物的心理活动来展现木府的文化内涵。这些计划都一一实现了。

第二节　刊刻《重修木府记》

我给郭大烈先生讲了很多有关恢复重建木府的事，不久郭先生就拿出了《重修木府记》稿子，最终刊刻成碑文，立于亭内，以供后世观阅。具体碑文如下：

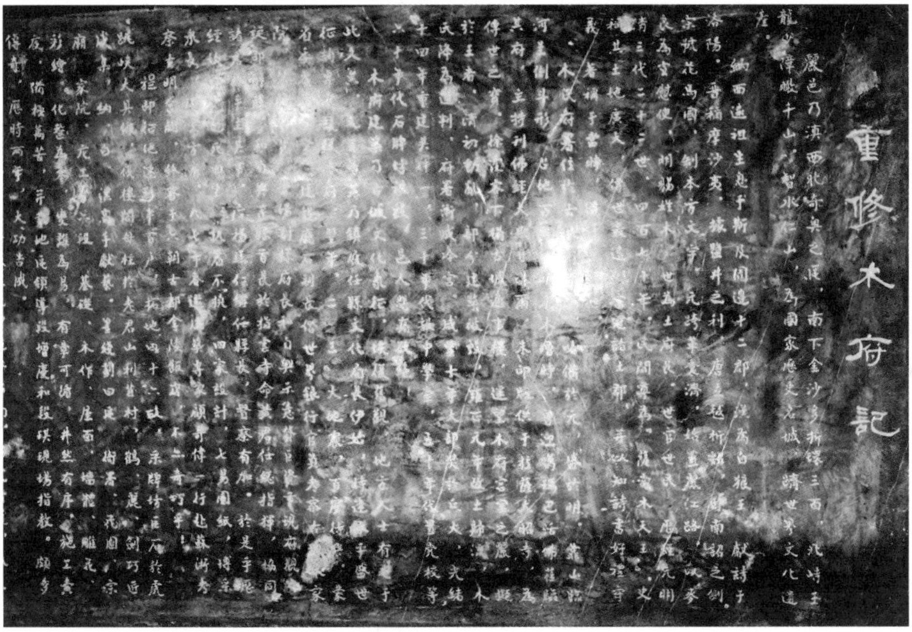

图 2－8《重修木府记》碑文

图片来源：木府提供

《重修木府记》碑

丽邑乃滇西北奇奥之区，南下金沙多折环三面，北峙玉龙少障瞰千山。智水仁山，为国家历史名城，跻世界文化遗产。

纳西远祖生息于斯及周边十二郡，汉为白狼王，献诗于洛阳。晋称摩沙夷，据盐井之利。唐立越析诏，卧南诏之侧。宋号花马国，制本方文字。元跨革囊济，始置丽江路，以麦良为宣慰使。明赐姓木，世为土府长。世官世民，历经元、明、清三代二十二世、四百七十年，民间尊为“萨当木天王”，史称其“土地广大，传世最远，富冠诸土郡”，并以“知诗书好礼守义”，著称于当时，遗泽于后世。

木氏府署位于古城西南隅，略备于元，盛于明。靠山临河呈倒斗形，占地百亩。明末木增时，曾迎噶玛巴活佛莅临其府，主持刊印佛经大典《甘珠尔》，朱印版供于拉萨大昭寺，为传世之宝。徐霞客下榻古城通事楼，遥望木府“宫室之丽，拟于王者”。清初动乱，部分建筑被毁，雍正元年改土归流，木氏降为通判，府署渐成冷宫。咸丰十年大部焚于兵火，光绪十四年重建其什一，三十年代设中学堂，五十年代置党校等，六十年代石牌坊被毁，邑人悲痛欲绝！

木府建筑乃古城文化象征，恢复旧观，地方人士有志于此久矣。九五年黄乃镇履任县文化局长伊始，时逢承平盛世，征询专家复议木府。翌年“二·三”大地震，百废待兴。蒙省委省府示爱，建设厅石副厅长偕世界银行官员考察古城木家院，慧眼识宝，当场对县府长和自兴示意贷巨资重现府观，旋即解毅、和自兴等县首长于指云寺命黄君任总指挥，协同诸君放手主其事。后杨廷仁继任县长，督察有加。于是乎历经坎坷，起死回生，执着不挠，四家设计，七易图纸，博采众长，确立方案。九七年春邀建筑专家顾奇伟一行赴苏浙考察古明宫阙，终审于六朝古都金陵饭店，不亦奇巧乎！

旋即征地迁移半百户，拓地四十六亩，采牌坊巨石于虎跳峡大具乡，伐楼阁母柱于老君山利苴村。鹤、丽、剑巧匠咸集，纳、白、汉高手献艺。墨线划四区“衙署、花园、宗庙、家院”。庀工分六段：基础、木作、屋面、墙体、雕花、彩绘。化整为零，变难为易，有章可循，井然有序。施工夤夜，备极万苦，并蒙地区领导段增庆、和段琪现场指教。颇多传奇，历时两年，大功告成。

欣览木府新姿，古城怀抱，随势布局，白虎青龙，气象万千。殿枕狮山，升阳刚之气，坊迎玉水，具太极之脉。北列万象更新，南引长蛇布阵。自殿至坊，中轴三百六十九米，三清、玉音、光碧、护法、万卷、议事诸幢巍然。忠义坊三门四柱六檐，柱皆通天式，高十一米；前立狮四，后安鳌二。坊顶向内立望出犼二，愿主人早出门视事；向外立望归犼二，祈主人平安归来。原坊明万历年奉圣旨而建，志称“栋梁斗拱，通体皆石，坚致精工，无与敌者”。坊北系家院、驿馆、四道木牌坊。楼阁厅坊，相互呼应，磅礴恢宏。路桥渠廊，彼此相连，纵横错落。构架穿斗，见尺收分，雀台悬鱼，亦显匠心。起山落脉，屋脊平缓，前檐厦宽，舒展柔和。返璞归真，颇具古明府宅之真谛，线条流畅，兼得中原江南风味，庄严厚重，既与古城融为一体，又具王府气派。仿明又出于明，拟古又胜于古。堪称凝固丽江古乐，当代东巴创世史诗，乃古城之丰碑。四十年代古建筑家刘敦桢称丽江建筑“犹存唐宋遗风”，最为美观而富变化。“我国将来之建筑，苟欲其式样结构，犹保存其传统之风格，并使之发皇恢廓”，当以丽江为范。今庶几臻其望矣。

由府思城，我同胞历经劫难，饱尝艰辛。连村为镇，街号四方，以为四方八面交易毓英之本营；吸纳先进文化而珍视传统，开放不筑城而固凝聚力，兼容各教派而不笃信神灵，敬三多庇佑而钟爱人生，祭自然署神而葆生态，谋生计温饱而重文化力。恪守唯谨，自立于西南边陲民族之林两千年。历汉、晋、隋、唐、宋、元、明、清，悠悠岁月，其生命力高昂不败矣；合汉、白、傈、普、藏、彝、苗、纳，欣欣家园，其民族魂博大精深哉！

唐杜牧赋“阿房宫”，叹：亡秦者，秦也，非天下也；今观新木府云：兴丽者，丽也，非天赐也。倘丽人躬行自尊之，后人尊之而鉴之，则木府复兴；木府复兴则古城复兴，古城复兴则民族复兴，民族复兴则无愧于国家名城、世界遗产之号也。

余研究木氏史乘四十年，又忝列古城顾问之职，受黄君之嘱，乐之为记。

中国民族学学会常务理事
云南省社会科学院民族学研究所所长　郭大烈　撰

公元一九九九年一月岁次戊寅之冬
邑人一峰和石书　时年七十有一

第二章 木府地位

木府恢复重建后，我就多了一项任务，那就是接待来自国内和世界各地的名人、文化人、官员，从联合国到世行官员，和不同肤色的人不断交流和做宣传。他们有的人不远万里慕名而来，不顾辛劳，奔向木府，我们作为木府主人，热情接待他们是分内之事。他们的到来，证明了木府的魅力所在。

第一节 参加恭王府会议

2013 年9 月，“中欧王府与古堡遗址博物馆发展之道”论坛于北京恭王府召开，来自中国和欧洲的数十家单位参会，木府作为中国三家代表之一（另外两家是北京故宫博物院、恭王府）荣幸地参加了会议，我在大会上作了即兴发言。以下是我发言的主要内容：

木府是地处祖国西南边陲云南丽江的一个建筑群，这个建筑群在历史上是分期规划的，这个建筑群可以和黄河流域建筑群媲美，给人以颇富自然风味的感觉。但是，当丽江准备申报世界文化遗产的时候，我们发现木府几乎荡然无存。当时专家们考虑到一个申报世界文化遗产的项目，不能是一个不曾是政治中心、经济中心或文化中心的地区，所以，我们开始发掘历史、搜集资料，以证明丽江无愧于世界文化遗产的称号。

在这里我表达一种看法，中国的古代建筑与欧洲城堡的建筑的确是有所区别的。欧洲的建筑物主要是用花岗岩等石料建造，而中国的古代建筑群一般是砖木结构，所以更容易受到毁损。

因为诸多的原因，我们恢复重建了木府。木府位于丽江古城的心脏部位，占地3 万多平方米，建筑面积2. 5 万平方米。木府的文化特点，最突出的就是它的环境文化。与故宫所处的城区不同，木府周边的环境非常好，都是古代建筑群，所以木府的环境价值由此而提升。

图2-9 作者参加恭王府的论坛

图片来源：木府提供

我们发掘木府中的传奇人物及其传奇经历、历史故事，并与电影、电视剧等创作团队精诚合作，拍摄了一部40集的电视连续剧《木府风云》。这部连续剧在中央八套及中央一套接连播出，将木府的景色、历史、人物、故事紧密联系在一起，通过一些文艺的手段进行宣传，引起了较大的反响。这部连续剧的插曲还出现在2012年春节联欢晚会上。

木府恢复重建以后，产生了两个效益：一个是社会效益，一个是经济效益。古代建筑物是历史形成的，反过来它也印证着历史。我们通过对木府古代建筑群的发掘和恢复重建，重新拾回那段消失在丽江人民记忆中的历史。我们木府有一副对联："一座土司府，半部民族史"（木府也称作土司府）。世界银行为我们投资3360万元，用于恢复重建木府，听说此项目做得很成功，有典型性，联合国教科文组织世界遗产中心的干事还专程从巴黎飞来木府考察这个项目。世界银行认为，这是世界银行投资中国文化项目中做得最好的项目，也是文化项目中进行得最标准的案例之一。

第二节 钩沉木府发展路

20 多年前，丽江人处于一种非常高兴的状态。为什么处于非常高兴的状态呢？因为丽江古城正在申报世界文化遗产。丽江古城的申遗过程我也亲历了，当时我就相信丽江古城的申遗一定会成功。丽江人都无不受到这个消息的鼓舞，处于一种非常期盼、非常高兴的状态。就在申遗过程中，并且在很有可能成功的状况下，1996 年2 月3 日，丽江发生了里氏 7 级的大地震，这个大地震把大家都震蒙了。大地震开始的时候，大家不知所措，过上几天以后，大家都冷静了下来。冷静了以后，大家下定决心，要继续申报世界文化遗产，而且是一定要成功。在这种心态驱使下，丽江人上上下下都非常认真地去做这件事。同时，因为地震，百废待兴，我们除了申遗这件事情，还要做很多很多的灾后重建工作。

在这样一个大背景下，木府恢复重建的工作就这样开始了。木府在历史上，它存在过，但是由于历史、政治、经济等各方面的原因，它在上百年前又几乎消失殆尽了，"2・3" 大地震又把剩下不多的部分差不多震垮了。我们的想法就集中在木府是恢复重建还是不恢复重建这个问题上。木府在历史的废墟中能不能再次站起来？这个疑问就这样揪着大家的心。这个时候，有些仁人志士就提出了看法：一定要恢复重建，木府不恢复重建，古城就没有分量、没有质量，古城申报世界文化遗产就有困难，没有木府的存在，它的分量就不够。后来大家都一致认同这个看法，认为要恢复重建木府。

木府重建出来以后，很多人对木府还是不理解，所以我们有解读木府文化意义的责任。假如我们不把木府的文化意义说清楚的话，它只是一个空壳，只是一个建筑群；假如不把很多文化的意义和符号融入木府里面去，而且不通过我们的解读告诉世人的话，人家对木府的理解，就只能停留在平面上，也就是只有大房子几幢、空房子几幢这种感觉。所以呢，我们在恢复重建木府的整个过程中，在找恢复重建木府的理论的过程中，努力发掘木府很多的文化元素。发掘的过程之中，我们不仅找到了恢复重建木府的一套文化理论，同时也搜集到散失了的有关木府的文化元素，这一点很重要。在这个过程中，我们把搜集到的文化元素，以及我们后来不断发掘整理出来的理论和文化元素糅合起来，然后赋予了木府很多的文化内容，让木府“文化”起来，让木府文化丰满起来。我们就做这样的工作，而且成功了。其中的代表作就是电视剧《木府风云》的问世。《木府风云》就是我们在恢复重建木府过程中搜集的文化元素，再加上我们的想象推理形成的成果。我们觉得那么大的房子要有人物，要有故事，这些人物就是在木府这个宅院里面活动的，这些故事就是在这个宅院里演绎的。我们给木增赋予了新的文化意义，又塑造和丰富了阿勒邱这样的纳西族妇女典型形象。木隆、木坤这些人物又接着一一出来，然后根据木府矛盾冲突演进发展中的故事，演绎成《木府风云》这样的电视连续剧。《木府风云》反映的是明代纳西族的一段历史。我可以这样说，纳西族明代的历史很少有记载。是什么原因呢？的确到现在我仍有点费解：那一段的历史记载怎么会这么少，怎么有这么多空白，而木府的辉煌却是出现在那个时候的事情，为什么？我想可能是因为木氏土司与明王朝的关系相当好，后来改朝换代了，明代的历史还没有来得及书写的时候，清朝的统治者就来了，来的官员们不想给木氏土司树碑立传，这方面的记录就相对少了一点，这是一个原因。还有一个原因呢，就是明代木氏土司与明王朝的关系非常密切，甚至赐姓木也是发生在明代的事情，木府的“忠义”牌坊、“辑宁边境”、“乔木世家”、“诚心报国”的那些匾、联、金带都是明朝皇帝赐给木氏土司的。后面的统治者对木氏土司就要防范、要忌讳，所以就提前烧掉牌匾和文字记录。正因为如此，所以明朝的历史中丽江这方面的记录比较少，几乎就是空白。在史学界也是这样，传统的、权威的、原始的、仅有的就是明史里面的这么几句话，也就是“土地广大，富冠诸土郡”“知诗书，好礼守义，以丽江木氏为首”；徐霞客有句“宫室之丽，拟于王者”；他对于古城的描写是“萦坡带谷，民房群落，居庐骈集，瓦屋栉比”寥寥无几的这么几句。我们就是在这样的一个背景下恢复重建木府的，而且通过恢复重建又把《木府风云》演绎出来，给那段空白的历史增添了一些内容。作为正史或是野史，更进一步的考察就是史学家的事情了，后面的人也要不停地去研究这个问题嘛，我说对了还是说错了，就由后面的人去评说吧。

图2－10 鸟瞰木府

图片来源：木府提供

丽江古城是世界文化遗产，但凡是作为古城类型的世界文化遗产，它一定要有一个点，这一个点代表的是政治、经济、文化的中心，这就是木府与古城之间的关系。木府的出现给古城增加了分量，有了木府，丽江作为世界文化遗产的古城分量就更重了，现在这么完整的、作为世界文化遗产的古城在世界上还是比较少的。当然，尽管目前有这样那样的议论，我觉得没有什么，古城保护得相当好，木府保护得相当好，在这一点上我是深信不疑的。现在木府每天至少有两三千人参观，这是一种社会影响、社会效应。而且只要游客到木府，我们的讲解员就会把那段纳西族差不多要散失的历史讲给他们听，让游客们知道中国边疆少数民族地区有这么一个民族，而且这个民族热爱和平，能歌善舞，最大的理想就是安居乐业，他们就听中央王朝的，这种政治、文化我们就以娱乐的方式、休闲的方式告诉了游客。木府在丽江所起的作用是唯一的，是其他景点无法与它相提并论的。木府开始总投资四五千万元，现在木府一年的收入就达到上千万元，看现在的架势还有增加的趋势，但是，这些钱我们一分也不会乱用，我们会反馈给有关的文化项目，要交给政府，希望政府部门也能够把木府找来的钱，除了用在木府不断地维修上，还要反馈到公共文化设施建设方面，造福于广大人民群众，这是我们的心愿。

木府的建筑群就摆在这里了，《木府风云》在全中国，甚至世界上很多国家都有知名度了，我们在发掘、整理、不断完善木府文化的过程中，由已知推未知，由点连成线，然后变成片，大大地丰富了纳西族这个民族明代的历史。最近我们在研究清代木府的情况怎么样，也在发掘整理木府在明代以前的情况怎么样的史料，而且在研究木府与周边民族之间的关系，等等。我们这样做的目的是想尽可能地把木府变成纳西族文化的一个主体，也就是主流文化。木府又有客观存在的这么一个古建筑群摆在那里，其闪光点又深受国内和国际关注。我看下一步，更多丽江人以及学者们也会更加关注木府。木府如果真的担负起宣传纳西族历史文化的主流作用的话，我的理想就实现了。但是，这个事情还要靠很多人去做。做好了这个事情，它就像一条线，把丽江历史上的人和所发生的事，以及很多的文化元素牵在那条线上，等到那个时候，丽江的文化就有一条线可以追溯了，要不然现在有点杂乱的感觉。我不知道我这句话说得对不对，但我有这样一个理想，我的这个理想也是木府下一步要做的事情。

第三节　有据可查的木府恢复重建[①]

整个木府的修复是有文献和文物依据的。具体来说，我们在恢复议事厅这幢房子的时候，在浮土层 0.5 米底下就挖到了当时木府的遗址。开挖的过程中，我们首先发现了一块汉白玉，然后就停止了施工，进行全面发掘。发掘过程中发现了一大片的汉白玉，浮土层与汉白玉之间有一层厚厚的炭灰，可能是火烧房子时留下的。然后，我们赶快把这个情况向云南省文化厅报告。文化厅派了文物处的考古专家下来，和我们一起研究这些情况。他们认定，这是木府的遗址。当时的木府规模很大，后来因房子被烧，毁于兵燹，还有由于自然力的作用，被破坏得相当糟

① 依据与国家文物局局长谈木府恢复重建内容的相关资料整理。

糕，这是第一。

第二，在没有恢复重建木府的时候，这个地方是关押犯人的看守所，建了不少的钢筋混凝土房子，恢复重建木府的时候把那些房子都拆掉了，我们有考古文物作为依据。这里老百姓的房子很少，主要是公家的，钢筋混凝土房子比较多，木府原来的房子也保留了很少一部分。明代旅行家徐霞客来丽江时，他对木府的总体评价是“宫室之丽，拟于王者”。徐霞客对木府的评价，强调了建筑很华丽，占地面积广大。还有一个依据，就是雍正元年“改土归流”，流官对丽江木氏土司做了一次户口清查，当时的记载说是宫奴和院奴达到3000多人①，这说明整个木府规模是比较大的。大概的情况是这样的，木府分作四个部分，第一部分有这样一些建筑物：一个是石牌坊，然后是大门，接着是议事厅，议大事的地方。万卷楼，事实上就是藏书楼。然后是护法殿，土司家里有事，要在这个地方处理。丽江的大事就在议事厅议。从这个房子的用途来看，我们把木府的第一部分称为土司衙门的办公区。

有些专家说，前议事厅和护法殿之间夹着一个万卷楼也是不合规矩的。对于这个问题，专家们要我们拿出合理解释，说不清楚是不准起的，因为那不符合历史的原貌。后来我们还是说清楚了。丽江历史上木府中的确有一幢万卷楼，在府志里有记载，还说藏书很多。万卷楼现在是在这么个位置，前有议事厅，后有护法殿，为什么要摆在这个地方呢？当时丽江的最高统治者是木氏土司，边疆少数民族地区嘛，土司姓木，我们叫他木老爷，历代木老爷都很有才气、很有才华。到了明代晚期，就是徐霞客来丽江的那个年代，木府规模达到登峰造极的高度。那时候的木老爷不仅继承了本民族的传统文化，而且对汉文化也颇有研究，造诣很深，这是一个方面。在边疆少数民族地区，木老爷的确算得上是接受汉文化比较早的一个土司，这在历史上也是公认的。另一方面，我们分析了历代木氏土司所处的形势：丽江山高皇帝远，北边有强大的吐蕃王朝，南边有南诏、大理国政权，长期以来丽江就处在这两股势力的中间，所以历代木氏土司都有一种夹缝中求生存的味道。假如木老爷不依靠朝

① 《清实录有关云南史料汇编》，云南人民出版社1985年版，第276页。

廷的话，就有可能被消灭的危险，这边也要吞并它，那边也要吞并它，在这样的情况下，木氏土司就在木府中起了一幢万卷楼，表面上万卷楼是藏书楼，事实上是象征了汉文化，说明了他崇拜儒家的汉文化。事实上，我们丽江人不是简单地把万卷楼看成藏书楼，而是把它看成中央王朝。这一幢楼的意义是很重要的。我这样一说，专家们觉得还是很有道理的。木氏土司要紧紧依靠中央王朝，求得自己生存，我说明白了它存在的价值，万卷楼就这样留下来了。并且在史书上确有记载，历史上的确有万卷楼，这不是没有根据的。

木府的玉花园部分，或者说是后花园吧，其中有光碧楼、玉音楼。玉音楼是接受皇帝圣旨的地方。玉音既指的是皇帝的指示，还与奏纳西古乐、奏宫廷音乐都有关系，所以叫玉音楼。关于三清殿，有人也提出不应该摆在这儿，官府衙门里边怎么能摆一个三清殿呢？的确是有这么一个问题。木府工程，建设初期，我们召集了云南省二三十位专家、学者来审议规划图，有些专家就提出过同样的问题，说三清殿不应该安在这个地方，等等，通过激烈辩论，最终我还是把他们都说服了。

图 2－11　过街楼

图片来源：木府提供

第三部分是由这么几个建筑群组成的：木府一条街，就是做生意的一条街道。这条街道有什么作用？这房子分为两层，底下这一层做生意，上面这一层就做驿栈、驿馆。接着是木家院。这个院子是生活区，木氏土司及其家属就住在这儿，生活在这个地方，所以木府一条街、木家院合起来统称为木府的生活区，这是木府的第三部分。最后一部分还没有恢复，为木府的第四部分。第四部分是这样的一个情况：这个地方有皈依堂。历史上的皈依堂被毁了，太可惜了，皈依堂的壁画相当有价值，有人说皈依堂的壁画可以跟白沙壁画媲美，现在被毁了，看不到了。我们小时候在那里上学，还见过，“文化大革命”时才被毁掉。丽江曾有十三处壁画，刘敦桢先生所著的书里边对皈依堂及其壁画有所记载。皈依堂和家庙合起来就很明显了，这个区域事实上是木府举行祭祀活动的区域，是烧香磕头的地方。我们对整个木府的理解和认识就由四个部分组成：办公区、玉花园区、生活区、祭祀活动区。

木府最早的建筑年代是何时呢？从元代就开始了。后来陆陆续续地修建，大功告成是在明末。现在元代的痕迹已经很少见了，但是明代的还有一些，那个石牌坊就是明代万历年间建的，还有民国时期的照片。石牌坊建于万历年间，人们都说石牌坊的石料是从金沙江边大具乡取来的，这次恢复重建木府时，我们召集工人、石匠到大具乡去考察，就发现有块岩石上刻有“万历四三”这样的字样。我们推断，明万历四十三年（1615 年）时，木府起石牌坊，石头就是从那里取来的。当时木氏土司的统治区域有多大呢？往北一直到大渡河流域，到木里、盐源、盐边这一带，还有现在的德钦、中甸都属于木氏土司控制的范围。我们重新打石头建石牌坊时，那些师傅说才找到那么几块，太遗憾了！美国学者洛克写的《中国西南古纳西王国》一书中附有石牌坊的照片，我们就是按这幅照片恢复石牌坊的。

第四节　渐入佳境的木府

如果走马观花游木府就只能看看木府的景观，而木府文化的内涵则是需要我们讲解员来说的。我是木府第一任、第一个讲解员，我每一次都不厌其烦地讲木府文化、木府建设以及木府所承载的民族历史文化。

对整个丽江古城的历史、现状、未来等进行研究后，木府就成了世界文化遗产——丽江古城的心脏，就变成了核心，所以说它的身价是相当高的，这是一个方面。第二个方面就是木府的利用价值。木府实行园艺博物馆管理模式，供人游览，那么游客就可以参观那些房子，各个房子里边都有陈列品、展览品，我们把丽江的风土人情、民俗、文化通通在这里展示。这个是有偿服务，要出售门票。门票是物价局定下来的，开始时一张门票核定为45元，但我们考虑到它是一个新的单位，可能经验还不足，所以票价暂定为35元。1999年5月2日正式对外，我们估计游客还是会相当多的。木府基本建设的投资金额较大，我们还有几个方面的投资，比如说园林这一块，投资额是相当大的。举个例子说，我们把丽江古城有点名气的盆景都统统收购了，上千盆收购到木府，还有附近的一些名花异草，统统都移植到木府里来，丽江人都说这是木府的园林。苏州园林局的副局长到木府来参观访问，他本来是受我们县委书记的邀请到我们木府来指导工作的。他看了木府的园林以后，讲了这么一句话，他说："木府的园林是一种特殊的模式。"这种模式，他初步认为是介乎于皇家园林与私家园林之间的园林模式，是一个新课题。木府在园林方面会有一定的贡献的。但这个园林所需的投资经费不属于世界银行贷款的范畴，所以我们觉得自己的设计还是比较精彩的。还有一个方面，我们认为光有空房子不行，里边要有内容，还要有展厅，假如你没有这些东西陈列出来的话，一张门票卖35元是不可能的。一段时间以来，我们也想在民间大量收购当时木氏土司流散于民间的文物，比如有一些字画，一些旧家具，还有一些别的宝贝，如化妆盒、金属的铜锁和一些器皿，种类相当繁多。木府有一幅字就是木增的手迹，这一幅字是国家的珍贵文物，价值连城。类似的文物我们搜集了不少。木府盖起了房子以后没有这些东西是不行的，在这方面我们仍在努力。

大家关心的是，我们投到这里的钱到底是多少。可以这么说，没有世界银行的3360万元的贷款，木府就不存在了，所以，丽江人民、全国人民乃至全世界人民都会感谢世界银行。凡是到这里来参观的学者或是领导，他们都认为世界银行官员的眼光是独到的，他们会花钱，会投资。

我们很高兴世界银行把钱投到木府的恢复重建上。世界银行的负责人这样说："今天我们看到了雄伟的木府，同时木府要发展园林艺术，尽

图 2－12 木府门前满游客

图片来源：木府提供

量搜集书画等文物。”我们坚信，来到丽江的游客都一定会来看木府的。我们一直在说，世界银行的确是慧眼识宝，假如说没有世界银行，的确这个木府就要被埋没在这个地方。我们念世界银行的好，丽江人民也觉得要感谢世界银行，所以，我们在恢复重建木府的纪念碑上把世界银行这一个称呼刻在这块碑上，意思是，世世代代都不要忘记这个友好关系。

第三章　木府强势靠本领

二十年来我们不断地鼓励和激发木府全体员工的斗志，在肯定优点，激励先进的同时，拿准他们的弱点开刀，以期达到从内心深处激励众将士的目的。

第一节　激发干劲

我以前在内部经常训话，经常开会，经常做思想工作，经常与大家交流一些思想。在那个过程中，我左强调右强调，强调在木府里面绝对不能拉帮结派。曾有一段时间我们的员工思想意识不到位，导致工作氛围不和谐。我一直在强调，木府需要大家一起去奋斗，一起去努力，大家团结一致，才能把工作搞好。面对不良现象，真的，我有些时候真的想彻底地重新来一下，都给他们挪一挪。人挪就活嘛!

我跟大家讲道理：木府是我们共同的作品，这个作品，我不会轻易让它被破坏掉。毫无疑问，如果与木府不相干的人进入木府工作，从第一天起，木府就开始腐败了，开始朽了，开始要完了。原因很简单啊!木府的形成以及现在的经营模式，都装在我的脑子里面，没有哪一本书在里面记载着这样的东西。我绝不会就这么把我的作品放弃掉，当然也绝不允许我的作品被人糟蹋掉。在这种情况下，我当仁不让，始终盯着木府，形成一种始终由黄乃镇在掌控着局面的这样一个影响力和作用力。不这样的话，我相信木府三个月都存在不了，不要说三年了。在这中间呢，我是忍辱负重地前行。在这个过程中，我看来看去，觉得一些人的道德没有了底线，所以不值得为他们考虑，我考虑的只是木府的存在。我觉得木府的第三代可能相应地稳定一点，到那时什么都成规矩了，而现在这一代是有点麻烦的，所以一定要时时向他们敲警钟，并不断激励众将士，木府才能有所发展有所前进。

木府取得了很大的成绩，不管是经济效益还是社会效益，在丽江算是头号单位了，这些是看得见摸得着的，大家也很清楚。木府门票年收入已经达到千万元，这可算是经济效益大增，此外还有其他的收入呢！社会效益呢？来的人多，自然社会效益提高了。甚至是提高到了一种什么程度呢？现在，丽江纳西族到外面去旅游，走一走，看一看，人在旅途中，自然有人会相互打个招呼，问一问你是哪个地方的，什么民族啦，那也是自然而然的事情。遥想当年，说半天我是纳西族，说我来自丽江，人家不明白，搞不清楚，甚至怀疑这个少数民族生活与他们截然不同，有人甚至问："哦，纳西族是不是停留在母系社会的一个民族，是不是啊？"弄得我们不知道该怎么回答。人都是要脸面的，被人家这样地奚落，被人家不了解，被人家这样边缘化，那是很难过的。但是现在就不同了，问你是哪里来的，是什么民族，"丽江来的，纳西族"。很多人还是听不清楚。那接着你反问了："你有没有看过《木府风云》啊？"那个人就说："哦，看过！""我就是那个民族的。""哦，不得了！"马上人家大拇指就竖起来了，马上你的地位就提高了。这就是木府社会效益提高的一个体现。木府好才能大家好。所以，大家要共同爱惜木府，戒骄戒躁、同心同德地搞好木府的每项工作。

这个话题说完了以后，我要接着说一些喜欢在背后骂木府文化的人。你少骂一点木府文化吧！少骂一点木府吧！有些人说"哦，你们木府的内涵要丰富"，这不是闭起眼睛说瞎话？我们够丰富啦！甚至说可以把东巴文化引到木府里的笑话都有嘛，那个是因为他不懂啊！管园林的人来了呢，说："哎呀，全国人民、全世界人民都参观木府了，但是你们的园林还差起一大截。园林应该是这样……"我说："我们园林也不错嘛！"尽管人家对于木府的看法、对于木府的评论是处于我前面说的不了解这样一种情况，但是我前面也讲了，木府的文化、木府的体系本身是丽江文化的缩影，关键的问题是，那个只是常识，但对木府人来说只是常识，对外面的人来讲可能就是相当新颖的文化。在这里其实我要说的意思是：这个文化是以黄乃镇为首的木府人创立起来的，都装在我们的脑子里面，要想从哪一本书里面去看，或者要从哪一个相当值得崇拜的文化人那里去了解它，那都是枉然的。为什么这么说？因为这些东西都是木府人创立起来，摆在那里的，我们围绕着这些有形的东西，相应地形成一套文化理论，然后与剧组合作拍了一部电视连续剧，满世界地去放、去说、去讲。然后结果怎么样呢？木府的知名度就这样提升了。我们本来一开始经营理念就是不做商业宣传，“酒香不怕巷子深”，不与任何旅行社结盟。我们走的始终是这样一条路，所以，大家不要担心还有些人不了解木府文化，不要担心木府以后的事情，以后小变故可能会有，但大变故不会有。是这样的一个情况。

图 2－13 《木府风云》剧照

图片来源：木府提供

中央八套、一套播放了《木府风云》以后，我们在昆明召开了一个庆功大会，我们单位好些同志都参加了。在会上，我就讲了这么几句话，其中最主要的一句话是：“好些人看了《木府风云》之后，来参观木府了。参观了木府以后，游客的感觉是什么呢？说是客观摆在那里的木府与《木府风云》相比较的话，给游客的感觉是有过之而无不及。”大家掌声雷动。此后，许多人与我探讨这个问题，有些人是带着历史的问题来找我探讨这个问题的。说是“我们知道，我们以前也采访过你，你干木府的时候非常霸气，太霸气了，此后管理木府听说也是非常霸气”。甚至提出要写我这个人，我对他们提了要求：要写我可以啊，其他的都不重要，但就是要写出这个霸气来。你只要把这个霸气写出来，那就行了，哪怕是有争议，写出霸气来就行了。有人就给我提出这样的问题来："你这个霸气是从哪里来的？霸气，支撑起你的霸气的点在哪里？"我说："一个是思想。修木府、管理木府，要有思想。什么东西都装在脑子里面，有思想才有理论根据，才有文化基础，才有各方面的知识嘛！既有现代的知识，又有历史的知识嘛！首先要有思想；第二要有担当。我做木府也好，管理木府也好，直到现在，我的霸气的支撑点就在于思想性和责任感，也就是有思想和担当精神。我就是一个有思想、有担当精神的人。"

真的，多少年来，我就义务地在木府干工作。从古城区政协副主席职位退休了以后，我在木府拿过多少工资？拿两份工资？没有。我不是在这里要求给我补发工资，我是自愿的。曾有人问过我："光明磊落一生，不图这个，也不图那个，木府也盖起来了，你为什么还要做这个事情呢？为什么还要一直在木府干义务呢？"我为什么要这样干呢？思想和担当精神使然啊！即使不开工资给我，我也认为自己有责任有义务参与木府的管理，掌控局面。支撑我霸气的一个是思想，一个是担当精神。关于思想和担当精神在干事业过程中的重要性，我常和人们讨论。比如我到北京、武汉出差时，沿途与同行的人讲话，我们一路上都在讲这个事，他们很同意我的观点，认为就是这么一回事，就是要这样干。我守护木府的目的不过是让木府这个作品不要蒙受什么损失，所以后来当人家要卖它的时候，当人家要转租它的时候，当人家要干什么的时候，大家都知道，我把文件都撕烂了。我就像爱护自己的眼睛一样爱木府，过去、现在我都不图什么，我就是希望木府好。木府好了，大家就好了。

在这个基础上，我想再讲一个实质性的问题，我一直的做法就是最怕外面的人干预木府，掺沙子一样地掺上几粒沙子，就会把木府搅黄。结果莫名其妙地，不知道怎么搞的还是出现了这样的事。你说简单的管理缺席、迟到啦，这些事情还不要紧，但是如果是对木府的理解和认识有偏差，他按照他的意识来搞一下，甚至道听途说，那麻烦就大了。还有，有些人是聪明反被聪明误，明明是相当糊涂了，对木府的来龙去脉、日后发展等各方面又搞不清楚，还自以为是，还献计献策，"可以这样搞嘛!”还说这个事情本来就做错了，或者是做得哪样，木府应该要这么干才对。这么一来，表面上听起来可能是事实，但归根结底，结果是他造成的损失今天不显现，明天肯定会暴露出来的。关键的问题是在哪里呢?关键的问题都装在我的脑子里，没有记在哪本笔记本里面。前后的因果关系，我们是经过了多次的思想碰撞才清晰起来的。所以，我从古城区政协副主席位置退下来了以后，要继续管理木府，主要就是怕出问题。我觉得木府的管理与其他的事情不一样。许多时候我都在向木府全体员工呼吁，要求木府上上下下对木府的这一套文化理论要有敬畏之心，要像对待经典一样敬畏它。这也是对自己饭碗的一种敬畏。

我觉得，对现在的木府员工要提一些要求才行。第一个要求，我综合各方面的因素，已经讲得很清楚了，就是坚持木府的文化理论。对此我绝不会退半步，于我的良心，于民族，于文化，我不会退半步。现在讲第二个要求。我认为，维持多少年来的木府的规章制度不要变。早点名不要变；大扫除不要变；一周浇一次水的规矩不要变；木府的食堂要继续加强，也不要变；同心同德这些都不要变。木府的气势就是在这样的基础上产生的。不然的话，我看三个月都维持不了。

电视剧都有个片比问题。我说这个电视剧拍得还可以的嘛，那些团队的人怎么说，“哦，片比，就是1:50地干呢!”什么叫片比?就是说，你实际要用的只有1分钟，但是拍摄这一点就花了10分钟，最后用的只有1分钟，这就是片比。这个道理也可以用在大家身上。你只要在这个地方待的时间长了，该悟的也会悟出来，一旦你悟出的东西成为你一种自觉，行动上你该做的就会做出来，甚至有些时候是情不自禁地去做的，木府需要的就是这个。反过来说呢，木府也需要大家，离开了大家，木府也是一事无成的。但是前提是大家肯努力。不努力，不想干，在没有办法的情况下我们也可以换人。综观现在的情况，我觉得木府员工从上到下，基本上还是可以的，问题是一些人糊涂的观念要改变了。木府上下要团结成一个人一样，以前木府是怎么搞的，现在仍然是怎么搞，就是这么一回事。

政策和策略是党的生命，这是毛主席教导我们的。有时候我们需要以较特殊的方式来对待某个人，那是从木府的发展出发，出于一种策略的考虑，不这样的话呢，也许会引出大麻烦来。这样做，目的是为了顾大局，但是有些特殊的东西就是这样产生的。有时候制定一些特殊的政策，是属于特殊情况下的一些特殊的做法，但大家也不要顺起这个竿子爬。当然，假如你有这种特殊的情况，领导还是会特殊地来对待你的。

木府也有自身的难处，我跟你们也像拉家常一样拉一下木府的艰难之处。木府的艰难之处是什么呢？第一个艰难是门一开就不能关啦，一不关呢，大家就像机器的齿轮一样地在那里运转着。一年365天里，有节庆，有各种婚丧活动，有星期天，很多员工上有父母下有妻儿，平时工作就难避免磕磕碰碰，而木府一年365天就是要开着这个门。我们后来的做法是松了一下，以轮休的形式来运转。如果你只是开一个铺子的话，有病有痛，今天有点感冒了，我早点把门关掉就行了，但木府的门无法关，你有病痛的时候，人家会接着干，所以说木府要倡导相互协助，但要做到这一点还是艰难呢！大家对于这些要理性地对待。既要沿袭木府一贯的做法，但在这些做法里面呢，我们也采用多给一点报酬，以加班费或补助费的形式发给你。这里要讲一讲福利政策的事，也就是讲讲我们给职工增加福利的发放数的事。如木府的早点以及午餐在整个古城都出了名了，出了大名了。福利上，你交了多少钱啊？你也许会算节约一点，早点在这里吃，出上1块钱，中午那顿也出1块钱，可是你事实上吃了多少啊？不会低于8元—10元。第二个艰难是员工风里来雨里去，但衣服啦、伞啦、冷了怎么样啦，我们是不断地补充着给员工提供这些方面的福利的。相应的，你不要只考虑你是风里来雨里去。说到我们的干部、我们的管理层，说句老实话，我们的管理层算什么？只是文化局手下的一个馆（所）的管理人员这样一种定位，这样轮到底下就只是班组长啦！但是我们的福利待遇与外面的单位职工一比，那木府又不是一般的单位了。所以，木府人应当能伸能缩，不怕工作风里来雨里去。第三个艰难是木府的前进必须靠团队作战，缺了哪一个人都不行。所以，我们的干部要充分地认识到木府的工作是这么一个工作，相应的你自己应该怎么做，就得好好地去做啦！

前面曾提到，有游客说，现实的木府比《木府风云》中的木府是“有过之而无不及”。这背后是什么意思呢？我们的同志，甚至包括外宣办的同志在内，都会觉得有点不明白。有的同志是盯起我问呢！我的看法是，游客看了《木府风云》以后，知道有个木府，就来木府了。到了木府以后，“哇，这一回是到了《木府风云》里头的那个地方了”。假如到了木府以后，很简单的一个东西都看不成，或者哪样的话，第二次他就不来了，而且会到处宣传，“这个地方根本不值得去”。这样问题就大了。但是来了以后很多人的感觉是“有过之而无不及”，这种感觉是怎么来的？我没有问过游客，但我是推理出来了。我给人家的回答是这样的：“你看，首先是木府的建筑物本来就相当美，简直可以跟故宫相媲美了，甚至某些方面比故宫还美，比如它四季如春。我们的园林是早就有定论了，苏州园林局副局长说的，是介乎于皇家园林和私家园林之间的一种园林模式，现在更是不得了啦！”我还这样对游客说：“木府的四周都是古建筑群，故宫四周就没有古建筑群了，是现代建筑，所以说，我们眼睛所能看到的这个木府是相当美的。”这样对游客讲后，游客在木府就有身临其境之感，就进入了前面那个“境”里面去了。我们的讲解员娓娓道来，从木府这一点，讲到了南边的白族，北边的藏族，讲到西藏的芒康，又讲到四川的巴塘、理塘，木里的俄亚。然后呢，再介绍木氏土司紧紧依靠中央王朝，在夹缝之中求生存的这些东西。之后呢，分析因为这个民族是处于这种环境之中的一个民族，假如不紧紧地依靠中央王朝的话，那么这个民族可能就不存在了。游客就像在木府上了一堂课。在短短的半小时，或一小时内，就把整个丽江、整个纳西族所处的环境游历了一遍，形成这样的一种审美。从价值来看，这就不只是60元门票的问题了，600元都值。鉴于这个认识，所以游客才会说现实中的木府比电视中的木府是“有过之而无不及”。还有，为什么“有过之而无不及”呢？因为《木府风云》能够表现出来，能够说明的，只是我们培训课中的一潭水里面的一瓢水而已，而你到了木府以后，我们讲解员提供给你的是两瓢水、三瓢水。短时间内把一壶水都给你是不可能，而且一壶水喝下去，效果就会恰得其反了。还有一个是，我们一直都说，木府首先是民族的，首先是政治的，首先是文化的，至于经济嘛，那个是第二位的，它与文化相辅相成。我们坚持按自己总结出的相当好的商业理论来操作，经济效益也会越来越好的。所以，对每一位工作人员，包括主管领导，我每天都说要去讲，反复地讲，这个理论不能倒。木府的阳春白雪就是这样来的。大家要保持高度统一的机制，就这样干，把木府的工作做好。

第二节　木府发展之需

木府还很脆弱，它还很年轻，搞不好就会夭折，一旦夭折了，不仅很多人要失业，而且对不起我们这个民族。关键的问题是大家要齐心协力，不能散漫，不能掉以轻心，要努力把工作做好，要拿出不一样的干劲，把这个事情做好。这是我最关心的一个问题了。具体来讲，就是耗在木府里边的时间要比平时在外面长一点，其实只要多走多看、严格管理就行了，不是叫你去背一捆柴、挑一担水，你在木府里走过来走过去也是在服务，在经营。有的管理者认为可以遥控管理，似乎在哪点遥控，都能把事情干好，但是我认为管理不能靠遥控，要付诸具体行动。

木府创业的时候，有几个人跟我一起创业；创业过后，个人威信出来了，个人的名誉也出来了。其实现在是守望木府的时候，守起不出问题就行了。如果出现威胁到木府的基本理论，对木府要怎么样的情况时，你拼命捍卫一下木府，这个也是守望的一种表现形式。比如不准外面不利于木府生存发展的思想进来。外面杂乱思想一进来的话，木府就被搅乱了，就不知道是往哪个方向发展了。现在该向哪个方向发展，我们该布置的是什么，清清楚楚的，但是杂乱的东西进来以后，木府发展就会迷失大方向，就会无所适从。木府是脆弱的，创业难，守业更难，需要不断巩固，需要深入发展，也就是深入地去实施我讲的那套理论，更进一步地深入去验证。

木府的恢复重建是木府乃至丽江文化的理论体系不断完善、丰富的一个过程，这期间需要一个沉淀稳定的阶段，我们必须排除一切干扰来研究木府所承载的文化，为了木府事业的发展必须这样做。

作为木府的讲解员，我反复给他们培训木府的文化理论是告诉他们：你们要有充分的文化自信，甚至作为一条纪律来规定，一定要“吃透”木府的这套文化理论，要对木府的文化理论保持高度自信，因为在长期的实践中，木府文化理论逻辑是相当严谨的，是经得起推敲的，同时也得到了游客与外界文化的认可。

木府在丽江旅游经济的大潮中经历过这么几个风浪：刚开业的时候，核准门票价格为45元/人次，而我们只是以35元/人次来销售。紧接着丽江旅游又实施了“大玉龙”政策，将木府排除在外，面对这一形势，我找到了DZQ，他对木府所承载的丽江文化给予了肯定并责令旅游局长必须将木府作为丽江文化旅游的一个重要景点向游客推介，一时间木府也迎来了一个客流的小高峰，但也因门票返点的问题，各大旅行社以各种理由拒绝推介木府景点，客流量再次跌落。紧接着，云南电视台反复播放了木府恢复重建的纪录片。客人通过该片了解到了木府，参观人数回升到了一天进1000多人的状况。

记得推行“大玉龙”的决定是在金沙滩酒店里定的，批字也是在金沙滩酒店里批的。因为YTR在管这个，当时都还说：“木府怎么办？黄乃镇，木府怎么办？”我说我们不怕，酒香不怕巷子深，我们不急。但是这事对木府会有这么大的影响是我始料不及的。实施“大玉龙”以后，通过旅行社宣传、政府部门宣传，木府的游客量又多少上来一点，但征收古城维护费以后，木府连每年600万元的收入都没有了。那时我们不管收入有多少，照样坚持我们的理论，照样培训员工，之后丽江的所有导游都说木府的讲解员水平是最高的。那个时候木府游客量是比较少的，但是我们该做的做，天天搞培训，该搞徐霞客研究的就搞徐霞客研究。这个时侯，WJZ要出去考察，通知他们把我的名字也排上去。一路上他叫我坐在他旁边，我就跟他反映这些情况。他说：“岂有此理。老黄，你回去写个报告，我让他们交给旅行社，安排到线路里。”我们的那个报告是WJZ亲自批的，但是当时旅游局落实不下去。我们一直都在埋头做一件更重要的事。我相信等到《木府风云》出来那一天情况会有所改观。意想不到，《木府风云》旗开得胜。

接着木府的知名度不断上升，木府客流量更是创下历史新高，以至于古城维护将收取古维的方式，调整为在景区查征古维费，木府又一次首当其冲地被古维费将一部分来参观木府的人拒之门外。

以前我曾经说过，这种做法事实上是“一碗绿豆汤出卖长子继承权”，因为假如木府这个牌子打得好，也就是丽江文化牌子打得好，反过来说，为了蝇头小利，压制木府，其实也就是压制民族文化的影响力。一碗绿豆汤有什么稀奇？但是有些人可以为了那碗绿豆汤而把长子继承权都出卖掉了。所以说宣传木府才是硬道理，从整个丽江文化的格局来看就是这样，从历史的角度来看也是这样。所以我们要坚持这个理念。木府文化宣传出去，丽江旅游就发展了，这样就能利益均沾，实现共赢。那个时候JGS跟我讲过：“黄老师，我跟你反映一下，但是你不要骂我，你不骂我才说。”我说，我是很讲道理的，不会乱骂人。“木府里面搞一个饮食文化得了嘛!”我说搞餐饮一进木府就是宾馆那个味，这与严肃的木府文化能协调起来吗?

木府的光环太绚丽夺目了，所以一出世就处在改革的风口浪尖上。如果是没有发展前景、没有希望的事物，也不会成为改革的试点。回顾木府走到今天的整个过程，我们心里面应该有底了。它的过去、现在是这样，将来的发展前景也不难想象，当然会是非常美好的，木府现在有100多名员工，我们的团体在不断壮大，我们也不断在为古城区创造效益，这是值得木府人骄傲的。在工作中，我的要求比较严格，好像随时都要挑点毛病，不过这也是为了对整个木府负责，我们要搞好团结，以木府的发展大局为重。我们外宣部的员工，不要总以为别的部门比你们舒服，不要有这样的想法，各部门的关系是秤杆和秤砣的关系，互相离不开，不存在哪些部门很重要，其他部门只是附属的问题。我们是一个团体，离开了哪个部门，工作都无法运作，所以部门之间不要相互歧视，要加强团结，加强沟通，不要讲不利于团结的话，而要相互尊重。这个相互尊重体现在很多方面，比如平时，我们原则上要求其他部门的人看见讲解员在带团时，不要与他们开玩笑、讲话，因为他们的工作时间是属于客人的，我希望各部门之间能在一种其乐融融的环境下相处。不但部门与部门之间，部门内部也不要搞小团体，相互之间交谈多考虑一下别人的感受，特别是部门主管领导和员工之间要相互尊重。我们工作的环境很优美，但搞好工作需要天时、需要地利、更需要人和。另外，我对他们提出一点要求，领导交代的事情，大家听明白以后就要及时办理，特别是有重要接待任务的过程中，需要大家紧密团结，相互协调，千万不要把交代的事情看作与自己无关，因为接待工作的每一个环节都很要紧。

第三节　风雨兼程二十年

20 多年前就确定要恢复重建木府，其实要恢复重建木府事实上是地震前一年就在筹划了，按时间来算已经差不多有 20 多年。木府经历了这样两个时期，一个是恢复重建时期，一个是成立古城博物院（木府）以后的时期，说起来大致就分为这样两个时期。

我们就不讲 20 多年了，只讲 20 年的话。进入了木府，一晃就 20 年，人生能有几个 20 年嘛！刚进来时候的小娃娃，过了 20 年后就差不多进入了壮年时期了，最初种下的那些树也差不多将近有十五六年了，在这段时间里，我们得到了很多也失去了很多，包括木府也是如此。恢复重建出来的木府一开始有种崭新、人工的感觉。风雨 20 年后，包括那些建筑物真的是有点古建筑的感觉了，再加上与之配合的园林，真的是有种古色古香的感觉了，人工建筑，经历风风雨雨的考验，加上自然的沐浴之后，它的味道也在变化，这一切互相影响、相得益彰。总有这样一个感觉：春风古物，一气含和。我觉得木府的一砖一瓦、一草一木都恰到好处，这种东西是用钱也买不到的，真的是！今后我们的任务也无非就是保护好她，在岁月的流逝中不断完善她、升华她。在这 20 年的风雨兼程中，关键的问题是木府从来也没有被边缘化过，总是被纳入丽江执政领导人的视野里面，他们有些时候发出正确的指令，有些时候也发出一些值得商榷的指令。在这期间，我们木府人始终保持 20 年来不变的管理模式和心态，我们始终不断地对外说明这个事情，博得了有关领导的同情和支持，甚至是认可。这里面也有争过来吵过去的时候，但是，老实说内部的争吵也好，跟外部的争吵也好，事实上我们都是以不变应万变，都是本着这样的一个心态：把木府管理好、建设好。这样做下来的结果是既保护了木府，同时又保护了一大批人，最后受益的是谁呢？是我们这个民族！我们就是这样走过来的。有段时间人事变动比较大，各种想法也比较多，我觉得大家的心理都有负担，都有一种前途渺茫感，我们这样做最终目的是什么呢？为了什么呢？在考虑这个问题的时候心里自然就会感到有些茫然，在这种情况下，我自己觉得特别需要重新梳理和总结木府发展的历程和理念。现在信息时代已经到了，我觉得这也是这个时代我们要经常做的一件事情，不然就没有了生存的危机感。

在木府的旗帜下，现在已经聚集了108位将士，大概有这个数字吧。有这群人好啊，现在木府人的文化程度已经向高文凭转换，虽然开始都不是带着文凭到木府的，但后面拿大学文凭的人相当多，起码占60%以上吧。从全国来讲，木府也算是有名的古代建筑群的恢复重建，你参与了这个历史性的工程，这是一个非常繁复、非常复杂，很难做的恢复重建古建筑群的工程，你当时也许稀里糊涂，但是后面是越来越清楚了，那就是你能参与到这个工程建设中是幸运的。只不过是工程完了以后我们就马上转过来搞文化、搞经营。不过，木府有不少人是二者加起来，有的人既参加了最初的恢复重建，后面又参加管理并且参与发掘整理文化的工作，这样才把这个“死”建筑物恢复重建得活灵活现的。把许多文化的内容加进去的工作非常不容易，就这点而言，我们的人可以说是出类拔萃了！应该是立下大功勋了！如果能进入职称评定的话，这些人会是一个什么结果呢？但是我们与职称评定的关系有点说不清楚，也没有多少人在讲这个事情。我们就是这样的人。在木府哪怕你只是个小小的办事员你都可以引以为豪，我们自己可以互相励志。主要是励志。木府已培养出了一些人才，有些时候我闭起眼睛想：这些人你让他去完成一件更难更大的事，他也会给你交上一份满意的答卷的。因为他毕竟是经历了这样的一个特别的过程。

假如没有木府这样的一个实体，至少百来人是不会聚集在这个地方的，不知道他在哪个角落里发展，也说不定比现在混得还好。但起码的一点是这样的集体还是难找的，如果没有这个集体，更多的人可能会今天在这里做临时工，明天又在哪里做呢？哪怕你是个大学毕业生也是如此。所以说，木府好，大家就好，只能这样深刻地认识。事实上我们一直是在争取木府好。看这个发展趋势，木府还要更好一点才行，有些事与大政策有关系，比如两年前我们就确定给木府员工发工龄工资，这个不要变，也不能变，直到退休为止。能够这样干的话，工龄工资是放在工资卡里面去的，对退休有好处嘛。本来如果是正儿八经的可以去评中职、高职，我们也一定会干。我们能搞职称的时候，仍然是有多少就评多少，都为大家好，但是这一条路我们又走不通。所以我们就从各种福利里面来强调一个对木府所有员工的关心。大家要学会珍惜。更何况现在就业形势相当严峻。那你可以想一下，木府也可以采取另外的一种方式来运行。比如讲解员不要了，只保留几个保安，园林所少少的进几个人，门口站起几个检票员，现在全国大多数景点都是这样一个模式，这样也是一种模式。但是我们一开始就定下来要以我们的模式运行，反而发挥了意想不到的作用，使木府的文化内涵有了一个大踏步的跃进。有些时候在木府，你得去扫个厕所，有些时候你得去种一棵树，扒一点粪，扒一点土，大学毕业生考进来他是否会乐意干呢？由于木府的工作特殊，所以我们只能搞适合于木府的一套工作方针。到后期我们也如此坚持，凡进木府工作的都不考，我们在社会上选择了以后就进来了。从另一方面看，进木府工作的人你去考，能考得过别人吗？但是如果不用考试，我们观察了觉得可以用，他进木府以后，又表现得相当好，木府就需要这样的人才。木府的领导对于员工之好法，的确应该算得上是好干部了，首先是一直都是保持这种风格，宁可自己吃点亏都是先考虑员工，这一点，木府的领导做得最好！面对那么多人，我有些时候在想，如果在木府里面对领导还有意见的话，我觉得太不应该了，当然不是说不能有意见。作为木府的领导是相当累的，要不断地受到外面的，特别是行政的、政策性的影响，这一点从木府恢复重建以来就存在，直到现在，仍在不断地升级。这个时候得讲一下顺其自然的一种符合辩证法的规律，毛主席说要实事求是嘛。讲实事求是就是根据实际按照规律办事。木府不适合搞成企业，更不能搞成个体企业。有一段时间，有人准备把木府搞成个体，我占60%，其他几个占40%。后来我们否定和拒绝了，为避免木府变成私企，为此事我们已经争斗了10多年了。你硬要这样干的话，既有今日何必当初？恢复重建木府，最初的目的也只不过是丰富纳西族历史文化，发掘、整理、弘扬民族文化、圆纳西族人民的一个梦。

木府文化已达到一定的水平，木府恢复重建过程中形成的理论是夹缝中求生存的理论，而历史记载讲的只是十有一二或者是百有一二而已。

木府的理论基础，强调纳西族是至少没有搞过独立王国的一个民族，唯中央王朝的话是听。这是既有理论价值，又有现实意义的。现在社会上发生一些动乱、争端，事实上是民族矛盾的表现，说到底，是敌对势力煽动的结果。我们讲的是和气、讲各民族是一家人，在这个基础上产生了反映这个主题思想的电视连续剧《木府风云》，这是以一群木府人为首创作出来的。有一天晚上我看了一个纪录片，讲的是大理三塔寺。唐朝的时候南诏政权已经是相当的发达，那个地方曾经是建过首都、建过国家的地方，文物、文化与丽江相比的话，那边是天上，丽江是不算什么的。木老爷的事也不过是口头上的一些传说而已。通过我们这一代的努力，丽江纳西族文化被世人认识并认同了。我看白族、彝族在这方面的努力程度都是不得了的，但是如果允许木府这样继续成长下去的话，我们会挖掘、整理、弘扬更多的民族文化来！文化木府，木府就是只讲文化。我常告诫员工："你要发财就不要在木府发，你要发财，我也支持，但到外面去找，在木府找，你就成老鼠屎，在木府里不要找。"就是这样，木府走过了20年的路。

木府还有很好的几个规矩，如早上起来全院职工打扫卫生，你看，木府从来没有被黄牌警告过。有一个游客感慨说："10多年前来过木府，今天重新来到木府，除了更好看以外，太干净，太卫生了，就像10多年前的木府一样，一样都没有变。"

还有一个规矩，木府不允许搞小集团，团团伙伙。多年前木府刚成立，我就天天强调木府的人不准搞团伙。我曾举例讲过我读书时候的事情，在小学读书的时候我是班长、大队长。后来来了几个留级生。其中一个召集了一伙人要跟我这个班长和另一个副班长干，开始时搞得我们两个人连读书都不敢去。在我当班长的时候从来都是一个班相当团结的，后来我俩被他们孤立来孤立去，我都不知道怎么过了，甚至有想转学的念头，我想从新华小学转到兴仁小学，因为三年级的时候我家从四方街搬到五一街。老师说："大队长都要转学，岂有此理！"我就没有转。我当时就以斗争求团结。我就组织了一帮人，跟他们干了一仗，后来反过来把他们孤立掉了。当时有点像《少帅》里的军阀混战，打过来打过去，结果他书都不敢读，书包被我们踢过来踢过去，后来他就去了下面一个

图2－14 少年黄乃镇

图片来源：木府提供

班。这种行为当然不好，相当可怜的，娃娃相当可怜的就是这点了。我在当老师的时候也讲这个问题，包括在大研中学、教委时我都在讲这个。不要你一伙，我一伙，那样做集体就涣散啦！在这之间不怀好意的人会搞什么阴谋诡计都认不得了，搞团伙以后估计就会攻击执政者，团团伙伙不能搞。我曾看不惯外宣部的有几个人，那几个人大家也看不惯，有些人大家去吃顿饭也没有人喊他去，都是一个单位的人，难道他不可怜吗？我说是在行政会议里你要找代理人帮你讲话是根本找不到的，没有人会代你在行政会上讲，很自然的，不要搞小团伙，没有意思，这个是我们的规矩嘛！

像大家到木府一起来先扫个地，治家格言里也有嘛，就是要像保护眼睛一样保护自己的木府。处理一些事情我也是本着原则处理的。比如说，我们的保安因为工作失手，社会上议论较多，但如果他的出发点是好的。等到事情过后可以全面地淋漓尽致地总结，但在处理过程中，我是严格按照我们早就制定好的规矩来办的。当然，我们各个方面也还存在问题，但是在具体处理突发事件过程之中，你要具体情况具体分析，不要委屈员工。要按马克思列宁主义的观点，提出问题，分析问题，解决问题。这就像是写一篇论文，以提出问题的形式把观点写出来，分析之后是解决问题，在分析问题跟解决问题过程中，论证这个观点是正确的，就是这么一回事，万变不离其宗。

讲了这么多规矩，再说我们的食堂要办好。因为工作特殊的原因，木府的员工中午不能回家吃饭，这个也是一个原因，所以木府食堂一直办得相当好。食堂多花了一点钱我一点都不心疼，一直都是这样。

在这些规矩中，最要命的还有一个规矩，就是实行封闭式管理，员工需要不断接触社会，但一进入社会，木府的一套理论就容易说不清道不明了，各种思想就会产生出来。我们可以为党和国家负责，就这样干了，万变不离其宗地做着我们的事情，但如果你强调要去适应社会，怎么办？我的态度就是以不变应万变，做好我们的事情。你只要对党负责、对民族负责就行！恢复重建木府的时候我们是搞封闭式管理，这个封闭式管理其实对木府来说，我们也不把它看作多大的事，因采取封闭式管理，现在木府发展了，个个都说是我努力的结果。胡说！当时差不多个个见我都躲着，就是怕出问题，一个小小民族建这么大的宫殿，而且还要“危言耸听”，会不会出问题呢？那天市政协副主席YWY很真实地说，那时“他们就想收拾老黄了”。所以大家怕啊！面对这种情况，我已经讲了好多次：木府的事情不要传到外面去，外面的事情也不要传到木府里，要对外面保持一个独立的姿态，不然谁都想吃它，谁都想管它。管木府的人太多，木府就发展不起来，并不是我们自己拿大。木府有木府管理的特殊规律，有些事情有时连我也说不清楚道不明，也许有点玄学的味道，虽然我不喜欢玄学。我认为“道可道，非常道”这句话，真正理解的人可能没有几个。“道可道”，第二个“道”是学习，孔孟之道、老庄哲学、儒学、道教、法学，好多东西都可以学，应该学，“道可道，非常道”意思是不是只是这些呢？不是。我认为后面的那个“道”，就像我们在生活中、工作中悟出来的这个“道”，这个“道”有些时候比书本上讲的“道”还要大。我觉得能正确地解释、领会那几个字的人非常少。我联系很多事情才悟出这个“道可道，非常道”，最后的那个“道”可以与我们一起经历过来的一些事情联系起来，也就是说，我们在经历管理木府的实践中悟出的东西，也就是“道”。

下面我再联系木府的“道”跟大家说一说“明可明，非常明”。通过历史的瞬间，描述过去的纳西族；通过历史的隧道，书写现在的纳西族，预知未来的纳西族。目前的状况就是“经济大同，大千世界”。在这种情况下，很多民族的文化几近消失，纳西族离这样的情况也不远了，长此以往，最后只能变成一种什么东西——“听说以前有个纳西族”。为什么呢？因为有这么一个木府，文化符号式地给纳西族留下来一点记忆而已了。木府走了20年的这条路，使它成了一个民族的符号。早上一起来，木府已经是这样一种文化了。晚上看了《木府风云》，第二天早上起来，木府已经是全世界的木府啦！从某种意义来讲，木府的知名度比古城还大，很多人只知道丽江古城是世界文化遗产，而现在世界文化遗产多得很，木府却只有一个，《木府风云》只有一部！而且70多个国家在播放《木府风云》，不是因为我们拍得相当好，里面的演员相当漂亮，主要是因为它反映的夹缝当中求生存的理论，体现出大千世界美美与共的理想。这个我们很清楚嘛！所以木府的事情我们默默地干，少与外界接触，使木府内部思想高度统一起来。

我的所有只言片语全部都要整理成册，这个项目最大。我认为文字基本顺就行了，这本书就留给木府人，我相信对于他们来说是一笔财富，有水平的人，你在这本书里面探索，你去读研究生、博士，你去著书立传都行了！它啰啰唆唆也不怕，我觉得这个才是更加宝贵的东西，不要把最宝贵的东西丢掉。有点重复的、有点啰唆的地方改多了，反而会把许多信息丢掉了。我们今天把“2·3”地震时候的简报翻出来看，地震时的简报也可以搞成一本书，目前已经在组织人力物力搞了。WJZ说给木府200万元搞这件事情嘛，我最后没有用这笔钱，现在木府不缺钱了，我们还可以拿出钱反哺文化、反哺社会，比如，我们常资助一些研究纳西族文化的学者出书，搞学术研究。

还有，我们打算出版摄影集、画册两三万册，以提升木府的知名度，

图2-15 反哺社会

图片来源：木府提供

让大家记得木府。我们研究纳西族的历史，四川省木里县俄亚是一个很重要的地方，我们都去俄亚考察了。对俄亚，我们木府支持了5万元，那个时候我们的收入还相当低，每年才有700多万元。那个时候的5万相当于现在的10万、20万了。对迪庆州的三坝乡我们支持了10万元；也支持了西藏芒康县的盐井乡10万元。走了这一圈，感受到纳西族简直是从鬼见愁、最褶皱的那些地方走出来的一个民族，所以说木府就是这样在穿越这个民族的历史。人家都说回到了木府就像回到家，这个事情古时候的衙门办过，现在我们就是实实在在穿越历史的一群人！这种钱我们给。后面还给了三坝50万元，那个是给他们建纳西族博物馆的经费。这种大笔支持我们还没有搞过，但是，也花得值得！以前我一直反对拍《木府风云》续集，那天于荣光他们来，我们几个吹了一下，我态度改变了，我认为现在是创新时代，一部《五朵金花》可以管五六十年，我们的这部电视剧比《五朵金花》还要火，但是我估计也只能管四五年吧，热播的话嘛！所以可以考虑拍续集。

丽江首先是出现世界文化遗产旅游热，然后是宣科老师的纳西古乐

图 2－16 俄亚调研活动

图片来源：木府提供

热，之后出来木府，真的是热了二十几年。《木府风云》没有播放之前，丽江有些人就开始笑话木府的门票收入了，“人是少下来了，唉，有点少了，现在可能要完了。”大家都有这样的感觉。谁知道《木府风云》一热播，连航空公司的经理都跟我打电话：“不要再播《木府风云》了，我的飞机都要挤爆啦！”又热了两三年，自然而然又要冷下来了，我们还是在这里，不说“把控”，就是这样影响着丽江的大环境、大经济。中央首长说得好：“要不断前行！”木府也得不断前行。假如说，从经济学的角度来讲，是的，续集是同意拍了。称为《木府风云》的续集，写当代的木府，因为我一直反对，所以他们的提纲连我也不给看。丽江人可能只有陈院长看过那个提纲，我问了一下，说还是可以的，很快还有这么一台事。等续集一播，是不是又要影响丽江旅游的大形势了？《木府风云》播了，续集也播完了，我们干得也就差不多了。有的人老是对我们不服气嘛，到时他们瞧一瞧会有怎样的反应？但是到那个时候，我还在不在就不认得了，包括他们也老啦！至于我，我永远不会离开木府，但是一般不会干预木府的事情。我们必须本着不变的原则，按既定的规矩走下去，木府才能存活下去。不然就一锅粥，你乱我乱。不信的话你可以试试瞧。但是历史的事情不能试试瞧，不然你就干得疲沓嘴歪了。在这个问题上谁也主张不了我，谁也左右不了我。貌似我来木府比较勤，不是因为有什么退休失落感，也不是为别的。院长不要整天地说你是在我的骂声中长大的，有些人也没有必要夸张地说我骂人是骂到了一种“要得心脏病的状况”。不是这样的，基本上我对他们是相当和平、相当友好的。

第四章　木府“文保”路

木府是丽江古城的一部分，是丽江古城申报世界遗产时分量最重的一部分。木府与古城的兴盛相辅相成，是古城不可缺少的一部分。然而，面对古城日益客栈化和商铺化的现状，木府这个文化单位也遇到了资本冲击，有“城头变幻大王旗”的危机。为此，我们认为只有通过申请文物保护单位（简称“文保”单位），把它作为盾牌，方能实现木府的长久发展。

第一节　“文保”单位之梦

争取做一个文物保护单位是我们的梦想！

争取做一个文物保护单位，可能大家的理解跟我的理解有点不一样，或者基本一样吧。我认为，木府恢复重建以后，经营之路如履薄冰，只要大家的眼睛是明亮的，都知道它是一块“肥肉”，谁都想“吃”它。在以往的管理过程中，多少人曾经想把木府变成商业市场。那种苦衷谁能理解呢？你说木府是文物的修复，我做文化局局长多年，文物这一环节，我也并不陌生，因为要干这一件事情，《威尼斯宪章》我背得滚瓜烂熟，所以在修复木府的过程中，我们把文物勘查作为第一步，然后寻找资料嘛！管它是家庭历史档案，还是现存的一些正史资料，摆在我们桌面上的不多，短时间内要把那么浩瀚的东西搜集起来是不可能的。我说一句不客气的话，丽江这方面的档案资料太少太少，很少能找到这些资料。但是这些东西尽管找得辛苦，反正我就用已知推未知。以徐霞客那些话和零散的历史档案为基础和依据来画恢复重建的规划图，然后请专家论证，再费尽口舌把专家全部都“俘虏”到我的效果图里面来。规划图几次差不多都要被枪毙了，不行了，什么了，“你的那个万卷楼怎么安在这里了？上面的那个三清殿怎么在后花园里面？不应该有三清殿”。人家都是全国著名的行内专家，都讲得有理有据，都是按中国历史传统来讲这些话，叫我怎么说？但是经历过五关斩六将，像这些话我都说了：至于说以前用木料，我们现在也用木料；至于说以前这里是什么房子，我们就在这里起什么房子；至于说以前用土基、砖头，我们现在也就用土基、砖头……《威尼斯宪章》里是允许的。方方面面的事我们尽可能都把它做好了。但是木府重建出来以后，人家要变卖，人家要这样搞，那样搞，谁说得清楚？当然，我在那里声嘶力竭，甚至要提出辞职啦，辩论啦，甚至要以命相博，都想过。其实人家甚至给我开的条件还相当高呢！高到一种什么程度？你既是区政协副主席，可以给你拿正处级的工资，同时担任这里的院长。人家还说不是说不能丢开黄乃镇，丢了黄乃镇，木府就说不清楚了，你仍是这里的总经理、董事长，或者仍然是院长。但是我觉得，丽江除了一座木府还有什么东西！社会上的二流子才能做出来的勾当，可是为了木府我黄乃镇做了！谁要改变木府的性质，我跟谁拼了。讲又讲不赢人家，我这个拼命三郎就摆在那里了。木府的前程远比一个人和一代人的前程要紧，木府是文化工程，也是纳西族历史文化的重要标识。木府的事不是我一个人的事，是留给子孙后代的遗产，是国有资产，绝不能变成极个别人的私有财产，让国有资产流失。这些年来，木府发展看似风平浪静，实则暗流涌动，总有人盯着这个文化单位，总是想法子改变木府性质，不断有人变换法子来谈木府改制的问题。面对风云变幻，我总是担心木府的前途命运。有时天黑的时候，我看着书生气十足的万卷楼，它忽然变成一个人的脸，是一张泪流满面的脸，那是木增的脸，好像在诉说着纳西族在历史发展进程中艰难前行、在夹缝中求生存的生存之道。我的心就变得很沉重，恢复重建的木府哪里经得起这样的折腾！

那个时候，我就千呼万唤希望能够唤出一个“文保”单位的牌子来保护木府。我认为“文保”单位这么个牌子抵得上一个加强师了。只有我声嘶力竭地保护木府不行啊！我跟木府的员工们说：“人家用斧头砍你的那根柱子的时候，你舍命用头抵上去的那个人是我黄乃镇最钦佩的人。”这是我心里一直在呼唤的木府人。处在这样一个情况下，我就拼命争取。所以，不只是汇报了陈述了，而且是递上各种请求，差不多要下跪了，跟文物单位说，尽快给我弄一个“文保”单位嘛。这背后是一种含着眼泪的心思！我们都担心能否请得到人来参加木府申请文保单位的评审和研讨。为什么？谈论《木府风云》剧本或者讲这个事可能来的人会很多，可是对市级文物保护单位这样一个本本，大家会不会感兴趣，我真不知道。我心里忐忑不安，因为我对这件事情太担心了。后来，我还说要申报省级文物保护单位。XZY 是省文物局局长，我们俩关系相当好，我们刚刚恢复重建木府时他也陪着文化部部长来了，还题了字。我提前跟他们聊了这些情况，估计他们不会投反对票。但是谁知道呢？我当文化局局长的时候，QXC 要下来，我安排了日程表。推荐文保单位的评审组长的时候，我们力推 QXC 来当。他是搞文化的，也是文化人，在我的撮合下当时还当了个组长。最后他却老是反对我。真的，我说不清楚，三十年河东，四十年河西，如果没有 Q 老的反对，说不定木府就是省级文保单位了。我这样干的目的就是想养一个“加强师”把木府保护起来，保护起来的目的就是证明木府永远都离不开文化。我经常跟管理者们讲，木府不能离开文化，文化人辛辛苦苦干出来这么一件事情，一下子就变成房地产，太不负责任了嘛！LJS 经常喜欢给我们提这个方面不够，那个方面要努力的事情，可是如果鸡都没有了，还会下蛋吗？

另外的一层意思是，旅游局想把木府搞成纯粹的景区，我说我又不是旅游单位，我是博物院，我是博物馆。博物馆、博物院是愿者自来，不愿者不来就算了嘛！试想一下，假如不是文化人干的话，《木府风云》怎么会出来？不会出来了！人家更宏观地说是这个名字起得不好，《木府风云》要起名成“丽江的什么”，总之人家是有想法的。包括当时的市领导都跟我讲过这个问题。但是我守本分，我就只认得“木府”的名字了。《木府风云》就《木府风云》了，不客气地说，没有我提供的素材、思想和修改建议书，《木府风云》根本写不出来。写了五六年写不出来，后来写出来了，这里面是不是我就写进更多的素材或者是哪样呢？也不是。有些时候我是从已知推未知，或者是这样，或者是那样，只要细看《木府风云》，就会发现有很多正能量的思想在里面。回到申报“文保”单位的事情上，我就是千呼万唤能有这么一个“文保”单位的牌子，目的是保护好木府！因为我们经常讲到一句话：恢复重建木府时既要对三四百年前的木府负责，也应该对未来三四百年的木府负责。既要对前面负责，又要对未来负责，不断地滚动，就这样发展下去，但是，如果一家伙被人家毁掉就太可惜了。所以说，我觉得现在我可以休息了，反正有了那样一个“加强师”摆在那里，你怕什么？现在是这么一个情况。当然有时我担心现在木府只是一个市级的文物保护单位，人家会不会感兴趣。我当然会担心，但是我却把它的分量看得相当重、相当大。这是我讲的第一点。

第二点是木府的文化内涵得到不断提升的问题。木府的全称是丽江古城博物院（木府），事实上，博物院管理着木府，是这样的一个行政级别单位。开始是以属于行政事业综合单位的模式把它建起来，认定后木府就这样蹒跚前进。

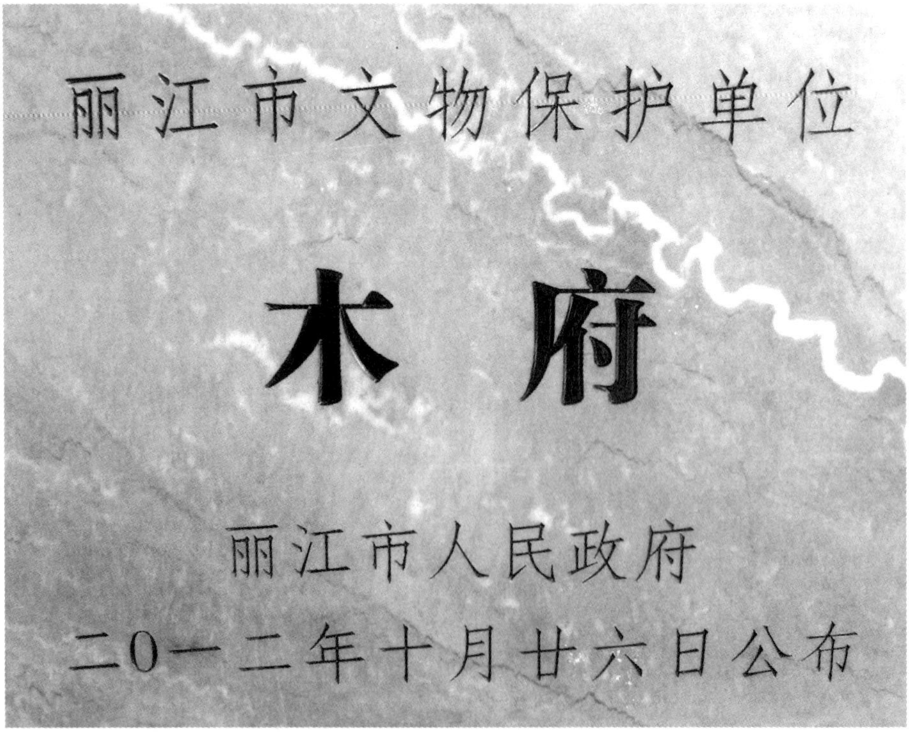

图2－17 “文保”单位

图片来源：木府提供

在木府文化内涵提升方面，我们在不断地努力，而且一开始就在做这个工作。你试想一下，白沙壁画是木氏土司文化的内容之一吧？我们在木府恢复重建的同时，就把白沙壁画、束河壁画进行了临摹，并收藏在木府了。这一块没有人提到过，我在这里说一下，这个工作很有意义，丰富了木府的文化内涵。所以说，明清时期木氏土司的壁画，你要看它300多年前的真面目的话还得跑到木府里面来。我们还拿出来200万元把《大藏经·甘珠尔》复制下来，让木府的文化内涵进一步丰富起来。还有大家提到的所有的内容，包括纳西族形成与发展，有关丽江有的或是没有的记载，我们从已知点推无知点，再推更深一层的无知点，然后再连成线划成片。对丽江那一段的历史，我们已有80多万字的资料了。那些资料我让讲解员背下来，天天讲给游客听。我们的讲解员都是文化人，我们采取这样一种方式，尽可能地再现历史的场景，后面又加了一个《木府风云》，对全世界都有了交代。

木氏土司的诗文集、文字资料，包括《木氏宦谱》甲种本、乙种本现在都很珍贵了，经过了漫长的明清两代到中华人民共和国成立以后，木氏土司档案资料在社会变革中不断消失。每次改朝换代，木氏土司都首当其冲，所以木土司家里面有点什么东西，经过四百多年时间的洗礼我们已无法想象。好在木府恢复重建以后，像块磁铁一样又把人们吸引过来了，这个人说这个东西是木氏土司家的，那个人说这个东西是木氏土司家的，请专家鉴定，一看又不是。如果是真的话，拿出重金我们也买了！现在也是这样，木府就像一块磁铁一样不断把木府散失的东西吸纳进来，但是可能还是需要一段时间，到现在这是很简单一件事情了，因为我以前说要做，但是资金还有点困难，现在没有这个困难，可以做了，具体事宜可以跟陈院长商量，以后做起来了我就不再过问了。FB提到的修复邱塘关那个事情，也要做，现在就委托他拿出一个方案。我说木府就像磁铁一样不断把散失在民间的木府旧物、零散资料等吸纳进来，但是这事做起来还是相当难呢！比如木府里挂的木增的“谈空客喜花含笑，说法僧闲鸟乱啼”那幅字，木府只有一个复制的。有位省委领导曾经跟我说：“黄院长，黄局长，你是局长，都是你的，都是你的嘛，你把博物馆所有的东西拿到木府来不就充实了？”我怎能这么做？所以，这是相当难的一件事。

第三点是木府的门票收入每年都在增加，但我们在经济上是很守规矩的。甚至我可以跟大家笑着说，我手头经过了几个亿的钱在流动，但我一分钱都没有沾着过。我们木府花钱，你想想看：基本建设投资花了

4000多万元，征地，工商税花了1000多万元，加起来5000多万元，现在按这个势头发展下去，再发展，可能一年就把成本拿回来了。看现在的势头，木府的收入是增加了，我们是按照文物保护的理念在干，愿来者则来，就是这么一回事。我们采用收支两条线的财务管理制度，我们所有的钱都要交给财政部门，然后根据我们的需要可以审批后使用。其实，HZQ老省长跟我讲过这个问题："你要恢复土官府，流官府也要恢复的吧……"他是从政治的角度考虑。本来流官府的设计都已经搞好了，已经折腾了十多年了。但是这个宏大计划目前还在论证之中。假如流官府也恢复起来了，流官府加上土官府，那个简直是中国的土流官府的"活化石"，或者是社会形态变迁的一个最大的博物馆了。

现在我接受了一个任务：要修缮文庙、武庙。文庙、武庙既然是古城区区委、区政府交给的任务，那就承担吧！但是我更想用我们赚来的钱恢复北岳庙，不然丽江的民族文化符号会越来越少。所以说，要先把符号留下来，留了以后，更多的东西就会慢慢归位。鸡有了，蛋就会有了！我们就这样干！总之，"加强师"已经进入木府了，谢谢文物单位对我们的大力支持。省级文物保护单位的牌子我们要共同努力争取，目的是证明木府是文化单位，保护一下木府，为木府后面的三四百年负责，三四百年以后木府肯定是不得了的！木府的影响达到什么程度？2013年，我们在北京超五星级的酒店开了一个研讨会，这个研讨会是"中欧与王府古堡遗址博物馆发展之道"论坛。来自中国和欧洲数十家单位的与会人员，多是皇族的后裔贵胄。我对贵胄文化很生疏。我几次进京就觉得那次待遇相当高，我自然以纳西族"小王爷"的身份去参加。国内只有3家——北京故宫博物院、木府、恭王府，其他的都是参会。有10多个人在那里要发言，我在那一次会上发了一个言，其中提出"欧洲的文物倒是好保护，都是花岗石，1000年都不会烂；中国的文物是砖木结构，3年一小修，10年一大修，一大修又很容易垮，所以与国外有所区别。"这方面的发言，可以在网络里面查得到。

其实，戴上这样一个文物保护单位头衔有时也是头痛的。如申报三江并流世界自然遗产的时候，多少领导都反对过，说不要申报了，不申报还可以建一个电站或者哪样，还能发展生产。申报成功了，就什么也建不成了。木府没有戴文物保护单位帽子的时候，我怎么干都可以，戴了这顶帽子以后，我怎么干限制就多起来了，也会给我们带来一定的麻烦。但是这个麻烦比起木府会被别人毁掉来说，不算什么，所以我们非常欢迎给我们戴上这样一顶帽子，而且这帽子要戴得更牢。这是我的一句心里话。

第二节　建言献策

丽江市人民政府经过多年的考察、审批，资料是送了又送，经历了这样一个不平凡的过程之后，最后把木府定为市级文物保护单位。这是我们梦寐以求的一件事情。作为丽江人民来说，作为木府人来说，或者作为丽江文化人来说，不管从哪个角度说，都把它看作一件大事，尤其是木府人把它当作是一件大事、大好事，觉得是翻来覆去做的梦变成真实的东西啦！有这样一种感觉。接到通知的那一天我真的是热泪盈眶，心潮澎湃，总的来说这是一件非常鼓舞人心的事情。这荣誉来得不容易，保持这个荣誉更不容易；想要更上一层楼，或者说是进入省级文物保护

图 2－18　座谈会现场

图片来源：木府提供

单位，那就更是不容易了。对此我们要聆听丽江各界人士的意见，之后我们会更好地做好这方面的工作，争取早日实现省级、国家级文物保护单位的目标！以下是2015年在木府举行的座谈会上与会代表的发言整理。

YGQ认为，木府恢复重建的时间不长，可它已经成为市文物保护单位，这对木府来讲是一件大事，对丽江的文化建设来讲也是一件大事，从民族文化角度来讲也是一件大事，所以我们以非常高兴的心情祝贺木府走出了很重要的第一步，第二步、第三步也就是成为省里面，乃至国家级的文物保护单位。文物保护单位本身证明了它的文化价值、文物价值，从这个意义上来讲木府是当之无愧的，木府这样一个文物保护单位，它的价值、意义受到了各个方面，包括专家、学者、学界的充分认可、肯定，尤其是得到了中国老百姓的一种肯定。它的实质在于：木府在国内外，尤其在普通老百姓心目中已经有了一个很高的定位，来到丽江必须到木府走一走，看一看，感受一下这里的文化，所以形成了这样一种情况。木府这几年来的影响力和《木府风云》电视剧巨大的成功分不开。我想，《木府风云》这部电视剧其实也体现了木府的一种文化内涵，是木府文化内涵的一种拓展。所以没有木府这个载体，没有木府的恢复重建，那么拍《木府风云》也就不会成为可能；即使有这样一件事，也不可能把木府这样一个气势恢宏的建筑展示给世人，更不可能把一种文化的内涵彰显出来。

木府恢复重建体现了我们丽江人在改革开放以来，在打造文化名市，在文化立市这样一个方面获得的一个大的收获。木府是改革开放以来丽江在文化建设方面的一个大项目、大工程，不管怎么说，木府是一个最大的亮点，最大的文化工程之一，也可以说是丽江改革开放以来立足于文化的成功典范。丽江的发展立足于文化，文化也促进了丽江的发展、进步。丽江的这种文化与我们老百姓息息相关，和我们丽江的发展进步息息相关。我想木府之所以有文化的魅力，有这样一种影响，从大的方面来讲，我们不得不承认木府恢复了纳西族传统的历史文化，体现出它的真实性、历史性。从文化建设的角度来讲，木府也给我们一个启示：文化建设需要解放思想，也需要有一个大手笔！从木府的角度来讲，我想再过 50 到 100 年，时间越长久这一文物的价值越会凸显出来，这是一个必然。在这个过程中，保护木府的整体建筑，保持它的建筑真实性，这个是很重要的！作为我们丽江来讲，作为我们木府来讲，对于保护、传承的过程中对丽江木府文化内涵的提升，对于木府的政治、文化、艺术等方面的价值，现在看起来，还要大力地宣传。总结、宣传这一点是很重要的。

作为木府本身来讲，体现了我们边地的少数民族对国家的认同、对文化的认同、对中华文化的认同。在历史上讲，木府是维护边疆、维护国家统一的。包括木府里面的多少匾，如“诚心报国”“西北藩篱”“为国干城”等等，它们正是一个重要的政治、文化的象征。最近我也注意到湖南、湖北、贵州的土司府要联合申报世界文化遗产。意思就是说丽江木府从政治、文化、艺术的各个角度来讲，它在建筑意义上，乃至在国内各个方面的影响，恐怕比现在要申报世界文化遗产的许多地方来讲毫不逊色。木府，处在这样一种定位上，那么在现有的基础上，木府还可以继续提升它的文化内涵，木府要真正成为博物院，木府要真正成为民族文化的博物馆，这些方面的内涵还可以提升。在这些方面还可征集更多的文物，可以做更多的事情，使游客不止于匆匆忙忙走一圈木府，甚至在这里也可以待上一两天的时间，可以看得很细，可看的东西很多，木府要进一步充实这方面的东西，成为丽江民族文化展示最具有代表性的一个地方。总而言之，我觉得木府在现有的基础上能有更大的发展。相信木府会做得更好，木府这个品牌会越擦越亮！

丽江文化界的代表不仅谈木府申报市级“文保”单位成功的意义，而且为木府的保护建议献策：

NZY：表达三层意思，第一层意思是祝贺木府被评为丽江市第二批文物保护单位；第二层意思是木府应尽快按照新《文物保护法》，积极完善文物保护工作，尽快完善文物的“四有”保护工作，即开始落实有保护范围、有标志说明、有记录档案、有专门负责的管理机构的工作。第三层意思是丽江市博物院的前身是丽江县博物馆，成立至今已有 30 年的发展历程，在文物的保护方面积累了一些经验，也有一些在文物保护方面的专家、学者，要全力支持木府的“文保”工作。

LGJ：木府作为市级文物保护单位是实至名归。木府“忠义”石牌坊曾经是云南省第一批省级保护单位。由于“文化大革命”的浩劫，20 世纪 70 年代时被省里发文撤销了。这几年来，木府注重文物保护，申报文物保护单位非常积极、非常用心。我作为一个老文物工作者，我有这个义务来解释一下木府为什么要作为市级文物保护单位，它具备什么一些条件。因为我们都能理解，外界不免会有一些想法：这是新建的一个传统建筑，为什么要作为一个市级保护单位？我自己觉得，首先，木府这个地方是元明清时期丽江军民府的原址，无论在文献、书本资料中都有记载，在考古、调查、勘探中也发现了明代早期的文化遗存，发现了汉白玉铺地，精雕细刻的门窗。木府把云南省考古所的 MCZ 先生请下来，在这里作了为期一个多月的地下考古调查，并且形成了一个上万字的考古报告。所以说，木府是一个地地道道的明代遗址，也是古代文物博物馆。其次，木府还有一些现存的文物，如木家院是丽江县第一批保护单位，不管从它的建筑布局也好，它的构造也好，都体现出它应有的一些官府的建筑特点。再比方说玉峰寺、文昌宫，它的主体建筑又高又大，主体建筑是纵向排列，但是木家院恰恰相反，两层楼又在旁边，中间都是大屋架的平房，与丽江古城里的整个民居相比这是非常明显的一个区别。这个区别代表着当时的木氏土司虽然日渐衰败，但仍在撑着这个面子，客观上把明清建筑特点保存了下来。我们从房子构件的那些石头里面都看得出来，清代木氏土司财力相当拮据，当时木家院基础用的是“岩鲁九”（纳西话，一种不成熟的石头），而不是汉白玉了。第三，我们还要看到木府未来的前景，从当前来看，木府体现了当年传统建筑的最高水平，它迟早会被作为一个文物来进行保护，所以我们想到的是现在及早保护，还不如提前公布为市级保护单位。作为一个市级保护单位，加强“四有”工作是今后木府将面临的工作。

丽江市文管局代表：2012 年 10 月 26 日丽江市人民政府发布公告，将木府公布为第二批市级文物保护单位。大家知道，从 1996 年 2 月 3 日大地震后木府恢复重建到 1999 年 2 月 2 日竣工典礼，整整三年。它凝聚了各级党委政府、各级文化部门，社会各界人士的关心、重视和支持。木府代表了丽江现代传统建筑的最高艺术成就，是集大成之作！它恢宏的气势、精湛的建筑技艺和设计风格等等，都沿袭我们以前木府的一脉相承的建筑艺术。当木府的文物藏品达到一定程度的时候，木府博物院就可以申请为注册博物馆，这是方向，也是目标。

WJN：木府要把评为市级文物保护单位作为一个新的起点和契机，进一步挖掘、整理、开发、保护、利用好木氏土司文化，提升木府的文化内涵，这是我觉得很重要的一个内容。2015 年春节，木府把《大藏经·甘珠尔》请回来，还专门搞了一个藏经阁，这也是物归原主，丰富了木府的文化内涵。现在木府也在收集明代木氏土司的一些碑文，这些都在做，我觉得可以进一步巩固和充实，因为木氏土司文化从某种程度上来说是纳西族文化的主要代表。文物单位要具有三性——历史性、艺术性、科学性。我们已经具有了一定水平，但是这个水平是市级的水平，我们如何向省级、国家级迈进，这就需要充实、完善、丰富它，所以这方面我们需要做大量的工作。作为“文保”单位，最重要的工作是消防，因为木府都是土木结构建筑，木府已经拿了百把万的钱，装上了安防设施，监控工作可以说是自己拿钱打下了一个基础，但是我们还要向更高的目标迈进，下一个目标应该往省级“文保”单位、国家级“文保”单位迈进。2015 年，纳西民居营造记忆被评为省级非遗项目，我觉得木府这一块是纳西民居营造记忆中的精彩之作吧！所以我们有条件、有资格去申报我们的省级“文保”单位。木府还是要进一步走好自己的道路，保持文博单位的特色，木府永远是一个文博单位，这点是不能变的。木府作为我们文化系统的一个单位，而不是旅游业单位，更不是旅游局下面的一个部门。所以木府不管是在我们丽江世界文化遗产丽江古城的保护方面，还是在“文保”单位的保护方面，它都创造了一条保护与开发利用相结合，以保护为主，合理开发利用的一个先进经验。我们呼吁：文化的气息越多越好，商业的气息越淡越好，应该走这条路子。

FB：木府被列为市级文物保护单位，这充分肯定了当初丽江县委县政府恢复重建木府决策的先见之明和正确性，肯定了以黄院长为主的人们做木府恢复重建的这个工作，同时也是对木府整个管理和运营的肯定。木府要继续申报省级“文保”单位，需要做更细致的文化挖掘工作。目前还有不少问题需要解密。比如说木府是哪个时候盖的？哪个也说不清楚。木府为什么不建在四方街？为什么要搞在“蒙空”那个地方，因为木氏是后来才入城的。徐霞客来的时候是明朝末期，头目住地在白沙和古城里，徐霞客说，居民都是木板房、草房，头目住的是瓦屋。徐霞客亲自见了，亲自写下来的，那已经是1639年了。那个时候头目还住在那里，所以这只是我一家之言，我说的这个意思是，很多文化界人士都没有一个统一、接近事实的观点，所以我觉得深入研究还是很必要的。我是特别同意过去几个朋友说的，能不能把木氏的东西复制一下，稍微全一点，包括现在在丽江能够找得到的这些文物、系统系列地收集和展览。我觉得是非常有必要的！因为这是明代的文物，如果有必要能不能要求再高一点，恢复一下我们的南大门——邱塘关，即丽江锁钥。木氏土司当时的石狮子断是断了，如果能在那里恢复一下就非常好。当年徐霞客说的门立二狮，门前有两头狮子，其中有一头头断了，起码是徐霞客见过的那头狮子，所以我觉得博物院应该做这件事情。如果有这么一些文物，有这么一些史料，有这么一些研究会，像我们这里有一个会刊《徐霞客与丽江》，那就更好。那天L院长非常支持我们这个工作，他们原来见过的《大藏经·甘珠尔》送出去时候有一个“天字第一号”收据，当时他们拍照片拿回来了，我看到了。据说还有盖了一颗大印“明国忠臣”的《大藏经·甘珠尔》引言。黄院长告诉我的，“忠臣”没有了。“明国”字样还有，是有一颗大印盖起的（参见第四卷图4－21）。这些文物都找着了。所以我觉得做这些系统工作很有意思，我希望从主观和客观方面都提出一些要求，如果我们能够在里面做些工作，会感到非常的荣幸。

LJS：木氏土司在汉文方面创造了丰富的文化遗产，据史书记载，从木公到木增，有十多种的著作、诗集、文集。20世纪50年代著名的藏书家黄裳到昆明翠湖旁的省图书馆查书，看到木公诗集、木增的文集，特别值得一提的是木增的《云薖淡墨》这部读书笔记，里面有很多纳西人学习汉文化的体会和感想。这个对我们今天的纳西族很重要。明王朝对木氏土司为什么这样重视？为什么这样放心？中国历朝历代的汉族王朝都是“非我族类，必有异心”！但是对木氏为什么这么放心？明王朝也是知道的，木氏濡染汉文化很深，木氏对儒家文化的认同度已经相当高了。

他们是如何学习汉文化，如何学习儒家文化的？这些在木增的《云薖淡墨》里面有很多信息。

LX：木府对丽江的过去、现在、将来，都会产生重大影响和价值作用，它的地位永远也不会改变。申报世界文化遗产的时候，郑孝燮（城市规划专家）、阮仪三等一大批文物专家在北京开会以后到丽江考察，最后发现丽江古城——一城两府。他们觉得很奇怪，既有流官府，又有土司府。全国数千个城市里只要有官府，就没有土司府。像云南的许多地方有土司府，但没有流官府，丽江古城很怪，一城两府，这是丽江古城的一大特点。1723 年木氏土司被剥夺权力，但到民国年间还挂着土通判的牌子，这就可见木府对于丽江特定区域的重要性也上升到了国家层面，流官府肯定不高兴，想把土通判的牌子拿掉，但一直没拿，没敢拿，不知道是什么原因。丽江古城在申报世界遗产的时候，大家都把木府作为重点。连木府恢复重建的图纸都放在申报文本里面。我们到建设部、文物局去总体评审的时候，大家提出一个建议：你们的文章太长，资料太多，要大量缩减。文字从 23 万字缩减到 2.5 万字；图纸资料中的照片从 500 多张压缩到几十张，图纸从 123 张压缩到几张，始终让木府恢复重建的图纸占了申报文本的一席之地，没有改，没有拿下去。可见木府在整个古城的地位和作用。因为它太重要了！如果删掉它整个古城就活不起来，没有政治中心，就像人没有了心脏一样，大家舍不得把它拿下来。最后国家、联合国都认可了木府恢复重建的规划图。丽江古城申报成功了，我们总希望有个展示弘扬的空间，最后中央首长于 1999 年 5 月 2 日视察木府，我们想请首长题字，但是题什么呢？黄院长我们几个想了一个办法，用打字机打了“世界文化遗产丽江古城”字条放在我的口袋里面，我们和首长握手后，跟在后面，最后要题字了，题什么？大家还在犹豫的时候，我们马上把这个字条拿出来，“请首长题这个词吧”，那个时候一下子谁也想不出要题什么字来。首长很高兴地写下了“世界文化遗产丽江古城”这个题词。这成为我们丽江古城又一亮点！也就是说，这个文化成为世界遗产了，大家陶醉也好，现在在这样一种环境里谈论这些事情，认为有很多巧合也好，必然也罢，木府就是发挥着这样的作用！所有的领导人到木府都要给“木”字题钩，“木”是横竖撇捺，但是所有的人包括中央首长都把“木”字竖笔加了钩，还有HZQ省长也钩了，这是很奇怪的一些东西，可以说是一种巧合。话又说回来，现在我们有这么好的形势和条件，也是一个非常好的机遇，木府成为市级文物保护单位，标志着它有重要的文化价值，丽江成就了文化，文化也成就了丽江。木府同样也承载了这种文化，才得到了这样的一个肯定、这样的认可，这是一个方面。另外一个方面，我们要面对丽江文化建设，的确木府还要承担更大的担子，我们总觉得，世界文化遗产申报成功以后丽江走向世界的格局已基本形成，但似乎现在又形不成这个气候，老专家多少都有些老了，我们很多的国际化的城市口号有点“以点概面”，但是走向国际这种感觉有点少。可能LDJ院长跟西方的联系更多一点，但真正地让文化走向世界，木府应该打起这个旗帜！2004年首届世界遗产论坛召开，包括我们刚才提到的许多人对丽江抱有一种期望，包括国家历史档案馆的主任、负责同志，他说在历史档案馆里面有大量来自丽江和木氏土司府的档案，至今还没有人打开。图书馆很重要，档案馆更厉害。诸如此类，丽江很多历史资料收藏在不同的国家和地区，很多国内外友人也愿意帮忙，所以在这些方面木府要承担起更多责任，要把丽江文化、纳西文化推向世界，让它们走向世界，更多地发挥我们世界遗产中心地的作用。

CGY：我是木府恢复重建的参与者。今天我们在座的各位专家，可以说是丽江文化界顶尖级的人物。从“2·3”地震恢复重建木府到今天，我觉得参与木府的整个建设到今天开这个座谈会，一句话总结起来，就是不容易！因为在当年像今天这样的座谈会可以说在恢复重建期间已经组织过无数次。我们在整个恢复重建木府的过程当中，如履薄冰，非常谨慎，认真地去面对肩负的使命和责任，去面对这一切，回想过来，在今天这么短短的时间当中，无法一一去回味往事，其间的酸甜苦辣只有当事人，我们的院长才清楚。当时我们还年轻，才23岁，跟着他只是图个热闹，在这点共事，哪个施工队竖房子了，哪个施工队又上梁了，只觉得高兴，然而没有更深层次地理解木府恢复重建的重要性，认识不到位，没有觉得有种使命和责任在身。今天又开这么一个座谈会，听了大家和专家的一些看法和对我们的一些期待，我们现在由衷地感到我们木府的每一个员工都肩负着非常重的责任和使命，就这件事情我认为我们已经评为市级的文物保护单位，我们会非常小心、谨慎地管理好木府。事实上，从恢复重建木府到现在，虽然它还不是文物，但是木府恢复重建完成以后，国家文物局的 ZWB 老先生就来参观木府，那天是我全程陪同讲解，因为要到下班的时间了，参观完木府以后，到了三清殿，他的眼睛没有看着我，望着眼前这片古建筑群，他由衷地说了一句话："啊，黄乃镇先生，他把假古董恢复得惟妙惟肖！"当时我心里面暗自高兴，不是他带起一个"假"字我就不高兴，因为当时我们觉得修旧如旧整个过程都遵守这么一个原则。他这句话，从一个文物部门领导的口中说出来，很让我感到欣慰。木府重建好了以后他就给我们这么一个评价！

在经营、管理过程当中，黄院长对我们日常工作的管理也是这样，要求我们要像爱护自己的眼睛一样爱护我们的木府！这是对我们每一个员工的要求。所以今天我们邀请在座各位文化界的专家、学者来一起分享这种荣誉和幸福的时刻。

这么多年来，其实黄院长都是这么一种心理，非常小心翼翼地完成自己的一些工作。丽江古城博物院从 1996 年 2 月 3 日大地震后恢复重建到 1999 年 2 月 2 日竣工典礼以来，在黄院长的带领下，我们始终遵循《文物保护法》的规定：划定保护范围、控制地带、建设保护标志、建立科学的记录档案、建立保护机构和确定专职人员来管理，加强保护措施的建设。忠义牌坊在 20 世纪 50 年代就是第一批省级文物保护单位，木家院是当时丽江县第一批文物保护单位，黄院长在木府恢复重建的过程中请考古专家对地下的文物进行了一个多月的考古调查，在木家院的浮土层 0.5 米下发现了明代的地层、柱墩，铺地全部是汉白玉。世界银行的官员都说："你们是在遗址上重建的一个项目。"木府这个地方本身就是军民府的遗址，是地地道道的原址！

木府建好以后，我们的领军人物——黄院长，在木府的经营、管理、传承、发展方面把工作做得有声有色，"四有"十六字工作方针已经穿插在其中：保护为主、抢救第一、合理利用、加强管理。要不然这么大的一片古建筑群，不可能有今天这样的面貌，有这样的人气。特别是电视剧《木府风云》的播出，让木府的美名传遍全球，这实际上也是木府文化内涵的一种外延！这么多年来，虽然木府不是文物单位，但是我们一直是按照文物保护单位的要求来管理、经营、守望着我们的木府。用一句比较形象的话来说：这么多年来，木府在文物的保护和管理方面就像一朵羞答答的玫瑰在静悄悄地开放！现在我们又再次觉得木府真的是市级文物保护单位！

第五章　木府民俗文化

纳西族在发展历程中，一方面，保存了本民族语言、医药等习俗；另一方面，在与其他民族交往中，积极主动地吸收别人的长处为我所用。历史上，木府作为纳西族政治和文化中心，在民俗传承与发展方面起到了积极作用。

第一节　语言现象

第一个问题，先宏观地罗列一下丽江的文化、纳西族的文化。外人眼里的纳西人是很有文化修养的，这片土地洋溢着文化，外面都有这么一个说法。许多到丽江来的人都是冲着丽江文化来的，其实每个到丽江来的人都想了解它的文化究竟是怎么回事。丽江的文化说起来大体是这么一回事，我主要以纳西族文化为例来展开。大家都知道，丽江有世界文化遗产——丽江古城；还有东巴文化，东巴文用象形文字记录了当时纳西族的社会、生产、生活活动。这里还有许多民间留存的文化，从艺术文化的角度看，就有“热美蹉”“阿哩哩”之类的民间艺术形式。丽江还有《荷马史诗》一样的艺术形式存在，如“谷气”是一种以吟唱方式来表达情感的艺术形式，我们称之为诗歌。这种诗歌以吟唱、咏叹调的形式来表现，它通过这样的吟唱形式，把历史上的许多故事流传至今。现在的情况跟以前不一样，以前丽江一旦有什么活动，就有个人坐在人群中间，周围许多人就围着这个人，托着腮静静地听着他的吟唱，仿佛回到了非常遥远的过去。很多故事就是用这样的形式记录下来的。还有很多的节庆活动，纳西族的很多节庆跟汉族的差不多，但是也有属于纳西族独有的一整套节庆活动。

在纳西文化中，纳西语是很突出的一种文化。大家都知道木氏土司早就接受了汉文化，所以有关公文方面的文字不是使用东巴文而是使用

图 2－19 弹奏纳西古乐

图片来源：车文龙

了汉文字。无论是官文还是抒发自己感情的诗文，都能使用汉文。这种语言现象保留至今。最关键的问题是，直到改革开放之前，整个古城里人们讲的都是纳西话。一方面是纳西语保留得相当完整，简直就是一道风景线；另一方面在行政公文方面则统一使用汉字，而不是用东巴文字。这一现象是民族学家最喜欢研究的对象。丽江古城申报世界文化遗产，专家们都没有什么意见，大家都非常喜欢，都同意投赞成票，与丽江古城这个语言现象还是很有关系的。假如外地人在这个地方长住，不会讲几句纳西话，不会带着纳西腔调说几句话，生活就会挺不方便的。比如你去菜市场买菜，会比别人多花一点钱才能买到，整个菜市场听到的都是纳西话。最近有一次，我们市委副书记组织一个有关文化的座谈会，我在会上讲了，你要保留古城文化，首先要保留纳西话，不论是外地来的，还是本地非纳西族的人，都要求他们学讲纳西话，那就是对丽江文化不得了的一个贡献。当时我是这样说，然后他深有同感。他说，他是白族人，在外面工作的时间长了，那怎么办呢？他就尽可能地讲好普通话，当然这是我猜的，尽可能地不要留下什么白族的腔调，尽可能地向普通话看齐。但听了他的发言，看来还是有点白族的味道，这是一种文化。丽江是一个什么样的地方呢？丽江是一个多元文化并存的地方，对外来的文化从来不排斥。本土文化、汉族文化、藏族文化、白族文化、彝族文化等统统都在这个地方并存着。但丽江文化最关键的一个方面就是，多种文化并存在一个地方，在不断演绎过程中，纳西族就有本事慢慢地把外来文化变成自己的文化，变成纳西族的文化。而且当那个民族再重新审视纳西族文化的时候，他们都感觉不到，这种文化是从他们那里借鉴融合来的。比较典型的就是宣科老师的纳西古乐，你说纳西古乐是本土文化吗？不完全是，它是最典型的汉传文化，是中原一带的道教音乐。洞经音乐是中原文化，传到了丽江以后它还是音乐，那么总要有人演奏它，在长期的演奏过程中，被纳西族理解，纳西族艺人在演奏道教音乐的过程中自觉不自觉地把自己的思想感情贯穿到演奏之中，变来变去，最后变成纳西古乐，外面的人来到这里，听了纳西古乐，他根本不会联想到它与汉族文化的联系，所以说在演绎的过程之中，纳西族就有这样的本事。

第二节　纳西族传统医药

民族医药文化也是纳西族文化的重要组成部分。追溯到明朝时期，纳西族木氏土司在向外征战过程中，首先要解决的是一个医疗保障的问题，最常见的就是刀伤、枪伤，或者是疼痛等问题。这个大问题现在已从历史遗存中找到了线索。线索之一是，丽江有一位 70 多岁的老先生，他掌握了民间流传下来的祛痛药、止痛药，俗称“贼药”。譬如以前的小偷要去偷东西，怕被别人抓住，一旦被抓住就是要被打得半死不活的。

为防止被打以后的疼痛，就把那个“贼药”缝在衣服领子上，一旦被抓到，嘴巴就咬着、含着“贼药”，几分钟以后就感觉不到疼痛了。这位民间老中医掌握了这种能止痛的“贼药”。这种药曾经在西南地区，特别是滇西北地区广泛流传。但如今，这种药几乎已经失传了，大家都不知道这种药到底是什么样，也没有见过。那位老中医就掌握了这种药的配方，植物长在什么地方，咋个找，他都知道，他也不向外传。这种“贼药”在以前木氏土司的部队征战的过程中肯定用得着，它的止痛效果明显，用它止痛就像是肝癌晚期的病人需要打杜冷丁（盐酸哌替啶）一样。疼痛的人吃了这个药可以管 24 小时，吃下去以后一天一夜都不觉得疼了，像麻醉药一样。这个药不仅在民间使用，木氏土司的士兵随从明军征战时也得到广泛使用。还有一个是治疗伤口发炎、化脓的草药，叫“野青菜”，叶子有点像刚刚冒出来趴在地上的小青菜。这味药对感染有非常显著的疗效。我曾经遇到过这样的一件事：有个人的手被划破以后，因消毒不及时，被感染了，结果整个手臂都肿起来。家人赶紧送他到医院治疗，医生说必须截肢！但是这位老中医听说了以后，说不用截肢。他采了两片叶子，剁碎了后撒在伤口上，第二天脓水就跑出来了，第三天就可以挤脓水了。挤出脓水后，病人手臂浮肿慢慢地消下去了。到第四天、第五天，明显地发现有新皮肤长出来了。可见，这味药消炎、祛腐、生肌的功能相当强大。这味药在《药典》里根本找不到，甚至翻遍了所有的药书都找不到这味药的名称。这味药是老祖宗传下来的药，民间老中医取名叫“野青菜”。像这些药就是治疗刀伤、枪伤最好的药啦！目前，通过对纳西族400 多位民间医生的调查，了解到将近有1/3 的医生都会治疗各种各样的骨科疾病，如骨折、骨裂、腰椎间盘突出、痛风、风湿等，他们专门跟这些骨科病痛打交道。这说明纳西族民间医药流传得最广泛的就是治疗骨科疾病的药，治疗疼痛是纳西族民间中医最常见、最拿手的一门技艺。

木氏土司时期，不像某些史书上记载的那样保守、封闭，总体上是开放、积极地吸纳外来文化的。就医药学而言也是如此。明代有一位名医叫杨辉，祖上是湖南常德府武陵县人，受到木土司邀请，到丽江行医，被誉为“国手”。数十年中，他积累了数十种奇方，在军民中颇有影响。

后来年纪大了，想回去颐养天年。木氏土司怎么舍得让他走呢？几次强烈要求后，木老爷不好强留，只好假装答应。送给他很多的金银财宝，并派数人护送。等他们走到铁甲山附近，木土司派去的伏兵将其财产抢走；木土司再送财物，派人又护送，半道再次被抢劫；再赠送财物，再被抢劫。如此数次，杨辉也悟出这是木老爷强留他的手段。于是他就留在丽江，其后代在丽江古城已经发展到第24代了。这样，内地医学与本土医学得以相互借鉴，推动了丽江本土医药学的发展。

通过对这些线索进行深入分析，我觉得为什么在丽江民间医药有这样广泛的分布，这肯定跟历史的发展有一定的关系。木氏土司统治时期，一个村就有一个部队，到处驻扎起部队。这些地方万一打起仗来，你要解决好自己的后援问题，前方的士兵才能冲锋陷阵。像盐井，那么孤立的一个地方，离纳西族的大本营至少在500公里以外。土司部队就驻扎在那里，冲锋陷阵，守起盐矿，竟然没有被其他的民族吞并，是相当不得了的。到现在，那里还是纳西族自治乡，是西藏地区唯一的纳西族自治乡，那里的人现在还保持着纳西族基本的传统风俗。最典型的一个标志就是特别重视祭天仪式，他们一直保持着这个传统。而且当地的老人家都说“我们是纳西族”。你现在到盐井，到任何一家，你问他是什么民族，他都说是纳西族，很自豪地说自己是纳西族，是木天王派来的。木氏土司士兵之所以能够冲锋陷阵，守住那方盐矿，就是由于有这些流传甚广的民族民间医药的保障，才能如此矣。当时，接骨的药主要用“磨刀竹”，它主要生长在金沙江沿岸。还有一种叫“打不死”，长在岩石上，再干旱的天，它都依然存活，用于消炎止痛方面。所以，在军事行动中，木氏土司的部队就普遍使用这几种药，给受伤士兵提供医疗保障。

木氏土司士兵从丽江出发，攻城略地，经常要换新的地方驻扎，最容易出现的疾病就是水土不服。西藏的盐井，四川的巴塘、理塘、俄亚，这几个地方对于纳西族而言，在历史上是相当重要的地方，至今还住着纳西族居民。当时木氏土司派去驻守这些地方的人有水土不服的问题。这个问题该如何克服呢？应该说，纳西族先民是治疗水土不服的高手。因为纳西族先民自西北地区迁徙而来，后来又是走茶马古道，风餐露宿，若没有治疗水土不服的药，就不可能迁徙那么长的路程，也不可能走上茶马古道。为什么这么说呢？历史上的丽江坝没有被开发时，是瘴气横生之地，人迹罕至。另外，当时木氏土司能有那么多的金钱建木府大院，就牵涉到“这么多金钱从何而来”的问题。要回答这个问题，我们主要就讲盐井的食盐，俄亚的金矿、铁矿，金沙江沿岸的沙金，这是一方面。还有一方面是丽江马，丽江马相当于现在的运输车。有了许多轻便灵活的、在陆地上行走如飞的丽江马，最适应茶马互市。木氏土司的经济就是由这样的几个方面组织起来的，再加上丽江周边有许多零零星星的金矿，星罗棋布，这些构成了木府的经济基础。曾经有一副对联说：“念切封疆出万金而佐饷，情关廊庙陈十事以输忠。”意思是表彰木增的忠义之举，里面提到，辽地有战事，木土司这里就捐献给国家万两银子。这个有历史文献可以佐证。朝廷一旦有事，木增就拼命上疏捐资助饷。

在这种情况下，木氏土司攻城略地是不可避免的，而随之而来的就有士兵水土不服的问题。而常见的“隔山消”“马蹄香”就是治疗水土不服最好的药。“隔山消”的作用是消食，“马蹄香”则是解毒，是丽江的地道药材，在丽江随处可见。“马蹄香”这味药有点臭，有很浓的味道，叶子似马蹄，所以叫“马蹄香”。还有一种治疗水土不服的方法：假如你到了一个新的地方，这两种药都没有带，那就在当地挖一个泥潭，把水放进去搅，搅了以后，喝上一口澄清后的清水，也可以治疗水土不服。这些都是明朝木氏土司统治以来，也有可能是更早以前的纳西族民族民间医药，有其悠久性、历史性、民族性。

饮食习惯方面，纳西族跟藏族一样是喝酥油茶的，事实上酥油茶是从藏族那边学过来的。再比如说节庆，火把节是彝族的，纳西族也有火把节，但是在仪式上稍稍有些不同。如彝族的火把节今天开始，那么纳西族的火把节就等两天再开始。这些都说明丽江是一个多元文化交融共生的地方。还有服饰上也是这样的。现在纳西族的服饰，特别是舞台演出服饰，飘逸得很，那是与时俱进吧！以前纳西族的服饰就因为天气冷，裹了又裹，跟藏族还是有些相近的，人家周围民族的好的东西，都拿过来了。

木府“首维”篇

建筑专家指出，作为古建筑，包括故宫，都存在着维修的问题。需要 3—5 年一小修，10 年一大修，这是毋庸置疑的。恢复重建的木府，至“首维”前已开门迎客 13 年了。这 13 年来，木府经历了风吹、雨淋、日晒，2012 年，即木府开门迎客的第 13 年进行了一次大型维修。维修什么，怎么维修，这可不是简单的事情。我们把 2012 年首次对木府古建筑群进行大规模维修的“木府古代建筑群全面修缮工程项目”简称为“首维”。

如今，我回顾这次大型的维修工程，感到有很多经验和教训值得好好总结，毕竟这个庞大的维修工程在木府的发展历史中有着重要意义。

为了更真实地再现“首维”全过程，我把这个过程中不同阶段的讲话、总结、访谈尽可能原汁原味地呈现出来。

第一章 “首维”前奏

木府首次维修虽然远不及恢复重建时候紧张与复杂，但工作还是千头万绪的。我们木府人的经验是，越是遇到大事的时候，越要冷静思考，精心安排每一步工作。

第一节 木府“首维”动员令

“首维”是木府历史上的一件大事，需要理性认识，统一思想。在古城区第二届区人民政府第28次常务会议上，木府修缮工作领导小组成立了，由HHW副区长任木府修缮工作领导小组组长，我为常务副组长，全面主持修缮工作。由于区政府要求木府“首维”务必在五一节前完工，因而，此次的木府“首维”任务重、时间紧，是一项非常艰巨的政治任务。此外，区政府非常重视此次“首维”，严格把关，成员单位涵盖了审计、环保、财政、住建、监察、规划、文广、消防、古城管理等部门。在这种情况下，我们必须高度统一，不出一点纰漏地完成木府“首维”工程。鉴于此，要求大家对木府“首维”必须有一个理性的认识，统一思想，达成共识。

为何要有一个理性的认识？在木府恢复重建过程中，时刻需要有一个理性的认识。诸如对木府古建筑群是怎么恢复的，资金是如何预算出来的，详细的规划图、施工图是如何规划、设计、绘制出来的，经历了一个什么样的过程等方面，都要有一个理性的认识，才能取得事半功倍的效果。

从木府恢复重建的历史经验中，我们可以清楚地看到，只有具备了理性的认识，做到胸有成竹，才更容易进入角色，才会对木府的“首维”工作起到很大的推进作用，木府“首维”的各项工作才能更容易安排和顺利进行，才能工效迅速，节约资金。否则，做起事情来就会极其不顺手，甚至失败，而且在一定程度上也必然浪费国家的资金。

木府“首维”任务十分特殊，时间异常紧迫，但我们经历过 1996 年木府恢复重建工程，心中自然有数。假若让一位完全没有参与过恢复重建工程、完全没有任何经验的人来做，他自己都稀里糊涂的，眉毛胡子一把抓，那不知会出什么问题。不仅完成此次“首维”相当困难，更严重的是工程质量不可能达标。反之，若是首先对这个工程有了清楚的认识、清晰的理解，则有据可依，不仅可以提高工程的速度，也能保证工程的质量，这样一来，就比懵懵懂懂地做事情不知要好多少倍。就好比我们在恢复重建木府的过程中，一开始简直是焦头烂额，不知该怎么干，一旦深入进去，有了清晰的认识，也就迈过了那道槛，一切问题自然迎刃而解。如建万卷楼，就要先思考该如何修建，首先是彩绘，该请谁来绘画；其次是思考斗栱、瓦屋面该怎么做；然后又是考虑如何招投标，如何预算。只有认真思考，统一认识，一切难题才能一一得以破解。

其实，参与过木府恢复重建工程的施工队也来参加首次维修了，回想当年恢复重建木府时，向世界银行贷款 3360 万元资金已将到位，但由于木府规划图设计不出来（先后邀请了北京、上海、云南等多家规划设计院设计出了 6 份图纸，都未成功），世行不通过，连云南省 30 多位行内专家也投了否定票，最终世行宣布取消木府恢复重建项目。那时可以说是困难重重，焦头烂额，当时也不知道该请谁来设计规划图了，最后只好自己来设计第七份规划图（平面图）。冥思苦想之下，从前面的规划图中得到了启发，又从本土纳西族建筑风格中得到启迪：整个木府建筑群可以分为四个部分：第一部分是衙署区（办公区域）；第二部分是玉花园；第三部分是家院；第四部分是祭祀区。这样一来，依据各部分的功能，就可以在各个区域中安置相应的建筑物，前后紧密衔接，理论充分，有理有据。随后，依据各部分中建筑物的功能、用途，又请专家绘制出了效果图，并得到了专家组成员和世界银行的认可，木府恢复重建项目才得以重新立项。之前百思不得其解的难题，一旦头脑中有了清晰的、理性的认识，什么难题就都化解了，现在回想起来也可以说有点“一破不值半文钱”的味道。

而第二次的理性认识，则是在请云南省城乡规划院绘制木府恢复重建工程施工图的时候。当时，施工图依旧绘制不出来，无人能够完成这项重任。记得世界银行相关文件中曾提到，“古建筑可以不搞货比三家”，但我们绘制木府施工图依旧要搞货比三家。当时规划平面图已经由指挥部绘制出来了，顾奇伟院长也据此才画出了效果图，但要请人绘制出油漆、彩绘施工图，那是根本不可能的事情，根本画不出来的。当时，没有任何解决的办法，焦急万分啊！那该怎么办啊！我又冥思苦想了将近1个月，灵光一闪，干脆来了一个“划分”。我们的成功就在于“善于划分”，这样一“划分”，在木府恢复重建史上具有里程碑的意义，著名的“六段式”就产生了。什么是“六段式”呢？无非就是拿一幢房子来解剖，它由基础、墙体、瓦屋面、大木作、小木作、彩绘油漆六个部分组成。经过这么一划分，前三个部分由设计院绘制出施工图，其余部分则见子打子，重新招标、施工，一步一步就这样干出来了。至今，云南省城乡规划院都非常佩服“六段式”的划分法。

接下来就开始找银行来进行工程的预算。结果，几乎每一个银行都拒绝预算，这是一个历史事实。没有预算就无法招标。最后，是由农业银行做了初步预算。在对前四部分做了初步预算后，木府恢复重建工程终于上马了。而小木作，包括斗栱、雕花，当时就召集了施工人员、绘画人员、丽江文化名人前往白沙实地考察，大家一致同意木府斗栱采用白沙壁画琉璃殿斗栱作为依据来进行设计，各大殿门窗则依据建筑物本身的功能及性质来设计，如议事厅，在木府古建筑群中最具有政治地位和历史意义，由于考虑到纳西族在历史上曾经是一个马背上的民族，故门窗就采用了“马蹄莲”这一图案。议事厅大屋架的图纸则采用了江南的图纸。回想当时，参加万卷楼论证会时古建筑专家阮仪三指出，“木府议事厅、万卷楼古建筑很难把握，故建筑之前，最好先搞一个一比一的模型”。这样一听说，我们也担心木府古建筑建成后不成形，故而专程到江浙实地考察，结果发现江浙的一些古建筑有着议事厅的味道和感觉，所以请顾奇伟院长借鉴并画出图纸，因而今天议事厅大屋架的图纸其实是借用了江浙的古制。说到彩绘，则要体现一种肃穆感。就这样，一步一步分解干出来了。这样一来，光小木作部分我们就节约了上千万元的资金。

资金问题是木府恢复重建工程中又一个非常重要的问题。大家试想一下，若眉毛胡子一把抓地让一个人来干工程，那么就会形成“他说值多少就值多少”这样一个情况，但若按基础、墙体、瓦屋面、大木作、小木作、油漆彩绘这样六个部分来分解，我们就能做到心中有数，这对工程建设是极为有利的。实践经验也证明，木府恢复重建工程是在非常节约资金的情况下建出来的。所以说，有没有一个理性的认识是完全不一样的。

建筑专家指出，作为古建筑，包括故宫，都存在着维修的问题，3—5 年一小修，10 年一大修，这是毋庸置疑的。木府古建筑群开馆至“首维”时已历经 13 年的风吹、雨淋、日晒，已进入需大型维修的阶段，这也是首次对木府古建筑群进行大规模的维修。此次“首维”在 5 年前就已经开始做准备工作，部分木结构已进行零星维修，无法维修的部分则记录在册，特别是油漆、彩绘、消防更是在维修之列，包括园林、水系等方方面面都要进行维修。同时，为了更好地完成“首维”，在“首维”开工一年前，木府对部分单体建筑就做了实验性的维修。木府古建筑群的所有柱子油漆、门窗油漆、彩绘、瓦屋面、墙体粉墙、衙署区长廊、玉花园长廊、爬山栏、楼宇的检修等，在此次木府“首维”中都要全面进行修缮。关于这一点，我们在上报给古城区区委、区政府的《关于对木府古代建筑群进行全面修缮的报告》中也提及了“全面修缮”，其实应当列出全部具体的工程，但报告中并未列全。如石牌坊、“宫室之丽，拟于王者”照壁、铺地下陷部位、园林、厕所、监控系统、消防、灯光工程拆除后的重新安装等内容，总之涉及的“首维”项目很多。我们联系了以前承担角楼工程的施工队，共同做了深入研究、科学设计，计划把角楼修缮为瓦屋面两层盖瓦的二层样式，这样，一旦角楼实验成功，也可以为有着同样情况的万卷楼提供极佳的参考，否则万卷楼三楼飘雨情况依旧严重，已不堪重负，修缮迫在眉睫。

木府“首维”专项资金为 1000 万元，其中，市政府安排 600 万元，区政府研究决定安排 400 万元。在木府“首维”中，我们本着厉行节约的原则来进行维修，节约出来的资金拟在玉音楼前修建一个古色古香的戏台。此外，凭借恢复重建木府时的一些历史经验，此次“首维”我们依旧进行科学、细致的划分，如瓦屋面、基础、大木作就是一个工程，油漆是一个项目，彩绘又是一个项目；又如一幢房子就是一个项目，小的几幢房间又是一个项目。只有做到认真、细致、科学地划分，才能保证质量，节约资金和时间，并体现出高度的透明度。关于“首维”的这些思路，我们已向区政府做了详细汇报，并得到肯定。

此次“首维”，由于时间紧，以及木府瓦片的烧制具有特殊性，短时间内难以完成，故瓦屋面不做大的修缮。但假若有漏雨的地方，则一定要彻底进行修缮，包括天花板、藻井都要揭开来仔细检查，发现问题就及时维修。

灯光工程对木府古建筑群造成极大的安全隐患，在此次“首维”中一次性全部拆除，并完成消防监控系统安装。油漆与彩绘是此次“首维”中最重要的一项维修项目。区委、区政府要求木府修缮工作领导小组成员单位派人常驻木府，支持和监督木府修缮工作，发现问题及时处理。

参与维修的单位也对此次“首维”提出了极好的意见和建议，诸如：木府“首维”专项资金与木府账务分开、独立，专门设计一份报销单；财务与会计由木府财务人员来承担工作，财政、审计人员三天一审批，工程结束后再专门做一次审计；鉴于古建筑的特殊性，采用“邀请招标”的形式来进行；消防方面，建议在施工期间注意用电安全；从文物保护角度出发，建议彩绘遵循“修旧如旧”的原则。同时，各成员单位参会人员也表示，将大力配合、支持木府“首维”各项工作，以确保“首维”工作顺利开展。

古城区区委、区政府非常重视，迅速成立了木府“首维”领导小组，下设办公室。由于时间紧、任务重，故要求大家马上进入“首维”工作状态，并要以清醒的认识和优质的服务，按时、按质、按量完成木府的首次修缮工作。

第二节　木府“首维”准备

一、木府“首维”进展情况

木府“首维”前期工作中，出现了一些意想不到的问题，也面临一些困难。回想当年恢复重建木府时，整幢玉音楼，包括油漆、彩绘、门窗雕刻，不过耗资100万元，而现在单单只是修缮一下油漆、彩绘，就要80万—90万元，从议事厅到三清殿，所有的古建筑，光油漆、彩绘就要花费480万—540万元，完全超过了当时恢复重建木府的油漆、彩绘的价格。此外，还不包括长廊、三大牌坊、角楼、地面的修缮。这样全部算下来，估计2000万元都不够，所以，维修资金是一个令人头痛的问题。木府已开始闭馆修缮，但想不到的是又出现了这样一个问题。只是简单维修一下，施工队却要那么高的维修资金，真有点无法接受。

此外，之前提议由建过木府恢复重建工程的施工队来承担此次维修工程，但基于一些原因，有些施工队未能参加。其间，也有几家施工队要来承担“首维”工程，但要价太高，我们无法接受，故维修面临着很大的困难。我们试想一下，当时厉行节约才修建出了整座木府的古建筑群，但现在油漆、彩绘就要花那么多的资金，造价那么高。在这样的情况下，虽然理智上知道木府“首维”工程要顺利进行是相当困难的，但我们要在心理上接受这么高的要价还真有点接受不了。同时，脚手架的搭建所要求的技术含量也相当高，许多施工队都不愿意来干；而资金方面，预算下来的结果是要2000万元，原本的1000万元是远远不够的。但是，因为区委、区政府相当支持、信任我们，还专门成立了木府修缮工作领导小组，所以，我们又有信心圆满地完成此次“首维”任务。

鉴于以上原因，经古建筑专家参与论证，认可可行性，我们决定自己组织人来干，谈好价格，就像翻盖自家房屋一样地来干，否则价格上承受不了。这样做，可以节约很多资金。与此同时，审计等单位也进入木府，协助我们做好工作。

二、领导重视

古城区主管木府“首维”的领导指出，木府“首维”的思路，既符合有关程序，又能按质按量完成；既对现实负责又对未来负责。木府是纳西族文化的一个标志性符号，是纳西族文化的载体。“一座土司府，半部民族史”说得非常好，这样一个纳西族文化的展示窗口、经营场所，比不得其他项目，可以慢悠悠地来维修。我们要商讨出一个万全之策，既按照基本程序，又能让工程顺利启动起来。至于资金方面，原来估算是1000万元，现在至少需要2000万元以上，但“首维”步子已经跨出去了，只能助推，尽力用1000万元办这件事了。如何实现这个目标？我们只能加快步伐，按工期完成工程。木府首次修缮工程这个项目，我们一定要细分标段，一定要进行分解，一定要做到一个单体一个项目，一幢房子也分解成脚手架、油漆、彩绘等环节。

此外，我们最担心的是安全问题。总之，“首维”的特殊性是全方位的。作为参与木府“首维”的领导者，我们会无怨无悔地把工程干好。我们相信这是一件好事，首先要考虑的是如何把这件好事干好。

三、集思广益

参加木府“首维”的各单位群策群力，集思广益，畅所欲言。

质检站认为，木府“首维”开工后，质检站马上派出工作人员经常到木府“首维”施工现场，一旦发现问题，则及时通知相关负责人。

监察局提出，根据有关规定，由于“首维”涉及政府资金，程序是否完备，审计部门一定要进行审核，故要求合理合法地按程序走。木府修缮是一件好事，在工程上必须注意以下两点：①资金上，项目资金招投标后，必须到市里备案。②程序上，严格按照使用政府资金的程序来做，该走的该补的程序都做好。这样，审计方面才不会出什么问题，做到工程令人满意，给丽江人民一个满意的交代。

“首维”领导小组组长认为，在工程中，必须注意在保证质量的情况下进行工程的操作。产品、材料，包括油漆、颜料，必须提供相关质量证明，合格证、承诺书、证照齐全，不能使用“三无”产品。使用产品前，必须经严格审查。

环保局提出，办一件好事是相当困难的，就目前的情况来看，要赶紧动工，降低成本、保证质量。同时，因1000万元建设资金涉及立项，故一定要把工程分解来干，边干边完善程序。资金就这么一小点，事情却要办那么多。但现在的形势是有所变化了，木府当年总投资5000多万元，但是现在木府也值几个亿了，所以就算拿出2000万元来干工程也只是小数字了。但是从当年的5000多万元来看，现在维修费这么高，心里面还是会感觉有些接受不了。其实，再过10年，这个数字可能还要再翻番，木府也会增值，很正常的，要从这个角度去看问题，否则，抱着原来的价格来说，心里肯定是接受不了的。反过来想，木府现在值好几个亿呢，所以维修木府花那么点钱是很正常的。此外，还有些人会认为院长这样干是不是想发一笔财。虽然我们是拿出良心来干事的，但有些人还是会这样说的。所以，走这个程序，也是为了保护我们的干部。但是，还要强调特事特办。因而现场监管也是非常重要的。要找一家好的监理单位，才能达到降低成本的目的。

文广局提出，木府“首维”工作面临着两个问题：一是资金有限，但要干的事情却很多。单单黑龙潭公园明清古建筑群5个单体修缮工程就耗资400多万元，所以木府修缮工程1000万元的确不够，请别人来干是干不了的，必须要自己干了。二是时间问题。黑龙潭明清古建筑群修缮工程计划8个月完成工程，而木府单体工程那么多，要在5月1日前完工，是相当困难的。大家在此问题上要多加考虑，木府“首维”要在两个月完工谈何容易。

审计局提出，建议修缮工程款纳入审计。此外，木府员工工资不能纳入工程款，审计方面必然不通过，请领导考虑。

“首维”领导小组组长提出，木府员工工资问题，可与古城区财政局商量，解决问题。

消防队提出，由于木府是古建筑，“首维”时间紧、任务重，同意把木府“首维”全部项目一一分解，以节约成本、节约资金。此外，强调加强消防安全意识，一旦发现问题，必须及时解决。

大研街道代表提出，他们部门更多的是涉及人工和材料的运输，以及外部协调问题。

质检站认为，油漆产品进场时，一定要有油漆的合格证。进场监理的人员必须对古建筑的修缮具有非常丰富的经验。工程开工后，进驻的现场监理人员必须多一点，这样安全才有一定的保障，否则，由于赶工期，施工人员容易疲劳，从而易诱发一些不安全的因素。

四、“首维”定调

在集思广益之后，我们进行了理性思考，认真研判“首维”面临的困难和形势，做出三点决定：

第一，这一次我们要厉行节约，做好木府“首维”工作。首先要做好每一幢房屋的预算，然后交给审计部门审计，这样才能体现出节约成本的原则。

第二，依照监察局、环保局所讲的，我们一定严格按规章制度办事，把所有的程序都完善好，做好施工记录。同时，要求质检站派驻 2 人，工程监理派驻 2 人，以确保工程质量。面对木府首次修缮那么大的一项工程，现场监管一定要做好，包括戴安全帽等涉及工程安全方面的细小问题，都须严格按要求来。同时，各施工单位、监管部门，以及其他各单位都要负责任，严格监管，包括消防安全、材料运输和保管过程中的安全，特别是库房的安全更需加以注意。

第三，在木府“首维”过程中，我们要按照大家所说的“像修自己的房子一样来干”完成木府修缮工作。箭已发出，要加大助推力度，抓紧时间，在规定时间内按质按量完成修缮工作。同时，要求“首维”主体单位木府要给大家鼓鼓气，做到细而又慎。在培训、技术、安全方面，要有一个明确的责任限度，统一思想。

五、木府“首维”行动方案

木府需要修缮的内容相当多，经多方考虑，定下修缮的大原则后，做出决定：

主体建筑：据实地调查，木府古建筑群的所有彩绘、柱子油漆都要进行修缮。依据古城区区委、区政府的指示和要求，彩绘要做到“修旧如旧”，过去采用什么颜料，现在依旧采用这种颜料进行修缮。此外，在彩绘的修缮中，原则上要求彩绘不用缝补，裂缝开得太厉害太突出的部位可以适当做修补，并做好施工记录。

对于柱子油漆，原本的油漆技术不尽科学，现依据实验了半年之久、颇有科学性的油漆技术来修缮柱子。大家都知道，柱子批灰时一种是用腻子粉，它吸湿性强，显得稍厚一点；二是用原子粉，它抗水性强，薄一点。经综合考虑，一锤定音用原子粉。还有建筑物内部柱子，此次修缮不剥离，以维修的方式来进行修缮，该修补的修补，最后上油漆。万卷楼楼上12根柱子，曾全部包上了铁皮，此次修缮中，要剥离铁皮，采用原子粉批灰，再上油漆。否则，铁皮内部的柱子一旦腐烂，肉眼又很难观察到，将会严重影响到整座建筑的稳固性。

油漆的颜色，经数次试验，决定就用木牌坊柱子的油漆颜色。彩绘颜料已由木府购买，柱子油漆则由施工单位自行采购，内部修补也由施工单位承担完成，如藻井、格子门窗等，该修补的要一一细致修补，稍稍有脱节的也由施工单位自己处理一下。

至于价格问题，指挥部要立即与各施工单位商洽，依据初步预算，把价格尽快定下来。同时，严格按国家法律和招投标程序来干工程。

鉴于此，经综合考虑，我们把各建筑修缮工程具体安排如下：

衙署区。衙署区包括角楼、前议事厅、万卷楼、护法殿、长廊，交由剑川木器厂承担修缮工程（仪门暂留）。角楼已进入修缮阶段。油漆方面，前议事厅相当于故宫的金銮殿，故要突出威严感，用老百姓的话讲，就是“一看，就有一股威慑力”。这不仅包括斗栱（仿白沙琉璃殿的斗栱），还包括门窗（仿故宫的门窗雕刻），都要突出威严感。为此，相关负责人要做好颜料的调色和工艺的指导工作。万卷楼，雕刻和种植上松、竹、梅、兰，有一股书生气，故要尽可能体现文雅风格。护法殿与议事厅相比，功能同是议事，不过护法殿是议家事，议事厅议的是国家大事，护法殿的威严感自然略低于议事厅。彩绘方面，根据原则不用补缝，但若有少许需要修补的部位，施工单位可以不予计较，自己处理。此外，偏离的走廊、腐烂的柱脚、脱落的挂络、松动的门窗，也请剑川木器厂给予一并修缮。

玉花园区。玉花园区包括光碧楼、玉音楼、三清殿、爬山栏，由专业建筑公司承担维修工程。油漆方面，由于玉音楼是休闲娱乐之所，故颜色上要放松，艳丽明快一点；三清殿则要有道教风味，颜色要把握好。此外，光碧楼的脚手架已由H老板主动搭建好，的确给了我们很大的支持。这样，脚手架用了多少根钢筋、几个扣子以及相关的安全费用我们都会计算在内，算出价格。因而，Y老板搭建玉音楼、三清殿脚手架的价格也如此计算，至于三清殿存在二次搬运的价格，也计算在内。

生活区。生活区修缮重点是木家院的油漆。要依据剑川木器厂、泰鑫建筑公司两家的施工进度再来决定由哪家施工单位承担工程。况且，木家院用的油漆与衙署区、玉花园区应有所不同，工程开工前，用什么颜色还需商定。

衙署区长廊彩绘。衙署区长廊彩绘工程交给木府的“胭脂队”完成。平时经常挂在嘴上的“要献出自己的生命来保护木府”，只不过是口头说说，一旦把木府工作人员拉到木府“首维”这个战场上，就可以进一步激发他们对木府的感情，此为其一。其二，考虑到将来木府还面临着二次维修等艰巨工作，由木府职工来干彩绘，是给他（她）们提供一个锻炼、培养的机会，这样一来，也为今后的修缮工作奠定了良好的基础。

瓦屋面。整体建筑群的瓦屋面修缮工作由大理喜洲建筑公司承担。在1996年木府恢复重建工程中，瓦屋面就是由大理喜洲建筑公司负责的，他们此次是第二次来干木府工程，经验必定非常丰富。同时，他们负责处理好瓦屋面的漏雨情况，处理好瓦衔接部位的缝隙以及屋脊上搭接口的缝隙部位。此外，过街楼踏步改造工程、加固工程，讲解员休息室改造工程，以及“宫室之丽，拟于王者”风水墙、衙署区域墙体的粉墙工程也一并交由他们承担。

亮光工程的拆除工程：古城消防二中队就木府亮光工程已经提出整改意见，在此基础上，在与其他修缮工程不冲突的情况下，亮光工程的拆除工程可以开始。开工前签订好安全合同。

其他细节：此次修缮中，对南北角楼是下了大决心来进行维护的，并已提前做好准备。南角楼的问题不太突出，北角楼的问题相对较突出，有一根层柱已经腐烂，急需更换，但苦于找不到这种长6.5米、直径0.3米的木料。

万卷楼飘雨严重，因日晒雨淋，外围的护栏都腐烂了。为此，这次修缮取消了木围栏，改成了瓦屋面，改成盖瓦。盖瓦外观的效果不错，要一次性地解决这一问题。

由于过街楼楼梯每天都承载着络绎不绝的游客，千人踏万人踩，故更要加强安全设施。考虑在过街楼下用铁杆撑起，起永久性的加固作用。

园林方案要纳入修缮工程。

此次“首维”，剑川木器厂、泰鑫建筑公司、大理喜洲建筑公司按照招投标公司的建议，积极配合，参与招投标工作。开标会议定于 2012 年 3 月 30 日举行。

六、木府“首维”安全问题

针对“首维”，我不断强调安全和工程质量问题，要求各施工单位签订好安全责任书，以便对古城区区委、区政府和丽江人民有个交代。同时要求木府及施工单位对工程安全问题再做仔细检查，一旦发现安全隐患，要及时整改，比如搭建脚手架，一根钢管都不能少，要确保安全。保险带、安全帽等安全设施也必须备齐。此为其一。

其二，因为是高空作业，为保护施工工人，搭脚手架，包括搭板子时，都要求系上安全带。脚手架搭好后，必须设置 1.2 米兜网和立网，也就是保护施工人员的网，同时，签订好责任状。这不仅是对木府、对木府“首维”工程指挥部负责，也是对施工单位负责，对承建部门负责。

其三，这次木府维修工程中，各方都非常重视安全问题。根据各级领导的指示和要求，我们一定要做好安全工作，保证施工安全。在施工中，各施工单位负责人要提前做安全教育工作，特别是对新参加维修工程的工人要做好安全教育，强化安全意识。同时，具体到每一个施工点、每一个施工人员，都要求搭好安全网，随时把安全带拴在腰上。对不安全的架子，工人有权拒绝上架施工，待整改后再上架。

其四，各施工单位必须严格按照质量验收程序提供验收报告（书面、电子版）。合格后，再请监理和建设方验收，包括脚手架的验收报告也须具备。否则，质检站和审计来检查时发现问题，则易造成不必要的损失。同时，验收时，材料的合格证、资质证也必须提供。此外，拿到中标通知书后，要到古城区劳动局给施工队进行参保，以免除施工工人的后顾之忧。

其五，加强消防安全工作。为加强消防安全工作，增加一台消防水泵；提醒施工工人注意打磨时的消防安全；另辟处所作为吸烟区；培训工程日记记录员学会使用消防栓、灭火器，防患于未然。在木府“首维”的准备阶段我们就要求做好以上全部工作。

第二章 “首维”开工典礼

木府“首维”开工是一件大事，民间对此有很多种说法。所以“首维”动工之前，按照纳西族传统习俗，工程启动前要到北岳庙祭拜三多神，因为木府不仅仅是古城最大的古建筑群，还是纳西族文化的集中代表，所以我们按纳西族传统习俗，到北岳庙去祭拜三多神，以期获得心理上的慰藉。

第一节 典礼前奏——祭拜三多神

在纳西族习俗中，凡有一些重大事件要启动，主人家都要前往北岳庙去祭拜一下三多神，以求心理慰藉。从客观上讲，鬼神是人们想象出来的，但人们在心理压力特别大的时候，这样的祭拜活动或许能缓解心理压力，得到一些安慰，给人以理性思考的空间。

木府“首维”是一件大事，按照纳西族的传统习俗，我组织了一批人，到北岳庙向三多神供奉了烟、酒、茶、水果、糕点等，烧香磕头，祈求三多神庇佑木府“首维”顺利进行。祭拜后，我们与白沙玉龙村德高望重的长辈沈德宣、杨汝凤、赵执珍以及北岳庙庙主（祝）杨尚龙进行了座谈。

在那次座谈会上，我主要谈了三多神在纳西族历史文化中的地位。他们介绍说，每年农历二月初八，玉龙村所有村民都要来公祭三多神，这是延续了几千年的习俗。我们恰恰选择了二月初七那天去祭拜三多神，这或许就是三多神的意思吧！回想当年，我在桥工队待了五年，那时丽江人只要聚在一起，就会讲到三多神。听说抗日战争时期，滇军中的丽江籍士兵出去打仗前，都要用纳西话高呼“三多万岁”“三多保佑”。可见，三多神是纳西族英雄崇拜的体现，是丽江人的精神支柱。周善甫曾在昆明发表过一次演讲，从人性化的角度来解析三多，他说：“三多不是

图 2－20 祭拜三多

图片来源：木府提供

神，而首先是一个人。”

作为一个纳西人，我从小受到纳西族传统文化的影响，信奉三多神。之前我谈到我小时候听见我父亲说的一件事，它对我影响十分深远，那时我父亲少年得志，在茶马古道上做生意，算得上是位老板，每趟都要赶上五六百匹马，阵势不小。在茶马古道生涯中他印象最深的是：第一站就要住在白沙北岳庙附近。把马队安置好后，他就到北岳庙里烧一炷香，祈求三多神保佑，第二天才出发，这几乎是惯例了。可以说，这是茶马古道上的一个经典。在来来往往的路上，发生过多少神秘的事情他都记不清了，但印象最深的一次是：那次赶马队到木里时天色很晚了，就在一个客栈歇脚。木里那个地方经常发生地震，他正睡得香，突然感到有个白胡子老爷爷在摇他，并说：“起来了！起来了！”他醒过来之后，发现地面正在摇晃，才知道是地震了；我父亲起来后，墙就压倒在了床上。自听了我父亲的叙述后，我和我家人就更加相信三多神了。

1996 年，我接受了木府恢复重建总指挥长一职，那真不是开玩笑的，现在回想起来都后怕。按照民间的说法，每当竖房子、上大梁那天都是相当危险的。因为我从小就信奉三多神，因而按照纳西族传统习俗，我们给施工队准备了一头猪、两桶酒，由他们组织，我们主持，都到北岳庙祭拜三多神。前议事厅、万卷楼，包括所有古建筑竖房子、上大梁那天，我们都毫无例外地到北岳庙祭拜三多神，请三多神保佑工程顺利进行下去。木府建好以后，木府领导层几乎年年都要按照纳西族的习俗到北岳庙磕个头，祭拜三多神。我们抢在村民公祭前来北岳庙，能见到村民，气氛热闹非凡，说明也是一种缘分啊！

纳西族祭三多神是一种文化符号，但人心不古，现在这个符号已有一点逐渐消失的味道，仪式气势上也有些平淡，本来是相当严肃的一件事情，也显得零零落落的，肃穆的场面已经少见了，而名利和功利就相当突出起来。这样的祭拜，我们是不赞成的。现在的很多人对此是无所谓的，但到了关键时刻，那是什么一种滋味，他才会真正领略得到。众所周知，历史上木土司都要进行家祭，但现在没有土司了，这也是一种历史的规律、历史的必然。然而，“祭三多”作为纳西族的一种文化符号，是可以继续传承、发展下去的。我们传承的就是纳西族的这个文化符号，使这个符号不至于消失在我们的手里。

二月初八祭拜三多神的仪式是纳西族的传统祭法，是纳西族群众最广泛的活动，“三多节”已成为纳西族最隆重的节日。除了农历二月初八，八月初八那天纳西族也要祭拜三多神。因八月初八是属羊日，传说三多神属羊，所以纳西族也在那天祭拜三多神。综合各方面情况考虑，我们接受玉龙村村民建议，决定木府在每年农历八月初六前来祭拜三多神。这是一种精神的寄托，更是传承民族文化传统的具体行动。

党和政府高度尊重少数民族的传统信仰和民族习俗，1986 年，丽江纳西族自治县公布设立“三多节”，把“三多节”定为纳西族的传统节日。直至今天，每年农历二月初八，丽江纳西族都一直沿袭祭拜三多神的传统习俗。

第二节 “首维”典礼——守土尽责

木府首次维修工程到了确定具体修缮要求的时候，质检和监理部门也进场了，而且木府古建筑都已全部上架了。我们到北岳庙又烧了香、磕了头，祈求三多神保佑大家平安顺利，同时也是在提醒施工人员在施工期间要注意安全。之前，按纳西族的传统规矩，我们已于农历二月初七前往白沙北岳庙烧香磕头，祭拜了三多神，祈求三多神庇佑。当时，我们在北岳庙还与白沙玉龙村老辈人、北岳庙庙主（祝）一起召开了座谈会。座谈会上，我们设想把每年农历八月初六定为木府祭拜三多神的日子。届时，木府闭馆一天，用生猪、生羊各一头祭拜三多神，大家也在北岳庙活动一天。这也是木府传承纳西族传统民俗文化的表现。

木府“首维”是一个非常庞杂的工程，所有相关事宜都要精心安排和部署。这是首次对木府古建筑群进行全面修缮，我们要求一定要做好施工记录，这样在木府古建筑群第二次修缮时，大家就对“如何修缮木府”有经验了。

彩绘、油漆工程：古建筑彩绘是一个世界性的难题，也是古建筑中最难把握的一个工艺，这个难题连故宫都未能得到很好的解决，木府要完全解决好也不可能，这是为大家所公认的。若一旦得以解决，那么中国的文物保护单位也会相当多。正因为油漆、彩绘的这个难题未得到解决，所以中国的古建筑基本上一旦遭到破坏，都难以恢复。古建筑施工时要考虑房子的功能和用途，从这个角度来设计房屋的彩绘和油漆。从故宫的古建筑群修缮经验中，我们学到这样一个道理，也悟到了这样一个真谛，即既要符合房子本身功能和用途，又要符合历代彩绘、油漆的规矩。房子的用途、功能是什么，就用什么彩绘和油漆，这样就一定错不了。由于木府定位于明代晚期，所以说，衙署区建筑须粗梁肥柱；而木家院是清代建筑，则须小巧玲珑。再如故宫、天安门城楼也属于明代建筑，屋脊是在一条直线上，故木府衙署区所有建筑的屋脊也应当在一条直线上。又考虑到木府地处于南方，有着南方的建筑特点。之前我们综合这些因素，才设计出木府的建筑来了，现在“首维”工程中的彩绘、油漆也要考虑这些特点。

一幢房屋的彩绘要统一，两幢房屋的彩绘则要有所区别。前议事厅，要突出一种严肃的气氛，所以彩绘、油漆都要围绕着高大威严的味道来处理，体现出威严感、威慑力。前议事厅的斗栱是仿白沙琉璃殿的斗栱，突出明代风格，包括雕花，也是明代风格。古建筑的建筑行业有这么一句老话——“有斗无花”，即斗栱用得多了，雕花少一点甚至不用也可以。这样一设计，前议事厅恢复重建得相当成功，连丽江市委领导一进木府，都说“一进木府，就给人一种威严的感觉”。随后是万卷楼，这是藏书之所，有一股书生气，里面有“岁寒三友”，故彩绘也要跟随着这股书生气来设计，体现出飘逸、潇洒。不仅议事厅、万卷楼，包括护法殿、光碧楼、玉音楼、三清殿也是如此，这些规矩和真谛，在恢复重建木府时我们是把握得相当好的。所以，在此次木府“首维”中，依旧要原汁原味地做好修缮工作，并提高标准和要求。

而对于木府古建筑群的彩绘、油漆，从木府开门迎客到“首维”前十多年来的点滴变化，我们都看在眼里。彩绘、油漆是不会给你一丁点面子的，就是再花费多少资金，在风吹、日晒、雨淋的共同作用下，彩绘、油漆照样会褪色，一劳永逸是不可能的。但即便这样，也要高标准严要求，不断进行修缮。基于此，彩绘依旧要采用原来的原料进行修缮，即广告色加入矿物质颜料。至于早先有人提出用丙烯颜料，经综合分析，我们认为，一是丙烯是现代材料，彩绘大师傅们都不喜欢用；二是丙烯颜料有反弹的特点；三是用丙烯颜料，木料经打磨批灰后，用上去也不是一劳永逸的，过上一年半载，颜色照样也会变色，而这样一来，在以后添补颜色的时候，木料又必须经打磨批灰后才吸纳丙烯颜料。综合以上因素，我们决定采用原来使用过的颜料来进行修缮。这就是我们采用原来颜料的缘由。

这样一确定下来，我们首先彻底打扫卫生，把该清除的部位全部清除干净。之后，没有图案的部位，请彩绘专家补上；有图案的部位，则继续上色。因木料具有热胀冷缩的特点，会出现裂缝。这些裂缝，也不作修补，直接用颜料涂满即可。这么做，是因为古建筑不是一件家具，适宜远距离观看和欣赏，裂缝中涂了颜色，也能给人一种浑然一体的感觉。

柱子油漆的价格继续商谈。柱子油漆的使用之前我们已试验过多次，包括木牌坊的修缮也是一次试验性的工程，可为木府“首维”提供参考。

最后的要求就是，施工单位人员及木府“首维”工程顾问、工作人员在木府修缮工作中，要按要求把工程做好，并要求施工单位与建设单位签订安全责任书，确保工程安全。需要特别指出的是，这次油漆、彩绘的修缮方法是非常科学的，对木府以后的修缮工作具有极大的参考价值。

为了让“首维”开工典礼办得更隆重些，参加修缮工程的领导小组、各部门负责人，以及各施工单位相关人员一同在前议事厅广场举行了祭拜仪式。在前议事厅前，烧上香，供奉着红香、水果、糕点、烟、酒、糖、茶。在祭拜仪式上，主持人说：“天地阴阳，无忌百无禁忌，万事大吉利。木氏土司列祖列宗，苍天保佑，阿普三多保佑，木府‘首维’工程顺顺利利，大吉大利。”在场所有人员一起说了三句话：

“木老爷保佑!”“阿普三多保佑!”“平安顺利!”

第三章 审核“首维”造价

木府闭馆维修以来，可以说是到了火烧眉毛的时候，逼着我们去思考“如何修缮好木府”这个问题。在古城区区委、区政府召开的第一次常务会议、第二次常务会议上，我慷慨陈词，把我们关于要如何修缮木府的思路一一做了陈述。会上，财政、审计、环保、监察等单位纷纷提出意见和建议。此外，我们还专门请了一家招投标公司，在他们的配合下，在招投标之前做了许多的准备工作。而更关键的是，木府的修缮要做到实事求是，该深度修缮的则做深度修缮，该轻度修缮的则做轻度修缮，这么大的工程，资金审计必须首先考虑。我们是依法办事的。

第一节 审计建议书

就木府“首维”前期准备情况，我们向各施工单位进行了全面、深入、详细的介绍，并认真安排了每一步的修缮工作。

其一，在木府修缮领导小组召开二次会议后，审计部门向我们提出了一份书面建议。至于为何要提出这份建议，是因为大家认为，这么大面积的古代建筑群修缮工作谁都没有干过，有点口袋里卖猫的感觉。在这种情况下，经左折腾右折腾，我们提出要自己组织施工的方案。对此，古城区区委、区政府同意我们的方案，木府修缮领导小组原则上也表示同意。但是，反馈过来的信息是一些成员单位不同意我们的做法。所以，整个施工过程要有所变化。其实，既然区委、区政府都已经同意这个方案，作为成员单位，就应做好保驾护航的工作，但由于一些成员单位不同意我们的做法，因而，木府修缮工程的前期工作就处于一种胶着的状态。我们是本着原先确定的原则来进行工作的，不然就不会让人先来搭建各大殿的脚手架，只会由各施工单位各自搭建。但最关键的问题是折腾半个月后，审计部门拿出了审计建议，我们决定同意审计部门的审计建议，并按此组织开展维修工程。这样，在工程上必然会有所调整，组织形式也必然会有所改变。

其二，此次木府首次维修，对参与者而言，包括监理，甚至木府工作人员，都是一个极好的学习机会。但有些事情一开始也是说不清道不明啊！我作为木府恢复重建工程总指挥长，成功地规划、指挥了木府恢复重建工程，也曾到日本讲学，甚至还为美国南加州大学建筑学院的研究生、博士生做过“古建筑相关理论”的讲座，但许多人认为，黄乃镇还没有资格来做这次木府“首维”工程的“包工头”。既然如此，我也听从他们的安排，对有些东西也做了一定的改变和调整。

古城区审计局这份审计建议书是这样说的：

关于木府首维的审计建议

根据木府首维领导小组工作协调会议精神，结合实际情况，为使木府首维工作按时按质按量顺利完成，经审计小组认真讨论，特提出如下审计建议，请予考虑：

1. 停业修缮期间，木府所有人员工资从工程款中列支，根据工程价款构成的规定，该项费用不得计算在工程费用里面。建议此项费用单独报区政府处理，不计入工程成本。

2. 根据会议介绍，由于邀请招标过程中，被邀请单位（基本是丽江本地有该项目施工经验的企业）由于各种原因，都表示不参加该项目投标，所以决定由木府自己组织施工人员进行修缮，该做法不符合《中华人民共和国建筑法》中“取得相应等级的资质证书后，方可在其资质等级许可的范围内从事建筑活动”的规定。木府自己组织施工，工程范围点多面广，涉及维修资金较大，如果没有施工企业，发生安全事故较难处理，竣工备案可能困难，竣工资料编制是否能符合建筑工程竣工档案的相关规定？建议完善规范招投标程序。

3. 在工程开工前，应完善修缮前的影像资料，竣工后收集整理完整的竣工影像资料，便于全面反映木府的修缮效果。

4. 脚手架与施工的配合要密切，避免造成脚手架闲置或跟不上施工进度要求的情况，造成浪费或者影响工期，脚手架搭拆要注意已完工程的成品保护问题。

2012 年 2 月 24 日

这份建议书给了我们很多思考，原来定不下来、想不透彻的问题渐渐明晰起来，打开了我们的思路。

第二节 “首维”招投标

综合木府“首维”工程量的情况，通过分析预算中的单项工程的增补情况，我们知道，如果开工前再补充，没有足够的时间，不可预料的情况还有很多，情况比较复杂。鉴于此，为了顺利完成木府“首维”工程，我们决定分两次进行招投标：在近一段时间内尽快完成第一次招投标后，又可以开始进行第二次招投标，一是一，二是二。至于为何要进行两次招投标，那是因为考虑到第一次招投标后，要避免修缮资金一次用完，到时无法对还未涉及的工程进行修缮，那时再进行第二次投招标就不可能了。这样一经分解，大家对木府“首维”就会有一个宏观的理解，能有计划地分配资金和有效地监控资金的使用，事情也就好处理了。

木府“首维”招投标要求严格按照“实际花费多少修缮资金的基本数字”来进行，邀请招标的三家建筑公司按此原则进行投标。第一次招投标后，剩下的资金都摆在账上，我们自己是一分钱都不会花的，全部用于维修。对此，可能有些人不太相信这一点。第二次招投标后，我们把第一次招投标后施工余下的钱，全部用在第二次招投标后的工程上面。这样一来，就如“玻璃档案柜”一般清晰明朗了。我们用 1000 万元修缮资金完成了木府“首维”全部工程，完成了这项实际应耗资 2000 万元的工程项目。

同时，我们对招投标公司也说清楚，依据古城区区委、区政府的指示，我们边进行施工边完善程序，故分为两次进行招投标。之前虽然争议很多，但原则上，我们同意按审计建议来做，以符合国家相关标准。所以，我们严格把握住“按审计建议来做”这一点，并严格遵循招标法来行动。相信这样做应该是有章可循，有据可依了。

图2－21　招投标现场

图片来源：木府提供

此外，我们不讨价还价，请招投标公司尽量配合我们的工作，哪怕他们预算出来的价格超过1000万元，委托的那个公司该给多少就给多少钱。搞招投标，没有这个是不行的。但是，我们的修缮资金的确很少，现在可以说是把1分钱当3分钱用，所以，要首先把投标价格尽快定下来，第一次投标价格控制在400万元之内。

第三节　单项工程价格的预算

木府“首维”各单项工程价格的计算和议价问题由丽江古城博物院副院长、木府修缮工作领导小组来全面负总责。为了把此项工作做好，具体工作细节安排如下：

（1）由顾问负责各单项工程的价格计算，即首先约上施工单位负责人，把每一幢建筑需修缮工程面积的具体数字计算出来，列出清单，并要求有较高的精确度。如斗栱，每一幢房屋的斗栱都一样，先把一架斗栱的面积算出来，再乘以架数，就可以算出所有斗栱的面积了。不仅如此，柱子面积的计算方法也一样。

（2）对木府各单项工程进行谈价（即讨价还价），包括柱子油漆、格子门窗油漆、藻井彩绘、板壁彩绘、瓦屋面等前面已商定的工程项目。谈价的时候，因大致的价格情况已经摆在前面了，也不用太压价，但也要讲一讲，让施工单位心里明白一点，谈价时，若要加一点税金也可同意。谈价时，要特别针对大理喜洲建筑公司，因他们要价太高，在 1996 年恢复重建木府时，他们的预算很细致，木料平方数预算得恰到好处。记得其他建筑公司在恢复重建工程中预算得少了，尽管我们后来也给预算少了的公司做了补充，但人工费还得他们自己承担啊！这是我们以前工作的不足方面，“首维”中要尽量避免出现这些问题。

此外，在瓦屋面的检漏单项工程中，我认为可以考虑用丙烯颜料处理接缝，若价格不好讲、讲不清，则仿照脚手架的模式，先试验几次才进行计算也可以。只有以上各项工作妥善完成后，我们才能进行招投标工作，可以说是“火烧房子，小姑娘自然要跳出来”，我们要求大家按照这个思路，一步一步地尽快落实工作。

至于具体工作该如何分析、操作，我们以前议事厅的维修为例来说明。国家预算标准中有一个定额，施工单位坚持要达到那个数字，但那个定额是很高的。我们认为，以国家预算标准中这个定额套用于木府“首维”，显得不实事求是，故决定不套定额，而要以实际的价格标准来进行操作，只有这样做，才能够大大节省工程费用。

第四章　谨慎维修

木府“首维”是大事，不容出现一点闪失。在“首维”期间，各级领导都来视察，也有同级部门来参观学习。

第一节　领导视察木府“首维”工作

2012年4月6日下午，丽江市市长HLH带领市、区党政领导前来丽江古城博物院（木府）调研“木府古代建筑群全面修缮工程项目”进展情况，对木府“首维”前期工程做了肯定，称赞“木府‘首维’干得好，很漂亮”“估计这次‘首维’之后，木府会更漂亮”。我对HLH市长说，对“首维”，“木府不在乎那个钱，只要木府存在，纳西族的文化就存在”。对此，HZX书记和WJZ书记也都讲过维修木府“不在乎这个钱”的话。当然，即使有这个说法，我们也要兢兢业业地算好经济账。我认为领导一旦有了这个说法、这个理念，就说明他们能与木府同命运、共呼吸了，已经意识到这个民族，即纳西族与木府之间的关系了，具有了战略眼界。

HLH市长在丽江古城博物院（木府）调研时，要求参与木府首次修缮的各相关单位和各级各部门要在确保施工质量的前提下加快进度，精心做好修缮工程，争取早日重新向游客开放。调研中，他们一行前往正在抓紧修缮的丽江古城博物院（木府）工地，认真听取木府“首维”相关情况汇报，对正在修缮中的各部分场馆工程进行了现场检查。市长强调指出，木府凝聚着丽江古城这座世界名城的历史文化精髓，是丽江民族文化的瑰宝，是丽江旅游文化的核心，在修缮过程中，要深入细致地进行全面检查，并利用当今科学技术的先进手段，及时发现问题、解决问题，同时要注重传承木府的历史文化内涵，保留其历史建筑艺术精髓，要注意接受广大专家学者的建议与意见，在现有的基础上对其品质内涵进行完善提升，把丽江的多元民族文化展示给来自五湖四海的游客。市长要求，相关单位部门要做好推广宣传，让更多的游客进入木府，认识木府，了解丽江的传统民族历史文化。

2012 年 5 月 23 日下午，由古城区文史委牵头组织，古城区政协对丽江古城博物院（木府）古代建筑群全面修缮项目情况进行了专程视察。他们首先进行实地视察。在视察广场角楼时，我做了重点介绍，由于雨季飘雨，导致楼板腐朽严重，故在此次修缮中实事求是地对角楼进行了改造。目前，角楼更趋于稳定、更漂亮。他们还视察了正在修缮中的砚塘水榭工程及木家院。在木家院，视察人员一行参观了家院的油漆与雕刻艺术，称赞雕刻工艺相当漂亮、精致；我还向他们介绍我们厉行节约，为国家节省下大量修缮资金的事情。

在万卷楼前，大家欣赏了“一座土司府，半部民族史”的匾联及万卷楼改造前后的对比照片，一致认为修缮后的万卷楼较之以前更为漂亮。像木府万卷楼的腰带工程，可以说是体现了我们对后代的负责。在中国古代建筑史上，诸如此类型的建筑物也很多，包括北京故宫也有藏书楼。在此次木府修缮工程中，所悬挂匾额和对联的字体都采用了唐、宋、明时期的大家的书法字体。随后，他们还先后视察了北连廊延伸工程、水系、护法殿、南园、过街楼、光碧楼、玉音楼、三清殿，以及整个木府古代建筑群的瓦屋面。

第二节　木府“首维”阶段部署

各级领导抽空不断来木府视察，这说明了木府“首维”具有重要性和紧迫性。木府作为主要负责单位，既要有全局观，又要做好阶段性的总结。以下是我当时对“首维”的各阶段部署及对前期工程进行总结的讲话整理。

一、阶段部署之一

自 2012 年 2 月 16 日木府闭馆后，木府古代建筑群全面修缮工程项目实施差不多有两个月的时间了，但实际施工天数还不到 40 天。究其缘由，是因为之前诸多单位的要求和该走的程序十分复杂，况且招投标工作也耗费了一段时间。一开始大家都是懵的，不知该如何下手。由于外部的一些因素，虽然闭馆时间长了，但实际真正施工的时间连40天都还不到。其间，古城区发改局局长“两肋插刀”，急我们之所急，一天之内就把批复文件办下来了。文件一来，各方面的工作都顺利起来了：木府古代建筑群全面修缮工程第一阶段该走的程序走完了，该完善的规章制度也完善了，招投标工作也顺利完成。在下一步的工作中，对第一阶段未尽的事宜要持续完成，没有办理的手续，如劳动保险，要继续加紧办理，其他没有做好的工作都要继续做好。

总结木府古代建筑群全面修缮工程第一阶段的工作，其意义可以这么说，在木府恢复重建后期，由于时间紧、任务重，加之出于政治的需要，急着召开竣工大会；再加上当时的经验还不足，所以，虽然在大的方面没有任何问题，但最后整体检查的时候，由于木府大门已打开，故一些小细节、一些小方面的问题还注意得不够。此外，当时恢复重建木府是完全按施工设计来干的，但这些施工设计是否适应丽江的实际，是需要用时间来检验的。恢复重建工程遗留的一些小问题在此次木府“首维”中都要解决，凡是不适应、不合理的设计都做了修改。这期间，我们请的两位监理不敢表态，提出要召开专家论证会；又说我们可能没有资格自己组织施工，人家可能不会承认。总之有一大堆说法。在这次木府“首维”中，之前一直想修整的、整改的，我们都一股脑儿拿出来了，还有一些半截子工程也提出来做了施工安排，如万卷楼的腰带工程，是其中的一个闪光点，对木府的持续发展必将产生巨大的效应。但我们也清楚，对腰带工程，肯定会有诸多不同意见，对此我请大家不用理睬，也不用解释。

从油漆、彩绘来看，此次维修效果比木府恢复重建时期的油漆、彩绘效果要好，技术提高了，这说明事物是不断在进步的。特别是玉音楼，原来的油漆、彩绘可以说是应付式的，颜色有点沉闷。经此次木府“首维”，颜色亮丽多了。柱子的批灰则用了世界上最先进的批灰技术，效果也是相当不错的。

二、阶段部署之二

在木府“首维”的第一个战役中，大大小小的工程量总计达100个项目。其中，重点项目是彩绘、油漆、瓦屋面的油漆与检修、地面凸凹不平部分的修整、腐朽柱脚的更换等工程。同时，还提前做了一些二期才能做的工程，其目的一是为二期工程提前做准备，二是抢时间。另外，还有一些隐藏得比较深的，平时不容易看到或看不见的工程也做了一些。所以，从整体情况来看，有一种大势所趋的感觉。现在，回头看看也觉得相当成功。

彩绘，的确比木府恢复重建时期的彩绘效果要好。现在到木府里看一看，的确如此，所有大殿，包括长廊的彩绘，的确比恢复重建时期的要好。但我们一分为二地看问题，就会发觉，恢复重建时期的彩绘是在湿木头、赶时间、经验不足的情况下动工的，而这次木府“首维”，是基于干木头，又总结了以前的经验，自然而然，此次的彩绘肯定要比恢复重建时期的要好一点。值得一提的是，我们在木府“首维”施工中并未要求做得多高档，但结果却是那样的不简单，这无论从理论上还是从感观上看，都超过了恢复重建时期的彩绘。我特别强调，玉音楼的彩绘并不是一蹴而就的，而是经众多专家论证、讨论、总结，在他们的指点下做出来的，他们为木府做出了很大的贡献，值得肯定。当然，这当中，只要是木府“首维”指挥部提出要修改的工程，在经济方面我们都予以认可，只要是按我们的要求做了修改的其他部分，经济上我们也要予以认可，包括楼梯维修费的几次修改，修改的价钱我们也都认可。

油漆，效果比前几次都好，这是因为我们从理论到实践，已探索多年了，并最终拿出了油漆技术的最佳方案。此次木府“首维”中的柱子油漆效果要比恢复重建时期的效果更好。但话又说回来，由于木府恢复重建时期的木头是湿漉漉的，而现在木头已经干透了，具有很强的稳定性，所以也不能太批评恢复重建时期的油漆。同时，木牌坊柱子油漆批灰以前用的是瓦灰，而现在木府各大殿主体建筑柱子油漆用的是原子灰。此外，木家院经此次木府“首维”效果显得更为突出。对木家院窗芯的油漆，先用香蕉水擦一擦，这是由于窗芯与木板连接在一起，窗芯颜色稍淡，才能更显得木板与窗芯不一样，才能更突出雕花雕刻。这是指挥部的整体要求，对此大家把握得很好。瓦屋面的油漆，也是用尽心思，做得相当好。

此外，地面平整工程做得也不错，对负责油漆彩绘的人员要表扬一下。同时，还要提一下安全问题。对各施工单位的施工人员都要求注意安全，特别是高空操作，其中最高的是瓦屋面工程，故要求施工人员不系保险带不能施工。此外，意外伤害保险要尽快办理妥当。

对于前期工程，从施工过程和施工特点来看，可以看得出来，第一是打了一个漂亮仗；第二是万卷楼栏杆的改造，是中国古代建筑史上的一绝，这是经指挥部反复论证研究、专家论证研究，最后拍板干出来的，这之间经历了一个痛苦的认识过程，现在工程干出来了，我们的心也顺了。大家试想一下，这一次若不加一圈瓦，若不这样干，下一次就不敢再干了。这是因为当时木府恢复重建时期设计施工的总挥指长还在，而现在的修缮工程只是改动了一下，以后若不是我来干，谁还敢这样干？就算是云南省城乡规划设计院也不敢叫别人这样干。况且，如果万卷楼柱子、楼板一旦发生腐朽、松动的现象，整幢楼将遭到毁坏，所以在此次木府“首维”中，最出彩的是万卷楼的改造工程。HLH市长来木府视察时，给予了万卷楼改造工程极高的评价，说这是对民族文化负责、对纳西族负责、对丽江人民负责的工程。回忆当初，做这个决定真的是不容易啊！当初，许多人对此提出异议，监理一开始也提出请规划院进行设计，但之前的建筑是由我亲自设计的，只有我才敢做这个决定、干这个工程，所以说，这次木府“首维”的确是挽救了万卷楼，其中的风风雨雨也就不在话下了。

还有两个角楼，若不加一层屋檐，则只有5年的寿命，加了屋檐，这样一来就万古不朽了。虽古建筑不能这样说，但这样形容则显得比较贴切。

可以这样说，木府“首维”是一项综合性的工程，这之中，首先要认真听取木府“首维”指挥部的综合意见，随后又要深入细部，这才是至关重要的一点。

趁着这次木府“首维”之机，我们又做了一些补充项目，如市长所

图2－22 “首维”前的万卷楼

图片来源：木府提供

图2－23 “首维”后的万卷楼

图片来源：木府提供

说的“要把断头廊延伸开去”等工程项目，为此，我们还增加了一些修整项目。如南连廊，特别是刚走到过街楼的那一段连廊，恰恰逢风口，雨季时节飘雨又很严重，真有点不稳定的因素包含在里面，所以，我们砌一堵墙，建一个拱门，从而也起到提醒人们这里是进入南园的“南园连廊拱门”的作用。同时，大家也知道，木府北面有一砚池，南面有一南园，这样一来就无形中形成了“南园北池”的格局了，这就是一种文化嘛！

大家都知道，40 集大型电视连续剧《木府风云》很快就风靡全中国。记得拍摄期间，剧组在木府砚池旁搭建了水榭，给我们也带来了很大的启发。此次木府“首维”工程中，我们也建造了一个水榭，亭台楼阁水榭，就齐全了。至此，我们对“首维”前期工程总结一下，有以下三点看法：第一是干得非常漂亮；第二是最出彩的工程；第三是对于有些要了断的事情，也做了一些工作。

综上所述，木府不单单是纯粹地搞建筑，更深层次的、更多的是在搞民族文化。木府虽然在卖门票，但从木府的文化意义和政治意义来看，木府已不在乎收益的多少了，就像一位丽江市委领导曾说过的：“不要老守在大门口观望木府门票收入，现在虽然是困难一点，但假如在经济不困难的情况下，哪个人都想进木府参观游览是不可能的。”同时，不能把木府看成一个文化产业，若木府只是文化产业，那么纳西族文化将不复存在。

同时，借此次“首维”之际，我们把中央首长的墨宝，即“世界文化遗产丽江古城”的题词留在木府里，立一块碑。其实早就想立这块碑了，但之前总找不到恰当的位置，左也不是右也不是。经过长期的考虑之后，现想法已基本成熟，位置定在一进仪门的照壁背后，压在中轴线上。况且，碑的做法也经历了反复推敲、研究的过程。假如这块碑竖起来，会高出前面的照壁的话，则显得不够美观。另外，翻阅遍了中国的相关网页，我们发现，用横碑的相当少，用竖碑的则相当多，而中国传统横碑多用于遗址，或是单位名称等之类的，所以，木府的这个横碑要怎么做、怎么放置，真是太令人犯愁了。鉴于此，我们统一看法是，不把它当作碑来看，而是当作一块匾，就像明朝皇帝赐给木氏土司的“诚心报国”匾额一样。若理解成匾，则许多东西就比较好解释了。历史上，皇帝的匾送到丽江木府（当然这不是皇帝自己抬来的，而是请挑夫把它挑到木府里面来的），到木府之后，那是一种什么感觉呢？那感觉应是丽江人跪着接那块匾。而从方向来看，太阳从东方升起，木府坐西朝东，即意味着跪接皇帝的那块匾。因皇帝的东西不能乱放，就放在中轴线上，而且它朝向东方，太阳升起来的地方；紫气东来，即意为“一心向着红太阳”。这样一来，从理论上也与木府仪门上“凤诏每来红日近，鹤书不到白云闲”的对联相互映衬。此外，既然是一块匾，那么安上须弥座、基座之后，那就不是一块匾，而又是一块碑了。所以，意义相当大。承建这一项工程的老板都说自己是“有福气了”。而且，搞好了之后，先用红布把它包裹起来，等到木府修缮完工后，门口大锁上锁，然后请古城区 JGS 区长、HCL 书记来开锁，请 WJZ 书记、HLH 市长揭红绸子，这也是木府最大的一个文化。现在，最大的任务就是要把那颗文化石找好，这样才对得起中央首长，对得起北京的殷切希望啊！就是这么一个意义。可见，对于木府的修缮工程，若我不从宏观的角度讲一下木府的文化和历史，那是不行的。此外，从艺术的角度来看，安上须弥座，前有照壁，后是匾，会给人一种有机整体感，前后相互照应，味道也就出来了。这从审美的角度看，也是如此。木府的这块文化石一定要找好，找好了文化石就可以说是立了大功了。总之，要这样做，才能出彩。

接着是木府“首维”二期工程，在前期工程中，大家的工作都做得很好，包括施工队老板、监工都做得很不错。此外，木府“胭脂队”的彩绘工程也干得不错。二期工程项目内容如下：

一条街独脚木牌坊 2 座

万卷楼斜沟处理

石牌坊

徐霞客游记坊

厕所

铺地

万卷楼腰带工程

过街楼楼梯及楼板、天棚恢复

玉音楼楼梯及楼板、天棚恢复

避雷带刷漆

《重修木府记碑》水榭

抢救、维修文化文物项目

消防监控系统

导游部、门票房返修及休息室改造

办公院（屋面）

灯光拆除

断头廊

南园拱门连廊返修

消防器材仓库

变压器房、保卫值班休息室（变压器及电缆）

园林绿化（南园水沟）

木府家院门头

围墙

“世界文化遗产丽江古城”纪念碑

门窗芯油漆（色调应比其他木作部分清淡，单独实施）

戏台改造

爬山廊栏杆

瓦屋面检漏

二期工程相当多，其中电路工程属于专项工程，也实行招投标。监控系统，在衙署区议事厅范围和玉花园范围东、南、北各安装1个，木家院范围安2个。至于变压器，原本为315千瓦，此次木府“首维”中改为800千瓦，这样一来，凡遇任何大型活动，就可以在玉音楼那里搭线，照明线也就相当稳当了。

对于园林绿化工程，园林所已拿出方案，但在具体操作中仍存在见子打子的情况，就如南园、砚池，也是一边考虑一边干。记得刚开始恢复重建木府时，曾考虑在议事厅前建筑一个水池，况且许多丽江文化人也提议，但后来为什么未弄成呢？那是因为我认为丽江的水源将会越来越少，怕建成水池后，将来弄不好会变成臭水塘，故特意弄成铺地，而实践也证明了一切。再说一下砚池，即使以后没有水源了，填上土壤种上花草也是很漂亮的。话又说回来，从目前来看，“首维”工程前木府水系需要疏通一下，因进入玉沟的水流量太小了，所以势必要疏通一下管道，只有水流量充足了，水才能流进南园水沟，这样，南园的水系才能恢复起来。同时，木家院紫藤花架需要进行修复，菊花可以少种一点，

图 2－24 “胭脂队”
图片来源：木府提供

尽量种参天大树。此外，园林所需要 3—5 吨有机肥，可随时供应木府植被所需，只要有机肥充足，植物长势必然旺盛。万卷楼前的两棵山玉兰需要尽快施加有机肥，木府所有的乔木都需要施足有机肥。这些工作我们都完成了。

这次“首维”中，木府内部的家具也需要完善。我们需要用精湛的、质地优良的家具来展示明代历史文化，否则建筑虽然漂亮了，但内部家具却破破烂烂的，不行啊！所以，就增加了仿明清的家具，项目则定名为“抢救、维修文化文物项目”。

第三节 “首维”之收尾

一、扣紧工程，加强安全防范

木府“首维”进入收尾阶段后，后期主要工作就是加强预算工作，要一家一家地安排好。本来我们准备在收尾阶段开馆，各新闻媒体也做了宣传，但结果又延期了。我们不是不急，是相当急啊！从经济角度讲，木府平均每天收入 3 万元，这样一来，耽误一天就是 3 万元，耽误两天就是6万元。此外，经济损失不说，单从政治上看也有点说不过去。丽江市委、市政府都很有意见，说因开馆时间延迟，接待重要人物也接待不成，而且讲解丽江的历史文化也不好讲解。而施工单位，一家看着一家，看到这家完不成工程了，则那家也就拖起了。其实，有些事情实事求是地讲，由于一些工程是安排在后面的，一时完不成，那是安排工程时工期的问题。假如是个别后期工程完不成，我们心里也是有数的，因而即使那些工程还正在干的时候，若我们觉得有条件可以开门就会开门了。

“首维”收尾阶段种种因素一直困扰着我们，但风风雨雨三个月都闯过来了，也没有出什么意外，对此我还是比较满意的。大家知道，高空操作的难度相当高，在木府“首维”中最需重点防范的是工人的安全和人身事故，我们最怕的是出意外。尤其是对木府的首次修缮，关注的人更多，丽江市政府领导视察木府时跟我讲的第一句话就是“千万不要出什么施工事故”。直到首维工程收尾安全施工这方面也没有出什么大问题，我们感到很欣慰。走任何一步路的时候，我们都是论证了又论证；需要修改的地方，也是召集有关人员开会，论证了又论证。其中，特别要征求监理的意见，等到监理同意和支持了才去干。我认为从总体来讲，这一次的木府“首维”工程各个方面的质量都是好的。

总之，“首维”整个收尾工作我们都要努力做到和谐收尾。为什么说这个话呢？因为修缮古代建筑群是属于世界性的难题，无章可循，许多环节都要摸索着进行，事实上大家就是在完成这样一个任务。对此，我是相当清楚的，因为我是宏观、全局地在操作，而大家忙于具体干事，如打石头、彩绘、竖房子，没有办法去宏观地看整个“首维”工程，当然，那是由于分工不同的原因。综观全局，我最有发言权，我觉得这次修缮木府古建筑群的分量相当重、相当繁杂，许多工作都需要有创造性，质量又要保证，再加上那是属于世界性的难题，但最后我们终于保证质量、安全地完成了工程。我在此向所有关心、支持我们的人和建设者们表示衷心的感谢！

二、加快工程收尾进度

木府“首维”进入收尾阶段后，我们要求各部门抓紧做好各自负责项目的收尾工作，各部门要协同会战，需要各部门领导表明计划和行动进程，提出具体建议。

园林所代表认为，木府长廊上不能再摆放过多的兰花，建议在外面租场地，把木府的兰花摆放在租地内进行培育。木府长廊上所摆放的兰花若密度很小，则不会对古建筑本身造成太大的影响。目前，由于摆放密度太大，又加上长期浇灌，流淌出来的花水势必影响到古建筑的稳固性。因而提议在外面培植兰花，需要时再把兰花搬进木府。此外，南园的柳枝要进行修剪，否则，一旦刮起大风，容易断枝，有可能造成严重的后果。

木府主管领导提出，在地面卫生打扫干净后，首先按原本陈列的格局，完成木府6幢主体建筑内部布展工作；其次再完成木家院各展厅的布展工作；最后，再仔细地打扫一次卫生。剑川木器厂厂长来和我们商讨悬挂对联相关事宜，由于我们已提前照了相片，请工人根据照片悬挂上去就可以了。小件部分则请各部门员工协助布展，基本上没有任何问题。此外，在各展厅布展工作完成后，下一步要对民俗馆布展进行改造，这样一来，展厅效果可能会更好一点。

我提出，这次布展工作中，要增加陈列《木府风云》的专馆。布展时，征求于荣光的意见，并在展馆中陈列《木府风云》剧照，安装播放设备和大屏幕，便于随时播放电视连续剧《木府风云》。大殿内可增加几套武士服装，以人体模型的形式出现，此项布展工作须尽快上马并完成。在卫生清扫工作中，可购置一些小型吸尘器，同时，可找施工队协调一下，先用气泵机吹一吹灰尘。

外宣部代表提出，对外宣传部讲解员休息室原本有漏水的情况，现已修补了地板，是否再加一层强化地板。老沙发已处理掉，能否完善沙发和柜子等家具，导游休息室内部需要再请工人刷白墙体。此外，讲解员的碗筷不再放置在休息室内，改为放置到新厨房。部分书籍可作为宣传册，如《玉龙山》杂志还有1000册，可放在大门口，让前来参观游览木府的游客取阅，以收到宣传的效果。

后勤部代表提出，建造配电室后，所有的物品都放进仓库，导致目前仓库不够用，而护法殿内放置的书籍过多，如明信片、文化系列丛书压得过多，流动不了，要解决因积压时间过长导致书籍发霉的问题。

办公室代表提出，书籍以及磁带的数量大，积压得过多，特别是《丽江紫禁城》《好梦在丽江》两盘磁带，能用什么办法销售出去？对此，我也给出了处理意见，这么大的一个木府，不能使用的物品可以丢弃了。至于历史文化书籍，若遇上喜爱读书、热爱民族文化的旅游团队，可作为一种文化礼品赠送给他们，这也是对民族文化的一种宣传。此外，在“四群”教育中，这些书籍也可送一部分给乡文化站。

第五章 评说会战

第一节 木府“首维”经验总结

木府“首维”的筹备阶段，除极少数人之外，大家对这个工程的认识都有一点模糊，究其缘由，一是由于各部门、各单位的规章制度不同；二是由于单位员工对有关修缮工程的工作不大熟悉；三是我们的心情又非常急迫，总想以非常节约的资金把工程做下来。故大家心里难免有些困惑。

在木府古代建筑群全面修缮工作中，我们把整个工程分成了几个板块，事情的眉目就清楚了。我们邀请了一些人，如文化、检验、木作等方面的专业人士来参与木府“首维”，这是一个板块；还有一个板块是对开始不完善的东西进行了完善，对需要修补的地方进行了修补；之后是打扫卫生，重新布置展馆，这又是一个板块；去西藏考察民族历史文化关系又是一个板块。众多板块虽然错综复杂，但我们在木府“首维”中，工作做得非常有条理。大家知道，做这几个板块时，其中就有这样一个道理，即小道理是由大道理管着的，一切跟着中心走，才能保质保量地把工作做好。除以上列出的几个板块，还有一个板块是40集电视连续剧《木府风云》，在此不做深入分析。总的来说，各个板块各有其特点，都经得起检验。就像电视连续剧《木府风云》，是越来越红火了，央视一套、八套都播放这部电视剧，这对于木府来讲，是多么振奋人心的一件事啊！此外，我总的一个感觉是，木府“首维”的油漆、彩绘效果比恢复重建时期的油漆、彩绘效果要好，以致一说木府要开馆了，我就头痛得很，真有点不想开门，怕很快木府古代建筑群又要被糟蹋掉了。所以我们还开玩笑说，要丽江市市长批准才能来参观游览木府呢！这里面，就表现出一种爱惜维修过的木府的心态。

木府“首维”分为几个部分。其中一部分是由木府工作人员完成木府长廊彩绘工作，但最终没有达到预期的效果。具体分析原因，一是木府工作人员是生手，没有干过彩绘这一行；二是大家对木府“首维”认识不清；三是有的消极怠工，工作不积极，还爱搞点小聪明，对此，我真有点气愤啊！大家知道，这一次木府“首维”中，我们是借用古城区财政局的钱来发放职工工资的，节假日照常休息，且更多考虑的是单位员工的利益，但我们这样做了，一些人心里还打小九九。话又说回来，原来说把一些工作交给年轻人来干，古城区区委、区政府也表示同意，但后来我对此有点不知所措了。某些干部，在这节骨眼上不好好上班，平时我们说有为就有位，否则你就是什么长，若没有为，也没有人会来找你、会服你。还有，我们平时就经常说，单位内部不要搞小团伙，不要妄加评论木府所做的事情，你这样评论木府，反过来说你又是否干好本职工作了？所以有些时候在感情色彩上我对个别人还真是不够满意啊！

第二节　木府“首维”访谈录

木府“首维”期间，丽江广播电台曾专门做了一期关于木府“首维”的节目，特邀我参加。为配合木府开馆和向丽江市人民汇报情况，我与主持人刘军做了这一档访谈节目。以下是节目内容的呈现：

刘　军（主持人）：最近一段时间如果您去古城游玩时，经过丽江古城博物院（木府），您就会发现丽江古城博物院（木府）正在进行紧张的修缮工作，因此是不能对游客进行开放的，当然对于来丽江的游客而言，真是一件令人遗憾的事！

其实早在2012年2月份就有这样一则通告：

鉴于古建筑的特殊性，经丽江市古城区委、区政府研究决定，木府将于2012年2月16日开始进行首次全封闭大型修缮工作，时间预计为2个月。修缮期间，给各级单位、旅行社、广大游客和民众带来不便，敬请谅解！

而且就近一段时间我们也可以经常在电视、广播看到、听到关于市领导到丽江古城博物院进行现场调研的信息，说到丽江古城博物院可是历史悠久了，丽江古城是中国历史文化名城、世界文化遗产，而木府可称为丽江古城文化的“大观园”。纳西族最高统领木氏自元代世袭丽江土司以来，历经元、明、清三代，共22世470年，在西南诸土司中以“知诗书好礼守义”而著称于世。明末时达到鼎盛，其府建筑气象万千，著名旅行家徐霞客曾叹木府曰：“宫室之丽，拟于王者。”

那么这次对木府的修缮会有哪些工作呢？哪些地方需要修缮？怎么修缮？修缮之后重新开放时会给广大游客带来哪些亮点？本期节目就会关注上述问题！带着这些问题，我们专访丽江古城博物院（木府）院长黄乃镇先生。

刘　军：黄院长，您好！

答：您好！

刘　军：收音机前的各位听众朋友，如果您在收听本期节目，今天的话题是：丽江古城博物院（木府）的修缮！

刘　军：首先请黄院长对丽江古城博物院（木府）进行一些介绍，好吗？

答：好的。我把木府现在的一些维修情况和其他方面的一些事情向各位听众做一个简单的介绍，因为木府的维修牵动着许多人的心啊！我首先说一下木府古代建筑群落的形成。木府古代建筑群于明代初期开始大规模修建，到了明末基本上完工，属于古代建筑群，其整个修建过程经历了400年的时间。古代建筑有它的特殊性，而且在《丽江府志》《县志》里也曾经提到过这个问题，说是木府的古代建筑群是“仿紫禁城而制”。这个活生生的古代建筑群，现在的人谁都没有见过，包括我在内，也没有过见。但是当时跑到丽江来考察的徐霞客真的见过了木府。见了之后，他感叹地说道：“宫室之丽，拟于王者。”所以，不管木府古代建筑群怎么样，它的的确确是一个民族文化的符号，而这个民族文化符号真正影响了一个民族啊！最近，于荣光执导的40集电视连续剧《木府风云》也拍摄出来了。据说，中央八套，甚至央视一套都要播放《木府风云》这部连续剧。这个木府呢，到了明代后期就宏伟、壮观、非常漂亮了，之后，过了清代、民国，到中华人民共和国成立之时，就慢慢地烟消云散了。1996年“2·3”大地震，当时的县委、县政府就斥巨资要恢复木府当年的状况，通过三年艰辛备至的努力，这个木府也就恢复重建出来了。恢复重建后的木府宏伟、壮观，得到了建筑专家，还有来自各个方面的大专家的认可。这样，从文化的角度考虑，我觉得，木府这个民族文化符号就得以延续，得以保持。后来，一些民族学专家、学者还做了这样的一些点评，他们说：“四方街反映出来的文化是一种民俗文化、民众文化，而恢复重建了以后的木府，所反映出来的是贵族文化的一面。这样，民俗文化、贵族文化就满满当当的了。”所以说，这个符号、这个木府继续影响着整个民族。

刘　军：那么，黄院长，其实在这儿特别想问一下您，您刚才提到它的鼎盛时期应该是在明朝末期，当然在历史不断发展的过程中，木府也曾有过“消失了”的一说，但在刘军的印象中，在刘军小的时候，在办一些班的时候，就像画画班，就在古城里面办，据说好像有些培训班也在木府的一些院子里面进行培训。这好像是在20世纪八九十年代的事了，那个时候是不是木府还存在着一部分建筑呢？

答：说“烟消云散”是一方面；另一方面保留下来的就有“木家院”几栋房子，刚才讲到的办什么学习班，其实就是在当时破烂不堪的木家院里进行的。

图2－25　1966年的木家院

图片来源：木府提供

刘　军：当时的木家院是属于木府的一个部分，对吗？

答：是属于木府的一部分。据我们考察，木府由四个部分组成，第一部分是办公区，现在的议事厅前后，包括广场；第二部分包括了玉花园；第三部分是生活区，一个是做生意的木府一条街，一个是木家院，由这两部分来组成；第四部分应该是属于祭祀的部分，但那次我们恢复重建木府的时候，第四部分没有恢复，第四部分里面就有庙宇啦、观音堂啦之类的。

刘　军：哦！就这些东西，是吧？那么在木府恢复重建的时候，我们就想特别问一下您，当时重修应该是在 1996 年，是吧？那么在重修的时候，是一个什么样的整体思路呢？是一个什么样的思路能让您想起来应该要这样修呢？要尽量还原历史的原貌吗？

答：对这方面，我们做了多年的探讨，还有根据民间的一些传说，以及木氏土司的家庭档案，再加上我们现场的勘探工作，由这些内容，我们就推想当年木府是个什么样。更何况，还有一个石牌坊，包括我们自己也是见过的，所以后来连木府中轴线的确定也是主要按照石牌坊的中线作为起点的。

刘　军：哦！在这儿，我们还想问一下您，您刚才也提到，现在的这个木府，其实它本身的建筑就是一个文物。您看，像这个建筑，据我们所了解，中原有中原的建筑风格，纳西族有纳西族的建筑风格，白族有白族的建筑风格，那么木府恢复重建的时候，会更加重点地偏向于哪种风格？还是把几个民族的建筑风格，如汉族的中原文化、纳西族的文化、白族的文化，把所有民族的文化融合在一起来进行构建的？

答：这个问题比较复杂，几句话是说不清楚的。但是，我做个简单的介绍。是这样一个情况，真的是各地有各地的建筑风格，像丽江这样一个区域里，它有它特定的一些建筑风格。从中国的建筑情况看，北派有北派的风格，南派有南派的风格；北派粗犷一点，大气一点，都很有特点的，他们用的梁、用的柱子都是非常粗犷的，包括房子的屋脊。假如是北方的屋脊，就平直一点。南方就不同了，南方就要稍微弯曲一点，要落脉。还有从翘角来看，北方翘角翘得不怎么厉害，南方则比北方要更翘一点。此外，各个朝代也有不同的建筑风貌。比如明代，最大的一个建筑特点就是用木料不节省，五大三粗的，当时可能木材也比较丰富吧。清代呢，就非常节省木料了，尽可能做得小巧玲珑，也有它自己的风格。而丽江的建筑风格呢，更多的是受到北派的影响，所以，在用料方面木府的柱相当粗，梁相当肥，屋脊也比较直，都有这么一些特点吧！几句话也说不清楚。

刘　军：这其实是一个相当专业的问题。

答：还有一个是民族问题。纳西族与白族、藏族地理上比较接近，都处于这一个环境当中。但是，各个民族都有各个民族不同的风格。像丽江纳西族的建筑风格，它就比较粗犷，白族呢就比较细腻。比如一堵墙吧，纳西族随便嵌上一点框，这样就行了，白族则还要在墙上画很多的东西，追求尽善尽美吧！

刘　军：那么，在这里我们还特别想问一下您，此次丽江木府的修缮，哪些地方要进行修缮？怎么进行修缮？能给大家做个介绍吗？

答：好的，我从以下几个问题来介绍。恢复重建木府，到现在已经过了13年左右了。一般古代建筑呢，每年都要修缮一次的，10—15年就要大型维修一次。不是说木府出了什么问题啊，古建筑本身就包含这方

图2-26 "首维"工作会议

图片来源：木府提供

面的因素。

刘 军：这我知道。好像故宫前两年也进行了一次修缮。

答：故宫一年到头都在修缮，年年都要修缮的。因为中国古代建筑就是用砖啊，还有木头啊建的，稍微随便哪个地方没有注意到，漏一点雨，它影响的就是整座房子。这个我慢慢说。木府历经13年之后，肯定要进行一次大型的维修。这次是市委、市政府、区委、区政府主动提出来，跟我提出来，要进行大型维修的。我觉得这些领导高瞻远瞩。木府这一次的维修，我们给它命名为“首维”，下面就把它说成是“首维”吧！这次首次大型维修的范围和内容是比较庞大的一个工程，是大家想象不到的一个工程。你看，我们要修的建筑，从照壁开始，仪门、议事厅、万卷楼、护法殿、光碧楼、玉音楼、三清殿，除此之外，还有绵延不断的木府长廊，都要修缮。修些什么内容呢？修缮古建筑，我们就要修缮它的瓦屋面，看看漏不漏雨，就是要看平时我们注意到的地方漏不漏雨啊，或者看不到的地方怎么样了。这是一个。然后呢，就是彩绘。斗栱彩绘，是古建筑中特别重要的一个部分。

刘 军：您说的彩绘，是不是就是描在房子上面，像在飞檐、大梁上面进行一些彩绘，是吗？

答：对，指的是这个内容，但不仅仅是大梁了，关键是斗栱啊！古建筑的一个特点就是斗栱挑梁嘛，斗栱部分内容比较多，也比较复杂。甚至有人怎么说啊，说是“古建筑的美就在于斗栱的精巧制作以及对它的彩绘”。所以，我们这一次的“首维”，斗栱彩绘的分量非常重。任何一幢房屋的所有斗栱彩绘，我们要重新做；还有梁的彩绘，我们要重新做；还有任何一根柱子，我们都要涉及，都要重新油漆。而且，柱子油漆的工艺是相当复杂的，首先是打底，然后要上几次的油漆。第一次上油漆后，要等晒干后才能上第二遍，不然会起皮；还要花时间，还要有适当的温度、空气湿度。所以，有些油漆工还要在柱子旁边经常摆上几盆水来调节空气的湿度。这个工艺非常复杂，几句话也说不清楚。总之，这一次我们“首维”要涉及木府所有庞大的建筑群的任何一个角落，小到一片瓦，都要检查，看看它是不是裂了，有没有漏。还有，要涉及一颗颗的石头、一片片的石板、一架架的斗栱、一根根的柱子。大的就是一幢又一幢的建筑，还有所有的广场、地面，以及园林艺术，小的甚至可能涉及每一根草、每一棵树。太复杂了。

在这一次修缮过程中，我们也做了一些大的改造。恢复重建木府时期，那个时候时间紧、任务重，而且木府的施工图、设计图设计出来以后拿到现实中，通过 13 年的检验之后，有些部位合理，有些部位不合理。对不合理的部位，这一次我们要彻底地进行改善。我们对一部分建筑部位进行了改造。举个例子说吧，进入木府大门两侧就有两个角楼，只是一层屋檐，底下有个小走廊。但是，丽江这个地方雨大起来的时候，那是不得了的，而且风还携带着雨啊，所谓大家称的飘雨啊，一直飘到走廊里面，因为它只有高高的一层屋檐，所以半截拦腰，许多雨水就飘进来了，被风送过来了，结果走廊里积满了雨水。因走廊都是用木头做的，木头容易受到侵蚀，浸雨后就会腐烂不堪。13 年以后，我们爬上角楼，走那个走廊，看到风吹雨打以后，那个走廊已经惨不忍睹了。这次我们下定决心，在走廊上面盖上一层瓦，以避免雨水更进一步地侵蚀到角楼。除了角楼之外，还有万卷楼。万卷楼非常高大，但它中间也有一个走廊，一到雨水季节，这个走廊就被淋透了，从而使整座建筑的寿命也受到了影响。这一次假如不对这些建筑进行改造的话呢，那么大的一幢万卷楼啊，过不了 30 年，可能中间的柱子就会腐朽，整幢楼可能就要垮塌下来了。为了对子孙后代负责，我们在这次施工过程中，实事求是地予以改造，工程量再大，再多花一点钱，也无所谓了，为的是以后。真的！维修古建筑的工程是复杂的，里面充满着许多不可预见的因素。古人曰“一支动，百支摇”，就是对古代建筑修缮的一种无奈的评价吧！本来我觉得我家房子只是漏了一点雨，我想把烂掉的那块瓦换一换，把漏雨的部位堵住，结果上去揭开那块瓦片一看，啊，周围都已经受影响了，一大片啊，使得整个瓦屋面都要重新翻盖不可啊，这就是“一支动，百支摇”。假如你不动，只是那么一点呢，可能也可以维持好几年吧，但是一动，不修不行啦！不是还有一句话叫“千里之堤，毁于蚁穴”吗，就是随便漏一点雨，有些时候就会影响到整幢房屋的瓦屋面。因为这样，所以我们在进行维修的过程中，发现要干的工程量也是够大的了，因而，木府这一次首维啊，大大小小的工程项目就已经多达 60 余项了，要完成这些项目用 3 个月的工期也不为过。我们网上的公告说是预计两个月，争取五一节之前就把这件事情做好。但是，那个的确是……

刘 军：也就是说当时，就像您所说的我们只考虑到了这一点，但是等到我们着手做的时候就发觉这个工程更浩大，也就发现其实这个问题的复杂性远远大于之前，很多都是出乎我们意料的。那么在这儿，我们特别想问一下黄院长，就是说木府大概能什么时候修好？修好之后会有一些什么亮点呢？

答：这次维修大大小小的工程项目就有 60 余项，你说 3 个月的工期肯定是短的，不够的。但我想，就考虑用 3 个月的时间给它做出来。开始的公告说是两个月，可能有点笔误，因为大家都知道，原本说五一节时一定要开门，而我们是两个月之前开始动工的，这么一算，就只有两个月了，所以就公告了两个月。事实上，两个月的工期是不够的。不够，那怎么办呢？我们只有拼命。但是再拼老命上去，我看五一节时也是无法开门了，实在对不起大家。但我们会保质保量地先把这个工程做好，而且是赶时间地把它做好。有些实在是赶不了时间的话，我们会尽可能地克服困难，争取胜利。

刚才主持人提到这么一个问题——亮点，那么“首维”结束后，会是一个什么样的情况，我在这里简单介绍一下。一个就是中央领导的题词，过去木府没有，当然恢复重建时期也不可能有。这一次，我们把中央领导的题词以一种匾的形式，竖立在木府中轴线上。这是一个新的亮点。还有一个就是……哎，我就不多说了，总的介绍一下吧！根据目前已经差不多做出来的工程情况来看，这一次大的维修后，木府要比 13 年前刚落成时还要好看。

刘 军：好的，由于时间关系，今天我们的节目只能到此结束了。但是应该说黄院长给我们留下了一个悬念，就是说等到修好以后，木府一定比落成的时候更加雄伟、更加漂亮、更加美丽。我们在此就等待着什么时候能揭开这层神秘的面纱吧。